ZusammenKlang

Albert Raffelt
an der Orgel der Universitätskirche Freiburg im Breisgau

ZusammenKlang

Festschrift für Albert Raffelt

Herausgegeben von Michael Becht und Peter Walter

HERDER

FREIBURG · BASEL · WIEN

www.herder.de
Umschlaggestaltung: Verlag Herder
Satz: dtp studio mainz | Jörg Eckart
Herstellung: fgb · freiburger graphische betriebe
www.fgb.de
Gedruckt auf umweltfreundlichem, chlorfrei gebleichtem Papier
Printed in Germany

ISBN 978-3-451-30243-5

Inhalt

Vorwort

Die vorliegende Festschrift versammelt Beiträge zu Themen aus den vielseitigen Arbeitsfeldern und Interessengebieten von Bibliotheksdirektor Professor Dr. Albert Raffelt, der am 22. September 2009 sein 65. Lebensjahr vollendet. In ihrer Vielfalt spiegelt sich auch sein weitgespanntes Werk wider. Vom Studium und von der lebenslangen Beschäftigung mit entsprechenden Themen her ist er Theologe mit einem großen Interesse an philosophischen Fragen. Von seinem Beruf her ist er Bibliothekar. Nicht zuletzt ist er auch ein passionierter Organist. Wer mit ihm zu tun hat, macht die Erfahrung, daß er auch alles andere, was er beginnt, aus Passion tut. Auf den genannten Gebieten leistet er Hervorragendes sowohl durch eigene Veröffentlichungen oder Aufführungen (etwa als langjähriger Organist an der Freiburger Universitätskirche) als auch durch selbstlose Hilfestellung für andere (vom bibliographischen Hinweis bis zur Mitherausgabe der Sämtlichen Werk Karl Rahners). Diejenigen, welche sich durch ein Grußwort oder einen Beitrag an diesem „ZusammenKlang" beteiligt haben, können ein Lied davon singen. Sie stehen für eine weitaus größere Schar von Weggefährten, Freunden und Kollegen des Jubilars, die allen Grund haben, Albert Raffelt zu danken und die verschiedenen Saiten zum Klingen bringen, die er selbst in seinen zahlreichen Publikationen stets neu auf harmonische Weise angeschlagen hat.

Zu einer Festschrift gehört auch eine Bibliographie. Diejenige von Albert Raffelt in herkömmlicher Weise zu veröffentlichen, bedeutete, hinter den von ihm selbst gesetzten Standards zurückzubleiben. Eine gedruckte Bibliographie ist bei einem derart fruchtbaren Autor wie ihm zum Zeitpunkt ihres Erscheinens bereits veraltet. Eine gut gepflegte elektronische Ressource hingegen bietet auch künftig die gewünschten Informationen auf dem jeweils neuesten Stand. Weiterführende Hinweise zur elektronischen Bibliographie von Albert Raffelt finden sich am Ende dieses Bandes.

Der Verlag Herder, dem Albert Raffelt seit vielen Jahren als Autor, Herausgeber und Berater verbunden ist, hat sich sogleich bereit erklärt, diese Festschrift in sein Programm aufzunehmen. Den Herren Dr. Bruno Steimer und Dr. Peter Suchla sei dafür und für die Betreuung während der Drucklegung herzlich gedankt. Unser ebenso herzlicher Dank gilt den Sponsoren, die durch einen Zuschuß zu den Druckkosten das Erscheinen dieser Festschrift ermöglicht haben: Herrn Kardinal Karl Lehmann, der Erzdiözese Freiburg sowie den Karl-Rahner-Stiftungen in Innsbruck und München. Herrn Matthias Ott ist für seine wertvolle Hilfe bei der redaktionellen Bearbeitung der Beiträge zu danken.

Im Namen aller Beteiligten wünschen wir dem Jubilar zusammen mit seiner Frau Roswitha Gottes Segen für noch viele gute Jahre.

Freiburg im Breisgau, im August 2009 *Michael Becht* *Peter Walter*

Grußworte

Hüter geistiger Schätze

Prof. Dr. theol. Albert Raffelt ist durch und durch ein Liebhaber von Büchern und zugleich das, was man früher einen „Privatgelehrten“ nannte. Daraus hat er zwei heutige Berufe gemacht, Stellvertretender Bibliotheksdirektor und Honorarprofessor an der Theologischen Fakultät, beides an der Universität in Freiburg. Bei ihm spürt man, dass es zu beidem einer Berufung bedarf. Wenn einer diese hat, dann ist es Albert Raffelt.

Er hat seine besonderen Lieblingsautoren und die dazugehörigen Kenntnisse im Bereich von Philosophie und Theologie. Er gehört mit einer kleinen Gemeinschaft anderer Forscher zu den Kennern der Philosophie des französischen Denkers Maurice Blondel. In vielen Publikationen hat er sich große Mühe gegeben, diesen immer noch zu wenig bekannten Philosophen bei uns vertrauter zu machen. Aber es gibt auch andere, die er in aller Stille seit Jahrzehnten besser kennengelernt und zu denen er auch veröffentlicht hat wie z. B. Blaise Pascal. Albert Raffelt liebt gerade diese Außenseiter, gleichsam Geheimtipps. Sie müssen kein Aufsehen machen, um gut zu erscheinen.

Er hat sich durch seine jahrzehntelange Arbeit an der Herausgabe der Werke Karl Rahners größte Verdienste erworben. Es fing zu Lebzeiten Karl Rahners an mit der Hilfe für den heute sehr verbreiteten „Grundkurs“, erstreckte sich auf viele andere Schriften wie Lesebücher und Sammlungen mit Texten von Rahner und findet einen Höhepunkt in der unübertrefflichen Mitarbeit bei der Veröffentlichung der „Sämtlichen Werke“. Hier hat Albert Raffelt bis heute editorisch Maßstäbe gesetzt, die dem ganzen Unternehmen zugute kommen.

Die bibliothekarische Seite zeigt sich zunächst in selten großzügigen Hilfsleistungen, damit andere zu den richtigen Büchern kommen. Aus seinem Einführungswerk „Proseminar Theologie“, wozu ich ihn schon früh ermutigte, ist heute ein Standardwerk geworden, das unter dem Titel „Theologie studieren. Einführung ins wissenschaftliche Arbeiten“ nun in 7. Auflage vorliegt.

Seine bibliothekarischen Dienste werden andere besser würdigen können. Ich habe daran immer wieder bewundert, wie früh er die neuen Kommunikationsmittel für die Bibliotheken eingesetzt hat, wie diskret und sachlich er seinen Aufgaben nachging, wie er ohne zu zögern, aber überlegt, in vieler Hinsicht neue Wege ging und mit großer Umsicht neue Bibliothekare förderte und ausbildete.

Ich kenne Albert Raffelt seit über 40 Jahren. Von Münster über Mainz ging die Reise nach Freiburg. Er ist für mich ein herausragender Berater, ein ungewöhnlicher Gelehrter, ein verlässlicher Helfer und ein bester Freund geworden, vor allem auch mit seiner verehrten Frau Rosi. Lieber Albert Raffelt, herzlichen Dank und Gottes Segen an Leib und Seele.

Mainz, im Juli 2009 *Karl Kardinal Lehmann*

Grußwort der Direktorin der Universitätsbibliothek

Besonders eindrucksvoll war mir immer die Unbestechlichkeit seines Geistes, die nach allen Seiten hin Objektivität und Unabhängigkeit zum Ausdruck brachte. Daß zu einer solchen Begabung auch Eifer und Zähigkeit im Verfolgen von gesetzten Zielen gehört, versteht sich fast von selbst. (Karl Kardinal Lehmann)

Mit diesen Worten wurde Albert Raffelt 1977 von seinem Doktorvater und Mentor, Prof. Dr. Dr. Karl Lehmann, damals am Lehrstuhl für Dogmatik und Ökumenische Theologie, Universität Freiburg in einem Empfehlungsschreiben an den damaligen Direktor der Universitätsbibliothek, Prof. Dr. Wolfang Kehr sehr treffend charakterisiert. Die Aussage hat bis heute – nach 33 Jahren Dienst an der Universität Freiburg – ihre Gültigkeit nicht verloren.

Nach einem Studium der katholischen Theologie von 1964 bis 1971 an den Universitäten Münster, München und Mainz war Albert Raffelt bis 1977 als Wissenschaftlicher Assistent am Lehrstuhl für Dogmatik und Ökumenische Theologie der Theologischen Fakultät der Universität Freiburg i. Br. bei Prof. Dr. Dr. Karl Lehmann beschäftigt. In dieser Zeit – also noch vor Beginn seiner bibliothekarischen Ausbildung – war Albert Raffelt maßgeblich am Aufbau des „Verbundes der Seminarbibliotheken der Theologischen Fakultät“ (heute Fakultätsbibliothek Theologie), einem organisatorischen und Zusammenschluss von 21 Einzelbibliotheken, beteiligt[1].

Bereits vor Abschluss seiner Dissertation bewarb er sich 1977 erfolgreich um eine Stelle als Bibliotheksreferendar an der Universitätsbibliothek Freiburg. Am 16.02.1978 promovierte Albert Raffelt dann mit einer Dissertation über „*Spiritualität und Philosophie: zum Problem der Vermittlung geistig-religiöser Erfahrung in Maurice Blondels ‚L'Action' (1893)*“[2] bei Prof. Dr. Dr. Karl Lehmann. Direkt nach erfolgrei-

1 Weitere Informationen unter:
Albert Raffelt: Kleine Geschichte des Verbunds der Institutsbibliotheken der Theologischen Fakultät, S. 23–40, in: Tradition, Organisation, Innovation: 25 Jahre Bibliotheksarbeit in Freiburg; Wolfgang Kehr zum 60. Geburtstag, vorgelegt von Mitarb. der Universitätsbibliothek und anderer wiss. Bibliotheken in Freiburg i.Br. Hrsg. von Albert Raffelt. – Freiburg i. Br.: Universitätsbibliothek, 1991.
Online-Ressource: http://www.freidok.uni-freiburg.de//volltexte/2256

2 Albert Raffelt: Spiritualität und Philosophie: Zur Vermittlung geistig-religiöser Erfahrung in

chem Abschluss seines Bibliotheksreferendariats für den Höheren Dienst an wissenschaftlichen Bibliotheken trat er 1979 in die Dienste der Universitätsbibliothek Freiburg ein. In gut 30 Jahren hat er die unterschiedlichsten Stationen des Hauses kennengelernt und so ein außerordentlich umfassendes Wissen über die Arbeitsabläufe der Bibliothek erworben: Von 1979 bis 2000 war er zunächst Fachreferent für Philosophie. 1980 kam „Allgemeines, Buch- und Bibliothekswesen, Information und Dokumentation" und 1983 die Theologie hinzu. Seit 2000 ist Albert Raffelt für die Musik verantwortlich. Darüber hinaus war er von 1980 bis 1985 Ausbildungsleiter für den Höheren, Gehobenen und Mittleren Bibliotheksdienst und gab Einführungskurse zum wissenschaftlichen Arbeiten für die Studierenden. In der Zeit von 1981 bis 2000 war er verantwortlicher Bibliothekar des Verbundes der Institutsbibliotheken der Theologischen Fakultät und erhielt außerdem einen Lehrauftrag für Dogmatische Theologie an der Theologischen Fakultät. Auch zur Zusammenführung von drei philosophischen und zwei erziehungswissenschaftlichen Lehrstuhlbibliotheken zur „Fachbereichsbibliothek Philosophie und Erziehungswissenschaften" hat er maßgeblich beigetragen. Von 1994 bis 1999 war Albert Raffelt Leiter des Sachkatalogs und hat in dieser Zeit die RSWK[3] erfolgreich eingeführt. 1999 wurde er durch den damaligen Rektor der Universität Freiburg, Prof. Dr. Dr. h. c. mult. Wolfgang Jäger, zum stellvertretenden Direktor der Universitätsbibliothek bestellt und übernahm zeitgleich die Leitung der Monographienakzession. Das Dezernat wurde unter seiner Leitung in den folgenden fünf Jahren zum heutigen Dezernat Monographienbearbeitung umstrukturiert und weiterentwickelt. Darüber hinaus hat er eine neue Erwerbungssoftware (LIBERO) und das Katalogisierungssystem PICA eingeführt, die Katalogisierung bedeutender Buchnachlässe (Sammlung Moriz von Rom, Nachlass Huber) vorangetrieben und schließlich im April 2009 das Standing-Order-Verfahren für wichtige deutsche Verlage wieder eingeführt.

Albert Raffelt ist ein *wissenschaftlicher* Bibliothekar im wahrsten Sinne des Wortes: Während seiner gesamten beruflichen Laufbahn hielt er regelmäßig Lehrveranstaltungen in der Theologischen Fakultät ab. Daher verlieh ihm die Universität Freiburg für seine außergewöhnlichen Verdienste in der Lehre 2000 den Titel eines Honorarprofessors für Dogmatische Theologie in der Theologischen Fakultät. Wahrhaft beeindruckend ist die Länge und Bandbreite von Albert Raffelts Publikationsliste: Allein seine Beiträge zu den unterschiedlichsten Themen in den *Informationen für das Bibliothekssystem der Universität Freiburg* (1980–1994) und im *Expressum* (1995–2004) der Universitätsbibliothek Freiburg füllen ein 517 Seiten (sic!) starkes Werk, das Michael Becht anlässlich des 60. Geburtstags von Albert Raffelt unter dem Titel *„Nimm und lies"*[4] zusammenstellte. Für die

Maurice Blondels „L'Action" (1893). Freiburg i. Br.: Herder, 1978 (Freiburger theologische Studien 110).
Online-Ressource: http://www.freidok.uni-freiburg.de/volltexte/5

3 RSWK – Regeln für den Schlagwortkatalog

4 Nimm und lies: gesammelte Beiträge in den „Informationen" (1980–1994) und im „Expressum"

Informationen war er zudem viele Jahre auch Herausgeber und Redaktionsleiter. Seine in zahlreichen Lehrveranstaltungen gewonnenen Erfahrungen mündeten bereits 1975 – also noch vor Beginn seiner bibliothekarischen Laufbahn – im *„Proseminar Theologie. Einführung in das wissenschaftliche Arbeiten und in die theologische Buchkunde“* bei Herder[5]. Der bei Theologiestudierenden wohlbekannte und häufig konsultierte Titel *„Theologie Studieren“* ist 2008 bereits in der 7. überarbeiteten und erweiterten Neuausgabe[6] erschienen. Darüber hinaus ist er Autor und Herausgeber zahlreicher Publikationen zu theologischen, philosophischen und musikwissenschaftlichen Themen. Exemplarisch erwähnt seien hier die Publikationen über Karl Rahner, wie z.B. die im Auftrag der Karl-Rahner-Stiftung herausgegebene Gesamtausgabe[7]. Albert Raffelt hat außerdem maßgeblich an den Bibliographien der Freiburger Philosophen Martin Heidegger[8] und Edmund Husserl[9] gearbeitet, die er bis auf den heutigen Tag fortlaufend pflegt.

Besonders hervorzuheben ist Albert Raffelts ausgeprägte Experimentierfreudigkeit und Offenheit gegenüber neuen, insbesondere IT-gestützten Technologien im Bibliotheks- und Publikationswesen. Und dies, obwohl er noch in einer Zeit in den Bibliotheksdienst eintrat, in der man die Entwicklungen der kommenden Jahrzehnte wohl kaum erahnen konnte. *„Wer noch vor gut zwanzig Jahren die Bibliotheksausbildung absolvierte, erlernte ein Handwerk. Wer seine Ausbildung begann, hatte zunächst das Alphabet zu trainieren, um das rechte „Nullen“ in Katalogen zu perfektionieren, sodann die komplizierten Regeln für die korrekte Einordnung der Titel zu erarbeiten…“*[10] Mit diesen Worten beschrieb Albert Raffelt 2002 in einer Festschrift für die ehemalige Direktorin der Universitätsbibliothek, Bärbel Schubel, die Arbeitssituation zu Beginn seiner bibliothekarischen Laufbahn. Er war der erste Mitarbeiter in der Universitätsbibliothek Freiburg, der eine elektronische Schreibmaschine mit Textspeicher zum Einsatz brachte, und er gehörte in unserem Hause zweifelsfrei zu den Pionieren der elektronischen Datenverarbeitung. Aber damit noch nicht genug: Albert Raffelt widmete sich auch in zunehmendem Maße den Neuen Medien. So initiierte er ein Kooperationsprojekt der Universitätsbibliothek mit der Katholischen Akademie der Erzdiözese Freiburg, aus dem der von ihm redaktio-

(1995–2004) der Universitätsbibliothek Freiburg i. Br. / Albert Raffelt. Zsgest. und hrsg. von Michael Becht. – Freiburg i. Br.: Univ.-Bibl., 2004.
Online-Ressource: http://www.freidok.uni-freiburg.de//volltexte/2203

5 Albert Raffelt: Proseminar Theologie : Einführung in das wissenschaftliche Arbeiten und in die theologische Bücherkunde. Freiburg i. Br.: Herder, 1975.

6 Albert Raffelt: Theologie studieren: Einführung ins wissenschaftliche Arbeiten. – 7. Aufl., überarb. u. erw. Neuausg. Freiburg–Basel–Wien: Herder, 2008.

7 Sämtliche Werke/Karl Rahner. Hrsg. von der Karl-Rahner-Stiftung unter Leitung von Karl Lehmann …. – Freiburg–Basel–Wien: Herder, 1995ff.

8 http://www.ub.uni-freiburg.de/referate/02/heidegger/heideggerliteratur.html

9 http://www3.ub.uni-freiburg.de/index.php?id=1260

10 Albert Raffelt: Vom Bibliothekshandwerk zum Medien- und Informationsmanagement, S. 1–21, in: Positionen im Wandel, Festschrift für Bärbel Schubel, Universitätsbibliothek Freiburg, 2002.
Online-Ressource: http://www.freidok.uni-freiburg.de/volltexte/300

nell betreute und vielfach gelobte Podcast „*Rede des Monats*“[11] entstand. Hierbei handelt es sich um eine umfassende Dokumentation von Akademiereden Freiburger Professoren, wie z.B. Karl Büchner, Karl Lehmann, Hermann und Magda Staudinger oder Bernhard Welte aus den letzten 50 Jahren. Die Reden sind inzwischen auch über die internationale Podcast-Plattform *iTunes U*[12] zugänglich und werden stark genutzt.

Mit dem Ausscheiden von Albert Raffelt aus dem aktiven Bibliotheksdienst entsteht an der Universitätsbibliothek Freiburg eine große Lücke: Wir werden unseren nicht nur wegen seiner breitgefächerten bibliotheksfachlichen wie auch fachwissenschaftlichen Kompetenzen und Erfahrungen vermissen. Ich persönlich bedaure es sehr, dass Albert Raffelts Berufsweg mit meinem nur für eine kurze Zeit parallel lief. In knapp einem Jahr habe ich von ihm viel über die Universität Freiburg und über die Menschen erfahren, die an ihr forschen, lehren, arbeiten und studieren. Und ich habe ihn als einen kompetenten und engagierten, einen freundlichen, kollegialen und humorvollen Menschen kennen und schätzen gelernt. Ich bin mir sicher, dass mit der Pensionierung Albert Raffelts wissenschaftliches Engagement noch lange nicht zu Ende ist, ganz im Gegenteil: Denn nun bleibt ihm, neben der Pflege seiner breitgefächerten Interessen und Hobbies, mehr Zeit für die Umsetzung neuer Projekte und Ideen. Wahrscheinlich wird seine Publikationsliste in den kommenden Jahren noch etwas länger werden. Und vielleicht bereichert er unsere bibliothekarische Arbeit auch weiterhin durch seinen kompetenten Rat und durch sein Engagement …?

Lieber Herr Raffelt, zu Ihrem 65. Geburtstag gratuliere ich Ihnen sehr herzlich! Für Ihre langjährige und überaus erfolgreiche Tätigkeit an der Universitätsbibliothek Freiburg möchte ich Ihnen – auch im Namen aller Mitarbeiterinnen und Mitarbeiter – sehr herzlich danken. Für Ihr weiteres Schaffen im neuen Lebensabschnitt wünsche ich Ihnen alles erdenklich Gute und vor allem Gesundheit!

Freiburg, 22. September 2009

Dr. Antje Kellersohn
Direktorin der Universitätsbibliothek Freiburg

11 http://www3.ub.uni-freiburg.de/index.php?id=148
12 http://itunes.uni-freiburg.de/

Grußwort des Dekans der Theologischen Fakultät

Wenn einem der Name Karl Rahner einfällt, könnte einem der Name Albert Raffelt gleich mit einfallen. Und umgekehrt. Keinem anderen Theologen der Gegenwart dürfte das Werk Rahners bis in seine letzten Verästelungen und Ablagerungen in Form von Texten hinein so bekannt sein, wie dies bei Albert Raffelt der Fall ist. Ihm ist es ganz wesentlich mit zu verdanken, dass das Werk dieses Theologen, der wie kaum ein anderer im 20. Jahrhundert hellhörig war für die Präsenz des Christlichen in der modern gewordenen Welt, der die modern gewordene Welt nicht kulturpessimistisch beäugte, sondern sie glaubensfromm wertschätzte, unübersehbar bleibt. Rahner pflegte nicht den Fetisch der Abgrenzung. Sondern er suchte in den Zeichen der Zeit Spuren der Gegenwart Gottes, der Suche des Menschen nach diesem Gott. Albert Raffelt ist ihm hierin konsequent wie sein Doktorvater Karl Kardinal Lehmann, damals noch Professor für Dogmatik in Freiburg, gefolgt. Neben Rahner sind es immer wieder Maurice Blondel und Blaise Pascal, die in Raffelts Publikationen begegnen und mit denen er sich in ein rekonstruierend-leises Gespräch begibt. Wie Rahner reflektieren beide auf die condition humaine, nehmen die Not und das Elend, aber auch die Größe des Menschen wahr und identifizieren in der Dynamik des menschlichen Geistes die Bewegung des endlichen Geistes auf das Unendliche hin. Und allen ist gemeinsam, dass sie – in welcher Form auch immer – die erfahrene Existenz vor Gott meditieren: sie sich nicht scheuen, Einblick zu geben in das Innerste. Nicht prostitutiv. Das Intime wird immer gewahrt, es bleibt das Scheue, unaufdringlich Bleibenwollende. Aber der Ausdruck, der gewonnen wird, die Formulierungen, um die gerungen wurden und die nun materialisiert auf ihre Lektüre warten, die in ihrer verallgemeinernden Weise Einblick geben in das Individuelle, ohne je zu konkret zu werden, alles dies lässt erkennen, worum es geht: Sich selbst zu verständigen über die eigene Existenz und in eins damit über den möglichen Sinn des Ganzen.

Albert Raffelt denkt geschichtlich. Selbstverständlich geht es auch bei ihm darum, den Eigenstand zu gewinnen. Wer bei Rahner in eine lebenslange Schule geht, wird sich der Liebe zur Freiheit nicht erwehren können. Warum auch?! Aber die Art und Weise, wie Raffelt arbeitet, zeigt auch: Niemand fängt an einem Nullpunkt an. Die ernsthafte Beschäftigung mit dem Gedanken verpasst nicht die Möglichkeit, das geschichtlich Generierte in den eigenen Reflexionshorizont zu bringen; sie sucht zu verstehen, indem sie sich am Vergangenen reibt – ja: diese Beschäftigung sucht sich selbst als eine Weise humaner Selbstverständigung verstehen zu lernen, die durch das in der Vergangenheit Gedachte bestimmt ist, sich an ihm abarbeitet und in der Geschichte Antwortmöglichkeiten finden *darf*. Das Vergangene kann fixiert werden und dann zur Abschottung führen. Aber es kann auch in die Freiheit führen, weil es Spielräume eröffnet. Die so intensiv erkennbare Liebe Albert Raffelts zum Geschriebenen ist wohl von diesem Wissen getragen. Unermüdlich bewahrt er, ediert er: Lässt er das Geschriebene neu gegenwärtig werden. Und: Er lässt selbstlos an seinem Wissen teilhaben. Vielleicht auch deshalb, weil er – wie auch Karl Rahner – sich sicher ist, dass das historisch gespeicherte Wissen gerade in seiner Unverzichtbarkeit auf ein Größeres hinweist, den Menschen zu sich selbst vermittelt und dennoch notwendig relativ bleibt, die Fragen unabschließbar sind. Und vielleicht erklärt sich so auch die Liebe Albert Raffelts zur Musik. Wer freilich bei Blaise Pascal in die Schule gegangen ist, hört in der Musik die Sehnsüchte der Menschheit und ein tiefes Grauen vor der kalten Unendlichkeit. Er bewegt sich auf dem schmalen Grad, sich in der unendlichen Melodie verlieren zu können. Aber er wird sich kaum damit zufrieden stellen, in der Musik die „Erlösung im Scheine" (Friedrich Nietzsche) zu feiern.

Die Albert-Ludwigs-Universität Freiburg hat im Jahr 2000 Albert Raffelt, der von 1981 bis 2000 die Fakultätsbibliothek Theologie geleitet und sich dabei mit großem Engagement und mit Erfolg für eine stärkere fachliche Strukturierung der Bibliotheksbestände eingesetzt hat, zum Honorarprofessor an der Theologischen Fakultät ernannt. Die Theologische Fakultät ist Albert Raffelt zutiefst dankbar, dass sie ihn zu den ihren zählen darf.

Freiburg im Breisgau, im August 2009

Prof. Dr. Magnus Striet
Dekan der Theologischen Fakultät

Universität und Bibliothek

„Nach glücklicher Vollendung des schwierigen Werkes ...“
Der Umzug der Universitätsbibliothek Freiburg im Jahr 1902

Michael Becht

Der Umzug einer Bibliothek ist nämlich durchaus keine so einfache Sache, wie es auf den ersten Blick scheinen mag.
Arnim Graesel

Bibliotheken gelten gemeinhin als eher statische, zuweilen sogar in sich ruhende Gebilde.[1] Ungeachtet der zunehmenden Virtualisierung ihrer Bestände verknüpft man landläufig auch heute noch mit dem Begriff einer Bibliothek nicht nur die Vorstellung von einer „greifbaren“ Literatursammlung, sondern auch eines entsprechenden Gebäudes, in dem diese aufbewahrt wird und das ihr so gleichsam sichtbare Präsenz verleiht. Häufig gebrauchte Metaphern wie „Büchertempel“ oder „Schatzhaus des Geistes“ belegen diese unausgesprochene Überzeugung von der unlösbaren Verbindung von Bau und Literaturbestand einer Bibliothek. So verständlich und – sit venia verbo – auch liebenswert diese Vorstellung sein mag, so neigt sie doch dazu, den Blick auf die in Bibliotheken ebenfalls herrschende Dynamik zu verstellen. Dies gilt nicht nur für die immer wieder und in wechselnder Intensität auftretenden Veränderungsprozesse im inneren Betriebsablauf, sondern gerade auch für das äußere Erscheinungsbild von Bibliotheken, zu dem auch Bücherbewegungen außerhalb des Bibliotheksgebäudes gehören. Nach Klaus Baresel lassen sich diese Bücherbewegungen etwas schematisch in drei Typen einteilen: der Bibliotheksumzug, der Büchertransport und die Bergung bzw. Evakuierung von Büchern.[2] Während die beiden zuletzt genannten Typen meist durch äußere Anlässe, wie z. B. Katastrophen oder kriegerische Handlungen oder sonstige, teilweise historische Ereignisse wie etwa der Säkularisation, veranlasst

1 Das Eingangszitat ist entnommen aus: A. Graesel, Handbuch der Bibliothekslehre, 2. völl. umgearb. Auflage, Leipzig 1902, 149.

2 Vgl. K. Baresel, Überlegungen zum Umzug wissenschaftlicher Bibliotheken. Prüfungsarbeit für den höheren Dienst an wissenschaftlichen Bibliotheken, Bibliothekarlehrinstitut des Landes Nordrhein-Westfalen, Köln 1964, 1.

sind und in der Regel nicht zu einer geordneten Aufstellung der Bücher und Zeitschriften am neuen Standort führen, haben Bibliotheksumzüge ihren Ursprung keineswegs in außergewöhnlichen, gleichsam bibliotheksfremden Geschehnissen und stellen planmäßige und organisierte Überführungen von Bibliotheksbeständen in ein anderes Gebäude dar. Obwohl ein Bibliotheksumzug durchaus kein ganz seltenes Ereignis im Bibliotheksbetrieb ist, findet dieses Thema im Gegensatz zu Büchertransporten und -evakuierungen in der Literatur aber nur wenig Beachtung.

Als die älteste bekannte Veröffentlichung zu dieser Thematik gilt das von Rudolph Anton Fabricius verfasste Werk *De transpositione bibliothecarum memorabili*, das er im Jahr 1724 an der Universität Helmstedt als Dissertation eingereicht hat.[3] Anlass der Arbeit war der Einzug der Herzoglichen Bibliothek in Wolfenbüttel in ein neues Gebäude, das „das erste selbständige deutsche Bibliotheksgebäude nach dem Prinzip der Saalbibliothek“[4] war. Nach einem Überblick über die Bibliotheksumzüge von der Antike bis zum Beginn des 18. Jahrhunderts beschrieb Fabricius den Ablauf des Wolfenbütteler Umzugs im Jahr 1723, der im Zeitraum von 14 Tagen durchgeführt wurde. Dabei transportierten Soldaten die Bestände in jeweils markierten 24 Tragkörben, so dass die Aufstellungsordnung der Bücher beim Umzug gewahrt blieb.[5] Obwohl es auch in der Folgezeit immer wieder zu Bibliotheksumzügen kam, findet man in der bibliothekarischen Literatur meist nur Veröffentlichungen zur Geschichte einzelner Bibliotheken, in denen dann auch der Transport der Buchbestände am Rande erwähnt wird.[6] Dies änderte sich allerdings in der zweiten Hälfte des 19. Jahrhunderts, in der ein bis dahin unbekannter Aufschwung im Bibliotheksbau zu verzeichnen war. Konnte Martin Schrettinger noch im Jahr 1834 schreiben, dass Bibliotheken „selten das Glück [haben], daß man für sie eigene Gebäude ausführt“, da sie fast immer „in solche schon vorhandene Gebäude oder Localitäten einquartiert [würden], die man eben zu keiner andern Bestimmung nöthig findet“[7], so sollte sich diese Einschätzung in relativ kurzer Zeit ändern. Denn im Zuge des enormen Anstiegs der Literaturproduktion in der ersten Hälfte des 19. Jahrhunderts wuchsen auch die Bibliotheksbestände um ein Vielfaches. Da sich aber zugleich auch die Nutzung der Bestände intensivierte, benötigten die Bibliotheken bald größere und modernere Gebäude. So setzte auch im deutschen Bibliothekswesen in der Zeit nach der Reichsgründung im Jahr 1870 ein reger, mehrere Jahrzehnte anhaltender Baubetrieb ein, in dessen Verlauf zahlreiche neue Bibliotheksgebäude errichtet wurden und fast alle

3 Vgl. R. A. Fabricius, De transpositione bibliothecarum memorabili, Helmstedt 1724.
4 J. Vorstius / S. Joost, Grundzüge der Bibliotheksgeschichte, 7. neubearb. und erg. Aufl., Wiesbaden 1977, 50.
5 Vgl. Fabricius (wie Anm. 3) 59–60.
6 Vgl. Baresel (wie Anm. 2) 6.
7 Vgl. M. Schrettinger, Handbuch der Bibliothek-Wissenschaft, besonders zum Gebrauche der Nicht-Bibliothekare, welche ihre Privat-Büchersammlungen selbst einrichten wollen. Auch als Leitfaden zu Vorlesungen über die Bibliothek-Wissenschaft zu gebrauchen, Wien 1834, 140.

größeren Hof- und Universitätsbibliotheken neue Gebäude bezogen.[8] Angesichts dieser Entwicklung überrascht es nicht, wenn in dieser bibliothekarischen „Aufbruchszeit“ nun ausführlichere Darstellungen von Bibliotheksumzügen entstanden, die auch die organisatorisch-technischen Aspekte der Büchertransporte berücksichtigten und meist in dem 1884 begründeten *Zentralblatt für Bibliothekswesen* veröffentlicht wurden. Im Jahr 1896 verfasste Georg Maas die erste größere Studie zu diesem Thema, in der er auf der Grundlage seiner Erfahrungen bei dem von ihm geplanten Umzug der Reichsgerichtsbibliothek in Leipzig „die bei Überführungen von Büchersammlungen auftauchenden Fragen vom bibliothekstechnischen Standpunkt aus“ [9] systematisch beschrieb. Die Ende des 19. Jahrhunderts einsetzende Welle von Bibliotheksneubauten machte auch vor dem Großherzogtum Baden nicht Halt, wo man zunächst für die Hof- und Landesbibliothek in Karlsruhe einen Neubau errichtete, der im Jahr 1873 bezogen wurde. Bis die beiden Landesuniversitäten Freiburg und Heidelberg neue Gebäude erhielten, sollten allerdings noch einige Jahrzehnte vergehen, denn erst im Jahr 1902 bzw. 1905 konnten diese Bibliotheken Neubauten beziehen.

Die folgenden Ausführungen möchten dieser allgemeinen Entwicklung anhand eines konkreten historischen Beispiels Relief geben und den Umzug der Universitätsbibliothek Freiburg i. Br. in den Carl-Schäfer-Bau im Jahr 1902 darstellen. Obwohl die Universitätsbibliothek seitdem bereits zweimal ihren Standort gewechselt hat, stellt dieser Umzug insofern eine Besonderheit dar, als damals die Büchersammlung der Universität erstmals seit ihrer Gründung im Jahr 1457 ein eigens für sie errichtetes Gebäude bezog. Damit sah sich die Bibliotheksverwaltung auch mit der Aufgabe konfrontiert, den gesamten Literaturbestand der Bibliothek in ein anderes Gebäude zu verlagern und für diesen Transport die nötigen Vorkehrungen zu treffen. Während uns über die erwähnten Bibliotheksumzüge in Karlsruhe und Heidelberg mehr oder weniger umfangreiche Darstellungen vorliegen,[10] ist man bei der Schilderung des Freiburger Umzugs auf die Untersuchung von entsprechenden Archivquellen und Zeitungsberichten angewiesen. Da sich die Bibliotheksleitung bei der Planung des Vorhabens auch an den Erfahrungen der Universitäts- und Landesbibliothek Straßburg orientierte, die einige Jahre zuvor ein neues Gebäude bezogen hatte, soll zuvor noch der Umzug der Straßburger Bibliothek in der gebotenen Kürze dargestellt werden.

8 Georg Leyh weist darauf hin, dass in den Jahrzehnten nach 1870 von 24 deutschen Universitätsbibliotheken nicht weniger als 18 neue Gebäude erhielten, wobei die Bibliotheken in Wien, Graz und Innsbruck mitberücksichtigt sind. Vgl. G. Leyh, Die deutschen Bibliotheken von der Aufklärung bis zur Gegenwart, in: ders. (Hg.), Handbuch der Bibliothekswissenschaft, 2. verm. und verb. Aufl., Bd. 3: Geschichte der Bibliotheken. 2. Hälfte, Wiesbaden 1957, 1–491, 335. Einen bibliographischen Überblick über die Bibliotheksumzüge dieser Zeit bieten die Arbeiten von u. Baresel (wie Anm. 2) 35–38 und Graesel (wie Anm. 1) 149.

9 G. Maas, Bibliotheksumzüge. Eine bibliothekstechnische Studie, Leipzig 1896, 1.

10 Vgl. U. Weber, Wilhelm Brambach und die Reorganisation der Großherzoglich Badischen Hof- und Landesbibliothek in Karlsruhe (1874–1904), Köln 1954, 27–32; G. Wahl, Der Umzug der Heidelberger Universitätsbibliothek im Herbst 1905, in: Zentralblatt für Bibliothekswesen (im Folgenden: ZfB) 22 (1905), 582–585.

1. Der Umzug der Kaiserlichen Universitäts- und Landesbibliothek Straßburg

In der Nacht vom 24. zum 25. August 1870 fiel die Bibliothek der Universität Straßburg einer Brandkatastrophe zum Opfer, die durch die Beschießung der Stadt durch deutsche Truppen im Zuge des Deutsch-Französischen Krieges von 1870/71 ausgelöst worden war. Die Vernichtung dieser großen und alten Bibliothek rief in kurzer Zeit eine breite, nicht nur auf Deutschland beschränkte Solidaritätswelle hervor, in deren Folge innerhalb weniger Monate Tausende von Bücherspenden aus ganz Europa als Ausgleich der Verluste in Straßburg eintrafen. Diese Bücher wurden in dem ehemaligen Rohan-Schloss untergebracht, das der 1871 wieder eröffneten Bibliothek mit ihrem Grundbestand von ca. 200.000 Bänden als provisorisches Domizil diente.[11] Da die Unterbringung des schnell anwachsenden Bestandes jedoch immer problematischer wurde, reifte der Plan für einen Neubau der Bibliothek, der im Mai 1889 begonnen wurde und im Herbst 1894 vollendet war.[12] Es mag auch an der besonderen Bedeutung und Größe der Straßburger Bibliothek gelegen haben, die mit ihrem damals schon auf mehr als 600.000 Bände angewachsenen Bestand nach Berlin, München und Göttingen als die viertgrößte Bibliothek im Deutschen Reich galt, dass uns für ihren Umzug in den Neubau auch eine detaillierte Darstellung vorliegt, die von dem Straßburger Bibliothekar Willy List (1856–1912) verfasst wurde.[13]

Dem eigentlichen Umzug gingen mehrmonatige vorbereitende Arbeiten voraus. Zunächst wurde der Bibliotheksbestand in laufenden Metern ermittelt, wobei man hinsichtlich des Umfangs zwischen Folianten und Quart- und Oktavbänden unterschied. Auf der Basis der so ermittelten Stellfläche konnte man die Bestandsverteilung in den Magazinen des Neubaus vornehmen, bei der jeweils ein Drittel der Regalbreite im Hinblick auf den künftigen Zuwachs frei gelassen wurde. Nach Prüfung der Umzugsmaßnahmen anderer vergleichbarer Bibliotheken entschied sich die Bibliotheksverwaltung, für den Buchtransport 168 von einem Bibliotheksdiener konstruierte Tragekörbe aus Eisenblech zu verwenden, die durchnummeriert und dann in Möbelwagen an den neuen Standort verbracht werden sollten. Je nach Größe der Bücher konnten pro Korb zwei bis vier gefüllte, sogenannte „Büchertragebretter" gestellt werden, die jeweils nummeriert waren. Insgesamt wurden 960 Bücherbretter benötigt. Während man für den Abtransport der Bücher

11 Vgl. H. Dubled, Histoire de la Bibliothèque Nationale et Universitaire de Strasbourg, Strasbourg 1964, 12; G. Gabel, Die deutsche Tradition der Bibliothèque Nationale et Universitaire de Strasbourg, in: Bibliotheksdienst 38 (2004), 319–322, 319f; J. Petzholdt, Litteratur und Miscellen – Aus Strassburg, in: Neuer Anzeiger für Bibliographie und Bibliothekwissenschaft 1870, 383–400, 397–400.

12 Vgl. S. Hausmann, Die Kaiserliche Universitäts- und Landesbibliothek in Strassburg. Festschrift zur Einweihung des neuen Bibliotheksgebäudes, Strassburg 1895, 33.

13 Vgl. W. List, Übersiedelung der Kaiserlichen Universitäts- und Landesbibliothek in Straßburg i. Els. in den Neubau, in: ZfB 13 (1896), 145–152.

aus den oberen Geschossen des Altbaus einen eigens angebrachten Doppelseilaufzug nutzte, verwendete man für den Transport der Büchertragebretter und Tragekörbe vom Magazin bis zu den Möbelwagen 19 kleine Schiebewagen mit Rollen. Nachdem die Transportfragen geklärt waren, wurden die Bibliotheksnutzer, die auswärtigen Bibliotheken und Behörden darüber informiert, dass die Bibliothek für die Dauer des Umzugs geschlossen werde, daher ab dem 15. Juli bis auf Weiteres keine Buchausleihe mehr möglich sei und alle entliehenen Bücher zum Zweck der Raumbemessung bis zum 20. Juli zurückzugeben seien. Schließlich verhängte die Bibliotheksverwaltung für die Dauer des Umzugs eine Urlaubssperre und legte die tägliche Arbeitszeit fest, die von 7–18 Uhr mit zwei Stunden Mittagspause dauern sollte. Die Zeit unmittelbar vor dem Umzug wurde für die Einstellung der zurückgegebenen Bücher und zur Zusammenstellung des künftigen Lesesaalbestandes genutzt, dessen Umfang sich im Neubau verdoppeln sollte.

Der am 22. Juli 1895 beginnende Umzug verlief dann folgendermaßen: Das Ausheben und Einstellen der Bücher in die Bretter erfolgte im Beisein eines mit dem jeweiligen Teilbestand vertrauten Bibliothekars, der diese „unter strenger Beobachtung der richtigen Reihenfolge der Bücher durch einen Vorarbeiter Gruppe für Gruppe in die Tragebretter, mit Nr. 1 beginnend, und von links nach rechts, setzen ließ“ [14]. Nachdem die Bücher gereinigt worden waren, stellten andere Arbeiter die eingepackten Bücher in die Tragekörbe, wobei man darauf achtete, dass die Bretter beim Auspacken gleich in der richtigen Reihenfolge wieder ausgehoben werden konnten. Auch das Einladen der Tragekörbe in die Möbelwagen erfolgte unter Aufsicht eines Bibliotheksbeamten, der ebenfalls darauf achtete, dass die Körbe so gestellt wurden, dass man am Ankunftsort gleich mit dem Ausladen des Korbs mit der Nr. 1 beginnen konnte. Dem jeweiligen Fahrer wurde ein Zettel mitgegeben, auf dem die Signatur der Bestandsgruppe, die Anzahl der Körbe und die Abfahrtszeit vermerkt wurde. Nach der Ankunft am Zielort wurde die Ankunftszeit auf dem Zettel vermerkt und mit dem Ausladen begonnen. Dabei hoben zwei Arbeiter Korb für Korb, mit Nr. 1 beginnend, aus dem Wagen und danach Tragebrett für Tragebrett in der richtigen Reihenfolge aus den Körben, um sie dann mit den Rollwagen an ihren neuen Aufstellungsort zu verbringen. Zur Beförderung der Bücher, die in den oberen Geschossen untergebracht werden sollten, standen elektrische Aufzüge zur Verfügung. Das Auspacken der Bücher aus den Rollwagen durch einen Arbeiter oder Bibliotheksdiener erfolgte wiederum unter den Augen des zuständigen Abteilungsleiters, der auf die Einhaltung der Ordnung zu achten hatte und sich bei der Neuaufstellung gleich einen ersten Eindruck von seinem Magazinbereich verschaffen konnte. Bei der Neuaufstellung erwiesen sich auch die neuen Bücherbretter als sehr vorteilhaft, die von dem Straßburger Kunstschlosser Robert Lipman extra zu diesem Zweck hergestellt worden waren und die auch bei voller Belastung eine leichte Verstellbarkeit

14 List (wie Anm. 13) 148.

ermöglichen sollten.[15] Da pro Wagen durchschnittlich 2.500 Bände transportiert werden konnten, benötigte man für den gesamten Umzug 280 Fuhren. Je nachdem, ob man an einer oder gleichzeitig an zwei Einladestellen des neuen Gebäudes auspacken konnte, konnten täglich zwischen 5–7 Wagen ein- und ausgeladen werden. Von der Anzahl der abgehenden Fuhren war auch die Zahl der Arbeiter abhängig. Insgesamt erfolgte der Umzug der Bücher und Möbel, bei dem in der Regel 13 Arbeiter beschäftigt waren, in drei Etappen, deren längste vom 22. Juli bis zum 23. August dauerte. Die Unterbrechung ergab sich aufgrund fehlender Regalbretter, deren Neubeschaffung in ausreichender Zahl von der zuständigen Landesverwaltung nicht genehmigt worden war. Daher mussten die fehlenden Regalbretter von den alten Büchergestellen genommen und diese zunächst für die neuen Bücherregale angepasst werden, was den Ablauf des Umzugs erheblich verzögerte. Schließlich konnte der Ausleihbetrieb am 16. Oktober 1895 wieder uneingeschränkt aufgenommen werden. Dank des gut durchdachten Umzugsplans, des günstigen Wetters und „der hingebenden Dienstwilligkeit sämtlicher Beamten der Anstalt“ [16] konnte der Umzug der fast 700.000 Bände im Zeitraum von 42 Arbeitstagen stattfinden.

2. Der Umzug der Universitätsbibliothek Freiburg i. Br.

Bis zum Bezug des neuen Gebäudes im Jahr 1902 war die Universitätsbibliothek im ehemaligen Jesuitenkolleg in der Bertholdstraße untergebracht, das in den Jahren 1783/84 für die Belange der Bibliothek umgebaut worden war.[17] Da sich aber infolge der Klosteraufhebungen der Bibliotheksbestand in wenigen Jahren erheblich vermehrte, erwiesen sich die Räumlichkeiten mit der Zeit als ungenügend. Trotz einzelner, kleinerer Maßnahmen zur Besserung der Raumsituation wurde die Raumnot immer größer, so dass v. a. im letzten Drittel des 19. Jahrhunderts ein geordneter Bibliotheksbetrieb immer schwieriger wurde.[18] Da auch aufgrund des raschen Wachstums der Universität die Raumverhältnisse im benachbarten Kollegiengebäude unzureichend geworden waren, entschloss sich die Universitätsleitung, die drängende Raumproblematik durch einen Neubau von

15 Vgl. Hausmann (wie Anm. 12) 36. Zum sog. Lipmanschen Gestell, das bis in die Zeit vor dem 1. Weltkrieg weite Verbreitung fand, vgl. G. Leyh, Das Haus und seine Einrichtung, in: F. Milkau (Hg.), Handbuch der Bibliothekswissenschaft, Bd. 2: Bibliotheksverwaltung, Leipzig 1933, 1–115, 48–51.

16 List (wie Anm. 13) 150.

17 Vgl. A. Karasch, Der Carl-Schäfer-Bau der Universitätsbibliothek Freiburg (1895–1903), Freiburg 1982, 2–9. Für wertvolle Anregungen und Hinweise danke ich der Verfasserin herzlich. Vgl. auch E. Mittler, Die Universitätsbibliothek Freiburg i. Br. 1795–1823. Personal, Verwaltung, Übernahme der säkularisierten Bibliotheken, Freiburg 1971, 19–21.

18 Vgl. Karasch (wie Anm. 17) 14f.; Mittler (wie Anm. 17) 39–44; G. Stamm, Die Universitätsbibliothek Freiburg vom Dienstantritt Heinrich Josef Wetzers (1850) bis zur Auflösung der Bibliothekskommission (1888). Reformen und Reformpläne, Freiburg 2007, 8.

Bibliothek und Kollegiengebäude zu lösen.[19] Es sollte aber noch zwei weitere Jahre dauern, bis die badische Regierung endlich dem Wunsch der Universität entsprach und einen Bibliotheksneubau genehmigte. Mit der Planung und Bauführung wurde der am Karlsruher Polytechnicum lehrende Oberbaurat Carl Schäfer (1844–1908) beauftragt, der 1895 seine Pläne vorlegte. Gegen manche Widerstände und Kritik setzte Schäfer in seinem Entwurf ein neugotisches Raumprogramm durch, bei dem er sich besonders von dem vom gotischen Münster geprägten Freiburger Stadtbild leiten ließ.[20] In der Folgezeit kam es aber zu erheblichen Verzögerungen beim Fortgang der Bauarbeiten, die nicht zuletzt auch mit Schäfers geringem Interesse an der konkreten Bauausführung im Allgemeinen und an der Bauleitung im Besonderen zusammenhingen.[21] Dies gab der Bibliotheksleitung wiederholt Anlass zur Klage, die auf die mittlerweile unhaltbar gewordenen Zustände im Bibliotheksgebäude hinwies und nachdrücklich die umgehende Fertigstellung des Neubaus forderte.[22] Erst nachdem der Akademische Senat beschlossen hatte, zur Beschleunigung der Baufertigstellung einen weiteren Architekten heranzuziehen und mit der Bauleitung zu betrauen, schritten die Bauarbeiten zügig voran, so dass ein Bezug des Neubaus gegen Mitte des Jahres 1902 als wahrscheinlich gelten konnte und sich somit auch die Frage des Umzugs stellte.

2.1. Die Vorbereitungen und das Umzugskonzept

Da die Bibliotheksverwaltung bereits zu einem viel früheren Zeitpunkt mit dem Umzug gerechnet hatte, lassen sich schon im Jahr 1899 entsprechende Umzugsvorbereitungen nachweisen. So hatte Julius Steup (1847–1925), der die Universitätsbibliothek seit 1872 leitete, Überlegungen über die zu verwendenden Büchergestelle angestellt, da er die im bestehenden Bibliotheksgebäude vorhandenen hölzernen Bücherregale u. a. aufgrund der Feuergefahr für ungenügend hielt. Daher war er eigens im Januar 1899 nach Basel und Straßburg gereist, um die dort verwendeten Büchergestelle zu inspizieren.[23] In seinem entsprechenden Bericht

19 Vgl. Denkschrift betreffend das Kollegienhaus und das Bibliotheksgebäude. Verf. von dem Vorsitzenden der Baucommission Hermann von Holst, Freiburg 1891.

20 Vgl. Karasch (wie Anm. 17) 38, 85; Mitteilungen aus und über Bibliotheken, in: ZfB 12 (1895), 517–522, 519 und ZfB 13 (1896), 413–423, 414–415.

21 Vgl. Karasch (wie Anm. 17) 42, 45, 49.

22 Vgl. ebd., 46; Universitätsarchiv Freiburg [im Folgenden: UAF] B 1, 345: Generalia. Bausachen. Bibliothek. Die baulichen Herstellungen, Reparaturen und Neuanschaffungen im alten Universitäsbibliotheksgebäude in Freiburg betr. sowie die Veräusserung der Büchergestelle betr. 1875–1902 (12. März 1897); Generallandesarchiv Karlsruhe (im Folgenden: GLA) 235/7461: Ministerium der Justiz, d. Kultus u. Unterrichts. Universität Freiburg. Institute. Bibliothek. Personal der Universitätsbibliothek. 1874–1927 (15. Mai 1899).

23 Die Öffentliche Bibliothek der Universität Basel bezog im Jahr 1896 einen Neubau, nachdem die eigens für sie hergerichteten Räumlichkeiten im Museum an der Augustinergasse für ihren rasch wachsenden Bestand zu eng geworden waren. Der Umzug der mehr 200.000 Bände erfolgte im Zeitraum vom 18. September bis 19. Oktober 1896, die von 20–26 Arbeitern in 107 Fuhren in das neue Gebäude gebracht wurden. Vgl. Bericht über die Verwaltung der öffentlichen Bibliothek der Universität Basel im Jahre 1896, Basel 1896, 2.

an den Senat plädierte Steup für die Verwendung des in Straßburg verwendeten Regalsystems Lipman, da ihm die verstellbaren Metallregale platzsparend, haltbarer, feuersicher und luftdurchlässig zu sein schienen. Offensichtlich musste er bei seiner Begründung neben den sachlichen Gesichtspunkten aber auch andere, eher an der heimischen Wirtschaftsförderung orientierten Auswahlkriterien berücksichtigen, wie aus der folgenden Bemerkung seines Berichts hervorgeht: „Darauf, dass der Erfinder des Strassburger Systems kein Badener, sondern ein Elsässer ist, kann nach Ansicht des Unterzeichneten kein Gewicht gelegt werden, da ein von einem Badener erfundenes System, das in Betracht kommen könnte, soviel dem Unterzeichneten bekannt ist, nicht existiert“[24]. Auch die Entscheidung, beim Transport der Bücher Metallkörbe zu verwenden, ging auf das Straßburger Beispiel zurück. Denn auch in dieser Angelegenheit hatte sich der Freiburger Bibliotheksdirektor im Mai 1899 an seinen Straßburger Kollegen mit der Bitte gewandt, ihm die entsprechenden Firmen und die Preise für die Tragkörbe und die hölzernen Tragbretter mitzuteilen. Seine Bleistiftnotizen auf dem Antwortschreiben aus Straßburg lassen erkennen, dass man in Freiburg im Rahmen der Umzugsplanungen auch die Umzugsberichte von der Kgl. Bibliothek in Stuttgart und der Kaiserl. Universitäts- und Landesbibliothek Straßburg sowie die erwähnte Studie von Maas gelesen hatte.[25] Aus demselben Jahr datieren auch Steups Bemühungen um eine Finanzierung der Umzugskosten, in dem er zusätzliche Haushaltsmittel für den Umzug in Höhe von 4.500,– Mark beantragte.[26] Bei seiner Kostenberechnung orientierte er sich an den Umzugkosten der Straßburger Bibliothek, deren Bestand damals mehr als doppelt so groß war und deren Umzug seinerzeit 9.500,– Mark gekostet hatte.[27] Obwohl die großherzogliche Regierung bei ihrem Etatentwurf für den Neubau der Universitätsbibliothek die Kosten für den Umzug berücksichtigt hatte, wurden diese Mittel erst Anfang Mai 1902 bewilligt, nachdem die Bibliotheksverwaltung das zuständige „Ministerium der Justiz, des Kultus und des Unterrichts“ wiederholt um die Zuweisung der Gelder ersucht hatte.[28] Als nun der Umzugstermin im August 1902 feststand, konnte man in die engere Phase der Vorbereitungen eintreten.

24 UAF B1, 3541: Generalia. Bausachen. Bibliothek. Den Neubau eines Universitätsbibliotheksgebäudes in Freiburg betr. 1893–1905 (1. Februar 1899).

25 Vgl. UAF B 6, 130: Umzug 1902 und die beim Umzug verwendeten Bücherkörbe (8. Mai 1899); List (wie Anm. 13); Maas (wie Anm. 9); A. Wintterlin,, Die Uebersiedlung der K. öffentlichen Bibliothek zu Stuttgart im Sommer 1883, in: ZfB 2 (1885), 59–64.

26 Zum Vergleich: Im ersten Halbjahr 1902 tätigte die Universitätsbibliothek Bücherkäufe in Höhe von 17.571,– Mark. Vgl. UAF B1, 3531: Generalia. Universitätsbibliothek. Rechnungswesen. Zusammenstellung der halbjährlichen und jährlichen Einnahmen und Ausgaben der Bibliotheksverwaltung. 1888–1913 (23. August 1902).

27 Der Buchbestand der Universitätsbibliothek Freiburg betrug damals inkl. der Dissertationen ca. 270.000 Bände. Vgl. Jahrbuch der Deutschen Bibliotheken 1 (1902), 29; GLA 235/7461 (15. Mai 1899).

28 Vgl. UAF B 1, 358: Generalia. Bausachen. Universitätshauptgebäude. Der Neubau eines Collegienhauses in Freiburg betr. 1889–1903 (16. März 1901); B 1, 3541 (28. April 1902); B 6, 130 (28. April 1902; 3. Mai 1902).

Zunächst bemühte sich die Bibliotheksverwaltung um die Verpflichtung eines Speditionsunternehmens und holte im Lauf der Monate Mai und Juni 1902 verschiedene Angebote ein. Wie aus den entsprechenden Schreiben der Bibliothek hervorgeht, sollte der Umzug etwa vier Wochen dauern und mit zusätzlich einzustellenden Arbeitern und evtl. auch mit Soldaten bewältigt werden. Ausschlaggebend für die Vergabe waren u. a. die Personalkosten für die Arbeiter, die Mietkosten für die Pferdegespanne und das Vorhandensein von geeigneten Kästen für den Büchertransport.[29] Schließlich erhielt die in Freiburg ansässige Firma Hanser & Winterhalter, die Möbeltransporte im In- und Ausland durchführte, den Zuschlag. Am 12. Juli wurde zwischen der Bibliothek und der Spedition ein entsprechender Vertrag geschlossen, demzufolge die Firma zwei Pferdegespanne und die dazu nötigen Möbelwagen bereitstellen sollte. Der Vertrag sah vor, den Umzug morgens in der Zeit von 7–12 Uhr und nachmittags von 14–18 Uhr durchzuführen. Schließlich verpflichtete sich die Spedition zur genauen Einhaltung der Arbeitszeit und übernahm die Verantwortung für die Ladungen. Als Lohn wurden 4,- Mark pro Mann und Zug vereinbart.[30] Wie aus der entsprechenden Korrespondenz hervorgeht, hatte sich die Spedition bei ihrer Umzugsplanung von dem in Straßburg angewandten Verfahren leiten lassen, von dem sich der Firmenchef dort selbst ein Bild gemacht hatte. Parallel dazu war die Bibliotheksleitung den Empfehlungen von List aus dem Umzug der Straßburger Bibliothek gefolgt und hatte sich Anfang Juli an das 5. Bad. Artillerieregiment (Nr. 76) und das 5. Bad. Infanterieregiment (Nr. 113), die beide in Freiburg stationiert waren, mit der Bitte um die Bereitstellung von Soldaten gewandt, die aber aufgrund zeitgleicher Manöver und Abkommandierungen abschlägig beschieden wurde.[31]

Am 9. Juli 1902 konnte dann die Bibliotheksverwaltung dem Senat der Universität einen Umzugsplan vorlegen, den Steup mit dem folgenden Hinweis versah: „In gefälliger Vergleichung sei erwähnt, dass bei der Uebersiedelung der Universitäts- und Landesbibliothek zu Strassburg, welche im Herbst 1895 stattfand, alle ausgeliehenen Bücher *ausnahmslos* zurückgegeben werden mussten, und dass *vom 15. Juli bis zum 1. October*, für einige Abtheilungen der Bibliothek sogar bis *zum 16. October* keine Bücher entliehen werden konnten“[32]. Im Einzelnen sah der Plan folgende Maßnahmen bzw. Modalitäten vor: Zunächst die Rückgabe der entliehe-

29 Vgl. UAF B 6, 130 (19. Juni 1902).

30 Vgl. UAF B 6, 130 (12. Juli 1902). Am 24. Juli 1902 wurden noch „besondere Vertragsbedingungen“ zwischen der Bibliothek und der Spedition vereinbart, in denen verschiedene Details des Umzugs wie z. B. die Übernahme der Versicherungskosten für die Renten-, Unfall- und Invaliditätsversicherung der Hilfsarbeiter durch das Unternehmen geregelt wurden. Vgl. ebd., (24. Juli 1902). Für die Entscheidung zugunsten der Spedition Hanser & Winterhalter war vermutlich auch der deutlich geringere Arbeitslohn ausschlaggebend gewesen, den diese Firma im Vergleich zu ihren Konkurrenten angesetzt hatte. Vgl. UAF B 6, 130. (22. Mai 1902; 22. Juni 1902; 24. Juni 1902).

31 Vgl. UAF B 6, 130 (6. Juli 1902 und 21. Juli 1902). Am Ende seines Umzugsberichts hatte List den Einsatz von Soldaten empfohlen, die „an Gehorsam, Ordnung und Pünktlichkeit“ gewöhnt und somit für die Verrichtung monotoner Arbeiten gut geeignet seien (List [wie Anm. 13] 150).

32 UAF B 1, 3541 (9. Juli 1902).

nen Bücher, die für die Raumbemessung im neuen Gebäude erforderlich waren. Daher sollten die Studierenden und sonstigen Nutzer diese Bücher bis zum 28. und 29. Juli, die Dozenten bis zum 5. August zurückgeben. Dies galt auch für die von Instituten entliehenen Bände. Nur im Fall von Werken, die mehr als 30 Bände umfassten, konnte auf eine Rückgabe verzichtet werden. In diesem Fall sollte der Entleiher der Bibliothek die laufende Meterzahl der entliehenen Werke mitteilen. Von den beiden genannten Terminen an sollten auch keine Ausleihen und Fernleihbestellungen mehr möglich sein. Im Anschluss an die Bücherrückgabe sah der Plan die Einstellung der zurückgegebenen Bücher, die Ausmessung der verschiedenen Bibliotheksbereiche, die Bestimmung des Umfangs des künftigen Lesesaalbestandes sowie den Versand des Jahrgangs 1901/02 der *Freiburger Universitätsschriften* an die externen Tauschpartner vor. Der eigentliche Umzug der Bücher war für Mitte August geplant. Für den unter der Aufsicht aller Bibliotheksbeamten erfolgenden Transport der Bücher und Möbel sollten die beiden Bibliotheksdiener, der Heizer und etwa 15 zusätzliche Arbeiter sorgen. Den Einsatz weiterer Kräfte hielt die Bibliotheksverwaltung für nicht sinnvoll, da die Arbeit in zwei Schichten aufgrund des Straßenbahnverkehrs unmöglich sei. Die Arbeitsstunden waren geplant nach dem Vorbild des Straßburger Umzugs vormittags in der Zeit von 7–12 Uhr und nachmittags in der Zeit von 14–18 Uhr. Schließlich versicherte die Bibliotheksverwaltung, dass man alles dafür tun wolle, um bis spätestens Ende September den Dozenten die Benutzung der Bibliothek wieder zu ermöglichen.[33] Der Senat billigte diesen Plan und äußerte seine Befriedigung darüber, dass die Bibliothek bis spätestens Ende September wieder nutzbar wäre und „nach dortiger mündlicher Zusage besondere Wünsche wegen Belassung einzelner Werke an Docenten, die dieselben während des Bibliotheksschlusses bedürfen, dortseits berücksichtigt werden sollen“[34]. Daraufhin ließ die Universitätsbibliothek in der Ausgabe der *Akademischen Mitteilungen* vom 25. Juli 1902 die Mitteilung veröffentlichen, dass wegen des bevorstehenden Umzugs alle entliehenen Bücher bis spätestens 29. Juli zurückzugeben seien und ab dem 28. Juli bis auf Weiteres keine Ausleihe mehr möglich wäre.[35]

Währenddessen prüfte die Bibliotheksverwaltung auch die technischen Möglichkeiten für den Buchtransport. Zunächst hatte die Direktion den Versuch unternommen, die in Straßburg verwendeten Bücherkörbe der dortigen Bibliothek abzukaufen, die aber bereits verkauft bzw. an andere Einrichtungen zu Umzugszwecken abgegeben worden waren.[36] Daher ließ man sich aus Straßburg einen eisernen Metallkorb als Modell zuschicken, den der dortige Hausmeister der Bibliothek konstruiert hatte. Nachdem sich die Freiburger Bibliothekare von der Eignung des Korbs überzeugt hatten, bat man die Straßburger Kollegen, den

33 Vgl. ebd.
34 UAF B 6, 130 (16. Juli 1902).
35 Vgl. Akademische Mitteilungen für die Studirenden der Albert-Ludwigs-Universität Freiburg im Breisgau, Sommer-Halbjahr 1902, Nr. 8.
36 Vgl. UAF B 6, 130 (31. Mai 1902).

Modellkorb bis zum 12. August behalten zu dürfen und ließ dem dortigen Hausmeister dafür 50,– Mark zukommen. Zugleich informierte Steup seinen Straßburger Kollegen von dem umzugsbedingten Aussetzen der Ausleihe und Fernleihe in den Monaten August und September und bat, an die Straßburger Bibliothek gerichtete Bestellungen von Freiburger Nutzern nach Möglichkeit direkt an diese zu versenden.[37] Die Universitätsbibliothek ließ dann bei dem Freiburger Schlossermeister Johann Heck 115 Metallkörbe anfertigen, die spätestens am 10. August bereitstehen sollten. Auch für die Herstellung von hölzernen Bücherkästen holte man bei dem hiesigen Schreiner Joseph Braig ein Angebot ein, demzufolge größere Kästen 60 Pfg. und kleinere 50 Pfg. kosten sollten.[38] Ein weiteres mit dem Transport zusammenhängendes Problem bestand in der Festlegung der Transportroute. Da die Möbelwagen wegen der Straßenbahn nicht durch die Bertholdstraße fahren konnten, mussten sie die Universitätsstraße nutzen, die aber relativ schmal war. Daher bat die Direktion das zuständige Großherzogl. Bezirksamt, die Universitätsstraße im Bereich von der Bertoldstraße bis zur Niemensstraße für die Zeit vom 19. August bis zum 15. September tagsüber für größere Fuhrwerke zu sperren, wobei Sonn- und Feiertage ausgenommen sein sollten. Daraufhin ließ das Bezirksamt sowohl im Amtsblatt als auch in der *Freiburger Zeitung* eine entsprechende Ankündigung veröffentlichen.[39] Schließlich wurde im unmittelbaren Vorfeld des Umzugs der künftige Platzbedarf des systematisch aufgestellten Bestandes im neuen Haus ermittelt, indem sowohl die aktuelle Stellfläche der einzelnen Bestandsgruppen als auch ihr durchschnittlicher Jahreszuwachs vermessen wurde. Dabei zeigte sich, dass die Fächer Geschichte/Geographie, Theologie und Rechtswissenschaften damals zwar zu den umfangreichsten Literaturgruppen gehörten, den größten Zuwachs neben der Geschichte/Geographie und den Rechtswissenschaften aber die Bestandsgruppen Medizin, Naturwissenschaften sowie die Dissertationen zu verzeichnen hatten.[40] Nach Abschluss aller Vorbereitungen konnte am 18. August dann der Umzug der Bestände beginnen.

2.2. Die Durchführung des Umzugs

Über den eigentlichen Büchertransport liegt uns kein eigens verfasster Bericht der Bibliotheksleitung vor, allerdings gibt es einige aufschlussreiche zeitgenössische Quellen, aus denen man den Verlauf des Umzugs rekonstruieren kann. Zunächst sind dies zwei Briefe Steups, die er nach Abschluss des Umzugs verfasst und in denen er einige Details des Unternehmens beschrieben hat. Anlass dieser beiden Schreiben, die er jeweils an den Direktor der Universitätsbibliothek Gießen und

37 Vgl. UAF (wie Anm. 36, 25. Juli 1902 und 28. Juli 1902).
38 Vgl. UAF (wie Anm. 36, 12. Juli 1902).
39 Vgl. Amtliches Verkündigungsblatt für den Großherzoglich Badischen Amts- und Amtsgerichtsbezirk Freiburg Nr. 31 (23. August 1902), 65; Freiburger Zeitung vom 23. August 1902, 4; UAF B 6, 130 (21. August 1902).
40 Vgl. UAF B 6, 130 (ohne Datum).

an den Direktor der Armeebibliothek in München gerichtet hatte, waren deren Erkundigungen nach dem Ablauf des Freiburger Umzugs und dessen organisatorisch-technischer Aspekte, die sie angesichts der anstehenden Umzüge ihrer eigenen Bibliotheken bei ihrem Freiburger Kollegen einholten.[41] Überdies geben aber auch Unterlagen der Spedition und v. a. eine von der Bibliotheksverwaltung geführte Fuhrenliste nähere Auskunft über den Verlauf des Umzugs.

Der Buchtransport wurde mit Hilfe der erwähnten eisernen Metallkörbe und von vier Möbelwagen durchgeführt, die die Spedition zur Verfügung gestellt hatte und die von zwei Pferden gezogen wurden. Dabei wurden zunächst die Bücher nach Bestandsgruppen geordnet in Kisten verpackt, die man dann in die Bücherkörbe setzte und mit den Wagen zum Neubau transportierte. Jede Tragekiste war mit einem Frachtbrief versehen, auf dem Angaben zu der Nummer der Fuhre, des Wagens, des Inhalts (Korbnummer), der Abgangszeit, dem Namen des absendenden Beamten, sonstigen Bemerkungen, der Ankunftszeit im Neubau und dem Namen des dort „empfangenden“ Beamten gemacht werden konnten. Im Durchschnitt fuhren vier Wagen pro Tag in den Neubau, die jeweils in der Regel 28 Körbe transportierten. Da am alten Standort der zum gleichzeitigen Beladen mehrerer Möbelwagen nötige Platz fehlte, musste man darauf verzichten, in zwei Schichten zu arbeiten. Die Arbeiten selbst wurden von 15 Arbeitern der Spedition durchgeführt, von denen immer sechs im alten und acht im neuen Gebäude eingesetzt waren, sowie von einem Universitätsdiener und zwei Bibliotheksbediensteten. Alle arbeiteten neun Stunden pro Tag und erhielten jeweils 4,– Mark pro Tag. Sie wurden bei ihrer Arbeit von vier Bibliotheksbeamten und einem Volontär beaufsichtigt, die jeweils sechs Stunden Dienst leisteten. Zu ihrer Unterstützung hatte man noch zwei Hilfskräfte – ein „Privatgelehrter“ und ein „junger Doctor“ – engagiert, die für sechs Stunden Arbeit einen Lohn von jeweils 5,– Mark bekamen.[42] Der Umzug konnte auf diese Weise im Verlauf von 30 Arbeitstagen mit 120 Fuhren ohne größere Unterbrechungen bewerkstelligt werden, so dass am Dienstag, den 23. September um 16:40 Uhr der letzte Pferdewagen mit einer Fuhre Bücher und Möbel das alte Bibliotheksgebäude verließ.

Offensichtlich verlief der Transport im Großen und Ganzen reibungslos, denn bereits am 6. September hatte Steup ein Schreiben an den Senat gerichtet, in dem er den Abschluss des Umzugs für den 22. oder 23. September ankündigte und seine Zufriedenheit mit den beteiligten Arbeitern und den beiden Bibliotheksdienern zum Ausdruck brachte. Daher bat er um die Erlaubnis, den Arbeitern, „nach glücklicher Vollendung des schwierigen Werkes wie es bei Pri-

41 Vgl. UAF B 6, 130 (11. November 1902; 22. November 1902; 30. Juni 1903). Die UB Gießen besaß im Jahr 1902 einen Buchbestand von ca. 255.000 Bänden und sollte im Jahr 1904 einen Neubau beziehen. Vgl. Jahrbuch (wie Anm. 27) 30 u. E. Heuser, Der Umzug der Giessener Universitätsbibliothek im Herbst 1904, in: ZfB 22 (1905), 113–122. Die Kgl. Bayerische Armeebibliothek in München mit ihrem Bestand von ca. 100.000 Bänden sollte in dem neuen Armeemuseum untergebracht werden, das sich damals noch im Bau befand. Vgl. Jahrbuch (wie Anm. 27) 52f.

42 Vgl. UAF B 6, 130 (22. November 1902).

vatumzügen üblich ist, ein kleines Geldgeschenk“ machen zu dürfen.[43] Da sich sowohl der Bibliotheksdiener Ehret als auch der Hilfsdiener Weber beim Umzug offenbar besonders bewährt hatten, wollte Steup ihnen jeweils eine Belohnung in Höhe von 120,– bzw. 100,– Mark zukommen lassen. Der Bibliotheksdirektor wies darauf hin, dass man diese Geschenke aus den zum Umzug bewilligten Mitteln nehmen könne, falls keine unerwarteten zusätzlichen Kosten aufträten. Im Hinblick auf eine zeitnahe Auszahlung der Belohnungen unmittelbar nach Beendigung des Umzugs bat Steup um eine schnelle Bewilligung seines Antrags. Bereits am 13. September erteilte das Ministerium der Bibliothek die gewünschte Genehmigung, dass den 15 Arbeitern aus den bewilligten Umzugsmitteln „ein Geldgeschenk von je fünf Mark verabfolgt werde“.[44] Mit der Bewilligung der Geldgeschenke für die beiden Bibliotheksbediensteten wollte das Ministerium aber noch so lange warten, bis die Bibliotheksverwaltung den Nachweis der gesamten Umzugskosten erbracht hätte.[45]

2.3. Nachklang

Bereits am 24. September erschien in der *Freiburger Zeitung* eine kleine Notiz über den Bibliotheksumzug, in der die Wiederaufnahme des vollen Betriebs der Bibliothek für Mitte Oktober angekündigt wurde.[46] Mitte Oktober wurde dann die akademische Öffentlichkeit darüber informiert, dass die neue Bibliothek „in Benützung genommen“ sei.[47] Die Ausleihe sollte in der Zeit von Montag bis Freitag von 10:00–12:30 Uhr und von 14:30–15:30 Uhr und am Samstag von 10–13 Uhr möglich sein. Hingegen stünde das „Lesezimmer“ in der Zeit von Montag bis Freitag von 10:00–12:30 Uhr und von 14:30–18:00 Uhr und am Samstag von 10–13 Uhr zur Nutzung offen. Offensichtlich unterlag der Nutzungsbetrieb anfangs aber noch Einschränkungen, denn in der darauffolgenden Ausgabe der *Akademi-*

43 UAF B 6, 130 (6. September 1902).
44 UAF B 1, 3541 (13. September 1902).
45 Diese Endabrechung der Umzugskosten, die sich auf eine Summe in Höhe von 4.254,50 Mark beliefen und somit im Rahmen der erfolgten Zuweisung blieben, legte die Bibliotheksverwaltung dem Ministerium am 14. Oktober 1902 vor. Die Kostenaufstellung zeigt, dass der Großteil der Mittel für die Bezahlung der Arbeiter (1.804,– Mark) und der Möbelwagen (928,- Mark), für die Anstellung von Hilfskräften zur Beaufsichtigung der Arbeiten (235,- Mark) sowie für die Anschaffung von 115 eisernen Bücherkörben (518,– Mark), 600 hölzernen Büchertragekästen (310,- Mark) und die Miete eines Aufzugsrahmens und eines Seils (75,- Mark) verwendet wurde. Steup wies in seinem Schreiben nochmals auf die von ihm gewünschten Geldgeschenke für die beiden Bibliotheksbediensteten hin und bat zugleich, dass man von dem verbleibenden Restbetrag in Höhe von 25,50 Mark Bücherstützen anschaffen dürfe, die im Neubau benötigt würden. Vgl. UAF B 6, 130 (14. Oktober 1902). Daraufhin erteilte das Ministerium am 29. Oktober die Genehmigung sowohl für die Auszahlung der Geldgeschenke an die beiden Angestellten „für ihre besondere Inanspruchnahme bezw. Mitwirkung beim Umzuge“ als auch für die Anschaffung der Bücherstützen (UAF B 1, 3541 [29. Oktober 1902]). Allerdings wurden die von Steup vorgeschlagenen Summen vom Ministerium abgeändert: Während Bibliotheksdiener Ehret 140,– Mark erhielt, bekam Hilfsdiener Weber nur 80,- Mark.
46 Vgl. Freiburger Zeitung vom 25. September 1902, 2.
47 Akademische Mitteilungen (wie Anm. 35) Winter-Halbjahr 1902/03, Nr. 1.

schen Mitteilungen vom 3. November findet sich ein Hinweis darauf, dass nun der Umzug der Bibliothek vollzogen und die baulichen Arbeiten „nahezu vollendet" seien und daher „in kurzer Zeit der volle Betrieb" der Bibliothek wieder aufgenommen werden könne.[48] Allerdings waren die Ausleihzeiten für die Studenten auf den Vormittag begrenzt, während den Dozenten die Buchausleihe auch nachmittags in der Zeit von 14:30–16:30 Uhr möglich war. Der Hauptgrund für diese Verzögerung der offiziellen Wiedereröffnung der Bibliothek war der Umstand, dass die Innenarbeiten im neuen Gebäude zum Zeitpunkt des Bezugs noch nicht abgeschlossen waren: Einerseits fehlte es teilweise noch an Mobiliar und an anderen Einrichtungsgegenständen und andererseits wies der Neubau erhebliche Baumängel auf.[49] In dem erwähnten Brief Steups an seinen Gießener Kollegen Herman Haupt heißt es demgemäß: „Unsere Bibliothek ist schon zwei Monate im neuen Gebäude; aber fertig ist unsere innere Einrichtung noch lange nicht. Wenn Sie es irgend vermeiden können – wir konnten es in Folge zwingender Umstände nicht –, so ziehen Sie ja nicht eher um, als bis im neuen Gebäude *Alles* [sic. M.B.] ganz fertig ist. Ich habe noch alle Hände voll mit der inneren Einrichtung zu thun, und dazu kommt die Neuregelung des Betriebs und, was in gewöhnlichen Zeiten zu thun ist".[50] Die Beseitigung dieser Baumängel, die nach der Schließung des Freiburger Baubüros allein an der Bibliotheksverwaltung hängen blieb, sollte diese noch lange Zeit beschäftigen.[51] Erst nachdem man am 1. Mai 1903 die akademische Lesehalle der Nutzung übergeben hatte, konnte der Bau als vollendet betrachtet werden. Wenige Tage später berichtete der Senat dem Karlsruher Ministerium von dem Abschluss der Bauarbeiten und äußerte zugleich seinen Wunsch, der Großherzog möge den Neubau einweihen, damit so „das schöne Werk auch durch einen äusseren Akt eine bekrönende Weihe empfange"[52]. Da dieses Ansinnen aus verschiedenen Gründen jedoch abgelehnt wurde, kam es nie zu einer Einweihung oder feierlichen Eröffnung der neuen Bibliothek.

War auf diese Weise das Neubauprojekt der Universitätsbibliothek zum Abschluss gekommen, so sollte die Umzugsthematik die Bibliotheksleitung, die mittlerweile v. a. mit der Behebung verschiedener Baumängel des von Anfang an zu klein geratenen Gebäudes konfrontiert war, immer wieder einmal beschäftigen. Denn mehrere Bibliotheken und Archive erkundigten sich im Rahmen ihrer

48 Akademische Mitteilungen (wie Anm. 35) Winter-Halbjahr 1902/03, Nr. 2. Vgl. dazu Mitteilungen aus und über Bibliotheken, in: ZfB 19 (1902), 543–546, 545.

49 Vgl. Karasch (wie Anm. 17) 52f.

50 UAF B 6, 130 (22. November 1902).

51 So musste Steup noch Ende Mai 1903 das Ministerium darum bitten, die Bauleitung der Bibliothek zu veranlassen, eine Reihe „rückständige[r] Arbeiten nunmehr in kürzester Frist zu erledigen" und das „neue Gebäude jetzt möglichst bald den akademischen Behörden [zu] übergeben" (UAF B 6, 143: Universitäts-Bibliothek Freiburg i. Br. Acta betreffend Bauliche Herstellungen und innere Einrichtung [27. Mai 1903]).

52 UAF B 1, 3541 (7. Mai 1903). Als Gründe wurden anderweitige terminliche Verpflichtungen des Großherzogs, die für eine größere Feier im Neubau fehlenden Räumlichkeiten und die Tatsache angeführt, dass „das neue Universitätsgebäude schon beinahe acht Monate in Benützung ist" (ebd., [15. Mai 1903]).

Umzugsplanungen über den Verlauf des Freiburger Umzugs und zeigten dabei v.a. an den damals verwendeten Metallkörben großes Interesse.[53] Dabei sollte es auch zu einem frühen Beispiel badisch-württembergischer Bibliothekskooperation kommen, denn im Sommer 1912 hatte die Universitätsbibliothek Tübingen anlässlich ihres bevorstehenden Umzugs in den von Paul Bonatz errichteten Neubau die Freiburger Bibliothek gebeten, die bei ihrem Büchertransport verwendeten 50 eisernen Körbe und alle noch vorhandenen Holzkästen erwerben zu können. Nachdem Steup gegenüber dem Karlsruher Ministerium dargelegt hatte, dass man die „noch vorhandenen 113 eisernen Körbe hier oder überhaupt im Großherzogtum in absehbarer Zeit“ nicht benötigen würde und man daher die gewünschten 50 Körbe bedenkenlos abgeben könne, wurde ihm die erforderliche Genehmigung unter Angabe der jeweiligen Verkaufspreise am 26. Juli 1912 erteilt.[54] Insgesamt wurden danach 80 Metallkörbe, 44 große und 292 kleine Holzkisten an die Universitätsbibliothek Tübingen zu einem Preis von 266,20 Mark verkauft.[55]

Nicht wenige Veröffentlichungen über Bibliotheksumzüge in dieser Zeit sind teilweise in einem euphorischen Ton geschrieben, in dem sich etwas von der damaligen bibliothekarischen Aufbruchsstimmung widerspiegelt. So bemerkte Georg Maas in seiner erwähnten Studie über Bibliotheksumzüge, dass es „zu den erfreulichsten Ereignissen im dienstlichen Leben eines Bibliothekars [gehöre], mit den ihm anvertrauten Schätzen aus alten, vielleicht längst nicht mehr zureichenden Räumen in neue und angemessen eingerichtete übersiedeln zu können“, um nur ein Beispiel zu nennen.[56] Julius Steups Urteil über den Umzug seiner Bibliothek fiel hingegen nüchterner aus, denn im Juni 1903 berichtete er dem Vorstand der Kgl. Bayer. Armeebibliothek, Emil Pfülf: „Wir sind hier im wesentlichen dem Strassburger Beispiel gefolgt und, wie ich glaube, im ganzen recht gut dabei gefahren“ [57]. Die aus Steups Worten sprechende Bescheidenheit sollte nicht darüber hinwegtäuschen, dass der geschilderte Bibliotheksumzug als eine beachtliche Leistung gelten darf. Dies gilt gerade auch im Vergleich zu dem von Anfang bis Ende problematischen und schleppenden Verlauf der Bauzeit, zumal sich schon bald die beschränkte Funktionstüchtigkeit und die zu geringe Raumkapazität des Neubaus zeigen sollten.[58] Dank einer umsichtigen Planung war es der Biblio-

53 Vgl. UAF B 6, 130 (11. November 1902; 22. November 1902; 30. Juni 1903; 1. Oktober 1904; 10. November 1904).

54 Ebd. (24. Juli 1912). Allerdings empfahl Steup, „eine gewisse Anzahl kleiner Holzkasten für unsere Umstellungen und zur Benutzung beim Bezuge eines etwaigen Erweiterungsbaus zu behalten“ (ebd.). Vgl. dazu ebd. (10. Mai 1912; 26. Juli 1912; 29. Juli 1912).

55 Vgl. ebd. (12. Oktober 1912 und 17. Oktober 1912). Die so verkauften Holzkisten wurden etwa ein Jahr später von der Universitätsbibliothek Tübingen an die Universitätsbibliothek Erlangen weiterverkauft, die jene für ihren bevorstehenden Umzug benötigt und sich diesbezüglich an die Universitätsbibliothek Freiburg gewandt hatte. Vgl. ebd. (17. Juni 1913; 25. Juni 1913; 17. Juli 1913).

56 Maas (wie Anm. 9) 1.

57 Vgl. UAF B 6, 130 (30. Juni 1903).

58 Vgl. Mitteilungen aus und über Bibliotheken, in: ZfB 19 (1902), 483–498, 487; I. Toussaint, Die Universitätsbibliothek Freiburg im Dritten Reich, 2. verb. u. erw. Aufl., München 1984, 17f.

theksleitung gelungen, jene Aufgabe erfolgreich zu lösen, die ein Bibliotheksumzug jenseits aller Unterschiede im Detail stets neu mit sich bringt, und die auch heute noch darin besteht, „ein möglichst vorteilhaftes System zu ersinnen, nach welchem die Überführung der Bücher sich auf rasche und doch ordnungsgemäße Weise am besten vollziehen“ [59] lässt.

59 List (wie Anm. 13) 146.

Effektive Information
Überlegungen zum Konzept des Sondersammelgebietes Theologie / Religionswissenschaft der UB Tübingen

Christian Herrmann

Albert Raffelt verbindet in seiner Person theologische und bibliothekarische Kompetenz. Wie kein anderer bibliothekarischer Kollege hat er von außen die Tätigkeit im Sondersammelgebiet Theologie bzw. Allgemeine und Vergleichende Religionswissenschaft der Universitätsbibliothek Tübingen unterstützend begleitet. In einem Sammelwerk, das seine vielfältigen Verdienste zu würdigen versucht, darf daher ein Beitrag über die UB Tübingen nicht fehlen. Aus den zahlreichen Interessen des Jubilars sticht die Bemühung um ein angemessenes Verständnis Karl Rahners besonders hervor. Das Beispiel dieses wohl wichtigsten katholischen Theologen des 20. Jahrhunderts im deutschsprachigen Raum wird in bibliothekarischer Hinsicht immer wieder aufzunehmen sein, um auf grundlegende Fragen der Sondersammelgebietsarbeit einzugehen.

Die Problematik, vor der das wissenschaftliche Bibliothekswesen in sich zuspitzender Weise steht, kann an wenigen sehr gegensätzlichen Zahlen verdeutlicht werden. In der Fachdatenbank „*Index theologicus*" (http://www.ixtheo.de) wurde im Zeitraum vom 22. Dezember 2008–12. Januar 2009 dreimal nach Karl Rahner als Autor gesucht, zwei weitere Male in Kombination mit einem Titelelement und einmal als Stichwort in Verbindung mit dem Stichwort „Evolution".[1] Die Art und Weise der Suche verdeutlicht, daß sehr bewußt und gezielt recherchiert wurde, zumal der Benutzer explizit nach retrokonvertiertem Material gesucht hat, in dem Karl Rahner als Autor und nicht – wie weitaus häufiger – als Schlagwort begegnet.

Dem steht eine Suchanfrage in der Suchmaschine „*Google*" gegenüber, die am 19. Januar 2009 ca. 300.000 Treffer zum Stichwort „Rahner" ergab. Immerhin führen die internen Relevanzkriterien von „Google" dazu, daß besonders aussagekräftige Websites wie die Biographien in Wikipedia, Bautz, „Who's who?", aber auch die Angebote der UB Freiburg zu Rahner und anderer Institutionen mit Rah-

1 Die mit Hilfe einer Auswertungsdatenbank ermittelten Nutzungszahlen für den IxTheo ergeben meistens einen gewissen Vorsprung für die Freitextsuche (in diesem Zeitraum: 3.125 Zugriffe) vor der Recherche mit Schlagwörtern (2.669 Zugriffe), Autor (1.753 Zugriffe) und Titelelement (990 Zugriffe). Gelegentlich rückt die besonders präzise Schlagwortsuche an die erste Stelle.

ner als Bezugspunkt sich auf den vorderen Plätzen in der Ergebnisliste befinden. Hier gibt sich der Benutzer mit einer unüberschaubaren und höchst heterogenen Trefferliste zufrieden bzw. verläßt sich für die Eingrenzung auf die Logik der Google-internen Relevanzprüfung. Die umgekehrte Problematik von Internetangeboten liegt in deren häufig zu selektivem Charakter. So finden sich angesichts der faktischen theologischen Bedeutung Rahners auf katholischen Linklisten zu wenige und zu indirekte Bezugnahmen. In „*Catholic pages*" (http://www.catholic-pages.com/default.htm) gibt es keinen eigenständigen Unterpunkt zu Rahner und nur zwölf Einträge zu ihm im Diskussionsforum der Benutzer (Januar 2009). Die Seite www.katholisch.de bietet 36 Einträge zu Rahner als Stichwort, wobei es sich ausschließlich um Dateien mit eher marginalen Bemerkungen zur Rezeption Rahners, etwa bei seinem Schüler Karl Lehmann handelt (Januar 2009).

1. Internationalität statt Partikularismus (Profil)

Das Sondersammelgebietsprogramm der Deutschen Forschungsgemeinschaft leistet mit seinen Finanzmitteln für ausländische Grundlagen- und Spezialliteratur einen wesentlichen Beitrag dazu, der deutschen Forschung eine Erweiterung ihres Bezugsfeldes über territoriale und sprachliche Grenzen hinaus zu ermöglichen. Enger definierte Spezialsammlungen sind durchaus in unterschiedlicher Weise üblich in der Bibliotheksarbeit.[2] Jedoch intendiert die *systematische Herangehensweise* eines fachbezogenen Sondersammelgebietes, die engeren Spezialthemen zueinander in Beziehung zu setzen. Durch die etwa gleichmäßige Berücksichtigung der Themen, Teilfächer, Territorien, positionellen Ausgestaltungen (Konfessionen, Strömungen, Schulbildungen) wird es möglich, partikulare Perspektiven in einen größeren Zusammenhang einzuordnen, vorher nicht bedachte Aspekte und Wechselwirkungen zur Kenntnis zu nehmen, Impulse zu Studien über den gewohnten Bezugsrahmen hinaus zu geben. Freilich bleibt gerade im Bereich der Theologie der deutsche Sprachraum so wichtig, daß die ausländische Literatur nicht von der deutschen isoliert werden kann. Deutsche Theologen sind häufiger Gegenstand ausländischer Forschung als umgekehrt.

Chancen und Probleme der Erwerbungspolitik im SSG Theologie / Religionswissenschaft können anhand mehrerer Beispiele verdeutlicht werden. Durchgehend läßt sich die besondere Bedeutung der UB Tübingen in der Verfügbarmachung und Dokumentation ausländischer Literatur nachweisen.

2 Als Beispiel könnte die thematisch eng, methodisch und erwerbungspolitisch jedoch weit angelegte Bibelsammlung der Württembergischen Landesbibliothek angeführt werden. Dasselbe gilt für die Spezialsammlungen einiger Ordensbibliotheken zur Geschichte des eigenen Ordens, die Traditionspflege im Bereich reformierter theologischer Literatur in der Johannes-a-Lasco-Bibliothek Emden oder die Sammelaufträge von Kirchenverwaltungen zugeordneten Bibliotheken im Hinblick auf die betreffende Verwaltungseinheit (z. B. württembergische Kirchengeschichte in der Landeskirchlichen Zentralbibliothek in Stuttgart).

So findet man – immer den Zeitraum Januar 2009 vorausgesetzt – in der UB Tübingen insgesamt 360 Monographien über Karl Rahner im *Opac*, davon 158 fremdsprachige (43,8 %). Die UB Freiburg pflegt an dieser Stelle eine Spezialsammlung und weist im Opac 440 Monographien über Rahner nach, davon 160 fremdsprachige (36,4 %). Obwohl die UB Tübingen prozentual mehr ausländische als deutsche Literatur erwirbt, bleibt sie hinter den absoluten Erwerbungszahlen solcher Bibliotheken zurück, die das betreffende Thema als Spezialgebiet pflegen. So befinden sich im Bestand der UB Freiburg 16 Monographien des Erscheinungsjahres 2001 (davon 4 fremdsprachige), im Bestand der UB Tübingen dagegen nur 13 (davon 3 fremdsprachige). Für das Erscheinungsjahr 2005 gelten die Zahlen: UB Freiburg: 19 (davon 8 fremdsprachige); UB Tübingen: 11 (davon 7 fremdsprachige). Aber selbst die UB Freiburg kann nicht alle Literatur über Rahner erwerben und dokumentieren, wie man an der Zahl der Titelverknüpfungen mit dem Schlagwort „Rahner, Karl" im Verbund-Opac des Südwestdeutschen Bibliotheksverbundes erkennen kann: 514 Treffer (davon 215 fremdsprachige)(UB Freiburg: 444 Treffer). Offensichtlich wird diverses Kleinschrifttum von zum Verbund gehörigen kirchlichen Bibliotheken gesammelt und dokumentiert, wozu möglicherweise noch per Pflichtexemplarregelung in die Landesbibliotheken gelangte Titel kommen.

Die starke Position der UB Freiburg in der Erwerbung insbesondere *deutscher theologischer Literatur*, die auch auf eine geschickte Kooperation zwischen der Zentral- und Fakultätsbibliothek zurückzuführen ist, läßt sich aber auch an anderen Beispielen abgesehen von der Spezialsammlung zu Karl Rahner erweisen. So verfügt die UB Tübingen über 138 Monographien (davon 91 fremdsprachige: 65,9 %) zum Thema „Gnadenlehre", die UB Freiburg dagegen über 164 einschlägige Titel (davon 62 fremdsprachige: 37,8 %). Die höhere Titelzahl in Freiburg kann auf die konfessionelle Akzentuierung des Bestandes zugunsten der katholischen Theologie zurückgeführt werden, während man in Tübingen stärker übergreifend arbeitet. Trotzdem ist der Vorsprung der UB Tübingen bei einem anders als „Gnadenlehre" eher in der evangelischen Theologie verankerten Begriff wie „Rechtfertigungslehre" nicht so groß, daß man der Freiburger Erwerbungspolitik Einseitigkeit vorwerfen könnte: UB Tübingen: 246 Treffer (davon 161 fremdsprachige: 65,4 %); UB Freiburg: 190 Treffer (davon 31 fremdsprachige: 16,3 %). Beunruhigen muß aber wegen der Wechselwirkungen zwischen der deutschen und ausländischen Theologie die große Bestandsdifferenz bei deutschen Monographien (159 in Freiburg gegenüber 83 in Tübingen). Die Defizite der UB Tübingen im Bereich der deutschen Theologie können nur teilweise durch den Bestand der Fakultätsbibliothek ausgeglichen werden, zumal es sich wegen der bisher fehlenden Zusammenführung der Haushaltsmittel in vielen Fällen um Dubletten handelt.[3]

3 Fakultätsbibliothek Theologie in Tübingen (evangelisch und katholisch): 89 Monographien zur Gnadenlehre (davon 40 fremdsprachige: 44,9 %); 166 Monographien zur Rechtfertigungslehre (davon 55 fremdsprachige: 33,1 %). Immerhin verfügt das Theologicum über 26 deutsche Monographien zur Rechtfertigungslehre mehr als die UB.

Wegen der Einzelerschließung kirchenamtlicher und ökumenisch relevanter Dokumente durch die kirchlichen Bibliotheken liegen die Titelzahlen im SWB-Verbund-Opac bei diesen Themen deutlich über den Nachweisen aus Tübingen und Freiburg (Gnadenlehre: 511 Titel, davon 281 fremdsprachige: 55 %; Rechtfertigungslehre: 565 Titel, davon 193 fremdsprachige: 34,2 %).[4]

Die Unverzichtbarkeit des SSG Theologie für die übrigen Bibliotheken wird jedoch besonders deutlich, wenn man *nach solchen Themen recherchiert, die in Deutschland eine eher untergeordnete Rolle spielen und über die überwiegend im Ausland publiziert wird.* Ein ganz erheblicher Teil der im SWB nachgewiesenen Bestände über die Mormonen (568 Monographien, davon 497 fremdsprachige: 87,5 %) stammt aus der UB Tübingen (492 Monographien, davon 484 fremdsprachige: 98,4 %).[5] Trotz der etwas stärkeren Präsenz der Baptisten in Deutschland ergibt sich hier ein tendenziell ähnliches Bild: SWB: 461 Monographien (davon 384 fremdsprachige: 83,3 %); UB Tübingen: 272 Monographien (davon 264 fremdsprachige: 97,1 %).[6]

Aus der Zusammenschau beider Beispielgruppen ergibt sich, daß die UB Tübingen einen Verbesserungsbedarf im Bereich deutscher Theologie hat, zugleich aber erheblich zur Internationalität der theologischen Bestände im Südwestverbund wie in Deutschland insgesamt beiträgt. Die Bildung von Bibliotheksverbünden wie die Finanzierung von Sondersammelgebieten zielt auf eine verstärkte *Kooperation* zwischen den Bibliotheken und Angeboten ab. Im Bereich der Sacherschließung wird die Arbeitsteilung besonders manifest, weil der jeweilige Mehrwert in den Bestandsprofilen mit der Verpflichtung zum inhaltlichen Nachweis einhergeht.[7] Abhilfe im Bereich der deutschen Theologie und eine Ausbaumöglichkeit bei der ausländischen Literatur würde sich für die UB Tübingen durch eine verstärkte Kooperation mit den theologischen Fakultäten vor Ort ergeben, wenn sich die teilweise schwer nachvollziehbaren Widerstände auf der Seite der Professoren überwinden ließen.

In der formalen und inhaltlichen Dokumentation theologischer Aufsätze kommt der UB Tübingen eine noch verantwortungsvollere Aufgabe zu als im Be-

4 Die Statistikzahlen für das Portal der kirchlichen Bibliotheken, den Virtuellen Katalog Theologie und Kirche (VThK)(http://www.vthk.de) lassen sich nur schwer ermitteln, weil die Zahlen für jede Bibliothek einzeln und ohne Dublettenkontrolle aufgeführt werden. Die Bestände sind dem inhaltlichen bzw. konfessionellen Profil der jeweiligen Bibliothek entsprechend aber nicht unerheblich. So verfügt z. B. die Diözesanbibliothek Köln über 202 Monographien über Karl Rahner.

5 UB Freiburg: 52 Monographien zu den Mormonen, davon 34 fremdsprachige (65,4 %).

6 UB Freiburg: 53 Monographien zu den Baptisten, davon 31 fremdsprachige (58,5 %). Bei einer vollständigeren Analyse wären noch die Publikationen über einzelne baptistische Organisationen zu berücksichtigen (z. B. Southern Baptist Convention; Bund Evangelisch-Freikirchlicher Gemeinden in Deutschland, Samavesam of Telugu Baptist Churches), was die starke Position der UB Tübingen in diesem Bereich noch mehr hervorheben würde.

7 So ist positiv zu vermerken, dass nahezu sämtliche im SWB nachgewiesenen Bestände über Karl Rahner durch die UB Freiburg gemäß RSWK sachlich erschlossen wurden und zwar auch rückwärtig für die Bestände, die vor Einführung der RSWK-Verschlagwortung erworben wurden. Die UB Tübingen ihrerseits ist insbesondere gefordert im Bereich der ausländischen Literatur, für die sie häufig Alleinbesitz vorzuweisen hat. Die Deutsche Nationalbibliothek übernimmt fast die komplette Erschließung der deutschen Literatur.

reich der Monographien. Daher versucht die Fachdatenbank *„Index theologicus"*, die als Weiterentwicklung des gedruckten Current-Awareness-Dienstes „Zeitschrifteninhaltsdienst Theologie" (1975 ff.) zu verstehen ist, dem internationalen und allgemein-theologischen Anspruch des Sondersammelgebietes besonders adäquat gerecht zu werden.[8]

Deutlich wird dies durch den Vergleich mit der konkurrierenden amerikanischen Datenbank *„ATLA Religion Database"*. Dort findet man bei einer Recherche nach Karl Rahner als Schlagwort 804 Treffer, von denen 476 (59,2 %) in englischer und 220 (27,4 %) in deutscher Sprache verfaßt sind. Der Anteil deutscher Literatur fällt noch geringer aus, wenn man als Schlagwort die Rechtfertigungslehre (justification) zugrundelegt: 1.550 Treffer, davon 998 in englischer (64,4 %) und 147 in deutscher Sprache (14,7 %).

Demgegenüber bietet *„IxTheo"* 666 Aufsatznachweise über Karl Rahner, davon 277 in deutscher (41,6 %) und 251 in englischer Sprache (37,7 %). Die Titelsätze sind jeweils – auch ein Segment interbibliothekarischer Kooperation – durch einen Link mit der in der UB Freiburg gepflegten Rahner-Bibliographie verknüpft, die fast 4000 Titel unterschiedlichster Art aufweist. Aus dieser Zahl wird, selbst wenn man die Zahlen für Monographien und Aufsätze zusammenrechnet, deutlich, daß angesichts personeller und finanzieller Kapazitätsgrenzen niemals alle relevanten Quellen und Literaturgattungen in eine Fachdokumentation aufgenommen werden können. Immerhin sind im IxTheo und im SWB die wichtigsten und umfangreicheren Publikationen zu den jeweiligen Themen katalogisiert und so stellen diese Nachweisinstrumente eine Hilfe auch für die Erstellung und Aktualisierung speziellerer Bibliographien dar.

Die größere Ausgewogenheit des „IxTheo" in der Verteilung sprachlicher und territorialer Provenienzen im Vergleich zur „ATLA Religion Database" läßt sich auch anhand der anderen bereits erwähnten Beispiele aufzeigen. Bei der Suche nach dem Schlagwort „Rechtfertigungslehre" findet man 1.484 Einträge, davon 680 deutsche (45,8 %), 534 englische (36,0 %), 65 italienische (4,4 %), 63 französische (4,3 %), 60 spanische (4,0 %). Zur Gnadenlehre findet man 271 Aufsätze, davon 65 deutsche (24,0 %), 82 englische (30,3 %), 44 spanische (16,2 %), 37 französische (13,6 %), 32 italienische (11,8 %). Auch im IxTheo wird manifest, daß es sich bei Mormonen (88 Aufsätze, davon 78 fremdsprachige: 88,6 %) und Baptisten (650 Treffer, davon 548 fremdsprachige: 84,3 %) um Gruppierungen mit Schwerpunkten außerhalb Deutschlands handelt.

In der *Gründung, Fusion bzw. im Ende von Zeitschriften* kommen dank der Sammlung einer größeren Zahl von Autoren und Herausgebern in leichter nachvoll-

8 Eine Erschließung bibliographisch unselbständiger Literatur im SWB findet in einzelnen Bibliotheken sonst stets in partikularer Absicht statt, z. B. als Dokumentation der Werke von Fakultätsangehörigen, durch Auswertung regional oder zeitlich relevanter Quellen (in den kirchlichen Bibliotheken oder in Spezialbibliotheken wie z. B. beim Melanchthonhaus in Bretten), im Hinblick auf kirchenrechtliche Publikationen durch die Bibliotheken der obersten Bundesgerichte in Karlsruhe und die juristische Fakultätsbibliothek in Tübingen.

ziehbarer Weise als bei Monographien theologische Entwicklungen zum Ausdruck. So kann man die Neugründung von Zeitschriften in Osteuropa oder Asien als Indiz für den teilweise durch veränderte politische Rahmenbedingungen ermöglichten Aufschwung des kirchlichen Lebens betrachten.[9] Der hohe Akzeptanzgrad bestimmter Themen wie politische Theologie oder Pastoralpsychologie spiegelt sich in der Veränderung der Publikationslandschaft wider.[10] Aber wegen der begrenzten Kapazitäten ist es kaum möglich, alle durch Hinweise und Anfragen an das IxTheo-Team herangetragenen Wünsche nach einer Dokumentation in der Datenbank positiv zu beantworten. In der Spannung zwischen systematischem und exemplarischem Vorgehen gilt es, die Auswahlkriterien für den Quellenkanon des IxTheo so zu formulieren, daß der Anspruch möglichst weitgehender Repräsentanz der theologischen Entwicklungen gewahrt bleiben kann.

2. Präzision statt Zufälligkeit (Technik)

Effektive Information setzt voraus, daß jederzeit erkennbar ist, wonach tatsächlich gesucht wird und was dabei erwartet werden kann. Die Suchmaschinen-Mentalität vieler Benutzer führt zur Präferenz der *Freitextsuche*. Gerade diese bewirkt zwar die größte, aber auch die unzuverlässigste Ergebnismenge. So ergibt eine Rechercheanfrage im Tübinger Opac mit dem Stichwort „Rahner" 623 Treffer, wobei darin auch Werke *von* Karl Rahner, außerdem von weiteren Autoren wie Hugo Rahner oder Johanna Rahner enthalten sind. Bei häufigeren Namen wäre ein noch größere Konfusion zu erwarten. Die Recherche mit dem Titelelement „Rahner" bringt 297 Treffer zutage, diejenige mit dem Schlagwort „Rahner, Karl" 360 Monographien. Daran zeigt sich, daß selbst im Hinblick auf Personen, die anders als Sachinhalte in ihrer Schreibweise und Begrifflichkeit nicht von der Sprache des Werkes abhängen, man mit der Titel- oder Freitextsuche keineswegs alle einschlägigen Werke findet. Die Inhaltserschließung mit Hilfe von normierten und redaktionell kontrollierten Schlagwörtern bleibt für die Präzision der Recherche unverzichtbar, setzt allerdings auch eine entsprechende personelle Ausstattung der Bibliotheken voraus.

Fehlt die redaktionelle Durchsicht, so kommt es bei der – angesichts der zu bearbeitenden Mengen notwendigen – Kooperation unweigerlich zu *Konsistenzproblemen*, die nur bedingt durch Recherchemittel wie Trunkierung oder Maskierung abgemildert werden können. In der „ATLA Religion Database" begegnet Karl Rahner in zwei voneinander abweichenden Einträgen, nämlich ohne und mit Lebensdaten.[11]

9 Als Beispiele könnte man nennen: Perichoresis (Rumänien, 2003 ff.), Konfluenzen (Rumänien, 2001 ff.), Journal of Asia Adventist Seminary (Philippinen, 1999 ff.).

10 Beispiele: International journal of public theology (Leiden : Brill, 2007 ff.), Transformationen. Pastoralpsychologische Werkstattberichte (München, 2001 ff.).

11 Bei „Rahner, Karl": 377 Einträge; bei „Rahner, Karl 1904–1984": 383 Einträge als Autor. Ein klei-

Ein anderes Verfahren, die Inhomogenität des Datenmaterials aus verschiedenen Katalogen zu überbrücken, liegt in *Portallösungen*. Dabei garantiert die Masse der zusammengeführten Daten und die Unvermeidlichkeit von Doppelungen, daß man fast immer relevantes Material findet, allerdings ohne die Gewähr einer annähernden Repräsentanz und Vollständigkeit. Der „Virtuelle Katalog Theologie und Kirche", der sich der technischen Basis des „Karlsruher Virtuellen Kataloges" bedient, ist ein Beispiel für den Versuch, Daten zu addieren, aber nicht in ihrer inneren Struktur so aneinander anzugleichen, daß man mit einer Suchanfrage tatsächlich alle faktisch einschlägigen Titel finden kann.

Das andere für die Theologie nützliche Beispiel ist die Metasuchfunktion in der „Virtuellen Fachbibliothek Theologie und Religionswissenschaft" (VirTheo) der UB Tübingen (http://www.virtheo.de).[12] Gibt man hier Karl Rahner als Autor ein, so erhält man 1.373 Treffer. Allerdings sind darin nicht die tatsächlich vorhandenen Ergebnisse aus der Landeskirchlichen Zentralbibliothek in Stuttgart enthalten, weil hier der Autor in individualisierter Weise mit Lebensdaten erfaßt wird. Einzelne Kataloge können bei manchen Recherchen nicht einbezogen werden, weil sie zu langsam auf die Anfrage der Portalsoftware reagieren. Die Katalogisierungspraxis und die Rechnerkonfiguration der beteiligten Bibliotheken kann von den VirTheo-Mitarbeitern nicht beeinflußt werden. Portale bieten den Vorteil, mit einer Suchanfrage simultan in verschiedenen Teildatenbanken recherchieren zu können und damit ein sukzessives Vorgehen zu vermeiden. Sie haben aber ihre Grenzen darin, daß die zu durchsuchenden Datenbanken ein Mindestmaß struktureller Vergleichbarkeit aufweisen müssen. So ist es kaum anzustreben, Volltextdatenbanken in die Metasuche einzubinden und z.B. in einer Ergebnisliste neben Monographien mit präzisen Schlagwörtern Textausschnitte aus Primärquellen mit eher marginalen und zufälligen Verwendungsweisen des Rechercheterminus zu finden. Ein Problem ist auch schon gegeben, wenn man z.B. mit Schlagwörtern suchen möchte, es aber mit unterschiedlichen Sprachen und Sacherschließungsregeln zu tun hat.

Die übergreifende und bewußt unspezifischere Metasuche kann ein stärker *strukturiertes Vorgehen* nicht ersetzen. So werden seit Januar 2009 in einer eigenen, sich hierarchischer Ausdifferenzierungstechniken bedienenden Datenbank innerhalb von VirTheo Internetquellennachweise angeboten. Diese sind sowohl punktuell über Einzelbegriffe als auch sequentiell über klassifikatorische Zuordnungen zu größeren Themen recherchierbar.[13]

Metasuchfunktionen, wie sie etwa auch von Literaturverwaltungssystemen wie Citavi verwendet werden, verlagern die thematische Eingrenzung in die Sichtung der Rechercheergebnisse. Als effektiver erweist es sich, die Eingrenzung be-

neres Splitting begegnet bei der Suche nach Karl Rahner als Personenschlagwort (personal name), indem die Bibliographien von den übrigen Darstellungen zu Rahner getrennt werden.

12 Die Metasuche kann initiiert werden unter folgender URL: http://portal19.bsz-bw.de/servlet/Top/searchadvanced.

13 URL: http://www.virtheo.de/internetquellen.html.

reits in der Anfrage vorzunehmen oder Hilfestellung in der Datenpräsentation zu geben. Als ein Hilfsmittel dazu kann man z. B. die Darstellung und Permutation der Schlagwortketten im IxTheo-Schlagwortregister und die Verwendung unterschiedlicher Verweisungen (Synonym-, Verwandtschafts-, Hierarchiebeziehungen) betrachten. Durch die klar definierte und einheitliche Verwendungsweise eines Schlagwortes in durch Verweisungen verdeutlichter Abgrenzung von anderen, mitunter ähnlichen Schlagwörtern wird dem Problem der Zufälligkeit von Rechercheergebnissen entgegengewirkt. Idealerweise wird ein Benutzer von der Portalrecherche zur gezielten Suche in bestimmten Einzeldatenbanken geführt.

3. Wurzeln statt Lücken (Retrokonversion)

Die UB Tübingen hat in der zweiten Jahreshälfte 2008 bis in die ersten Wochen von 2009 hinein den konventionellen *Benutzerkatalog* zunächst um diejenigen Titelkarten reduziert, die sich auf bereits elektronisch im Opac erfaßte Werke beziehen, dann die Katalogschränke mit den restlichen Karten aus dem Benutzungsbereich im Hauptgebäude entfernt. Die Titelnachweise zu den Erwerbungsjahren 1850 bis 1960 sollen retrospektiv digitalisiert und in den Opac überführt werden. Dadurch entfällt der optisch faßbare Hinweis auf Erfaßungslücken, wie er im Auskunftsdienst und bei Führungen immer wieder enttäuschten Benutzern gegeben werden mußte. Faktisch wurde schon längere Zeit erwartet, daß man im elektronischen Hauptkatalog den Nachweis sämtlicher Bestände finden müßte.

Allerdings stellt sich ein Problem bei *inhaltlichen Recherchen*. Besonders bei inhaltlich orientierter Benutzerberatung und bei Führungen von Schülergruppen zu einem bestimmten Seminarthema v.a. historischer Art entstehen berechtigte Nachfragen, warum man Ergebnisse fast ausschließlich ab dem Erscheinungsjahr 1993 finde. Ältere Monographien zählen dann zur Treffermenge, wenn es sich um erst nach der Einführung der verbalen Sacherschließung nach RSWK erworbene Bestände handelt (Antiquaria, Nachlässe, ältere Hochschulschriften in Mikroform u.a.). Die nachträgliche Sacherschließung einzelner Bibliotheken für Spezialsammlungen kommt dank des kooperativen Verfahrens der Dateneinspielung auch den anderen SWB-Teilnehmern zugute. Das reicht aber nicht aus, verstärkt vielmehr sogar eher die Irritation der Benutzer, weil man vereinzelt, aber zufällig und unberechenbar Titel vor der zeitlichen Zäsur 1993 findet. Man würde für die Ausbildung von thematisch orientierter Informationskompetenz gerne den Katalog als Ausgangspunkt, sozusagen als Wurzel für das weitere Geschehen anbieten, macht aber Lücken offenbar, die nur bedingt durch eine geschickte Recherche mit Hilfe von Titelstichwörtern überbrückt werden können.

Um die Defizite in den inhaltlichen Rechercheoptionen, die gerade für die Sondersammelgebietsbestände besonders schmerzlich sind, zu beheben, würden sich zwei Verfahren nahe legen. Einfacher ist der erste Schritt, wie er etwa von der UB Freiburg eingeschlagen wurde.[14] Hier kann man bereits in den Titeldatensätze vorhandene Elemente nutzen und braucht diese nur in eine andere Form und Zuordnung zu überführen. Das gilt in erster Linie für solche älteren Signaturen, in denen per *Aufstellungssystematik* bereits eine, wenn auch relativ grobe inhaltliche Aussage zum Ausdruck kommt. Mit Hilfe einer geeigneten Software kann dann die hierarchische und sukzessive Ausdifferenzierung der Systematik in einer eigenen, allerdings mit dem Opac verknüpften Datenbank nachvollzogen werden. Zudem würde die geschickt betriebene Verbalisierung der Klassifikation eine übergreifende Stichwortsuche in allen Verbalisierungen ermöglichen. Wären die Verbalisierungen RSWK-konform, so könnten sie per Abgleich mit den klassifikatorischen Elementen der älteren Signaturen in die Titeldaten nachgeladen und so auch über den Opac im Schlagwortfeld gesucht werden. Der Benutzer müßte dann für die inhaltliche Recherche nicht grundsätzlich umdenken, würde ältere Bestände allerdings nur mit Hilfe weiterer Begriffe finden, als er es bei neueren Titeln gewohnt ist.

Als komplizierter erweist sich das Problem fehlender inhaltlicher Recherchemöglichkeiten dort, wo es in den Titeldatensätzen keine für automatische Verfahren nutzbaren Anhaltspunkte gibt. Das gilt für alle konventionellen Sachkataloge für Bestände mit inhaltlich nicht aussagekräftigen Signaturen, z. B. nach dem Numerus-currens-Prinzip. In der Regel handelt es sich dabei um Sachkataloge nach der Methode *Eppelsheimer*, die zudem je nach Bibliothek aufgrund unterschiedlicher Bestandsprofile in etwas abweichender Form angewandt wurde. Als Mehrwert gegenüber den Aufstellungssystematiken verbindet der Eppelsheimer Katalog den systematischen mit dem verbalen Zugriff und ermöglicht mit dem Zueinander von Grundnotationen, Schlüsseln, Einzelbegriffen sowie fachlichem Hauptkatalog und mehreren Nebenkatalogen (z. B. zu Personen und Geographica) ein modularisiertes Verfahren der Sacherschließung. Die recht vielfältigen Rechercheoptionen des Eppelsheimer Kataloges können nicht annähernd elektronisch abgebildet werden.[15] In der UB Tübingen ist der Zeitraum 1960 bis 1993 betroffen, wobei in einigen Fällen auch ältere Titel mit erfaßt wurden. Wegen des quantitativen Umfangs ist nur eine Teilkonversion, etwa der Sondersammelgebietsbestände oder von Teilen (z. B. den ausländischen) davon, und nur ein vereinfachtes Verfahren der Wiedergabe denkbar. Dabei müßten die Grundnotationen und Schlüssel in verbalisierter Form mitsamt der ebenfalls an die Schlagwortnormdatei anzupassenden Einzelbegriffe in Schlagwortkategorien des Verbund-

14 Vgl. E. M. Reifegerste, Die Freiburger Sachkatalogisierung auf dem Weg von innen nach außen, in: A. Raffelt (Hrsg.), Die Bibliothek – von außen und von innen. Aspekte Freiburger Bibliotheksarbeit; für Bärbel Schubel, Freiburg 2008, 203–223 (http://www.freidok.uni-freiburg.de/volltexte/5000/pdf/bibliothek_aussen_innen.pdf).

15 Deswegen empfiehlt es sich auch nicht, die Titelkarten des Eppelsheimer Kataloges endgültig der Benutzung zu entziehen durch Magazinierung oder Makulierung. Auch für die eigenen Bibliotheksmitarbeiter bleiben die Sachkatalogkarten zumindest in der UB Tübingen die einzige Möglichkeit, nachträglich formal bereits erfasste Bestände einem bestimmten Fach zuzuordnen, um z. B. fachorientierte Teilabzüge des Katalogs zu erstellen.

kataloges eingetragen werden. Da dies nur manuell und individuell für jeden einzelnen Titel geschehen kann, ist dieses Verfahren sehr zeitintensiv und angesichts begrenzter finanzieller und personeller Kapazitäten nicht einfach umsetzbar.

Faktisch umgesetzt wird die retrospektive Erschließung in der Fachdatenbank „*Index theologicus*“ vom Beginn des Projektes an. Die Ausgangslage stellt sich hier insofern anders dar als bei den Monographien, als von vorneherein ein fachlich eingegrenzter Bezugsrahmen in Gestalt der seit 1975 herausgegebenen Monatshefte des gedruckten Current-Awareness-Dienstes „Zeitschrifteninhaltsdienst Theologie“ (ZID) besteht und die sachliche Erschließung simultan mit der formalen erfolgt.[16] Die personellen Kapazitätsgrenzen machen es allerdings unmöglich, sämtliche retrospektiv erfaßten Aufsätze mit voller Sacherschließung in Entsprechung zur Dokumentation rezenter Zeitschriftenhefte zu versehen. Vielmehr beschränkt sich das Projekt hier auf die Angabe von Personen, mit diesen zusammenhängenden Inhalten, biblischen und parabiblischen Texten sowie wichtigen Einzelereignissen und Dokumenten (z.B. große Konzilien, Bekenntnisschriften).[17] Für die übrigen Aufsätze bleibt dem Benutzer nur die Möglichkeit der Recherche mit Hilfe von Titelelementen, wobei durch die fachliche Eingrenzung des Datenbestandes sich die Ergebnisse als zuverlässiger erweisen als in einem fachübergreifend angelegten Opac.

Idealerweise könnte die formale wie sachliche Retrokatalogisierung mit dem Angebot *digitaler Volltexte* besonders wichtiger, d. h. für bestimmte Zeitepochen charakteristischer Dokumente verknüpft werden. Wegen der urheberrechtlichen Probleme, aber auch aus konservatorischen Gründen werden sich breit angelegte Digitalisierungsprojekte in der Regel auf ältere Dokumente beziehen und können insofern als Ergänzung bzw. Erweiterung formaler wie sachlicher Retrokonversionsprojekte betrachtet werden. Die Auswahl geeigneter Materialien stellt gerade in einem Fach wie der Theologie mit ihren zahlreichen historischen Bezügen und ihrer inhaltlichen Ausdifferenzierung eine Herausforderung dar. Weil im Zuge der formalen Retrokonversion Monographien und Zeitschriften als ganze, nicht jedoch die einzelnen Aufsätze aus den Zeitschriften erfaßt werden, würde ein erheblicher Mehrwert für die Forschung durch einen Schwerpunkt von Digitalisierungsvorhaben an dieser Stelle erreicht werden. Zudem sind positio-

16 Der konventionelle „Zeitschrifteninhaltsdienst Theologie“ bot in Registern Personen mit abgekürztem Vornamen und Bibeltexte bis zur Kapitelebene, sofern diese aus den Titeln, wie sie in den Inhaltsverzeichnissen der Zeitschriftenhefte aufgeführt wurden, zu ersehen waren. Das gegenwärtige Retrokatalogisierungsverfahren behält zwar in etwa die Auswahl der Inhaltselemente bei, gibt diese aber in präziserer Weise an, d. h. mit ausgeschriebenen Vornamen, regelgemäßen Ansetzungen und Verweisungen bzw. mit Versangaben. Bei der formalen Erschließung kommen die exakte Titelformulierung und die Seitenendzahl aufgrund von Autopsie als Mehrwert hinzu.

17 Im IxTheo findet man zu Karl Rahner 294 retrospektiv, also für den Zeitraum 1980 bis 1995 erfasste Aufsatztitel. Die retrospektive Erschließung macht es auch möglich, dass eine steigende Zahl an Aufsätzen *von* Karl Rahner (z. Zt. 67) gefunden werden kann. Wegen der Verknüpfung von Personen- mit Sachschlagwörtern sind 38 ältere Titel zur Gnadenlehre und 136 zur Rechtfertigungslehre mit Hilfe der Schlagwortrecherche suchbar.

nelle Entwicklungen der Theologiegeschichte in der personellen und inhaltlichen Zusammensetzung von Zeitschriften besser greifbar als bei Monographien. Da die beiden theologischen Fakultäten in der Universität Tübingen profilierte und selbst über die deutschen Grenzen hinaus ausstrahlende Schulbildungen hervorgebracht haben, würde eine exemplarische Auswahl zu digitalisierender Monographien sinnvollerweise bei programmartigen Schriften der Tübinger theologischen Schulen des 19. Jahrhunderts ansetzen.

4. Leuchtturm statt Irrlicht (Schulungen)

Bei Bibliotheksführungen wird man gelegentlich mit der Frage konfrontiert, warum man denn überhaupt noch einen Bibliothekskatalog und diverse Datenbanken, womöglich gar noch konventionelle Kataloge und Bibliographien benötige und man nicht „alles einfach in Google“ finden könne. Mit dem Versuch einer stärkeren Homogenisierung der Daten (etwa in der Inhaltserschließung) und dem Angebot von Portallösungen versucht man als Bibliothekar diesem menschlich verständlichen Streben nach möglichst einfachen und einheitlichen Vorgehensweisen entgegen zu kommen. Allerdings gilt es auch, den Benutzern die Probleme allzu unspezifischer Rechercheanfragen und disparater Ergebnismengen zu verdeutlichen. Die Internetangebote sind häufig so unzuverlässig, unüberschaubar und qualitativ fragwürdig, daß die Benutzer nach einigen enttäuschenden Versuchen eigenständigen Recherchierens auf die Bibliothek zurückkommen mit der Bitte um Hilfestellung bei der gezielten Inhaltssuche.

Die Bibliothekare fungieren einerseits als *Lotsen*, die überforderten Benutzern realistische Reisewege bei der Informationsbeschaffung weisen. Gerade ein in sich sehr breites und inhaltlich wie formal bzw. methodisch vielfältiges Angebot wie dasjenige in einem Sondersammelgebiet bedarf einer zuverlässigen Dokumentation und sinnvollen Präsentation, um seine Wirkung als Leuchtturm für die Wissenschaft entfalten zu können. In fachspezifischen *Führungen* wie umfassenderen *Schulungen* kommt es darauf an, die Arten der Information wie der Informationsmittel und die Zugangswege dorthin zu verdeutlichen. Andererseits ist es kaum möglich, jede Datenbank einzeln in aller Ausführlichkeit zu erläutern oder alle denkbaren Teilfächer und -themen anzusprechen. Vielmehr geht es um Vermittlung von *Problembewußtsein* und von Fähigkeiten zum logischen *Transfer* der technischen Lösungsansätze von einer Datenbank bzw. Bibliographie zur anderen. Wenn grundsätzlich geklärt ist, was Schlagwort- oder Autorenverweisungen, was Trunkierung oder mathematische bzw. kontextbezogene Operatoren sind, dann ist es nicht mehr so wichtig, ob dies in der einen Datenbank mit derselben Zeichenfolge und Syntax realisiert ist wie in der anderen. Diese Details gilt es vielmehr in Skripten für das spätere Nachlesen festzuhalten oder in die Hilfematerialien der Datenbanken zu integrieren, soweit man als bibliothekarischer Anbieter darauf Einfluß hat. Selbstlernkurse und Tutorials, wie sie über die Homepage der UB Tübingen angeboten werden, erfüllen hier sicherlich eine wichtige, wenn auch nur ergänzende Funktion, weil sie keine Möglichkeiten der persönlichen Rückfrage bei den Fachreferenten bieten. Allerdings sollte eine Bibliothek in ihrem Eifer um Vermittlung von Informationskompetenz nicht der *Versuchung zu einer Überversorgung mit Hilfestellungen* nachgeben. Dieser Fall dürfte vor allen Dingen dann eintreten, wenn die Einarbeitung in die Methodik der Lernkurse tendenziell mehr Zeit erfordert als die Beschäftigung mit den Informationsmitteln selbst, die Gegenstand der Kurse zur Informationskompetenz sind.[18] Wenn die Hilfestellungen in ihrer Fülle eher verwirrend als aufklärend wirken, droht aus dem Leuchtturm ein Irrlicht zu werden.

Die *Öffentlichkeitsarbeit* der Bibliothek gerade auch im Hinblick auf ihre Spezialsammlungen gehört wie die Schulungen zum Bereich der Außendarstellung und Vermittlung der eigenen Informationsangebote an den Endnutzer. Die Auswertungsdatenbank des „Index theologicus" zeigt, daß die Datenbank zwar in der ganzen Welt rund um die Uhr genutzt wird, aber es dabei doch deutliche territoriale Schwerpunkte im europäischen und vor allem deutschsprachigen Bereich gibt. Der Bekanntheitsgrad der Fachdatenbank wie der anderen Dienste des Sondersammelgebietes Theologie und Religionswissenschaft ist gerade im Hinblick auf Nordamerika, aber auch die anderen außereuropäischen Kontinente noch ausbaufähig. Gleichwohl haben Publikationen über die Fachdatenbank, unter denen solche von Albert Raffelt sich als besonders hilfreich erwiesen haben, nicht unerheblich zu ihrer starken Rezeption in Deutschland beigetragen.[19] In Zeiten knapper werdender finanzieller und personeller Ressourcen ist eine solch motiviert betriebene Kooperation wie diejenige zwischen den Freiburger und Tübinger Kollegen um so dankbarer zu registrieren.

18 Diese Tendenz scheint mir gegeben zu sein in multimedial und beweglich strukturierten Lernkursen, von denen eine gewisse Faszination ausgeht, die jedoch mit ihren ausgefeilten technischen Effekten und ihrer zeitlichen Dauer möglicherweise zu viele Kapazitäten der Benutzer für die Beschäftigung mit Datenbanken von dem eigentlichen Gegenstand auf das wesentlich unterhaltsamere Tutorial verlagern. Theologen arbeiten zudem wesentlich abstrakter und textorientierter als Vertreter anderer Fachrichtungen. Ihnen wäre möglicherweise mit Hinweisen zu inhaltlichen Problemen und sich daraus ergebenden technischen Lösungen mehr geholfen als mit sich wiederholenden multimedialen Informationssequenzen zu der Frage, wo sich welcher Schalter oder Link in einer Datenbank befindet.

19 Eine Bibliographie der Veröffentlichungen über den Index theologicus ist im Internet zu finden (http://www.ixtheo.de/biblio.htm). Hervorzuheben sind die Beiträge Albert Raffelts: Zeitschrifteninhaltsdienst Theologie, in: Informationsmittel für Bibliotheken 3 (1995) 341–343; ders.: Zeitschriften-Inhaltsdienst Theologie [Computerdatei], in: Informationsmittel für Bibliotheken 5 (1997) 519–521; ders.: Zeitschriften-Inhaltsdienst Theologie [Computerdatei], in: Informationsmittel für Bibliotheken 6 (1998) 125; ders.: Zeitschriften-Inhaltsdienst Theologie [Computerdatei], in: Informationsmittel für Bibliotheken 7 (1999) 250–254; ders.: Index theologicus [Computerdatei], in: Informationsmittel für Bibliotheken 10 (2002) (URL: http://naxos.bsz-bw.de/rekla/showData.php?meta_id=108). Auch der lange Aufsatz Michael Bechts von der UB Freiburg hat einen guten Beitrag zu einer qualifizierten Information geleistet: M. Becht, 30 Jahre Dokumentation theologischer Aufsatzliteratur. Jubiläum in Tübingen, in: Bibliotheksdienst 39 (2005), 1116–1132.

Das Jubiläum 2007: 550 Jahre Albert-Ludwigs-Universität Freiburg

Wolfgang Jäger

Grundlagen

Eines meiner wichtigsten Ziele als Rektor war bei Amtsantritt die institutionelle Stärkung der Universität.[1] Schon im 19. Jahrhundert begann ein Prozess der Ausdifferenzierung der Disziplinen und Spezialisierung innerhalb der Disziplinen, der sich im 20. Jahrhundert noch beschleunigte und der die Institution Universität zu einer reinen Ansammlung von weitgehend selbständigen Fächern, Lehrstühlen und Instituten deklassierte. *Martin Heidegger* sprach in einem Vortrag über die Universität 1934 von einer Entwicklung der Fakultäten zu „in sich geschlossenen Fachhochschulen" ohne gemeinsames Band.[2] *Heidegger* bedauerte natürlich vor allem, dass die Philosophie als Königswissenschaft der Universität ihre Bedeutung verloren und sich zu einer Spezialdisziplin neben den anderen Wissenschaften entwickelt hatte. Die Ereignisse um 1968 trugen dann noch dazu bei, dass auch die verbliebenen Symbole der Gemeinsamkeit vom Talar bis zu den feierlichen Zeremonien der Traditionsgebundenheit verschwanden. Die Universitätsleitung war schwach. Der Rektor war ebenso wie der Dekan primus inter pares und zu kurz im Amt, um viel zu bewirken. Strukturelle Innovationen kamen meist nur dann zu Stande, wenn zusätzliche Ressourcen den Ausbau erlaubten und Prioritätenkonflikte vermieden wurden.

Eine Einrichtung mit derart sprengenden zentrifugalen Tendenzen hatte, gemessen an der klassischen Idee der Universität, eigentlich keine Existenzberechtigung mehr. So war es aus dieser Sicht beispielsweise nur folgerichtig, dass die großen Universitäten in Frankreich nach 1968 auseinandergerissen und ihre Teile zu unabhängigen Hochschulen wurden.

Die Zukunft freilich gehörte nicht dem Zerfall der Universitäten, sondern der

1 Die strategischen Überlegungen des Rektorats finden sich in den Reden des Rektors zur Eröffnung des Akademischen Jahres, veröffentlicht in den Freiburger Universitätsblättern. Im Jahre 2004 beschloss das Rektorat ein Strategiepapier, das regelmäßig aktualisiert wurde.

2 M. Heidegger, Die deutsche Universität. Zwei Vorträge in den Ausländerkursen der Freiburger Universität, 15. und 16. August 1934, in: Gesamtausgabe, Bd. 16, hrsg. v. Hermann Heidegger, Frankfurt a. M. 2000, 285–307.

Wiederbelebung ihrer Idee. Dies war im Jahre 1995, als ich mein Amt als Rektor antrat, schon zu erkennen. Die Universität musste vier Herausforderungen begegnen:

Erstens. Die Sparmaßnahmen der öffentlichen Hand zwangen dazu, sich zu konzentrieren, Prioritäten zu setzen und daher das Ganze stärker in den Blick zu nehmen.

Zweitens. Politik und Gesellschaft erwarteten von der Wissenschaft zunehmend Antworten auf die großen Herausforderungen der Menschheit. Man denke nur an die drängenden Fragen des Umweltschutzes oder des biomedizinischen Fortschritts. Die Universitäten konnten darauf nur antworten, wenn die Disziplinen sich vernetzten. In der Inter- und Transdisziplinarität lag die Chance einer praxisrelevanten Universitätsforschung. Auch als starker Akteur konnte die Universität nur inter- und transdiziplinär auftreten. Als Ende der neunziger Jahre von der Bundesregierung ein biowissenschaftlicher Wettbewerb ausgeschrieben wurde, in dem Wissenschaft, Wirtschaft und Kommunen gemeinsam auftraten, lieferte die Universität zwar individuelle Fachkompetenz, war in der Trias aber wenig handlungsfähig. Als Reaktion gründete das Rektorat das Zentrum für Angewandte Biowissenschaften, um die Universität nach außen als Akteur zu stärken.

Drittens. Von besonderer Bedeutung war der sich in der Ferne ankündigende Wettbewerb der Hochschulen. Manchen Kollegen erschien noch Mitte der neunziger Jahre ein solcher Wettbewerb vor dem Hintergrund der deutschen Universitätstradition geradezu lächerlich. Für sie gab es nur die Konkurrenzsituation innerhalb ihrer Disziplinen um Lehrstühle und Forschungsreputation, aber nicht der Universitäten als Einheiten. Ein erster Schritt in den Wettbewerb war die vom Ministerium verordnete leistungsorientierte Mittelverteilung, die eine hitzige Diskussion über die Leistungsindikatoren auslöste. Dieser Wettbewerb war letztlich noch bürokratiegesteuert. Der wirkliche Wettbewerb kam dann schneller als erwartet mit der Exzellenzinitiative, die mit einem Schlag eine Erstliga der Universitäten schuf. Freiburg gehörte bekanntlich dazu.

Viertens. Der Wettbewerb erstreckte sich rasch nicht nur auf die deutsche Hochschullandschaft. Im Zuge der Globalisierung wurden die deutschen Universitäten weltweit verglichen. Sie hatten sich an den britischen, amerikanischen, chinesischen und japanischen Elite-Universitäten zu messen. Dabei ging es um weit mehr als den einfachen Vergleich; auch die Vergleichsmaßstäbe standen im Wettbewerb miteinander. Deutschland hatte anders als etwa China die Chance verpasst, ein global anerkanntes Rankingsystem selbst zu entwickeln. Wer nämlich die Leistungskriterien definiert, entscheidet auch zu einem guten Teil über das Ergebnis des Vergleichs. Ob es uns gefällt oder nicht, der Rang der deutschen Universität in der Skala der Universitäten bestimmt weltweit, auch in der deutschen Öffentlichkeit, über ihre Reputation. Auch das internationale Ranking setzt die Stärkung der Institution Universität voraus.

Zuallererst erforderte dies, den extrem zentrifugalen Tendenzen durch die Einrichtung von interdisziplinären Netzen und Zentren zu wehren. Die Zusammenarbeit der Disziplinen wurde forciert. Das übergeordnete Ziel war die Renaissance der Idee der Universität durch eine „neue Universitas". Zum zweiten musste die „corporate identity" der Universität gekräftigt werden.

Die Mitglieder der deutschen Universität, insbesondere die Professoren, haben bekanntlich eine schwache Bindung an ihre Gesamtinstitution. Mitte der neunziger Jahre stellte eine international vergleichende empirische Untersuchung fest, dass die deutschen Professoren die schwächste Bindung an ihre Universität hatten. Sie fühlten sich in ihrer „scientific community", aber nicht in ihrer Universität zu Hause.

Ein wichtiges Bindemittel der Universität stellt die Symbolik dar. Von Anfang meiner Amtszeit an legte ich daher besonderen Wert auf die Akzentuierung der gesamtuniversitären Repräsentation: die blau-weiße Fahne, das mittelalterliche Siegel der Universität, die Amtskette des Rektors, die Neugestaltung des „dies academicus" als Tag der Ehrungen und Auszeichnungen sowie in vielen Reden die Verweise auf die Gründungszeit, den Gründungsrektor *Matthäus Hummel*, die Traditionen und vor allem die Auseinandersetzung mit dem Verhalten der Universität und ihrer Mitglieder im Dritten Reich. Höhepunkt der symbolischen Aufwertung der Universität sollte das 550-jährige Jubiläum sein.

Ich hatte das Jahr 2007 frühzeitig im Blickfeld, obwohl ich bis 2003 davon ausgehen musste, dass ich im Jubiläumsjahr nicht mehr Rektor sein würde. Schon zehn Jahre vor dem Jubiläum bat ich das Historicum – eine Runde Freiburger Historiker –, sich Gedanken über das Jubiläum zu machen. Das Ergebnis war eine großartig konzipierte Festschrift, die nicht zuletzt weiße Flecken in der Universitätsgeschichte füllen und den Jahren der nationalsozialistischen Diktatur besondere Aufmerksamkeit widmen sollte.

Die konkrete Vorbereitung des Jubiläums selbst begann etwa zwei Jahre vor dem Jubiläumsjahr, also 2005.[3] Diese Vorbereitungszeit wurde durch drei Prozesse wesentlich beeinflusst. Negativ mussten sich die *Studentenunruhen* auswirken, die sich gegen die Einführung der Studiengebühren richteten. Die Heftigkeit der Auseinandersetzungen, die in den Wochen vor Pfingsten 2005 in der Besetzung der Rektorats gipfelten, trübten das Verhältnis zwischen den Studierendenvertretern des AStA und dem Rektorat auf einige Zeit und erschwerten die Anstrengungen, die Studierenden für das Jubiläum zu erwärmen und zu mobilisieren.

Ein zweiter – positiv zu wertender – Prozess war die Beteiligung der Stadt Freiburg an dem vom Stifterverband ausgeschriebenen Wettbewerb *„Stadt der Wissenschaft"*. Freiburg kam unter die drei besten. Auch wenn der erste Preis nicht gewonnen wurde, erwies sich der Prozess, in dem das Konzept erarbeitet wurde, als ausgesprochener Gewinn. Mit großem Engagement rangen Wissenschaftler der Universität und der anderen Forschungseinrichtungen, Kommunalpolitiker und Journalisten um ein Profil Freiburgs als Wissenschaftsstadt. Hier wurde zweifel-

3 Zusammenfassend Chr. Schoch, Forschen, Feiern, Finanzieren. Jubiläen als PR- und Marketinginstrumente für Hochschulen, in: Handbuch Wissenschaft kommunizieren, September 2008, 1–16. Die Verfasserin war verantwortlich für das Marketing der Universität im Jubiläumsjahr.

los ein Stück des Bodens vorbereitet, der dann das von der Universität, der Stadt und der Gesellschaft gemeinsam begangene 550-jährige Jubiläum tragen sollte.

Von ganz besonderer Bedeutung aber erwies sich die Parallelität der *Jubiläumsvorbereitungen* und der Anstrengungen für die *Exzellenzinitiative*. Die 2005 vom Bund und den Ländern angeschobene Exzellenzinitiative bewirkte einen Ruck durch die Universität und förderte ihre Einheit. Erfolg konnte nur die enge Verzahnung der Disziplinen im Sinne der „neuen Universitas" und zugleich ihre Vernetzung mit dem wissenschaftlichen und wirtschaftlichen Umfeld der Universität zeitigen. Die Stärkung der Institution Universität war geradezu ein Leistungs- und Qualitätskriterium der Exzellenzinitiative. Dass uns die Auszeichnung als Exzellenzuniversität im Jahre 2006 noch nicht beschieden war, erwies sich aus der Jubiläumsperspektive eher als Vorteil. Die Universität steigerte in der zweiten Runde noch ihre Anstrengungen und konnte denn auch im Jubiläumsjahr den Lorbeerkranz der Exzellenz erringen. Die 550 Jahre alte Albert-Ludwigs-Universität erarbeitete sich mit dem Spitzenzeugnis gleichsam ihr eigenes Geburtstagsgeschenk. Es konnte zugleich als ein Stück Dankbarkeit der Universität von all jenen externen Persönlichkeiten empfunden werden, die sich – nicht zuletzt auch finanziell – im Rahmen des Jubiläums engagiert hatten. Sie durften stolz auf „ihre" Universität sein.

Die Ziele des Jubiläums

In einem übergeordneten Sinne ging es beim Jubiläum ähnlich wie in der Exzellenzinitiative um eine der Zeit angemessene Wiederbelebung der Idee der Universität. Im Einzelnen wurden sieben von langer Hand vorbereitete strategische Anliegen verfolgt.

Erstens. Die Stärkung der Institution Universität: Die „corporate identity" war nicht nur Voraussetzung für ein gelungenes Fest der Gesamtuniversität, sondern auch dessen Ziel. Neben der symbolischen Ausgestaltung des Jubiläums und der Förderung der zentripetalen Kräfte bewirkten dies auch wichtige Beiträge aller Gruppen der Universität. Ein besonders gelungenes Beispiel ist der Chor der Beschäftigten, der nach dem Jubiläum fortlebte.

Zweitens. Die weitere Modernisierung der Universität: Am augenfälligsten war die Einrichtung einer „Fundraising"-Struktur, die über das Jubiläumsjahr hinaus dauern und mittel- und langfristig vor allem über die Mobilisierung der „Alumni" zur Finanzierung der Universität beitragen sollte. Ein erstes Ergebnis war die Gründung der Neuen Universitätsstiftung.

Drittens. Die Verstärkung des Marketings: Natürlich wollten wir die großen Leistungen der Universität Freiburg in der Vergangenheit und in der Gegenwart sowie unsere Forschungsprojekte der Zukunft einer regionalen, nationalen und internationalen Welt präsentieren, also „*Marketing*" betreiben, nicht zuletzt auch um hochqualifizierte Wissenschaftler und exzellente Studierende anzuziehen.

Viertens. Das Jubiläum als Zeitansage: Dies hieß, Rechenschaft ablegen über die Vergangenheit unserer Universität, das Vermächtnis dieser Vergangenheit für Gegenwart und Zukunft festhalten und darüber reflektieren, wie auf dieser Grundlage die Universität zukünftig gestaltet werden könnte – unter Beteiligung aller Mitgliedsgruppen. Die fünfbändige Festschrift, die kleine Geschichte der Universität von *Hugo Ott* sowie ein internationales Symposium zur Universitätsreform, das von *Bernd Martin* organisiert wurde, und der von *Heiner Schanz* gestaltete Zukunftskongress „Das Humboldt-Labor" sind hier in erster Linie zu nennen.

Für mich persönlich war eine wichtige Markierung der Selbstbesinnung der Universität auf dem Weg zum Jubiläum die am 26. April 2005 erfolgte Einweihung des Mahnmals für die vom Nationalsozialismus verfolgten namentlich genannten Angehörigen der Universität in der Halle des Kollegiengebäudes I.

Fünftens. Die Universität als zentraler *Ort des öffentlichen Diskurses*: Die Universität Freiburg sollte im Jubiläumsjahr für alle großen Themen eine solche Bühne sein. Mit zahlreichen nationalen und internationalen Kongressen lockten die Disziplinen Wissenschaftler und Fachjournalisten nach Freiburg. Die Fakultäten ihrerseits machten mit Symposien und Kongressen auf ihr wissenschaftliches Potential aufmerksam. Besondere Höhepunkte waren die theologischen Ehrenpromotionen des estnischen Komponisten *Arvo Pärt* und des Kurienkardinals *Walter Kasper.*

Auch das reichhaltige Programm unseres einzigartigen *Studium Generale* stand unter dem Motto des Jubiläums.

Sechstens. Die tiefere Verwurzelung der Universität in der Stadt und Region: Von vorneherein wurde das Jubiläumsjahr als gemeinsames Erlebnis von Universität und Stadt geplant. Die hervorragende Zusammenarbeit von Stadt und Universität zahlte sich aus. Freiburg bezeichnete sich wieder offiziell als „Universitätsstadt". Der Werthmannplatz wurde in „Platz der Universität" umgetauft. Der Wissenschaftsmarkt, mit fast 100.000 Besuchern eine bedeutende Veranstaltung, ließ die Universität für einige Tage zu einer transparenten Forschungseinrichtung werden.

Ganz besonders sichtbar war die Universität das ganze Jahr über auf einer Straßenbahn der Linie 1, die in den Universitätsfarben blau-weiß das Jubiläumslogo trug. Und Besucher Freiburgs, die mit dem Auto in die Stadt hinein fuhren, wurden ebenfalls auf allen Zufahrtsstraßen auf Schildern mit dem Jubiläumslogo begrüßt. Die Universität war im Jahre 2007 in Freiburg allgegenwärtig.

Siebtens. Die bessere Vernetzung der Universität mit der Wirtschaft: Die großartige Beteiligung von Vertretern der Wirtschaft im Jubiläumskomitee und im Jubiläumskuratorium sowie die Finanzierung des Jubiläums war schon das Ergebnis der vorausgegangenen langjährigen Politik des Rektorats, die Universität nicht als Elfenbeinturm zu präsentieren, sondern als Einrichtung, die sich im Dienste der Gesellschaft sieht.

Die Ziele des Jubiläums sollten auch im Logo, im Motto und in der Botschaft des Jubiläums zum Ausdruck kommen.

Das *Logo*, gestaltet von der Agentur *abold* in München, symbolisiert mit einem aus Pfeilen dargestellten Gehirn, in dem die Zahl 550 sich verbirgt, Dynamik, Vitalität, Austausch, Vernetzung, Öffnung und Durchdringung als Charakteristika der modernen Universität.

Das *Motto* lautet „Freiburg – wir sind die Universität" und „Bright Minds for a Better World".

Die *Jubiläumsbotschaft* resümiert das Verständnis der Universität: „Die Albert-Ludwigs-Universität Freiburg versteht Bildung als fundamentalen, gesellschaftlichen Auftrag und vermittelt auf dieser Grundlage ein interdisziplinäres Wissen, methodische Kompetenz und praxisorientierte Qualifikationen. National und international vernetzt, bietet sie ihren Mitgliedern die Chance, mit Freude und Erfolg zu lernen, zu forschen und zu lehren und so den gesellschaftlichen Wandel verantwortlich mitzugestalten. Dabei ist Exzellenz in Wissenschaft und Praxis die zentrale Leitlinie der Universität."

Die Mobilisierung der Universität

Ein so riesiges, heterogenes und von Einzelinteressen getriebenes Gebilde wie die Universität für ein Jubiläum zu mobilisieren, ist ein schier unmögliches Unterfangen. Wie alles in der Universität hängt jeglicher Erfolg von einzelnen Köpfen ab. Gewiss gab es nicht wenige, die im Jubiläum keinen Sinn und darin nur eine Störung ihrer individuellen Arbeit sahen. Andere galt es für das Jubiläum zu begeistern. Denn eines war sicher: Das Rektorat konnte die Jubiläumsbegeisterung nicht dekretieren. Ohne das freiwillige Engagement vieler Mitglieder und aller Gruppen der Universität wäre die Feier nicht möglich gewesen. Wie gelang es nun, dieses Engagement zu erzeugen?

Zunächst sind die Faktoren zu wiederholen, die ohnehin schon den größeren Zusammenhalt der Universität gefördert hatten: etwa die intensivierte Kooperation der Disziplinen und die Exzellenzinitiative. Im Konkreten ging es natürlich nicht ohne eine überaus professionelle Organisation von oben. Mit der Gewinnung eines dynamischen Jubiläumspräsidenten von großer Ausstrahlung tat das Rektorat einen Glücksgriff. Der in der Emeritierung befindliche Ärztliche Direktor Professor *Franz Daschner* verstand es, nach innen und außen Begeisterung für das Jubiläum zu entfachen. Er bildete ein Projektteam, das mit der neugegründeten Fundraising-Stabstelle, der Stabstelle für Kommunikation, dem International Office und der Alumniorganisation zusammen ein hervorragendes Jubiläumskonzept erarbeitete und umsetzte. Nicht zu vergessen ist das Rektoramt. Vor allem meine engsten Mitarbeiterinnen *Heike Scherer* und *Angela Fürderer* leisteten ein Jahr lang fast Unmögliches.

In eigens geschaffenen Gremien wurden die wesentlichen Kräfte innerhalb und außerhalb der Universität gebündelt und für die Jubiläumsplanung mobilisiert. Auch der Jubiläumsslogan wurde hier erörtert. Das *Jubiläumskuratorium*, in dem Prominente aus der Politik, den Medien und der Wirtschaft saßen, tagte unter dem Vorsitz des rührigen Universitätsratsvorsitzenden und Ehrensenators *Horst Weitzmann*, einem erfolgreichen Unternehmer der Region und ehemaligen Präsidenten der IHK. Das *Jubiläumskomitee* koordinierte unter dem Vorsitz des *Jubiläumspräsidenten* die am Veranstaltungsprogramm beteiligten und verantwortlichen Institutionen. Hinzu kam die *Fakultätskommission* mit Vertretern aller wichtigen Universitätseinrichtungen, die das Programm des Jubiläumsjahres erarbeitete.

Natürlich erleichterte die Finanzierung durch großzügige Sponsoren die Bereitschaft nicht zuletzt der *Fakultäten*, mit eigenen Jubiläumsveranstaltungen zu glänzen.

Zögerlich bis widerstrebend waren die im AStA/u-asta organisierten *Studierendenvertreter*. Sie meinten, angesichts der just im Jubiläumsjahr eingeführten Studiengebühren und des immer von neuem beklagten Fehlens einer Verfassten Studierendenschaft gäbe es keinen Anlass zu feiern. Dank einzelner durchaus konstruktiv gesinnter Studierender, die auch in den Gremien mitarbeiteten, war es dann doch möglich, einige studentische Jubiläumsveranstaltungen (darunter ein „Ehemaligentreffen der Studierendenvertretung" und das „Internationale Studierendenfest") zu organisieren. Dass die Mehrzahl der Studierenden durchaus Freude am Feiern empfand, zeigte dann ihre große Partizipation am Wissenschaftsmarkt, am Sommerfest und dem vom Studentenwerk geschaffenen und veranstalteten Open-Air-Musical.

Besonders erfreulich war die große Bereitschaft des *Personalrates*, die Gruppe der in Administration und Technik Bediensteten für das Jubiläum zu mobilisieren. Unter der Federführung von *Helmut Waller* wurden ein Workshop und eine Fotoausstellung zum „Arbeitsplatz Hochschule" organisiert sowie „der Chor der Beschäftigten" geschaffen.

Auch das *Klinikum* brachte sich ein: mit einem Vorlesungsring und einem überaus erfolgreichen „Tag der Offenen Tür". Das *Studentenwerk* veranstaltete zusammen mit dem AStA ein „Internationales Studierendenfest" und das Open-Air-Musical im großen Innenhof zwischen den Kollegiengebäuden.

Das mit großem Engagement zusammengestellte Jubiläumsprogramm mit insgesamt fast 300 Veranstaltungen entfaltete denn auch angesichts seiner Attraktivität eine eigene Schubkraft. Es wurde nach Erscheinen des Programmheftes rasch deutlich, dass das Angebot so reich war, dass diejenigen, die es nicht nutzten, das Gefühl hatten, etwas zu verpassen.

All dies wäre nicht möglich gewesen ohne die großartige Unterstützung und Begleitung des Jubiläums durch die *Medien*. Der *SWR* und die *Badische Zeitung* berichteten ausführlich über das Festprogramm, brachten Reportagen und aktuelle Beiträge über das ganze Jahr hinweg. Vor allem in der Badischen Zeitung lebte das Jubiläum fast täglich in Berichten und vor allem mit dem Logo. Höhepunkt war eine sehr gelungene, von der BZ selbst erarbeitete Sonderbeilage über die Universität.

Finanziert wurde das Jubiläum durch zahlreiche *Sponsoren*. Das neue Fundraising-Team konnte sich im Einwerben der Ressourcen hervorragend bewähren. Besonders dankbar ist die Universität den drei *Hauptsponsoren* – der *Sparkasse Freiburg-Nördlicher Breisgau*, der *Badenova* und *MLP*. Hinzu kamen 37 Projektsponsoren. Das Land Baden-Württemberg spendete ebenfalls eine namhafte Summe.

Ein besonderes Zeichen setzte der *Europa-Park* in Rust. Er schenkte der Universität als Auftakt der Neuen Universitätsstiftung eine kulinarisch und artistisch glanzvolle Benefiz-Gala schon am 24. November 2006. Bundesinnenminister *Wolfgang Schäuble*, Alumnus der Albert-Ludwigs-Universität, war Ehrengast und hielt die Festrede. Der Erlös des Abends floss in die Neue Universitätsstiftung.

Das Rahmenprogramm und die Festwoche

Die Öffentlichkeit war ganz besonders am *Rahmenprogramm der Universität* interessiert: an Veranstaltungen, die von der Gesamtuniversität getragen wurden, insbesondere an der *Festwoche* und hier wiederum vor allem am *Festakt*. Das Rahmenprogramm wurde von der *Stabstelle Jubiläum* ganz hervorragend organisiert.

Dem Rektorat lag daran, das Rahmenprogramm als Ausweis einer traditionsbewussten, aber zugleich zukunftsorientierten, modernen Universität zu gestalten. Es begann am 31. Januar 2007 mit einer eher traditionellen Veranstaltung, einem großen *Eröffnungskonzert* des Akademischen Orchesters der Universität im Auditorium Maximum. Offizieller Veranstalter waren das Rektorat und der AStA. Ein sehr universitätsspezifisches Kolorit erhielt dieser Abend durch die Störung der einführenden Rede des Rektors durch etwa 30 bis 40 Vermummte, die nicht alle der Universität angehörten. Die überwiegende Mehrheit der Zuhörer war empört. Es blieb jedoch die einzige Störung des Jubiläumsprogramms.

Zwei Veranstaltungen des Rahmenprogramms dokumentierten ganz besonders die *Zukunftsverantwortung* der Universität: die *„Umwelttage"* vom 12. bis 14. April und der *Zukunftskongress* vom 20. bis 21. September. Während der erste Kongress die Universität als Forum für die globale ökologische Herausforderung herausstellte, sollte der Zukunftskongress alle Angehörigen der Universität auf die gemeinsamen Aufgaben der bevorstehenden Jahre einschwören. Ziel war eine Wiederbelebung der Idee der Universität. Den zentralen Vortrag hielt *Hubert Burda*. Das Echo auf die Veranstaltung war positiv, die Erwartungen der Universitätsangehörigen an die Zukunft hoch. In allen Gruppen war so etwas wie eine Aufbruchsstimmung zu spüren. Der Ruf nach Anschlussveranstaltungen wurde vom Rektorat aufgenommen.

Die größte Herausforderung des Jubiläums war natürlich die *Festwoche vom 6. bis 14. Juli*. In dieser Woche wurde Freiburg von der Universität dominiert: Internationales Alumni-Meeting, Wissenschaftsmeile auf dem gesperrten Rotteckring, Internationales Studierendenfest, das Universitätssommerfest in den zentralen Kollegiengebäuden und natürlich der Festakt sowie der Uni-Sommerball und am Tag darauf der ökumenische Festgottesdienst im Münster mit Kardinal

Lehmann, Erzbischof *Zollitsch* und Landesbischof *Fischer*.[4] Hinzu kam ein zweitägiges Internationales Symposium zur Universitätsreform unter der Leitung von *Bernd Martin*.

Es war ungeheuer schwierig, für den terminlich feststehenden Festakt am 7. Juli die Festredner zu finden. Ich musste mich selbst monatelang darum kümmern. Für den Bundespräsidenten und die Bundeskanzlerin ist es fast unmöglich, angesichts ihrer anderweitigen Verpflichtungen sich in eine fremde Terminplanung einzufädeln. Frühzeitig gelang es, Ministerpräsident *Günther Oettinger* und Oberbürgermeister *Dieter Salomon* zu gewinnen. Als Glücksfall erwies sich, dass Bundesforschungsministerin *Annette Schavan* – eine echte Freundin der Universität Freiburg – sich für uns einsetzte. Nicht nur erklärte sie sich bereit, eine Festrede zu halten. Mit ihrer Hilfe gelang auch der große Coup, den höchsten hauptamtlichen Vertreter der Europäischen Union, den Präsidenten der Europäischen Kommission, *José Manuel Barroso*, als Festredner zu gewinnen.

Es war eine großartige Veranstaltung. *Barroso* und *Schavan* rühmten die Universität als bedeutende nationale und internationale Hochschule.

Von vielen als bemerkenswert modern empfunden wurde auch die Inszenierung des Festakts. Unter der Moderation von Prorektor *Karl-Reinhard Volz* gab nicht ein Orchester den würdigen Rahmen; sondern das Freiburger Stadttheater band mit Szenen aus der Geschichte und dem Leben der Universität die Reden zusammen. Einen bewegenden Schlusspunkt des Festaktes setzte der Vorsitzende des Universitätsrates, *Horst Weitzmann*, als er verkündete, dass er mit seiner Frau für die Neue Universitätsstiftung *eine Million Euro stiften* werde und er auf viele Nachahmer hoffe.

Am Vortag des Festakts fand in der Aula des Rathauses eine Diskussion von Universitätsrektoren aus aller Welt unter der Leitung von *Jürgen Rühe* über die Zukunft der Universität statt. Abends lud das Rektorat prominente Gäste des Jubiläums zu einem Gala-Dinner in allen Räumen des *Colombi* ein.

Das Jahresrahmenprogramm fand seinen krönenden Abschluss in der Uraufführung eines für das Jubiläum von *Wolfgang Rihm* komponierten Werks „Quid est Deus. Cantata hermetica". Unter der Leitung von *Sylvain Cambreling* spielte das SWR-Sinfonieorchester Baden-Baden/Freiburg zusammen mit dem SWR-Vokalensemble Stuttgart. Eingerahmt wurde das Konzert durch Einführungsseminare wenige Tage vor der Uraufführung mit den Professoren *Gruhn* und *Uhde* sowie einer Podiumsdiskussion mit dem Komponisten selbst über sein Werk am darauffolgenden Tag.[5] Grundlage für die Komposition war eine Textsammlung, die im lateinischen Westen seit dem 13. Jahrhundert weit verbreitet war und der antiken mythischen Figur des Hermes Trismegistos zugeschrieben wurde. 24 Philosophen stellen sich die Frage „Was ist Gott". In den Worten des Komponisten: „Bei

4 550 Jahre Universität Freiburg. Redebeiträge zum Festakt und zum Ökumenischen Festgottesdienst, Freiburg–Berlin–Wien 2007.

5 Die Podiumsdiskussion ist veröffentlicht in: A. Aurnhammer und G. Schnitzler (Hrsg.), Dichtung und Musik, Freiburg–Berlin–Wien 2009.

diesen 24 Antworten handelt es sich – einer Theorie zufolge – um eine universitäre Kompilation aller damals verfügbaren Gottesdefinitionen der nichtchristlichen Kulturen. Ich hatte diese Texte schon lange im Auge. Als die Freiburger Universität mich um ein Werk bat, war mir sofort klar – intuitiv, wenn Sie so wollen: Dies ist der richtige Text“[6].

Bilanz – Was bleibt?

Was überlebt nun die „gigantische Feier“ (BZ) des Jubiläumsjahres 2007? Niemand würde bestreiten, dass die Albert-Ludwigs-Universität durch ihre ganzjährige positive Präsenz in der Öffentlichkeit sich tiefer im Bewusstsein der Stadt und der Region eingegraben hat. Während die Exzellenzinitiative unsere Universität national und international stärker profilierte, hat das Jubiläum vor allem ihre lokale und regionale Verwurzelung gefördert. Beides sind die unterschiedlichen Seiten derselben Medaille. Je globaler die Universität agiert, umso stärker muss sie zu Hause von ihrem Umfeld getragen werden.

Eine zweite nachhaltige Wirkung ist zu vermerken. Denn gemeinsam mit der Exzellenzinitiative trug das Jubiläum wesentlich zur Stärkung der „corporate identity“ der Universität bei. Und dies wiederum ist ein wichtiger Faktor ihrer Leistungs- und Wettbewerbsfähigkeit.

Überleben werden in jedem Fall das Werk von *Wolfgang Rihm* und die aufwendige *Festschrift* sowie die Kurzgeschichte der Universität von *Hugo Ott*.

Die überzeugende Leistung der *Festschrift*[7] ging im turbulenten und bunten Reigen der Jubiläumsfeierlichkeiten etwas unter; setzt die Bewertung doch die intensive Lektüre von fünf gewichtigen Bänden voraus.

Die Reihe beginnt mit einem gefällig anmutenden *Hochglanzbildband*, der die gesamte Geschichte der Universität umspannt; er kann als Einzelband gesehen werden, der, vom Archivar der Universität *Dieter Speck* verfasst, in die Geschichte der Universität einführt.

Die historische Forschung schlägt sich in den *Bänden 2* und *3* nieder. *Band 2*, herausgegeben von *Dieter Mertens* und *Heribert Smolinsky*, „Von der hohen Schule zur Universität der Neuzeit“, behandelt die ersten vier Jahrhunderte der Freiburger Universität mit zwei zeitlichen Schwerpunkten, den ersten hundert Jahren und der Zeit von der Mitte des 18. bis zum frühen 19. Jahrhundert. Autoren sind *Dieter Mertens, Horst Ruth, Maarten J.F.M. Hoenen, Karl-Heinz Braun, Bettina Bubach, Alexander Hollerbach, Karl-Heinz Leven, Cornelia Brink, Iris Becher, Eva-Maria Wagner, Dieter Speck* und *Heribert Smolinsky*. Besonders hervorgehoben sei der Eingangsaufsatz von *Dieter Mertens* „Von der Supplik zur Eröffnungsfeier. Das Gründungsjahrfünft der Universität Freiburg“. Akribisch untersucht Mertens die Gründungs-

6 Interview mit Alexander Dick, in: Badische Zeitung vom 3. November 2007.
7 Festschrift 550 Jahre Albert-Ludwigs-Universität Freiburg, 5 Bde., Freiburg – München 2007.

geschichte unserer Universität, eingebettet in den Forschungsstand und mit komparativen Zügen.

Band 3, herausgegeben von *Bernd Martin*, „Von der badischen Landesuniversität zur Hochschule des 21. Jahrhunderts" behandelt die Entwicklung der modernen Freiburger Universität mit Ausblicken in die Zukunft. *Hans Fenske* schildert souverän den Weg der Universität im 19. Jahrhundert von einer „kleinen unbedeutenden Landeshochschule zu einer der blühendsten Universitäten des Deutschen Reiches". Die Ausdifferenzierung der Geisteswissenschaften (*Sylvia Paletschek*), der Medizin (*Hans-Georg Hofer*), der Naturwissenschaften (*Georg Tschau*) wird ebenso geschildert wie das Korporationswesen (*Sebastian Kurtenacker*) und die Öffnung der Universität für das Frauenstudium (*Ute Scherb*). Breiter Raum wird der NS-Zeit gewidmet (zwölf Beiträge). Die studentische Revolte von 1968 wird aus unterschiedlichen Perspektiven und mit unterschiedlichen Wertungen beleuchtet (drei Beiträge).

Unser Jubilar *Albert Raffelt* schreibt über „Die Universitätsbibliothek zwischen musealer Archivierung und digitaler Omnipräsenz". Es gelingt *Raffelt*, die Bibliothek als Gedächtnis der Universität, als Hort „einer tausendjährigen Tradition der europäischen Schriftkultur" zu präsentieren. In ihrer technischen Modernisierung wandelt sie sich zu einem immer effizienter einsetzbaren Instrument der Wissenschaften.

Ein ganz besonderes Glanzstück der Festschrift stellt *Band 4* dar, herausgegeben von Altrektor *Christoph Rüchardt*: „Wegweisende naturwissenschaftliche und medizinische Forschung". Grundlegend führt in einem brillanten Essay der Zellbiologe *Peter Sitte* ein: „Naturwissenschaften und Medizin in der kulturellen Evolution", spezifiziert dann von *Wolfgang Gerok* für die Medizin, von *Christoph Rüchardt* für die Chemie und von *Klaus Sander* für die Biologie. In mehr als 39 Beiträgen werden dann die größten Naturwissenschaftler und Mediziner in der Geschichte der Universität mit ihren Leistungen von renommierten lebenden Forschern portraitiert. Es ist ein einmaliges Buch. Die Universität, nicht nur die Freiburger Universität, gewinnt als Ort der Wissenschaft und Motor der modernen kulturellen Entwicklung in ihren handelnden Menschen Farbe, mit allen Problemen, die der Mensch in seiner Komplexität und Ambivalenz mit sich bringt.

Der *fünfte Band* der Festschrift, herausgegeben wiederum von *Bernd Martin*, ist eine mühevoll erstellte detaillierte Selbstdarstellung aller Institute, Seminare und Fächer einschließlich der Universitätsbibliothek und des Rechenzentrums seit 1945. Wiederum ist unser Jubilar *Albert Raffelt* einer der Autoren. Er liefert eine detaillierte Übersicht über die Universitätsbibliothek. Der Herausgeber dieses Bandes spricht zu Recht vom „strahlenden Kosmos der Wissenschaften", in dem auch die für die „neue Universitas" notwendigen Vernetzungen der Fächer mit den Nachbardisziplinen zu erkennen sind.

Ich bin davon überzeugt, dass der fünfbändigen Festschrift – auch sie eine gemeinsame Anstrengung von vielen Angehörigen der Universität und damit Ausdruck einer gelebten „corporate identity" – in der Zukunft ein bedeutender Stellenwert zukommen wird und zwar über die Grenzen der Universität Freiburg hinaus. Die Festschrift ist letztlich eine umfassende Bestandsaufnahme – aufbauend auf einer historischen Darstellung der Universität Freiburg nach dem neuesten Forschungsstand, mit einer aktuellen Bilanz und einem Ausblick in die Zukunft. Die Universität Freiburg steht exemplarisch für die deutsche Universität. Zukünftige Wissenschaftler werden für diese Zeitansage dankbar sein.

Ein literarisches Kleinod ist die *Geschichte der Universität Freiburg* von *Hugo Ott*, die er auf meine ausdrückliche Bitte hin verfasste: „‚Die Weisheit hat sich ihr Haus gebaut'. Impressionen zur Geschichte der Universität Freiburg".[8] Neben den trockenen wissenschaftlichen Veröffentlichungen entstand ein Buch, das die wichtigen Phasen der Universitätsgeschichte leicht lesbar, in bunten Farben und interessanten Bezügen zur Landesherrschaft sowie zur Stadt- und Regionalgeschichte, insbesondere zum Münster, für ein breites Publikum spannend entfaltet. Vor allem werden die handelnden Persönlichkeiten sichtbar. Besonderes Augenmerk – wie sollte es bei *Hugo Ott* anders sein? – kommt in der Universitätsgeschichte der NS-Zeit und darin *Martin Heidegger* zu.

Weiterhin ist noch eine wunderschöne, reich bebilderte Festschrift zu nennen, die von den *Alumni* in *Korea* herausgegeben wurde. Sie enthält Erinnerungen von koreanischen Alumni an ihre Freiburger Zeit und einen Beitrag von Alexander Hollerbach über „Begegnungen mit Korea".[9]

Herausragend schließlich im Reigen der Jubiläumspublikationen ist die Reihe *„Erzählte Erfahrung"* mit den Rückblicken Freiburger Professoren aus den Jahren 1988 bis 2007.[10] Die auf Anregung von *Gottfried Schramm* 1988 im Rektorat Rüchardt ins Leben gerufene Vortragsreihe zählt inzwischen mehr als 30 Berichte von renommierten Professoren und Professorinnen. Darunter sind die Rechtswissenschaftler *Werner von Simson*, *Hans-Heinrich Jeschek* und *Fritz Rittner*, die Historiker *Gerd Tellenbach*, *Wolfgang Reinhart* und *Gottfried Schramm*, der Forstwissenschaftler *Hansjörg Steinlin*, der Theologe *Alfons Deissler*, die Mediziner *Wolfgang Gerok* und *Werner Wenz*, der Politikwissenschaftler *Wilhelm Hennis*, die Biologen *Bernhart Hassenstein* und *Hans Mohr*, die Germanisten *Gerhart Kaiser*, *Gerhart Baumann* und *Uwe Pörksen* sowie der Romanist *Hans-Martin Gauger*. In ihren Berichten wird nicht nur die Geschichte unserer Universität, sondern die deutsche Geistes- und Wissenschaftsgeschichte des 20. Jahrhunderts in ihren Höhen und Tiefen biographisch erfahrbar. Die Universität wird in den Schicksalen ihrer herausragenden Köpfe lebendig. Man ahnt, was verloren gegangen ist und wie eine wiederzugewinnende Zukunft aussehen könnte. Bei vielen Autoren wird die Sehnsucht nach der

8 H. Ott, „Die Weisheit hat sich ihr Haus gebaut" (Spr. 9,1). Impressionen zur Geschichte der Universität Freiburg, Freiburg–Berlin–Wien 2007.

9 Freiburg und Korea. Festschrift zum 550-jährigen Jubiläum der Albert-Ludwig-Universität Freiburg, hrsg. v. Freiburg Alumni in Korea, Seoul 2007.

10 Erzählte Erfahrung. Nachdenkliche Rückblicke Freiburger Professoren aus den Jahren 1988 bis 2007, hrsg. v. G. Schramm im Auftrag des Rektors der Albert-Ludwigs-Universität Freiburg, Freiburg–Berlin–Wien 2008.

Renaissance der universitären Würde und des Identitätsempfindens sowie nach Rahmenbedingungen für Spitzenleistungen in Forschung und Lehre deutlich.

Ich hoffe, dass das Jubiläumsjahr im Schulterschluss mit der Exzellenzinitiative die Universität Freiburg auf diesem Weg einen Schritt nach vorne bewegt hat. Allen, die zum Gelingen des Jubiläums beitrugen, schuldet die Universität tiefsten Dank.

Emit Philippus Jacobus Abbas Sancti Petri Anno 1772. Constat – 5 fl.

Erworben 1772 für die Bibliothek von St. Peter i. Schw. – jetzt aufbewahrt in der Universitätsbibliothek Freiburg: ein Gebetbuch von 1504

Angela Karasch

Mit diesem hier programmatisch gestellten Kaufeintrag aus einem Gebetbuch von 1504 eröffnet sich ausschnitthaft nicht nur ein Zugang zur Bibliothek des Benediktinerklosters St. Peter i. Schw. im ausgehenden 18. Jahrhundert, für die Abt Philipp Jakob Steyrer diese reich illuminierte Handschrift 1772 erwarb. Er erlaubt in der Folge auch eine akzentuierte Konturierung der herausragenden Bedeutung dieses Abtes für den Aufbau der barocken Bibliothek und ihrer Sammlung. Nicht zuletzt aber gibt er an dieser Stelle Gelegenheit, punktuell auch einzugehen auf ein bibliotheks- und kirchengeschichtliches Interessengebiet, dem sich Albert Raffelt seit Jahren wiederholt in verschiedenen Publikationen und Aktivitäten gewidmet hat.[1]

Die Bibliothek des Klosters St. Peter i. Schw. im ausgehenden 18. Jahrhundert

Entsprechende Kaufeinträge in Erwerbungen Steyrers für die Bibliothek von St. Peter finden sich – wenn auch nicht immer mit zusätzlicher Angabe des Kaufpreises – in der Mehrzahl der Handschriften und Bücher unterschiedlichster Entste-

1 An dieser Stelle kann nur exemplarisch hingewiesen werden 1. auf umfassendere Publikationen, so u.a. A. Raffelt (1), Die Klosterbibliothek von St. Peter und ihre mittelalterlichen Handschriften, in: H.-O. Mühleisen (Hg.), Das Vermächtnis der Abtei, Karlsruhe 1993, 393–414; A. Raffelt (2), Literatur zum Kloster und Ort St. Peter im Schwarzwald, in: H.-O. Mühleisen (Hg.), Das Vermächtnis der Abtei, Karlsruhe 1993, 471–481; A. Raffelt (3) (Hg.), Das Markus-Blatt in St. Peter, Schw., Faksimile-Edition, St. Peter i. Schw. 1993; A. Raffelt (4) (Hg.), Unfreiwillige Förderung. Abt Philipp Jakob Steyrer und die Universitätsbibliothek Freiburg, Freiburg 1995; 2. auf bibliographische Projekte wie die Erstellung der online-Bibliographie „Literatur zu Kloster und Ort St. Peter i. Schw." und auf Impulse zur Digitalisierung älteren Schrifttums zu St. Peter über Dienste der Universitätsbibliothek Freiburg; 3. auf Vorträge bei Tagungen der Katholischen Akademie Freiburg zur Geschichte des Benediktinerklosters St. Peter, so in den Jahren 1995, 2002, 2006; 4. auf die Mitarbeit an den Ausstellungen „Das Vermächtnis der Abtei" 1993 in St. Peter und „Unfreiwillige Förderung" in der Universitätsbibliothek Freiburg 1995; 5. schließlich mit Stellungnahmen und Dokumentationen zum sogenannten Badischen Handschriftenstreit (2006–2009).

Emit Philippus Jacobus Abbas Sancti Petri Anno 1772. Constat – 5 fl.

hungszeit und machen damit in jedem Einzelfall ein Spezifikum dieses Bestandes augenfällig: die 1806 säkularisierte Büchersammlung des Klosters war kein bis dahin über die Jahrhunderte am Ort gewachsener Bestand, sondern sie verdankte sich ganz überwiegend der Sammlungstätigkeit Philipp Jakob Steyrers, der 1749 bis 1795 als Abt von St. Peter nicht nur 1752 den Bau des barocken Bibliothekssaals vollendete und ausgestaltete, sondern zugleich die zuletzt bei den Bränden von 1644 und 1678 fast vollständig zerstörte Büchersammlung erneuerte und ausbaute.[2] Die schon von Zeitgenossen Steyrers gerühmte neue Größe und Qualität der Sammlung[3] belief sich beim Tode Steyrers 1795 nach den Studien Elmar Mittlers auf etwa 17.000 bis 18.000 Bände und dürfte bei der Klosteraufhebung 1806 bei ca. 20.000 Bänden gelegen haben.[4] Wichtigste Quellen zum Bestand und seinen Schwerpunkten sind der von Steyrer angelegte und vom Bibliothekar des Klosters und weiteren Schreibern bis 1774 geführte handschriftliche, knapp 13.000 Titel erfassende und in drei Foliobänden gebundene Bibliothekskatalog[5] – heute als Hs. 562 im Bestand der Universitätsbibliothek Freiburg[6] – und ein eigenes Verzeichnis der Handschriften der Bibliothek, das der Nachfolger Steyrers im Amt und zugleich letzte Abt von St. Peter, Ignaz Speckle, vor Auflösung der Klosterbibliothek anfertigen ließ.[7] Ein unter Steyrer wohl um 1780 angelegter Handschriftenkatalog hat sich dagegen nicht erhalten.[8] Die erhaltenen Verzeichnisse dienten bei der Sä-

2 Zur Geschichte von Bibliothek und Kloster St. Peter vgl. E. Mittler / W. Müller (Hg.), Die Bibliothek des Klosters St. Peter, Bühl/Baden 1972; H.-O. Mühleisen (1) (Hg.), Das Vermächtnis der Abtei, 2., erg. Aufl., Karlsruhe 1994; H.-O. Mühleisen (2) (Hrsg.), Das Kloster St. Peter auf dem Schwarzwald, Waldkirch 2001; H.-O. Mühleisen (3), St. Peter auf dem Schwarzwald, Lindenberg/Allgäu 2003. – Zu Leben und Werk Abt Steyrers siehe insbes. F. Kern (1), Philipp Jakob Steyrer, 1749–1795 Abt des Benediktinerklosters St. Peter im Schwarzwald, in: FDA 11 (1959), 5–234; F. Kern (2), Philipp Jakob Steyrer. Ein Lebensbild, in: Raffelt (wie Anm. 1 (4)) 25–48; H.-O. Mühleisen (4) (Hg.), Philipp Jakob Steyrer (1749–1795), Freiburg 1996.

3 Vgl. hierzu die Quellenauswertungen und Zitate bei Kern (wie Anm. 2) 106–108.

4 E. Mittler, Das Kloster St. Peter und seine Bibliothek, in: Mittler / Müller (Hg.), (wie Anm. 2), 20. Detaillierte Untersuchungen zu einzelnen Sammlungsteilen (theologische und juristische Literatur, Kartensammlung) liegen vor mit den Beiträgen von F. Kern, H. Liehl und R. Oehme, in: Mittler / Müller (Hg.) (wie Anm. 2).

5 Mittler (wie Anm. 4) 11–39; A. Karasch, Ort des Wissens und des Glaubens. Von der barocken Klosterbibliothek St. Peter im Schwarzwald und ihren Büchern, in: Kirchliches Buch- und Bibliothekswesen 3 (2002), 57–63; A. Karasch, Vom Wert und Nutzen alter Kataloge, Freiburg 2008, 5–10.

6 W. Hagenmaier, Die abendländischen neuzeitlichen Handschriften der Universitätsbibliothek Freiburg i. Br., Kataloge der Universitätsbibliothek Freiburg i. Br. 1,5, Freiburg 1996, 101.

7 *Codices manuscripti Bibliothecae ad St. Petrum in Silva nigra Ord. S. Benedicti*, Generallandesarchiv Karlsruhe, Bestand 102 Nr. 27, Bl. 33–38.

8 Umfassend zu den Handschriften aus St. Peter: K. Niebler, Die Handschriften von St. Peter im Schwarzwald. 1. Teil: Die Papierhandschriften, Die Handschriften der Badischen Landesbibliothek in Karlsruhe 10,1, Wiesbaden 1969, insbesondere XI–XX; F. Heinzer / G. Stamm, Die Handschriften von St. Peter im Schwarzwald. 2. Teil: Die Pergamenthandschriften, Die Handschriften der Badischen Landesbibliothek in Karlsruhe 10,2, Wiesbaden 1984, insbesondere XXI–XXXIII; Katalog der Handschriften und Inkunabeln aus St. Peter im Besitz der Universitätsbibliothek Freiburg, in: Raffelt (wie Anm. 2 (4)) 194–199. – Aufgrund der Untersuchungen von Heinzer und Stamm ist dieses Verzeichnis zu ergänzen um Hs. 296, einem Obsequiale aus einem oberrheinischen Dominikaner(innen)kloster, geschrieben 1497, siehe hierzu Cl. Gottwald, Die Musikhandschriften der Universitätsbibliothek und anderer öffentlicher Samm-

kularisierung der Bibliothek als willkommene Arbeits- und Auswahlinstrumente; so wurden die an die Großherzogliche Hofbibliothek in Karlsruhe abzuliefernden Bücher im Bibliothekskatalog rot markiert, ebenso waren die Handschriften für Karlsruhe bestimmt. In einer Zweitauswahl konnte sich dann auch die Universität Freiburg Bestände aus St. Peter sichern.[9] Um noch Bücher für St. Peter zu retten, erstellte Abt Speckle schließlich eine Vorschlagsliste für eine in St. Peter zu errichtende Pfarrbibliothek; den Verlust umfangreicher und wertvoller Bestände tangierte dies allerdings im Kern nicht mehr.[10]

Die rund 200 Handschriften, die bis auf wenige Ausnahmen alle Abt Steyrer für St. Peter erworben hatte,[11] lassen sich heute der barocken Klosterbibliothek aber nicht allein aufgrund der vorhandenen Verzeichnisse und der Anforderungsprofile und Ablieferungsverfahren während der Säkularisation zuordnen. Ebenso bedeutsam sind die eingangs genannten Kaufeinträge in den Handschriften selbst, erlauben doch erst sie eine wirklich eindeutige Zuweisung für jedes Einzelstück.[12] Zwar werden die Handschriften aus St. Peter in Folge der Ablieferungsvorgaben an die Großherzogliche Bibliothek in Karlsruhe bei der Säkularisation von Kloster und Bibliothek heute zum überwiegenden Teil in der Badischen Landesbibliothek in Karlsruhe aufbewahrt. Aber gerade anhand der Kaufeinträge in den Handschriften selbst gelang es der Forschung, dennoch kleinere Bestände auch in anderen Institutionen, so u. a. auch in der Universitätsbibliothek Freiburg, zu identifizieren, zuzuordnen und diese Sonderwege an Karlsruhe vorbei teilweise zu klären.[13] Darüber hinaus aber ermöglichen es uns heute erst diese Einträge – vor allem im Kontext mit anderen Quellen, wie beispielsweise Tagebü-

lungen in Freiburg i. Br. und Umgebung, Kataloge der Universitätsbibliothek Freiburg i. Br. 1,2, Wiesbaden 1979, 24. – Einen kürzeren Überblick zu den mittelalterlichen Handschriften aus St. Peter gibt Raffelt (wie Anm. 1 (1)) 393–414.

9 Zur Säkularisation von Kloster und Bibliothek von St. Peter siehe H.-O. Mühleisen, „Aufgelöset ohne Hoffnung einer gänzlichen Wiederherstellung…“. Die Säkularisation der Benediktinerabtei St. Peter auf dem Schwarzwald, in: H. U. Rudolf, Alte Klöster, neue Herren. Die Säkularisation im deutschen Südwesten 1803, Ostfildern 2003, Bd. 2,1, 577–590; Mittler (wie Anm. 4) 22–30; U. Engelmann, Die letzten Schicksale der Klosterbibliothek St. Peter im Schwarzwald, Gutenberg-Jahrbuch 47 (1972), 410–415; A. Karasch, Sachkundig aufgelöst. Der Bibliothekskatalog von St. Peter und der Weg der Bücher nach der Säkularisation, in: Handschriften des Mittelalters, Stuttgart 2007, 26–29.

10 Vgl. hierzu den Tagebucheintrag von Ignaz Speckle zum 21. April 1807: „Damit kein Tag ohne Klage sei, kam heute auf Befehl der Kommission zu Freiburg an den Herrn Dr. Schlaar ein Fuhrmann von Freiburg hier an, um die nach Karlsruhe geforderten Bücher abzuholen. […] Nun siehet die Bibliothek einem ausgeraubten Hause ähnlich. Der Saal ist schön, aber an guten Büchern leer. […] der Anblick ist zu traurig. Die Bücher sollen nun in der Großherzoglichen Bibliothek stehen. Dort wird sie selten jemand ansehen und lesen gar niemand. Aber sie werden wie jene, die zu Freiburg stehen, ein ewiges Denkmal der ungerechten Räubereien sein.“ Zitiert nach U. Engelmann (Bearb.), Das Tagebuch von Ignaz Speckle, Abt von St. Peter im Schwarzwald 1795–1819, Bd. 2, Stuttgart 1966, 222.

11 Zu den wenigen Handschriften in St. Peter, die nicht auf Käufe Steyrers zurückgehen, siehe Heinzer / Stamm (wie Anm. 8) XXI, FN 2; Raffelt (wie Anm. 1 (1)) 393–401.

12 Zur Bedeutung der Kaufvermerke: Heinzer / Stamm (wie Anm. 8) XXVIII–XXX.

13 Niebler (wie Anm. 8) XIII; Heinzer / Stamm (wie Anm. 8) XXXII–XXXIII. Zu Freiburg vgl. auch die Kommentierung in Anm. 8.

Emit Philippus Jacobus Abbas Sancti Petri Anno 1772. Constat – 5 fl.

chern und Korrespondenzen der Äbte sowie Rechnungsbüchern – Erwerbungsschwerpunkte und zugleich „Lieferanten" der barocken sanpetrinischen Sammlung greifbar zu machen.[14] Dank der Untersuchungen vor allem von Heinzer und Stamm lassen sich daher jetzt verschiedene Gruppen von Vorprovenienzen wesentlich genauer als bisher bestimmen: 1753 das Zisterzienserinnenkloster Günterstal bei Freiburg, 1754 das Dominikanerinnenkloster Adelhausen (Freiburg), 1763 Südtirol; schließlich der Zeitraum 1780/1781, in dem allein mehr als die Hälfte des Handschriftenbestandes von St. Peter erworben werden konnte, vor allem aus Konventen in Straßburg, dem Elsass, in Nürnberg und in Erfurt. Weitere Zugänge entstammen schließlich der Abtei Salem mit den ihr unterstellten Frauenklöstern und dem Raum Augsburg/Ulm. Sachkenntnis, bibliophile Interessen, systematische Erwerbungstätigkeit, quasi professionelle Lieferanten- und Buchhändlerkontakte und gerade im Falle der Handschriftenkäufe auch eine günstige „Marktsituation",[15] mitbedingt durch wirtschaftliche Notlagen von Klöstern und / oder veränderten Nutzungs- und Wertungskriterien für Handschriften und „Älteres" in manchen Ordensgemeinschaften, waren die Basis, auf der Abt Steyrer in wenigen Jahrzehnten eine Handschriftensammlung dieser Größenordnung, historischen Spannbreite und Qualität für St. Peter aufbauen konnte.

Ein handgeschriebenes und illuminiertes Gebetbuch von 1504

Die heutige Freiburger Handschrift 213, ein Gebetbuch von 1504, das den handschriftlichen Kaufvermerk *Emit Philippus Jacobus Abbas Sancti Petri Anno 1772. Constat – 5 fl.* auf dem vorderen Spiegel trägt, lässt sich allein aufgrund des eingeschriebenen Erwerbungsjahres 1772 allerdings keiner der genannten zeitlich-lokal definierten größeren Zugangsgruppen zuweisen. Auch die nur bis 1772 erhaltenen Tagebücher Steyrers versagen als ergänzende Quelle zu diesem Handschriftenkauf.[16] Der unmittelbare Weg dieser Handschrift in die Bibliothek von St. Peter lässt sich somit über die bekannten Quellen nicht näher bestimmen. Ebenso wenig ist nach derzeitiger Quellenkenntnis ersichtlich, wie die Handschrift statt nach Karlsruhe in die Universitätsbibliothek Freiburg gekommen ist. Das von Abt Speckle erstellte Verzeichnis der Handschriften, auf dessen Grundlage die Ablieferung an die Großherzogliche Bibliothek in Karlsruhe erfolgte, zeigt keinen Eintrag, dem sich diese Handschrift eindeutig zuordnen ließe, zumal Gebet- und

14 Zu den Vorprovenienzen siehe Heinzer/Stamm (wie Anm. 8) XXII–XXVIII; F. Heinzer, Die Handschriften der Bibliothek von St. Peter im Schwarzwald, in: K. Andermann (Hg.), Historiographie am Oberrhein im späten Mittelalter und in der frühen Neuzeit, Sigmaringen 1988, 331–346.

15 Vgl. J. Mayer, Geschichte der Benediktinerabtei St. Peter auf dem Schwarzwald, Freiburg 1893, 165–166; E. Ettlinger, Geschichte der Bibliothek von St. Peter im Schwarzwalde unter besonderer Berücksichtigung des Handschriftenbestandes, ZGO, 54, N.F. XV (1900), 620–640; Kern (wie Anm. 2 (1)) 103 ff.

16 Vgl. Kern (wie Anm. 2(1)) 106.

Andachtsbücher hier meist als Gruppen (meist mit Hinweis auf die Stückzahlen und mit pauschalierender Jahrhundertzuordnung) zusammengefasst aufgeführt sind.[17] Damit fehlt bereits für diesen Zeitpunkt ein sicher verwertbarer Hinweis zum Verbleib dieser Handschrift. Überlegungen, dass Hs. 213, ähnlich der ihrem Besitzeintrag zufolge bereits 1754 von Steyrer für St. Peter erworbenen und jetzt ebenfalls in Freiburg aufbewahrten Hs. 219, einem Gebet- und Andachtsbuch des ausgehenden 15. und frühen 16. Jahrhunderts,[18] über den seit 1788 an der Universität Freiburg lehrenden P. Thaddäus Rinderle aus St. Peter nach Freiburg gekommen sein könnte, lassen sich bisher nicht näher belegen.[19] Anhand einer älteren UB-Signatur des 19. Jahrhunderts für die heutige Hs. 213 lässt sich aber zumindest ab dieser Zeit die Zugehörigkeit zum Freiburger Bibliotheksbestand absichern. Im Fall dieser Handschrift sind somit die Gegebenheiten vor dem Beginn und am Ende ihrer sanpetrinischen Zugehörigkeit (vorerst) nicht geklärt.

Über ihre ursprüngliche Bestimmung aber und frühe weitere Besitzverhältnisse gibt die Handschrift selbst Auskunft. Dieses in schwäbischer Mundart 1504 (Datierung fol. 4v und fol. 205r) von einer Hand in Textura auf Pergament geschriebene und aufwändig ausgestattete Gebetbuch war ausdrücklich für eine Frau bestimmt. [20] So findet sich zum Beschluss der eröffnenden Gebetsgruppe von Texthand eingefügt – später dann allerdings teilweise getilgt – auf fol. 4v der Hinweis auf die Besitzerin, eine „fraw Schingerin (?) […] Schingers (?) husfraw."[21] Die Bestimmung für eine Frau ist auch später im Text nochmals greifbar, wenn es am Schluss eines Gebetes zur Schmerzensmutter Maria heißt „[…] durch die brunnen der hailigen zaeher die du vergießt liebe fraw sancta Maria und durch alles das leyden deins kinds und durch dein mitleyden, das dein hertz do hett, Bitt ich dich *arme sünderin* dass du mich nicht vertreibest […] wegen meiner sünden

17 *Codices manuscripti* (wie Anm. 7). Auch das „Verzeichnis der in der Klosterbibliothek [von anderer Hand durchgestrichen und ersetzt durch „Klosterarchiv"] enthaltenen Bücher, Akten u. Dokumente, 1760–1820" von St. Peter, Generallandesarchiv Karlsruhe, Bestand 102 Nr. 323, bietet keinen Zufallsfund.

18 W. Hagenmaier, Die deutschen mittelalterlichen Handschriften der Universitätsbibliothek und die mittelalterlichen Handschriften anderer öffentlicher Sammlungen, Kataloge der Universitätsbibliothek Freiburg i. Br. 1,4, Wiesbaden 1988, 62.

19 Niebler (wie Anm. 8) XIII; vgl. auch F. Heinzer: „So nah und doch so fern?" Bibliotheksgeschichtliche Schnittstellen zwischen Freiburg und dem Schwarzwaldkloster St. Peter, Ringvorlesung „Freiburger Büchergeschichten", Vorlesung vom 3. Mai 2007, Podcast der Universitätsbibliothek, Freiburg 2007.

20 Vollständige kodikologische Beschreibung von Hs. 213 bei Hagenmaier (wie Anm. 18) 53–57; alle Blattverweise zur Handschrift fußen auf der neueren Foliierung von Hagenmaier, die die Vorsätze (Papier) miterfaßt. – Hs. 213 wurde 2003 im Zuge bestandssichernder Maßnahmen im Institut für Erhaltung von Archiv- und Bibliotheksgut in Baden-Württemberg in Ludwigsburg dokumentierend farbverfilmt. Die auf dieser Grundlage erfolgte Digitalisierung und online-Veröffentlichung der Handschrift durch die Universitätsbibliothek Freiburg zeigt wegen des dokumentarisch-statisch gehaltenen Aufnahmeverfahrens des Ausgangsmaterials nur eingeschränkt die Qualität vor allem der Handschriftenausstattung, gibt aber einen ersten Zugang; URL: http://digilib.ub.uni-freiburg.de/document/263050165

21 Lesart Hagenmaier (wie Anm. 18) 53.

Emit Philippus Jacobus Abbas Sancti Petri Anno 1772. Constat – 5 fl.

[…]" (fol. 61r).[22] Weitere Nachrichten über die Besitzerin sind nicht bekannt. Ein Eintrag des 16. Jh. von anderer Hand (fol. 1r) weist dann mit „Elisabeta bontin von oberschafhausen", die das Buch „ererbt von herrn batar von freiburg", spätere Besitzer des Gebetbuchs aus dem Freiburg-Kaiserstühler Raum nach.

Die Texte der Handschrift

Der Charakter eines für Laien bestimmten, privaten Andachtsbuchs wird bereits ersichtlich in der Art und Zusammenstellung der Gebetstexte. Die Zusammenstellung beginnt mit dem Hymnus *Ad faciem salvatoris* (deutsch), es folgen Morgengebete, die acht Verse Bernhards, Dreifaltigkeitsgebete, die Tagzeiten zum Leiden Christi (mit Anfang und Schluss aus den Tagzeiten zum Leiden Christi des Johannes von Neumarkt) und zum Mitleiden Mariens, das Paternoster vom Leiden Christi, weiterhin Johannes von Neumarkts Tagzeiten zum Mitleiden Mariens, weitere Mariengebete, Allerseelengebete, Gebete vor dem Bild von Anna Selbdritt (Ablassgebet), Gebete zu Anna, Joseph und Joachim, zu Maria und Gott, schließlich Gebete zu den Marien- und Herrenfesten und Gebete zum Leben und zur Himmelfahrt Mariens. Gebete zum Schutzengel und ein erster Teil Heiligengebete (männliche Heilige) schließen an, es folgen Passionsgebete (mit Ablass), dann ein zweiter Teil mit Heiligengebeten (weibliche Heilige). Gebete zur Messe, der Prolog des Johannesevangeliums, die sieben Bußpsalmen mit Antiphon, die Allerheiligenlitanei mit Antiphon, Versikeln und Orationen und zuletzt eine Gruppe mit Abendgebeten beschließen das Buch. Ein (von Texthand) angefügtes, sorgfältig erstelltes Inhaltsverzeichnis erleichterte der Besitzerin das direkte Auffinden der einzelnen Gebete.

Die in der Zusammenstellung enthaltenen Tagzeitengebete haben bei der kodikologischen Beschreibung zur genaueren Bestimmung der Handschrift als Tagzeiten- und Gebetbuch geführt. Doch wird im Kontext aller enthaltenen Texte ersichtlich, dass eine den Laien gemäße Orientierung am monastischen Stundengebet hier trotzdem nicht vorrangig ist. Es fehlt eine insgesamt entschiedenere zyklische, an die Liturgie des Chorgebets angelehnte Strukturierung der Gebetsvorgaben, und es fehlen auch einzelne das Stundenbuch der Laien als solches besonders prägende und strukturierende Teile; die Integration von Bußpsalmen und Allerheiligenlitanei – wie sonst gerade im Stundenbuch üblich – auch in das vorliegende Gebetbuch ändern nichts an dieser grundsätzlichen Einordnung.[23] Es überwiegt in der vorliegenden Handschrift letztlich der Charakter einer vor allem individuell geprägten Gebetsauswahl für die private Andacht; für das Verständnis ihrer Bildausstattung wird das bedeutsam sein.

22 Zwei ganzseitige Miniaturen zeigen als betende Stifterfigur oder Adorationsfigur eine Frau im Nonnenhabit: beim Schutzengelgebet (fol. 103v) und beim Gebet zum heiligen Valentin (fol. 120r).

23 Vgl. C. Kupfer: Handschriften für das private Gebet, in: F. M. Kammel (Hg.), Spiegel der Seligkeit, Nürnberg 2000, 117–130.

Individuell geprägt ist zwar die Zusammenstellung dieser für das persönliche Gebet bestimmten Texte; singulär sind sie damit keineswegs. Viele dieser Gebete – nicht nur die *per se* verbreiteten Ablassgebete – lassen sich auch in anderen Gebetbüchern der Zeit finden.[24] Und wie viele dieser Gebetbücher, so ist auch Hs. 213 ein Beispiel und Zeugnis einer sich auf Bernhard von Clairvaux beziehenden, im 13. Jahrhundert dann von Franz von Assisi – gerade auch hinsichtlich ihrer Veranschaulichungsformen beeinflussten – danach von Franziskanern und vor allem Dominikanern beförderten und über Predigten unter den Laien verbreiteten Christusmystik und Marienfrömmigkeit. Deren spätmittelalterliche Ausformung in der besonderen Intensivierung der Perspektive auf das Leiden Christi und das Mitleiden seiner Passion (in der Person Marias und in der *Imitatio* der Betenden) wäre jedoch ohne den ergänzenden Hinweis auf den besonderen Einfluss und die (volkssprachige) Verbreitung von Predigten, Schriften und Gebetstexten einzelner Prediger und Mystiker wie Johannes Tauler, Heinrich Seuse, Thomas von Kempen und – im Übergang zur Neuzeit – Johannes von Neumarkt nicht ausreichend charakterisiert.[25]

Die Bilder der Handschrift

Die Ausstattung von Handschrift 213 ist reich: Zur Rubrizierung des Textes (rot und blau) treten zahlreiche Schmuckinitialen mit zwei- bis sechszeiligem farbigen Buchstabenkörper auf eckigem, teilweise gerahmten Goldgrund; 17 Initialen sind zudem historisiert. Vielfältige, variantenreiche Randornamentik (heute allerdings teilweise beschnitten und mit stärkeren Gebrauchsspuren) und qualitätsvolle Miniaturmalerei in Deckfarben mit Gold rahmt bzw. gliedert den Text. Die 33 halb- bis ganzseitigen Miniaturen passen sich dabei ganz unmittelbar der durch die Abfolge der Gebetsgruppen vorgegebenen Gliederung an.

Die einzelnen „Gebetsblöcke“ eröffnen dabei mehrheitlich mit einer Miniatur: Den Dreifaltigkeitsgebeten zu Gebetbuchbeginn vorangestellt ist ein ganzseitiges Bild des Gnadenstuhls (fol. 12v), den Tagzeiten zum Leiden Christi geht das Bild von der Gefangennahme Christi voraus (fol. 19v) (Abb. 1) und Johannes von Neu-

24 Referenzen hierzu vor allem bei F. X. Haimerl, Mittelalterliche Frömmigkeit im Spiegel der Gebetbuchliteratur Süddeutschlands, München 1952.

25 Vgl. hierzu u. a. Haimerl (wie Anm. 24) 34–61, 109–160; W. Haug / B. Wachinger (Hg.), Die Passion Christi in Literatur und Kunst des Spätmittelalters, Tübingen 1993, insbesondere die Beiträge U. Köpf, Die Passion Christi in der lateinischen religiösen und theologischen Literatur des Spätmittelalters; W. Haug, Johannes Taulers *Via negationis*; A. M. Haas, Sinn und Tragweite von Heinrich Seuses Passionsmystik; F. O. Schuppisser, Schauen mit den Augen des Herzens. – Vgl. auch P. Seegets, Passionstheologie und Passionsfrömmigkeit im ausgehenden Mittelalter. Der Nürnberger Franziskaner Stephan Fridolin (gest. 1498) zwischen Kloster und Stadt, Tübingen 1998, insbesondere 169–285 zum „Schatzbehalter“, dessen Ausstattung mit 96 ganzseitigen Holzschnitten aus der Werkstatt von M. Wolgemut und H. Pleydenwurff für die Druckausgabe bei Koberger 1491 durch seine Verbreitung wichtige Impulse für spätere künstlerische Bildfindungen lieferte.

markts Tagzeiten zum Mitleiden Mariens begleitet ein Bild der Sieben Schmerzen Mariens (fol. 42v). Unter den Mariengebeten ist dem Gebet zu den „Sieben geistlichen Freuden Mariens" eine sitzende Maria mit Kind in einer angedeuteten Gartenlandschaft als ganzseitige Miniatur zugeordnet (fol. 67v). Dem Papst Alexander VI. zugeschriebenen und vor dem Bild der Anna Selbdritt zu sprechenden Ablassgebet wird dieses als halbseitige Malerei gegenübergestellt (fol. 77v), und da die Miniatur zusätzlich Joachim und Joseph zeigt, ist sie auch auf die nachfolgenden Gebete zu Anna, zu Joseph und Joachim und zu Maria und Gott hin komponiert. Die nachstehenden Gebete zu den Marien- und Herrenfesten werden entweder durch historisierte Initialen (Verkündigung fol. 79r, Beschneidung fol. 87r, Darstellung Christi im Tempel fol. 91r) oder durch ganzseitige Miniaturen (Heimsuchung fol. 81v, Geburt Christi fol. 83v, Anbetung der Könige fol. 88v) eingeleitet und bilden in sich eine durch die Art der Figuration variierte Folge zum Leben Mariens mit Kindheit Jesu, aber eben gerade keinen auch formal bestimmten Bildzyklus. Die sich anschließende Gruppe der Gebete zum Leben Mariens konzentriert sich dagegen auf das Motiv der Abschiednahme und der Trauer und setzt dieses auch mit mehreren ganzseitigen Miniaturen ins Bild: Abschied Christi von Maria am Gründonnerstag (fol. 93v), die trauernde Maria unter dem Kreuz (fol. 95v) (Abb. 2) und der Tod Mariens im Kreis der Apostel (fol. 97v); damit erhält diese von der Länge der Texte her eher kleine Gebetsgruppe durch die auffallend reiche malerische Ausstattung eine besondere Akzentuierung. Das Bild der allein stehenden und trauernden Maria korrespondiert aber zugleich ganz unmittelbar mit der Darstellung der Sieben Schmerzen Mariae (fol. 42v) und wird so zur wiedererkennbaren Chiffre von Verlassenheit und Schmerz.[26]

Durchweg figurativen Schmuck, sei es als historisierte Initiale am Gebetsanfang, sei es als vorangestellte halb- oder ganzseitige Miniatur, zeigen auch die Engelsgebete (zum Schutzengel, zum Erzengel Michael, fol. 103v, fol. 107v) und die beiden umfangreichen Gruppen mit Heiligengebeten. Von den Heiligenminiaturen sei an dieser Stelle nur eine kleine Auswahl genannt, die die Gesamtthematik der bildlichen Ausstattung besonders verdeutlicht oder aber für spätere stilistische Überlegungen und Einordnungen bzw. Lokalisierungsfragen von Interesse ist: so die Darstellung der Stigmatisation des heiligen Franz von Assisi (fol. 128v), Dominikus mit dem Kruzifix, das Martyrium der heiligen Katharina (fol. 142v) (Abb. 3), heiligen Klara (fol. 149v) und heiligen Ottilia, die die Seele ihres Vaters durch Gebet erlöst (fol. 151r). Im letzten Viertel des Gebetbuchs finden sich dann noch ganzseitige Darstellungen der Gregormesse und *Arma Christi* (fol. 161v) vor Beginn der Gebete zur Messe, des Evangelisten Johannes auf Patmos (fol. 170v)

26 Die alleinige Konzentration auf die Gestalt Marias bei der Darstellung von Schmerz und Trauer um den toten Gottessohn bedeutet zugleich eine die Beterin unmittelbar zur Identifikation einladende Bildaussage. Die Gewichtung dieser Bildaussage wird noch augenfälliger im Vergleich zu einer früher liegenden Darstellung der Marienklage in einem deutschen Privatgebetbuch für Georg II. von Waldburg, Oberschwäbische Werkstatt, 1476, Buchmalerei auf Pergament, Württembergische Landesbibliothek Stuttgart, Cod. brev. 12, fol. 96v.

(Abb. 4) zum Prolog des Johannesevangeliums und des büßenden Königs David (fol. 172v) zur Einleitung der Sieben Bußpsalmen.

Die bildliche Ausstattung der Handschrift akzentuiert somit deutlich eine auf die Passion Christi und auf das Mitleiden der Passion mit und über Maria hin orientierte Frömmigkeit, eine zugleich an Formen des Nacherlebens (Stigmatisation des heiligen Franz von Assisi) und der Vergegenwärtigung des Leidens Christi im Messopfer (Gregormesse)[27] sich ausrichtende Gläubigkeit, schließlich eine das Leben der Heiligen unter dem Zeichen des Kreuzes (Dominikus-Darstellung) beispielhaft setzende Glaubens- und Lebenshaltung.[28]

Dem Charakter eines privaten Andachtsbuches mit individuell zusammengestellten Gebeten entspricht daher auf der Ausstattungsebene das einzeln gesetzte Bild. Der wenig ausgeprägten Zyklusstruktur der Gebetstexte entspricht der Verzicht auf thematisch wie formal geschlossene Bilderfolgen. So werden selbst die Tagzeitengebete zum Leiden Christi nicht von einem größeren, anhand der Tagzeiten organisierten Passionszyklus illustriert. Es reicht das Bild von der Gefangennahme Christi am Beginn der Tagzeiten, um für die Betende den Impuls zur inneren Schau des gesamten Geschehens zu setzen.[29] Diese eigenständige, nicht auf Textbegleitung und direktes Textverständnis zielende Funktion der Bilder zeigt sich in diesem Gebetbuch generell in der Platzierung des einzelnen Bildes zum Text bzw. der jeweiligen Gebetsgruppe: Es steht eigenständig vorab und bildet gleichsam die erste Stufe für Gebet und Meditation.[30] Nur im Einzelfall, wenn zwischen Bild und Text ein ganz unmittelbarer Blickbezug gefordert ist, wie bei dem vor einem Bild der Anna Selbdritt zu sprechenden Ablassgebet, treten auch in Hs. 213 Bild und Text direkt nebeneinander. In vielen anderen Fällen aber sind die Bilder von den zugeordneten Gebeten optisch wie haptisch

27 Vgl. auch C. Walker Bynum, Seeing and Seeing Beyond. The Mass of St. Gregory in the Fifteenth Century, in: J. Hamburger / A.-M. Bouché (Hg.), The Mind's Eye, Princeton 2006, 208–240.

28 Zur privaten Frömmigkeitspraxis, vor allem zur Passionsfrömmigkeit in der bildenden Kunst des Spätmittelalters siehe: Grünewald und seine Zeit, Karlsruhe 2007, insbes. die Beiträge von Th. Noll, Wort und Bild in der Frömmigkeit des späten Mittelalters, 96–103 und den Katalogteil, Passionsfrömmigkeit zur Zeit Grünewalds (Einführungstext J. Mack-Andrick), 350–404. – Vgl. auch N. Wolf, Die Macht der Heiligen und ihrer Bilder, Stuttgart 2004, 188–228.

29 Vgl. Schuppisser (wie Anm. 25), insbesondere 175–184 und die dort ausgewerteten Quellentexte. In einer Anleitung zur Passionsmeditation in einer Handschrift des 15. Jh. (Dresden, Kupferstichkabinett der Staatl. Kunstsammlungen, Hs. A 71a) heißt es: „Primo ipsum Christum in sua ymagine ante oculos ponere. tamquam Christum corporaliter videat" (175). Siehe auch Noll (wie Anm. 28) 96.

30 Daneben gibt es gedruckte – und damit auch auf größere Verbreitung, auf „Popularisierung" und religiöse Bildung der Laien zielende, zugleich von den unikalen Handschriften auch medial geschiedene Andachts- und Gebetbücher. Ihre Illustrationen zielen durchaus auf eine dem Textverständnis oder der Textbegleitung unmittelbar dienende Funktion. Eine Textpassage in St. Fridolin, Schatzbehalter der wahren Reichtümer des Heils, Nürnberg 1491,f4v, verdeutlicht dies exemplarisch: „Es ist auch ze wisssen, dass ettlich gegenwürff von pildwerck figuren haben, umb der layen willen, für die diß büchlein allermaist entworffen ist, auf das die, die sunst nit gschrifft od pücher haben, sich dersterbas behelfen mugen in der verstendnus und behaltung dieser gegenwürff." – Vgl. auch P. Schmidt, Bildgebrauch und Frömmigkeitspraxis. Bemerkungen zur Benutzung früher Druckgraphik, in: Kammel (wie Anm. 23) 69–83.

Emit Philippus Jacobus Abbas Sancti Petri Anno 1772. Constat – 5 fl.

durch Umblättern getrennt, sie übernehmen einen eigenständigen, zur Betrachtung (auch im Wortsinn) und Meditation vorab einladenden Part. Betont wird die eigenständige Funktion als Bilder der Andacht auch durch das Stilmittel der doppelten Rahmung, das mehrfach zur Anwendung kommt. Sie sind also Bilder der Andacht und für die Andacht,[31] nicht Illustrationen des Textes.

Der Miniatur kommt damit in Hs. 213 eine dem separaten Andachtsbild (Bildtafel, Bilddruck, Skulptur usw.) gleiche Bedeutung zu: Es bietet dem privaten Gebet visuelle Orientierung, ermöglicht den Einstieg zu imaginierender Kontemplation und zu affektischem Nacherleben des Heilsgeschehens (*Compassio*) und kann die Gläubigen so zur Nachfolge Christi (*Imitatio*) führen.[32] Eine Darstellung zum Leben der heiligen Ottilia in Hs. 213 verdeutlicht die (äußeren) Rahmenbedingungen dieser Andachts- und Gebetssituation geradezu exemplarisch: In einer Privatkapelle kniend und betend vor einem Altar mit dem Bild des Gekreuzigten erschaut Ottilia dahinter auch die Erlösung der Seele ihres Vaters (fol.151r).

Die in Deckfarben ausgeführten Malereien der Handschrift sind gekennzeichnet durch eine mit feiner Pinsel- und Farbführung differenzierte szenische Ausgestaltung der Themen. Die Personen der Bildhandlungen werden dabei in Kommunikations- und Affektionsbezüge eingebunden dargestellt und zugleich in architektonisch charakterisierte Räume oder in ausgestaltete und sich in die Ferne öffnende Landschaften eingebettet. In den historisierten Initialen wird selbst da, wo keine szenische oder dialogische Ausgestaltung des Motivs erfolgt, etwa bei der Darstellung von Heiligen als Einzelfiguren, nicht auf eine auch symbolisch zu sehende Andeutung von Räumlichkeit verzichtet: Heilige stehen hier immer auf grünem, das Irdische evozierenden Grund vor goldenem, auf das Jenseits verweisenden Hintergrund als einem in äußerster bildlicher Verknappung der Betrachterin gegebenen Hinweis auf Lebensbestimmung und vorbildhaften Lebenswandel; stilistisch betrachtet sind dies aber auch Anknüpfungen an die ältere Tradition der Goldgrundmalerei. Eingestellt in sehr kräftige gebogte oder eckige Farb- oder Goldrahmen hängen die ganz- und halbseitigen Miniaturen – direkt oder nochmals durch einen weiteren Schmuckrahmen abgesetzt – gleich-

31 Zur neueren Definition von ‚Andachtsbild' siehe den Überblick bei K. Schade, Andachtsbild. Die Geschichte eines kunsthistorischen Begriffs, Weimar 1996, und die hier gegebene weitere Beschreibung als „funktional und formal zu bestimmende[n] Bildtyp, der mit visuellen Mitteln deklamiert, mit demonstrativer Gestik, dem Pathos des Ausdrucks, der Inszenierung einer Stimmungslage, dem Vorführen von Gefühlen und der Einladung zum Nachvollzug dieser Emotionen" agiert. H. Belting spricht für Bilder in dem uns interessierenden Kontext von „Privatbild" als Gegensatz zum „öffentlichen Bild", H. Belting, Bild und Kult. Eine Geschichte des Bildes vor dem Zeitalter der Kunst, München 1990, besonders 457–509.

32 Hierzu H. Belting, Das Bild und sein Publikum im Mittelalter. Form und Funktion früher Bildtafeln der Passion, 3. Aufl., Berlin 2000, besonders 11–104; Belting (wie Anm. 31) 462 unterstreicht die Analogie von Bilderfahrung und mystischer Erfahrung; F.M. Kammel, Imago pro domo. Private religiöse Bilder und ihre Benutzung im Spätmittelalter, in: Kammel (wie Anm. 23) 10–33; A. Curtius, Die Hauskapelle als architektonischer Rahmen der privaten Andacht, in: Kammel (wie Anm. 23) 34–48.

sam an der „Buchseitenwand" als Bilder zur privaten Andacht und öffnen sich so der betrachtenden Schau.

Der reiche Bordürenschmuck von Text- und Bildseiten entwickelt sich zumeist aus der Akanthusranke und reicht vom einfachen Ausläufer über ein die Blattränder fast zur Gänze ausfüllendes und mit kräftigen Einzelblättern und Blüten ausgestattetes und goldpollenverziertes Rankengeflecht, in dem auch Vögel und kleines Getier Platz finden können, bis hin zur Ausgestaltung als mit geradezu plastisch wirkenden Streublumen und Tieren bestückter zusätzlicher, symbolisch ausdeutbarer Rahmen für bereits gerahmte Miniaturen oder als blumenverzierte schwere Goldleiste.

Bilder und Kontexte

Eine umfassende und differenzierte Analyse und kunstgeschichtliche Einordnung der künstlerischen Ausstattung von Hs. 213 steht bisher aus, auch wenn es zu Einzelaspekten und zur Lokalisierung der Werkstatt schon vereinzelt Überlegungen gegeben hat. Detlef Zinke beließ es zuletzt in der Frage der Zuordnung der Handschrift bewusst bei dem vorsichtigen Hinweis auf eine noch unbekannte und vorerst nicht weiter lokalisierbare süddeutsche Werkstatt.[33] Sowohl die verschiedenen Formen der Randornamentik als auch die Miniaturen boten und bieten aber durchaus Anknüpfungspunkte zu ersten weiterführenden Überlegungen.

So hat gerade ein den Streublumenrahmen in Hs. 213 vergleichbarer Randschmuck in anderen Handschriften Anlass dazu gegeben, hier einen Zusammenhang mit der Gent-Brügger Buchmalerei um 1470 und ihrer Rezeption im süddeutschen Raum um 1500 herzustellen.[34] Georges Dogaer verweist dabei u. a. auf Straßburg, Augsburg, und Nürnberg als Zentren der Handschriftenproduktion um 1500, in denen entsprechende Rahmenformen übernommen wurden. Daneben sind Untersuchungen von Belang, die auf eigene Augsburger Traditionen zu reichem Randdekor aus verziertem und auch belebtem Rankenwerk und auf in der Augsburger Buchmalerei vor und um 1500 gebräuchliche eckige Initialrahmungen mit zumeist mehrfarbigen Leisten hinweisen.[35] Für alle einzelnen Beschreibungsmerkmale bietet auch Hs. 213 aufgrund ihrer unterschiedlichen Dekorierungssysteme durchaus gute Anknüpfungspunkte und in dieser Perspektive auch Anhaltspunkte für einen möglichen Zusammenhang mit einer Augsburger Werkstatt.

33 Vgl. D. Zinke (Hg.), Verborgene Pracht. Mittelalterliche Buchkunst aus acht Jahrhunderten in Freiburger Sammlungen, Katalog zur Ausstellung des Augustinermuseums Freiburg in der Universitätsbibliothek Freiburg, Lindenberg 2002, 128.

34 Vgl. G. Dogaer, Einfluss der Randverzierung der sog. Gent-Brügger Schule auf die deutsche Buchmalerei um 1500, in: G. Pflug u. a. (Hg.), Bibliothek – Buch – Geschichte. Kurt Köster zum 65. Geburtstag, Frankfurt a. M. 1977, 211–217.

35 Vgl. E. W. Bredt, Der Handschriftenschmuck Augsburgs im 15. Jahrhundert, Straßburg 1900, besonders 57–96; E. Steingräber, Die kirchliche Buchmalerei Augsburgs um 1500, Augsburg 1954.

Emit Philippus Jacobus Abbas Sancti Petri Anno 1772. Constat – 5 fl.

Von Interesse vor allem hinsichtlich der Miniaturen in Hs. 213 ist aber auch ein direkter Blick auf die Augsburger Buchmalerei um 1500, insbesondere auf Arbeiten, die mit Georg Beck (dok. 1478–1513/14) und seiner Werkstatt, mit seinem Sohn Leonhard (um 1480–1542) und auch mit Ulrich Taler (Tätigkeit nachgewiesen 1497–1520/1525) in Verbindung gebracht oder ihnen zugeordnet werden konnten.[36] Zuletzt hat sich Guido Messling mit diesen Fragen aufgrund erneuter Quellenstudien beschäftigt.[37] Nicht nur sind auch dank seiner Untersuchungen Lebens- und Werkphasen von Leonhard Beck, sondern auch die von Georg Beck jetzt gesicherter zu fassen. Durch Auswertung von Steuerlisten konnten für Georg Beck – „Jork Beck Illuminist von Giengen" – der Aufenthalt in Augsburg ab 1478 sowie der Erwerb des Bürgerrechts und der Zunftzugehörigkeit für 1490 nachgewiesen werden. Für Leonhard ist für die Jahre danach von einer Ausbildung in der Buchmalerwerkstatt des Vaters auszugehen. Mit nicht weniger als sechs Lehrlingen zwischen 1499 und 1506 darf diese Werkstatt zudem als ein florierender Betrieb angesehen werden. Um 1500, spätestens aber 1501, verließ Leonhard die väterliche Werkstatt, um in Frankfurt am Main als Mitglied der ebenfalls in Augsburg ansässigen Werkstatt Hans Holbeins d. Ä. (um 1460/1470–1524) am Hochaltarretabel der Frankfurter Dominikanerkirche mitzuarbeiten.[38] Verbindungen zwischen den Werkstätten Georg Becks und Holbein d. Ä. lassen sich aber auch schon vor dieser Zeit nachweisen: Bereits 1492 war Georg Beck an einem bedeutenden Auftrag des Augsburger Klosters St. Ulrich und Afra beteiligt, an einer für Kaiser Maximilian I. bestimmten Handschrift der Vita Sancti Simperti, aus der schon Otto Pächt zwei ganzseitige Miniaturen Hans Holbein d. Ä. zuordnete, somit eine Verbindung Georg Becks und seiner Werkstatt zu Holbein und seiner Werkstatt bereits erkennbar gemacht hatte.[39] Messling gründet nun seine Untersuchungen zur buchmalerischen Tätigkeit von Georg und Leonhard Beck vor allem auf die detaillierte Analyse zweier Psalterien für das Kloster St. Ulrich und Afra in Augsburg – heute Augsburg, Staats- und Stadtbibliothek, 2°

36 Vgl. hierzu u.a. E. Buchner, Leonhard Beck als Maler und Zeichner, in: ders./K. Feuchtmayr (Hg.), Augsburger Kunst der Spätgotik und Renaissance, Bd. 2, Augsburg 1928, 388–413; E. Steingräber, Beiträge zum Werk des Augsburger Buchmalers Ulrich Taler, Pantheon 19 (1961), 119–126; O. Pächt, Vita Sancti Simperti. Eine Handschrift für Maximilian I., Berlin 1964; U. Merkl, Buchmalerei in Bayern in der ersten Hälfte des 16. Jahrhunderts, Regensburg 1999, 31–35, 41–57, 345–369.

37 G. Messling (1), Leonhard Beck, als Buchmaler. Eine Untersuchung zu zwei Hauptwerken der religiösen Buchmalerei Augsburgs vom Ende des 15. Jahrhunderts, in: Münchner Jahrbuch der bildenden Kunst, 3. F., 55 (2004), 73–114; G. Messling (2), Der Augsburger Maler und Zeichner Leonhard Beck und sein Umkreis, Dresden 2006, besonders 11–35 u. 331–358; G. Messling (3) (Bearb.), Leonhard Beck, The new Hollstein German engravings, etchings and woodcuts 1400–1700, 2 Bde., Ouderkerk aan den Ijssel 2007. Die nachstehenden biographischen Ausführungen folgen den Untersuchungen Messlings.

38 Bereits Buchner (wie Anm. 36) wies auf die Gesellentätigkeit Leonhard Becks 1501 in der Werkstatt Holbeins d. Ä. hin. – Zu Leben und Werk Holbeins d. Ä. siehe vor allem K. Krause, Hans Holbein der Ältere, München–Berlin 2002.

39 Pächt (wie Anm. 36), besonders 21–25. Von Interesse sind auch die Ausführungen Pächts zur Rezeption niederländischer Tafelmalerei in diesem Kontext. Vgl. auch Krause (wie Anm. 38) 66–85.

Cod. 49a[40] und München, Bayerische Staatsbibliothek, clm 4301 – und ihrer Entstehungsumstände. So kann er nicht nur aufgrund der Quellenlage die Arbeiten an der Illuminierung der Psalterien ab 1496 Georg Beck und seiner Werkstatt verlässlich zuschreiben, sondern auch die Identifikation Leonhard Becks als zweiten Miniaturisten sehr wahrscheinlich machen und dabei zugleich das besondere Abhängigkeitsverhältnis zwischen beiden eng verwandten Handschriften verdeutlichen: Demnach wäre in der heutigen Münchner Handschrift eine frühe Arbeit Leonhard Becks zu sehen, der die künstlerisch ausgefeiltere Augsburger Handschrift als Arbeit des Vaters Georg Beck als Vorbild diente.[41] Ab 1503 besaß Leonhard Beck dann selbst die Zunftzugehörigkeit und eine eigene Werkstatt in Augsburg. Da er von 1518–1523 explizit als „Illuminist" in den Steuerlisten geführt wurde, darf man aber auch für die Zeit nach Ausbildung und Mitarbeit in der Werkstatt des Vaters buchmalerische Aktivitäten – zumindest seiner Werkstatt – vermuten, auch wenn nach heutiger Kenntnis der Großteil seines Schaffens bei druckgraphischen Arbeiten und Werken der Tafelmalerei gelegen haben dürfte.[42]

In diesen unmittelbaren Augsburger Kontext möchten wir nun vor allem zwei Miniaturen aus Hs. 213 stellen: die Gefangennahme Christi (fol. 19v) (Abb. 1) und den Tod Mariens (fol. 97v).[43] Trotz der Fülle zeitgenössischer Passionsdarstellungen fällt aus unserer Sicht für das Bild der Gefangennahme nicht nur eine buchmalerisch bedingte momenthafte Konzentration der Darstellung auf, die in ihrem Handlungsausschnitt der entsprechenden Szene in den Passionsinitialen der genannten Augsburger Psalterien – wenn auch malerisch weniger fein – zu folgen scheint. Und es fällt ebenso auf eine zwar in der Dramatik der Geschehensinterpretation zurückgenommene und in der Farbigkeit entschieden differierende, aber in der Etablierung der Figurenkomposition dennoch bedingte direkte oder indirekte Nähe zu Arbeiten Hans Holbeins d. Ä. und seiner Werkstatt und deren niederländischen und deutschen Bildquellen. Zu nennen sind hier zum Einen die Darstellung der Gefangennahme in der sog. Grauen Passion Holbein d. Ä. (Abb. 5) – der jüngeren Forschung nach zwischen 1494 und 1500 zu datieren – und deren Bildquellen, wie u. a. eine entsprechende, Dirk Bouts zugeschriebene Darstellung für die Kölner Laurenzkirche oder ein Kupferstich des Meister AG.[44] Zum Anderen ist auf die Passion des Frankfurter Dominikaneral-

40 Zur kodikologischen Beschreibung siehe Cl. Gottwald, Die Musikhandschriften der Staats- und Stadtbibliothek Augsburg, Handschriftenkataloge der Staats- und Stadtbibliothek Augsburg 1, Wiesbaden 1974, 2–4.

41 Messling (wie Anm. 37 (1)) 93–100, 108.

42 Vgl. Werkzuschreibungen und -abschreibungen bei Messling (wie Anm. 37 (2)) 324–358.

43 Dies erfolgt mit aller gebotenen Vorsicht und mit Blick auf den in diesem Rahmen notgedrungen ausschnitthaften und teilweise noch vorläufigen Charakter der Ausführungen, zumal auch eine Einsichtnahme der Handschriften in Augsburg und München im Original noch nicht möglich war.

44 Der Zyklus aus ursprünglich für einen Flügelaltar bestimmten Tafeln, dessen ursprünglicher Aufstellungsort ungeklärt ist, befand sich seit 1853 in den Fürstlich Fürstenbergischen Sammlungen Donaueschingen und konnte 2003 für die Staatsgalerie Stuttgart erworben werden; siehe hierzu den Neuerwerbungsbericht mit Abbildungen im Jahrbuch der Staatlichen Kunstsammlungen in Baden-Württemberg 44 (2007), 145–155; dort auch Hinweise zur Diskus-

tars (um 1500/1501) zu verweisen, deren Gefangennahme nach Katharina Krause auf „demselben Grundmuster" beruht, deren Ausführung aber wie der der anderen Tafeln des Altars eher auf eine nach Vorlagen arbeitende Werkstatt hinweist.[45] Damit fällt der Blick aber auch auf Leonhard Beck, der mit der Werkstatt Holbein d. Ä. an den Arbeiten am Dominikaneraltar befasst war und damit Kenntnis dieses Formenrepertoires besaß. Auch die Darstellung des Marientods in Hs. 213 erlaubt es, mit Blick auf die grundlegende Figurenkomposition indirekt mögliche Linien zur Werkstatt Holbein d. Ä. zu ziehen; stärker noch als über die entsprechende Darstellung am Dominikaneraltar mag dies aber für die auf 1490 datierte Marientod-Tafel für den Afra-Altar in Augsburg gelten.[46]

Weitere Aspekte, wie etwa der Rückgriff auf die Formensprache der Renaissance in der Ausgestaltung architektonischer Bildelemente wie bei der Gnadenstuhl-Miniatur (fol. 12v) von Hs. 213, mögen ebenfalls auf ein Augsburger Umfeld verweisen, wo eine frühe Rezeption der italienischen Renaissance gegeben war.[47] Die Rezeption und Entwicklung des Motivs der Strahlenkranz- und Mondsichelmadonna in der süddeutschen, auch Augsburger Buchmalerei um und nach 1500 und die möglichen druckgraphischen Vermittlungsformen können an dieser Stelle nicht diskutiert werden. Das Motiv begegnet aber in Hs. 213 sowohl als Initialschmuck (fol. 57r) als auch malerisch differenzierter im Kontext einer ganzseitigen Miniatur des Johannes auf Patmos als Himmelserscheinung des Sehers (Abb. 4, Abb. 6).[48] Letztgenannte Miniatur bietet zugleich eine der schönsten Landschaftsmalereien der Handschrift.

sion um Datierung und künstlerische Einordnung. Ausführlich und grundlegend hierzu Krause (wie Anm. 38) 119–139; weiterhin zu kompositorischen Einzelheiten auch K. Krause, Hans Holbein der Ältere. Studien nach dem Leben im Altar- und Votivbild, Städel-Jahrbuch N. F. 16 (1997), 171–200.

45 Vgl. Krause (wie Anm. 38) 141–150; B. Brinkmann / St. Kemperdick, Deutsche Gemälde im Städel 1500–1550, Kataloge der Gemälde im Städelschen Kunstinstitut Frankfurt a. M. 5, Mainz 2005, 388–428.

46 Vgl. Krause (wie Anm. 38) 25–31, Abb. Farbtafel 1; Pächt (wie Anm. 36) 23–25. – Zu den Bezügen zu Bildtafeln des sogenannten Meisters der Oberschönenfelder Altarflügel, damit zur entsprechenden Abschreibungsdiskussion für Leonhard Beck und zu den Bezügen zu Werken Holbein d. Ä. siehe Messling (wie Anm. 37 (2)) 163–172.

47 Vgl. hierzu u. a. die wenig jüngeren Reliefs von Hans Daucher (um 1485–1538); siehe auch Krause (wie Anm. 38) 95–99 mit Abb. 75; Cl. Baer, Die italienischen Bau- und Ornamentformen in der Augsburger Kunst zu Beginn des 16. Jahrhunderts, Frankfurt a. M. 1993, 57–76 (zu Holbein d. Ä.), 99–110 (zu Leonhard Beck) und 215–229 (zu Adolf und Hans Daucher). Beispiele in der Buchmalerei finden sich dann vor allem bei Ulrich Taler, liegen aber zeitlich nach Hs. 213; vgl. Merkl (wie Anm. 36) 55–57 u. Abb.

48 Exemplarisch gegeben sei hier der Hinweis auf das graphische Werk Martin Schongauers, insbesondere auf den seiner späten Schaffenszeit zuzuordnenden Stich „Johannes auf Patmos" (Abb. 6); vgl. A. Châtelet, Die Stiche Martin Schongauers, in: Der hübsche Martin. Kupferstiche und Zeichnungen von Martin Schongauer (ca. 1450–1491), Colmar 1991, 239–425 und K. 103. Die Nähe der Miniatur von Hs. 213 hierzu und zu Arbeiten im Schongauer-Umkreis sind deutlich. Siehe auch L. Schmitt (Bearb.), Ludwig Schongauer to Martin Schongauer, Hollstein, German engravings, etchings and woodcuts 1400–1700 49, Amsterdam 1999, 141–142 (Nr. 59). Welche Rolle darüber hinaus die Passionszyklen von Schongauer und auch von Israhel van Meckenem für die „Gefangennahme" in Hs. 213 spielen, wäre ebenfalls noch zu untersuchen, wenn auch an anderer Stelle.

Der bisherigen Konzentrierung der Ausführungen zu den Miniaturen von Hs. 213 auf ein mögliches Augsburger Umfeld widerspricht es nicht, auch andere Bezüge aufzuzeigen. Es gilt in jedem Fall zu berücksichtigen, dass reger künstlerischer Austausch zwischen den einzelnen Kunstzentren bestand, der seit dem ausgehenden 15. Jahrhundert zudem über die Verbreitung druckgraphischer Werke[49] noch erleichtert und zugleich intensiviert wurde, was Lokalisierungen heute nicht immer vereinfacht. Darauf, dass Stiche und Holzschnitte schon früh Buch- und Tafelmalern auch als Vorlagen dienten, ist in vielen Einzelzusammenhängen hingewiesen worden.[50] Auch für Hs. 213 lässt sich aus unserer Sicht solches nicht nur für die „Johannes auf Patmos"-Darstellung aufzeigen.[51] So weist die Miniatur mit der Darstellung des Martyriums der heiligen Katharina (fol. 142v) (Abb. 3) deutliche Bezüge zu einem Holzschnitt von Albrecht Dürer aus der Zeit um 1498 auf (Abb. 7).[52] Reduktion und Modifikation der Darstellung im Mittelgrundbereich zugunsten einer offeneren landschaftsmalerischen Ausgestaltung und auch die durch die Farbigkeit der Malerei zusätzlich gegebene Konzentration der Darstellung auf die zentrale Handlung im Vordergrund beeinträchtigen diesen Eindruck kaum. Ähnliches gilt – wenn auch weniger stringent – für die Darstellung der Stigmatisierung des heiligen Franziskus (fol. 128v) und der möglichen Vorlage eines weiteren Dürer-Holzschnitts.[53]

Es dürfte mit diesen keineswegs vollständigen Ausführungen dennoch deutlich geworden sein, dass der Versuch, das künstlerische Umfeld für die Buchmalerei von Hs. 213 wenigstens ansatzweise zu konturieren, nur von der Einzelminiatur ausgehend zu unternehmen und jeweils neu zu beschreiben ist. So wie die Auswahl der Gebete eine individuelle ist, so ist auch die Zusammenstellung der Andachtsbilder für dieses Gebetbuch eine individuelle. Nicht ein – vielleicht sogar auf eine einheitliche Vorlage zurückgreifender oder einheitlich konzipierter – Bilderzyklus, sondern eben auf unterschiedliche künstlerische Impulse und Anregungen zurückgreifende Einzelbilder sind hier „Programm". In der Gesamtheit ist damit der Blick gerichtet auf ein an verschiedenen künstlerischen Anregungen reiches und offenes Umfeld, in dem zugleich einzelne stilistische Besonderheiten der Handschrift vergleichbar beheimatet sind. Ein nicht unwesentlicher Teil der hier verfolgten Spuren ließ dabei Augsburg, nachweislich auch nach 1500 noch ein Zentrum der Buchmalerei, stärker ins Blickfeld rücken und es vorerst nahe le-

49 Die Bedeutung des Drucks für die Verbreitung und Popularisierung von Texten wie Bildern kann insgesamt gar nicht hoch genug eingeschätzt werden. Belting (wie Anm. 31) 474–483 spricht in Bezug auf die Bildmedien im Bereich des privaten Andachtsbilds geradezu von einem Wettbewerb zwischen Gemälden und Druckgraphik. Auch die Vermittlungsfunktion illustrierter gedruckter Andachtsbücher ist nicht zu unterschätzen.

50 So für das Werk Holbeins d. Ä. bei Krause (wie Anm. 38) 32–38 usw.

51 Siehe Anm. 48.

52 R. Schoch / M. Mende / A. Scherbaum (Bearb.), Albrecht Dürer. Das Druckgraphische Werk, Bd. 2, Holzschnitte und Holzschnittfolgen, München 2002, 109–112; K. G. Boon (Bearb.), Albrecht and Hans Dürer, Hollstein, German engravings, etchings and woodcuts 1400–1700 7, Amsterdam 1962, 191.

53 Schoch / Mende / Scherbaum (wie Anm. 52) 126–127.

Emit Philippus Jacobus Abbas Sancti Petri Anno 1772. Constat – 5 fl.

gen, für Hs. 213 von einer Augsburger Werkstattarbeit auszugehen.[54] 1504, also schon im Zeitalter des gedruckten Buches, aber waren Individualität und Exklusivität immer noch erstrebenswerte Eigenschaften, die allein das handgeschriebene und –gemalte Buch bieten konnte und die ihm damit über seine Blütezeit hinaus Wert und Zuspruch sichern konnten.

Das Gebetbuch, der Abt und die Klosterbibliothek

Individualität und Exklusivität eines solchen Gebetbuchs mögen durchaus auch noch im ausgehenden 18. Jahrhundert die ästhetische Begier und den Kaufreiz eines Abtes wie Philipp Jakob Steyrer geweckt haben, dessen Kennerschaft, bibliophile Neigung und Sammelleidenschaft beim Wiederaufbau der Klosterbibliothek von St. Peter hinreichend belegt ist und vielfach gewürdigt wurde.[55] Gleichwohl scheint uns das Abheben auf ein überwiegend ästhetisches, geradezu museal-repräsentatives Moment als vorherrschenden Impuls für den Aufbau von Bücher- wie Handschriftensammlung zu kurz zu greifen; ein Blick auf Steyrers eigene Schriften und ein Blick in den Bibliothekskatalog von St. Peter könnten dies durchaus modifizieren.

Betrachtet man Steyrers eigenes theologisches Schrifttum, so bilden Werke geistlichen Inhalts einen der Schwerpunkte.[56] Zu ihnen zählen vor allem auch Gebets- und Meditationsanthologien mit Texten ausgewählter und von ihm geschätzter geistlicher Autoren, die zu ganz verschiedenen Zeiten der Ordens- und Kirchengeschichte Impuls gebend waren für reformerische Ansätze und Formen frömmigkeitspraktischer Erneuerung. Der Wert, den Steyrer diesen Zusammenstellungen beimaß, lässt sich auch an den Widmungsadressaten der Druckausgaben und an der künstlerischen Ausstattung der Bücher ablesen. Exemplarisch hierfür sollen seine *Medulla operum omnium Sancti Bernardi Abbatis primi Clarae-Vallensis* vorgestellt werden, die er Fürstabt Martin Gerbert von St. Blasien widmete und 1779 bei Satron in Freiburg drucken ließ.[57] Die Widmungsseiten begleitet

54 Noch schwieriger scheint uns eine andere süddeutsche Lokalisierung der Handschrift zu sein, während es für Augsburg doch immerhin einige Anhaltspunkte gibt. In jedem Fall bedarf es noch weiterer Untersuchungen zur Absicherung der bisherigen Überlegungen. Und es ist in Rechnung zu stellen, dass eine durch direkte Quellen gesicherte Lokalisierung der Handschrift wohl nicht möglich werden wird.

55 Siehe Kern (wie Anm. 2 (1)) 103–108; hier auch (in deutscher Übersetzung) die entsprechenden Passagen aus Tagebuch und Korrespondenz Abt Steyrers und zeitgenössische Urteile zur Bibliothek. Vgl. die Einschätzungen bei Mittler (wie Anm. 4) 15–20; Raffelt (wie Anm. 1 (1)) 396–399; A. Raffelt, Einleitung zu Raffelt (wie Anm. 1 (4)) 12–17; Heinzer (wie Anm. 14) 333, 336 und Heinzer (wie Anm. 19).

56 A. Raffelt, Das theologische Schrifttum Abt Steyrers, in: Raffelt (wie Anm. 1 (4)) 54–77; A. Raffelt, Die Theologie Abt Steyrers, in: Mühleisen (wie Anm. 2 (4)) 56–87.

57 *Medulla operum omnium Sancti Bernardi Abbatis primi Clarae-Vallensis. Coll. et in 6 libros distrib. A Benedictino Monasterii S. Petri in Silva Nigra*, Friburgi Brisg. 1779. (UB Freiburg K 4182). Diese und weitere Titelbeschreibungen bei D. Brandstätter, Katalog der in der Universitätsbibliothek Freiburg vorhandenen gedruckten Schriften Philipp Jakob Steyrers, in: Raffelt (wie Anm. 1 (4)) 50–52.

ein vom Freiburger Universitätskupferstecher Peter Mayer entworfener und ausgeführter („Petrus Mayr del. et Sculpsit") Porträtstich Martin Gerberts; als Frontispiz zum Titelblatt – und damit als Autorenbild fungierend – steht eine von Mayer offensichtlich nach einer Vorlage gestochene („Petrus Mayr scul.") Darstellung des heiligen Bernhard von Clairvaux (Abb. 8).[58] Dieser Kupferstich nun zeigt den heiligen Bernhard als jungen Mönch in Andachtshaltung vor einem Kreuzaltar: Kniend, zum Altarkreuz aufblickend und mit zum Gebet gefalteten Händen umschließen seine Arme die *arma Christi*. Kreuz und Leidenswerkzeuge als überlebensgroß gestaltete Attribute verweisen zugleich herausgehoben auf Bernhards Meditationen über das Leiden Christi. Eine Textstelle aus dem 43. *Sermo* der *Sermones in Cantica* ist der bildlichen Darstellung als Motto beigegeben; die Bildtafel komprimiert so der Überlieferung folgend auf mehreren Ebenen vorab den Kern von Bernhards Kreuzestheologie. Ein Anknüpfen an die ältere Andachtsliteratur wird hier – auch im Bild – geradezu augenfällig.

Es ist an anderer Stelle eingehend ausgeführt worden, dass Abt Steyrer für seine Schriften nicht nur die Auswahl der Illustrationen, sondern auch ihre Konzeption wesentlich bestimmt, Bilder dabei als Aussage und nicht nur als schmückendes Beiwerk gesetzt und sich dafür gezielt auch an älteren Vorlagen orientiert hat; hierfür aber konnte er ganz überwiegend die von ihm erworbenen Bestände der Klosterbibliothek heranziehen.[59] Ein retrospektiver und zugleich nicht bildabgeneigter Sammlungsaufbau für die Bibliothek war somit auch dem Autor Philipp Jakob Steyrer durchaus von Nutzen.

Ein Blick schließlich in den bis 1774 geführten Katalog der Bibliothek[60] zeigt die Spannbreite der in den einzelnen Wissenschaftsdisziplinen und Fächern bis zu dieser Zeit bereits gesammelten Literatur. Durch eine detaillierte Katalogauswertung konnten bereits für den theologischen Buchbestand einzelne Schwerpunkte genauer erfasst werden.[61] Darüber hinaus zeigen aber weitere Stichproben jetzt auch einen – wenn auch für Klöster allgemein nicht unüblichen – beachtlichen Anteil an spiritueller Literatur, an Werken der Mystik, an Meditationen, an Andachtsbüchern und volkstümlichen Erbauungsschriften. Gerade in seiner unter Steyrer bewusst wieder herbeigeführten historischen Ausformung verweist der sanpetrinische Buchbestand am Ende des 18. Jahrhunderts auch auf ein besonderes Interesse für diese Art Literatur und für ihre Traditionen – ein Interesse, das einerseits sicher über den unmittelbaren Bedarf für den spirituellen Alltag eines Klosters hinausging, sich andererseits aber doch ganz unmittelbar mit

58 Vgl. hierzu und zu den nachstehenden Ausführungen A. Karasch, Geschichte(n) im Bild? Die illustrierten Schriften von Philipp Jakob Steyrer, in: Raffelt (wie Anm. 1 (4)), 78–137.

59 Karasch (wie Anm. 58), bes. 92–112.

60 *Catalogus omnium librorum bibliothecae monasterii Sancti Petri in Sylva nigra*, Online-Ausgabe der Universitätsbibliothek Freiburg, Freiburg 2006. Beschreibung der Handschrift bei Hagenmaier (wie Anm. 5).

61 F. Kern, Die Theologische Literatur in der ehemaligen St. Petrischen Klosterbibliothek, in: Mittler / Müller (wie Anm. 2) 109–147, konzentriert seine Analyse auf die Bereiche Bibelausgaben, Orientalia, Patristica, Historia Sacra, Dogmatica, Moralia und Bibliographica.

Emit Philippus Jacobus Abbas Sancti Petri Anno 1772. Constat – 5 fl

den Bedürfnissen des kompilierenden und schreibenden Abtes Steyrers verband. Spannbreite des Bibliotheksbestandes versteht sich hier somit nicht nur als Vielfalt der Themen, als Fülle in der Zeit, sie versteht sich auch als Fülle mit der Zeit, als Zugewinn – besser: Wiedergewinn – einer (verlorenen und für St. Peter zurückerworbenen) historischen Dimension. Der Katalog macht dies heute noch konkret erfahrbar in dem ganz offensichtlichen Bestreben, die Geschichte und Wirkung der Bücher und ihrer „Ideen" fassbar zu machen auch über die Abfolge ihrer Ausgaben und Editionen, um so ihre historische Dimension ebenfalls zum greifbaren Teil der Bibliothek zu machen. In dieser Sicht hatten ältere Werke in Ausgaben früherer Epochen, und eben auch Handschriften, einen definierten eigenen Platz.

Eine enzyklopädische Sicht auf die Welt, der Wunsch, ihr Buch gewordenes Wissen an einem Ort – räumlich und ‚zwischen Buchdeckeln' – zu versammeln, ist sicher ein wichtiger, das Zeitalter des Barock prägender Impuls gewesen. Genauso wichtig, wenn nicht gar entscheidender, scheint uns jedoch in diesem Fall ein theologischer Impuls zu sein, der als Bildprogramm des Bibliothekssaals in St. Peter sichtbar wird und von der Deckenmalerei bis zu den Büchern führt: Die ewige Weisheit Gottes als Quelle alles Wissens und Glaubens, sich offenbarend in den Zeugen des Alten und des Neuen Testaments, in Kirchenvätern, Kirchenlehrern, Ordensheiligen und Mönchsgelehrten, in Schrift und Tradition der Kirche.[62] Dieser Sicht ist Geschichtlichkeit als ein Grundprinzip geradezu eingeschrieben und diese wird damit konstitutiv auch für die Bibliothek und ihre Sammlung. In dieser Ordnung aber mussten Bücher als sichtbar und erfahrbar gewordene Emanationsstufen des Göttlichen im besten Sinne repräsentativ sein, musste das Streben nach „raren" und „mit schönen Bildern"[63] versehenen Ausgaben legitimiert sein über alle individuellen bibliophilen Neigungen hinaus. Das aber lässt auch ein schön illuminiertes Gebetbuch aus dem Jahr 1504 nicht einfach museal sein und Beleg bibliophiler Sammelleidenschaft eines Abtes, sondern einen sinnhaften Platz einnehmen, den eigenen geschichtlichen Platz in dieser geistig-geistlich geordneten Welt.[64]

62 Vgl. G.M. Lechner, Geheimnisvolle Bibliothek. Die Ewige Weisheit als typisches Bibliotheksprogramm der Aufklärungszeit, in: Mühleisen (wie Anm. 2 (1)) 127–148.

63 Anmerkungen zu einzelnen Buchtiteln wie „rar", „mit (schönen) figuren", „ornata et illustrata" finden sich wiederholt im historischen Katalog von St. Peter.

64 Zum Schluss gilt herzlicher Dank meinem Kollegen Dr. Michael Becht für sein beständiges Interesse am Entstehen dieses Beitrags und Herrn Ralf Grün, Technische Dienste Fotostelle der Bibliothek, für die sorgfältige Erstellung der Abbildungen aus Hs. 213, die in Farbe über die Internetseiten der Universitätsbibliothek Freiburg bereitgestellt werden.

Abb. 1
Gefangennahme Christi.
Deckfarbenmalerei und Gold auf Pergament,
12 x 9,5 cm (Blattgröße).
In: Tagzeiten- und Gebetbuch.
Handschrift, Pergament (+ Papier), 1504, 19v.
(UB Freiburg Hs. 213).

Abb. 2
Die trauernde Maria unter dem Kreuz.
Deckfarbenmalerei und Gold auf Pergament,
12 x 9,5 cm (Blattgröße).
In: Tagzeiten- und Gebetbuch.
Handschrift, Pergament (+ Papier), 1504, 95v.
(UB Freiburg Hs. 213).

Emit Philippus Jacobus Abbas Sancti Petri Anno 1772. Constat – 5 f.

Abb. 3
Das Martyrium der hl. Katharina.
Deckfarbenmalerei und Gold auf Pergament,
12 x 9,5 cm (Blattgröße).
In: Tagzeiten- und Gebetbuch.
Handschrift, Pergament (+ Papier), 1504,
142v.
(UB Freiburg Hs. 213).

Abb. 4
Johannes auf Patmos.
Deckfarbenmalerei und Gold auf
Pergament,
12 x 9,5 cm (Blattgröße).
In: Tagzeiten- und Gebetbuch.
Handschrift, Pergament (+ Papier), 1504,
170v.
(UB Freiburg Hs. 213).

Abb. 5
Hans Holbein d. Ä., Gefangennahme Christi (zwischen 1494 und 1500). Ölhaltige Mischtechnik auf Fichtenholz, 89 x 87,7 cm. aus: Graue Passion. Zwölf Darstellungen nach dem Leiden Christi, Innen- und Außenansichten vonFlügeln eines ehemaligen Altarzusammenhangs. (Staatsgalerie Stuttgart, Inv. Nr. 3754).

Abb. 6
Martin Schongauer, Johannes auf Patmos (vor 1491). Kupferstich, 16,4 x 11,8 cm (Platte), monogrammiert.

Emit Philippus Jacobus Abbas Sancti Petri Anno 1772. Constat – 5 fl.

Abb. 7
Albrecht Dürer,
Die Marter der hl. Katharina (um 1498).
Holzschnitt, 38,9 x 28,4 cm, monogrammiert.

Abb. 8
Peter Mayer (Stecher),
Hl. Bernhard v. Clairvaux.
Kupferstich, 15,5 x 9,6 cm, signiert.
In: Medulla operum omnium Sancti Bernardi Abbatis primi Clarae-Vallensis, Freiburg 1779.
(UB Freiburg K 4182).

„Nur was sich ändert, bleibt"
Die Transformation von bibliographischen Informationssammlungen in Datenbankanwendungen – ein Werkstattbericht

Jochen Lienhard und Ato Ruppert

In vielen Fachbereichen spielen bibliografische Informationen über das Lebenswerk von bekannten Persönlichkeiten, Hochschullehrern oder Forschern eine wichtige Rolle. So sind in den vergangenen Jahren auch an der Universitätsbibliothek Freiburg von Albert Raffelt bibliografische Sammlungen über Edmund Husserl, Martin Heidegger, Karl Rahner und andere Freiburger Gelehrte angelegt worden.[1] Während für Rahner derzeit ca. 3.800 Zitate und Rezensionsverweise vorliegen, umfasst die sehr umfangreiche Sammlung für Heidegger aktuell mehr als 10.000 Einträge.[2] Die Zusammenstellung dieser Sammlungen reicht zurück bis in die neunziger Jahre des letzten Jahrhunderts. Albert Raffelt hat sich nicht gescheut, diese Sammlungen schon in den Anfängen des Internets öffentlich anzubieten[3]. Dass diese besondere Informationsdienstleistung der Bibliothek auch von der Fachöffentlichkeit positiv wahrgenommen wurde und wird, zeigen nicht nur die guten Zugriffszahlen auf diese Internetseiten, sondern auch die Tatsache, dass immer wieder Heidegger-Forscher die Betreuer der Bibliographie auf in der Bibliographie fehlende Veröffentlichungen aufmerksam machen und um deren Verzeichnung bitten.

Obwohl die Informationen dieser Online-Bibliographien über das Web leicht verfügbar sind, liegen ihre Daten technisch betrachtet als HTML-Dateien vor und können so nur sehr eingeschränkt mit Hilfe der Suchfunktion des verwendeten Webbrowsers durchsucht werden. So ist z. B. eine Recherche nach allen Rezensio-

1 Diese sind über die Internetseiten der Bibliothek im Internet abrufbar. Vgl. <http://www3.ub.uni-freiburg.de/index.php?id=1260> (Edmund Husserl), <http://www.ub.uni-freiburg.de/referate/02/heidegger/heidgg00.html> (Martin Heidegger) und <http://www.ub.uni-freiburg.de/referate/04/rahner/rahnerma.htm> (Karl Rahner). Weitere Sammlungen sind auf dem Personenportalen der Bibliothek online verfügbar. Vgl. <http://www3.ub.uni-freiburg.de/index.php?id=97>

2 Zum Vergleich: Eine der wichtigsten bibliographischen Datenbanken zur Philosophie, der von der Firma ProQuest kommerziell betriebene „Philosopher's Index" verzeichnet derzeit „nur" 1.107 Titel (Stand: 7. Juli 2009).

3 Vgl. A. Raffelt, Martin Heidegger in der UB und im WWW. In: Expressum. Informationen aus dem Freiburger Bibliothekssystem 4 (1996) 22–25.

nen, die von einem bestimmten Autor über Martin Heidegger geschrieben worden sind, in der aktuellen Version nur in mühevoller Kleinarbeit möglich. Doch unterliegt nicht nur die Nutzung, sondern auch die Bearbeitung dieser Online-Datensammlungen spürbaren Einschränkungen, denn auch die laufende Pflege und Ergänzung der Daten ist mit einem beträchtlichen Aufwand verbunden. Überdies setzen sie HTML-Kenntnisse voraus und erfordern spezielle Zugangsrechte zu dem heute eingesetzten Softwaresystem zur Pflege und Darstellung von Web-Seiten in der Universitätsbibliothek (sog. Content-Management-System). Abbildung 1 zeigt einen Ausschnitt aus der Online-Bibliographie zu Karl Rahner, deren HTML-Dateien ein sog. „flaches“, d. h. unstrukturiertes Textformat besitzen.

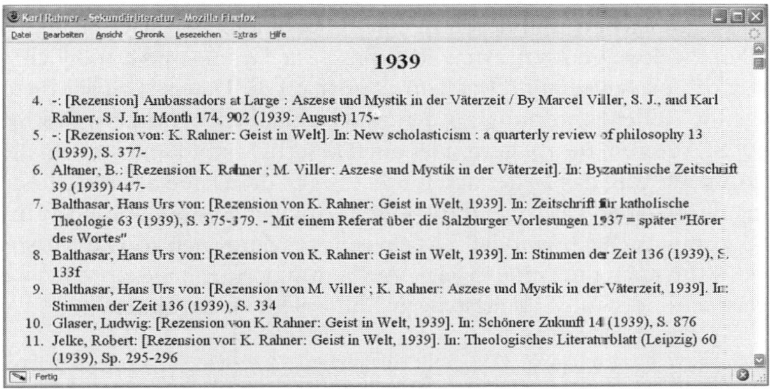
Karl Rahner - Sekundärliteratur - Mozilla Firefox

Datei Bearbeiten Ansicht Chronik Lesezeichen Extras Hilfe

1939

4. -: [Rezension] Ambassadors at Large : Aszese und Mystik in der Väterzeit / By Marcel Viller, S. J., and Karl Rahner, S. J. In: Month 174, 902 (1939: August) 175-
5. -: [Rezension von: K. Rahner: Geist in Welt]. In: New scholasticism : a quarterly review of philosophy 13 (1939), S. 377-
6. Altaner, B.: [Rezension K. Rahner ; M. Viller: Aszese und Mystik in der Väterzeit]. In: Byzantinische Zeitschrift 39 (1939) 447-
7. Balthasar, Hans Urs von: [Rezension von K. Rahner: Geist in Welt, 1939]. In: Zeitschrift für katholische Theologie 63 (1939), S. 375-379. - Mit einem Referat über die Salzburger Vorlesungen 1937 = später "Hörer des Wortes"
8. Balthasar, Hans Urs von: [Rezension von K. Rahner: Geist in Welt, 1939]. In: Stimmen der Zeit 136 (1939), S. 133f
9. Balthasar, Hans Urs von: [Rezension von M. Viller ; K. Rahner: Aszese und Mystik in der Väterzeit, 1939]. In: Stimmen der Zeit 136 (1939), S. 334
10. Glaser, Ludwig: [Rezension von K. Rahner: Geist in Welt, 1939]. In: Schönere Zukunft 14 (1939), S. 876
11. Jelke, Robert: [Rezension von K. Rahner: Geist in Welt, 1939]. In: Theologisches Literaturblatt (Leipzig) 60 (1939), Sp. 295-296

Fertig

Abb. 1

Stellten diese Einschränkungen in den ersten Jahren des Aufbaus der Bibliographien zunächst kein Problem dar, so zeigten sich parallel zum raschen Anwachsen der Titelmenge die Grenzen der gewählten technischen Basis immer deutlicher. In Anbetracht dessen hat die Universitätsbibliothek vor einigen Monaten ein Projekt ins Leben gerufen, das sowohl eine verbesserte Retrievalfunktion als auch eine nachhaltige Speicherung dieser wertvollen bibliografischen Sammlungen anstrebt. Hierzu müssen die Daten aus dem HTML-Format in ein Format überführt werden, das in ein geeignetes Repositorium geladen werden kann. Schon in anderen Projekten hat die Universitätsbibliothek Freiburg das Produkt DSpace für vergleichbare Aufgabenstellungen eingesetzt und Erfahrungen gesammelt.[4]

DSpace ist ein Softwarepaket, das unter der BSD Open-Source-Lizenz – einer Lizenz für freie Software – lizenziert ist, um textbasierte, digitale Repositorien mit Hilfe einer Suchmaschinentechnologie auszubauen.[5] Weltweit wird DSpace

4 Weitere Informationen zu DSpace vgl. <http://www.dspace.org/> [Abrufdatum 7. Juli 2009]

5 Art. BSD-Open-Source. In: Wikipedia. Online im Internet: <http://de.wikipedia.org/w/index.php?title=BSD-Lizenz&oldid=61587970> [Abrufdatum 7. Juli 2009]

von über 500 Einrichtungen, darunter eine Vielzahl von Forschungsbibliotheken, im Produktionsbetrieb eingesetzt. Die gespeicherten Daten in DSpace reichen von einfachen Textfiles, über PDF-Dateien, Bilder, Videos bis hin zu Tabellenblättern. Durch die Kompatibilität mit dem von der Open Archive Initiative (OAI) beschriebenen Protokoll „Metadata Harvester (OAI-PMH)“ ist auch eine Nachnutzung der Daten gewährleistet.[6] Über die DSpace-Sponsoren wie z. B. HP-Lab, MIT Libraries und der Non-profit DSpace Foundation wird sichergestellt, dass die Entwicklung von DSpace weiter vorangetrieben wird und den entsprechenden Anforderungen der internationalen Gremien wie z. B. OAI weiterhin genügt. DSpace ist eine Java-Entwicklung, die mit einer relationalen Datenbank zusammenarbeitet. Die Metadaten, die auf dem Dublin-Core-Standard beruhen, werden in der Datenbank gespeichert und liegen in einem Suchindex vor.[7] Der Suchindex basiert auf der weltweit eingeführten Suchmaschine Lucene und ermöglicht damit eine komfortable Suche mit schnellem Zugriff auf die Daten.[8] DSpace bietet eine weitgehende Rollenzuordnung zu den unterschiedlichen Nutzern des Systems an wie z. B. Autoren, Bearbeitern oder auch Lesern. Somit kann sowohl die aktive Nutzung wie z. B. das Neuerfassen und Pflegen der Daten als auch die passive Nutzung durch einen Lesezugriff mit einem einzigen System durchgeführt werden. Das komplexe Rechtemodell, das ein genaues Zuordnen von Zugriffsrechten definiert, kann auch über eine externe Authentifizierung angesprochen werden. Hierbei ist besonders die Schnittstelle zu Shibboleth zu erwähnen.[9]

6 Die Open Archives Initiative (OAI) stellt eine Initiative von Betreibern von Preprint-Servern und anderen Dokumentenservern dar, die beabsichtigt, die auf diesen Servern abgelegten elektronischen Publikationen im Internet leichter auffindbar und nutzbar zu machen. Zu diesem Zweck werden unterschiedliche Techniken entwickelt und bereitgestellt, insbesondere das OAI Protocol for Metadata Harvesting (OAI-PMH). Dieses auf der Auszeichnungssprache XML und dem Softwarearchitekturstil REST basierende Protokoll wurde im Jahr 2000 entwickelt, um die auf zahlreichen verstreuten Servern von Instituten und anderen universitären Einrichtungen aufliegenden Publikationen einzusammeln und weiterzuverarbeiten.
Vgl. dazu <http://www.openarchives.org/> [Abrufdatum 7. Juli 2009] und Art. Open Archives Initiative. In: Wikipedia. Online im Internet <http://de.wikipedia.org/w/index.php?title=Open_Archives_Initiative&oldid=61068805> [Abrufdatum 7. Juli 2009].

7 Unter Dublin Core versteht man eine Sammlung einfacher und standardisierter Konventionen zur Beschreibung von Dokumenten und anderen Objekten im Internet, die mit Hilfe von Metadaten leichter auffindbar gemacht werden sollen. Der Urheber dieses Metadatenschemas ist die 1994 gegründete „Dublin Core Metadata Initiative“. Vgl. dazu <http://dublincore.org/about/> [Abrufdatum 7. Juli 2009].

8 Zu Lucene vgl. <http://lucene.apache.org/> [Abrufdatum 7. Juli 2009].

9 Shibboleth ist ein von Internet2 Middleware entwickeltes Verfahren zur verteilten Authentifizierung und Autorisierung für Webanwendungen und Webservices. Das Konzept von Shibboleth sieht vor, dass der Benutzer sich nur einmal bei seiner Heimateinrichtung authentisieren muss, um ortsunabhängig auf Dienste oder lizenzierte Inhalte verschiedener Anbieter zugreifen zu können. Man spricht daher auch von einem Single Sign-On-Verfahren. Shibboleth basiert auf einer Erweiterung des Standards SAML. Zu Shibboleth vgl. B. Oberknapp / A. Ruppert/A. Borel/J. Lienhard, From a pile of IP addresses to a clear authentication and authorization with Shibboleth. In: Serials. The Journal for the Serials Community 22 (2009) 28–32. Shibboleth hat sich inzwischen auf internationaler Ebene als Standard durchgesetzt und wird von vielen Föderationen, darunter auch von der DFN-AAI als Authentifikations- und Autorisierungsinfrastruktur eingesetzt. Vgl. <https://www.aai.dfn.de/> [Abrufdatum 7. Juli 2009].

Zur Organisation von Datensammlungen bietet DSpace das Strukturelement der „Sammlung" an, in der zusammengehörende Daten gemeinsam verwaltet werden. Bei der vorliegenden Aufgabenstellung bot sich an, jeweils eigene Sammlungen für Rahner und Heidegger aufzubauen und das Verfahren so zu implementieren, dass weitere Sammlungen später hinzugefügt werden können. Die interne Datenstruktur erfordert, dass die Daten eines Datensatzes in einzelne Felder aufgeteilt werden: Titel, Autor, Jahrgang etc. Die intern im System verwendete Systematik nutzt den internationalen Standard Dublin-Core. Liegen die Daten in diesem Format vor, können sie in DSpace geladen werden und ermöglichen vielfältige Such- und Sortierverfahren sowie unterschiedliche Anzeigeebenen.

Zusätzlich bietet das System die heute vielfach gewünschten Funktionen wie RSS-Feed, mit dem sich Interessenten automatisch über Neuerfassungen oder Änderungen informieren lassen können, oder auch „Download"-Möglichkeiten, um einzelne Datensätze z. B. in eine eigene Zitatensammlung integrieren zu können.

Nach diesen Vorüberlegungen zu der künftigen Struktur und dem Angebot der genannten Internetbibliographien mussten zunächst die vorhandenen Daten in das notwendige Zielformat nach Dublin-Core umgewandelt werden. Dieses Verfahren soll in den folgenden zwei Beispielen kurz dargestellt werden. Dabei wollen wir auch auf die Grenzen von solchen automatischen Transformationsverfahren hinweisen.

Der erste Fall besteht darin, dass die Transformation weitestgehend gelingt, jedoch ein Datenfeld (z. B. eine Seitenzahl) nicht erkannt wird. Zur Veranschaulichung nehmen wir einen Datensatz aus der Onlinebibliographie zur Sekundärliteratur von Karl Rahner. Der Datensatz lautet:

Balthasar, Hans Urs von: [Rezension von M. Viller ; K. Rahner: Aszese und Mystik in der Väterzeit, 1939]. In: Stimmen der Zeit 136 (1939), S. 334

Dieser Datensatz kann gemäß dem Dublin-Core-Schema in folgendes Format transformiert werden:

<dublin_core>
<dcvalue element="contributor" qualifier="author">*Balthasar, Hans Urs von*</dcvalue>
<dcvalue element="type" qualifier="none">*Artikel*</dcvalue>
<dcvalue element="title" qualifier="none">*[Rezension von M. Viller ; K. Rahner: Aszese und Mystik in der Väterzeit, 1939]*</dcvalue>
<dcvalue element="date" qualifier="created">*1939*</dcvalue>
<dcvalue element="relation" qualifier="ispartof">*Stimmen der Zeit 136 , S. 334*</dcvalue>
</dublin_core>

Die Aufspaltung des Datensatzes in Autor, Titel, Jahreszahl und Quelle kann eindeutig gelöst werden. Bei der Quelle kann man jedoch, da die Seitenreferenzierung sehr unterschiedlich ist, keine weiteren Einzelobjekte erkennen. Das Ergebnis der Transformation des Datensatzes in der DSpace-Datenbank, die im Gegensatz zu den bisher vorliegenden HTML-Dateien über ein strukturiertes Datenschema nach Dublin Core verfügt, zeigt Abbildung 2.

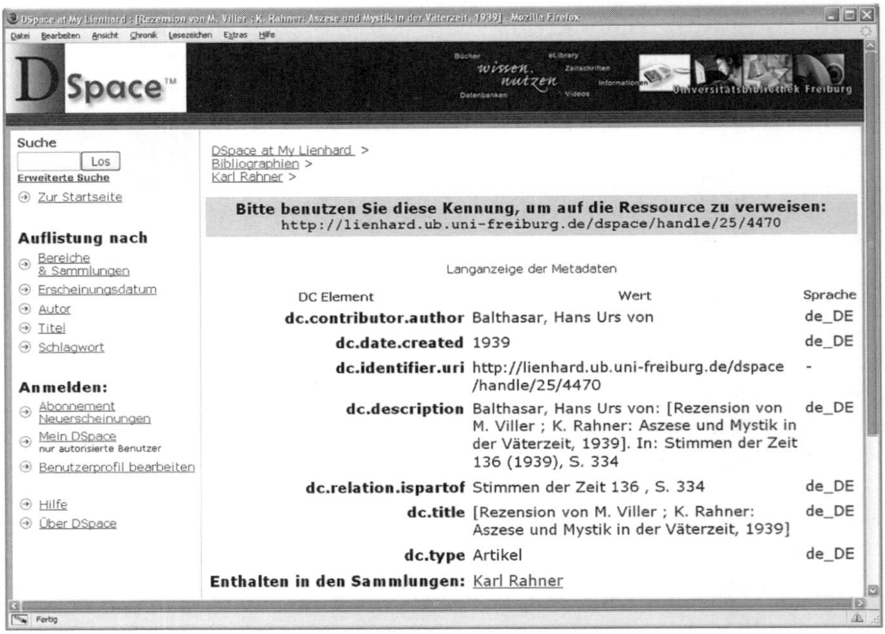

Abb. 2

Dagegen gelingt im zweiten Fall die Transformation in ein anderes Datenschema nicht. Als Beispiel sei auf einen anderen Datensatz aus derselben Online-Bibliographie verwiesen. Es handelt sich um folgenden Titel:

1139. Molnar, Paul David A critical examination of the relationship between the sacrament of the eucharist and the doctrine of God in the theology of Karl Barth and of Karl Rahner. Ph. D. Fordham University 1980

Die Analyse dieses Satzes ist unmöglich, da keine Kennzeichen für die Trennung von Autor, Titel, Erscheinung etc. vorliegen. Da das Problem programmtechnisch nicht lösbar ist, müssen in diesem Fall die Daten von Hand nachbearbeitet werden.

Die beiden gezeigten Fälle machen deutlich, dass eine vollständige Transformation der Daten aus dem bisherigen „flachen" Textformat der HTML-Dateien in ein logisch strukturiertes Datenschema keinesfalls automatisch durchführbar ist. Daher muss abgewogen werden, wann die Arbeit des Programmierers, der die Daten analysiert und gegebenenfalls Einzelprobleme der Transformation behandeln muss, deutlich aufwendiger wird als ein nachträgliches Korrigieren der (teil)-transformierten Datensätze. Aus diesem Grund wurde beim Importieren der Daten in DSpace neben den erkannten Feldern noch zusätzlich der komplette „alte“ Datensatz unverändert in einem Kommentarfeld zur Datenaufnahme gespeichert. So besteht die Möglichkeit, in einem späteren Korrekturdurchgang alle unvollständig oder falsch transformierten Datensätze nachträglich zu berichtigen: Der Bearbeiter kann mit seinem Sachverstand den Datensatz im Kommentarfeld analysieren, auf die einzelnen Felder des Internformates aufteilen und danach den Kommentarsatz entfernen.

Mit der Anwendung des skizzierten Transformationsverfahrens und dem Einsatz der DSpace-Software hofft die Universitätsbibliothek Freiburg, die wertvolle und aufwendige Arbeit von Albert Raffelt zum Werk Karl Rahners und Martin Heidegger nachhaltig zu sichern und besser nutzbar zu machen. Überdies wäre es wünschenswert, auch die anderen, bereits vorhandenen bibliographischen Sammlungen der Universitätsbibliothek zu Freiburger Hochschullehrern und Forschern auf der Basis dieser Methode in ein einheitliches Portal zu überführen, um so dem in der Vergangenheit Geleisteten mit Hilfe zeitgemäßer Informationstechnik eine neue Zukunft zu eröffnen.

Anmerkungen zum „Badischen Kulturgüterstreit“ 2006–2009

Dieter Mertens

Auf den ersten Blick mag es wenig passend erscheinen, rückblickende Anmerkungen zum „Badischen Kulturgüterstreit“ mit einer Erinnerung an den Einsturz des Historischen Archivs der Stadt Köln am 3. März 2009 zu verbinden. Doch der Vergleich ist in mehrfacher Hinsicht lehrreich.

Grundsätzlich geht es beide Male um die Frage, wie die Generation, die gegenwärtig die politische und administrative Verantwortung für Sicherung, Pflege und Mehrung des kulturellen Erbes trägt, dieser Verantwortung gerecht wird. Sie wahrzunehmen geben die Verfassungen beider Länder den Verantwortlichen in Land und Kommunen mit sehr ähnlich lautenden Formulierungen auf. Die Landesverfassung von Nordrhein-Westfalen bestimmt in Art. 18 Abs. 2: „Die Denkmäler der Kunst, der Geschichte und der Kultur, die Landschaft und Naturdenkmale stehen unter dem Schutz des Landes, der Gemeinden und Gemeindeverbände.“ In der Landesverfassung von Baden-Württemberg lautet der entsprechende Art. 3c Abs. 2: „Die Landschaft sowie die Denkmale der Kunst, der Geschichte und der Natur genießen öffentlichen Schutz und die Pflege des Staates und der Gemeinden.“ Daß Archive, Bibliotheken und Museen Denkmale der Kunst und Geschichte hüten und damit die entscheidenden Instrumente zur Wahrnehmung des Verfassungsauftrags sind, kann nicht bestritten werden. Darüber hinaus sind sie zumindest mit Teilen ihrer Bestände selber Denkmale der Geschichte, insofern sie nicht allein dank der von ihnen bewahrten Einzelobjekte, sondern als historische Sammlungen Ergebnis – und Motor – kultureller und wissenschaftlicher Anstregungen und damit Teil des kulturellen Erbes sind. Im Fall des Historischen Archivs des Stadt Köln kommt die Besonderheit hinzu, daß es zugleich auch Universitätsarchiv, Hansearchiv und Handschriftenbibliothek ist. Die Archivalien der 1388 von der Stadt Köln gegründeten und 1798 von den Franzosen aufgehobenen „alten“ Universität (im Unterschied zur neuen, 1919 wiederbegründeten), über lange Zeit eine der am meisten frequentierten Universitäten im Reich, sind Bestandteil des Archivs der Stadt. Die Akten des Hansekontors Brügge sind dem Kölner Archiv seit 1594 anvertraut. Zur Handschriftenbibliothek wurde das Archiv acht Jahrzehnte nach den Handschriftenverlusten der Franzosenzeit aufgrund eines seltsamen Beschlusses des Stadtrates vom 24. Juni 1880, der, entgegen aller fachlich begründeten Sonderung von Archiv- und Bibliotheksgut, ausgehend von der Handschriftensammlung Franz Ferdinand Wallrafs (1748–1824) alles Geschriebene, also auch die Handschriften des alten Kölner Bibliotheksguts, in das Archiv gab. Daher hat der Einsturz des Kölner Archivgebäudes eine enorme archiv- und bibliotheksgeschichtliche Bedeutung. Wenn man das Ereignis in eine historische Perspektive rückt und die dem Archiv jahrhundertelang gelungene Sicherung dieser „Denkmäler der Kunst, Geschichte und Kultur“ Kölns vor Verfall, Zerstörung und Zerstreuung mit dem Mißlingen der Sicherung im Jahr 2009 vergleicht, kann man nicht anders, als das Versagen der gegenwärtig verantwortlichen Generation durch Versäumnis und Unterlassung zu konstatieren, wem auch immer welche Versäumnisse im einzelnen zuzurechnen oder gar juristisch anzulasten sein werden. Man kann nur hoffen, daß sich in Zukunft ein ähnliches Versagen nicht wiederholt und die historischen Rückblicke der kommenden Jahrhunderte das Versagen allein dieser Generation und keiner weiteren festzustellen haben werden.

Die entscheidenden Unterschiede zum „Badischen Kulturgüterstreit“ liegen zunächst natürlich darin begründet, daß es sich hierbei dank der hilfreichen Indiskretion einer unbekannten Person um einen öffentlichen Streit handelte und daß dieser glimpflich ausging. Die Badische Landesbibliothek, die Staatliche Kunsthalle, das Badische Landesmuseum und in gewisser Weise auch das Generallandesarchiv haben, bildlich gesprochen, ein schweres Beben erlebt, ihm aber standgehalten. Der Streit dauerte gut zweieinhalb Jahre. Am 20. September 2006 wurden gegen die Absicht der Beteiligten der von der baden-württembergischen Landesregierung und der Familie von Baden im Geheimen ausgehandelte und von der badischen Seite bereits unterschriebene Vergleich[1] zuerst in der Lokalpresse, am 22. September 2006 durch einen wirkungsvollen Artikel von Rose Maria Gropp in der Frankfurter Allgemeinen Zeitung bundesweit und international publik.[2] Inhalt war, auf Forderungen der Familie von Baden und ihrer Berater einzugehen und Karlsruher Handschriften, die aus Säkularisationsgut stammen und auf die die Familie Eigentumsansprüche erhob, auf dem internationalen Markt verkaufen zu lassen, um mit dem angezielten Erlös von 70 Millionen Euro einerseits den Unterhalt der Klosteranlage Salem zu sichern und andererseits der Familie von Baden Ansprüche auf weitere Kulturgüter abzukaufen. Am 6. April 2009 wurde der Streit durch einen umfassenden „Vertrag zwischen dem Land Baden-Württemberg und der Familie von Baden über den Kauf der Schlossanlage Salem und weiterer Kunstgegenstände sowie zur Bereinigung aller streitigen Fragen über die badischen Kunstschätze“ beendet. Daß auch am Ende Geheimnisse gewahrt werden mußten, lag diesmal an der badischen Seite. Das gemeinsame Schreiben des Ministers der Finanzen und des Ministers für Wissenschaft, Forschung und Kunst vom 3. März 2009, mit dem der Vertragsentwurf, dessen Anlagen Hunderte von Seiten umfassen, den Mitgliedern des Finanz- und des Wissen-

1 Vgl. Landtag von Baden-Württemberg, Plenarprotokoll 14/9 vom 11. Oktober 2006, 311 und 322.

2 F.A.Z. vom 22. September 2006, 33.

schaftsausschusses übermittelt wurde, verlangt strengste Geheimhaltung, weil der Vertrag „persönliche und betriebliche Geheimnisse der Markgräflichen Familie" enthält.[3]

Der Jubilar hat zum Badischen Kulturgüterstreit von Anfang an in öffentlichen Äußerungen kritisch Stellung genommen. 2007 hat er sowohl in der *Zeitschrift für Bibliothekswesen und Bibliographie* die von Peter Michael Ehrle herausgegebene Zwischenbilanz des Kulturgüterstreits engagiert rezensiert, als auch in den *EUCOR-Bibliotheksinformationen*, beide Male im selben Tenor, doch mit unterschiedlichen, einander ergänzenden Akzenten, Formulierungen und Resümees.[4] Das Resümee in den *EUCOR-Bibliotheksinformationen* bringt die tiefgreifende Irritation zum Ausdruck, die alle erfaßt hat, denen die Erfüllung des Kulturgüterschutzes durch den Staat auch, ja gerade in Bezug auf die älteste bibliothekarische Überlieferung als dessen selbstverständliche Pflicht erschien:

> Ich muß gestehen, daß ich den ursprünglichen Plänen der Landesregierung nach wie vor fassungslos gegenüberstehe. Ich kann mich aus den Jahrzehnten meiner Berufstätigkeit an kein vergleichbares Vorhaben erinnern und weiß auch historisch nicht, wo seit der Säkularisation größerer Schaden für Bibliotheken angerichtet wurde – außer durch Kriege und Katastrophen –, als er bei diesem „Deal" geplant war.

Dieses Resümee war nicht allein anläßlich der Zwischenbilanz 2007 zutreffend, es ist als Rückblick auch noch nach Abschluß des Vertrages des Erinnerns wert. Der Vertrag hat zwar die Absage an den umfassenden Kulturgüterschutz praktisch widerrufen und sogar, freilich mit erheblicher Strapazierung der Bibliotheksetats für Neuerwerbungen, die Kulturgüter des Landes gemehrt, aber das tiefe Erschrecken über die temporäre Aufkündigung eines bis dahin geltenden Grundkonsenses kann er nicht vergessen machen. Die Erfahrung, daß in Bezug auf Kulturgüter das für undenkbar Gehaltene gleichwohl möglich ist, haben der Kölner Archiveinsturz und die bis zum 20. September 2006 geheim, dann bis Anfang November 2006 öffentlich verfolgten Pläne der baden-württembergischen Landesregierung gemeinsam. Hinter der Untätigkeit der Verantwortlichen in Köln und der Tätigkeit der für den 2006 eingefädelten „Deal" Verantwortlichen in Stuttgart ist eine vergleichbare Einstellung zu erkennen: Sachlich Gebotenes wird zugunsten des politisch Opportunen vernachlässigt. In Köln haben wohl die mit dem U-Bahnbau befaßten Stellen und die Archivleitung jede für sich die möglichen Gefahren verdrängt, denen vorzubeugen inopportune Entscheidungen erfordert hätte, anstatt sie gemeinsam zu bedenken, und in Stuttgart wurde der ohne den Rat der bibliothekarischen Fachbeamten ausgearbeitete Plan, der Familie von Baden

3 Landtag von Baden-Württemberg, Landtagsdrucksache 14/4107.

4 Albert Raffelt, Zeitschrift für Bibliothekswesen und Bibliographie 54 (2007), 305 f.; ders., EUCOR-Bibliotheksinformationen 29 (2007), 26–29.

die Salemer Klosteranlage als ihr „Schloß" auf Kosten wertvoller, vermeintlich nur ein paar vernachlässigbare Wissenschaftler interessierender Handschriften – unter Umgehung des Kulturgüterschutzes und des oben zitierten Verfassungsauftrags, wie der Jubilar hervorhob[5] – zu erhalten, mit der Rücksichtnahme auf das breite Publikum begründet.

Bemerkenswert ist, wie sich während der zweieinhalb Jahre, die der Kulturgüterstreit dauerte, die Fronten verschoben. Anfangs vertraten die Familie von Baden und die Regierung mit Staats-, Finanz- und Wissenschaftsministerium den „Deal" gemeinsam.[6] Sobald er öffentlich wurde, traten die gegensätzlichen Interessen der Bevölkerung und ihrer Abgeordneten in Nordbaden und am Bodensee parteiübergreifend zutage. Eindrucksvoll demonstrierte das „Bürger schützen Bücher" benannte Foto auf der Titelseite der Badischen Neuesten Nachrichten vom 29. September 2006 die Stimmung in Karlsruhe: Uniformierte der Historischen Bürgerwehr Karlsruhe e.V. bewachen während einer von der Badischen Bibliotheksgesellschaft ermöglichten Ausstellung der Badischen Landesbibliothek eine Vitrine, in der eine bebilderte Handschrift aufgeschlagen präsentiert wird.[7] Nicht minder aussagekräftig war die angeblich ironisch gemeinte Äußerung des Justizministers. Er bezeichnete die mittelalterlichen Pergamenthandschriften als „altes Papier, das im Keller liegt"[8] – für das ungeachtet seiner mangelnden Bedeutung gleichwohl 70 Millionen Euro erlöst werden sollten. Hier sprach der ehemalige Gemeinderat von Salem, während der Justizminister, der allen Anlaß für gewichtige Wortmeldungen zum Kulturgüterschutz gehabt hätte, sich dazu nicht vernehmen ließ.

Entscheidend für den Fortgang des Kulturgüterstreits sind indes Verschiebungen innerhalb der Landesregierung selbst, die auch für den Außenstehenden erkennbar geworden sind. Die rasch anschwellenden Proteste gegen den beabsichtigten Handschriftenverkauf betrafen zunächst mehr das Staats- und das Wissenschaftsministerium als das Finanzministerium, obwohl dieses auf Regierungsseite offenbar federführend war und als der eigentliche Nutznießer zu gelten hatte, das Wissenschaftsministerium hingegen als der Hauptbenachteiligte der Konstruktion. Das Finanzministerium hätte eine Übernahme Salems in Eigentum und Verwaltung des Staates als sein 29. kostenträchtiges Schloss vermieden und wäre damit fein heraus gewesen. Der Charme dieser Lösung wäre es

5 Raffelt (wie Anm. 4).

6 Den Ausdruck Deal für den vorgerichtlichen Vergleich gebraucht auch Ministerpräsident Günther Oettinger, vgl. z. B. Landtag von Baden-Württemberg, Plenarprotokoll 14/53 vom 5. November 2008, 3693.

7 P. M. Ehrle, Für Baden und Europa gerettet? Eine Zwischenbilanz des „Kulturgüterstreits" (20.09.2006–20.02.2007), in: P. M. Ehrle / U. Obhof (Hg.), Die Handschriftensammlung der Badischen Landesbibliothek. Bedrohtes Kulturerbe? Gernsbach 2007, 81–126, hier 104.

8 R. Soldt, Der Traum von absoluter Rechtssicherheit. Der Streit um das Kulturerbe des Hauses Baden wird die Landesregierung noch lange beschäftigen, in: F.A.Z. Nr. 280 (2006), 12. Zu dieser Äußerung s. die Intervention des Ministers im Landtag von Baden-Württemberg, Plenarprotokoll 14/9 vom 11. Oktober 2006, 322.

gewesen, so noch am 5. November 2008 der Abgeodnete Ulrich Müller im Landtag, daß sie mit dem Landeshaushalt überhaupt nichts zu tun gehabt hätte.[9] Das Ministerium für Wissenschaft, Forschung und Kunst aber hätte seinen Verantwortungsbereich ganz außerordentlich strapazieren sollen, um die Zeche zu zahlen. Man geht indes nicht fehl, die ganze Konstruktion des „Deals" in Salem beginnen zu lassen. Denn bereits Mitte 2003 ließ Prinz Bernhard von Baden die bis 1970 erstellten Gutachten über die Eigentumsrechte an den Badischen Kulturgütern durch ein neuerliches Gutachten sichten (D Nr. 180, 1847),[10] Anfang 2004 wandte er sich an die Landesregierung mit einer Forderung an Sammlungs- und Bibliotheksbestände im finanziellen Gegenwert von 250 bis 350 Millionen Euro. Die Landesregierung gab ein Gutachten in Auftrag, das vom April 2004 datiert (D Nr. 1851) und im Oktober 2006 auch der Öffentlichkeit zugänglich gemacht wurde.[11] Das Gutachten redet dem von der Regierung gewünschten Vergleich mit juristischen, aber auch mit Argumenten der politischen Opportunität das Wort und gewichtet selbst da, wo es historisch abstruse Maximalforderungen der Familie von Baden, wie die auf das Säkularisationsgut, zurückweist, mögliche rechtliche Einwände dermaßen stark, daß es die Maximalforderungen im Hinblick auf den Vergleich implicite wieder zur Geltung kommen läßt. Je höher die Familie von Baden ihre Ansprüche schraubte, und seien sie noch so unbegründet, um so günstiger mußte ein Vergleich für sie ausfallen. Unter den von der Familie von Baden geltend gemachten Forderungen nennt das Gutachten: „In der Badischen Kunsthalle die ‚alten Meister' (insbesondere Hans Baldung Grien) im Wert von zirka 10 Mio. Euro". Das Gutachten verweist zwar auf den Kauf eines Großteils der Gemälde der Staatlichen Kunsthalle durch den Freistaat Baden im Jahr 1930 (D Nr. 1690)[12] und zieht den zutreffenden Schluß, daß sich die im Gesetz aufgeführten Gemälde, die von der Erwerbung durch den Staat ausgenommen wurden, „sich nach wie vor im Eigentum des Hauses Baden" befänden. Doch die im Gesetz von 1930 aufgeführten 21 Gemälde, zahlreichen Kupferstiche, Photographien, Aquarelle usw. im einzelnen zu identifizieren, war nicht die Aufgabe dieses Gutachtens. Schwer zu verstehen ist indes die Tatsache, daß eineinhalb Jahre später noch immer keine Überprüfung stattgefunden hatte, als, am 11. Oktober 2006, der Ministerpräsident vor dem Landtag einzelne, besonders wertvolle Gemälde als unstrittiges Eigentum der Familie von Baden identifizierte, die nicht zu den von der Erwerbung durch den Staat ausgenommenen Gemälden gehörten und sich folglich im Eigentum des Staates befinden. Die federführenden Beamten hatten dem Ministerpräsidenten Forderungen der Familie von Baden ungeprüft und ungefiltert in

9 Landtag von Baden-Württemberg, Plenarprotokoll 14/53 vom 5. November 2008, 3696.

10 Die in Klammern gesetzten Hinweise auf mit Nummern gezählte Dokumente (D Nr.) beziehen sich auf die A. Laufs u.a., Das Eigentum an Kulturgütern aus badischem Hofbesitz, Stuttgart 2008, beigegebene CD mit den Regesten der Dokumente.

11 Vgl. Ministerpräsident Günther Oettinger vor dem Landtag von Baden-Württemberg; Plenarprotokoll 14/9 vom 11. Oktober 2006, 311.

12 Vgl. die Abbildung dieses Gesetzes aus dem Badischen Gesetz- und Verordnungsblatt vom 17. April 1930, in: Laufs (wie Anm. 10), 330–333.

die Redemappe gelegt und ihn in die peinliche Situation gebracht, unberechtigte Eigentumsansprüche der Familie von Baden auf im Besitz und Eigentum des Landes befindliche Kulturgüter vor dem Landtag als Rechtsposition der Landesregierung zu vertreten.[13] Man darf wohl mit Fug behaupten, daß das federführende Finanzministerium hier faktisch als der verlängerte Arm der Familie von Baden und ihrer Berater agierte. In der Folge der Aufdeckung dieses Irrtums ging die Federführung offenbar an das Wissenschaftsministerium über, denn es war dieses Ministerium, das im November 2006 eine Juristen- und Historikerkommission, die sogenannte Expertenkommission, einberief und ihr den Auftrag zu einer umfassenden Klärung der Eigentumslage bei den ursprünglich vom erwogenen Vergleich umfaßten Kulturgütern erteilte.[14] Inhalt und Stil des Regierungshandelns und der Einbeziehung der Öffentlichkeit änderten sich gründlich. Es galt, die zuvor vom Finanzministerium als ‚worst case' abgelehnte Kauflösung vorzubereiten. Der Auftrag an die genannte Kommission war ausdrücklich als ein ergebnisoffener erteilt und nur mit der dringenden Bitte verbunden, kein geteiltes, sondern ein einheitliches Votum abzugeben. Dem seitens der Familie von Baden durch die Mobilisierung der Öffentlichkeit systematisch verstärkten Druck hielt das Ministerium stand. Die bei der Einsetzung der Kommission geäußerte Absicht, das Ergebnis zur Grundlage des weiteren Vorgehens in den Verhandlungen mit der Familie von Baden zu nehmen, hat das Wissenschaftsministerium nach der Fertigstellung des Gutachtens im Dezember 2007 verwirklicht. „Das wechselseitige Anerkenntnis der Ergebnisse des Gutachtens der Expertenkommission ‚Eigentumsfragen Baden'" wurde laut dem an den Landtag gerichteten Schreiben des Finanzministeriums und des Wissenschaftsministeriums ein Bestandteil des Gesamtvertrages.[15] Dies bedeutet den Verzicht der Familie von Baden auf eine Herausgabeklage. Allerdings wurde ihr dafür ein „Abgeltungsbetrag" von 15 Mio. Euro gezahlt, was den Wert des Gutachtens mindert. In der Landtagssitzung vom 5. November 2008, in der der Ministerpräsident die Eckpunkte des neuen, im Entwurf ausgehandelten Vertrages zwischen dem Land Baden-Württemberg und der Familie von Baden vorstellte, begründete er die Höhe des Abgeltungsbetrages mit der Gefahr eines durch alle Instanzen geführten Rechtsstreits über die Herausgabe wertvoller Kunstschätze im Wert von wahrscheinlich mehr als 300 Millionen Euro.[16] Auf den Antrag der Landtagsfraktion der SPD, diesen Betrag nicht zu zahlen, nahm das Finanzministerium in Absprache mit dem Wissenschaftsministerium am 9. Dezember 2008 wie folgt Stellung:

> Für ein umfassendes Anerkenntnis der gegenseitigen Eigentumsverhältnisse auf der Grundlage des Gutachtens der Expertenkommission „Eigentumsfragen Baden" ist ein Abgeltungsbetrag in Höhe von 15 Mio. Euro angesichts

13 Oettinger (wie Anm. 11).
14 Laufs (wie Anm. 10) 2.
15 Landtag von Baden-Württemberg, Drucksache 14/3737, 3.
16 Landtag von Baden-Württemberg; Plenarprotokoll 14/53 vom 5. Oktober 2008, 3693.

> eines dafür erlangten Rechtsfriedens über Kulturgüter im Gesamtwert von mindestens 300 Mio. Euro gerechtfertigt. Ungeachtet der hohen Qualität des Gutachtens der Expertenkommission kann ein letztes prozessuales Restrisiko nicht ausgeschlossen werden; um dieses endgültig und definitiv zu beenden, ist ein Betrag in Höhe von ca. 5% der Gesamtsumme angemessen.[17]

Die Regierung blieb bei dieser Rechenweise. Am Ende kam also wiederum die 2004 von der Familie von Baden erhobene Maximalforderung in der vollen und wegen ihres Anspruchs auf das Säkularisationsgut als Privatbesitz wie auch auf die längst dem Land verkauften Kunstwerke absurden Höhe ins Spiel und erfuhr das Prozeßrisiko eine ähnliche Einschätzung wie im Gutachten vom April 2004. Wem in der Landesregierung die Vertretung der Position der Familie von Baden ein besonderes Anliegen ist, wurde in der Landtagssitzung vom 5. November 2008 deutlich, als die Fraktionen zu dem Eckpunktepapier Stellung nahmen. Für die Fraktion der CDU nahm Verkehrsminister a. D. Müller Stellung, Abgeordneter des Bodenseekreises – das ist der Wahlkreis, in dem Salem liegt – und Mitglied des „Unterstützerkreises pro Salem"[18], in dem die Familie von Baden Prominente zugunsten der von ihr angestrebten Stiftungslösung und damit des Verkaufs der Karlsruher Handschriften versammelte. Als Müller das vom Gutachten der Expertengruppe anhand der Rechtspraxis der Monarchie herausgearbeitete Ergebnis, daß die Karlsruher Sammlungen zum Hoffideikommiß und damit zur Regentenausstattung, nicht aber zum Privatbesitz des Fürsten gehörten, als eine bloße, der Rechtswissenschaft bislang unbekannte Theorie bezeichnete, erhielt er bekräftigende Zurufe des Abgeordneten Fleischer, Staatssekretärs im Finanzministerium seit dem 14. Juni 2006 (und somit über den im Juni 2008 vollzogenen Wechsel an der Spitze des Ministeriums hinweg).[19] Damit wurde erkennbar, daß maßgebliche Kräfte im Finanzministerium, anders als das Wissenschaftsministerium, die Ergebnisse des Gutachtens der Expertengruppe abzuwehren und die Position der Familie von Baden nach Möglichkeit aufrecht zu erhalten suchten. Man wird es von einem Historiker wohl erwarten können, daß er nicht nur die institutionellen Positionen, sondern auch die personellen Verstrebungen beachtet und darum darauf hinweist, daß der Staatssekretär mütterlicherseits dem standesherrlichen Hochadel zugehört und durch seine Biographie eben jener ständischen Personengruppe verbunden und verpflichtet ist, der auch die Salemer Familie von Baden zuzuordnen ist.[20] Indirekt ließ er diese Verbundenheit in derselben Landtagssitzung vom 5. November 2008 durchblicken, als er die Aufforderung des Abgeordne-

17 Landtag von Baden-Württemberg, Drucksache 14/3737, 3.

18 Vgl. die Internetseite www.salem-5vor12.de.

19 Landtag von Baden-Württemberg, Plenarprotokoll 14/53 vom 5. Oktober 2008, 3697.

20 Vgl. http://www.thepeerage.com/p7825.htm und auf der Homepage http://www.gundolf-fleischer.de/start.oscms/0,3,2.html die dort verlinkte PDF-Datei der Fleischer zum 60. Geburtstag gewidmeten Nummer von: CDU intern. Das offizielle Mitteilungsblatt des CDU-Kreisverbandes Breisgau-Hoschschwarzwald Nr. E 7260 vom 23. Juli 2003 (http://www.gundolf-fleischer.de/showMedia.php/138/CDU-INTERN.PDF?).

ten Jürgen Walter (GRÜNE) an die Landesregierung zu deutlicher Distanz gegenüber der Familie von Baden bei der Entwicklung eines Tourismuskonzepts für Salem durch einen Zwischenruf unter Jakobinismusverdacht stellte.[21] In der Abschlußdebatte am 19. März 2009 oblag es einem Vertrauten Fleischers, dem Eindruck einer Begünstigung der Adelsfamilie entgegenzutreten.[22] Überzeugender gelang dies für seinen Geschäftsbereich, d. h. für den Ankauf der Kunstgegenstände aus Salem, dem Wissenschaftsminister.[23] Daß einer Adelsfamilie das Eigentum an Archivalien wichtiger sein kann als das an Kunstgegenständen, ließ sich aus dem Verhandlungsergebnis freilich ebenfalls ablesen – eine Einstellung, die dem Historiker durchaus Respekt abnötigt, wenngleich er bei seinen Forschungen die Nutzungsregeln des Landesarchivgesetzes den Verfügungen eines privaten Eigentümers immer vorziehen wird. Für eine Adelsfamilie kommt dem Eigentum an Archivgut zweifellos eine symbolische Bedeutung zu. Man wird sie im vorliegenden Fall mit dem fortdauernden Teileigentum am Schloß, d. h. umgekehrt: mit dem bloßen Teilerwerb des Schlosses durch das Land, im Zusammenhang sehen dürfen. Dieses Teileigentum zu wahren, bedeutete, nach den Worten des Finanzministers, für die Familie von Baden ein „Essential“.[24] Eigentumsrecht an Archivgut soll wohl dem adeligen Teileigentum am Schloß das größere Gewicht geben. Insofern Zubehör der Hauptsache folgt, kann es zum Ausdruck bringen, das badische Teileigentum, nicht das des Landes, sei die Hauptsache. Umgekehrt sollte auch darum das Land am Erwerb interessiert sein.

Ohne Schloß kann sich Adel nicht als Adel präsentieren, kann er weder vor seinesgleichen die Standeszugehörigkeit zur Darstellung bringen noch vor seinesungleichen den Standesunterschied. Der Erhalt von Salem bedeutet darum für die Familie von Baden nicht allein den Erhalt eines Kulturgutes. Unter Gesichtspunkten des Kulturgutschutzes hätten die Sammlungen nicht gegen ein Architekturdenkmal ausgespielt werden können. Auf einer anderen Ebene des Selbstverständnisses liegt das Unverständnis der Familie von Baden für die Zuordnung des Säkularisationsgutes und der Sammlungen zur Regentenaussattung anstatt zum Privatvermögen der Familie. Eben hierin unterscheiden sich Landesherren von Standesherren. Standesherren hatten bei der Auflösung des Alten Reiches mit ihren Regentenrechten auch ihre Regentenpflichten verloren und kannten fortan nur Privatvermögen. Nicht so die Landesherren. Das letzte Testament eines badischen Regenten aus der Zeit der Monarchie, das Testament Großher-

21 Landtag von Baden-Württemberg, Plenarprotokoll 14/53 vom 5. Oktober 2008, 3700. Die Empörung Fleischers über den Ausdruck „Fürstennippes“ („Was ist das für eine Ausdrucksweise! Das richtet sich ja selbst!“, ebd. 3699) ist nicht eigentlich berechtigt. Nippes, ein Lehnwort aus dem Französischen, gehört zum Vokabular der Fürsten selbst und des Hofes, meist in der Verbindung „Juwelen und Nippes“, und meint im engeren Sinn Frauenschmuck, der nicht zu den Juwelen zu rechnen ist, im weiteren Sinn kleinere Kunstgegenstände nicht so hohen Wertes wie die Juwelen. Vgl. D Nr. 1680; auch D Nrn. 1865 und 1860.

22 Landtag von Baden-Württemberg, Plenarprotokoll 14/63 vom 19. März 2009, 4494.

23 Landtag (wie Anm. 22) 4506-4508.

24 Ebd. 4505.

zog Friedrichs I. von 1907, ist geradezu ein Lehrstück für die Unterscheidung des fürstlichen Privateigentums von dem an das Regentenamt gebundenen Hoffideikommißgut und die praktische, nicht bloß theoretische Bedeutung dieser Pertinenz.[25] Auch der letzte regierende Großherzog, Friedrich II., der 1918 für sich und seine Familie dem Thron entsagte, war sich bewußt, daß die seit Jahrzehnten öffentlich zugänglichen Sammlungen nicht sein frei verfügbares Privateigentum waren. Er bestimmte sie testamentarisch, zuletzt 1927, für eine Stiftung, die Zähringer Stiftung heißen und nach dem Tod seiner Gemahlin Hilda (die bis 1952 lebte) errichtet werden sollte, um die Gegenstände vor Veräußerung zu schützen und ihre öffentliche Zugänglichkeit weiterhin zu garantieren.[26] Auf diese Weise sollten die in der Zeit der Monarchie als Hoffideikommiss nach Fürstenrecht definierten Sammlungen in die neue Rechtsordnung der Republik überführt und sollte zugleich die Erinnerung an kulturelle Leistungen der Monarchie wach gehalten werden. Die Zähringer Stiftung ist zwar entstanden, aber sie hat kein Eigentum an den ihr zugewandten Gegenständen erworben.[27] Daraus jedoch zu folgern, diese Gegenstände seien mithin Privateigentum, wie seitens der Familie von Baden seit 2003 argumentiert wurde,[28] ist ein standesherrlicher Trugschluß. Er liegt insofern nahe, als die Salemer Linie, die auf Wilhelm (1829–1897), einen Bruder Großherzog Leopolds, zurückgeht, zwar für einen entscheidenden Monat des Jahres 1918 einen – vom letzten Großherzog begreiflicherweise wenig geliebten – Reichskanzler, aber keinen Monarchen gestellt hat und daher das dem Fürstenrecht folgende Hausfideikommiß nie zu handhaben hatte. Daß der kinderlose Großherzog Friedrich II. am 8. August 1927, ein Jahr vor seinem Tod, zusammen mit seiner Frau Hilda den Markgrafen Berthold von der Salemer Linie als gemeinschaftliches Kind an Kindesstatt annahm, war eine die Familie und ihr Eigentum betreffende Maßnahme, aber hatte mit der Einübung in Regentenpflichten nichts mehr zu tun. Der Zentrumspolitiker Heinrich Köhler (1878–1949), 1919 Kabinettchef im Karlsruher Staatsministerium – seit 1920 Badischer und 1927–1928 Reichsfinanzminister –, bezeichnet in seinen temperamentvoll geschriebenen Lebenserinnerungen diese Adoption als einen letzten Streich, den der Fürst seinem Volk spielte, weil er damit den §2 des „Gesetzes über die Auseinandersetzung bezüglich des Eigentums an dem Domänenvermögen" vom 25. März 1919 und einen Beschluß der badischen Volksregierung vom 20. Februar 1919 unterlaufen habe, der als Beilage zur Begründung dieses Gesetzes dem Badischen Landtag vorgelegt wurde.[29] Der genannte §2 bestimmte, daß die dem ehemali-

25 Laufs (wie Anm. 10), 90–99.
26 Laufs (wie Anm. 10), 151 f.; D Nrn. 1866, 1868.
27 Laufs (wie Anm. 10) , 152–176.
28 D Nrn. 307–309; Laufs (wie Anm. 10), 174.
29 Badisches Gesetzes- und Verordnungs-Blatt Nr. 21 vom 9. April 1919, 179–182; Verhandlungen des Badischen Landtags, Heft 524, Karlsruhe 1920, 220; abgebildet in Laufs (wie Anm. 10), 312–316; Heinrich Köhler, Lebenserinnerungen des Politikers und Staatsmannes 1878–1949, hrsg. von Josef Becker, Veröffentlichungen der Kommission für Geschichtliche Landeskunde in Baden-Württemberg, Reihe A, Bd. 11, Stuttgart 1964, 109 ff.

gen Großherzog als Privateigentum zugeschiedenen Objekte aus dem Domänenvermögen – das Schloß Baden-Baden, das Sickingensche Palais in Freiburg, das Herrschaftshaus in Badenweiler und die Grabkapelle im Fasanengarten in Karlsruhe – nach dem Erlöschen des Mannesstammes an den Badischen Staat „zurückfielen", der Regierungsbeschluß spricht vom „fürstlichen Mannesstamme" und dehnt diese Bestimmung auf die Bestände des Großherzoglichen Familienarchivs und des Großherzoglichen Hausarchivs, Abteilung I und II des Haus- und Staatsarchivs, aus.[30] Das Eigentum am Archiv sollte also dem Immobilieneigentum folgen. Köhler spricht vom Aussterben der „großherzoglichen Linie". „Dabei war angenommen", so erinnert er, „daß das schon bald der Fall sein würde, da das Großherzogspaar bejahrt und kinderlos war." Doch Köhler läßt die hausgesetzliche Bestimmung des Mannesstammes unberücksichtigt. Das „Haus-Gesetz und Familien-Statut" Großherzog Carls vom 4. Oktober 1817, das als §4 der Badischen Verfassung von 1818 die Thronfolge bis zum Ende der Monarchie regelte, definierte nach dem Thronverzicht als Familienstatut weiterhin den Mannesstamm. Zu ihm zählten nach §2 auch die Nachfahren der hochbergischen „Halb Oheime" Großherzog Carls und damit auch die Salemer Seitenlinie.[31] Das BGB dürfte dem kaum im Wege gestanden sein.

Daß nunmehr 90 Jahre nach dem Ende der Monarchie durch den Vertrag des Landes Baden-Württemberg mit der Familie von Baden eine endgültige Regelung in der Eigentumsfrage herbeigeführt werde, hoben in der parlamentarischen Schlußdiskussion vom 19. März 2009 die Vertreter der Regierungsfraktionen und der Landesregierung hervor, sie unterstrichen gewiß zu Recht die historische Bedeutung dieser Einigung auf die Kauflösung. Die Kulturgüter sind am Ende nicht gegeneinander ausgespielt, sondern das Eigentum des Landes an Kulturgütern ist gemehrt worden.[32] Auf die ursprünglichen, die Karlsruher Sammlungen betreffenden, im September 2006 publik gewordenen Verkaufsabsichten kamen die Redner der Regierungsfraktionen nicht, wohl aber die der Oppositionsfraktionen und, beiläufig, auch der Wissenschaftsminister zu sprechen.[33] Die Erinnerung daran, daß die Badische Landesbibliothek 2006 einem katastrophalen Bestands- und Bedeutungsverlust, einem „Jahrtausendschaden"[34], nur knapp entgangen ist, sollte im Hinblick auf künftige Diskussionen über Kulturgüterschutz wie eine Warntafel im Gedächtnis bleiben und den Grundkonsens über Kulturgüter, den

30 Abteilungen 46 und 47 des Generallandesarchivs. Vgl. Die Bestände des Generallandesarchivs Karlsruhe. Teil 3. Haus- und Staatsarchiv sowie Hofbehörden (46–60). Bearb. von H. Schwarzmaier und H. Köckert, Veröffentlichungen der Staatlichen Archivverwaltung Baden-Württemberg 39/3, Stuttgart 1991.

31 H. Schulze, Die Hausgesetze der regierenden deutschen Fürstenhäuser 1, Jena 1862, 203; M. Kotulla (Hrsg.), Deutsches Verfassungsrecht 1806–1918, Bd.1, Berlin – Heidelberg 2006, Nr. 211, 1832 ff.

32 Die Liste der mobilen Kulturgüter, die das Land erworben hat, verzeichnet das Wissenschaftsministerium in vier Listen auf seinener Website: http://mwk.baden-wuerttemberg.de/service/presse/pressemitteilungen/pressedetailseite/article/1755/75/73a91403ee/.

33 Landtag von Baden-Württemberg, Plenarprotokoll 14/63 vom 19. März 2009, 4508.

34 A. Raffelt, Leserbrief in der Frankfurter Allgemeinen Zeitung vom 26. September 2006, 8.

auch die Verfassung ausdrückt, wiederherstellen und festigen helfen. Wie schnell das Vergessen und die Geschichtsklitterung einsetzen, bewies Gerd Roellecke in einer am 9. April 2008 in der Frankfurter Allgemeinen Zeitung (Nr. 83, S. 35) publizierten „Gegenmeinung zum badischen Kulturgüterstreit". Das Land habe teure Karlsruher Handschriften, von denen es annahm, sie gehörten der Familie von Baden, kaufen (!) wollen, behauptete Roellecke, damit Prinz Bernhard aus dem Erlös Salem sanieren könne. Das trifft auf keine Phase des Kulturgüterstreits zu. Der Jubilar hat diesen erstaunlichen Irrtum Roelleckes prompt in einer Zuschrift an die F.A.Z. („Vom Nutzen einer ‚gereizten Diskussion'", 21. April 2008, S. 9) richtiggestellt und ein Fazit gezogen: Nicht zuletzt im Hinblick auf künftigen Umgang mit der Eigentumsproblematik und den Grundfragen des Kulturgüterschutzes habe sich der „Badische Kulturgüterstreit" gelohnt.

Orgelmusik – Tagungen – Rede des Monats
Albert Raffelt und sein Beitrag zur Arbeit der Katholischen Akademie Freiburg

Monika Rappenecker

Mehr als 30 Jahre ist Albert Raffelt mit der Katholischen Akademie Freiburg verbunden. Zusammen mit den Studienleiterinnen und Studienleitern stellte er sich auf seine Weise der Aufgabe, im Rahmen der Akademie als Forum des offenen Dialogs unterschiedlichste Themen aus Gesellschaft, Christentum und Kirche aufzugreifen, interdisziplinär zu diskutieren, fachlich-qualitativ zu informieren und Perspektiven aufzuzeigen.[1] Als Organist, Vortragsredner und als freier Mitarbeiter in Vorbereitung und Leitung von Tagungen gestaltete er in verschiedenen Feldern so die Arbeit der Akademie mit. Die Einladung zu einem Beitrag in dieser Festschrift gibt die Gelegenheit, in einem kurzen Überblick das breite Spektrum seines Einsatzes vorzustellen und zu würdigen.

Bei einem Blick auf die Liste der Akademie-Veranstaltungen springen bei Albert Raffelt seinen Neigungen und Interessen entsprechend seit 1976 vor allem drei „Einsatzfelder" ins Auge: die Musik, die theologischen und theologiegeschichtlichen Tagungen und die Archivierung der Tonaufzeichnungen von Akademietagungen seit der Gründung der Akademie 1956. Letzteres bietet die Möglichkeit, ihn selbst im Folgenden nach bislang unveröffentlichten Tondokumenten zu Wort kommen zu lassen.

1. Albert Raffelt an der Orgel

Seine Begeisterung für die Musik fand über die Jahre hin in unterschiedlicher Weise im Akademieprogramm ihren Niederschlag. Im Juni 1981 stellte Albert Raffelt unter dem Titel „Musik aus dem Breisgau" an Clavicord und Spinett Werke für Tasteninstrumente vor, wie sie im Freiburger Raum in der Renaissance und im Barock musiziert wurden, und gab damit einen Einblick in einen Ausschnitt Freiburger Musikgeschichte.[2]

1 Vgl. Entschieden im Dialog – Leitbild der Katholischen Akademie Freiburg, 2006 <www.katholische-akademie-freiburg.de >(Zugriff: 19.7.2009).

2 28. Juni 1981, „Musik aus dem Breisgau", Freiburg.

I. Manual C–g³
Holzgedackt 8'
Gemshom 8'
Praesent 4'
wechselweise auf beiden Manualen spielbar:
Rohrflöte 8'
Octave 2'
Quinte 1⅓'

II. Manual C–g³
Metallgedackt 8'

Pedal C–f1
Subbaß 16'
Gedackt 8'
aus einer Pfeifenreihe
Koppeln: II/I; I/II; I/Ped.
Erbauer: Orgelbau Egbert Pfaff KG, Überlingen

Orgel in der Kapelle der Katholischen Akademie Freiburg (1982–2000)

1982 erhielt die Kapelle der Akademie eine Orgel. Sie wurde am 12. Dezember in einer „Kirchenmusikalischen Feierstunde" eingeweiht. Mit Kompositionen von Friedrich Zehm (1923–2007), Max Reger (1873–1916), Joseph Rheinberger (1839–1901), Johann Gottfried Walter (1684–1748), Johann Sebastian Bach (1685–1750), und Franz Xaver Murschhauser (1663–1738) präsentierte Raffelt die Klangfülle der neuen Orgel und deren Möglichkeiten als Solo- und als Begleitinstrument. Es sang Eva Maria Thome, Sopran.

Bis zur Umgestaltung der Akademiekapelle hat Raffelt zahlreiche Gottesdienste musikalisch gestaltet – oft zusammen mit seiner Frau Roswitha Raffelt, Sopran. Im Jahr 2000 wurde die Orgel der Akademie zugunsten einer veränderten Raumgestaltung aufgegeben. Sie ist heute in der Pfarrgemeinde St. Laurentius in Bötzingen a. K. im Einsatz.

Im April 1999 spielte Albert Raffelt im Rahmen der Tagung „Symbolik des Kirchengebäudes – Zum 50. Todestag des Theologen und Kunsthistorikers Joseph Sauer (1872–1949)" an den Orgeln des Stephansmünsters in Breisach und von St. Michael in Niederrotweil a. K.[3]

2. Tagungen und Vorträge

Das Themenspektrum der Beiträge von Albert Raffelt ist breit und spiegelt die Weite seiner Interessen wider. Es reicht von der Theologie mit einem Schwerpunkt auf Karl Rahner über die Philosophie bis hin zur Bibliothekswissenschaft mit dem regionalen Bezug zur Abtei St. Peter auf dem Schwarzwald.

3 23./24. April 1999, „Symbolik des Kirchengebäudes – Zum 50. Todestag des Theologen und Kunsthistorikers Joseph Sauer (1872–1949)" mit Exkursion, Freiburg.

Theologisches

Im Mai 1976 reagierte die Akademie mit einer Tagung unter dem Titel „Hoffnung in unserer Zeit – Zur Umsetzung der Synode“ auf den Abschluß der Gemeinsamen Synode der Bistümer in der Bundesrepublik Deutschland (1971–1975). Albert Raffelt fiel die Aufgabe zu, den Text des Synodenbeschlusses „Unsere Hoffnung“ zu erschließen. Dieser Beitrag war sein erster im Rahmen einer Akademietagung. Zur Mitarbeit eingeladen hatte damals der Stellvertretende Direktor Dr. Walter Heinemann[4].

Zu Beginn der Adventszeit 1985 hatte Albert Raffelt zur Beschäftigung mit der Frage eingeladen „Wann verwirklicht sich das Reich Gottes?“. Die Referenten der Tagung bildeten mit den von ihnen vertretenen theologischen Fachrichtungen die Fülle der Deutungsmöglichkeiten über die Jahrhunderte hinweg ab. In seiner Einführung stellte Albert Raffelt sein Anliegen wie folgt dar:

„Die Virulenz des Themas in unserem Jahrhundert ist wohl insbesondere durch die exegetische Forschung erkannt worden und hat gleich zu Beginn zu radikalen Deutungen und auch lebenspraktischen Folgerungen geführt, etwa bei Albert Schweizer. Die Wissenschaft hat vieles nuanciert, differenziert. Bis heute steht das Thema aber im Schnittpunkt aktuellster theologischer Diskussion. Was kein Wunder ist, da hier Grundfragen von Heil und Erlösung, von Immanenz und Transzendenz, menschlichem Tun und Heilserwartung – liturgisch gesprochen: Advent – zu stellen und zu behandeln sind.“[5] Dementsprechend formulierte er folgende Fragen: „Wann verwirklicht sich das Reich Gottes? Verwirklicht es sich nicht auch, wenn Menschen, die an Christus glauben, auf ihn hoffen und sich seiner Liebe öffnen, sich um Gerechtigkeit und Frieden in der Gesellschaft, in der sie leben, bemühen? Verwirklicht sich das Reich Gottes schon jetzt, in dieser Welt? Gibt es Situationen in unserer Menschen- und Weltgeschichte, die das Reich Gottes berühren lassen? Wann verwirklicht sich das Reich Gottes? Verwirklicht es sich im Weg oder erst im Ziel? Verwirklicht es sich in der Umkehr der einzelnen oder in einer Gesellschaftsordnung, die die Verhältnisse umkehrt? Verwirklicht es sich mit den Menschen und durch sie?“[6]

In Zusammenarbeit mit Pfarrer Eugen Weiler (1926–2003)[7] aus Hinterzarten im Hochschwarzwald hat die Akademie einige Jahre Tagungen zu den Kar- und Ostertagen angeboten. Die erste dieser Tagungen fand 1989 unter dem Titel „‚Durch seine Wunden sind wir geheilt worden‘ – Feier und Deutung des Ostergeschehens“[8] statt. In seiner Einführung verwies Albert Raffelt darauf, daß durch

4 Von 1961–1993 Studienleiter und Stellvertretender Direktor.

5 Aus der Tonaufzeichnung der Einführung zur Tagung am 30. November–1. Dezember 1985, „Wann verwirklicht sich das Reich Gottes?“, Freiburg.

6 Aus dem Programm zur Tagung.

7 Vgl. J. Brüstle, Weiler, Eugen Wolfgang, in: Freiburger Diözesan-Archiv 127 (2007) 324–326.

8 23.–25. März 1989, „‚Durch seine Wunden sind wir geheilt worden‘ – Feier und Deutung des Ostergeschehens“, Hinterzarten im Hochschwarzwald.

den Zusammenhang der theologischen Vorträge mit der Liturgie „die erbauliche Kraft der wissenschaftlichen Theologie" deutlich werden solle.[9] „Theologie will ihrem Selbstverständnis nach den im Alltag gelebten und in der Liturgie gefeierten Glauben verstehen helfen. Solche Verstehenshilfen wollen die theologischen Vorträge sein, die die Gottesdienstfeiern der Kar- und Ostertage in Hinterzarten begleiten".[10]

Mit der Tagung „Begegnung mit Jesus – Was leistet die historische Methode?" hatte Albert Raffelt 1990[11] eingeladen, sich der Frage nach dem Umgang mit der Bibel zu stellen. Die Absicht der Tagung umschreibt er wie folgt:

> Nach der Darstellung zur gegenwärtigen literarischen Situation wird streng der *exegetische Argumentationsweg* bedacht. Das scheint von der heutigen Situation historisch-kritisch arbeitender Exegese her sinnvoll. Denn das Klima, in dem heute – anders als noch vor einigen Jahren – von der historisch-kritischen Schriftauslegung gesprochen wird, hat sich verändert. Es finden sich Bestreiter, die – bei aller grundsätzlichen Anerkennung gewisser methodischer Vorgehensweisen – letztlich doch das biblische ‚An ihren Früchten sollt ihr sie erkennen' als vernichtend für die historisch-kritische Methode ansehen: Sie sei ein toter Baum mit toten Früchten. Die Todesmetaphorik ist dabei nicht auf die Bestreiter [...] beschränkt. Auch im Rahmen eines bewußt orthodox und lehramtlich korrekten Umgangs mit der Schrift finden sich solche Kennzeichnungen, so etwa, wenn Kardinal Ratzinger in Übertragung eines Wortes von Kolakowski schreibt, ‚daß der Umgang der historisch-kritischen Methode mit dem Gegenstand einer Art von Nekrophilie vergleichbar ist'. Die kontextfremde Verwendung einer solchen unerfreulichen Formulierung zeigt die Absicht, zu verletzen oder zumindest stark zu pointieren. Das ist zunächst verwunderlich, wenn man bedenkt, daß die theologischen Arbeiten Joseph Ratzingers – einschließlich auch seiner unveröffentlichten, aber durch die früheren Schüler doch vielfach bekannten Vorlesungen z. B. zur Eucharistie und Christologie – eine fruchtbare Anwendung historisch-kritischer Exegese aufweisen, die einen befreienden Zugang zur Sache darstellte. In seinem Kommentar zur Konzilskonstitution ‚Dei Verbum' hat Ratzinger damals nach einer sehr differenzierten Darstellung der Genese und Problematik des Konzilstextes folgendes Resümee gezogen: ‚Es ist im Sinn der Konstitution, alle legitimen Methoden der historisch-kritischen Forschung zur Feststellung der geschichtlichen Bedingtheit der Aussageabsicht des Verfassers anzuerkennen...' Schon damals folgte aber bald darauf der Satz: ‚Es liegt aber nicht im Sinne der Konstitution, damit eine so grundsätzliche Re-

9 Aus der Tonaufzeichnung der Einführung.
10 Aus dem Programm zur Tagung.
11 6./7. Oktober 1990, „Begegnung mit Jesus – Was leistet die historische Methode?", Freiburg. Die Druckfassung der Beiträge dieser Tagung erschienen 1991: A. Raffelt (Hg.), Begegnung mit Jesus? Was die historisch-kritische Methode leistet, Düsseldorf 1991.

> lativierung der biblischen Aussagen zu befürworten, daß deren Gehalt aufgehoben wird'. Die Gründe für die Schärfe der jetzigen Aussagen dürften in der Befürchtung einer solchen letztlich zerstörerischen Wirkung historisch-kritischer Methodik liegen. Das sollte zu zweierlei Gegenfragen führen: Sind die Befürchtungen Ratzingers nicht vielleicht auch von historisch-kritisch arbeitenden Exegeten zu verstehen oder gar von ihnen schon aufgenommen? [...] Andererseits: Können solche Befürchtungen nicht dazu führen, ein – auch im Sinne Kardinal Ratzingers – notwendiges theologisches Geschäft zu desavouieren? Vielleicht versteht man die Absicht des Zitates auch richtig, wenn man es mehr als eine überpointierte „Ermahnung" ansieht. Es bleibt nur die Möglichkeit geduldiger Besinnung auf Grenzen und Leistungen dieser wie anderer Methoden. Dazu soll hier beigetragen werden. [...] Es seien aber wenigstens noch zwei weitere Punkte vorab genannt, an denen die historisch-kritische Methode für die Theologie wesentliche Bedeutung hat. Einer ist ihre ökumenische Kraft zur Einigung. In der Exegese ist wohl am frühesten der Wall zwischen den Theologien der großen Konfessionen gefallen, und zwar aus dem Zwang der Sache. Die Tatsache, daß die historisch-kritische Forschung allein nicht die hermeneutischen Konfessionsdifferenzen auszuräumen vermag, ist dabei ebenso bemerkenswert wie die andere, daß dennoch in diesem Rahmen objektivierbare und konsensfähige Aussagen gemacht werden können. Zweitens ist die historisch-kritische Methode eine fundamentaltheologisch unverzichtbare Instanz, wenn über Genese und Anspruch des Christentums heutzutage verantwortlich gesprochen werden soll. Sie ist für die Kommunikationsfähigkeit der Theologie sicher nicht allein verantwortlich, aber sie ist eine wesentliche Voraussetzung dafür. [...] Die historisch-kritische Methode] gehört vielmehr zu den Voraussetzungen für eine nüchterne Beurteilung der Leistungsfähigkeit unseres theologischen Erkennens, von dem wir wissen, daß es ‚Stückwerk' ist.[12]

1993 widmete sich Albert Raffelt dem einflußreichen Entwurf des Freiburger Fundamentaltheologen Hansjürgen Verweyen.[13] Der „Grundriß der Fundamentaltheologie", der unter dem Titel „Gottes letztes Wort" 1991 erschienen war, bildete den Ausgangspunkt für einen kritischen Dialog. Das Werk besticht durch „Konzentration, Stringenz und denkerischen Anspruch". In „drei Schritten (... vernehmbar? ... ergangen? ... gegenwärtig?) werden die Offenbarungsproblematik im Horizont der Sinnfrage, die Kriteriologie für ein geschichtliches Ergehen von Offenbarung und seine Wahrnehmung sowie das Verhältnis von Kirche und Wort Gottes"[14] untersucht.

12 A. Raffelt, Vorwort des Herausgebers, in: Raffelt (wie Anm. 11) 7–11, 7–10.
13 24. April 1993, „Letztgültiger Sinn – Zum fundamentaltheologischen Entwurf von Hansjürgen Verweyen", Freiburg.
14 Aus dem Programm zur Tagung.

Unter den Titel „Gottes Wort in der Zeit – Die Pluralität religiöser Ansprüche und die Einzigkeit Jesu Christi" befaßte sich Albert Raffelt 1995 mit der Christologie des Tübinger Dogmatikers Peter Hünermann. Er stellte damit eine „in langer Lehr- und Forschungstätigkeit gewachsene, philosophisch reflektierte und konsequent in die gegenwärtige Situation der Herausforderung durch pluralistische Sinnansprüche gestellte denkerische Leistung [zur Diskussion]. Das Buch verarbeitet den klassischen Stoff – das biblische Zeugnis wie den Weg der altkirchlichen Christologie –, bringt ihn aber auch in Bezug zu den großen philosophisch-theologischen Christologien insbesondere der Neuzeit (von Suarez bis Hegel) und führt von diesen ontotheologischen Entwürfen weiter zu einer geschichtlichen Christologie."[15]

Karl Rahner war als Referent ein gern gesehener Gast in der Akademie. Er hatte ein Zimmer dort. Fast hätten die Arbeiten an der Endredaktion seines „Grundkurs des Glaubens" im Haus der Katholischen Akademie in Freiburg stattgefunden. Auf Anregung des Verlags Herder konnte Rahner nämlich im Frühjahr 1976 längere Zeit in Freiburg arbeiten. Der damalige Akademiedirektor Dr. Josef Sauer erinnert sich an Überlegungen, Rahner für diese Zeit in der Akademie unterzubringen. Ein Hotel erwies sich damals als geeigneter. Dennoch hat sich in der Akademie bis in die Zeit der Generalsanierung des Gebäudes 1998 das sogenannte „Rahner-Zimmer" erhalten. Die Endredaktion des „Grundkurs-Manuskriptes" wurde von Albert Raffelt durchgeführt und „von Rahner gegengelesen, der dabei auch auf Einzelheiten der Gestaltung [...] Einfluß nahm."[16] So erledigte Albert Raffelt „einen großen Teil der Redaktion des Textes in Organisation und Kürzung des ursprünglichen Vorlesungstextes", wie es Rahner als Dank an den Redaktor im Vorwort der ersten Ausgabe von 1976 ausdrückt.[17] Für die Akademie sind aus dieser Zusammenarbeit zahlreiche teilweise von Albert Raffelt selbst geleitete Tagungen hervorgegangen.

15 Aus dem Programm zur Tagung am 27. Mai 1995, „Gottes Wort in der Zeit – Die Pluralität religiöser Ansprüche und die Einzigkeit Jesu Christi", Freiburg.
16 K. Rahner, Sämtliche Werke Bd. 26, Freiburg 1999, XXV.
17 K. Rahner, Grundkurs des Glaubens, München 1976, 9.

Eine Tagung „Zum Geist der Ignatianischen Exerzitien“ (1985)[18] und eine weitere aus Anlaß des 90. Geburtstags von Karl Rahner (1994)[19] lassen sich daher ebenso wie seine Vorträge als so etwas wie die Ernte der intensiven Zusammenarbeit Albert Raffelts mit Karl Rahner verstehen.

Unter dem Titel „Karl Rahner in Erinnerung“ erschien 1994 eine von Albert Raffelt herausgegebene Aufsatzsammlung als Band 8 der Freiburger Akademie-Schriften. Im Vorwort wird das Anliegen der Tagung „Vergessene Wahrheiten“ von 1994 umschrieben:

> Karl Rahner war eine der großen Gestalten der Theologie des zwanzigsten Jahrhunderts. […] Er verstand es, sie von innen heraus fruchtbar mit neuen Fragestellungen ins Gespräch zu bringen, „vergessene Wahrheiten“ höchst traditioneller und auch höchst schulmäßiger Art lebendig werden zu lassen. Die denkerische Kraft, die sich daran zeigt, kann man heute noch in seinen Schriften nachvollziehen. […] Schließlich ist Karl Rahner gegenwärtig in Personen, die intensive Kontakte zu ihm hatten. Zwar gibt es keine Rahner-Schule, obwohl sein Werk mindestens bis in die 60er Jahre leicht solche Identifikationsmöglichkeiten geboten hätte. Die Selbständigkeit seiner wichtigsten Schüler und seine eigene, immer neuen Konstellationen und Problemen offene Denkart haben dies verhindert. Hier knüpfte die Tagung von 1994 an. Die Referenten gehörten zu den engsten Mitarbeitern und Freunden Rahners und haben auf unterschiedliche Weise ihre eigene Position gegenüber dessen Werk gewonnen. […] Das Vergessen ging auch damals schon schnell vor sich! Heute ist schon wieder die Zeit, nach vergessenen Anstößen aus dem Lebenswerk Rahners selbst zu fragen.[20]

Es ging nicht um unkritische Rahner-Verehrung, sondern darum, „nach vergessenen Wahrheiten in Rahnerschen Ansätzen [zu] fragen. Die Rezeption seiner Theologie im engeren Kreis seiner Schüler hat auch schon zu seinen Lebzeiten und im Gespräch mit ihm selbst diese Figur respektvoller Auseinandersetzung gekannt.“[21] Der Titel der Tagung ‚Vergessene Wahrheiten‘ sollte als Leitwort „Möglichkeiten lebendigen Bezugs zu Rahners Werk eröffnen“.[22]

Als Anfang 2004 die Akademie unter dem Titel „Glauben gibt zu denken“ an Rahners 100. Geburtstag erinnerte, beteiligte sich Albert Raffelt mit einem Beitrag zur biographischen Annäherung an Karl Rahner.[23] Leitidee der Tagung war

18 5./6. Oktober 1985, „Gott suchen und finden in allen Dingen – Zum Geist der Ignatianischen Exerzitien“, Freiburg.

19 5./6. März 1994, „Vergessene Wahrheiten – Zum 90. Geburtstag Karl Rahners (1904–1984)“, Freiburg.

20 A. Raffelt (Hg.), Karl Rahner in Erinnerung, Düsseldorf 1994 7-9.

21 Ebd., 9.

22 Ebd.

23 30. Januar – 1. Februar 2004, „Glauben gibt zu denken – Pater Karl Rahner SJ als Lehrer der Kirche“, Tagung zum 100. Geburtstag Karl Rahners, Freiburg.

„die Frage, welche Bedeutung die Theologie Rahners für heutige Theologen, die Theologie und die Kirche gewonnen hat. [...] So sollen Menschen, die sich für Rahner interessieren, ermutigt werden, nicht nur Rezipienten zu sein, sondern Theologie-Treibende zu werden. Dies war immer ein zentrales Anliegen Karl Rahners. Denn Glauben gibt zu denken".[24] Es kamen vor allem Theologen der ‚zweiten Generation' zu Wort, die Rahner nicht mehr selbst als Lehrer erfahren haben, aber seine Theologie in ihrer Wirkung beschreiben können.[25]

Ende März 2009 ging die Tagung „Kirche und Kirchlichkeit bei Karl Rahner" der Frage nach, wie das Mysterium Gottes beim Menschen ankommen kann. „Kirche und Kirchlichkeit [sind] Zentralbegriffe, denen wir zum 25. Todestag des bedeutenden Theologen nach-denken möchten. Auf diesem Denkweg wird die Tagung [...] von nahen Weggefährten Karl Rahners begleitet [...] auch die ‚Enkelgeneration' [kommt] zu Wort".[26] Bei dieser Gelegenheit berichtete Albert Raffelt als einer der Weggefährten Rahners und einer der Herausgeber über den Stand der Edition der Sämtlichen Werke Karl Rahners.

Philosophisches

1987 widmete Albert Raffelt dem Philosophen Maurice Blondel, mit dem er sich seit seiner Dissertation[27] beschäftigt, eine Tagung. Anliegen war es, die philosophische Relevanz des Blondelschen Werks in wichtigen Themenbereichen aufzuzeigen.

Im Einführungsvortrag erläuterte Raffelt seine Themenwahl: „Als Blondel seine Dissertation anmeldete, sagte ihm ein Mitstudent: Ein Buch über die ‚Aktion', über das ‚Tun' – das Wort gibt es ja nicht einmal im philosophischen Wörterbuch von Franck. Das war das einzige damals relevante philosophische Wörterbuch. So originell war die Fragestellung. Daß das Buch trotzdem heute noch lebendig geblieben ist, zeigt eben die Originalität dieser Themenwahl."[28]

100 Jahre nach Erscheinen von Maurice Blondels Meisterwerk „L'Action (1893)" standen seine Wirkungsgeschichte und seine philosophische Aktualität im Zentrum der Fragestellung einer Akademietagung. „Selbst seine große Wirkung im Raum der katholischen Theologie ist eher hintergründig und auch die Anerkennung deutscher Philosophen von R. Eucken bis M. Heidegger – in Freiburg wäre auch B. Welte nicht zu vergessen – lassen das Werk Blondels noch heu-

24 Aus dem Programm zur Tagung.

25 Vgl. A.R. Batlogg u.a., Der Denkweg Karl Rahners, Quellen, Entwicklungen, Perspektiven, Mainz 2003.

26 27./28. März 2009, „Kirche und Kirchlichkeit bei Karl Rahner – Tagung anläßlich des 25. Todestages Karl Rahners", Freiburg, aus dem Programm zur Tagung.

27 Vgl. A. Raffelt, *Spiritualität und Philosophie*. Zur Vermittlung geistig-religiöser Erfahrung in Maurice Blondels ‚L'Action' (1893), Freiburg 1978.

28 3./4. Oktober 1987, „Maurice Blondel – Philosoph der ‚action' ", Freiburg, aus dem Tonmitschnitt der Einführung. Bei dem genannten Wörterbuch handelt es sich um den von Adolphe Franck (1809–1893) hg. Dictionnaire des sciences philosophiques, 6 Bde., Paris 1844 u. ö.

te eher als Geheimtip denn als gängiges Repertoire der Philosophie erscheinen."[29] Die Tagung widmete sich der Aktualität dieses Philosophen.

In seinem Vortrag „Fragmentarische Gedanken – Die Pensées von Blaise Pascal"[30], zeigte Raffelt auf, was er später so formulierte: „Es gibt eine literarische Faszination Pascalscher Texte, der man sich schwer entziehen kann. Die Kunst der Pointierung, der stilistische Reichtum, die Bildhaftigkeit der Argumentation etc. führen viele zu Pascal, die seine Gedanken nicht teilen. Die inhaltliche Faszination geht darüber hinaus."[31] In der Vorschau auf seinen Vortrag faßte Raffelt Leben und Werk Pascals bündig zusammen:

> Der Aspekt des Fragmentarischen, des Unabgeschlossenen charakterisiert seinen Lebensweg, der mit 39 Jahren abrupt abbricht, in jedem Fall. Bei dem genialen französischen *Mathematiker* – mit 18 Jahren schrieb er seine Abhandlung über die Kegelschnitte –, *Ingenieur* – mit 20 Jahren begann er die erste wirklich funktionsfähige Rechenmaschine zu konstruieren –, *Physiker* – mit 25 machte er aufsehenerregende Experimente über den leeren Raum und den Luftdruck –, *Schriftsteller* – mit 34 verfaßte er die polemischen Lettres Provinciales, die Grunddokumente der modernen französischen Schriftsprache sind –, *Philosophen* und *Theologen* Blaise Pascal (1623-1662) gilt dies in besonderem Maße: Sein geplantes Hauptwerk, die ‚Pensées', ist nur fragmentarisch in seinem Nachlaß auf uns gekommen. Es bietet daher viele philologische Rätsel, die eine Beschäftigung mit ihm reizvoll machen. Darüber hinaus ist es aber ein Dokument, das die inneren Spannungen des neuzeitlichen Christentums bereits sehr früh deutlich machte, eine widersprüchliche Rezeption hervorrief und daher immer noch in unserer Situation – am angeblichen Ende dieser Neuzeit – betroffen machen kann.[32]

In der Reihe „Glaubensprofile – Denkanstöße, Gestalten des Christentums" stellte Albert Raffelt unter dem Titel „Zwischen Rationalismus und Mystik" Blaise Pascal, sein Leben und Denken vor[33].

Die Tagung „Martin Heidegger weiterdenken"[34] im Jahr von dessen hundertsten Geburtstags 1989 nahm Bezug auf Freiburg und auf „die Tatsache, daß wesentliche der Akademie verbundene Philosophen und Theologen aus dem Denken Martin Heideggers Anregungen aufgenommen haben. Dies gilt für Max Müller und Bernhard Welte, aber auch für Theologen und Philosophen wie Karl

29 Aus dem Programm zur Tagung am 26./27. Juni 1993, „Maurice Blondel: Kritik des Lebens – Wissenschaft der Praxis«, Freiburg.

30 Vortrag gehalten am 22. März 1987, Freiburg.

31 A. Raffelt, Fragmente zu einem Fragment: Die Wette Pascals, in: A. Raffelt / B. Nichtweiß (Hg.), Weg und Weite. Festschrift für Karl Lehmann Freiburg 2001, 207–220, 219. Digitale Fassung: <http://www.freidok.uni-freiburg.de/volltexte/293/ >.

32 Aus dem Programm zur Veranstaltung am 22. März 1987, Freiburg.

33 20. April 1997, Freiburg.

34 22./23. April 1989, „Martin Heidegger – weiterdenken", Freiburg.

Rahner, Karl Lehmann und Bernhard Casper. Andere Namen wären hinzuzufügen, und die Spannweite zeigt schon an, daß es nicht um epigonale Abhängigkeiten sondern um spannungsreiche Bezüge geht."[35] Vor dem Hintergrund der öffentlichen Diskussion um die Stellung Heideggers zum Nationalsozialismus war die Tagung „so konzipiert, daß nicht direkt von Heidegger, sondern von den philosophischen Wirkungen ausgegangen wurde, anders gesagt von der Rezeption oder der Gegenwärtigkeit Heideggers in der Philosophie in Mittel- und Westeuropa und im angloamerikanischen Raum (das gewichtige Thema ‚Heidegger und Japan' konnte nicht einbezogen werden). Es sollte dabei keine Bestandsaufnahme enzyklopädischer Art versucht werden. Die Referenten sollten die Freiheit haben, ein ihnen wichtiges Sachthema zu wählen und daran symptomatisch ihnen bedeutsame Anknüpfungspunkte, Anfragen oder auch Gegensätze zu formulieren."[36]

St. Peter auf dem Schwarzwald

Im Juni 2002 fand eine Tagung statt zum Thema „Mönchtum und Wissenschaft – Die Bedeutung der Klosterbibliothek für das Wissenschaftsverständnis einer Benediktinerabtei". Den Anlaß bildete die Fertigstellung der Bibliothek der vormaligen Benediktinerabtei St. Peter auf dem Schwarzwald vor 250 Jahren. Im Rahmen dieser Tagung ging es zum einen um Fragen nach der Bedeutung der Wissenschaft für das Mönchtum, zum andern um die besondere bibliothekarische Leistung dieser Abtei zur Zeit des Bibliotheksbaues.[37] Zusammen mit Dr. Angela Karasch, der Leiterin der Historischen Sammlungen der Universitätsbibliothek Freiburg, veranschaulichte Albert Raffelt diese an ausgewählten Beispielen aus der Mitte des 18. Jahrhunderts.[38]

In den größeren Zusammenhang der Beschäftigung mit der Bedeutung der Benediktinerabtei St. Peter im Schwarzwald gehört auch der Blick auf Abt Philipp Jakob Steyrer. Aus Anlaß seines 200. Todestags hatte eine Tagung bereits 1995 einerseits diesen geistreichen Mann in seiner Originalität vorgestellt und damit andererseits die Lebenswelt eines Schwarzwälder Benediktinerklosters anschaulich gemacht, in dem man schon die Vorboten der Säkularisation wahrnahm.[39] In seinem Beitrag, „Die Theologie Abt Steyrers" erschloß Raffelt aus dessen geistlichen und polemischen Schriften so etwas wie dessen „theologische Denkform.

35 A. Raffelt, Vorwort, in: ders. (Hg.), Martin Heidegger weiterdenken, München–Zürich 1990, 6–7, 6.

36 Ebd., 7.

37 29. Juni 2002, „Mönchtum und Wissenschaft – Die Bedeutung der Klosterbibliothek für das Wissenschaftsverständnis einer Benediktinerabtei", St. Peter/Schwarzwald.

38 Vgl. dazu auch den Begleitband zu einer früheren Ausstellung in der Universitätsbibliothek Freiburg: A. Raffelt (Hg), Unfreiwillige Förderung: Abt Philipp Jakob Steyrer und die Universitätsbibliothek Freiburg i. Br. Begleitband zur Ausstellung der Katholischen Akademie der Erzdiözese Freiburg und der Universitätsbibliothek Freiburg, Freiburg 1995).

39 11./12. November 1995, „Philipp Jakob Steyrer (1749–1795) – Lebenswelt eines Schwarzwälder Benediktinerabtes zwischen Aufklärung und Säkularisation", St. Peter/Schwarzwald.

Um eine solche soll es gehen, also um theologisch-begründende Strukturen, nicht um eine spirituelle Haltung oder ähnliches."[40]

Im November 1806 wurde das seit 1093 bestehende Benediktinerkloster St. Peter auf dem Schwarzwald vom badischen Großherzog für aufgehoben erklärt. Eine Tagung widmete sich 2006 diesem Ereignis. Historische und bislang nicht bearbeitete kunsthistorische Fragestellungen wurden ebenso erörtert wie die Bedeutung des Priesterseminars als Folgeeinrichtung der Abtei. Im Rahmen dieser Tagung stellte Albert Raffelt zusammen mit Dr. Angela Karasch Aktuelles zur Erforschung des Katalogs der Klosterbibliothek vor.[41]

3. Rede des Monats

2005 fanden die Akademie und die Universitätsbibliothek durch die Initiative von Albert Raffelt zu einer ganz neuen Form der Zusammenarbeit. Im Zusammenhang mit den Vorüberlegungen zum Jubiläumsjahr der Akademie 2006 wurde der Bestand an Tondokumenten, der über die Jahre seit Bestehen der Einrichtung zusammengekommen war, neu entdeckt.

Einige Jahre zuvor hatten anstehende Sanierungsmaßnahmen am Akademiegebäude die Frage aufkommen lassen, was mit dem Material – einer Unzahl von Tonbändern und Musikkassetten geschehen sollte: Wegwerfen oder auslagern? Zum Glück wurden die Dokumente damals mit Unterstützung des Erzbischöflichen Archivs ausgelagert und sind somit erhalten geblieben: Tonaufzeichnungen von annähernd 2000 Veranstaltungen aus 50 Jahren. Dieser Bestand, der Trend, „Podcasts" anzubieten und das sich zunehmend verstärkende Interesse an ihrer Nutzung führten zur Idee, ausgewählte Vorträge herausragender Freiburger Professoren aus den letzten fünfzig Jahren in monatlicher Folge als Ton-Dateien zu Verfügung zu stellen: Die „Rede des Monats".[42] Aus dieser Anregung wurde ein Kooperationsprojekt von Akademie und Universitätsbibliothek.

Die Tondokumente der Akademie geben Einblick in ein breites Spektrum möglicher inhaltlicher Fragestellungen und damit zugleich in fünfzig Jahre Freiburger Universitätsgeschichte. Die Aufzeichnungen haben nämlich Vorträge zahlreicher Professoren der Freiburger Universität bewahrt, deren Bücher zwar in der Universitätsbibliothek vorhanden sind, von denen es aber bisher kaum ein Tondokument gab.

40 A. Raffelt, Die Theologie Abt Steyrers, in: H.-O. Mühleisen (Hg.), Philipp Jakob Steyrer (1749–1795). Aus der Lebenswelt eines Schwarzwälder Benediktinerabtes zwischen Aufklärung und Säkularisation, Freiburg 1996, 56-87, 56.

41 15. Juli 2006, „1806 als Zeitenwende – Die Säkularisation der Abtei St. Peter auf dem Schwarzwald", St. Peter/Schwarzwald.

42 Das Projekt wird technisch und inhaltlich beschrieben in: Th. Argast/A. Raffelt, Podcasts der Universitätsbibliothek Freiburg, Freiburg 2008 <http://www.freidok.uni-freiburg.de/volltexte/4717>. Vgl. dazu auch A. Raffelt, Die Rede des Monats Podcasts aus der UB, in: Expressum. Informationen aus dem Freiburger Bibliothekssystem Nr. 2 (2006), 19-21 <http://www3.ub.uni-freiburg.de/fileadmin/ub/expressum/2006-02.pdf> (Zugriff: 19.7.2009).

www.ub.uni-freiburg.de/casts/reden.html

> Dabei zeigt sich, daß die Themen manchmal auch nach 50 Jahren noch höchst aktuell sind – vielleicht aktueller klingen als damals. [...] Aber nicht um Aktualität oder Scheinaktualität geht es. [...] die mündliche Rede gibt daneben doch einen ganz anderen Eindruck von der Persönlichkeit und dem Stil des Autors als eine gedruckte Quelle. Auch historische Bezüge zwischen Personen können ganz anders deutlich werden. So, wenn Karl Kardinal Lehmann – damals schon Bischof und nicht mehr Professor in Freiburg – zum 80. Geburtstag Karl Rahners vor diesem bedeutenden katholischen Theologen in Freiburg 1984 spricht und ihn auch anredet – was wir nun zum 25. Todestag Rahners im März als „Rede des Monats" präsentieren werden, oder wenn der in der Spätzeit wohl engste Mitarbeiter Edmund Husserls, Professor Eugen Fink (1905-1975) über seinen Lehrer mit einer Authentizität zum dreißigsten Todestag redet, wie das schon damals keinem anderen mehr möglich war.[43]

Der erste abonnierbare Podcast der UB war die „Rede des Monats". Mit berechtigtem Stolz stellt Albert Raffelt den Beitrag der Universitätsbibliothek an den Podcast-Aktivitäten der Universität heraus.

> Wir haben sozusagen auf zwei Standbeinen unser Programm begonnen. Auf der Video-Seite war es das Uni-TV und bei den Audio-Podcasts haben wir mit den „Reden des Monats" eine Serie begonnen, die nun schon mit drei abgeschlossenen Jahrgängen ihre „Nachhaltigkeit" bewiesen hat. [...] Entscheidend bei solchen Angeboten ist aber der Inhalt. Die Universität ist kein Werbeunternehmen, sondern will wissenschaftlich relevante Materialien in neuer Form präsentieren. „Wissenschaftlich" kann man dabei weit fassen, so daß z.B. auch „kulturell" mitgemeint ist oder auch die Eigendarstellung der Universität, ihrer Geschichte, Einrichtungen und Lebensformen darunter fällt.

43 A. Raffelt, Vom Papyrus zum Podcast, in: Expressum. Informationen aus dem Freiburger Bibliothekssystem Nr.1 (2009), 8-11, 11 <http://www3.ub.uni-freiburg.de/fileadmin/ub/expressum/2009-01.pdf> (Zugriff: 19.7.2009).

> […] Wir dürfen also mit einigem Stolz sagen, daß wir dieses Angebot inhaltlich und medientechnisch wesentlich ermöglicht und mitgeprägt haben.[44]

Bestätigung kommt auch von außen: Die Albert-Ludwigs-Universität in Freiburg wurde im Wettbewerb „Deutschland – Land der Ideen" als „Ort des Tages" für den 21. Oktober 2008 für ihre Podcast-Aktivitäten ausgezeichnet. In der Begründung heißt es:

> Die unter der Schirmherrschaft des Bundespräsidenten stehende Initiative „Deutschland – Land der Ideen" betont die Stärken des Standortes Deutschland und spiegelt wesentliche Eigenschaften der Deutschen wider: Einfallsreichtum, schöpferische Leidenschaft und visionäres Denken. […] Auch die Universität Freiburg setzt auf neue Medien: Mit Hilfe von „Pod- und Videocasts" werden aktuelle Geschehnisse in der Universität der interessierten Öffentlichkeit zugänglich gemacht. „Podcasting" steht für das Produzieren und Anbieten von Audio- oder Video-Dateien im Web. Diese können auf dem Computer oder anderen mobilen Geräten abgespielt werden. Die zur Verfügung gestellten Aufzeichnungen der Universität Freiburg umfassen Sendungen der studentischen Radio- und TV-Programme sowie Übertragungen einzelner Lehrveranstaltungen und einmaliger Gastvorträge. Im Fachbereich Informatik lassen sich sogar alle Vorlesungen herunterladen. Ein weiteres Highlight ist die Podcast-Serie „Rede des Monats". Hier werden Beiträge, teilweise auch von bereits verstorbenen Persönlichkeiten, digitalisiert – auf diesem Wege sprechen Professoren von vor 50 Jahren zu uns.[45]

Der vorliegende Überblick kann die Aktivitäten Albert Raffelts im Rahmen der Arbeit der Katholischen Akademie Freiburg nur schlaglichtartig beleuchten. Als Organist und in der Tagungsarbeit hat er durch seine inhaltlichen Akzente das Programm mehr als dreißig Jahre lang mitgestaltet. Seiner Idee, sie in der Podcast-Serie „Rede des Monats" einzusetzen, ist darüber hinaus zu verdanken, daß die vorhandenen Tonaufzeichnungen von Akademietagungen seither archiviert und digitalisiert werden. Ad multos annos!

44 Ebd., 8.
45 Vgl. http://www.land-der-ideen.de/CDA/ort_des_tages,1987,1,,de.html?action=detail&id=3564 (Zugriff: 19. Juli 2009).

Sacherschließung in der UB Freiburg – Versuch einer (Zwischen-)Bilanz
Oder: „Von nichts kommt eben nichts!"[1]

E. Matthias Reifegerste

Vor nunmehr bereits fünf Jahren erschien eine Sammlung der Aufsätze Albert Raffelts in den Hauszeitschriften der Universitätsbibliothek Freiburg im Breisgau zu seinem 60. Geburtstag.[2]

In dieser Sammlung ist ein deutlich erkennbarer Schwerpunkt die Beschäftigung mit Fragen der Sach- und Inhaltserschließung von Bibliotheksbeständen, die über einen langen Zeitraum hinweg ein Hauptinteressengebiet des Jubilars waren, wie die Auswahl seiner Veröffentlichungen im Anhang belegen mag.

Die hier noch einmal in Erinnerung gerufenen Diskussionsbeiträge zeigen nicht nur das lange anhaltende Interesse und den unermüdlichen Einsatz Raffelts, sondern markieren zugleich einen mit großer Vorausschau und erheblicher Ausdauer beschrittenen Weg zum Erfolg hinsichtlich der verbesserten inhaltlichen Erschließung von Bibliotheksbeständen.

Vor einem Jahr hatten wir bereits anlässlich der Verabschiedung der ehemaligen Direktorin der Universitätsbibliothek, Frau Bärbel Schubel die Gelegenheit, die gesamte Entwicklung der Freiburger Sacherschließung Revue passieren zu lassen.[3] Daher möchte ich die aktuelle Gelegenheit nutzen, hier noch einmal auf die neuesten Entwicklungen auf dem Feld der Sacherschließung einzugehen, die sich seither ergeben haben, und diese mit programmatischen Äußerungen Raffelts aus den zuvor genannten Aufsätzen zu kontrastieren. Aus diesem Vergleich soll deutlich werden, wie weitsichtig seine Forderungen waren und zu welchem Ergebnisstand wir derzeit gelangt sind.

1 A. Raffelt, Perspektiven der Sacherschließung. Ein Update, in: Expressum. Informationen aus dem Freiburger Bibliothekssystem (1999a),1, 23.

2 A. Raffelt, *Nimm und lies*. Gesammelte Beiträge in den „Informationen" (1980–1994) und im „Expressum" (1995–2004) der Universitätsbibliothek Freiburg i. Br. Zsgest. und hrsg. von Michael Becht, Freiburg 2004, 517 S.; auch online verfügbar unter <http://www.freidok.uni-freiburg.de/volltexte/2203/> (Zugriff: 8.Juli 2009)

3 E. M. Reifegerste, Die Freiburger Sachkatalogisierung auf dem Weg von innen nach außen, in: A. Raffelt (Hrsg.), *Die Bibliothek – von außen und von innen*. Aspekte Freiburger Bibliotheksarbeit. Für Bärbel Schubel. Freiburg 2008, 203–223; auch online verfügbar unter <http://www.freidok.uni-freiburg.de/volltexte/5000/> (Zugriff: 8. Juli 2009).

Verbale Altbestandserschließung

Geprägt war der Zeitraum unserer Betrachtung vor allem durch die Ablösung der Sachkatalogisierung nach der von H. W. Eppelsheimer in Mainz begründeten Methode,[4] die von 1967 bis 1994 Anwendung fand, durch die verbale Sacherschließung nach den *Regeln für den Schlagwortkatalog* (RSWK)[5] als Kooperationsaufgabe des Südwestdeutschen Bibliotheksverbundes (SWB), die bis heute angewendet wird.[6] Bereits sehr früh erkannte Raffelt die Notwendigkeit, die bereits vorhandenen Sacherschließungselemente weiter zu nutzen und wenn möglich einer neuen Nutzung zuzuführen, wie es schon bei der Mikro-Verfilmung des alten Systematischen Kataloges im Jahr 1986 der Fall war. Hierbei ist noch einmal daran zu erinnern, dass der alte systematische Katalog im Zeitraum 1969/70 aus der ursprünglichen Zettelform mit Hilfe eines xerographischen Verfahrens in die Form eines Bandkataloges überführt worden war, wobei die damals entstandenen Filme als Vorlage für die Mikroverfilmung dienten.[7] Inzwischen ist, wie bereits mehrfach berichtet, die Altbestandssystematik auch online zugänglich und erlaubt immer wieder neue überraschende Einblicke wie zum Beispiel den Folgenden:[8]

Bei einer jüngst vorgenommenen Stichprobe ergab sich, dass ca. 60 Titel Sekundärliteratur zu John Milton in der Altbestandssystematik nachgewiesen sind,[9] von denen lediglich 23 mit RSWK-Schlagwörtern und 24 mit Notationen der *Regensburger Verbundklassifikation*[10] versehen sind, wobei hiervon wiederum die Mehrzahl der Titel beide Erschließungselemente aufweist. Bedenkt man dabei,

4 „Der Mainzer Sachkatalog ist durch folgende Merkmale charakterisiert: (1) Der Katalog ist unabhängig von der Aufstellung der Bücher. (2) Er zerfällt in einen systematischen, einen topographischen und in einen sogenannten biographischen Katalog. [...] (4) Der Katalog ist weitgehend geschlüsselt." H. Fuchs, Bibliotheksverwaltung, Wiesbaden 1953, 136–137.

5 Bei den RSWK handelt es sich um das heute in Deutschland am stärksten verbreitete Regelwerk für die verbale Sacherschließung in Bibliotheken, das zu Beginn der 1980er Jahre erarbeitet wurde.

6 Vgl. Reifegerste (wie Anm. 3) 210–212.

7 Vgl. Raffelt (wie Anm. 2) 61 und Reifegerste (wie Anm. 3) 207.

8 Vgl. Reifegerste (wie Anm. 3) 208–210 sowie M. Mayer / R. Ohlhoff / E. M. Reifegerste, Die Altbestandssystematik der Universitätsbibliothek Freiburg i. Br. im Wandel der Zeiten <http://www.freidok.uni-freiburg.de/volltexte/4645/> (Zugriff: 8. Juli 2009).

9 Es geht hierbei um die Signaturen E 9144 bis E 9154, wobei noch zu bemerken ist, dass es sich bei E 9150,mo um Sekundärliteratur über *„Aloys Schreiber als badischer Heimatdichter und Weggenosse J. P. Hebels"* und somit um einen völligen Irrläufer handelt.

10 „Die Regensburger Verbundklassifikation (RVK) wurde Mitte der 1960er Jahre in Regensburg als Aufstellungssystematik für die Universitätsbibliothek Regensburg erarbeitet. Die ursprünglich für die lokalen Gegebenheiten und Bedürfnisse in Regensburg konzipierte Systematik zog nach ihrer Einführung in Regensburg weite Kreise. Insbesondere im deutschsprachigen Bereich wurde sie in den vergangenen Jahrzehnten ihres Bestehens stark rezipiert. Bereits im Jahr 2003 wurde die RVK in „insgesamt 140 Bibliotheken" angewandt und es ist sicher keine falsche Bescheidenheit, der RVK mittlerweile einen „supranational zunehmende[n] Bekanntheitsgrad" zu attestieren." K. Boll / E. M. Reifegerste, BibScout / MelvilSearch. Auf dem Weg zur virtuellen Bibliothek, in: Expressum. Informationen aus dem Freiburger Bibliothekssystem 2006,4, 9; auch online verfügbar unter <http://www3.ub.uni-freiburg.de/fileadmin/ub/expressum/2006-04.pdf> (Zugriff: 8. Juli 2009).

dass sich unter den unerschlossenen Titeln nicht nur Freiburger Dissertationen, sondern auch je eine Schrift von Johann Jacob Bodmer und von Clive Staples Lewis befinden, wird offenbar, dass es sich bei Sacherschließung sicherlich nicht um einen Luxus handelt.[11]

Dass im Gegenteil Sacherschließung nottut und reiche Früchte trägt, mag das folgende Beispiel der Überführung von Eppelsheimer- in RSWK-Erschließungsdaten in der Musikwissenschaft verdeutlichen:

> Die kooperative Sacherschließung im Südwestverbund hat inzwischen erhebliche Erschließungsleistungen erbracht. Ein großer Schritt war z.B. die Einspielung bayerischer Verbund-Daten (BVB). Eine Notiz in der Tübinger Hauszeitschrift im Mai 2003 hat mich auf die Idee gebracht, eine Zeit lang die Fremd- und Eigenleistungen statistisch zu erfassen. Nun ist das Fachgebiet der Musikwissenschaft nicht das größte; in anderen Fächern dürften die Verteilungen anders sein. Es ist aber insofern interessant, als in der fraglichen Zeit zum einen konvertierte Altdaten beschlagwortet wurden (alle im Eppelsheimer-Katalog nachgewiesenen Titel der Musikwissenschaft mit Ausnahme von Noten sind inzwischen auch im Online-Katalog beschlagwortet), zum anderen Neuerwerbungen. Die statistischen Zahlen für die Altdaten:

Selbst beschlagwortet	61 %
SWB	2 %
BVB	28 %
DDB	9 %

> […] Jedoch ist der Prozentsatz bei den Altdaten sehr gering, da vermutlich in den anderen Häusern in diesem Bereich jedenfalls in diesem Fach keine Beschlagwortungen unternommen werden. Eine Ausnahme ist wohl die Badische Landesbibliothek in Karlsruhe (KALB). Diese fiel heraus durch den höchsten Anteil unter den Fremdbeschlagwortungen. Es gibt Ausreißer, so war in einem kurzen Abschnitt Musikpädagogik eine sehr hohe Fremdleistung von 79 % festzustellen (über die bayerischen Beiträge), so daß hier wohl eine ähnliche Aktion wie die Freiburger an anderer Stelle in Bayern gelaufen sein muß. Ansonsten waren die Auswertungen bei der Hälfte, bei Zweidrittel und beim Gesamt der untersuchten Fälle in der Verteilung ziemlich konstant. Daß die DDB [Deutsche Nationalbibliothek, vormals Die Deutsche Bibliothek] nicht so stark vertreten ist, liegt an dem Erscheinungszeitraum der Titel.[12]

11 Vgl. Raffelt (wie Anm. 2), 351–353. Es handelt sich um folgende Titelaufnahmen: J.J. Bodmer, Critische Abhandlung von dem Wunderbaren in der Poesie und dessen Verbindung mit dem Wahrscheinlichen: in einer Vertheidigung des Gedichtes Joh. Miltons von dem verlohrnem Paradiese. Der beygefüget ist Joseph Addisons Abhandlung von den Schönheiten in demselben Gedichte, Zürich 1740. – [13] Bl., 440 S. : Ill. (Signatur E 9145) und C. S. Lewis, *A preface to Paradise lost*. Being the Ballard Matthews Lectures delivered at University College, North Wales, 1941 Rev. and enl., 9. impr.. – London [u.a.] 1956. – 139 S. (Signatur E 9148,hm).

12 Vgl. Raffelt (wie Anm. 2), 492–493.

In diesem Zusammenhang sei daran erinnert, dass sich vor allem die Karlsruher Kollegen unter Leitung von Herrn Dr. Christoph Höck besonders um die kooperative Altbestandserschließung verdient gemacht haben, indem sie weite Teile ihres alten Schlagwortkataloges (ca. 1.200 Schlagwörter) in die neuere Methode der Schlagwörter gemäß RSWK übersetzt haben. Auf diese Weise sind beachtliche Strecken von Altbestand inhaltlich zugänglich geworden, die zuvor im Verborgenen lagen.

Hier in Freiburg boten unlängst zwei wertvolle Nachlässe, derjenige von Herrn Prof. Dr. Karl Suso Frank, sowie derjenige des großen Goethe-Liebhabers und Sammlers, Herrn Dr. Konrad Huber, die Gelegenheit, ebenfalls bisher nicht erschlossenen Bestand mit Schlagwörtern und gegebenenfalls RVK-Notationen zu versehen.[13] Insbesondere am Beispiel der Sammlung Huber wird der große Nutzen von klassifikatorischer Erschließung deutlich: In der Sammlung sind unter anderem wertvolle Ausgaben von Primärliteratur fast aller Autoren der Goethezeit enthalten, die bereits zuvor in anderen Exemplaren im Besitz der Bibliothek waren, die nun aber alle durch die entsprechenden Notationen als Gesamt-, Einzelausgaben, Briefsammlungen und Sekundärliteratur auffindbar gemacht werden konnten.

Klassifikatorische bzw. systematische Sacherschließung

Die Einsicht in die Notwendigkeit, zusätzlich zur verbalen auch Elemente der klassifikatorischen Sacherschließung anzuwenden, wurde bereits 1999 von Raffelt postuliert. Damals wurde gemeinhin die systematische bzw. klassifikatorische Erschließung nach *Dewey Decimal Classification* (DDC)[14] favorisiert:

> Damit sind die Hauptpunkte genannt. Nach DDC arbeitet der gesamte relevante englischsprachige Raum, arbeitet auch die Library of Congress; die romanischen Länder […] benutzen sie ebenfalls. Wenn Die Deutsche Bibliothek sich hier anschließen würde, würde mit einem Schlag ein ziemlich „flächendeckendes" Netz von DDC-Klassifikation vorliegen. Wenn man – wie in dem zitierten Satz vorausgesetzt – noch dazunimmt, daß bereits jahrzehntelang Literatur nach dieser Klassifikation erschlossen ist, so könnte man sich mit dieser Klassifikation durch Fremddatenübernahme auch eine Lösung des Problems der „Reko-Sacherschließung" denken, vielleicht nur eine Teillösung, aber doch eine sehr gewichtige, die mit keinem anderen Erschließungssystem annähernd geleistet werden kann. […]
> Trotzdem findet sich in den Empfehlungen auch der Satz „Für die Einzelbib-

13 Laut Abfrage im Freiburger Online-Katalog handelt es sich hierbei derzeit um 1577 bzw. 5672 Bände, vornehmlich von bislang nicht erschlossenem Altbestand.

14 Vgl. Artikel „Dewey Decimal Classification", in: Wikipedia <http://de.wikipedia.org/w/index.php?title=Dewey_Decimal_Classification&oldid=60529977> (Zugriff: 8. Juli 2009).

> liotheken empfiehlt sich nach Meinung der Expertengruppe die Regensburger Verbundklassifikation – im Einzelfall auch der Umstieg dorthin – sofern nicht bereits eine andere opacgerechte Klassifikation eingeführt wurde". […] Auch im SWB ist natürlich das Gewicht der RVK-Anwender zu beachten, und auch hier geschieht stellenweise der Umstieg nach RVK.[15]

Nach der Einführung von DDC Deutsch im Herbst 2005 stellte sich eine gewisse Ernüchterung ein hinsichtlich der Tauglichkeit dieser Klassifikation.[16] So sind bis heute erst Titel seit 2006 mit Hilfe der DDC-Notationen recherchierbar, wie die Homepage von MelvilSearch verrät[17] und bedauerlicherweise findet man mit diesem Werkzeug keine Treffer, wenn man etwa nach Maurice Blondel, Martin Heidegger, Edmund Husserl oder Blaise Pascal sucht.

Seither haben im Bereich des SWB verstärkte Bemühungen um den Einsatz von RVK-Notationen stattgefunden, die im Winter 2008/2009 zur Anhebung der bis dato in den Lokaldaten der Bibliotheken vor allem in Dresden und Leipzig geführten RVK-Notationen auf die Verbundebene geführt haben; außerdem ist festzustellen, dass seit einigen Wochen über RVK-Online auch im Gesamtkatalog des Österreichischen Bibliothekenverbundes recherchiert werden kann:[18]

Im Februar 2009 gelang es, die RVK-Notationen der Staats- und Landesbibliothek Dresden vom lokalen Bereich in den Titelbereich zu heben, soweit ein entsprechender RVK-Normsatz vorhanden war, nachdem dies bereits im Dezember 2008 mit den entsprechenden Daten der UB Leipzig geschehen war. Gehoben wurden somit ca. 336.000 Notationen in ca. 327.000 Titeln. Damit ist die Anzahl der mit RVK-Notationen erschlossenen Titel in der Verbunddatenbank auf gut 2,8 Millionen angewachsen.

Weiterhin besteht die Hoffnung auf das von Magnus Pfeffer (UB Mannheim) entwickelte Verfahren, „das anhand der bibliographischen Daten eines Titels automatisch die passenden Notationen der Regensburger Verbundklassifikation (RVK) ermittelt. Zum Einsatz kommt dabei das so genannte ‚fallbasierte Schließen': Zunächst wird eine Fallbasis – bestehend aus Medien, deren RVK-Notationen bekannt sind, aufgebaut, die als Vergleichsmaßstab für noch nicht klassifizierte Medien dient. Mit bestimmten Algorithmen wird jeder neue Fall mit dieser Datenbasis verglichen und der ähnlichste Fall darin identifiziert."[19]

15 Vgl. Raffelt (wie Anm. 1) 18–23.

16 Vgl. K. Boll / E. M. Reifegerste, BibScout / MelvilSearch. Auf dem Weg zur virtuellen Bibliothek, in: Expressum. Informationen aus dem Freiburger Bibliothekssystem 2006,4, 8–21; auch online verfügbar unter <http://www3.ub.uni-freiburg.de/fileadmin/ub/expressum/2006-04.pdf> (Zugriff: 8. Juli 2009).

17 <http://melvil.d-nb.de/melvilsearch?bs=dnb-portal&id=> (Zugriff: 8. Juli 2009).

18 <http://meteor.bibvb.ac.at/F/AVBVPC2MJINY9D9CYDD7HKDRUXQBCDCIKDAXP2TF7U2T3HHQXX-00382?func=file&file_name=start> (Zugriff: 8. Juli 2009).

19 Vgl. M. Pfeffer, Automatische Vergabe von RVK-Notationen mittels fallbasiertem Schließen, in: U. Hohoff / P. Knudsen (Hg.): Wissen bewegen: Bibliotheken in der Informationsgesellschaft. 97. Deutscher Bibliothekartag in Mannheim 2008, Frankfurt 2009, 245–254.

Im März 2009 fand ein erster Testlauf des Verfahrens statt, der zeigte, dass ca. 8,5 Millionen Titeln, die bisher noch keine RVK-Notationen im SWB besitzen, solche Notationen zugeordnet werden konnten. Diese wurden dann in einer Größenordnung von über 230.000 Titeln in die Testdatenbank des SWB eingespeist.

Eine während des Monats April durchgeführte Prüfung der Testdaten durch die Verbundpartner ergab, dass der erste Testlauf noch nicht das gewünschte Ergebnis erbracht hat; es ist allerdings damit zu rechnen, dass ein verfeinertes Filterverfahren im Laufe des Jahres eine deutlich höhere Trefferrate erzielen wird.[20]

Anzumerken bleibt an dieser Stelle, dass sich das besagte Verfahren nach Aussage Pfeffers auch auf die automatisierte Vergabe von verbalen Sacherschließungselementen übertragen lässt, und daraus wird deutlich, wie wichtig, ja unerlässlich die oben erwähnte Erschließung von Altbestand ist, denn ohne die etwa von Raffelt oder den Karlsruher Kollegen geleistete Pionierarbeit gäbe es schließlich keine Titel, die in einer Fallbasis zum Vergleich mit bis dahin unerschlossenen Beständen herangezogen werden könnten.

Von OSIRIS[21] zur OSWD

In seinem bereits zitierten Beitrag „Perspektiven der Sacherschließung – ein Update" schreibt Raffelt in dem Absatz „Warum nicht ‚automatisch'?":

> Im Zeitalter der Datenverarbeitung ist an dieser Stelle natürlich zu fragen, inwieweit nicht automatisierte Verfahren in die sachliche Erschließung einbezogen werden sollten oder diese gar ersetzen könnten. Zu denken wäre hier etwa an das Osnabrücker OSIRIS-Projekt. Um es vorwegzunehmen: Die Tatsache, daß die Expertenkommssion (!) hier kein „entweder /oder" gesehen hat, zeigt, daß die automatischen Verfahren alleine das Problem der (klassifikatorischen oder auch verbalen) Sacherschließung nicht lösen können. Wenn naive Beobachter manchmal den Eindruck haben, dies würde etwa mit OSIRIS doch faktisch geleistet, so haben sie nur nicht richtig zugehört: OSIRIS setzt gerade eine „intellektuelle" Klassifikation und möglichst viele präzise Sacherschließungsdaten voraus, um auf dieser Grundlage durch kombinatorische Verfahren, durch Abgleichung, durch Verwendung von Synonymenwörterbüchern etc. Suchzugänge zu ermöglichen, die dem Benutzer größere Freiheit geben als es die exakte Suche innerhalb der Rahmenbedingungen bestimmter Regelwerke erlaubt. In den Empfehlungen steht daher: ‚Die Expertengruppe empfiehlt immer auch den Weg OSIRIS auf der Grund-

20 Vgl. M. Pfeffer, Zurück auf Los, in: Classification-Weblog der UB Mannheim am 29. Juni 2009 <http://blog.bib.uni-mannheim.de/Classification/> (Zugriff. 8. Juli 2009).

21 Osnabrück Intelligent Research Information System; vgl. H. Zillmann/M. Ronthaler, Literaturrecherche mit OSIRIS. Ein Test der OSIRIS-Retrievalkomponente, in: Bibliotheksdienst 32 (1998) Nr. 7, 1203–1212.

> lage einer leistungsfähigen Klassifikation [!!] zu erwägen". Wenn uns OSIRIS dem Benutzerparadies näherbringen kann, so sollte man seine Möglichkeiten sicher ausnutzen. OSIRIS ersetzt aber nicht die Erschließungsarbeit, sondern ergänzt nur. Von nichts kommt eben nichts![22]

Leider muss man heute konstatieren, dass die Betreuung von OSIRIS eingestellt wurde und dieses Angebot nicht mehr existiert.[23] Jedoch erhellt Raffelts Forderung, dass es ohne die Pionierarbeit keine Möglichkeiten gibt, die Erschließungssituation deutlich zu verbessern, und das oben erwähnte Beispiel Miltons zeigt ebenfalls, mit welch relativ geringem Aufwand ein Zustand erreicht werden kann, in dem es nicht mehr heißt ‚Paradise lost', sondern ‚Paradise regained'.

Alternativ zu OSIRIS ist allerdings seit Mai 2009 ein hervorragendes Werkzeug im Internet frei verfügbar, das eine ganze Reihe von Merkmalen und Recherchemöglichkeiten bietet, die immer wieder verlangt wurden: Die Rede ist von der Online-Schlagwortnormdatei (OSWD).[24]

Die OSWD (Online-SWD) bietet Zugriff auf die Schlagwortnormdatei (SWD) und die Personennamendatei (PND), die für die Sacherschließung genutzt werden. Sie wird online aus der SWD der Katalogisierungsdatenbank des Südwestdeutschen Bibliotheksverbundes (SWB) aktualisiert.

Mit Hilfe dieses Werkzeuges kann in den Beständen des SWB recherchiert werden und zwar nicht nur nach dem Vokabular der Schlagwortnormdatei, sondern erstmals auch nach den Verweisungen und eingebetteten Klassifikationselementen wie Ländercodes oder SWD-Systematiknummern.

Damit wird ein Desiderat Raffelts aus dem Jahre 2002 erfüllt, welches er wie folgt formulierte:

> Eine weitere Möglichkeit der Verbesserung der sachlichen Recherche ist in der Schlagwortnormdatei (SWD) gegeben, die ja den Erschließungen nach RSWK zugrunde liegt. In den letzten Jahren hat man diesen Schlagwort-Thesaurus immer mehr verfeinert, z.B. durch Oberbegriffe, aber auch durch Angaben in den Definitionen u.a.m. Dies alles ist aufwendig bei der Erstellung neuer Schlagwörter, für denjenigen, der viele neue Schlagwörter anlegt manchmal sogar ärgerlich aufwendig und sollte kein totes Kapital sein. Vor allem die in eigenen Kategorien abgelegten Notationen (in der SWD ist ja eine Grobsystematik enthalten) und Regionalbegriffe müssten suchbar gemacht werden, so dass man nicht nur – als Beispiel – „Pärt, Arvo" als Schlagwort, sondern auch mittels der Regionalkennzeichnung XA-EE und der Systematikstelle für Musiker 14.4p alle estnischen Musiker finden könnte. Wenn dann noch die Zeitangaben recherchierbar wären (hier Z:1935–) und damit etwa

22 Vgl. Raffelt (wie Anm. 1) 23.
23 <http://www.ub.uni-osnabrueck.de/osiris/> (Zugriff.8. Juli 2009).
24 <http://swb.bsz-bw.de/DB=2.104/> (Zugriff:8. Juli 2009).

> alle im 20. Jahrhundert geborenen estnischen Musiker gesucht werden könnten, hätte man schon die Ansätze eines Sacherschließungsschlaraffenlandes … Dies zum Komplex Verfeinerung der präzisen Suche.[25]

Die Leistungsfähigkeit des neuen Dienstes sei mit folgendem Beispiel illustriert: Die kombinierte Suche in der OSWD nach dem Ländercode XA-EE für Estland sowie der SWD-Systematiknummer 14.4p für Komponisten liefert 40 Treffer, von denen sechs allein auf Arvo Pärt und einzelne seiner Werke entfallen.

Nachdem man den passenden Einstieg in die Recherche gefunden hat und in der Verbunddatenbank nach zugehörigen Publikationen sucht, erhält man darüber hinaus die Möglichkeit, über den Einstieg in das Register der Schlagwortketten sich genauestens darüber informieren zu können, welche Schlagwörter zu Gebote stehen: Zum Beispiel werden hier zu Maurice Blondel 148, zu Edmund Husserl 428, zu Blaise Pascal 223 und zu Martin Heidegger sage und schreibe über 1400 Einträge im Kettenindex zur Auswahl gestellt. Wie oben erwähnt, entgehen dem Suchenden, der sich auf die DDC Deutsch verlässt, solche Erfolgserlebnisse vollkommen. Um ein positives Beispiel zu geben, das ebenfalls zu Raffelts speziellen Interessensgebieten gehört, sei hier noch darauf hingewiesen, dass wenigstens zum Suchbegriff ‚Orgeln' in MelvilSearch vier Treffer zur Auswahl angeboten werden, denen allerdings im Kettenindex der Verbunddatenbank des SWB 268 Einträge, dazu weitere 90 zu Orgelbau und in der OSWD im Rahmen der Teilwortsuche 94 Treffer gegenüber stehen.

Wenn man zu den Möglichkeiten der Katalogrecherche zusätzlich noch die in den Personalbibliographien der Freiburger Philosophen sowie über Maurice Blondel nachgewiesenen Aufsätze berücksichtigt, die Raffelt online seit etlichen Jahren verzeichnet, ermisst man erst vollständig, welche Verdienste er sich um die inhaltliche Erschließung (nicht nur) Freiburger Bibliotheksbestände erworben hat.[26]

Neue Perspektiven der Sacherschließung

Seit März 2006 bietet die UB Freiburg im Rahmen eines gemeinsamen Projekts mit der Katholischen Akademie der Erzdiözese Freiburg Monat für Monat einen Mitschnitt eines Akademievortrags aus den letzten 50 Jahren in Form eines Podcasts in der Reihe „Rede des Monats"[27]. Darüber hinaus werden auch Informationen in anderen elektronischen Medienformen angeboten wie Internetquellen und außer den erwähnten Podcasts auch Videocasts. Abschließend möchte

25 A. Raffelt, Sachkataloge in Papier und digital. Abschluss des „Eppelsheimer" und etwas Futurologie, in: Expressum. Informationen aus dem Freiburger Bibliothekssystem (2002), Nr. 6, 26.

26 Vgl. die Übersicht zu Freiburger Philosophen unter <http://www3.ub.uni-freiburg.de/index.php?id=2019> (Zugriff: 8. Juli 2009).

27 <http://www3.ub.uni-freiburg.de/index.php?id=148> (Zugriff: 8. Juli 2009).

ich daher über die Erschließung und damit einhergehend die Verbreitung dieser neuen Produkte der Bibliothek berichten, wobei ich an meinen Ausblick aus dem letzten Jahr anknüpfe.[28] Hierbei stütze ich mich auf den Bericht, den ich auf Einladung von Dr. Volker Michel, Projektkoordinator der Virtuellen Fachbibliothek Germanistik im Netz, am 24. April 2009 im Rundbrief GiNtern veröffentlichen durfte:[29]

> Nachrichten aus der Provinz oder „So fern und doch so nah"
> Vor nunmehr fast drei Jahren erging die Einladung zu der Tagung ‚Geselliges Arbeiten' in Frankfurt, nachdem einen Monat zuvor die Virtuelle Fachbibliothek Germanistik im Netz online gegangen war. Ich durfte an der sehr anregenden Tagung teilnehmen und entschied mich auf der Stelle dazu, die Einladung zur Mitarbeit anzunehmen und zu nutzen: In der ersten Phase erfolgte der Abgleich der eigenen Linksammlung mit dem Angebot von GiNFix, wodurch einige wenige bis dahin fehlende Quellen ergänzt und die zeitaufwändige Prüfung der eigenen lokalen Linksammlung eingestellt werden konnten. In der zweiten Phase unternahm ich einen Abgleich mit den in DBIS verzeichneten Internetressourcen und schlug weitere bislang nicht verzeichnete Quellen für GiNFix vor. Als dritter Schritt erfolgte die Einarbeitung von Freiburger und weiteren regionalen Produkten, wodurch die Ergebnisse eigener Digitalisierungsvorhaben (z. B. Emil Gött, Johann Georg Jacobi und sein oberrheinischer Dichterkreis 1784–1814, Victor von Scheffel) und die enge Zusammenarbeit mit dem hiesigen Deutschen Seminar dokumentiert werden konnten. Hierbei sind vor allem zu nennen die Mitschnitte der Freiburger Ringvorlesungen, deren einzelne Episoden ebenfalls über GiNFix zugänglich sind (vgl. Dichter und Denker in Freiburg, Freiburger Bücher(geschichten) sowie Welt-Entwürfe – Deutschsprachige Romane der Klassischen Moderne), die alle erfreuliche Zugriffszahlen aufweisen und dazu beitragen, die vielfältigen germanistischen Aktivitäten in Freiburg und (auch) die regionale Literatur(wissenschaft) zu dokumentieren.
> In die gleiche Richtung zielt die Einarbeitung der inzwischen vorliegenden digitalen Sonderdrucke Freiburger Professoren, aus denen sich repräsentative Ausschnitte aus den jeweiligen Personalbibliographien sowie Rückschlüsse auf hiesige Forschungsschwerpunkte ergeben und wofür noch zahlreiches weiteres Material vorhanden ist (vgl. etwa die Schriften der Herren Professoren Schiewer und Schupp oder die jüngst erstellte digitale Ausgabe der Hölderlin-Studie von Herrn Professor Dr. Jochen Schmidt). Neben dem angenehmen Aspekt, auf die lokalen Arbeitsergebnisse aufmerksam zu machen, erlaubt die Verzeichnung in GiNFix vor allem auch die systematische Erschließung der Ressourcen und macht diese über die Verbindung zur Fachbibliogra-

28 Vgl. Reifegerste (wie Anm. 3) 218–220.
29 http://www.germanistik-im-netz.de/gintern/090423> (Zugriff: 8. Juli 2009).

> phie ‚BDSL online' unmittelbar dem interessierten Publikum zugänglich, was wiederum die Vermittlung an die Bibliotheksbenutzer ungemein erleichtert. Besonders deutlich wird dies am Beispiel von Joseph von Laßberg: Den in der BDSL verzeichneten acht Beiträgen stehen weitere elf Beiträge über GiNFix unmittelbar zur Seite, wobei es nicht zu Überschneidungen kommt. [...][30]

Abgesehen von dieser fachspezifischen Sicht auf die neuen Dienste der Bibliothek bleibt festzuhalten, dass speziell die Pod- und Videocasts und deren Vertrieb über iTunesU auf reges Interesse gestoßen sind, was nicht nur zur Auszeichnung im Wettbewerb ‚Deutschland – Land der Ideen' führte, sondern auch abseits des universitären Publikums für eine rege Nachfrage sorgte.[31] Der größere Teil der neuen Angebote ist auch bereits inhaltlich erschlossen durch Schlagwörter und RVK-Notationen, die noch fehlenden werden sukzessive ergänzt.

Statistisches Material

Zur Illustration der erreichten inhaltlichen Erschließung sei hier noch hingewiesen auf die Statistik, die alljährlich von der Verbundzentrale veröffentlicht wird und die im laufenden Jahr, wie oben dargelegt, einen besonders deutlichen Zuwachs gerade auch an RVK-Notationen aufzuweisen haben wird.[32]

Für die vergleichbaren Untersuchungen und Darstellungen, die freilich nur die Daten zum Stand der Dinge der Verschlagwortung nach RSWK bieten, sei hier noch einmal hingewiesen auf Raffelts Darstellungen aus den Jahren 1997 bis 1999.[33] Das Fazit könnte lauten, dass in dieser Zeit die Zahl der mit Schlagwörtern erschlossenen Titel von einer knappen halben Million im Jahre 1996/7, d.h. ca. 10 % der verzeichneten Titel, auf über 680.000 Ketten im Jahr 1998, d.h. ca. 11,5 % angewachsen war. Dem steht zu Beginn des Jahres 2009 folgendes Bild gegenüber: Von den über 13 Millionen verzeichneten Titeln sind über 2,6 Millionen, d.h. über 20 % mit RSWK-Schlagwörtern versehen, und auch der Grad der klassifikatorischen Sacherschließungselemente hat in erfreulichem Maße zugenommen. Von den Schlagwortketten gehen über 34.544 auf Raffelts Konto.[34]

30 Der aktuelle Stand der verzeichneten Online-Ressourcen beträgt laut Mitteilung im GiNtern-Rundbrief vom 26. Juni 2009 1775, von denen 184 von mir veröffentlicht wurden und aktuell gehalten werden.

31 Vgl. A. Raffelt, „Deutschland – Land der Ideen". Pod- und Videocasts an der Universität Freiburg, in: Expressum. Informationen aus dem Freiburger Bibliothekssystem (2008), H. 3, 21–23 sowie J. Schickinger, Uni Freiburg erweitert Angebot auf dem Portal iTunes, in: *Badische Zeitung* vom 5. Juni 2009.

32 <http://www2.bsz-bw.de/cms/bsz/statistik/jahresstatistik/statistik-sacherschl.pdf> (Zugriff: 8. Juli 2009).

33 Vgl. Raffelt (wie Anm. 1) 378–379, 410–411, 450–454.

34 Sie sind erkennbar an dem Bearbeitungskürzel in Feld 4700: frub/sra, das bis zum Umstieg auf die neue Datenbank zum Jahreswechsel 2005/6 den Verursacher der Schlagwortkette(n) zu erkennen gab.

	1. Januar 2009	1. Januar 2008
Titelsätze	13.718.509	12.966.197
regionale SW-Sätze inkl. Personenschlagwörter	967.909	925.251
SWD-Sätze inkl. Personenschlagwörter	828.243	789.870
Schlagwortketten DNB (Titel)	661.254	584.705
Schlagwortketten SWB (Titel)	2.632.827	2.528.531
Schlagwörter aus Projekten (Titel)	117.212	18.974
Sacherschließung Musik (Titel)	80.657	
Datensätze der RVK	814.760	814.678
RVK-Notationen (Titel)	2.569.262	2.165.129
DDC-Notationen (Titel)	1.055.789	1.012.992
LCC-Notationen (Titel)	233.608	210.824

Gespannt sein dürfen wir auf weitere Entwicklungen auf dem hier umrissenen bibliothekarischen Arbeitsfeld, wie sie jüngst skizziert wurden in dem Aufsatz „Perspektiven der inhaltlichen Erschließung vor dem Hintergrund aktueller Entwicklungen“ [35].

So bleibt festzustellen, dass im Laufe der Jahre gerade auf dem Gebiet der Sacherschließung erfreuliche Fortschritte erzielt werden konnten. Wenngleich auch (noch) nicht alle Wünsche in Erfüllung gegangen sind, so bleibt mir hier nur die ehrenvolle Pflicht, mich herzlich zu bedanken bei einem der großen Verfechter der inhaltlichen Erschließung von Bibliotheksbeständen für seinen weitsichtigen und beharrlichen Einsatz auch auf diesem Sektor bibliothekarischen Denkens und Arbeitens, der mir stets ein Vorbild bleiben wird, wie er es stets in den letzten zehn Jahren unseres gemeinsam zurück gelegten Weges war. Denn: Von nichts kommt eben nichts!

35 D. Braune-Egloff, Perspektiven der inhaltlichen Erschließung vor dem Hintergrund aktueller Entwicklungen, in: Mitteilungen der Vereinigung österreichischer Bibliothekarinnen & Bibliothekare, 61.2008, 4, 42–67 bzw. <http://www.ub.fu-berlin.de/service_neu/ubpubl/mitarbeiter/dbe/20080923_PerspektivenSE-Folien.pdf> (Zugriff:8. Juli 2009).

Anhang[36]

Bestandserschließung. Verfilmung des alten systematischen Katalogs der Universitätsbibliothek Freiburg, in: *Informationen* Bd. 29 (1986), 219 [Erneut in *Nimm und lies,* 61].

Sachkatalogisierung, RSWK, Verbund. Fortbildungsveranstaltung des Landes in Oberwolfach, in: *Informationen* Bd. 45 (1989), 455–457 [Erneut in *Nimm und lies,* 127–128].

Sachkatalogisierung im Verbund. Neuer Berichtsband der Oberwolfacher Fortbildungskurse, in: *Informationen* Bd. 49 (1990), 610–612 [Erneut in *Nimm und lies,* 154–157].

Verbale Sacherschließung im Südwestdeutschen Bibliotheksverbund. Fortbildungsveranstaltung in Oberwolfach 1993, in: *Informationen* Bd. 60 (1994a), 1077–1079 [Erneut in *Nimm und lies,* 316–318].

Die Sacherschließung durch „Schlagwörter" im neuen Bildschirmkatalog, in: *Expressum. Informationen aus dem Freiburger Bibliothekssystem* Bd. 12 (1994b), 38–41 [Erneut in *Nimm und lies,* 319–322].

Sacherschließung nach RSWK auch für Institute?, in: *Expressum. Informationen aus dem Freiburger Bibliothekssystem* (1995a), Nr. 4, 15–19 [Erneut in *Nimm und lies,* 323–327].

Kleiner Dank aus Sicht der Sachkatalogisierung, in: *Expressum. Informationen aus dem Freiburger Bibliothekssystem* (1995b), Nr. 10, 9 [Erneut in *Nimm und lies,* 338].

Kleine Sensation in der Sacherschließung: Personalbibliographien in der HBA im SWB erschlossen, in: *Expressum. Informationen aus dem Freiburger Bibliothekssystem* (1996a), Nr. 1, 8–9 [Erneut in *Nimm und lies,* 341–342].

Sachkatalogisierung 1995. Kleiner Rück- und Ausblick, in: *Expressum. Informationen aus dem Freiburger Bibliothekssystem* (1996b), Nr. 2, 25–28 [Erneut in *Nimm und lies,* 345–348].

Sacherschließung – ein Luxus? in: *Expressum. Informationen aus dem Freiburger Bibliothekssystem* (1996c), Nr. 4, 6–10 [Erneut in *Nimm und lies,* 351–353].

Sacherschließung in Institutsbibliotheken. Am Beispiel der Fakultätsbibliothek Theologie, in: *Expressum. Informationen aus dem Freiburger Bibliothekssystem* (1997a), Nr. 8, 25–30 [Erneut in *Nimm und lies,* 371–377].

Kleiner Abschied für Herrn Stark, in: *Expressum. Informationen aus dem Freiburger Bibliothekssystem* (1997b), Nr. 10, 9–13 [Erneut in *Nimm und lies,* 380–383].

Sacherschließung in der HBA. Regionalbibliographien, in: *Expressum. Informationen aus dem Freiburger Bibliothekssystem* (1997c), Nr. 10, 13–15 [Erneut in *Nimm und lies,* 384–385].

36 Erstveröffentlichungen der nach Raffelt (wie Anm. 2) zitierten Aufsätze in den *Informationen* und im *Expressum* zu Themen der Sacherschließung aus dem Zeitraum 1986 bis 2003.

Etwas Sachkatalog-Statistik aus dem SWB, in: *Expressum. Informationen aus dem Freiburger Bibliothekssystem* (1997d), Nr. 10, 3–4 [Erneut in *Nimm und lies,* 378–379].

Perspektiven der Sacherschließung, in: *Expressum. Informationen aus dem Freiburger Bibliothekssystem* (1997e), Nr. 11, 18–22 [Erneut in *Nimm und lies,* 386–390].

Neuere Zahlen zur kooperativen Sacherschließung im Südwest-Verbund, in: *Expressum. Informationen aus dem Freiburger Bibliothekssystem* (1998a), Nr. 5, 2 [Erneut in *Nimm und lies,* 410–411].

Neues aus der Sachkatalogisierung, in: *Expressum. Informationen aus dem Freiburger Bibliothekssystem* (1998b), Nr.8, 4–5 [Erneut in *Nimm und lies,* 416–417].

Sacherschließung für Institutsbibliotheken im WWW. Signatur-Abruf und Schlagwort-Suche in Kombination, in: *Expressum. Informationen aus dem Freiburger Bibliothekssystem* (1998c), Nr.11, 8–10 [Erneut in *Nimm und lies,* 421–423].

Perspektiven der Sacherschließung. Ein Update, in: *Expressum. Informationen aus dem Freiburger Bibliothekssystem* (1999a), Nr. 1, 18–23 [Erneut in *Nimm und lies,* 443–449].

Sachliche Erschließung im Südwestverbund. Der Stand der Dinge, in: *Expressum. Informationen aus dem Freiburger Bibliothekssystem* (1999b), Nr.3, 3–8 [Erneut in *Nimm und lies,* 450–454].

Sachkataloge in Papier und digital. Abschluss des „Eppelsheimer" und etwas Futurologie, in: *Expressum. Informationen aus dem Freiburger Bibliothekssystem* (2002), Nr.6, 23–27 [Erneut in *Nimm und lies,* 471–475].

Kooperative Sacherschließung. Beispiel Musikwissenschaft, in: *Expressum. Informationen aus dem Freiburger Bibliothekssystem* (2003), Nr. 6, 6–7 [Erneut in *Nimm und lies,* 492–493].

Wissenschaftliche Bibliothekare im digitalen Zeitalter
Konstanten und Veränderungen vor dem Hintergrund Freiburger Erfahrungen aus drei Jahrzehnten

Wilfried Sühl-Strohmenger

Die nachfolgenden Gedankengänge beruhen großenteils auf Erkenntnissen und Erfahrungen seit 1984 an der Universitätsbibliothek Freiburg während des Referendariats, sodann aufgrund mehrjähriger Tätigkeit als wissenschaftlicher Mitarbeiter beim Projekt Handbuch der historischen Buchbestände und danach als Fachreferent sowie als Dezernatsleiter.

1. Die UB Freiburg in den 1980er und 1990er Jahren

Die Arbeitsbedingungen in der Universitätsbibliothek Freiburg waren in den 1980er Jahren hervorragend:[1] Der auch überregional stark beachtete großzügige Neubau am Werthmannplatz war 1978 bezogen worden, und der Bibliotheksbetrieb hatte sich längst normalisiert: Die Zahl der Ausleihen war dank der umfangreichen Freihandaufstellung, der eng am Bedarf orientierten Lehrbuchsammlung und vor allem dank des OLAF-Ausleihsystems enorm angestiegen, bis über die Millionengrenze und dann immer weiter nach oben – die UB Freiburg erreichte damit einen der vorderen Plätze unter den deutschen Hochschulbibliotheken. Die großen Lesesäle mit rund 140.000 Bänden präsent aufgestellter Literatur sowie der separate Sonderlesesaal für die Benutzung der sorgfältig erschlossenen Handschriften, Inkunabeln, Nachlässe und Rara übten sowohl auf Studierende wie Forschende eine hohe Anziehungskraft aus, das reformierte Freiburger Bibliothekssystem mit den leistungsfähigen Fakultäts-, Verbund-, Bereichsbibliotheken und Verwaltungseinheiten suchte in Deutschland seinesgleichen. Durch eine ausgeklügelte Erwerbungskooperation zwischen Zentralbibliothek und de-

1 Vgl. dazu grundlegend die Beiträge in A. Raffelt (Hrsg.), Tradition, Organisation, Innovation. 25 Jahre Bibliotheksarbeit in Freiburg. Wolfgang Kehr zum 60. Geburtstag, Bd. 1, Freiburg 1991. [Elektronische Ausgabe: <http://nbn-resolving.de/urn:nbn:de:bsz:25-opus-31627>]; siehe auch den kompakten geschichtlichen Überblick von A. Raffelt, Die Universitätsbibliothek, in: B. Martin (Hrsg.), 550 Jahre Albert-Ludwigs-Universität Freiburg, Bd. 5: Institute und Seminare seit 1945, Freiburg – München 2007, 539–556.

zentralen Bibliotheken stand den Studierenden und Wissenschaftlern der Universität ein breites Reservoir an Studien- und Forschungsliteratur zur Verfügung. Der maßgeblich von Wolfgang Kehr und seinem damaligen Stellvertreter Elmar Mittler inspirierte zukunftsweisende Bibliotheksplan für Baden-Württemberg[2] nahm nicht weniges von dem auf, was in der Universitätsbibliothek Freiburg angedacht und dort dann teilweise rasch umgesetzt werden konnte: das kooperative Bibliothekssystem[3] mit dem Monographiengesamtkatalog, dem Freiburger Zeitschriftenverzeichnis, dem Netz der Erwerbungsabsprachen zwischen Zentralbibliothek und Instituten, sodann die gut bestückte Lehrbuchsammlung, die umfangreichen Präsenzbestände an aktuellen Zeitschriften und Monographien, um nur einiges zu nennen

Die Fachreferent(inn)en in der Ära Kehr (1967–1994)[4] hatten vor allem gelernt, einen profunden Bestandsaufbau in enger Abstimmung mit den Instituten und stark orientiert am Bedarf von Forschung und Lehre in Freiburg zu verfolgen, allerdings hatten sie es in den 1980er Jahren und bis weit in die 1990er Jahre hinein hinsichtlich des Bestandsaufbaus und der Bestandspflege fast ausschließlich mit gedruckten Büchern und Zeitschriften zu tun. Die Mikroform war als platzsparendes Trägermedium für die Verfügbarkeit und die Langzeiterhaltung von großen Katalogen, von Zeitungen, Dissertationen und umfangreichen Editionen etabliert.

Vergleichsweise früh hatte sich die UB Freiburg den audiovisuellen Medien geöffnet und sammelte Tonträger sowie Mitschnitte von Fernsehsendungen auf Videokassetten, die dann für die Lehre zur Nutzung vor Ort (Einzelplätze in Kabinen sowie ein AV-Raum für Seminargruppen) zur Verfügung standen. Die Datenverarbeitung fand ihre hauptsächliche Anwendung auf dem Sektor der Bibliothekskataloge und des Ausleihsystems, ferner bei der Fachinformationsvermittlung im Rahmen der Informationsvermittlungsstelle (IVS), aber noch nicht in der Erwerbung, nicht im Rechnungswesen und nicht in der Bibliotheksverwaltung.

2 Vgl. Arbeitsgruppe Bibliotheksplan Baden-Württemberg, Gesamtplan für das wissenschaftliche Bibliothekswesen, Red. E. Mittler, Pullach 1973–75.

3 Vgl. W. Sühl-Strohmenger, Das Bibliothekssystem der Albert-Ludwigs-Universität Freiburg im Breisgau. Bestandsaufnahme und Ausblick, (Schriften der Universitätsbibliothek Freiburg im Breisgau; 14) Freiburg 1989. [Elektronische Ausgabe unter <http://www.freidok.uni-freiburg.de/volltexte/3589>].

4 Zu Beginn der 1980er Jahre waren das: Dr. Ekkehard Arnold, Dr. Hermann Josef Dörpinghaus, Dr. Eleonore Engelhardt, Dr. Josef Friedrich (verstorben 1996), Dr. Peter Glanzner, Dr. Winfried Hagenmaier, Dr. Angela Karasch, Dr. Helmut Knufmann, Dr. Hannsjörg Kowark, Dr. Folkert Krieger (verstorben 2003), Dr. Hansjürgen Maurer, Dr. Rudolf Piepenbrock, Dr. Diether Rouvel, Dr. h.c. Vera Sack (verstorben 2004), Dr. Eike Schmüser, Bärbel Schubel.

2. Rahmenbedingungen ab Mitte der 1990er Jahre

In der auf die Amtszeit von Wolfgang Kehr[5] folgenden Ära mit Bärbel Schubel als Direktorin der UB Freiburg (bis 2008) rückte der Ausbau der Bibliothek zu einem modernen Medienzentrum und zum digital ausgerichteten Informationszentrum in den Mittelpunkt, ohne indes die Informationsversorgung der Studierenden und der Wissenschaftler mit einem bedarfsorientierten klassischen Literatur- und Zeitschriftenangebot zu vernachlässigen.[6] Allerdings vollzog sich gleichzeitig der Paradigmenwechsel der wissenschaftlichen Bibliotheken von der bestandsorientierten zur nutzerorientierten, von der auf Printinformation aufbauenden Bibliothek zur digitalen oder hybriden Bibliothek.[7] Der Wissenschaftsrat forderte mit seinen Empfehlungen von 2001 unzweideutig die zentrale Mitwirkung der Hochschulbibliotheken bei der digitalen Informationsversorgung.[8]

An der Universitätsbibliothek Freiburg schlug sich dieser Paradigmenwechsel von der konventionellen zur digitalen bzw. hybriden Bibliothek deutlich sichtbar nieder: Ab 1998 gab es den ersten Webauftritt der Universitätsbibliothek mit eigener Homepage, die bibliographischen Datenbanken wurden ins Netz gestellt, zunächst universitätsweit auf der lokalen Plattform „InfoBase", später landesweit im Rahmen von ReDI Baden-Württemberg.[9] Je mehr Datenbanken und elektronische Produkte, insbesondere Fachzeitschriften, von der Universitätsbibliothek erworben wurden, desto mehr Marketing (Roadshows), Information (Fachseiten/Fachportale) und Schulung (Stichwort: Teaching Library) mussten seitens der Bibliothek für die Universitätsangehörigen angeboten werden. Die Verküpfung zwischen Literaturnachweisen in den bibliographischen Datenbanken und

5 Einen guten Einblick dazu bietet die Wolfgang Kehr gewidmete Festschrift von B. Schubel (Hrsg.), Die Universitätsbibliothek Freiburg. Perspektiven in den neunziger Jahren. Wolfgang Kehr zum 63. Geburtstag und zum Beginn des Ruhestandes, Freiburg 1994 (Schriften der Universitätsbibliothek Freiburg im Breisgau; 17) [Elektronische Ausgabe: <http://www.freidok.uni-freiburg.de/volltexte/3171>].

6 Siehe dazu die beiden von Albert Raffelt herausgegebenen Festschriften für Bärbel Schubel: A. Raffelt (Hrsg.), Positionen im Wandel. Festschrift für Bärbel Schubel, Freiburg 2002 (Schriften der Universitätsbibliothek Freiburg im Breisgau; 27) [Elektronische Ausgabe: <http://www.freidok.uni-freiburg.de/volltexte/300>]; A. Raffelt (Hrsg.), Die Bibliothek von außen und innen. Aspekte Freiburger Bibliotheksarbeit. Für Bärbel Schubel, Freiburg 2008 (Schriften der Universitätsbibliothek Freiburg im Breisgau; 28) [Elektronische Ausgabe: <http://www.freidok.uni-freiburg.de/volltexte/5000>].

7 Vgl. dazu auch W. Sühl-Strohmenger, Digitale Welt und Wissenschaftliche Bibliothek. Informationspraxis im Wandel. Determinanten, Ressourcen, Dienste, Kompetenzen, Wiesbaden 2008 (Bibliothek; 11).

8 Vgl. Wissenschaftsrat (Hrsg.), Empfehlungen zur digitalen Informationsversorgung durch Hochschulbibliotheken, Köln 2001 [Elektronische Ausgabe: <http://www.wissenschaftsrat.de/texte/4935-01.pdf>].

9 Vgl. B. Oberknapp, H.-A. Ruppert, ReDI als Portal für Fachinformationen der Digitalen Bibliothek Baden-Württemberg, in: M. Rützel-Banz (Hrsg.), Bibliotheken. Portale zum globalen Wissen. 91. Deutscher Bibliothekartag in Bielefeld 2001, Frankfurt a.M. 2001 (Zeitschrift für Bibliothekswesen und Bibliographie; Sonderheft 81), 44–54.

der Verfügbarkeit der Volltextdokumente wurde im Rahmen des ReDI-Projekts immer mehr vorangetrieben und optimiert.

Das elektronische Publizieren in der Hochschule nahm ebenfalls immer mehr zu, vor allem auf dem Gebiet der Dissertationen, so dass die Bibliothek gefordert war, eine entsprechende Publikationsplattform (FreiDok) zu entwickeln. Die Digitalisierung eigener Bestände wurde vorangetrieben, konzentriert auf regional bedeutsame Werke und Sammlungen (zum Beispiel die Freiburger Zeitung ab 1784 und die Werke von Johann Georg Jacobi), so dass die Universitätsbibliothek – auch mit Blick auf FreiDok – teilweise Verlagsfunktionen übernommen hat. Auch Sonderdrucke Freiburger Wissenschaftler(innen) werden nach entsprechender Einwilligung seitens der betreffenden Professor(inn)en elektronisch publiziert, mit Nachweis im Freiburger Online-Katalog[10].

Trotz des erheblichen Zuwachses an digitalen Medien hielt sich der Zugang an gedruckter Information nahezu auf konstantem Niveau, mit entsprechenden Konsequenzen für das Erwerbungsprofil und für das Informationsmanagement (Nachweis im Datenbank-Infosystem DBIS oder in der Elektronischen Zeitschriftenbibliothek EZB und Verknüpfung mit lokaler Erschließung).

3. Zur Situation der Fachreferent(inn)en in der digitalen Bibliothek

In der Universitätsbibliothek Freiburg sind zur Zeit 15 Fachreferent(inn)en tätig, die insgesamt rund 70 Fachdisziplinen, verteilt auf 48 verschiedene Fachsigel, zu betreuen haben, also im Durchschnitt vier bis fünf Fächer pro Referent(in). Nach wie vor bilden die Medienerwerbung, die Inhaltserschließung und die Fachinformationsvermittlung sowie die Lehrtätigkeit zugunsten der Vermittlung von Informations- und Medienkompetenz[11] Schwerpunkte der Tätigkeit von Fachreferent(inn)en. Hinzu kommen Organisations- und Managementfunktionen im Kontext von Leitungsverantwortlichkeiten auf Dezernats-, Abteilungs- oder Zweigbibliotheksebene. Allerdings haben alle diese Felder unter dem Einfluss der digitalen/hybriden Bibliothek Modifikationen und Erweiterungen erfahren. Dennoch muss auch heute noch die eigenartige „Ortlosigkeit“ der Fachreferen-

10 Im Mai 2009 waren bereits 2.642 Sonderdrucke von Professorinnen und Professoren der Universität Freiburg digitalisiert und im Online-Katalog nachgewiesen.

11 Zur Ausbreitung dieses Bereichs im deutschen Bibliothekswesen vgl. u.a. C. Lux, W. Sühl-Strohmenger, Teaching Library in Deutschland. Vermittlung von Informations- und Medienkompetenz als Kernaufgabe für Öffentliche und Wissenschaftliche Bibliotheken, Wiesbaden 2004 (B.i.T. online innovativ; 9) mit Blick auf die UB Freiburg: W. Sühl-Strohmenger, Die UB Freiburg auf dem Weg zur Teaching Library, in: Bibliotheksdienst 41 (2007), S. 331–346 [auch erschienen in der Reihe „Bibliotheks- und Medienpraxis“; Bd. 4, <http://www.freidok.uni-freiburg.de/volltexte/3521/>]; auf lokaler Ebene erfolgreich ist die Blockveranstaltung zur Informationskompetenz für das Bachelorstudium: M. Becht/M. Mayer/R. Ohlhoff/W. Sühl-Strohmenger, Wie Bachelor-Studierende Informationskompetenz entwickeln können. Fünf Jahre Erfahrungen mit dem fachübergreifenden Wahlpflichtangebot der Universitätsbibliothek Freiburg, in: Bibliotheksdienst 41 (2007), 1167–1184.

ten im Organisationsgefüge einer Universitätsbibliothek konstatiert werden.[12] Braucht man sie eventuell nicht mehr, kann man auf den Anspruch der Wissenschaftlichkeit des Fachreferenten im digitalen Zeitalter, in dem sich die Konturen zwischen wissenschaftlich und unwissenschaftlich zusehends verwischen, verzichten oder welche Perspektiven lassen sich für die Rolle der Fachreferenten in einer Universitätsbibliothek überzeugend entwickeln?

Auch im digitalen Zeitalter bedarf es der fachwissenschaftlichen Fundierung des Fachreferats, allerdings muss noch offen bleiben, ob ein Bachelor- oder ein Masterabschluss auf dem Gebiet des Informations- und Bibliothekswesens (Library and Information Studies) dieser Forderung zu entsprechen vermag. Die Promotion erscheint zumindest in den Geistes- und Kulturwissenschaften weiterhin wünschenswert zu sein, nicht zuletzt im Hinblick auf die Akzeptanz der Fachreferenten in der Fakultät.

Das Postulat der Wissenschaftlichkeit des Fachreferentenberufs wird heute weniger mit Bezug auf bedeutende schulbildende Professoren vertreten.[13] Unabdingbar erscheint weiterhin die enge Einbindung des Fachreferenten in den Fachbereich und dessen Forschungs- und Lehrschwerpunkte zu sein. Hilfreich ist außerdem die Lehrtätigkeit des Fachreferenten: Dies bezog sich früher auf fachwissenschaftliche Lehrveranstaltungen (und ist es teilweise heute noch), jetzt beinhaltet sie zunehmend Kurse zur Vermittlung von Informations- und Medienkompetenz im Rahmen der propädeutischen Ausbildung.

In der Berufsbilddiskussion um das Fachreferat gegen Ende der 1990er Jahre[14] ging es um die Frage, ob die traditionellen Aufgaben der Erwerbung und Sacherschließung sowie die ausgeprägte Übernahme von Verwaltungsfunktionen noch ausreichend seien, um den höheren Dienst zu legitimieren. Neu hinzu kommen müsste die Kompetenzvermittlung, weil damit auch die Wissenschaftlichkeit der Qualifikation des Fachreferenten untermauert würde. Der Aufstieg zur Besoldungsstufe A 15 müsse auch für reine Fachreferenten (ohne Verwaltungstätigkeit) möglich sein. Dagegen wurde eingewandt, dass die Fachreferenten ohnehin nur noch bedingt im Kontext der klassischen Aufgaben und der Wissenschaftlichkeit des Berufs zu umschreiben seien und hier auch nicht ihre Zukunft läge, sondern vielmehr in Richtung auf Bibliotheksmanagement und betriebswirtschaftliche Kompetenzen.

12 Nicht nur wegen dieser Feststellung eine über weite Strecken immer noch erstaunlich aktuelle Beschreibung der Fachreferatsarbeit, insbesondere im Hinblick auf die Erwerbungsaufgaben: A. Raffelt, Gedanken zum Fachreferat, in: ders. (wie Anm. 1) 103–124. [Als elektronischer Sonderdruck, Freiburg 2006: <http://www.freidok.uni-freiburg.de/volltexte/2255>].

13 Der langjährige Fachreferent für Romanistik an der UB Freiburg Helmut Knufmann war Schüler des Freiburger Romanisten Hugo Friedrich, Albert Raffelt war Schüler von Karl Rahner und späterer Assistent von Karl Lehmann, heute Bischof von Mainz. Diese Bezüge waren für das hohe fachliche Ansehen der Fachreferenten in den betreffenden Fakultäten durchaus förderlich.

14 Vgl. dazu B. Bosserhoff, Fachreferent – quo vadis? Standortbestimmung eines Berufsbilds. Abschlussarbeit MALIS-Studiengang, Köln : Fachhochschule, Institut für Informationswissenschaft 2008; siehe auch den zusammenfassenden Aufsatz von B. Bosserhoff, Wissenschaftlicher Bibliothekar. Berufsstand in der Legitimationskrise. Ein Rückblick auf die Debatte von 1998, in: Bibliotheksdienst 42 (2008), 1161–1171.

Die Freiburger Erfahrungen seit den 1980er Jahren zeigen, dass es einen Funktionsverlust des Fachreferats in der angedeuteten Weise kaum gegeben hat, wohl aber einen Funktionswandel. Dies hängt auch mit der Herausbildung der digitalen Bibliothek und dem Aufstieg der Internetsuchmaschinen zusammen, die neue Anforderungen an den Fachreferenten stellen. Die dadurch bedingte Informationsflut, der sich Studierende wie Wissenschaftler gleichermaßen ausgesetzt sehen, verlangt nach Navigationshilfe, Gewichtung und Strukturierung, und zwar nach Maßgabe fachwissenschaftlicher Bezüge. Die Informationspraxis in der digitalen Welt oszilliert zwischen den nach wie vor unverzichtbaren, in der täglichen Nutzung durchaus vorteilhaften Printmedien und den vielfältigen digitalen Informationsressourcen, die die Bibliothek auf der Basis von Lizenzverträgen (teilweise durch regionale oder überregionale Konsortien) beschafft oder die frei im Internet verfügbar sind. Immer wichtiger werden dazu Kompetenzen der Informationssuche, -auswahl und -verarbeitung, also das, was unter Informationskompetenz verstanden wird.

Die Argumentation der damals strittigen Auseinandersetzung um das Fachreferat hat sich insofern angesichts der seinerzeit noch nicht absehbaren Dynamik des Internet und der enormen Ausweitung elektronischer Dienstleistungen und digitaler Medien weitgehend erledigt, da die Bibliothek sich immer mehr von einer „bestandsverwaltenden“ zu einer „zugangsorientierten“ Einrichtung mit markanter Schwerpunktverschiebung hin zum Informationsmanagement digitaler Ressourcen entwickelt. Hier liegt wohl die Zukunft wissenschaftlicher Bibliotheken und ihrer Bibliothekare, weniger auf dem Gebiet der „Bibliotheksverwaltung“.

4. Erwerbung wissenschaftlicher Medien und Informationsressourcen

Die Kaufsitzungen hatten bis in die 1990er Jahre hinein einen festen Rang in der Erwerbungspolitik der UB Freiburg. Diese war eng eingebunden in die Erfordernisse des reformierten zweischichtigen Bibliothekssystems der Universität, das eine gute abgestimmte Erwerbung von Büchern und Zeitschriften, später von elektronischen Medien vorsah. Kaufsitzungen gab es sowohl in der Zentralbibliothek als auch im Zusammenspiel der Fachreferent(inn)en mit den Vertretern der Fakultäten, Institute und Seminare.

Ein gewisser Funktionsverlust bei der Erwerbungshoheit des Fachreferenten ergibt sich zwangsläufig infolge konsortialer Einkaufspolitik. Die überlegte und mit den Institutsvertretern sorgfältig abgestimmte Auswahl einzelner (Zeitschriften–)Titel ist dem Bezug ganzer Verlagspakete gewichen, die teilweise einem Zufallsprinzip der Erwerbung folgen („pick out 5 ...“). Das bereits bis in die 1990er Jahre praktizierte Verfahren der „Standing Order“, also der Belieferung mit allen Neuerscheinungen von zur Zeit knapp 70 bedeutenden Wissenschaftsverlagen durch entsprechend beauftragte Buchhandlungen vor Ort, erlebt jetzt wieder eine Renaissance und sorgt für eine rationelle Form möglichst lückenloser Erwerbung wichtiger neuer Studien- und Forschungsliteratur.

Auf dem Gebiet der Erwerbung impliziert die hybride Bibliothek, neben der Bereitstellung von e-Publikationen dem weiter bestehenden Bedarf an Printmedien Rechnung zu tragen. Notwendig ist also, dass Fachreferenten einschätzen können, welchen Stellenwert die jeweiligen Medienformen in ihrem Fach genießen.

Unstrittig ist es, dass die gedruckten Fachbibliographien in nahezu allen Disziplinen zugunsten elektronischer Dienste fast bedeutungslos geworden sind, nicht nur in der Medizin, in den Natur-, Wirtschafts- und Sozialwissenschaften, sondern weitgehend auch in den Rechts- und Geisteswissenschaften. Bei den Zeitschriften, den Dissertationen, den Nachschlagwerken und bei den Editionen ist eine ähnliche Tendenz zu verzeichnen, während die Monographie insbesondere in den Geisteswissenschaften nach wie vor auch in gedruckter Form ihren Rang für Forschung und Lehre behauptet. Insofern ist weiterhin die laufende Beobachtung der Neuerscheinungen auf den Verlagsseiten, in der Reihe N der deutschen Nationalbibliographie und in den Referateorganen unverzichtbar. Da die Informationen der Reihen A, B und N über den Verbundkatalog des Bibliotheksservicezentrums Baden-Württemberg (BSZ) elektronisch verfügbar sind, können die Daten vom Fachreferenten leicht in das Erwerbungssystem eingebracht werden.

Seit die hochwertigen elektronischen Publikationen (Datenbanken, E-Journal-Pakete, Volltexteditionen, Nachschlagewerke) vielfach im Rahmen regionaler und nationaler Einkaufskonsortien lizenziert werden, haben die Fachreferenten gegenüber früheren Jahren eine veränderte Stellung: Sie müssen ihre fachwissenschaftlichen Kompetenzen wie auch ihre Kenntnisse der Nutzererwartungen in die Lizenzierungsverhandlungen über die entsprechenden Koordinatoren der Bibliothek einbringen, sie müssen sodann die Wissenschaftler und die Studierenden des Fachbereichs gegebenenfalls an der Prüfung anschaffungswürdiger e–Publikationen beteiligen, die für einen gewissen Zeitraum zum Testen frei geschaltet sind. Gefragt ist also ihr Beitrag zum elektronischen Ressourcenmanagement der Bibliothek.

Die Fachreferenten können darüber hinaus aber selber initiativ werden, wenn eine neue Datenbank oder eine neue elektronische Publikation auf dem Markt angeboten wird, die für das Fach wichtig sein könnten. Zu prüfen ist dann, ob diese Publikation durch die Bibliothek oder aber im Rahmen eines Konsortiums / Subkonsortiums erworben werden soll. Voraussetzungen fundierter Entscheidungen sind die kontinuierliche Marktbeobachtung bei den fachlichen Ressourcen und das Beurteilungsvermögen der Relevanz des betreffenden Produkts für Forschung und Lehre. Auch die Funktionalitäten der Datenbank oder der sonstigen elektronischen Ressource spielen eine Rolle für die voraussichtliche Nutzungsfrequenz des unter Umständen teuren Produkts.

Daraus ergibt sich eine weitere Anforderung an die Erwerbungskompetenz des Fachreferenten im digitalen Zeitalter: Er muss nicht nur entscheiden, welche digitalen Angebote für die Bibliothek lizenziert, sondern auch, welche Produkte wegen zu schwacher Nutzung oder aufgrund technischer Probleme (veraltete Software u. ä.) wieder aus dem Netz oder aus der Einzelplatznutzung herausgenommen werden sollten.

Insofern haben sich die Anforderungen an die Fachreferenten in der digitalen bzw. der hybriden Bibliothek deutlich gewandelt, allerdings ist die fachwissenschaftliche Fundierung immer noch von hohem Stellenwert. Diese erstreckt sich auf die ständige Beobachtung der fachwissenschaftlichen Trends und Entwicklungen sowie auf die Kommunikation mit den Fachvertretern in den Fakultäten, Instituten und Seminaren. Das Modell des „Field Librarian" wäre dafür ein geeignetes Bild. Die von der UB Freiburg Ende der 1990er Jahre kreierten „Roadshows"[15] haben sich in dieser Richtung durchaus als nützlich erwiesen und sind mittlerweile von mehreren deutschen Bibliotheken zum Vorbild für eigene Roadshows geworden.

5. Sacherschließung

Die Sacherschließung bildet ein zentrales Element der Fachreferatstätigkeit und bedarf der fachwissenschaftlichen Qualifikation des Fachreferenten, auch im Hinblick auf Erweiterungen im Kontext der digitalen Bibliothek. Die Schlagwortvergabe nach den Regeln für den Schlagwortkatalog (RSWK) oder die Zuordnung von Werken zu einer Aufstellungssystematik wie beispielsweise der Regensburger Verbundklassifikation (RVK) sind keine mechanisch zu verrichtenden Tätigkeiten, sondern verlangen eine fachwissenschaftlich begründete Auswahl und Zuordnung, auch und gerade vor dem Hintergrund der Suchmaschinentechnologie, die eine nachträgliche Facettierung von Suchanfragen gestattet (faceted browsing).

Hinzu kommt die Auswahl von neuen (lizenzfreien) Datenbanken, die im Datenbank-Infosystem mit den international verbreiteten Dublin Core Metadaten zu erschließen sind.

Man könnte zwar dagegen einwenden, dass die Dominanz der Internetsuchmaschinen und die damit einhergehende unsystematische Informationssuche eine fachwissenschaftliche begründete Inhaltserschließung tendenziell überflüssig machen könnte. Dies ist aber beispielsweise durch den Bibliothekar der Library of Congress Thomas Mann widerlegt worden, der die Grenzen der reinen Stichwort(volltext)suche ohne Schlagwort(ketten) verdeutlich hat.[16]

15 Zur Konzeption der Freiburger Roadshows, deren erste von Albert Raffelt 1998 in der Theologischen Fakultät veranstaltet wurde, siehe W. Sühl-Strohmenger, Die „Roadshow" als Mittel des Informationsmarketing der Universitätsbibliothek. Planung, Organisation und praktische Durchführung von Roadshows in der Albert-Ludwigs-Universität Freiburg im Breisgau, in: Bibliotheksdienst 35 (2001), 1027–1036 <http://bibliotheksdienst.zlb.de/2001/01_09_03.pdf>.

16 Vgl. Th. Mann, The Peloponnesian War and the Future of Reference, Cataloging, and Scholarsship in Research Libraries. Prepared for AFSCME 2910, 10.10.2007, <www.guild2910.org>.

Die Inhaltserschließung wissenschaftlicher Literatur und Information muss angesichts der Entwicklung der elektronischen Bibliothekskataloge in Richtung auf Suchmaschinen (FAST, LUCENE etc.) also in einem anderen Licht gesehen werden, als noch vor wenigen Jahren. Die von den Nutzern nur wenig genutzte Schlagwortrecherche oder systematische Literatursuche bedingte die tendenzielle Vernachlässigung der entsprechenden Inhaltserschließung. Der Aufstieg der Internetsuchmaschinen begünstigte natürlich-sprachliche Stichwortsuchen, mit allerdings unbefriedigend umfangreichen und brauchbaren Ergebnissen. Die Betreiber der Fachdatenbanken zogen daraus die Konsequenz und entwickelten Konzepte des „Mapping“ oder „Suggest“, um die zunächst unsystematischen Sucheinstiege mit dem kontrollierten Vokabular der hinterlegten Thesauri abgleichen zu können. Dieses wird zunehmend in die lokalen und regionalen Online-Kataloge übernommen, so dass die normierten Inhaltserschließungssysteme wieder an Bedeutung gewinnen dürften. Ob das Web 2.0. mit den Möglichkeiten des Social Bookmarking und des nutzergenerierten Tagging die professionelle Sacherschließung mit normierten Schlagwörtern zu ersetzen vermag, wird sich erweisen[17], jedoch scheint die Begeisterung daran schon sichtlich abgeflaut zu sein.

6. Fachinformationsvermittlung

„Fachinformation“ beinhaltet angesichts der hybriden wissenschaftlichen Bibliothek sowohl die klassischen Fachinformationsressourcen (Monographien, Fachzeitschriften in gedruckter Form) als auch die neuen elektronischen und multimedialen Medien des Fachs (E-Books und sonstige elektronische Volltextsammlungen, E-Journals, digitale Bildmedien, Podcasts, Preprints, Rohdaten usw.). Nicht mehr die umfassende Vermittlung aller vorhandenen oder verfügbaren Information ist Aufgabe des Fachreferenten, sondern die bedarfsorientierte, gezielte Auswahl der benötigten Information aus einer wachsenden Heterogenität der Ressourcen und der Zugänge.

Zu der früher dominanten Kenntnis der Bestände und des Kanons der Fachbibliographien kommt für die Fachreferent(inn)en in der digitalen Welt die Beherrschung der Zugangssysteme hinzu. Zu nennen sind:

17 Erste kritische Befunde zum „collaborative Tagging“ bieten C. Hänger/C. Krätsch, Collaborative Tagging als neuer Service von Hochschulbibliotheken, in: R. Ball (Hrsg.), Wissenschaftskommunikation der Zukunft. 4. Konferenz der Zentralbibliothek Forschungszentrum Jülich, 6.–8. Nov. 2007, Jülich 2007 (Schriften des Forschungszentrums Jülich, Reihe Bibliothek/Library ;18), 123–134.

- *Freiburger Online-Katalog* in Verbindung mit dem regionalen Verbundkatalog des Bibliotheksservicezentrums Baden-Württemberg (BSZ), der unter Verwendung moderner Suchmaschinentechnologie den komfortablen Zugang zu möglichst allen vor Ort gehaltenen Informationen und Medien – unabhängig von ihrer Form – gestattet,
- *Datenbank-Infosystem (DBIS)* als Portal zu den bibliographischen Datenbanken, den Volltextsammlungen (Editionen, Nachschlagewerke, Zeitungen, Virtuellen Fachbibliotheken usw.) mit orientierendem Charakter, Erleichterung der Selektionsfunktion,
- *Elektronische Zeitschriftenbibliothek (EZB)* als eng mit der Zeitschriftendatenbank (ZDB) kooperierendes Nachweis- und Zugangssystem zu den elektronischen Zeitschriften (Ampelfarben für den Lizenzstatus des jeweiligen Titels),
- *virtuelle Fachportale* (lokal und überregional), die einen Überblick über das Spektrum heterogener Medien und Zugangswege zu den Fachressourcen ermöglichen,
- *Fachdatenbanken/multidisziplinäre Datenbanken*: Direkte Zugänge zu den fachlichen Quellennachweisen, bei hoher Aktualität und bei wachsender Bedeutung interdisziplinärer Zugänge, mit Anbindung an die Volltexte selbst über Verfügbarkeitsrecherche oder gar mit aggregierten Volltexten,
- *direkte Volltextzugänge*: Erhebliche Erweiterung des Suchraums für fachliche Quellen durch Volltextzugänge (zum Beispiel ScienceDirect, Springer, Wiley/Interscience, NetLibrary, Google Buchsuche),
- *Hochschulschriftenserver* auf lokaler Ebene (FreiDok) und auf überregionaler Ebene zur Recherche in Hochschulschriften.

Die vom Einzelnen nicht mehr überschaubare Vielfalt an Informationsressourcen sowie an Informationszugängen verlangt vom Fachreferenten zum einen die Übernahme der Lotsen-/Navigationsfunktion – beispielsweise durch Konzeption entsprechender Fachportale oder durch elektronische Tutorials –, legt zum anderen die Vermittlung von Informationskompetenz nahe, um den eigenständigen Umgang der Studierenden und der Wissenschaftler mit den Zugangssystemen und mit den Ressourcen zu fördern.[18]

Die Fachreferenten benötigen insofern eine fundierte fachwissenschaftliche Qualifikation, gute Kenntnisse des Fachbereichs und die enge Einbindung in den Fachbereich (Stichwort: Field Librarian), sodann die Bereitschaft und die Befähigung, Lehraufgaben auf dem Gebiet der Kompetenzvermittlung zu übernehmen (Teaching Library). Dadurch ergibt sich eine Anknüpfung an die frühere Tradition der bibliographischen Unterweisung, aber auch der Beteiligung des wissen-

18 Ein hervorragendes Beispiel solcher orientierender Einführungen für das Fachstudium bietet: A. Raffelt, Theologie studieren. Einführung ins wissenschaftliche Arbeiten, 7. Aufl., Freiburg–Basel–Wien 2008.

schaftlichen Bibliothekars an der Hochschullehre. Neue Aufgaben gehen eine Verbindung mit traditionellen, zwischenzeitlich aber in den Hintergrund getretenen Tätigkeitsprofilen des Fachreferenten ein.

7. Innovative Aufgabenfelder

Die Bedeutung wissenschaftlicher Bibliothekare in der digitalen Welt wird sich letztlich auch daran ermessen, wie ausgeprägt die Flexibilität und die Innovationsbereitschaft angesichts laufender Veränderungen auf dem Informations- und Mediensektor der Bibliothek sein können. Zu nennen ist die aktive Mitwirkung der Fachreferenten bei den vom New Media Center der UB Freiburg produzierten Podcasts[19], sodann das Engagement für elektronische Semesterapparate auf Fakultäts- und Institutsebene sowie für das Publizieren von Hochschulschriften per Open Access auf dem FreiDok-Server, die Zuständigkeit für die immer wichtiger werdenden rechtlichen Aspekte der Digitalisierung und des digitalen Publizierens, schließlich die Literaturverwaltung mit geeigneten Programmen wie EndNote, Reference Manager, Citavi oder Zotero, zur Unterstützung des persönlichen Wissensmanagements in der Universität.

8. Zusammenfassung

Die digitale Welt verändert das wissenschaftliche Bibliothekswesen zwar nachhaltig, macht aber Bibliothekare nicht überflüssig, ganz im Gegenteil: Sie sind mit ihrem Know-how bezüglich der Informationsressourcen, der Informationszugänge und der Informationsverarbeitung nötiger denn je, insbesondere auch als Vermittler der notwendigen Kompetenzen beim Umgang mit Medien und Information. Sie stehen indes vor neuen Anforderungen bei der Erwerbung, bei der Inhaltserschließung, bei der Fachinformationsvermittlung und beim Informations- oder Wissensmanagement, das sich im Spannungsfeld der weiterhin wichtigen klassischen Printmedien und der neuen digitalen Angebote und Dienstleistungen bewegen wird. Wie das Beispiel der Universitätsbibliothek Freiburg zeigt, können dabei bewährte Konstanten der Fachreferatspraxis seit den 1970er Jahren Anregung und Hilfestellung bieten.

Wie schnell allerdings scheinbar gesicherte Strukturen hinfällig werden können, zeigt das Schicksal des 1978 bezogenen und seinerzeit hoch gelobten Bibliotheksneubaus der UB Freiburg, dessen Ende schon 30 Jahre später kommen sollte. Der jetzt entstehende „Sanierungsneubau" nach dem Entwurf des Basler

19 Vgl. A. Raffelt, „Deutschland – Land der Ideen". Pod- und Videocasts an der Universität Freiburg, in: Expressum. Informationen aus dem Freiburger Bibliothekssystem (2008), H. 3, 21–23. [Elektronische Ausgabe: http://www.ub.uni-freiburg.de/expressum/2008-03.pdf].

Architektenbüros Heinrich Degelo kann als Herausforderung gesehen werden, die Bibliothek der Zukunft neu zu denken. Die wissenschaftlichen Bibliothekarinnen und Bibliothekare der UB Freiburg sind also gefordert, sich angesichts dieses neuen Gehäuses auch den digitalen Herausforderungen auf dem Medien- und Informationssektor zu stellen. Möglicherweise kann dabei die Besinnung auf bewährte Konstanten Freiburger Bibliotheksarbeit der vergangenen drei Jahrzehnte hilfreich sein.

Kirchliche Bibliotheken in Zeiten des Internet
Anmerkungen aus der Sicht eines Benutzers

Peter Walter

Als der Dichter Heinrich von Kleist (1777–1811) im Herbst des Jahres 1800 einen Monat in Würzburg verbrachte, hatte er keinen Blick für die Schönheiten dieser Stadt.[1] Nach seinem Austritt aus der preußischen Armee und einem abgebrochenen Studium verzehrte er sich hier in Sehnsucht nach seiner Verlobten. In den zahlreichen auf uns gekommenen Briefen an diese äußert er in teilweise sarkastischen Formulierungen seinen ganzen Mißmut, heute würde man sagen, seinen Frust. Die Residenz, der Dom und die übrigen Kirchen, nichts kann vor seiner Kritik bestehen, schon gar nicht die „Lesebibliotheken“, die für ihn der Gradmesser „der Kultur einer Stadt“ und des „Geist[es] ihres herrschenden Geschmacks“ sind. Von Wieland, Schiller und Goethe fand er in der von ihm besuchten Würzburger Lesebibliothek nichts. Der Bibliothekar begründete das Fehlen der gesuchten Autoren mit dem Geschmack des Publikums: „Juristen, Kaufleute und verheiratete Damen“. Was lasen diese und was fand sich deshalb in den Regalen der Bibliothek? „Rittergeschichten, lauter Rittergeschichten, rechts die Rittergeschichten *mit* Gespenstern, links *ohne* Gespenster.“[2] Rittergeschichten mit oder ohne Gespenster wird man in der neu eröffneten Würzburger Diözesanbibliothek vergeblich suchen.[3] Aber wer weiß, möglicherweise sind über einen Nachlaß doch welche hierher gekommen. Der elektronische Katalog verzeichnet unter dem Schlagwort „Ritter“ immerhin 138 Eintragungen. Ritterromane aber sind, soweit ich sehen konnte, keine darunter. Allerdings fand ich bei meinen Recherchen zwei Bände mit Gespenstergeschichten, aber diese stammen aus den siebziger Jahren des 20. Jahrhunderts. Was soll eine Diözesanbibliothek, wenn sie keine Ritter- oder Gespenstergeschichten sammelt? Die Homepage der hiesigen gibt folgende bündige Auskunft: „Aufgabe der Diözesanbibliothek Würzburg ist es,

1 Vortrag zur Neueröffnung der Würzburger Diözesanbibliothek am 12. November 2008. Ohne Albert Raffelt hätte ich die Vertrautheit mit den heutigen Möglichkeiten einer wissenschaftlichen Bibliothek, von denen in diesem Beitrag die Rede ist, nie gewonnen. Nicht nur dafür sei ihm an dieser Stelle herzlich gedankt.

2 Kleist an Wilhelmine von Zenge, 14. September 1800, in: Heinrich von Kleist, Sämtliche Werke und Briefe, hg. von H. Sembdner, 2 Bde., München [6]1977, Bd. 2, 562f.

3 Übrigens hat man im 17. Jahrhundert in Paris, der Hochzeit und dem Hauptort des Büchersammelns, die Existenz von Ritterromanen in den repräsentativen Bibliotheken kaschiert. Vgl. J. Willms, Bücherfreunde, Büchernarren. Entwurf zur Archäologie einer Leidenschaft, Wiesbaden 1978, 111f.

die wissenschaftlichen Buchbestände der Diözese zu bewahren, zu erschließen und zugänglich zu machen. Sie soll eine Grundversorgung in allen theologischen Disziplinen gewährleisten, wobei ein besonderer Schwerpunkt in der Diözesangeschichte liegt."[4] Bewahren, Erschließen, zugänglich Machen, dieser Dreischritt gibt die Gliederung für das Folgende vor.

1. Bewahren

Seit Gottfried Wilhelm Leibniz (1646–1716), der in Hannover und Wolfenbüttel als Bibliothekar tätig war, spricht man – gerade bei Gelegenheiten wie der heutigen – von Bibliotheken bedeutungsvoll als dem „Gedächtnis der Menschheit", von dem derselbe Universalgelehrte allerdings glaubte, alles, was wirklich von Nutzen ist, sei in drei Räumen unterzubringen.[5] Was hätte er nach den von ihm im Sinne der Frühaufklärung angelegten Nützlichkeitskriterien für eine Diözesanbibliothek an Raumbedarf innerhalb dieser drei Räume veranschlagt? Vielleicht ein Regal zur Aufnahme der für die gottesdienstlichen Verrichtungen und für die Diözesan- wie die Gemeindeleitung wichtigen Bücher. Schauen wir, was er in den heutigen Beständen der 1943, während des Zweiten Weltkriegs gegründeten Diözesanbibliothek[6] dafür an Büchern seiner Zeit vorgefunden hätte. Er war ja einmal auf der Suche nach Quellen für die Geschichte des Welfenhauses in Würzburg. Er hätte vom „Missale Herbipolense" zwar kein Exemplar der ältesten Ausgaben, wohl aber eines derjenigen von 1509 und 1613 einstellen können oder einen der unzähligen Nachdrucke des „Missale Romanum" von 1570.[7] Für die Feier der Sakramente und Sakramentalien hätte er die „Agenda Ecclesiastica secundum usum Ecclesiae Wyrzeburgensis qua caeremoniae benedictiones alijque ritus mystici [...] comprehenduntur" (Würzburg 1564) gefunden und in mehreren Ausgaben das von Johann Philipp von Schönborn (1605–1673) für die drei von diesem geleiteten Diözesen Würzburg (seit 1642), Mainz (seit 1647) und Worms (seit 1663) herausgegebene und eng am Römischen Rituale von 1614 ausgerichtete „Rituale sive agenda ad usum ecclesiarum metropolitanae Moguntinae et cathedralium Herbipolensis et Wormatiensis" (Würzburg 1671). Mit Schönborn war Leibniz besonders eng verbunden, hatte er doch als junger Mann, in der Zeit, als dieses Rituale

4 http://bwo.directserver.org/bwo/dcms/sites/bistum/information/sgv/dioezesanbibliothek/index.html (Zugriff: 17. 10. 2008).

5 Vgl. U. Jochum, Kleine Bibliotheksgeschichte, Stuttgart 1993, 7 und 105. Zu Leibnizens Bibliothekartätigkeit insgesamt vgl. ebd., 103–106. Zum Topos des Gedächtnisses als Haus vgl. die ebenso knappe wie kundige Darstellung von A. Raffelt, Das Haus des Gedächtnisses, in: Auskunft. Mitteilungsblatt Hamburger Bibliotheken 12 (1992) 16–27.

6 Zur Geschichte der Würzburger Diözesanbibliothek und zu ihrem bibliothekarischen Umfeld vgl. J. Merz, Das kirchlich-wissenschaftliche Bibliothekswesen im Bistum Würzburg. Ein Überblick, Würzburg 2008, bes. 20–28.

7 Vgl. H. Engelhart, Die frühesten Druckausgaben des Missale Herbipolense (1481–1503). Ein Beitrag zu einem „Census" der liturgischen Drucke aus der Offizin Georg Reysers in Würzburg, in: Würzburger Diözesangeschichtsblätter 62/63 (2001) 69–174.

erschien, am Mainzer Hof gelebt und gewirkt.[8] Als ein weiteres für den Gottesdienst wichtiges Buch hätte er – das sage ich gerne vor dem Leiter der mit der Erarbeitung eines neuen Gebet- und Gesangbuches beauftragten Kommission, Bischof Dr. Friedhelm Hofmann – das gleichfalls von Johann Philipp von Schönborn herausgegebene Gesangbuch vorgefunden: „Catholisch bewehrtes Kirchen-Gesangbuch: In welchem begriffen seind die außerlesene, sowohl alte, als newe, auß der H. Schrifft, bevorab Evangelien und Psalmen gezogene, Christliche Gesäng, das gantze Jahr durch [...] zu gebrauchen“ (Würzburg 1671). Für das Stundengebet der Kleriker hätte er je ein Exemplar des „Breviarium secundum usum ecclesie Herbipolensis“ von 1518 oder 1575 einstellen können. Von allen diesen Büchern würde er, wenn er heute käme, natürlich auch die Neuausgaben des 19. Jahrhunderts[9] und die aktuell geltenden vorfinden, darüber hinaus eine große Fülle der in anderen Diözesen, ja sogar im protestantischen Bereich in Gebrauch befindlichen. Beim Suchen nach den liturgischen Büchern ist mir aufgefallen, daß die Diözesanbibliothek auch über einen nicht unerheblichen Bestand an Musikalien, vor allem an Vertonungen liturgischer Gesänge für unterschiedliche Besetzungen, verfügt. Vielleicht verdient die eine oder andere davon eine Wiederaufführung.

Auch die räumliche Zusammenführung von Archiv und Bibliothek und die Verknüpfung beider Institutionen unter einer Leitung halte ich für zukunftsweisend. In meiner Heimatdiözese Mainz, wo eine solche Situation unter der Leitung von Anton Philipp Brück[10] faktisch bestand, hat man mittlerweile vor allem aus Platzgründen beide Institutionen räumlich und personell getrennt, was die konkrete Arbeit nicht eben erleichtert. Da das Archiv nur eine ganz spezielle Präsenzbibliothek vorhalten kann, muß man die übrige Literatur in der zwar nicht sehr weit entfernten, aber immerhin doch um einige Ecken gelegenen Martinus-Bibliothek[11] benutzen. Es kann sicher nicht darum gehen, Archiv und Bibliothek zu

8 Vgl. F. Jürgensmeier, Gottfried Wilhelm Leibniz in Mainz 1668–1672, Arbeiten und Projekte zur Stabilisierung des Friedens in Europa, in: Lebendiges Rheinland-Pfalz. Zeitschrift für Kultur und Geschichte 16/2 (1979), 29–31.

9 Rituale Romano Herbipolense sive congeries rituum ecclesiasticorum tripartita in sacramentale, benedictionale et processionale edita jussu et authoritate reverendissimi Dom. Domini Episcopi Friderici, Würzburg 1836; S. Pörtner, Katholisches Gesangbuch für den öffentlichen Gottesdienst im Bißthume Würzburg, oder Sammlung älterer und neuerer Kirchengesänge zur Verherrlichung des katholischen Gottesdienstes und zur Beförderung der Andacht bei demselben mit besonderer Rücksicht auf den dermaligen Bestand des Kirchengesanges im Bißthume Würzburg, und auf das Bedürfniß dieser Diözese, Würzburg 1828; Gebet- und Gesangbuch zum Gebrauche bei dem Gottesdienste in der Domkirche zu Würzburg, Würzburg 1873; „Ave Maria“. Gebet- und Gesangbuch für das Bistum Würzburg, Regensburg 1885.

10 Brück (1913–1984), der 1964–1978 an der Mainzer Katholisch-theologischen Fakultät Kirchengeschichte lehrte, war von 1943 bzw. 1944 bis zu seinem Tod in Personalunion Leiter der Bibliothek des Priesterseminars, die seit 1968 zugleich Mainzer Diözesanbibliothek ist (s. die folgende Anm), und Diözesanarchivar. Vgl. P. Walter, Art. Brück, Anton Philipp, in: LThK³ 11 (2001), 31f. Zu seiner Bibliothekarstätigkeit vgl. auch die warmherzige Schilderung von K. Flasch, Über die Brücke. Mainzer Kindheit 1930–1945, Mainz 2002, 76–83.

11 Zur Geschichte der Mainzer Diözesanbibliothek, die 2000 nach dem Mainzer Diözesanpatron benannt wurde, vgl. H. Hinkel, Die Schlossersche Bibliothek in der Martinus-Bibliothek, in: ders. (Hg.), Goethekult und katholische Romantik. Fritz Schlosser (1780–1851), Mainz 2002,

vermengen und die Bibliotheken wieder zu den Kuriositäten-Kabinetten zu machen, die sie in der frühen Neuzeit waren und wie man eines noch bzw. wieder in den Franckeschen Stiftungen in Halle[12] bewundern kann. Archiv und Bibliothek haben ihre je unterschiedliche Aufgabe und setzen entsprechend qualifiziertes Personal voraus, das man durch die Zusammenlegung nicht einfach einsparen kann. Aber gleichwohl sind die heute mit Recht so gewünschten Synergieeffekte durch die räumliche und personelle Vernetzung zu steigern.

2. Zugänglich Machen

Zur spezifischen Aufgabe einer Diözesanbibliothek gehört die Erschließung und Bereitstellung wissenschaftlich-theologischer Literatur. Diese Aufgabe wird in einer Universitätsstadt wie Würzburg mit einer bedeutenden Katholisch-theologischen Fakultät und einer entsprechenden Bibliotheksausstattung anders ausgerichtet sein als in einer Bischofstadt, in der solche Rahmenbedingungen nicht gegeben sind und in der die Diözesanbibliothek eine Grundversorgung garantieren muß. Es gibt leider jüngste Beispiele dafür, daß Diözesen unter dem gegenwärtigen Einsparungsdruck trotz des Fehlens einer weiteren theologischen Spezialbibliothek vor Ort ihr Bibliothekskonzept so sehr verändert und den Etat so reduziert haben, daß die Grundversorgung mit wissenschaftlicher Literatur nicht mehr gewährleistet ist. Ich meine das Beispiel Aachen, wo die Diözesanleitung sich auch nicht durch das Argument beeindrucken ließ, daß die Diözesanbibliothek für die Theologen und Geisteswissenschaftler an der Rheinisch-Westfälischen Technischen Hochschule eine unverzichtbare Ressource darstelle.

Die Neueröffnung der hiesigen Diözesanbibliothek in solchen Zeiten zeigt, daß die Diözese Würzburg, Gott sei Dank, andere Akzente setzen will. Diese Bibliothek wird neben ihrem bedeutenden historischen Bestand zum einen die Literatur zur Diözesankirchengeschichte und kirchlichen Zeitgeschichte pflegen und zum andern die für die aktuelle pastorale Situation vor Ort wichtige und anregende Literatur bereitstellen. Wer sich über Geschichte und Gegenwart dieser Diözese informieren will, soll hier fündig werden. Und er soll hier Literatur finden, die er andernorts nur schwer oder gar nicht bekommt. Ich habe schon eine Reihe von für die Geschichte der Seelsorge vor Ort und die lokale Kirchengeschichte wichtigen Werken genannt, die die Diözesanbibliothek aufbewahrt und für die Forschung zur Verfügung stellt. Während diese Werke, da sie zur Kategorie Buch gehören, auch anderswo gesammelt werden, gibt es Druckerzeugnisse, die zur „grauen Literatur" zählen und vielfach durch die gängigen Raster der bibliothekarischen Er-

207–219. Aktuelle Informationen: http://de.wikipedia.org/wiki/Martinus-Bibliothek (Zugriff: 6.7.2009). Es verdient festgehalten zu werden, daß Albert Raffelt bei der Erarbeitung des Konzepts für die Martinus-Bibliothek als Gutachter tätig war.

12 Vgl. H. Obst/P. Raabe, Die Franckeschen Stiftungen zu Halle (Saale). Geschichte und Gegenwart, Halle 2000.

werbungsprofile fallen wie etwa die Pfarrbriefe. Im elektronischen Katalog der Diözesanbibliothek gibt es dazu über 200 Einträge mit teilweise mehreren Jahrgängen pro Eintrag. Ich hoffe, daß von der heutigen Feier der Impuls ausgeht, daß alle Pfarreien bzw. Pfarreiengemeinschaften in der Diözese ihre Pfarrbriefe und Veröffentlichungen von lokalem Interesse der Diözesanbibliothek zur Verfügung stellen. Hier ist der Ort, solche Literatur zu sammeln und sie anderen, die vor ähnlichen Problemen und Aufgaben stehen und sich informieren wollen, bereitstellen. Solche Literatur finden sie sonst nirgendwo, es sei denn per Zufall, weder in der Deutschen Nationalbibliothek noch in einer Landesbibliothek, da diese Form von Literatur nicht unter das Pflichtexemplarrecht fällt.

Aber vermehrt man dadurch nicht die in Bibliotheken gesammelte Literatur, die niemals gelesen wird? Schon zu Beginn des 20. Jahrhunderts haben Fachleute festgestellt und spätere Untersuchungen haben es bestätigt, „daß ein Großteil der von den Bibliotheken angeschafften Literatur niemals gelesen werde und folglich überflüssig sei."[13] Wenn man das immer so genau wüßte. Wer sagt denn, daß ein lange unbeachtet gebliebenes Buch nicht doch irgendwann von Interesse ist. Leibniz war übrigens der Meinung, daß eine Bibliothek nicht da sei, um gelesen zu werden, sondern um als Inventar zu dienen.[14] Das bedeutet, daß eine Bibliothek Bücher sammelt, die einmal gelesen werden können. Im Bibliotheksausschuß der Universitätsbibliothek Freiburg mußte ich früher von meinen naturwissenschaftlichen Kollegen manchmal hören, daß für sie ein Buch, das älter als fünf Jahre ist, ohne jeden Wert sei. Worauf ich entgegnete, daß das bei ihren Wissenschaften ja so sein könne, daß es sich aber bei den Geisteswissenschaften im allgemeinen und der Theologie im besondern etwas anders verhalte, daß hier auch ein vor vielen Jahren erschienenes Werk nicht nur historisch von Belang, sondern auch von aktueller Bedeutung sei bzw. sein könne.[15] Ich komme nochmals auf das Beispiel der Pfarrbriefe zurück: Die Pfarrbriefe, in denen der über Freiburg hinaus bekannte Priester und Schriftsteller Eugen Walter (1906–1999) seiner Gemeinde die Beschlüsse des II. Vaticanums zu vermitteln suchte, wurden jüngst im Rahmen eines an der Freiburger Katholischen Akademie laufenden Zeitzeugenprojekts zum letzten Konzil wiederentdeckt und leisten dabei einen wichtigen Dienst.[16] Möglicherweise gibt es ähnliche Entdeckungen in der Würzburger Diözesanbibliothek zu machen.

13 Jochum (wie Anm. 5), 194.

14 Vgl. ebd., 106.

15 Vgl. dazu die interessanten Überlegungen des ehemaligen Generaldirektors der Bayerischen Staatsbibliothek, Dr. Hermann Leskien, anläßlich seiner Verabschiedung im Jahr 2004: ders. „Perspektive" des scheidenden Generaldirektors, in: Bibliotheksforum Bayern 32 (2004) 199–203, 201f.

16 Vgl. M. Quisinsky, Das II. Vaticanum in der Pfarrgemeinde. Der Freiburger Pfarrer und Theologe Eugen Walter (1906–1999) zwischen liturgischer Bewegung und Konzilsrezeption, in: Freiburger Diözesan-Archiv 128 (2008) 161–203. Vgl. auch ders., Das II. Vaticanum im „Oberrheinischen Pastoralblatt". Ein Beitrag zur Erforschung der Konzilsrezeption im Erzbistum Freiburg, in: ebd., 135–160.

3. Erschließen

Ob Bücher ungenutzt in den Regalen stehen oder ob sie genutzt werden, hängt zum einen von den Fragen ab, die die Lesewilligen haben, zum andern aber auch von der Erschließung der Bibliotheksschätze. Eine optimale Verschlagwortung[17] regt zur Forschung an, bringt einen auf Fragen, die man vorher noch nicht hatte usw. Damit komme ich zur Bedeutung der heutigen elektronischen Recherchemöglichkeiten. Ich hätte diesen Vortrag nicht in Freiburg vorbereiten können ohne die Möglichkeiten der elektronischen Recherche im Online-Katalog der Würzburger Diözesanbibliothek. Dieser erlaubte es mir, nicht nur Vermutungen anstellen zu müssen, sondern auch meine Aussagen zu belegen. Da von den ca. 250.000 Bänden des derzeitigen Bestands am Tag der Eröffnung erst etwa 70.000 Bände elektronisch erfaßt sind, kann und wird sich das Bild quasi täglich ändern. Das Katalogisieren dieses Bestands ist eine zeitaufwendige Arbeit, da für viele der wertvollen alten Werke nicht auf anderweitig vorhandene Datensätze zurückgegriffen werden kann, sondern jedes Werk einzeln aufgenommen werden muß. Und die bereits angesprochene Verschlagwortung setzt bei den Bibliothekar(inn)en einiges an inhaltlichen Kenntnissen voraus, um jeweils die Schlagworte zu setzen, die für künftige Nutzer(innen) hilfreich sind.

Das gedruckte Buch und die elektronischen Medien schließen sich keineswegs aus, sondern ergänzen einander.[18] Ich möchte kein ganzes Buch am Bildschirm lesen, auch nicht als eBook – für Zugfahrten kann man ja darüber reden –, aber in einem Digitalisat, das möglicherweise online benutzbar ist, zu recherchieren, halte ich für einen großen Vorteil. Um nur ein Beispiel aus meiner Arbeit und aus jüngster Zeit zu nennen: Berthold Pürstinger (1465–1543), von 1508 bis 1525 Bischof von Chiemsee und in dieser Funktion Weihbischof in Salzburg, hat in den ersten Jahren der Reformationszeit eine „Tewtsche Theologey" verfaßt (München: Hans Schobser 1528), in der er zu zentralen Fragen des Glaubens einen Überblick über die katholische Position gibt.[19] Von dieser Schrift wurde 1852 in München von Wolfgang Reithmeier[20] eine Edition vorgelegt. Da an die Gesellschaft zur Herausgabe des Corpus Catholicorum[21], d.h. der katholischen Autoren der Reformationszeit, der Vorschlag herangetragen wurde, die ursprüngliche Ausgabe dieses Werkes zu edieren, machte ich mich auf die Suche nach der Edition des 19. Jahrhunderts, um zu schauen, was damals gemacht wurde und ob diese heute

17 Vgl. dazu den Beitrag von Matthias Reifegerste in diesem Band.

18 Darauf hat Albert Raffelt schon früh hingewiesen: Zwischen Inkunabel und Internet. „Materialität" und „Verflüssigung" geisteswissenschaftlicher Ressourcen, in: Bibliothek und Wissenschaft 30 (1997) 128–140.

19 Zu ihm vgl. H. Smolinsky, Art. Berthold von Chiemsee, in: LThK^3 2 (1994) 290.

20 Wolfgang Reithmeier (1810–1863), Priester, vorwiegend tätig als Übersetzer geistlicher Literatur. Vgl. W. Kosch, Das katholische Deutschland, 25. Lfg., Augsburg o. J., 3897f.

21 Zur Geschichte der Gesellschaft seit ihrer Gründung im Jahre 1917 bis in die Gegenwart vgl. P. Walter, „Reformationsgeschichtliche Studien und Texte". Vergangenheit und Zukunft einer wissenschaftlichen Reihe, Münster 2008, bes. 18–31.

noch brauchbar bzw. ob sie zu ersetzen sei. Wir haben diese Edition in der Freiburger Universitätsbibliothek, aber da diese zur Zeit umgebaut wird, ist sie dort nur schwer, zumindest mit einigem Zeitaufwand, zugänglich. Der Herr, der die „Tewtsche Theologey" edieren wollte, hat die Edition von 1852 mittlerweile im Internet gefunden: Die University of Chicago Library hat sie ins Netz gestellt.[22] So konnte ich das in München gedruckte und in Chicago gescannte Buch bequem an meinem Freiburger Arbeitsplatz einsehen, darin lesen und – das ist ein unschätzbarer Vorteil gegenüber dem gedruckten Buch – nach Begriffen suchen. Mich interessiert gerade die Frage des Verhältnisses von Bischofs- und Priesteramt in der Reformationszeit.[23] Nachdem ich über das Inhaltsverzeichnis herausbekommen hatte, daß Pürstinger auf gut bayrisch „Von der Weich" spricht, wenn er die Weihe meint, konnte ich mittels Eingabe dieses Stichworts sämtliche Stellen eruieren, an denen davon die Rede ist, ohne das Buch in die Hand zu nehmen, und dabei feststellen, daß er, wie die mittelalterliche Theologie insgesamt, dem Bischof gegenüber dem Priester zwar einen höheren Rang im Hinblick auf die Jurisdiktions-, nicht aber im Hinblick auf die Ordinationsgewalt einräumt. Aufgrund dieser Verfügbarkeit besagten Werkes haben wir uns übrigens entschieden, von einer Neuedition Abstand zu nehmen. Wir setzen vielmehr auf der Homepage der Gesellschaft zur Herausgabe des Corpus Catholicorum einen Link zu dieser im Internet verfügbaren Ausgabe. Die Würzburger Diözesanbibliothek besitzt übrigens ein Exemplar der von Pürstinger selbst angefertigten und 1531 gedruckten lateinischen Fassung.[24] Vielleicht taucht auch die deutsche Ausgabe noch auf.

Unschlagbar ist das Internet natürlich hinsichtlich der Aktualität. Als ich an der Herausgabe der dritten Auflage des Lexikons für Theologie und Kirche beteiligt war und als Fachberater für Theologiegeschichte eine Fülle von Literatur zu recherchieren und zu kontrollieren hatte, hätte ich dies ohne die Leitung zum Südwestdeutschen Bibliotheksverbund und später zum Karlsruher Virtuellen Katalog, die mir die damalige Direktorin der Freiburger Universitätsbibliothek, Frau Bärbel Schubel, ermöglichte, nicht gekonnt. Wer heute ein Buch sucht, geht nicht mehr zum Zettelkatalog, sondern schaltet seinen PC ein, um sich dann freilich die Druckversion zu besorgen, sei es in einer Bibliothek vor Ort, sei es per Fernleihe oder antiquarisch über das Zentrale Verzeichnis antiquarischer Bücher (ZVAB). Letzteres führt allerdings dazu, daß man immer seltener in Antiquariaten stö-

22 Das Buch gehört zu der etwa 6000 Bände an deutscher und europäischer Literatur des 18. und 19. Jahrhunderts umfassenden Sammlung des aus Luxemburg stammenden Reformrabbiners Emil Gustav Hirsch-Bernays (1852–1923), die die University of Chicago Library im Jahre 1905 durch die Vermittlung des Unternehmers Julius Rosenwald (1862–1932) erworben hat. Vgl. S. Caianiello, Catalogo vichiano internazionale. Censimento delle prime edizioni di Vico nelle Biblioteche al di fuori d'Italia, Napoli 2000, 143.

23 Vgl. P. Walter, Das Verhältnis von Episkopat und Presbyterat von der Alten Kirche bis zum Reformationsjahrhundert, in: D. Sattler/G. Wenz (Hg.), Das kirchliche Amt in apostolischer Nachfolge, Bd. 2, Freiburg – Göttingen 2006, 39–96.

24 Theologia Germanica in qua continentur articuli de fide, evangelio, virtutibus et sacramentis quorum materia iam nostra tempestate controverti solet, Augustae Vindelicorum: Silbereysen, 1531.

bern kann, da die Antiquare es vorziehen, statt teure Ladengeschäfte zu unterhalten, ihren Bestand, den sie irgendwo kostengünstig lagern, über das Internet zu verkaufen. Beim Stöbern kann es einem passieren, wie mir jüngst in Heidelberg, feststellen zu müssen, daß anscheinend die Bibliothek der aufgelösten Abtei Bad Wimpfen in den Antiquariatshandel gelangt ist. Das ist per se nicht schlimm, wenn dadurch die Bücher wieder dem allgemeinen Buchkreislauf zugeführt werden. Aber es ist traurig, wenn ein gewachsener Buchbestand, möglicherweise, ohne vorher auf seinen wissenschaftlichen Wert hin überprüft worden zu sein, auseinandergerissen wird.[25]

Auch bei einer mittelalterlichen Handschrift oder einem Frühdruck schlage ich nicht mehr als erstes in gedruckten Verzeichnissen nach, sondern öffne die elektronischen, die mir im Idealfall erlauben, die einmalige Handschrift oder das seltene Buch am PC sogar einzusehen, ohne einen Mikrofilm bestellen oder gar eine Reise zum Aufbewahrungsort unternehmen zu müssen. Ja, als einer, der viel mit Handschriften arbeitet, kann ich sagen, daß die Möglichkeiten der Bildbearbeitung, die der PC mittlerweile bietet, das Entziffern schwer lesbarer Handschriften erleichtert. Das erlaubt keineswegs, die Originale zu verscherbeln, wie es die baden-württembergische Landesregierung vor einiger Zeit vorhatte, um aktuelle Haushaltslöcher zu stopfen.[26] Erstens handelt es sich dabei meist um Säkularisationsgut, das der Staat sich vor 200 Jahren unter den Nagel gerissen und das er zu treuen Händen zu bewahren hat (zu seiner Ehre muß gesagt werden, daß er sich die Pflege dieses Kulturgutes einiges hat kosten lassen und kosten läßt), zweitens stellen solche Handschriften einmalige Zeugnisse unserer abendländischen Kultur dar, die man nicht gerne in Malibu sehen möchte, und drittens braucht sie die Forschung häufig doch, um mit dem Original zu arbeiten. Auch in diesem Fall ergänzen sich Originalhandschrift bzw. Frühdruck und Digitalisat aufs beste. Nur im Notfall muß letzteres erstere ersetzen. Ein solcher Notfall tritt nicht nur ein, wenn, wie hier in Würzburg wenige Wochen vor dem Ende des Zweiten Weltkrieges oder jüngst auf dem Balkan, Bibliotheken mit unwiederbringlichen Schätzen zerstört werden[27], sondern auch, wenn einmalige, bislang im Besitz der öffentlichen Hand befindliche Werke verkauft werden und in den Safes anonymer Sammler verschwinden. Wieder ein aktuelles Beispiel: Vor einigen Wochen entdeckte ich in einem Antiquariatskatalog ein Werk mit eigenhändigen Anmerkungen des Freiburger Juristen Johann Ulrich Zasius, eines Sohnes des berühmten Ul-

25 Die Deutsche Bischofskonferenz hat auf solche Situationen jüngst reagiert durch den Erlaß von „Leitlinien zur Bewahrung von gefährdeten kirchlichen Bibliotheksbeständen". Vgl. Amtsblatt der Erzdiözese Freiburg, Nr. 18, 10. Juli 2009, 87–89.

26 Vgl. dazu den Beitrag von Dieter Mertens in diesem Band.

27 Durch den Einsturz des Gebäudes des Historischen Archivs der Stadt Köln am 3. März 2009 ist zwischenzeitlich eine weitere Möglichkeit des „Abhandenkommens" wertvollen Kulturgutes traurige Realität geworden. Eine rechtzeitige Digitalisierung der Bestände hätte die Folgen abmildern können sowohl, was die Benutzbarkeit für die Forschung während der Bergungsarbeiten als auch, was die Restaurierung der beschädigten Stücke und nicht zuletzt, was den „Ersatz" von unwiederbringlich Verlorenem angeht.

rich Zasius.[28] Ich habe die Leiterin der Historischen Sammlungen der Freiburger Universitätsbibliothek, Frau Dr. Angela Karasch, darauf aufmerksam gemacht, die mir zwischenzeitlich mitteilte, daß das Werk nach England verkauft sei. Wer weiß, wann es wieder auftaucht und der Forschung zur Verfügung steht.

4. Schluß

Heinrich von Kleist wäre bei seinen Bücherwünschen mit der Würzburger Diözesanbibliothek vermutlich auch heute nicht glücklich. Von Goethe gibt es hier immerhin eine sechsbändige Auswahlausgabe, von Schiller lediglich die Vertonung zweier Lieder durch den Kasseler Komponisten Georg Christoph Grosheim (1764–1841), von Christoph Martin Wieland nichts. In einem Punkt hat Kleist allerdings recht. In seiner überaus lesens- und beherzigenswerten Abhandlung „Über die allmähliche Verfertigung der Gedanken beim Reden" rät er, einfach anzufangen. „L'appétit vient en mangeant", zitiert er ein französisches Sprichwort.[29] Ich wünsche der Würzburger Diözesanbibliothek viele Nutzer(innen), die finden, was sie suchen, und die dadurch zu neuem Suchen angeregt werden. Und nichts macht die Mitarbeiter(innen) von Bibliotheken glücklicher als interessierte Nutzer(innen).

28 Zu den beiden Zasius, Vater und Sohn, vgl. S. Rowan, Ulrich Zasius. A Jurist in the German Renaissance (1461–1535), Frankfurt am Main 1987; A. Meußer, Für Kaiser und Reich. Politische Kommunikation in der frühen Neuzeit: Johann Ulrich Zasius (1521–1570) als Rat und Gesandter der Kaiser Ferdinand I. und Maximilian II., Husum 2004.

29 Kleist (wie Anm. 2), Bd. 2, 319.

Ein biblisches Auftragswerk
Der siebenarmige Leuchter von Franz Gutmann in der Freiburger Universitätskirche

Rainer Warland

Der siebenarmige Leuchter (hebräisch: Menora) wird im Buch Exodus 25,31-39 in seinem Aussehen detailliert beschrieben – man könnte auch sagen: ausgeschrieben, denn die Textstelle liest sich wie die Auftragserteilung an einen Künstler, der auf ein konkretes Konzept verpflichtet wird.

> Fertige einen Leuchter aus purem Gold! Der Leuchter, sein Gestell, sein Schaft, seine Kelche, Knospen und Blüten sollen aus einem Stück getrieben sein. Von seinen Seiten sollen sechs Arme ausgehen, drei Leuchterarme auf der einen Seite und drei auf der anderen Seite ... Seine Knospen und Arme sollen ein Ganzes mit dem Schaft bilden.

Der jüdische Leuchter war zur Ausstattung des Bundeszeltes bestimmt. Er diente dort als Kultinventar im Bundesheiligtum der Israeliten, neben Bundeslade und Schaubrottisch. Ein vollplastisches Original, an dem die Umsetzungen der Textvorgaben zu kontrollieren wäre, ist jedoch aus der Antike nicht erhalten. So bleibt zunächst nur der Weg über die Bildgeschichte, um die Realisierung des Auftrags zu überprüfen.

Erhalten sind zahlreiche Wiedergaben der Flächenkunst, angefangen von Münzen bis hin zu Mosaiken, die wesentliche Bestandteile der biblischen Vorgaben widerspiegeln. Als ein besonders authentisches Bildzeugnis gilt seit jeher eines der beiden Reliefs im Durchgang des Titusbogens in Rom (Ende 1. Jh. n. Chr.): die Widderhörner (Schofar), der Schaubrottisch und der siebenarmige Leuchter werden als Beutestücke aus dem Tempelschatz von Jerusalem im römischen Triumphzug mitgeführt (Abb. 1).

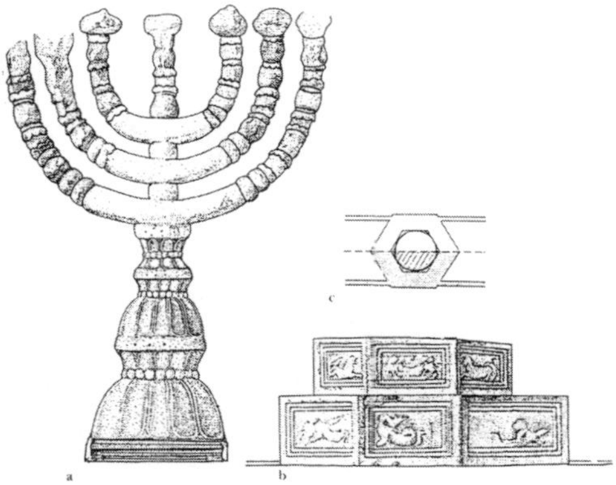

Abb. 1

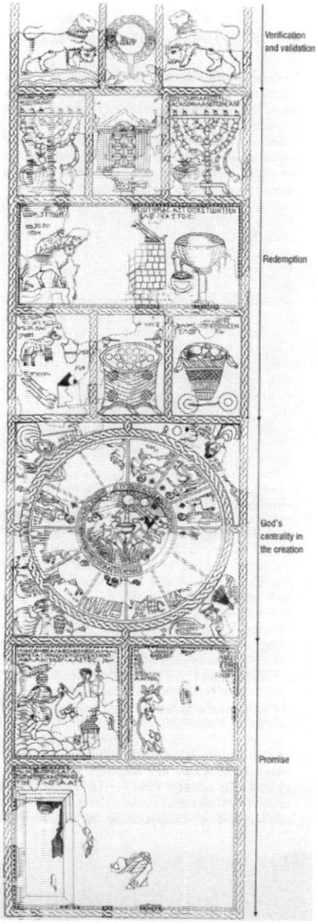

Abb. 2

Sie sind bis in die Gegenwart die Schaustücke des Bogens.[1]

In der Kunst der Spätantike nimmt die Zahl der Bildzeugnisse der Menora dann erheblich zu. Auf Mosaikböden spätantiker Synagogen, auf Malereien und Sarkophagen jüdischer Katakomben, auf Trinkschalen und anderen Gegenständen jüdischen Gebrauchs sind siebenarmige Leuchter dem Thoraschrein als auratisierende Lichtspender zugeordnet.[2] Dabei fällt auf, dass der siebenarmige Leuchter dort nicht als Einzelobjekt auftritt, sondern in der Regel zusammen mit einem Gegenstück. Der Mosaikboden einer Synagoge des 5. Jh., die 1993 in Sepphoris in Israel freigelegt wurde, zeigt beispielsweise zwei gleiche Leuchter neben dem Schrein mit den Schriftrollen (Abb. 2).[3]

Die gut sichtbaren Details der „Kelche, Knospen und Blüten", die eine Pflanze als Grundfigur des Leuchters bieten, zeigt die Abbildung 3.

Die christliche Aneignung des Themas setzte zunächst in der allegorischen Schriftauslegung der Literatur ein. Bei den Kirchenvätern findet schon früh eine

1 Vgl. M. Pfanner, Der Titusbogen, Mainz 1983 (Beiträge zur Erschließung hellenistischer und kaiserzeitlicher Skulptur und Architektur; 2) 50–52 und 73–74 mit Hinweis auf die Beschreibung bei Flavius Josephus, Ant. 3,145f. Im Zuge der Palästinafrage und der Neugründung des Staates Israel wurde die Menora zum politischen Symbol des Wiedererstehens Israels.

2 Vgl. R. Hachlili, Ancient Jewish art and archaeology in the diaspora, Leiden 1998 (Handbuch der Orientalistik, Erste Abt. 35 Bd.) 312–344 Taf. VI 9–15; S. Fine, Art and Judaism in the Greco-Roman World. Toward a new Jewish archaeology, Cambrigde 2005, 146–163.

3 Vgl. Z. Weiss / E. Netzer, The Sepphoris synagogue: deciphering an ancient message through its archaeological and socio-historical contexts, Jerusalem 2005.

Abb. 3

Verknüpfung des alttestamentlichen Leuchters mit der christlichen Heilsgeschichte statt. Klemens von Alexandrien war einer der ersten, die den siebenarmigen Leuchter als Sinnbild Christi gedeutet haben: der alttestamentliche Leuchter verkörpere bereits Christus als das Licht der Welt nach Joh 8,12. Doch wie so oft werden diese spätantiken Assoziationen der Literatur in der Kunst erst im Mittelalter wirksam.

In den Ausgrabungen und Sammlungen der Spätantike bekunden vielarmige Leuchter, silberne Leuchterkronen (Polykandela) mit Einsätzen für Öllampen sowie mehrstufige Lichterbäume die Wertschätzung und Symbolik, die dem Licht in der frühchristlichen Kirchenausstattung zugemessen wurde.[4] Auf dem Templon der Hagia Sophia sind solche Lichterbäume bezeugt. In Ergänzung zur Ausstattung des Hauptgesimses mit bronzenen Ankern für Lichtampeln waren sie ein besonderer Blickfang, der den Altarraum auratisierte. Siebenarmige Leuchter sind jedoch aus Kirchen der Spätantike nicht bekannt. Die Menora war damals – vermutlich als Gegenstück zum konstantinischen Christogramm – ausschließlich das identitätsstiftende Zeichen der Juden.[5]

Die kirchliche Rezeption setzte erst in karolingischer Zeit ein. Die Bundeslade, das Becken der Rinder, die beiden Säulen im Vorhof des Tempels wie auch der

4 Vgl. S. A. Boyd, A Bishop's Gift: Openwork Lamps from the Sion Treasure, in: F. Baratte (Hg.), Argenterie romaine et byzantine. Actes de la table ronde, Paris, 11–13 oct. 1983, Paris 1988, 191–202; L. Bouras / M. G. Parani, Lighting in early Byzantium, Washington D. C. 2008 (Dumbarton Oaks Byzantine collection publications; 11).

5 Fine (wie Anm. 2) 156–158. Zu jüdischen Öllampen mit Menora vgl. L. Berger, Frühe jüdische Zeugnisse in den nordwestlichen Provinzen des Imperium Romanum, in: Imperium Romanum. Römer, Christen, Alamannen – die Spätantike am Oberrhein. Ausstellungskatalog Badisches Landesmuseum Karlsruhe, Stuttgart 2005, 263–267.

siebenarmige Leuchter traten nun als typologische, auf die christliche Heilsgeschichte verweisende Bildwerke im Kirchenraum auf. Sie steigerten in ihrer biblischen Referenz und ihrer hieratischen Form das kultische Potenzial der Liturgie.[6]

Siebenarmige Leuchter als einzelne Bronzewerke gehören bald zu den wertvollsten Kunstgütern der mittelalterlichen Dome und Kathedralen. Zu den bedeutendsten Beispielen zählen der ottonische Leuchter im Dom von Essen, der romanische Leuchter im Braunschweiger Dom und der ca. 6 Meter hohe, gotische Trivulzio-Leuchter im Dom von Mailand. Als vergoldeter Bronzeguss stellte jedes einzelne Bildwerk eine Herausforderung an Künstler und Werkstatt dar. Die Beherrschung der aufwendigen Gusstechniken und Bearbeitungsverfahren wiesen die künstlerischen Fähigkeiten aus. Die „biblische Ausschreibung" gab gleichsam auch die Anspruchshöhe der künstlerischen Verwirklichung vor, der sich Künstler und Werkstatt stellten.[7]

Anders als die sieben Kandelaber der Apokalypse (Offb 1,12), die in der Vision des Johannes lose um den Thron des Höchsten aufgestellt sind und die in ihrer Zahl ebenfalls die Fülle des Lichtes evozieren, besitzt die Menora eine spezifische Formverknüpfung und -bündelung der Leuchterarme als Lebensbaum.[8] Die siebenarmigen Leuchter des Mittelalters folgen in ihrer Formgebung zunächst den antiken Vorbildern. Sie biegen und runden die Arme zu einer geschlossenen, leierförmigen Gesamtform.[9]

Eine Änderung der Formgebung setzt sich dann um 1200 unter dem Einfluss einer neuen Ikonographie durch. Leuchter, wie der von Klosterneuburg bei Wien, ein Werkstück um 1200 aus Verona, bieten nun Lichterbäume mit auftreppenden Lichtern (Abb. 4).

Die Baumsymbolik öffnete sich zur realitätsnahen Schilderung eines Baumes mit seitlichem Astwerk. Die neue Bildlichkeit verknüpfte die allgemeine Lebensbaum-Symbolik mit einer zweiten Textreferenz, in der ebenfalls vom „Reis", vom Lebensbaum, die Rede ist und in der zugleich die Gaben des Geistes angesprochen werden. Es ist die Jesaja-Vision der Wurzel Jesse (Jes 11,1–2), die im 13. Jh. eine neue, umfassende Symbolik entwickelt. Dieser sind zwei Sinnkomponenten inhärent, eine mariologisch-inkarnationstheologische und eine weisheitstheologische, die komplexe Bedeutungsfelder eröffnen.

6 Vgl. B. Reudenbach, Das Taufbecken des Reiner von Huy in Lüttich, Wiesbaden 1984, 52–78.

7 Vgl. die grundlegenden Studien von P. Bloch, Siebenarmige Leuchter in christlichen Kirchen, in: Wallraf-Richartz-Jahrbuch 23 (1961) 55–190; A. Reinle, Die Ausstattung deutscher Kirchen im Mittelalter, Darmstadt 1988, 111–117.

8 Zur grundlegenden Vorstellung des Lebensbaumes vgl. R. Bauerreiß, Arbor vitae. Der „Lebensbaum" und seine Verwendung in Liturgie, Kunst und Brauchtum des Abendlandes, München 1938 (Abhandlungen der Bayerischen Benediktiner-Akademie; 3).

9 Vgl. H. Fillitz/M. Pippal, Schatzkunst. Die Goldschmiede- und Elfenbeinarbeiten aus österreichischen Schatzkammern des Hochmittelalters, Salzburg–Wien 1987, 120 Abb. 17.1–17.5.

Abb. 4

„Doch aus einem Baumstumpf Isais wächst ein Reis hervor, ein junger Trieb aus seinen Wurzeln bringt Frucht. Der Geist des Herren lässt sich nieder auf ihm: der Geist der Weisheit und der Einsicht, der Geist des Rates und der Stärke, der Geist der Erkenntnis und der Gottesfurcht" (Jes 11,1–2).

Als Sinnbilder der Wurzel Jesse offenbarten die Leuchter nun zusätzliche Verweise auf die christliche Heilsgeschichte, auf die Mitwirkung Mariens und das Kommen Christi. Besonders reich ist der Trivulzio-Leuchter in Mailand an Leuchterfuß und Astwerk mit Szenen der biblischen Heilsgeschichte ausgestattet. Die Auffächerung der sieben Lichter und die Hierarchie des einen Geistes des Herrn, inmitten der sechs ihm zugeordneten Wirkungsweisen, begründen sodann am Objekt sichtbar die Abkunft des Lichtes als Weisheit Gottes. Mit dem Glanz der brennenden Kerzen verknüpfen sich diese Bedeutungsgehalte, da sich nach biblischer Zusage die Gaben des Geistes auf der Wurzel Jesse niederlassen. Im Anzünden der sieben Lichter wird dieser christliche Bildgehalt gleichsam aktiviert.

Mit dem Untergang der mittelalterlichen Symbolwelten scheint das Thema des siebenarmigen Leuchters dann seine Sprachfähigkeit eingebüßt zu haben. Nach dem Zweiten Weltkrieg erfuhr der siebenarmige Leuchter jedoch eine bemerkenswerte Wiederaufnahme in der christlichen Kunst. Neben das messianische Heilszeichen trat nun eine neue zeitgeschichtliche Sinnstiftung, die die gemeinsamen Wurzeln von Juden und Christen sichtbar machte und an die Schuld erinnerte, die sich Christen gegenüber ihren jüdischen Glaubensverwandten aufgeladen haben. Die Menora, im Kirchenraum aufgestellt, erfährt in der Gegenwart eine tiefgehende Transformation vom Sinnbild der Verheißung zum Mahnzeichen von Schuld und Verstrickung.

Auch der Leuchter von Franz Gutmann kann ohne diese Vorgeschichte und die Transformationen der Bildtradition nicht verstanden werden. Er ist monumental, wie es die Bildgeschichte erfordert, aber er ist aus Holz. Er ist nicht aufstrebend, sondern quergelagert. Er besitzt ein weit ausladendes Tragwerk, das die Lichterreihung stützt und vorzeigt. Und dennoch ist er ein gestufter Lichterbaum von eigener Bildwirkung.

Der Leuchter, in den Maßen 227 Zentimeter hoch, 371 Zentimeter breit und 71 Zentimeter tief, wurde 2000/01 für eine Ausstellung in der wiederhergestellten Synagoge von Sulzburg im Markgräflerland, einem Bau von Ludwig Weinbrenner aus dem Jahr 1823, geschaffen. Von Franz Gutmann stammen anlässlich der Ausstellung folgende Werkangaben:

> Fuß und Stamm sind von einer Eiche aus dem feuchten Wald westlich von Freiburg. Die Jahresringe sind 6 bis 8 mm breit. Die Arme sind durch den Stamm gesteckt und verkeilt. Der unterste Balken stammt aus einem alten Haus in Ehrenstetten. Diese Eiche ist an einem sehr trockenen Ort gewachsen – auf 1cm 8 bis 14 Jahresringe. Die beiden oberen Balken waren Weinfaßlager in Mengen. In die Arme sind rund gehobelte Hölzer eingelassen, auf denen mit den Dornen für die Kerzen Wachsteller aufgeschraubt sind. Diese sind aus Eisenblech, grünlackiert.

Im Jahr 2003 wurde der Leuchter anlässlich des Aschermittwochs der Künstler im Münchener Liebfrauendom aufgestellt. Weitere Aufstellungsorte waren die Garnisonskirche in Wesel und die Klosterkirche von Drübeck am Harz. Da sich jedoch kein dauerhafter Ort abzeichnete, machte Franz Gutmann selbst den Vorschlag, den Leuchter in der Freiburger Universitätskirche aufzustellen, wo bereits Kreuzplastik, Altar, Ambo, Taufbecken und Osterleuchter seine Handschrift tragen. Am 28. April 2009 wurde der Leuchter vom Künstler in einer Feier der Universitätskirche übereignet.

Der monumentale Leuchter von Franz Gutmann findet zu einer ausgeprägt kargen und abstrakten Formensprache. Horizontale und vertikale Teile herrschen in einem strengen Bezug vor. Die Proportionen und Maßverhältnisse aller

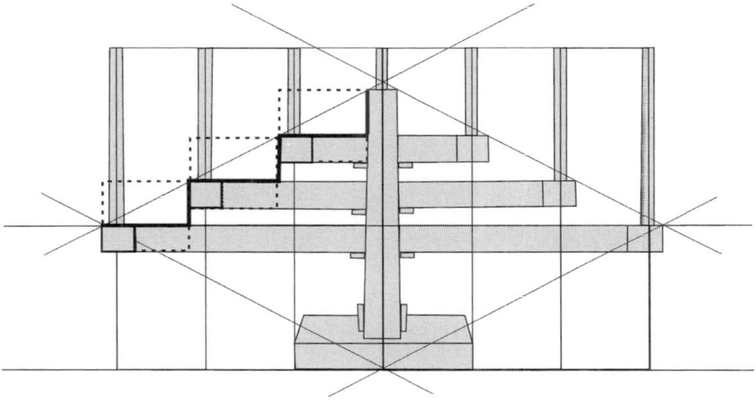

Abb. 5

Werkstücke sind subtil austariert und aus Grundmodulen abgeleitet. Ein strenges Entwurfsschema, in einer Zeichnung von J. Waldorf versuchsweise sichtbar gemacht, weist allen Teilen ihren Ort zu (Abb. 5).

Die Gesamtform der übereinander angeordneten Balken beschreibt eine Lichtertreppe. Sieben ungleiche Kerzenhalter sitzen ihr als schlanke Rundkörper auf. Sie tragen, recken und strecken wie Arme die Lichtkörper empor: Die Kerzen, auf grünlackierten Lichtertellern, sitzen nun alle auf gleicher Höhe und in gleichen Abständen. Die Reihung der sieben Lichter wiederholt die Grundlinie des untersten, längsten Balkens und beschließt insgesamt das querrechteckige Schmuckfeld aus horizontalen und vertikalen Linien und Formen.

Drei massive Balken kragen weit aus dem tragenden Mittelpfosten vor. Sie sind mit Holzkeilen am Mittelposten fixiert, als wollten sie den Bibelvers wörtlich nehmen: *„Drei Leuchterarme auf der einen Seite und drei auf der anderen Seite."* Die Oberkante des untersten Balkens gibt die Breitenwirkung des gesamten Leuchters vor, während in der Mitte ein tragender Schaft aufragt. Er ist *„aus einem Stück"*, ganz wie es die biblische Ausschreibung vorgibt. Nimmt man noch den Schlussvers hinzu *„Seine Knospen und Arme sollen ein Ganzes mit dem Schaft bilden"*, so wird die Nähe des Gutman-Leuchters zum biblischen Auftrag von Ex 25, 31–39 deutlich.

Der Leuchter von Franz Gutmann hat nunmehr in der Freiburger Universitätskirche im mittleren, westlichen Seitenkompartiment seinen neuen Ort gefunden. Er steht dort seitlich der Inschrifttafel, die zum Gedenken an Edith Stein in die Wand eingelassen ist. In diesem Kontext vergegenwärtigt der Leuchter der Sieben Gaben der Weisheit auch das Glaubenszeugnis der Philosophin Edith Stein (1891–1942), der Assistentin von Edmund Husserl, die als Jüdin zum Katholizismus übergetreten ist, als Nonne dem Kölner Karmeliterkloster beitrat und, wie ihre Schwester, im Konzentrationslager von Auschwitz umgebracht wurde. Der siebenarmige Leuchter verkörpert damit an seinem neuen Ort ein Bündel von Bedeutungen: biblische Ausschreibung, liturgischer Dienst, symbolische Verheißung, zeitgenössisches Zeugnis und dauerhafte Mahnung.

Musik

Felix Mendelssohn Bartholdy und Johann Sebastian Bach
Eine Betrachtung aus organistischer Perspektive

Martin Schmeding

Einleitung

Ja ja! Johann Sebastian Bach
Potz Wetter! Der verstand sein Fach,
In Orgelspiel, Musik, Gesang
Da hat sein Name guten Klang.

In Eisenach geboren, war
Verwaist schon im zehnten Jahr
Doch nahm sich des Sebastian
Sein ält'rer Bruder Christoph an.

[....]

Zu Leipzig steht ein Denkmal jetzt,
Daß man Sebastian Bach gesetzt
Doch mehr als Stein lebt Ton und Wort
In seinen Geisteswerken fort.[1]
(Theodor Drobisch)

Die Zeilen dieses Lobgedichtes aus der Mendelssohn-Zeit verdeutlichen, welchen Stellenwert Johann Sebastian Bach – durchaus auch im romantisch-schwärmerischen Sinn – zu Beginn des 19. Jahrhunderts wieder erlangte. Einen großen Anteil hieran hatte Felix Mendelssohn Bartholdy, sowohl als Komponist und Interpret, als auch als Mäzen, Sammler und Herausgeber.

Zahlreiche Bezüge zu Johann Sebastian Bach lassen sich im Leben und Wirken Mendelssohns finden. So wird er von vielen Zeitgenossen und Kritikern weniger als Neuerer und erster Romantiker gesehen, sondern als Traditionalist im barocken bzw. klassischen Sinne.

1 E. Henschel (Hrsg.), Euterpe – Eine Musikzeitschrift für Deutschlands Volksschullehrer, 5/1857, 1.

Der Pianist und Dirigent Hans von Bülow, der selbst noch Unterricht beim Meister erhielt, schreibt: „Wer Mendelssohn richtig spielen will, spiele etwa vorher Mozart."[2] Und auch Goethe vergleicht den jungen Mendelssohn mit dem Wunderkind Mozart, das er selbst noch als Jugendlicher hatte spielen hören.

Die Einschätzung Mendelssohns als „Nachahmer einer Tradition" geht im negativen Sinne so weit, dass Richard Wagner ihn in seinen unsäglichen, antisemitischen Aufsätzen als Komponisten bezeichnet, „der die formale Komplexität von Bachs Musik nachäffe, dieses auf zugegebenermaßen hochinteressante und erstaunliche Art und Weise, ohne dabei jedoch den Geist des ‚vollendeten Musikmenschen' [...] zu durchdringen."[3]

Die nachfolgenden Erörterungen sollen vor allen Dingen die Beziehungen des Organisten und Orgelkomponisten Felix Mendelssohn Bartholdy zu Johann Sebastian Bach in biographischer, interpretatorischer und kompositorischer Hinsicht zum Gegenstand haben.

Biographische Bezüge

Schon in seiner Kindheit und Jugend wurde Mendelssohn durch Persönlichkeiten geprägt, die Johann Sebastian Bach verehrten und sein Werk als Sammler und Interpreten pflegten.

Sein Vater Abraham erwarb bereits 1805 Handschriften Bachs in Hamburg, die er dann später der Singakademie in Berlin zur Verfügung stellte. Auch Mendelssohns Tante mütterlicherseits, Sarah Itzig Levy, die noch bei Wilhelm Friedemann Bach Cembalounterricht erhalten hatte, Mozart und Haydn kannte und Mitglied der Berliner Singakademie unter Carl Friedrich Fasch war, baute während ihrer langen Lebenszeit eine umfassende Manuskriptsammlung Bachscher Werke auf. Vermutlich durch ihre Vermittlung erhielten die jungen Geschwister Fanny und Felix Unterricht bei Carl Friedrich Zelter, dem Freund Goethes und Nachfolger Faschs als Leiter der Singakademie.

Zelter erläutert in seiner Autobiographie die Unterrichtsmethode, die er bei seinem Lehrer Fasch erfahren hatte und die er auch an die Geschwister Mendelssohn weitergab.

Sie ähnelt in vielen Bereichen dem Bachschen System, wie es z. B. durch seinen Schüler Johann Philipp Kirnberger überliefert ist:

„Eine Zeit lang hatte ich vierstimmige Choräle geschrieben, dann sah ich mich im fünfstimmigen Satz um; dann gingen wir zu den Kontrapunkten über, von diesen zum Kanon, der mir gewaltige Freude machte [...] Zuletzt hatten wir uns an den dreistimmigen Satz gemacht [...] Von hier war ich auf die sogenannten Charakterstücke und französischen Tänze übergegangen, und damit sollte,

2 H. von Bülow, Briefe und Schriften III, Leipzig 1896, 405.
3 R. Wagner, Neue Zeitschrift für Musik – September 1850, Leipzig 1850, 109.

was man eigentlich Schule nennt, beschlossen und die Fuge angefangen werden."[4]

Felix Mendelssohn Bartholdy hielt alle Übungen und frühen Kompositionen in einem eigenen Buch fest. So können wir seine Fortschritte erkennen: 1. Generalbass (nach Kirnberger/Rameau), bis Oktober 1819, 2. Choralsätze, bis Januar 1820, 3. doppelter Kontrapunkt und Kanon, bis Mai 1820, 4. zwei- und dreistimmige Fugen, bis Januar 1821.

Parallel dazu begann er ab Ende 1820 mit dem Orgelunterricht bei August Wilhelm Bach, dem Organisten der Berliner Marienkirche und Enkelschüler Bachs (über Johann Christian Kittel und Michael Gotthard Fischer), der allerdings trotz der Namensgleichheit keine verwandtschaftlichen Bezüge zum Thomaskantor aufweist.

Das prägende Instrument für den jungen Felix war demnach die von Abbé Vogler „simplifizierte" Wagner-Orgel[5], mit der er sowohl die traditionellen mitteldeutsch-barocken Farben, die er sein ganzes Leben lang bevorzugen wird, kennen lernte, als auch den Zeitgeschmack der dynamischen Orgel (mit Crescendo-Vorrichtung wahrscheinlich für das ganze Werk) mit einander gegenüber gestellten „Farbwerken" nach Abbé Vogler.

Die im Unterricht bei August Wilhelm Bach entstandenen frühen Orgelkompositionen weisen zahlreiche Bezüge zu Bachschen Vorbildern auf, wie der Detailvergleich noch zeigen wird.

Eine weitere intensive Prägung durch das bachsche Werk erfuhr Mendelssohn in Zelters „Singakademie", der er zusammen mit seiner älteren Schwester Fanny 1820 beitrat.

Zelter fühlte sich zunächst der Pflege des a-capella-Ideals verpflichtet und stellte die – nach damaliger Praxis – rein vokal ausgeführten Motetten Bachs in den Mittelpunkt. Darüber hinaus probte er in einem kleinen Kreis ausgesuchter Sänger im Hause von Eduard Devrient im Rahmen der so genannten „Freitagsmusiken" einzelne schwierige Sätze aus umfangreicheren Bach-Werken, wie z. B. der h-Moll-Messe, der Matthäus-Passion oder den Kantaten.

Welchen Eindruck diese Werke auf den jungen Mendelssohn gemacht haben müssen und wie sehr sie ihn zu Kompositionen für Tasteninstrumente anregten wird deutlich, wenn wir bei Eduard Devrient lesen, dass Mendelssohn in Anwesenheit Johann Schelbles, des Gründers des Frankfurter Cäcilienvereins – einer der Singakademie Zelters vergleichbaren Institution – über Themen aus Bachs Motetten kunstvoll improvisierte.

Noch in den vom Geiger Ferdinand David 1840 im Leipziger Gewandhaus veranstalten Kammerkonzerten wird Mendelssohn spontan Bachs Präludium aus der Partita in E-Dur (BWV 1006) und die Chaconne aus der Partita in d-Moll (BWV 1004) für Solo-Violine auf dem Klavier begleiten: „Bemerken müssen wir noch hierbei, dass Herr Dr. Mendelssohn-Bartholdy beide Stücke durch eine freie

4 R. L. Todd, Felix Mendelssohn Bartholdy. Sein Leben, seine Musik, Stuttgart 2008, S. 64.
5 Disposition s. Anhang I.

in kontrapunktischer Form gehaltene Harmonieausführung auf dem Pianoforte begleitete. Diese Bach'schen Solostücke sind nämlich ursprünglich für Violine allein, ohne Bass oder Bezifferung, geschrieben [...] nun ist dies an sich zwar für Künstler, welche als solche im Stande sind, die harmonische Führung und künstliche Arbeit derselben selbst zu erkennen und zu beurtheilen, zum Verständnis vollkommen hinreichend, allein das Publikum bedarf hierzu einer Hilfe, eines Kommentars gewissermaassen, der ihm das Ganze anschaulicher macht und das Verstehen erleichtert."[6]

Ein weiterer wichtiger biographischer Punkt im Verhältnis zu Johann Sebastian Bach ist Felix Mendelssohn Bartholdys Einsatz als Interpret Bachscher Orgelwerke. Wenn man die Programme der Konzerte und die Hinweise Mendelssohns vergleicht, kommt man ungefähr auf folgendes Repertoire, das von ihm immer wieder in Konzerten oder zu öffentlichen Orgelvorspielen eingesetzt wurde:

Präludium und Fuge e-Moll (BWV 533), Präludium und Fuge a-Moll (BWV 543), Präludium und Fuge Es-Dur (BWV 552, oft auch nur die Fuge mit improvisierter Einleitung), Toccata und Fuge d-Moll (BWV 565), Passcaglia c-Moll (BWV 582), Pastorella F-Dur (BWV 590), Choralvorspiel „Schmücke dich, o liebe Seele" (BWV 654), Präludium und Fuge D-Dur BWV 850 (aus dem „Wohltemperierten Clavier I").

So enthielt das Orgelrecital vom 6. August 1840 zu Gunsten eines neuen Bach-Denkmals neben der Thomasschule folgende Programmfolge: Freie Introduktion und Fuge Es-Dur (BWV 552,2) – BWV 543 – BWV 654 – BWV 565 – BWV 582 – BWV 590 – Freie Phantasie über „O Haupt voll Blut und Wunden (mit Fugato über B-A-C-H). Teile dieser Phantasie sind evtl. in einem Fragment enthalten, das in der Bodleian Library in Oxford aufgefunden wurde. Die besondere Affinität Mendelssohns zu diesem Choral rührt sicherlich auch daher, dass er in der „Matthäus-Passion" Bachs als zentraler Choral sechs Mal in Erscheinung tritt.

Auch in England setzte sich Mendelssohn stark für Bachs Orgelwerke ein. Schon Sir George Smart, im Oktober 1825 Gast der Mendelssohns, berichtet, wie der Junge Felix Bachsche Orgelwerke auf einer kleinen Orgel ausführte und Fanny die Pedalstimme auf einem Klavier ergänzte.

In seinen englischen Orgelkonzerten, z.B. in St. Paul's Cathedral, Westminster Abbey und St. John's (Waterloo) im Juni 1832 konnte er die versammelte Organistenschaft überzeugen, vor allem durch seine Improvisationskunst und die Fähigkeit, mit den Pedalen dieselben virtuosen Skalen auszuführen, wie im Manual. Auch von Johann Sebastian Bach sind uns diese Fähigkeiten überliefert.

William Smyth Rockstro sieht in Mendelssohns Bach-Interpretationen „a complete revolution in the style of English organ-playing."[7] Organisten wie Henry Gauntlett werden sich in Zukunft für den Bau eines vollgültigen „kontinentalen" Pedals mit ausreichendem Tonumfang einsetzen, was zu diesem Zeitpunkt in

6 Todd (wie Anm. 4) 429f.
7 Todd (wie Anm. 4) 295.

England noch eine Seltenheit war. Deshalb widmete Mendelssohn seinem Freund Thomas Attwood, Organist an St. Paul's Cathedral, zwei Fugen für zwei Organisten zu vier Händen. 1832 ermöglichte es in England nur dessen Orgel, Bachs Pedalstimmen ohne größere Adaptionen zu spielen.

Insgesamt ähneln die Beschreibungen von Mendelssohns Orgelspiel in zahlreichen Punkten den Ausführungen, die wir von Johann Nikolaus Forkel oder Carl Philipp Emanuel Bach über die Kunst Johann Sebastian Bachs kennen: Technische Perfektion in Manual und Pedal, überragende Improvisationsfähigkeiten, der Einsatz von ausgefeilten und neuartigen Registrierungen, die den Fachmann erstaunen lassen und gleichzeitig nie vorher gehörte Effekte bewirken.

Felix Mendelssohn Bartholdy hat aber nicht nur die besagten Orgelwerke Bachs gekannt. Parallel zur Arbeit an den Sonaten Op. 65 bat ihn der englische Verleger Charles Coventry um eine Edition Bachscher Orgelwerke. Mendelssohn stellte im August 1844 alle in seinem Besitz befindlichen Choralvorspiele Bachs zusammen, die Coventry dann in vier Bänden 1845 und 1846 veröffentlichte: 44 Choralvorspiele aus dem „Orgelbüchlein", 15 Choralvorspiele aus den „Leipziger Chorälen" und die Choralpartiten „Christ, der du bist der helle Tag" (BWV 766) und „Sei gegrüßet, Jesu gütig" (BWV 768).

Außerhalb der Orgelkomposition wurde Mendelssohns Umgang mit dem Werk der barocken Meister Bach und Händel v. a. in seinen zahlreichen Aufführung der Oratorien deutlich. Hervorzuheben sind dabei neben den Wiederaufführungen der Matthäus-Passion (Berlin, 11. März 1829 mit der Singakademie und Leipzig, Palmsonntag, 4. April 1841 in der Thomaskirche) die Aufführungen Händelscher Oratorien bei den Rheinischen Musikfesten und in England. Da ist es kaum erstaunlich, dass sich Mendelssohn im Zusammenhang mit den Arbeiten an seinem ersten Oratorium „Paulus" häufig an den barocken Vorbildern orientiert.

In dieselbe Zeit fällt auch die vermehrte Beschäftigung mit der Fugenkomposition, die letztendlich in den beiden Zyklen Op. 35 für Klavier und Op. 37 für Orgel mündet.

Die Fugen von Op. 37 sind allesamt in früheren Jahren entstanden: die Fuge in c-Moll in Düsseldorf am 30. Juli 1834, die Fuge in G-Dur in Leipzig am 1. Dezember 1836, die Fuge d-Moll in Berlin am 29. März 1833. Wahrscheinlich kann man in diesen Werken einen Zusammenhang mit der Beschäftigung mit polyphonen Formen im Rahmen der Arbeit am Oratorium „Paulus" sehen. Im Juli 1839 entstehen dann noch einmal drei einzelne Fugen in e-Moll, C-Dur und f-Moll.

Die kompositorische Detailbetrachtung wird zeigen, dass Mendelssohn in seinem Op. 37 im Vergleich zu seinen frühen Orgelwerken auf der Grundlage der von Johann Sebastian Bach erlernten Fugentradition eine bewusste Neuorientierung und Weiterentwicklung der Form Präludium und Fuge leistet, die vor allem durch die später hinzu gefügten Präludien eine deutliche Ausweitung zum romantischen Charakterstück erfährt.

Im Auftrag des englischen Verlegers Coventry und Hollier entstehen in den Jahren 1844 und 1845 die Sonaten. Nachdem dieser zunächst die in England populäre Form des „voluntary“ vorgeschlagen hatte, schreibt ihm Mendelssohn im August 1844: „I would like to call them ‚Three Sonatas for the Organ‘ instead of Voluntaries […] the more as I do not know what it means precisly“[8].Was die englischen Organisten darunter verstanden, formuliert der Verleger Robert Cooks sehr präzise in einem Auftrag an Mendelssohn aus derselben Zeit: „Slow introduction of one page. Second movement introducing solo stops of about 2 pages, and to conclude with a lively fugue of about 3 pages.“[9]

Veröffentlicht wurden die sechs Sonaten schließlich im Herbst 1845 von vier Verlagen simultan. Englische Anzeigen für das neue Werk nennen es „Mendelssohn's school of organ-playing“ – hier zeigen sich erstaunliche Bezüge zu Bachs Formulierung auf dem Titelblatt des Orgelbüchleins: „Worinne einem anfahenden Organisten Anleitung gegeben wird, auff allerhand Arth einen Choral durchzuführen, anbey auch sich im Pedal studio zu habilitiren, indem in solchen darinne befindlichen Choralen das Pedal gantz obligat tractiret wird.“ Auch für die englischen Organisten muss das „obligat tractierte“ Pedal in Mendelssohns Sonaten eine neuartige Herausforderung und Schulung gewesen sein.

Stilistisch hat sich Mendelssohn bis auf einige später zu beschreibende polyphone und formale Techniken im wesentlichen vom bachschen Vorbild gelöst und schreibt laut Robert Schumann „echt poetisch neue Formen.“ Und selbst die traditionelle Fugenform revolutioniert er für die Orgelkomposition, indem er das Prinzip der dynamischen und tempomäßigen Steigerung auf die Orgel überträgt.

Kompositorische Bezüge

In Mendelssohns Frühwerk lässt sich die kompositorische Verwandtschaft zu Bachs Werk direkt nachweisen. Da Mendelssohn in seinem Haus und Umfeld Einblick in Manuskripte und Editionen bachscher Werke bekommen konnte und sich auch regelmäßig alleine oder im Dialog mit seiner Schwester Fanny mit bachschen Werken (v.a. aus dem „Wohltemperierten Clavier“) präsentierte, konnte er deren Struktur und kompositorischen Inhalte intensiv studieren.

Seine unbetitelte Ostinato-Komposition von 1823 steht in derselben Tonart wie Bachs Passacaglia c-Moll BWV 582. Das Bassthema weist allerdings große Verwandtschaft mit dem Beginn des Präludiums b-Moll (WTC I, BWV 867) auf:

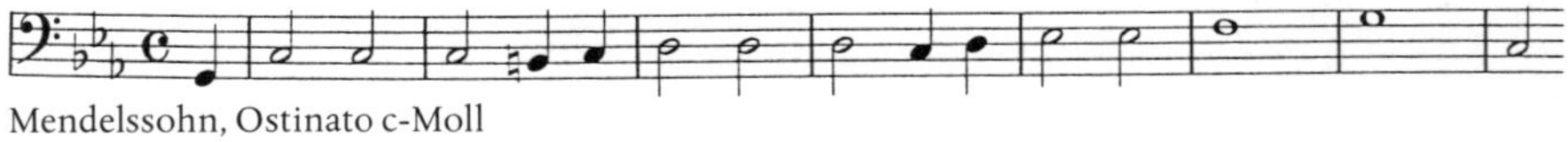

Mendelssohn, Ostinato c-Moll

8 P.W. Jones, „Mendelssohn and his English Publishers“, in: R.L. Jones (Hrsg.), „Mendelssohn Studies“, Cambridge 192, 253.

9 H. Davidsson (Hrsg.), Proceedings of the Göteborg International Organ Academy 1994, Göteborg 1995, 339.

Bach, Präladium b-Moll

Darüber hinaus erinnern viele Variationen an das bachsche Vorbild, wie z. B.

– die „off-beat"-Variante (T. 25ff.):

Bach, Passacaglia c-Moll

Mendelssohn, Ostinato c-Moll

– die Durchführung in parallelen bzw. gegenläufigen Oktaven (T. 41ff.)

Bach, Passacaglia c-Moll

Mendelssohn, Ostinato c-Moll

oder die Manualiterpassage (T. 113ff.)

Bach, Passacaglia c-Moll

Mendelssohn, Ostinato c-Moll

Im Gegensatz zum „formalen Kosmos“ der bachschen Passacaglia weist Mendelssohns Frühwerk jedoch stark epigonale Züge auf, indem er einzelne Variationen teils barocker teils romantischer Prägung zu einem Gesamtaufbau zusammen fügt.

Zahlreiche Übungsfugen aus dem erwähnten Skizzenbuch von 1820/21 weisen die Gestalt und technische Komplexität der Triosonaten auf. Neben den typischen imitierenden Anfängen verlangt Mendelssohn wie Bach die virtuose Behandlung der Pedalstimme, auch wenn die Werke vielleicht nicht primär für die Ausführung, sondern als Übungen gedacht sind:

Mendelssohn, Triol (Übungsskizze)

Bach, Triosonate c-Moll (3. Satz)

Dass zu Mendelssohns Zeit häufig Klavierwerke auf der Orgel ausgeführt wurden, erwähnt er selbst in Bezug auf das Präludium in D-Dur (WTC I, BWV 850), dessen Beginn im Pedal durchaus ungewöhnlich für die Technik der meisten Zeitgenossen ist.

Des Weiteren wird dies in einer fragmentarischen Fantasie und Fuge g-Moll (1823?) deutlich. Unverkennbar ist hier das Vorbild der Chromatischen Fantasie und Fuge, die Mendelssohn in späteren Konzerten häufig auf das Programm setzen wird:

Bach, Chromatische Fantasie

Mendelssohn, Fantasie g-Moll

Die überlieferten frühen Choralvariationen Mendelssohns scheinen eher durch die Satzweise des Bach-Enkelschülers Christian Heinrich Rinck beeinflusst, den Mendelssohn im Juli 1822 auf einer seiner ersten großen Reisen in Darmstadt besuchte. Trotzdem finden sich auch hier Anklänge an bachsche Werke. So erinnern manche Variationen über „Wie groß ist des Allmächt'gen Güte“ (Juli/August 1823) an Bachs Kanonische Veränderungen über „Vom Himmel hoch, da komm ich her“ BWV 769:

Bach, kanonische Veränderungen

Mendelssohn, Choralvariationen

Im Zusammenhang mit Mendelssohns biographischer Entwicklung ist schon die intensive Beschäftigung mit der Fugenkomposition hervorgehoben worden. Betrachtet man zunächst nur die äußere thematische Gestalt einiger Werke, wird auch hier ihre Beziehung zu Orgelwerken Bachs deutlich.

So scheinen motivische Verbindungen folgender Werke möglich und offensichtlich:

Fuge d-Moll Op. 35,2 ---- Fuge b-Moll BWV 867 (WTC I)

Bach, Fuge b-Moll

Mendelssohn, Fuge d-Moll

Fuge C-Dur (1839) ---- Fuge C-Dur BWV 545

Bach, Fuge C-Dur

Mendelssohn, Fuge C-Dur

Fuge e-Moll (1839) ---- Präludium e-Moll BWV 548

Bach, Präludium

Mendelssohn, Fuge e-Moll

Neben diesen direkten Bezügen erweist Mendelssohn Johann Sebastian Bach immer wieder durch die kontrapunktische Arbeit seine Referenz, in Op. 37 und später Op. 65 nun viel differenzierter als noch in den Jugendwerken.
Eine kurze Betrachtung dreier Fugen aus den genannten Werksammlungen soll zeigen, in wie vielen Einzelheiten sich Mendelssohn auf Bach bezieht, wenngleich er insgesamt allerdings neue kompositorische Wege im Orgelbereich beschreitet.

Die Fuge in G-Dur Op. 37,2 weist schon in ihrer formalen Anlage auf das Modell zahlreicher bachscher Fugen (z.B. BWV 542) hin: Exposition – Dominant-Exposition – modulierende Exposition – Reprisen-Exposition mit Engführung. Neu für die Orgelkomposition ist allerdings die Einsatzfolge Bass – Tenor – Alt – Sopran. Außerdem gibt Mendelssohn im Sinne des romantischen Charakterstücks oft die Selbstständigkeit der Stimmen zugunsten ausdrucksvoller harmonischer Folgen auf. Die Einarbeitung von Umkehrungselementen in die kontrapunktische Struktur verweist wieder auf das bachsche Vorbild.

Ähnliche Elemente finden wir in der Fuge in d-Moll Op. 37,3, in der Mendelssohn in den Durchführungen die Stimmen zum Teil fugiert führt. Direktes Vorbild könnte hier die Dorische Fuge BWV 538,2 gewesen sein. Neben dem „Stile antico“-Bild dieser Fuge zeigen auch die Ansätze von beibehaltenem Kontrapunkt Verbindungen zum genannten Bach-Werk.

Mit der Fuge aus der 2. Sonate, die auch in einer Frühform vorliegt, präsentiert Mendelssohn eine Fuge ohne Zwischenspiel, wie wir sie auch öfters bei Bach finden. Auch wenn Mendelssohn nicht so konsequent vorgeht, wie Bach in manchen seiner Permutationsfugen mit gleich bleibenden Kontrapunkten, erinnert Satz- und Klangbild dieses Mendelssohn-Werks sehr stark an seine barocken Vorbilder. Die Einführung des Achtelkontrapunkts in der Mitte der Komposition ähnelt z.B. der c-Moll Fuge BWV 546,2.

Wenn Robert Schumann in einem Brief an Mendelssohn vom Oktober 1845 die Sonaten als „diese echt poetischen neuen Formen, wie sie sich in jeder Sonate zum vollkommnen Bild runden“ bezeichnet, weist zunächst wenig auf deren Bezug zur Bachtradition hin. Mendelssohn hat trotz der Verwendung älterer Sätze durch seine formalen und kompositionstechnischen „Experimente“ die Gattung „Sonate“ für die Orgel wieder aufgegriffen bzw. eigentlich neu erfunden, da die früheren Sonaten (z.B. die Triosonaten von Johann Sebastian Bach, Johann

Gottlieb Janitsch und Georg Philipp Telemann) eher instrumentale Kammermusik waren, quasi für Orgel transkribiert.

Schon die Präludien und Fugen Op. 37, aber auch z. B. die oben beschriebene Bearbeitung der Chaconne d-Moll für Violine, deren einzelne Variationen Mendelssohn zu einer Großform gliedert, zeigen immer wieder deutlich, dass sich Mendelssohn nicht in einem bloßen Kopieren bachscher Prinzipien und Formen erschöpft, wie ihm u. a. von Richard Wagner vorgeworfen wurde, sondern unter Verwendung bachscher Techniken ganz eigene formale Wege geht.

So weisen die Sonaten neben der von Schumann beschriebenen Neuartigkeit vielerlei Detailbezüge zu Bach auf, und dies nicht nur in den offensichtlichen Beispielen, wie den Fugensätzen.

Wenn wir die Sonate VI d-Moll über „Vater unser im Himmelreich" betrachten, wird deutlich, dass Mendelssohn die bachschen Choralbearbeitungen gut studiert haben muss. Ähnlich wie in zahlreichen Choralbearbeitungen, z. B. aus dem „Orgelbüchlein" oder den „Leipziger Chorälen" ergibt sich aus dem melodischen Material des Chorals die thematische und motivische Struktur für einen Großteil der Sätze:

Bach, Wenn wir in höchsten Nöten sein (Orgelbüchlein)

Mendelssohn, Fuge aus Sonate VI

Ob wir soweit gehen können, wie Gerd Zacher es in seinem Aufsatz „Die riskanten Beziehungen zwischen Sonate und Kirchenlied"[10] tut und nach barock-rhetorischem Prinzip musikalische Figuren und Textausschnitte einander zuordnen, darf und muss auf dem Hintergrund der neueren Forschungsergebnisse (Urfassung über „Nimm von uns, Herr, Du treuer Gott") kritisch hinterfragt werden.

10 G. Zacher, Die riskanten Beziehungen zwischen Sonate und Kirchenlied, in: F. Mendelssohn Bartholdy (Edition Text+Kritik), München 1980, 34–45.

Ein weiterer Sonatensatz zeigt allerdings, wie genau Mendelssohn die Matthäuspassion kannte und auf welche Weise er kompositorische Gedanken Bachs auf die Orgelwerke übertrug: Die dialogische Anlage des Eingangssatzes der ersten Sonate erinnert nicht nur durch die Tonart f-Moll sondern auch durch den Kontrast dramatisch-espressiver Plenum-Passagen und milder Choralzeilen an das Rezitativ Nr. 25, in dem sich hochdramatische Tenorphrasen (Gethsemane-Szene) mit dem Choral „Herzliebster Jesu" abwechseln.

Eine weitere Parallele in der Persönlichkeits- und Kompositionsstruktur Bachs und Mendelssohns zeigt sich, wenn wir das Verhältnis von Improvisation und Komposition im Orgelwerk beider Künstler betrachten.

Blicken wir z.B. auf frühe Choralvorspiele Bachs (z.B. in der Neumeister-Sammlung) und betrachten sie auf dem Hintergrund der Beschwerde des Arnstädter Konsistoriums, Bach habe „in dem Choral viele wunderliche variationes gemachet, viele frembde Thone eingemischet, dass die Gemeinde drüber confundiret worden"[11], so wird deutlich, dass Elemente aus den Improvisationen in Gottesdienst und Konzert direkten Einfluss in bachsche Kompositionen gefunden haben.

Bach, Gelobet seist du, Jesu Christ

Ähnlich verhält es sich bei Mendelssohn. Im Zusammenhang mit einer Reise in die Schweiz berichtet er an seine Schwester Fanny von einer Orgelimprovisation im Kloster Engelberg und fügt auch eine Skizze der Improvisation bei: „Da ist mir heut eine Phantasie drauf gelungen; es ist die erste in meinem Leben, die ich gerne aufgeschrieben haben möchte…Es kamen nämlich nach u. nach immer mehr Contrathemas gegen den Canto fermo, erst punktierte Noten, dann Triolen, zuletzt schnelle Sechzehnteil, aus denen sich dann das Credo immer wieder herausarbeiten mußte."[12]

Im Vergleich mit dem Beginn der letzten Variation der sechsten Sonate Op. 65 werden auch hier deutliche Übereinstimmungen bzw. Inspirationen von Improvisation und Komposition sichtbar:

11 M. Schmeding, Ex Improviso. Zur freien Improvisation im Gottesdienst, in I. Mildenberger/W. Ratzmann, Klage – Lob – Verkündigung, Leipzig, 2005, S. 114.

12 F. Mendelssohn Bartholdy, Orgelwerke II, Vorwort von Chr. Schmidt, Wiesbaden 2004, S. XIIIf.

Mendelssohn, Skizze (Brief an Fanny)

Mendelssohn, Sonate VI

Interpretatorische Bezüge

Schon die von Felix Mendelssohn Bartholdy gespielten und bevorzugten Instrumente belegen seine Einbindung in die Tradition, aber auch die Kenntnis der neueren Klangvorstellungen. In ähnlicher Weise verhält es sich mit den von ihm überlieferten Registrierungshinweisen.[13]

Die Klänge der mitteldeutschen Barockorgel vor allem silbermannscher Prägung wird er ein Leben lang schätzen. So reitet er zu Leipziger Zeiten oft nach Rötha aus, um die dortige St. Georgenkirche mit ihrer Silbermannorgel zu besuchen, die eine kaum veränderte barocke Gestalt mit gravitätischer 16'-Basis im Hauptwerk aufweist. Auch seine erste Unterrichtsorgel in der Berliner Marienkirche war ja durch ihren Erbauer Joachim Wagner ein Instrument der Silbermannschule, wenngleich erheblich verändert nach Abbé Voglers Grundsätzen.

So finden sich historische und moderne Registrierhinweise nebeneinander in den frühen Orgelwerken: Die unbetitelte Ostinato-Komposition (Passacaglia) c-Moll vom 10. Mai 1823 erhält als klangliche Anweisung „Volles Werk" entsprechend der anscheinend barocken Leipziger Aufführungstradition. In seiner Rezension des Orgelkonzerts von 1840 wird Robert Schumann in der „Neuen Musikzeitung" allerdings schreiben, Mendelssohn habe die Passacaglia von Bach „vortrefflich in den Registern" behandelt. Hinweis für eine stilistische Entwicklung oder die „friedliche Koexistenz" mehrerer Möglichkeiten?

Einige Jahrzehnte später wird August Wilhelm Gottschalg von seinem Lehrer Franz Liszt, dem er einige bachsche Orgelwerke gemäß „Leipziger Tradition" im Organo pleno vorgespielt hatte, folgende Anweisung erhalten, die charakte-

13 Sämtliche Orgeldispositionen s. Anhang.

ristisch für den endgültigen stilistischen und ästhetischen Wandel ist: „Und nun wurde klanglich vielfach experimentirt, bis endlich ein farbenprächtiges Tongemälde zustande kam...Er sagte nachher: Spielen Sie das Stück immer so, ja nicht mehr in der alten schulmeisterlichen zopfigen Weise."[14]

Im Notentext und den Registrieranweisungen Mendelssohns zu den Sonaten Op. 65 von 1844/45 deutet hingegen Vieles auf eine eher klassische Klangvorstellung mit wenigen Klang- bzw. Manualwechseln hin.

Demgegenüber stehen aber zahlreiche Quellen, in denen Mendelssohn selbst darüber berichtet, wie er sich beim Improvisieren oder in Abwesenheit des Organisten selber registriert habe („...dann phantasierte ich auf den Choral: Christe, du Lamm, den ich erst mit Flöten spielte, dann nach und nach immer stärker und endlich suchte ich wieder mit dem sanften Choral zu schließen."[15]) bzw. wie er bei Konzerten in England die Registranten angewiesen habe, ständige unmerkliche Veränderungen des Klanges vorzunehmen („Wunderbar war besonders die klangvolle und ununterbrochen wechselnde Anwendung der Klangfarben der verschiedenen Register."[16]). Ebenso zeigt ihn die berühmte eigenhändige Skizze eines Orgelvorspiels des Widmungsträgers der Sonaten, Friedrich Schlemmer, als Registranten an der rechten Seite der Orgel, was auf klangliche Veränderungen im Laufe des Spiels hindeutet.

Trotzdem bevorzugte Felix Mendelssohn für die Uraufführung seiner Sonaten die spätbarocke Stumm-Orgel der Frankfurter St. Katharinenkirche, obwohl ihm die neue Walcker-Orgel der Paulskirche zugänglich gewesen wäre.

In seinem ersten Orgelwerk, dem Präludium in d-Moll vom 28. November 1820 erscheint gleich zu Beginn im 3. Takt eine Crescendo-Anweisung, die vom Piano ins Mezzoforte führt (T. 5). Diese Anweisung legt eine Verwendung der Schwellvorrichtung der umgestalteten Wagner-Orgel von St. Marien, Berlin, nahe. Weshalb Mendelssohn trotz dieser frühen Anweisungen nie wieder explizit auf dieses Stilmittel zurück greift, das er auch in England häufig vorgefunden haben muss, wird wahrscheinlich ungeklärt bleiben.

Interessant ist in diesem Zusammenhang noch, dass uns eine originale Registrierung für das Choralvorspiel „Schmücke dich, o liebe Seele" BWV 654 von Mendelssohn überliefert ist: „Zu den gehenden Stimmen habe ich eine Flöte, 8 Fuß, und eine ganz sanfte, 4 Fuß, die nun über dem Choral schwebt. Aber zum Choral nehme ich denn eine sanfte Hoboe, ein Clairon, sehr leise, 4 Fuß, und eine Viola. Das zieht den Choral so still und durchdringend, als wären es ferne Menschenstimmen, die ihn aus Herzensgrund singen."[17]

14 A. W. Gottschalg, Dr. Franz Liszt als Orgelkomponist und als Orgelspieler, Neue Zeitschrift für Musik, Nr. 46/47, Leipzig 1899, 505.

15 S. Großmann-Vendrey, Felix Mendelssohn Bartholdy und die Musik der Vergangenheit, Regensburg 1969, 181.

16 E. Naumann, Nachklänge, Berlin 1872, 45.

17 F. Mendelssohn Bartholdy, Reisebriefe, Leipzig 1865, S. 104

In seinen Spielanweisungen scheint Mendelssohn zwischen dem zu stehen, was uns durch barocke Quellen überliefert ist und einem modernen Klavierstil. So können seine Bogenbezeichnungen verschiedene Funktionen haben:

– Artikulations-/Akzentbogen (mit barockem Decrescendo)

Mendelssohn, Sonate IV (4. Satz)

– Überlegatobogen/Tenutobogen

Mendelssohn, Sonate I (4. Satz)

– Phrasierungsbogen

Mendelssohn, Sonate IV (3. Satz)

– Dauerlegatobogen

Mendelssohn, Trio F-Dur

Sogar eine non-legato-Ausführung scheint bei einigen nicht näher bezeichneten Werken durchaus denkbar:

Auch wenn der Grundanschlag von Czerny in seinem Werk „Vom Vortrag Op. 500,3“ mit Legato bezeichnet wird, scheint Mendelssohn hier oft zwischen der barocken Tradition und dem modernen Legato-Anschlag zu stehen: Manche schnellen Sätze mit figurativen Elementen bezeichnet er bewusst mit „sempre legato“ oder Legato-Bögen (4. Satz der 1. Sonate, 3. Satz der 5. Sonate), andere scheint er – da ohne Bezeichnung – im barocken Grundanschlag des „ordentlichen Fortgehens“ oder wie es Czerny bezeichnet „brillianten Spiel“ mit getrennten Tönen auszuführen.

Bei der Interpretation von Mendelssohns Orgelwerken müssen wir uns immer wieder fragen, wie wir seine Anweisungen einordnen. Ähnlich den barocken Quellen leisten uns hier die Klavierschulen des 19. Jahrhunderts hervorragende Hilfestellungen, wie z. B. Carl Czernys Pianoforte-Schule Op. 500, dessen 3. Band sich mit dem „Vortrag“ beschäftigt (Czerny hatte Mendelssohn sein Op. 400 gewidmet).

Ohne in eine Detailanalyse einsteigen zu können, wird doch deutlich, wie sehr Czerny – und damit wahrscheinlich auch Mendelssohn – in vielen Aspekten der Interpretation in der barocken Tradition gestanden hat, auch wenn er schreibt: „Das, was wir jetzt Vortrag und Ausdruck nennen, war den Alten, (zu Händels und Seb. Bachs Zeiten) unbekannt.“

In vielen Anweisungen weist Czerny noch Bezüge zu den spätbarocken Lehrwerken, z.B. von Carl Philipp Emanuel Bach oder Daniel Gottlob Türk auf, in anderen gibt er sich entschieden modern – eine interpretatorische Mischung, die uns immer wieder auch bei Mendelssohn begegnet.

Wenn er über allgemeine Aspekte des Musizierens und der Technik spricht, hören sich viele Formulierungen Czernys wie aus einem Lehrwerk des 18. Jahrhunderts an: Reinheit und Genauigkeit, festes Takthalten etc. Neu im Sinne einer pianistischen Entwicklung der Technik sind allerdings Übungen, die auf die Kräftigung jedes einzelnen Fingers abzielen und so Unabhängigkeit in Bezug auf den Fingersatz schaffen.

Den Hauptteil der Vortragslehre gliedert Czerny in drei Aspekte: Dynamik, Artikulation und Agogik, wobei dem letzteren Punkt im Vergleich zu barocken Klavierschulen eine mindestens gleichwertige Bedeutung zukommt. Czerny nennt ihn sogar den wichtigsten Aspekt des Vortrags.

In den einzelnen Bereichen halten sich traditionelle und moderne Ansichten die Waage.

Czernys Anweisungen zur Akzentuierung machen Gebrauch von den barocken Begriffen des metrischen, grammatikalischen und pathetischen Akzents, hinsichtlich der Detaildynamik wünscht er sich allerdings die großflächigere Anlage einzelner Phrasen, deren dynamische Entwicklung oft mit einer agogischen gekoppelt ist.

Auch wenn er für die Artikulation das Legato als Grundanschlagsform festlegt und damit im Kontrast zu Friedrich W. Marpurgs „ordentlichem Fortgehen" steht, so ist ihm die non-legato-Ausführung bestimmter Passagen und v. a. schneller Notenwerte immer noch bekannt. Größten Wert legt er allerdings auf die feinste Nuancierung der Artikulation vom Überlegato bis hin zum Marcatissimo.

Czernys grundsätzliche Anweisungen zur Agogik könnten direkt aus einer barocken Schule übernommen sein. So fordert er, jedes Stück in dem ihm eigenen Tempo im Takt vorzutragen. Jedes Abweichen vom Grundmetrum muss mit der strengen Taktbeachtung auf „geschmackvolle und verständige Art" vereinigt werden. Hier klingt der barocke Begriff des „bon goût" an. In den von ihm präsentierten Notenbeispielen mit agogischen Bezeichnungen präsentiert er dann jedoch eine unglaubliche Bandbreite der agogischen Möglichkeiten, ein und dieselbe Stelle auszuformulieren: Vom exakten Halten des Taktes bis hin zum akustischen und agogischen „smorzando".

Diese wenigen Einblicke in eine zeitgenössische Klavierschule, die wir so oder in ähnlicher Form auch bei anderen Autoren finden, belegen, dass Komponisten wie Mendelssohn in einer interpretatorischen Tradition, wie sie uns z.B. von Johann Sebastian Bach überliefert ist, standen und wir uns bei der Interpretation ihrer Werke immer wieder fragen müssen, an welchem Punkt „zwischen Barock und Romantik" wir uns befinden.

Anhang

Disposition der Wagner-Orgel St. Marien, Berlin (nach dem Umbau 1800 gemäß dem Simplifikationssystem von Abbé Georg Joseph Vogler durch J. F. Falckenhagen)

Hauptmanual
Bordun 16'
Groß-Nasat 10 2/3'
Principal 8'
Principal 4'
Terzflöte 3 1/5'
Principal 2'

Ober-Werk
Quintaton 16'
Principal 8’
Rohrflöte 4’
Quinte 2 2/3’
Terz 1 3/5’
Trompete 8’

Hinter-Werk
Gedackt 8'
Klein Nasat 5 1/3'
Fugara 4'
Waldflöte 2'
Quinte 1 1/3'
Terz 3 1/5'
Vox humana 16'
Dulcian 32'

Pedal
Principal 16'
Gemshorn 8’
Quintatön 4’
Nachthorn 2’
Blockflöte 1’
Posaune 16’

Disposition der Silbermann-Orgel St. Georgen, Rötha (1721)

Hauptwerk
Bourdon 16'
Principal 8'
Rohr Flaute 8'
Octava 4'
Spitz Flaute 4'
Quinta 3'
Octava 2'
Cornet 3fach
Mixtur 3fach
Cimbel 2fach

Oberwerk
Gedackt 8'
Quintadena 8'
Principal 4'
Rohr Flaute 4'
Naßat 3'
Octava 2'
Tertia 1 3/5'
Quinta 1 1/2'
Sufflaute 1'
Mixtur 3fach

Pedal
Principal 16'
Posaune 16'
Trompete 8'

Disposition der Stumm-Orgel St. Katharinen Frankfurt (1779)

Hauptwerk
Gr. Bordun 16'
Principal 8'
Viola da gamba 8'
Gedackt 8'
Quintathön 8'
Octav 4'
Flöte 4'
Salicional 4'
Quint 3'
Superoctav 2'
Waldflöte 2'
Cornett V 8'
Mixtur IV 2'
Cimbel II 1'
Trompete (B/D) 8'

Positiv
Hohlpfeife 8'
Fl. Travers 8'
Salicional 8'
Principal 4'
Rohrflöte 4'
Quint 3'
Octav 2'
Mixtur IV
Krummhorn 8'
Vox humana 8'

Echo
Hohlpfeife 8'
Flöte 4' (8'?)
Spitzflöte 4'
Octav 2'
Quint 1 1/3'
Krummhorn 8'
Vox humana 8'

Pedal
Principal 16'
Subbass 16'
Violon 16'
Octav 8'
Flötenbaß 8'
Superoctav 4'
Posaune 16'
Klarine 4'
Kornett 2'

Jesu Leiden „ins Sieghafte gedeutet"
Ostern in Johann Sebastian Bachs Johannespassion

Meinrad Walter

Ihre intensivsten österlichen Momente verdankt Bachs Johannespassion keinem Geringeren als *Robert Schumann*. Nach Felix Mendelssohn Bartholdys spektakulärer Wiederaufführung der seit Bachs Tod nicht mehr erklungenen Matthäuspassion 1829 in Berlin (und 1841 in der Leipziger Thomaskirche, dem Ort der Uraufführung) hat Schumann das Schwesterwerk, die „kleinere, aber nicht minder schöne" Johannespassion, für eine Aufführung in Düsseldorf 1851 bearbeitend eingerichtet.[1] Dabei konnte er offenbar der Versuchung nicht widerstehen, einen musico-theologischen Aspekt, den Bach nur andeutet, laut auszusprechen. Zum Mittelteil der Alt-Arie *„Es ist vollbracht"* – wenn die Streicher ihre D-Dur-Kaskaden so fanfarenhaft wie möglich zu spielen haben – komponiert Schumann zwei Trompetenstimmen neu hinzu. Deren Klang ist bereits im Original durch die Tonart D-Dur und die Dreiklangsbrechungen intendiert. Bach aber hatte es – wohl aus Gründen der liturgischen Ordnung, die ein Schweigen der Trompeten und Pauken am Karfreitag vorsah – bei einer Andeutung belassen. In Schumanns Fassung, einer nicht liturgischen, sondern am Palmsonntag des Jahres 1851 konzertant aufgeführten Passionsmusik, hören wir nun tatsächlich siegesgewisse Trompetenklänge mitten in Bachs Passion! Sie verdoppeln nicht etwa die Streicherstimmen, sondern sie intensivieren und ergänzen deren Gestus durch majestätisch-fanfarenhafte Tonrepetitionen mit pauken-imitierender Rhythmik. Heute wirkt dies doppelt überraschend, weil sich zwei Fragen stellen: Ist das noch die Johannespassion des Thomaskantors, die wir so gut zu kennen meinten? Die Antwort lautet: Ja und Nein; es ist Bachs Passion aus Schumanns Perspektive, der ja nicht beliebig in die Partitur eingreift, sondern eine österliche Passionsskizze Bachs gleichsam nachträglich koloriert. Die zweite Frage lautet: Warum wählt Bach für seine Johannespassion diese *johanneisch-österliche* Akzentuierung? Welche musikalischen Lösungen findet er für dieses singuläre Konzept? Und was

1 Vgl. M. Wendt, Fanfaren und andere Besetzungsprobleme. Schumanns Düsseldorfer Erstaufführung der Johannes-Passion, in: U. Bartels/U. Wolf (Hrsgg.), Vom Klang der Zeit. Besetzung, Bearbeitung und Aufführungspraxis bei Johann Sebastian Bach. FS Klaus Hofmann, Wiesbaden 2004, 156–179 (das Schumann-Zitat aus einem Brief vom 6. August 1850, ebd. 156). Von dieser im Jahr 2000 durch den Düsseldorfer Komponisten und Kirchenmusiker Oskar Gottlieb Blarr erstmals wieder aufgeführten Schumann-Fassung erschien 2007 eine CD-Einspielung unter der Leitung von Hermann Max beim Label cpo.

bedeutet das theologisch-liturgisch – damals wie heute? Solchen Fragen gelten die folgenden Überlegungen.

Die Johannespassion (BWV 245)[2] ist eine in vieler Hinsicht bemerkenswerte Passionsmusik. Zwischen Bachs zweiten (1724) und seinem zweitletzten Leipziger Amtsjahr (1749) erklang sie in vier erheblich voneinander abweichenden *Fassungen*.[3] Im Unterschied zur Matthäuspassion kam jedoch nie eine „Fassung letzter Hand" zustande, obwohl Bach dies geplant hatte. Seine 1739 begonnene Reinschriftpartitur des Werkes[4] bricht nach 21 autographen Seiten aus heute nicht mehr durchschaubaren Gründen ab; zehn Jahre später erst komplettiert ein – inzwischen von Peter Wollny identifizerter – Kopist diese Partitur nach Bachs verschollener Erstschrift (1724). *Arthur Mendel* hat die autographe, jedoch fragmentarische Fassung von 1739 bei seiner Edition in der Neuen Bach-Ausgabe (Bärenreiter Verlag) berücksichtigt. Deshalb erklingt heute in den meisten Aufführungen etwa die erste halbe Stunde der Johannespassion nach diesem Partiturfragment mitsamt den subtilen Verbesserungen Bachs im Vergleich zur ersten und zweiten Fassung – Änderungen letzter Hand jedoch, die unter Bachs Leitung in Leipzig nie erklungen sind, weil sie keinen Eingang in das originale Stimmenmaterial gefunden haben! Seit 2004 liegt die neue zweibändige Edition der Johannespassion von Peter Wollny (Carus Verlag) vor, die konsequent die Quellen scheidet und so zu zwei aufführbaren Fassungen kommt: Fassung II (1725) und Fassung IV (1749); das bereits erwähnte Partiturfragment 1739 ist im Anhang abgedruckt. Die erste (1724) und dritte Fassung (1733) wiederum sind so unvollständig überliefert, dass weder eine Edition sinnvoll noch eine Aufführung möglich ist.

Nach diesen bei der Johannespassion unerlässlichen philologischen Zwischenbemerkungen fragen wir: Welche Bedeutung gewinnt die nur schwer ins Wort zu fassende Einheit von *Kreuz und Auferstehung* in diesem Werk?[5] Der Zusammenhang von Karfreitag und Ostern zählt zu den Fundamenten biblisch-christlicher Theologie, Frömmigkeit und Kirchenmusik. Für den Apostel Paulus *ist* diese Einheit letztlich das Evangelium: „Durch dieses Evangelium werdet ihr gerettet: Christus ist für unsere Sünden gestorben, gemäß der Schrift, und ist begraben worden. Er ist am dritten Tag auferweckt worden, gemäß der Schrift"

2 Ausgaben im Rahmen der Neuen Bach-Ausgabe (NBA) Serie II, Bd. 4, hrsg. von Arthur Mendel, Leipzig 1973 mit ausführlichem Kritischem Bericht; sowie von Peter Wollny in zwei Bänden (Fassung II und Fassung IV) im Carus Verlag, Stuttgart 2004 (mit einer sehr hilfreichen Konkordanz der Fassungen, S. IV–V). Zur Werkeinführung vgl. A. Dürr, Die Johannes-Passion von J.S. Bach. Entstehung, Überlieferung, Werkeinführung, München 1988; M. Geck, J.S. Bach. Johannespassion, München 1991. Vgl. auch die CD-ROM: J. S. Bach. Passionen, Internationale Bachakademie Stuttgart, Kassel u. a. 2007, mit Vorträgen (ursprünglich Bd. 2 und 5 der Schriftenreihe der Internationalen Bachakademie) sowie einem Gesprächskonzert mit Helmuth Rilling zu J.S. Bachs Passionen.

3 Fassung I (1724), Fassung II (1725), Fassung III (um 1730), Fassung IV (1749); Partiturfragment (um 1739).

4 Ein Faksimile des Autographs liegt der NBA (Bd. II/4) bei.

5 Auf die soeben skizzierte Problematik der verschiedenen Fassungen gehe ich im Folgenden nur noch an wichtigen ausgewählten Stellen ein.

(1 Kor 15). Johann Sebastian Bach kannte diesen Zusammenhang aus der Bibel und seinen Schulbüchern sowie aus Werken der Kirchenmusik und aus vielen Predigten, die er gehört bzw. lesend studiert hat. Überdies hat er in Weimar 1714 die Worte „Kreuz und Kronen sind verbunden“ in Musik gesetzt; und gegen Ende seines Lebens schrieb er dem Theologiestudenten Johann Gottlieb Fulde einen Rätselkanon ins Stammbuch, der als sogenanntes „*Symbolum*“ die Beischrift enthält: „Christus Coronabit Crucigeros“ – „Christus wird die Kreuztragenden krönen“.[6] In seiner vermächtnishaften h-Moll-Messe schließlich stellt Bach nicht das „Et resurrexit“, sondern das „Crucifixus“ ins Zentrum der tonartlichen Credo-Symmetrie[7], wobei der Trompetenjubel der Auferstehung unvermittelt und höchst effektvoll in die Grabesstille nach dem „et sepultus est“ einbricht. Passion und Ostern, das ist der *doppelte Kern des Evangeliums,* gültig für Christus und für die Christen, zudem normativ nicht nur für die Lehre (doctrina), sondern ebenso für die Frömmigkeit (pietas) und die Feier des Glaubens (liturgia)im Sinne des Axioms „Lex orandi, lex credendi“. Dabei kennt der Protestantismus nicht nur der Bachzeit eine gewisse Verengung auf den „Karfreitag“, was auch an Bachs grandiosen Passionswerken im Vergleich zu seinen Osterkantaten mitsamt dem Osteroratorium ablesbar ist. Mit der Johannespassion jedoch zeigt Bach am musikalischen *Hauptfeiertag* des Kirchenjahres seine innige Vertrautheit mit der Einheit von Theologia crucis und Theologia gloriae. Dem Auseinandertreten beider „Geheimnisse Christi“ wirkt er entgegen, nicht indem er den Ostersonntag stärkt, sondern indem er österliche Momente in seine Johannespassion integriert.

All dies hängt mit Bachs ungewöhnlicher Akzentuierung der musikalischen *Leidens*geschichte als *Johannes*passion zusammen, was in Spannung zum eher harmonistischen Bibelverständnis der damaligen lutherischen Orthodoxie steht. Obwohl Bachs Johannespassion *zwei Matthäus-Interpolationen* (Mt 26,75: Reue des Petrus; Mt 27,51f.: die kosmischen Ereignisse nach Jesu Tod) enthält, die vielleicht aus einer frühen, jedoch verschollenen einchörigen Matthäuspassion Bachs stammen, ist das Werk doch insgesamt überaus stringent dem vierten Evangelium verpflichtet. Dies zeigt sich nicht zuletzt darin, dass bereits der namentlich nicht bekannte Librettist im „musico-theologischen Teamwork“ mit dem Komponisten einiges unternimmt, um die *österlichen Momente* dieser Passion besonders hervorzuheben. So zeigt sich etwa die Sopran-Arie „Ich folge dir gleichfalls mit freudigen Schritten“[8] als überaus lebendige, gar tänzerische Musik, in der es weder im Text noch in der Musik auch nur eine Andeutung der Passionsthematik gibt, was sich allerdings bei der vierten Fassung des Werkes ändert.

6 Vgl. meinen Beitrag im Tagungsband H. Hoping/J. Knop/Th. Böhm (Hrsgg.), Die Bindung Isaaks. Stimme, Schrift, Bild. Studien zu Judentum und Christentum, Paderborn 2009, 259–274.

7 Vgl. W. Blankenburg, Einführung in Bachs h-Moll-Messe. Kassel u.a. 1974 (TB-Ausgabe), 54.

8 Vgl. M. Walter, Musik-Sprache des Glaubens. Zum geistlichen Vokalwerk J. S. Bachs, Frankfurt a.M. 1994, 106–140.

Fassungen I–III sowie Partitur 1739:
Ich folge dir gleichfalls mit freudigen Schritten
Und lasse dich nicht,
Mein Leben, mein Licht.
Befördre den Lauf
Und höre nicht auf,
Selbst an mir zu ziehen, zu schieben, zu bitten.

Fassung IV (1749):
Ich folge dir gleichfalls, mein Heiland, mit Freuden
Und lasse dich nicht,
Mein Heiland, mein Licht.
Mein sehnlicher Lauf
hört eher nicht auf,
bis dass du mich lehrest, geduldig zu leiden.

Man mag es bedauern, aber diese späte Textrevision ist autograph. Ob sie jedoch dem Willen Bachs entspricht, darf mit guten Gründen bezweifelt werden. Die Änderungen schwächen nicht nur poetisch das Original (Doppelung von „Heiland" in der ersten und dritten Zeile), sie zerstören auch die Einheit von Wort und Ton. Vor allem aber nehmen sie der ursprünglich österlichen Akzentuierung ihre Spitze durch die unvermittelte Einführung des *Leidensmotivs*. Konkretes wie die „Schritte" (musikalisch zum Tanz gesteigert) oder das von Bach chromatisch intensivierte „Ziehen" und „Schieben" wird eliminiert und durch eher konventionelles Vokabular ersetzt. Der entscheidende poetisch-theologische Kunstgriff, die gesamte Arie gleichsam um den Nachfolgeruf des johanneischen Jesus „Ich bin das *Licht* der Welt. Wer mir *nachfolgt*, der wird nicht wandeln in Finsternis, sondern wird das *Licht des Lebens* haben" (Joh 8,12) herum zu bauen, ist nun verdunkelt. Und nicht zuletzt wird das *Fenster der Freude*, das an dieser Stelle einen österlichen Ausblick gewährt, durch diese Revision geschlossen. Aufführungspraktisch wiederum führen diese Textkorrekturen heute in ein Dilemma: Sie liegen in Bachs Handschrift (1749) vor, weshalb man sie doch berücksichtigen sollte. Im Partiturfragment von 1739 sind sie jedoch nicht vorhanden. Dass Bach diese letzte, aber wohl nicht letztgültige Textfassung initiiert oder auch nur gebilligt hat, ist schwer vorstellbar, zumal sie auch den architektonischen Bauplan des ersten Passionsteils empfindlich stört. Aus der klug disponierten Antithesis zwischen den Arien „Ich folge dir gleichfalls" (freudig-gelingende Nachfolge) und „Ach, mein Sinn" (in der Verleugnung scheiternde Nachfolge) wird der eher unmotivierte Gegensatz von Freude und geduldigem Leiden innerhalb der Sopran-Arie.

Besonders eindrucksvoll ist die österliche Akzentuierung der Johannespassion in den Rahmensätzen, denn hier geht es um die österliche Existenz Christi *und* der Christen. Der *Eingangschor* „Herr, unser Herrscher“[9] konkretisiert den christologischen Grundgedanken nicht soteriologisch, wie es der Gattung Passionsmusik und der Aufgabe eines Exordiums eigentlich entspricht[10], sondern weitet ihn zu einem höchst komplexen, letztlich *trinitarisch* inspirierten Klanggemälde. Damit stellt dieser „vor musikalischer Semantik und Rhetorik fast berstende“ Satz als Anfang einer „ernsthaften Sinfonik“[11] die Passion Jesu ins Licht nicht nur seiner zeitlich-menschlichen, sondern auch seiner ewig-göttlichen und deshalb „österlichen“ Existenz. Jesu Herrlichkeit *vor* aller Zeit (A-Teil) entspricht seine ewige Präsenz beim Vater *nach* aller Zeit (A' als unverkürzte Wiederholung). Und sein irdisch-zeitliches Leben läuft auf die *Stunde des Leidens* zu, in seine „größte Niedrigkeit“ (B-Teil). Weil aber selbst diese „Niedrigkeit“ typisch johanneisch nicht gänzlich aus dem Prozess der *Verherrlichung* herausfällt, ist der Tiefpunkt des musikalischen Satzes hier zugleich Ausgangspunkt der koloraturenreich-österlichen Klänge.

Der *Schlusschoral* „Ach, Herr, lass dein lieb Engelein“ bedenkt das Sterben des Menschen „am letzten End“. Die Hoffnung richtet sich auf das Schauen des erhöhten Herrn „von Angesicht zu Angesicht“, dem das persönliche Ostern vorausgeht: „… alsdenn vom Tod erwecke mich“. Antwort des Menschen ist der zeitliche und zugleich Ewigkeit intendierende Lobpreis, wobei die Ewigkeit in den Schlussnoten durch eine Verbreiterung musikalisiert ist, gleichsam als Unterstreichung dieser Botschaft. Stärker noch als der Text wirkt hier die Klang- und Tonartendisposition. In der zweiten Fassung schließt das Werk mit der Choralbearbeitung „Christe, du Lamm Gottes“ und in der dritten mit dem tiefen c-Moll-Klang des Schlusschores „Ruht wohl, ihr heiligen Gebeine“. In der ersten und letzten Fassung jedoch fügt Bach dem Choral in der Dur-Parallele Es-Dur in strahlend hoher Lage hinzu: eine Licht-Vision nach dem Dunkel des Grabes. Überdies erkennen wir hier das passionstypische Hin- und Hergehen des Blickes zwischen Jesu Tod und dem eigenen Sterben. Nach Jesu Tod in der Matthäuspassion erklingt die Choralstrophe „Wenn ich einmal soll scheiden“. Die Sterbekantaten Bachs gehen den gleichen Weg in anderer Richtung: Das Bedenken des eigenen Todes (Memento mori) führt in Bachs musikalischer Ars moriendi dazu, den Blick auf das Kreuz (Theologia et Musica crucis) zu lenken.

Zudem sind die beiden Rahmensätze der Johannespassion durch das österliche Stichwort „*Gnadenthron*“ miteinander verbunden. Kunstgeschichtlich ist damit eine Passionsdarstellung gemeint, bei welcher der Gekreuzigte in den Händen Gottvaters ruht und die Geisttaube auf das geistliche Verstehen weist. Mit der Zeile „Mein Heiland und Genadenthron“ (vgl. Röm 3,25) greift der Schluss-

9 Vgl. E. Axmacher, „Aus Liebe will mein Heyland sterben“. Untersuchungen zum Wandel des Passionsverständnisses im frühen 18. Jahrhundert, Neuhausen-Stuttgart 1984, 163ff.

10 In der Matthäuspassion übernimmt die dem doppelchörigen Eingangschor unterflochtene Choralstrophe „O Lamm Gottes unschuldig“ diese Aufgabe, was Bach gleichsam doppelt unterstreicht: der Choral ist in seiner Schönschriftpartitur mit roter Tinte als „Augenmusik“ eingetragen; zudem erklang er in der Klangregie der Leipziger Thomaskirche von der Altarseite.

11 Geck (wie Anm. 2) 52.

choral dieses anfängliche Bild wieder auf. Dass der „Gnadenthron" Christi auch „mein Gnadenthron" werden möge, ist die größtmögliche Verdichtung der lutherischen Passionsbotschaft vom „propter me" und „pro me". Der Eingangschor musikalisiert den Gnadenthron als Einheit der drei Klang-Ebenen: pulsierender Orgelpunkt in den Bässen (die Majestät Gottvaters), dissonierende Leidensmotivik der Oboen (das Leiden des Sohnes), bewegte Koloraturen zu den Worten „Herr", „Herrscher" und „verherrlicht" (die Lebendigkeit des Geistes, der „Herr ist und lebendig macht"). Die johanneische Sicht der Passion wird so von Anfang an deutlich. Das *Leiden und Sterben Christi* ist gleichsam umgriffen von seiner *Herrlichkeit beim Vater.* Und wie sollte das anders verstehbar werden als in der *Auslegung des Geistes?* „Seit der frühesten Gemeinde gab es ein ständiges Bemühen, das Dunkel des Leidens Jesu zu lichten, seinen schmachvollen Tod in einem tieferen Sinn zu deuten. Aber noch kein Theologe vor dem Evangelisten Johannes hatte es unternommen, in dem entehrenden Prozess gegen Jesus, in seinem Leidensweg und seinem Tod am Kreuz schon unmittelbar die Herrlichkeit Jesu aufleuchten zu lassen."[12] Diese von Rudolf Schnackenburg formulierte exegetische Einsicht dürfen wir ergänzen: In der Geschichte der christlichen Kirchenmusik und geistlichen Musik hat kaum ein Komponist die Passion so überzeugend in österliches Licht getaucht wie Johann Sebastian Bach – wenngleich im 20. Jahrhundert zu dieser Frage neben Frank Martins Passionsoratorium „Golgotha" (1948), das Ostern explizit durch die Vertonung der liturgischen „Exsultet"-Lichtdanksagung einbezieht[13], auch die Johannespassionen von Arvo Pärt (1982)[14] und von Sofia Gubaidulina (2000) heranzuziehen wären – letzteres Werk hat die Komponistin im Jahr 2002 mit der Auferstehungsmusik „Johannes-Ostern" ergänzt; im Jahr 2007 wurden beide Teile des Zyklus' unter dem Gesamttitel „Passion und Auferstehung Jesu Christi nach Johannes" erstmals in deutscher Sprache aufgeführt.

Doch kehren wir zu Bachs Johannespassion zurück. Die *erste Choralstrophe* „O große Lieb, o Lieb ohn alle Maße" aus Nikolaus Heermanns bekanntem Lied „Herzliebster Jesu, was hast du verbrochen" beschreibt Christi Leidensweg als „Marterstraße". Diese Strophe kennt zwei Brennpunkte: Ausgangspunkt ist die trinitarisch zu denkende *Liebe Gottes,* was Bach durch eine eigenwillig gesetzte Fermate bereits nach dem dritten Wort verdeutlicht: „O große *Lieb!*". Zielpunkt ist das letzte Wort: „... und du musst *leiden*". Die „*Marterstraße*", ein biblisch inspiriertes und zugleich kompositorisch inspirierendes Wort, erklingt als Passus duriusculus im Bass mit einem zusätzlich eingefügten Seufzer in der eigentlich sakrosankten Melodie. Hinzu kommt die erst 1739 in die Tenorstimme eingearbeitete falsche Exclamatio-Betonung „Mar-tér-straße".

12 R. Schnackenburg, Das Johannesevangelium, Bd. 3, Herders Theologischer Kommentar zum Neuen Testament 4, Freiburg 1975 (TB-Ausgabe 2001), 246.

13 Vgl. K. von Fischer, Die Passion. Musik zwischen Kunst und Kirche, Kassel u. a. 1997, 125f.

14 Vgl. Helmut Hoping, Musik aus der Stille des Schweigens. Die musikalische Theologie des estnischen Komponisten Arvo Pärt, in: Stimmen der Zeit 225 (2007), 666–674.

In der letzten Choralzeile setzt Bach, typisch johanneisch, die weltliche „Lust und Freude“ dem Leiden Christi entgegen. Wie falsch diese Freude – im Gegensatz zu jener der Nachfolge-Arie – ist, hören wir musikalisch: Die Altstimme tänzelt gleichsam um dieses Wort herum; doch zur Sopranstimme ergeben sich gerade dadurch die härtesten Dissonanzen der großen und sogar der kleinen Sekund. Das Leiden erklingt als doppelter „Saltus duriusculus“ in der Bass-Stimme, was zugleich barocke „Augenmusik“ ist: Verbindet man den ersten mit dem dritten und den zweiten mit dem vierten Ton, ergibt sich ein liegendes Kreuz. Beim *Schlussklang* jedoch schwankte Bach zwischen zwei Lösungen. In der Fragment gebliebenen Reinschriftpartitur der Johannespassion aus dem Jahr 1739 wählt er die picardische Terz (h im G-Dur-Klang), was – verbunden zudem mit der hohen Lage der drei Oberstimmen nach ihrem Oktavsprung – eine klangliche Aufhellung markiert und somit das Wort „leiden“ in österliches Licht rückt. Diese Aufhellung war jedoch nicht die erste Fassung des Werkes. In allen erhaltenen Stimmen, aus denen Bach die verschiedenen Versionen der Johannespassion in Leipzig zwischen 1724 und 1749 musiziert hat, steht am Schluss des Chorals „O große Lieb“ die Mollterz (b) in der Tenorstimme. Die aufführungspraktisch-theologischen Fragen der Johannespassion, die sowohl vollendet als auch fragmentarisch auf uns gekommen ist, sind letztlich nicht lösbar.

Am eindrücklichsten scheint die Verknüpfung von Kreuz und Auferstehung in zwei Arien, die zur Todesstunde Jesu erklingen. Die eingangs bereits erwähnte Alt-Arie *„Es ist vollbracht“* meditiert das letzte im Johannesevangelium berichtete Wort Jesu. Bach gestaltet es als ergreifendes Lamento, die sieghafte Auslegung. „Der Held aus Juda siegt mit Macht“ hingegen im fanfarenhaften Jubelton, zudem in der Tonart D-Dur, die typisch ist für barock-herrscherliche Musik mit Trompeten, so auch im „Et resurrexit“ der bachschen h-Moll-Messe. Freilich kehrt er nach dem österlichen Mittelteil wieder zum Klagegesang zurück. Offenbar soll Ostern in dieser Passion *wie ein Oberton* wirken, aber keineswegs dominieren. Bereits bei Bach zeigt sich somit – in einer etwas freieren Interpretation nun – die weniger theologisch-dogmatische, sondern liturgisch-pastorale Frage von heute: Wie lässt sich die Passion besingen, ohne dass Ostern entweder gänzlich aus dem Blick gerät oder bereits vorweggenommen wird? Und wie ist Ostern zu feiern als Erinnerung an die „vollbrachte“ Passion?

Geprägt ist die Alt-Arie „Es ist vollbracht“ von der Figur der *Antithesis*. Alle Parameter der Musik werden im Mittelteil verändert, barock gesprochen: „verkehrt“: aus h-Moll wird D-Dur, aus dem 4/4-Takt ein 3/4-Takt; der melismatisch-elegische, zugleich sangliche Charakter weicht einem syllabisch-fanfarenhaften, instrumental gesprägten Gestus; auf das langsame Tempo folgt ein „vivace“; aus dem instrumentalen Beginn (Ritornell) des Anfangs, der den Einsatz der Singstimme organisch vorbereitet, wird im Mittelteil der unvermittelt-rufende Einsatz der Altstimme ohne Vorspiel und ohne Begleitung (außer der colla parte mitgehenden Gambe). Die Instrumente – Streichertutti statt solistischer Gambe – stimmen unwillkürlich ein, weil die Osterbotschaft sie gleichsam mitreißt. In einer geistlichen

Auslegung[15] wäre zu sagen, dass Bach hier im Kern des letzten Wortes Jesu bereits die österliche Dimension der Passion entdeckt. Die gesamte „Szene" ist vom letzten Wort gerahmt, das zunächst von der Vox Christi vorgetragen wird, am Ende der Arie aber nur noch wie ein Echo instrumental erklingt. Damit führt Bach nach dem österlichen Intermezzo des Bedenkens und Erwägens (nach innen) seine Hörerinnen und Hörer wieder auf die Spur des biblischen Geschehens (nach vorn).

Auf das letzte Wort Jesu folgt im Johannesevangelium seine *letzte Geste*: „... und neiget das Haupt und verschied". Ähnlich wie bei der Nachfolge-Arie sucht Bach gemeinsam mit seinem Librettisten einen tieferen Sinn des äußerlich Berichteten. War es bei der Nachfolge das Transzendieren des Hinterhergehens zur „Imitatio Christi"[16], so nun die allegorische Deutung des Neigens des Hauptes als „Ja"-Antwort auf die Fragen des Betrachters: „Ist aller Welt Erlösung da?" (kosmisch) und „Bin ich vom Sterben frei gemacht?" (persönlich). Die Aspekte Kreuz und Auferstehung werden auch hier strukturell bedeutsam, nun aber nicht mehr sukzessiv wie in der Alt-Arie zum letzten Wort „Es ist vollbracht", sondern gesteigert zur *Simultaneität*. Ostern, die Gewissheit der Auferstehung, ist – anders als im Credo der Messe – dem Bericht vom Sterben und Begräbnis Jesu nicht angefügt, sondern Tod und Leben erscheinen hier auf wunderbar paradoxe Weise ineinander verschränkt. Paradox insofern, als Sprache und Musik ganz Verschiedenes sagen und gerade dadurch zu komplementärer Einheit finden: Während im Text der Arie die „gläubige Seele" die Sterbensgeste Jesu, das Neigen des Hauptes, zaghaft als „Ja" auf die Frage nach ihrer eigenen Erlösung zu deuten sucht, spricht der Text des Chorals von der Glaubensgewissheit ewigen Lebens durch Jesu Tod: „Jesu, der du warest tot, lebest nun ohn Ende". Und diesen verschiedenen Haltungen ordnet Bach zwei verschiedene, nicht anzugleichende[17] Zeit-Maße zu. Verbleibt der Chor im stabilen 4/4-Takt der Choräle, so singt der Solist, begleitet vom Continuo, in der tänzerischen, weit labileren Bewegung eines 12/8-Taktes. Diese Bewegung aber, wo sie aus den großräumigen Kreuzfiguren des Themenkopfes sich befreit, schwingt sich immer mehr zu einem wahren Freudentanz auf, der schließlich stärker zum Sinnbild der Erlösungsgewissheit wird als der Choral des Chores, der in tiefer Lage, sempre piano sich vorantastend, gleichsam im Diesseits verklingt. Andererseits schafft die Liedstrophe aus der Diesseitigkeit heraus eine Brücke über die Zäsur des Todes hinweg: Bach verwendet hier die Melodie jenes Chorals, der als letzter vor Jesu Tod erklang. Überdies gibt zu denken, dass

15 Zur exegetischen Diskussion vgl. etwa die Bachs Musik durchaus nahe stehende Auslegung von Ignace de la Potterie SJ, Die Passion nach Johannes. Der Text und sein Geist, Einsiedeln 1987.

16 Dass Thomas von Kempens gleichnamiges berühmtes Werk in Bachs theologischer Bibliothek gestanden hat, ist zumindest wahrscheinlich.

17 Vgl. H. M. Beuerle, Wider das Angleichen. Anmerkungen zum Verhältnis von Aufführungspraxis und Interpretation, in: Spuren suchen, Spuren legen. FS Nicolas Schalz, Bremen 2006, 250–288. Meine Überlegungen, die in einer ersten Fassung als Programmheftbeitrag für die Aufführung der Johannespassion durch den Freiburger Bachchor im Freiburger Münster (24. März 2007) entstanden sind, verdanken viele Einsichten den intensiven Gesprächen mit Hans Michael Beuerle, dem künstlerischen Leiter des Freiburger Bachchores.

Bachs Anordnung der beiden Texte so gestaltet ist, dass die zu seiner Zeit theologisch konkurrierenden Modelle der Soteriologie[18], nämlich „Erlösung“ und „Versöhnung“, exakt simultan erklingen. Genau zur Frage des Solisten „Ist aller Welt *Erlösung* da?“ singt der Chor die Liedzeile „als zu dir, der mich *versühnt*“.

Zum Sprachspiel der musizierten Passion gehören bei Bach auch die Jesusworte (Vox Christi) sowie die Einwürfe seiner Gegner. Die Rede der Juden unterwirft Bach einer schon oft beschriebenen symmetrischen Ordnung[19] um den zentralen Choral „Durch dein Gefängnis, Gottes Sohn, ist uns die Freiheit kommen“. Viel wurde bereits über die Frage des Antijudaismus in Bachs Johannespassion diskutiert. Ohne Zweifel ist der Gestus der Turbae höchst dramatisch. In gewisser Weise kommt hier aber auch die österliche Perspektive ins Spiel: Der „Kampf“, den der „Held aus Juda“ schließt, wird als bereits gewonnener erinnernd inszeniert. Und niemals bleibt Bachs Werk auf einer äußerlichen Stufe der Schuldzuweisung an „die Juden“ stehen. Vielmehr behalten Choralstrophen das letzte Wort: „Ich, ich und meine Sünden“.[20]

Ein Seitenblick gilt nun noch einer Arie der Johannespassion, die sich nur in der zweiten Fassung (1725) findet: „*Himmel reiße, Welt erbebe*“ mit der simultan erklingenden Liedstrophe „Jesu, deine Passion ist mir lauter Freude“ aus der bereits erwähnten ausführlichen Liedpassion in 34 Strophen von Paul Stockmann. Hier nun ist der österliche Aspekt stärker von der Antwort der Hörer her gedeutet. Die Passio mundi evoziert einen „Trauerton“, individuell wie kosmisch, der sich mit dem Erdbeben, mit Qual, Angst und Schmerz verbindet – allesamt für Bach musikalisch inspirierende Motive. Die geistliche Auslegung dieser Phänomene führt jedoch – ohne sie einfachhin zu negieren – zugleich zu einem zweiten Ergebnis. Auf das Stichwort „Trauerton“ setzen nicht nur die beiden Traversflöten mit ihrem Klagegesang ein, sondern auch der Sopran mit der freudigen Liedstrophe. Die letztgültige, mithin österliche Frucht der Passion und ihres Bedenkens ist – neben Erlösung, Versöhnung und Nachfolge – die *Freude*. Bachs Quintettsatz ist sogar im Bild der Partitur um die zentrale Freude herum angeordnet. Motivisch jeweils gleich ist der bildhaft-kosmische Aspekt des Bebens und Reißens in überaus raschen Notenwerten der Sechzehntel und Zweiunddreißigstel mitsamt vielen Repetitionen (General- und Vokalbass als die beiden untersten Stimmen) sowie die an den Oboenpart des Eingangschors erinnernden Flötenklänge (Flauto traverso I und II als die beiden obersten Stimmen), welche dissonierend und seufzend, zudem synkopisch klagend wohl die individuelle Schmerzensthematik repräsentieren. Beide Klangebenen sind zudem chromatisch eingefärbt. In der Mitte jedoch

18 Vgl. E. Axmacher; zum größeren Kontext und zur Gegenwartsbedeutung K. Lehmann, Er wurde für uns gekreuzigt. Eine Skizze zur Neubesinnung in der Soteriologie, in: Theologische Quartalsschrift 162 (1982), 298–317.

19 Vgl. W. Breig, Zu den Turba-Chören von Bachs Johannes-Passion, in: Hamburger Jahrbuch für Musikwissenschaft, Bd. 8, Laaber 1985, 65–96.

20 M. Walter, Antijudaismus in der geistlichen Musik? Am Beispiel der Passionskompositionen von Johann Sebastian Bach, in: H. Frankemölle (Hrsg.): Christen und Juden gemeinsam ins dritte Jahrtausend. Paderborn 2001, 131–150.

zieht in ruhigen Viertelwerten – gleichsam unbeeinflusst von Chromatik, Synkopen, Dissonanzen – die Choralstrophe ihre Bahn. Als Einblendung der österlichen Perspektive in das Passionsgeschehen negiert sie die Passion keineswegs, sondern zeigt sie in neuem Licht.

Die Einheit von Kreuz und Auferstehung, von *Karfreitag und Ostern* ist von außen nur bedingt feststellbar in Johann Sebastian Bachs Johannespassion. Die oratorischen Passionen der Bachzeit und die des Thomaskantors[21] wollen vielmehr *in* ihrem Hörern einen Prozess „fruchtbarlichen Bedenkens" in Gang setzen, aus dem allein jene geheimnisvolle Einheit von Tod und Leben, Kreuz und Auferstehung erwachsen kann. Indirekt belegt dies auch die *Wirkungsgeschichte* dieser Johannespassion, bisweilen im Vergleich mit der nach Matthäus. Robert Schumann nennt die Johannespassion in einem Brief an den damaligen Leipziger Thomaskantor Moritz Hautmann „kühner, gewaltiger, poetischer" und schließt den Wunsch an: „Käme doch über solche Sachen die Welt in's Klare!"[22] Zu diesen „Sachen" zählt wohl nicht zuletzt die Einheit von Passion und Ostern. Albert Schweitzer weist in einem Programmtext zu einer Aufführung der Johannespassion (Straßburg 1902), bei der er selber die Orgel spielte, darauf hin, dass Bachs musikalische Ausgestaltung der Bibelworte „oft zugleich eine Auslegung derselben" ist. Deshalb habe er das letzte Wort Jesu „Es ist vollbracht" nicht nur vertont, sondern „ins Sieghafte gedeutet"[23].

Insgesamt sind Bachs geistliche Vokalwerke eine Musik der vielfältigen Integration: vokal und instrumental, dramatische Gestaltung (nach vorn) und betrachtendes Innehalten (nach innen), Ich (Arien) und Wir (Choräle) – und nicht zuletzt in der Johannespassion der Zusammenklang von Karfreitag und Ostern. Das verbindet Bach mit vielen theologischen Auslegern der Bibel, die zu ähnlichen Ergebnissen kommen. Stellvertretend sei Alfred Loisy zitiert: „Die Passion wird im vierten Evangelium vom Gesichtspunkt der Herrlichkeit Christi aus erzählt: Jesus wird im Tod verherrlicht."[24] Größe und Einzigartigkeit Bachs als *musikalischer Theologe* gründen darin, dass er all dies nicht nur nennt (fides quae), sondern gleichsam in Wort und Ton inszeniert (fides qua). Dabei löst er die Spannung von „Kreuz und Kronen" (BWV 12) weder nach der einen noch der anderen Seite hin auf, sondern er *gestaltet* sie in Wort und Ton. Seine Musikalisierung der Leidensgeschichte fasziniert auch noch ihre „Spätzeithörer"[25], denen sie zu hören, zu denken und zu glauben gibt, weil die musikalisch-simultane Sprachkraft für die innere Einheit von Karfreitag und Ostern die Wortsprache eindringlich überbietet.

21 Vgl. M. Walter, Oratorische Passion und Passionsoratorium aus theologischer Sicht. In: H.-J. Schulze/U. Leisinger/P. Wollny (Hrsgg.), Leipziger Beiträge zur Bachforschung, Bd. 1: Passionsmusiken im Umfeld Bachs, Bach unter den Diktaturen 1933–1945 und 1945–1989. Hildesheim u.a. 1995, 13–31.

22 R. Schumann, zit. nach Wendt (wie Anm. 1) 163.

23 A. Schweitzer, Einführung in die Johannespassion von J.S. Bach [1902]. In: E.R. Jacobi, Musikwissenschaftliche Arbeiten, hrsg. von Franz Giegling, Zürich 1984, 467.

24 Zit. nach de la Potterie (wie Anm. 15) 12.

25 H. Blumenberg, Matthäuspassion. Frankfurt a.M. 1988, 8.

Die Praetorius-Orgel in der Aula der Universität Freiburg

Markus Zepf

Seit ihrer Wiedereinweihung im Juni 1955 besitzt die Aula der Albert-Ludwigs-Universität Freiburg eine Orgel, die als musikwissenschaftliches Forschungsinstrument nach den 1619 veröffentlichten Angaben des Michael Praetorius konzipiert ist und der musikalischen Ausschmückung akademischer Feiern dienen soll. Die starke Bindung der mitteleuropäischen Orgelkultur an die christliche Kirche erwies sich in den vergangenen Jahren zumeist als Hemmnis für eine breitere Akzeptanz von Orgelmusik bei akademischen Feiern, erschwerend tritt die konzeptionell bedingte Beschränkung auf das Orgelrepertoire des 16. und 17. Jahrhunderts hinzu, das bei einem an den Orgelwerken Johann Sebastian Bachs geschulten Publikum leicht zu Verdruss führt.[1] Immerhin ermöglicht seit der Sanierung der Aula im Jahr 2000 eine variable Bestuhlung die individuelle Ausrichtung des Auditoriums, sodass die Zuhörenden nicht mehr wie früher „auf unbequeme Sitze mit Schreibgelegenheit an jedem Platz verwiesen sind und – gleichwie in einer imaginären Vorlesung – die Blicke auf ein leeres Katheder und eine leere Projektionswand werfen müssen."[2] Obwohl die „zweite Freiburger Praetorius-Orgel" nicht jenen internationalen Ruhm wie ihre berühmte Vorgängerin, die 1921 im Hörsaal des Musikwissenschaftlichen Seminars (Bertoldstr. 14, heute Buchhandlung Rombach) eingeweihte erste Praetorius-Orgel,[3] erlangt hat, ist sie längst zu einem Denkmal für die Orgelkultur der Mitte des 20. Jahrhunderts geworden. Zunächst soll die 1937 an gleicher Stelle eingeweihte Konzert-Orgel in groben Zügen skizziert werden.

Am 10. Juli 1934 brachte ein Brand im Dachgeschoss des 1911 eingeweihten Kollegiengebäudes die markante Kuppel zum Einsturz. Während des Wiederaufbaus erhielt Rektor Eduard Kern am 12. November 1935 eine weit reichende Offerte von dem Lektor für amerikanische Literatur und Kultur, Matthew Taylor Mellon:

1 Dass vereinzelt „Ausflüge" in die Musik des 18. Jahrhunderts reizvoll sind, zeigt die von Albert Raffelt angeregte CD „Süddeutsche Orgelmusik auf der Praetorius-Orgel der Universität Freiburg i. Br." mit Kirsten Galm an der Orgel, die über die UB Freiburg vertrieben wird.

2 A. Riethmüller, Die Praetorius-Orgel der Universität Freiburg, in: Orgelwissenschaft und Orgelpraxis. Festschrift zum 200jährigen Bestehen des Hauses Walcker, hrsg. von Hans Heinrich Eggebrecht, Murrhardt-Hausen 1980, S. 27–59, hier S. 37.

3 Dazu ausführlich meine Dissertation: M. Zepf, Die Freiburger Praetorius-Orgel – Auf der Suche nach vergangenem Klang, Freiburg 2005.

Praetorius-Orgel in der Aula der Universität Freiburg, Aufnahme vom Juni 2008

> Als Ausdruck meiner Hochachtung vor dem Neuen Deutschland und meiner Dankbarkeit gegen die Universität in Freiburg möchte ich Ihnen das Anerbieten machen, eine Orgel für die neue Universitätsaula zu stiften. Ich erfuhr vor ein paar Tagen, dass Sie sich bereits mit dem Plan tragen, dort eine Orgel einbauen zu lassen. Ich finde die Idee besonders schön, weil sie den Studenten Gelegenheit gibt, gemeinsamen Gesang zu pflegen und ihre Feierlichkeiten durch gute Musik zu verschönern.

Da die Orgel in erster Linie profanen Zwecken dienen soll, so möchte ich, dass sie in möglichst einfachem Stil ohne kirchliche Dekorationen und dergl. gehalten werden soll.[4]

Mellon lebte seit 1928 in Freiburg und Breitnau/Schwarzwald, entstammte einer reichen amerikanischen Industriellenfamilie und war finanziell unabhängig.[5] Er verkehrte im studentischen Collegium musicum des Musikwissenschaftlichen Seminars[6] und wurde 1934 mit der Arbeit *Early American views on Negro Slavery. From the time of the founding of the republic until 1830* von der Philosophischen

4 Universitätsarchiv Freiburg (künftig: UAF), B1/4116, Wiederaufbau, Mellon-Orgel.

5 Charles Hartshorne schrieb Edmund Husserl am 18. September 1928 über Mellon: „Er ist ein bescheidener, ernsthafter Mann, von bedeutender Familie und reizender Persönlichkeit." In: E. Husserl, Briefwechsel, Bd. 4: Die Freiburger Schüler, hrsg. von K. Schuhmann, Dordrecht 1994, 122.

6 Nach Gurlitts Rede zur Orgelweihe am 4. Dezember 1955. Zum Collegium Musicum vgl. ausführlich M. Zepf, „Musikwissenschaft", in: Die Freiburger Philosophische Fakultät 1920–1960. Mitglieder – Strukturen – Vernetzungen, hrsg. von Eckhard Wirbelauer u. a., Freiburger Beiträge zur Wissenschafts- und Universitätsgeschichte. Neue Folge 1, Freiburg 2007, 409–436.

Fakultät promoviert. Ob er tatsächlich, wie obige Zeilen nahe legen, ein Anhänger des Nationalsozialismus war oder sich wie viele andere des geläufigen Vokabulars bediente, muss hier offen bleiben. Für den Bau der neuen Orgel bestimmte er den Ludwigsburger Orgelbauer Oscar Walcker,[7] der mit der Universität eng verbunden war, seitdem er 1920/21 auf Anregung Wilibald Gurlitts, dem Gründer des Musikwissenschaftlichen Seminars, die erste Freiburger Praetorius-Orgel erbaut und dem Seminar geschenkt hatte.[8] Die Universität fühlte sich Mellon gegenüber zu Dank verpflichtet und erwirkte, dass ihm das Finanzamt Freiburg am 30. Januar 1936 (dem dritten Jahrestag der Machtübernahme) die Schenkungssteuer erließ.[9] Am 22. Februar bestellte das Rektorat per Telegramm die Orgel bei Oscar Walcker, der bereits am 19. Oktober die fertigen Teile nach Freiburg sandte;[10] zeitgleich war die monumentale Konzertorgel für die Festhalle der Nürnberger Reichsparteitage mit 220 Registern auf fünf Manualen und Pedal entstanden.[11] Am 6. November 1936 schlug Georg Stieler, Professor für Philosophie und Mitglied des akademischen Senats, Rektor Friedrich Metz vor, Mellon eine Honorarprofessur zu verleihen.[12] Stieler begründete seinen Vorschlag vor allem mit Mellons wiederholtem Eintreten „in Wort und Schrift […] gegen die Hetze deutschfeindlicher Kreise" in den USA.[13] Die Mehrheit der Professoren in der Philosophischen Fakultät sah die Honorarprofessur jedoch an besondere wissenschaftliche Leistungen gebunden und plädierte für die Verleihung der Ehrensenatorenwürde, worauf Stieler erwiderte, dass eine Honorarprofessur in den Vereinigten Staaten „einen weitaus stärkeren Eindruck machen [könnte] als die Ernennung zum Ehrensenator und zum Ausdruck bringen, dass die Universität Freiburg auf die Pflege geistiger Beziehungen zu den Vereinigten Staaaten Wert legt."[14] Obwohl die Philosophische Fakultät den Vorschlag mehrheitlich ablehnte, sprach sich Dekan Hans Oppermann aus politischem Kalkül für Stielers Antrag aus. Das Reichswissenschaftsministerium Berlin lehnte im Januar 1937 die Verleihung einer Ehrenprofessur ab und Mellon wurde am 10. Februar 1937 in Abwesenheit die Würde eines Ehrensenators verliehen.[15] Teile der Einweihungsfeier vom 14. Februar übertrug der Reichssender Frankfurt von 11.15 Uhr bis 12 Uhr in die USA.[16]

7 UAF, B 1/4116, Schreiben vom 15. November 1935 an das Rektorat.

8 Die Philosophische Fakultät honorierte am Tag der Orgelweihe die wissenschaftliche Leistung dieses Nachbaus mit einer Ehrenpromotion. Dazu ausführlich Zepf (wie Anm. 3), 126–200.

9 UAF B1/4116, Schreiben vom 27. Januar und 1. Februar 1936.

10 Opus 2523, alle Angaben zur Orgel nach Opusbuch Nr. 35, 400–410, Firmenarchiv Walcker in der Stiftung Wirtschaftsarchiv Hohenheim.

11 Dazu ausführlich M. G. Kaufmann, Orgel und Nationalsozialismus. Die ideologische Vereinnahmung des Instruments im „Dritten Reich", Kleinblittersdorf 1997, 243–260.

12 UAF B1/4116, Schreiben vom 6. November 1936.

13 UAF (wie Anm. 12), Schreiben vom 15. November 1936.

14 UAF (wie Anm. 12), Schreiben vom 27. November 1936.

15 UAF (wie Anm. 12), Schreiben vom 10. Februar 1937. Die Aushändigung der Urkunde erfolgte durch die deutsche Botschaft Washington am 3. November 1937; UAF B1/171.

16 Siehe auch meinen Beitrag: M. Zepf, „…das Orchester des 16. und 17. Jahrhunderts in seinem originalen Klangwesen zu neuem Leben aufzuwecken…". Die Sammlung historischer Musikinstrumente des Musikwissenschaftlichen Seminars der Universität Freiburg im Breisgau, in:

Die Mellon-Orgel stand in einem schlichten Holzgehäuse auf der Empore der Aula und war sowohl über einen fahrbaren, mit Spielhilfen üppig ausgestatteten dreimanualigen Hauptspieltisch auf dem Podium sowie über einen zweimanualigen Nebenspieltisch auf der Empore anspielbar. Die 36 Register, darunter fünf Transmissionen aus dem Schwellwerk ins Pedal (= Tr.), wurden über moderne Taschenladen mit elektropneumatischer Traktur angespielt.[17]

I. Manual Positiv	**II. Manual Hauptwerk**	**III. Manual Schwellwerk**	**Pedal**
*Grobgedackt 8'	Bourdon 16'	*Quintatön 16'	Subbaß 16'
*Quintatön 8'	Principal 8'	*Principal 8'	Zartbaß 16' (Tr.)
*Italien. Principal 4'	Rohrflöte 8'	*Nachthorn 8'	Oktavbaß 8'
*Russisch Horn 4'	Gemshorn 4'	*Prestant 4'	Gedecktbaß 8' (Tr.)
Schwiegel 2'	Nachthorn 2'	*Blockflöte 4'	Choralbass 4' (Tr.)
Quinte 1⅓'	Sifflöte 1'	Nasat 2⅔'	Baremflöte 2'
Cymbel 3fach	Mixtur 4fach	Feldflöte 2'	Posaune 16'
*Krummhorn 8'	Trompete 8'	Terzian 1⅓', 1⅗'	Dulcian 16' (Tr.)
		Scharff 4fach	Schalmei 8' (Tr.)
		*Dulcian 16'	
		*Schalmei 8'	

*= Register ausgebaut bis g^4
Umfang Manuale: C–g^3; Umfang Pedal C–f^1
Koppeln: I/II; III/II; II/I; III/I; I/P; II/P; III/P
Oberoktavkoppeln: III; III/II; III/I; I; I/II
Unteroktavkoppeln: I; I/II
Spielhilfen: 3 Freie Kombinationen (Druckknöpfe und Wechseltritte); 1 Freie Pedalkombination; Crescendowalze; Handregister ab; Crescendo ab; Zungen ab; Man. 16‘ und Unteroktavkoppeln ab; Handregister ab; Labialtutti; Tutti mit Zungen; Generaltutti; Pedaltutti; Generalkoppel; Schwelltritt für III.

Im alliierten Fliegerangriff vom 27. November 1944 ging diese Orgel mit der Universität und der Praetorius-Orgel im Hörsaal des Musikwissenschaftlichen Seminars unter. Matthew Taylor Mellon lebte seit Kriegsbeginn wieder in den USA und ergriff nach einem Besuch im kriegszerstörten Freiburg die Initiative für eine neue Konzertorgel. Am 3. September 1948 informierte er Oscar Walcker, der Tags darauf im 80. Lebensjahr verstarb. Dessen Enkel Werner Walcker-Mayer trat die Nachfolge an und nahm im Dezember mit Baurat Horst Linde vom Wiederaufbaubüro der Universität Kontakt auf; leider enthalten die lückenhaften Bauakten keine Dispositionsvorschläge. Die Lichtpausen zeigen eine moderne, dem barocken Werkcharakter verpflichtete dreiteilige Gehäuseanlage: In der Mitte das Hauptgehäuse mit Spieltisch und Oberwerk, das Rückpositiv ist in die Empo-

Musik in Baden-Württemberg. Jahrbuch 11 (2004), 187–219.
17 Alle Angaben nach Opusbuch 35, 400–410.

renbrüstung eingelassen und das Pedalwerk steht seitlich in zwei separaten Gehäusen.[18] Das Bauamt hatte gegen diese Aufteilung keine technischen Einwände, war aber „mit dem Rückdiapositiv [!] in der vorgesehenen Form nicht einverstanden." Es forderte vielmehr eine Anordnung, „die in der Linienführung ruhiger wäre und sich auch im Grundriss stärker an die vorhandene Emporenbrüstung anlehnt, kurz: die nicht als Fremdkörper im architektonischen Gefüge der Aula auftritt."[19] Mellon war in die Planungen involviert und wollte nach der Vollendung einer ebenfalls von ihm gestifteten Walcker-Orgel für die Lorimer Chapel des Colby-College in Waterville (op. 2953, III/37) nach Gurlitts Aussage „seine weiteren Dispositionen für den Bau einer Orgel in der Aula unserer Universität treffen."[20] Im Januar 1950 schrieb er Gurlitt: „I am quite aware of my promise to provide the University of Freiburg with a new organ, similar to the one which was destroyed during the war. However, I feel that this cannot be done until the University has been rebuilt. An organ should be the crown, and not the foundation of the University, and you may be sure, when the time is right, the organ will be fortcoming [sic]."[21] Mellon war also an einer neuen Konzertorgel und keiner Praetorius-Orgel gelegen. Doch bis die Aula für die Königin der Instrumente bereit war, verging noch ein halbes Jahrzehnt, da sowohl die Kliniken als auch die provisorisch hergerichteten Hörsäle eine höhere Priorität im Wiederaufbauplan der Universität genossen.[22]

Zwischenzeitlich bemühte sich Gustav Scheck, Rektor der benachbarten Hochschule für Musik,[23] um eine gemeinsame Aula auf der Hochallee. Mit Gurlitt hatte er ein Konzept erarbeitet, das er am 17. Oktober 1950 dem südbadischen Staatspräsidenten Leo Wohleb präsentierte. Gurlitt hatte weder Rektorat noch Senat davon unterrichtet und dadurch anhaltende Verstimmungen in der Universität verursacht. Da die Anforderungen beider Institutionen zu stark divergierten, erteilte die Universität dem Projekt eine Absage.[24] Mellon suchte nun den Ausbau der Aula zu beschleunigen und stiftete Anfang Mai 1951 zunächst 40.000 Mark, für die Rektor Johannes Vincke bei der französischen Militärregierung eine Devisenfreistellung erwirkte.[25] Am 9. Mai nahm der Senat die Stiftung an[26] und Walter Rehm, Dekan der Philosophischen Fakultät, bat am nächsten Tag Prorektor Friedrich Oehlkers, mit dem Geld die akuten Missstände in der Universitätsbibliothek zu beheben, da er in der Aula lediglich „ein Schönheitsproblem" sah.[27]

18 UAF, C 101, Nr. 269.
19 UAF (wie Anm. 18), Schreiben des Baubüros vom 20. April 1949 an Gurlitt.
20 UAF, B1/4117, Typoskript Gurlitts vom 9. Dezember 1949.
21 UAF (wie Anm. 20), Typoskript Mellons vom 7. Oktober 1950.
22 UAF (wie Anm. 20), Protokoll der Senatssitzung vom 1. Februar 1951.
23 Siehe U. Huggle, Die Staatliche Hochschule für Musik in Freiburg, in: Badens Mitgift. 50 Jahre Baden-Württemberg, hrsg. vom Stadtarchiv Freiburg, Freiburg 2002, 331–367.
24 UAF, B1/4117, Schreiben vom 17. Oktober 1950, 8. Dezember 1950, 1. Februar 1951 und 2. Februar 1951.
25 UAF (wie Anm. 24), Schreiben vom 5. Mai 1951.
26 UAF (wie Anm. 24), Auszug aus dem Senatsprotokoll vom 9. Mai 1951.
27 UAF (wie Anm. 24), Schreiben vom 10. Mai 1951.

Mellon schrieb dem Rektorat am 1. Juni 1951:[28]

> First, I want to make myself clear as to the purpose of my gift. The money which you will receive from me on the first of July will be 40.000 DM which I spent toward the restoration of the Aula. It may cost a great deal more to accomplish this work, yet I want the above sum to be spent only in the reconstruction of this room. The gift has nothing what so-ever to do with an organ. That must all come later. Professor Gurlitt and I spoke about the distant possibility of my giving the university a new organ copied after the Praetorius organ which was destroyed in the old building across the street from the university church. It is a grave question whether the Aula, with its oval form, is well suited for the installation of such an instrument. At any rate, it may take years before the proper place is found for a new organ, and in the meantime the most evident need ist to re-build what has been destroyed. That is what my gift is for.

Seine Skepsis gegen eine neue Praetorius-Orgel äußerte Mellon letztmals im Mai 1953 offen in einem Brief an Gurlitt: „I feel it my duty to say here that I am not very pleased with the idea of building an historical organ in the Aula. It is to me like building an Benz automobile model year 1900. However, you are the people who have to make the decision and listen to it!"[29] Dennoch ließ er Gurlitt gewähren und autorisierte ihn, die Orgel nach seinen Wünschen zu gestalten. Nach längeren Diskussionen um den geeigneten Raum stimmte auch der Senat im Juni 1953 dem Einbau der Orgel in die Aula zu, nicht zuletzt, weil Gurlitt „nur unter der Voraussetzung auf einen Neubau für das Musikwissenschaftliche Seminar verzichtet" hatte, dass die Orgel in der Aula des Hauptgebäudes in unmittelbarem Zugriff des Musikwissenschaftlichen Seminars aufgestellt werde.[30] Am 29. September 1953 unterzeichnete Rektor Walter-Herwig Schuchhardt den Bauvertrag mit der Firma Walcker (Ludwigsburg),[31] deren Opus 3221 auf der Grundlage der ersten so genannten Musterdisposition aus dem zweiten Band des *Syntagma Musicums* von 1619 entstand, im Pedal um einen labialen Dolcianbass, ferner um eine Koppel Hauptwerk/Pedal sowie einen Zimbelstern mit vier Schalenglocken im Brustpositiv ergänzt.[32] Mit der Berechnung der Mensuren, d.h. der Maßverhältnisse der Pfeifen, die zusammen mit der Intonation für die Klanggestaltung der Orgel verantwortlich sind, ließ Gurlitt Pfarrer Ernst-Karl Rößler beauftragen, der seit 1947 an der Kirchenmusikschule Schlüchtern tätig war und ihm als „ein be-

28 UAF (wie Anm. 24), Schreiben Mellons aus dem Hotel Victoria, Amsterdam.

29 UAF (wie Anm. 24), Schreiben Mellons von seiner Yacht „Vagabondia" vom 25. Mai 1953 an Gurlitt.

30 UAF (wie Anm. 24), Aktenvermerk der akademischen Baukommission, TOP 6, vom 22. Oktober 1952.

31 UAF (wie Anm. 24), Vertrag vom 4. August 1953.

32 M. Praetorius, Syntagma musicum. Tomus II: De organographia, Wolfenbüttel 1619, 191.

sonderer Kenner dieser Materie" galt.[33] Hatte sich die erste Praetorius-Orgel von 1921 mehr oder weniger spekulativ dem vergangenen Orgelklang des 17. Jahrhunderts genähert, so nutzte Rößler historische Vorlagen für seine Arbeit: „Ich habe insbesondere die am besten erhaltene Orgel, die Compenius-Orgel in Hilleröd neben den Angaben im Syntagma und wenigen historisch gut erhaltenen Registern zum klanglichen Maßstab genommen. Nichts durfte dem Zufall – auch nicht einer eigenen Intonation – überlassen bleiben, d.h. es wurden die genauen Angaben für die Weitenmensur, das Labium, die Aufschnitthöhe und die Fußöffnung (die heute oftmals dem Zufall überlassen bleibt) angegeben ..."[34]

Doch nicht alle Register sind tatsächlich historischen Vorbildern verpflichtet. Die Rohr-Schalmei im Rückpositiv beispielsweise ist eine gemeinsame Entwicklung von Rößler und Walcker, die deutlich von den Angaben bei Praetorius abweicht.[35] Obwohl das Instrument technisch näher am Original ist als die 1921 eingeweihte Praetorius-Orgel mit ihren pneumatischen Taschenladen und der röhrenpneumatischen Spieltraktur,[36] kann auch hier von einer Rekonstruktion im engeren Sinne keine Rede sein. Die Firma Walcker musste ihr Instrument für einen Raum bauen, der bis zur Sanierung 1999/2000 beträchtliche Temperatur- und Feuchtigkeitsschwankungen aufwies. Die mechanischen Schleifladen besitzen Ladenbälge und bestehen aus massivem, lackiertem Eichenholz mit Fundamentbrettern aus Mehrschicht- oder Tischlerplatten, die Kanzellenschiede sind aus Hartfaser gefertigt. Um eine prompte Pfeifenabsprache zu gewährleisten, hat die Windlade des Hauptwerkes Kanzellen-Entlüftungen in Form einer Froschleiste erhalten.[37] Die eichenen Registerstangen sind mit Wellenbäumen aus lackierter Presspappe verbunden, die Spieltraktur besitzt Aluminiumwellen. Ein Schleudergebläse in der westlichen Dolmetscherkabine speist einen Magazinbalg (seit Sommer 2000 mit Raumluft aus der Aula), Windkanäle aus lackierten Papprohren verteilen den Wind auf die insgesamt fünf Windladen. Die schlichte Verkleidung aus konkav profilierten Vertikalstäben fertigte die Hausschreinerei der Universität.[38]

33 UAF, B1/4117, Schreiben Gurlitts vom 23. September 1953.

34 Brief Rößlers vom 21. März 1979, zit. nach Riethmüller (wie Anm. 1) 47, Anm. 48.

35 Zungenpfeifen der Firma Walcker, hektographierte Werbeschrift von 1951.

36 Vgl. Zepf (wie Anm. 3) 138–195.

37 Jede Tonkanzelle besitzt am Ende zwei Bodenlöcher. Das vordere, größere Loch ist mit einem kleinen Balg verbunden, der beim Öffnen des Tonventils durch den einströmenden Wind aufgeblasen wird und das hintere, kleinere Bohrloch verschließt. Beim Schließend des Ventils wird die Windzufuhr unterbrochen, der Balg fällt zusammen und der restliche Wind kann durch das kleinere Bohrloch entweichen. Siehe W. Laible: Die Konstruktion des Schleifladenkorpus, in: ISO-Information 3 (1970), 203.

38 Die technischen Daten folgen meinen Aufzeichnungen vom Oktober 2000.

I. Manual – Rückpositiv	II. Manual – Hauptwerk
Quintadena 8' (Naturguss)	Prinzipal 8' (75% Sn)
Prinzipal 4' (80% Sn)	Grob Gedackt 8' (Eiche)
Hohlflöte 4' (40% Sn)	Octava 4' (60% Sn)
Nachthorn 4' (Eiche, gedeckt)	Gemshorn 4' (45% Sn)
Oktava 2' (75% Sn)	Gedackt Hohlflöte 4' (Eiche, ab f^2 offen)
Blockflötlein 2' (40% Sn)	Scharff Quinta 2fach 4' (75% Sn)
Quinta 1⅓' (60% Sn)	Nasat 2⅔' (40% Sn)
Klein Zimbel 1fach (75% Sn)	Superoktave 2' (75% Sn)
Schalmei 8' (Becher 40% Sn)	Mixtur 3fach 2' (75% Sn)
Tremulant, Sperrventil	Tremulant, Sperrventil

Pedal	II. Manual – Brustpositif
Untersatz 16' (Tanne; ab H offen)	Quintetz 1⅓' (40% Sn)
Dolcan 8' (40% Sn)	Sifflöte 1' (40% Sn)
Bauernflötlein 1' (40% Sn)	Doppelt Zimbel 2–4fach (75% Sn)
Posaune 16' (Becher 40% Sn)	Krummhorn 8' (Becher Eiche, Stiefel Sn)
Singend Cornet 2' (Becher 75% Sn)	Zimbelstern, Sperrventil
Sperrventil	

Umfang Manuale: C–g^3; Umfang Pedal: C–f^1
Koppeln: I/II; I/P; II/P
Stimmtonhöhe: 440 Hz bei 15°C
Rückpositiv, Prinzipal 4': Töne C–c im Prospekt; 37 Blindpfeifen
Pedal, Untersatz 16': Töne D–A im Prospekt

Repetitionen der gemischten Stimmen:
Rückpositiv Klein Zimbel: C, B, f, b, c^1, b^1, e^2, c^3
Hauptwerk Mixtur: fis^1, f^2
Brustpositif Zimbel: C, c, c^1, c^2

Wie schon 1921, wollte Gurlitt auch diesmal eine moderne gleichstufige Temperatur legen lassen. Im Sommer 1954 gelang es Gerhard Kirchner, damals Student der Kirchenmusik mit den wissenschaftlichen Beifächern Musikwissenschaft und Physik, Gurlitt von der Bedeutung der mitteltönigen Temperatur nach den Angaben von Michael Praetorius für diese Orgel zu überzeugen. Seine Berechnungen testeten der Intonateur Karl Bauer, Werner Lottermoser von der Physikalisch-Technischen Bundesanstalt Braunschweig, Rößler und Gurlitt am 9. Juni 1954 in der Werkstatt Walcker an einem Positiv.[39] Bei dieser Stimmung sind die Töne eindeutig bestimmt, sodass beispielsweise die in der gleichstufigen Temperatur übliche enharmonische Verwechslung der Töne *es* und *dis* nicht möglich ist. Der Ton *es* ist als Terz in c-Moll brauchbar, als *dis* in H-Dur jedoch unbrauchbar. Je mehr Vorzeichen eine Tonart hat, desto unreiner klingt die Terz ihres Dur-Drei-

39 Freundliche Mitteilung von Prof. Dr. Gerhard Kirchner (Lörrach) vom 28. April 2007.

Pfarrer Ernst-Karl Rößler (links) und Intonateur Karl Bauer (rechts) im September 1954 in der Werkstatt E.F. Walcker & Cie, Ludwigsburg

klangs auf der Grundstufe, weshalb Tonarten wie As-Dur, f-Moll, E-Dur oder H-Dur nicht brauchbar sind. Chromatik oder Durezze-e-ligature-Technik, wie sie etwa in den Werken Girolamo Frescobaldis und Michelangelo Rossis ausgeprägt sind, entfalten hier einen besonderen Reiz. Diese Stimmung bedingt die eingangs erwähnten Repertoirebeschränkungen.
Noch vor der Einweihung kam es am 14. November 1955 zum Disput zwischen Gurlitt und Walter Kraft, dem führenden Buxtehude-Interpreten und Professor an der Freiburger Musikhochschule, der mit der mitteltönigen Temperatur nicht einverstanden war. Seine ehemaligen Schüler Johannes Lorenzen, Max Kempf, Jost-Harro Schmidt und Günter Maurischat gestalteten am 4. Dezember 1955 die Einweihung mit Werken von Michael Praetorius, Johann Jacob Froberger, Hans Kotter, Arnolt Schlick u. a., die von der Fachpresse mit Aufmerksamkeit verfolgt wurde. „Als reiner Kunstvermittler wird [die Orgel] besonders pfleglich und nur von Kennerhand und -Ohr im Bereich der alten, d.h. vorbachischen Musik herausgestellt werden dürfen, wenn nicht naive Enttäuschungen in weiteren musikalischen Kreisen das gewollte Bild trüben sollen. [...] Man hörte charakteristisch reichen Zungenklang, besonders im starken Pedal. [...] Daneben klang manches allzu entmaterialisiert, fast leblos und stumpf, der Zungenchor nicht selten zudringlich, der Tremulant zu vordergründig. Bei Buxtehude war überdies die mitteltönige Stimmung der Chromatik bereits abträglich."[40]

40 Anonymus, Neue „Praetorius-Orgel" eingeweiht, in: Instrumentenbau-Zeitschrift, Januar 1956, 95.

Einweihungsfeier der Praetorius-Orgel am 4. Dezember 1955 im Dachgeschoss des Kollegiengebäudes I. Von links: Prof. Erich Doflein (Hochschule für Musik, Freiburg), Prof. Dr. Wilibald Gurlitt, Orgelbaumeister Werner Walcker-Mayer

Mellon hatte die Orgel nach der Fertigstellung im November kurz besucht und blieb wiederum der Einweihung fern. 1956 verkaufte er seinen gesamten Grundbesitz in Freiburg und vermachte den Erlös von 78.000 Mark dem Musikwissenschaftlichen Seminar für die Orgelpflege. Die Universität haftete zunächst für nicht bezahlte Vermögensabgaben in Höhe von 9.532,40 DM, konnte aber im Januar 1957 eine Befreiung erwirken.[41] Infolge mangelnder Pflege war das Instrument 1973 schließlich unspielbar und eine umfangreiche Instandsetzung durch die Firma Walcker unabdingbar geworden. Sie baute u. a. zahlreiche Stahlwellen in der Registermechanik und eine neue Mechanik in den Spieltisch ein, was den verbliebenen Orgelfonds schließlich zum Erliegen brachte.[42] Im Anschluss an die Generalsanierung der Aula führte Orgelbauer Gerhard Lenter (Löchgau), der viele Jahre mit dem Intonateur der Praetorius-Orgel, Karl Bauer, gearbeitet hatte, im Spätsommer 2000 eine Reinigung der Orgel mit behutsamer Nachintonation aus, sodass die Orgel seit ihrer Wiedereinweihung am 28. Juni 2001 durch Professor Dr. h. c. Jean-Claude Zehnder (Basel) im Zustand von 1955 erklingt.

Die Praetorius-Orgel hat im weltlichen Raum der Universität keine liturgischen Aufgaben zu erfüllen, weshalb sie von Modernisierungen verschont geblieben ist. Sie ist eines der letzten Zeugnisse der Zusammenarbeit von Werner

41 UAF, B1/4117, Schreiben des Rektorats vom 10. Januar 1957 an die Oberfinanzdirektion.
42 UAF, B123/33, Handakten des Musikwissenschaftlichen Seminars von 1971 bis 1975.

Walcker-Mayer, Karl Bauer und Ernst-Karl Rößler aus den „Wirtschaftswunderjahren", das noch immer am Bestimmungsort erhalten ist und seine klanglichen Eigenheiten, insbesondere die kernstichlose Intonation auf offenem Wind, erfolgreich bewahrt hat. Im Verborgenen ist das seit 1999 denkmalgeschützte musikwissenschaftliche Forschungsinstrument zu einem „Denkmal der Orgelbewegung" geworden, die mit der Einweihung der „ersten Freiburger Praetorius-Orgel" am 4. Dezember 1921 ihren Anfang genommen hatte.

Philosophie, Theologie und Kirche

Film und Religion – Eine schwierige Beziehung

Michael Albus und Franz Leithold

Film und Religion: ein schwieriges Thema. Aber ein ergiebiges. Man muss dabei tief in die Geschichte zurückgehen. Man muss erinnern an die Bilderstürme, die Ikonoklasmen, vor allem in den monotheistischen Religionen, in Judentum, Christentum und Islam, die wie Epidemien in ihnen immer wieder ausgebrochen sind – und immer wieder ausbrechen werden. Die Auseinandersetzung im Judentum, nachzulesen in zahlreichen Geschichten der Bibel, die Figuren mit den abgeschlagenen Köpfen an den Kathedralen des Christentums, die kleinen Blumen, die aus den Suren der Koranverse trotz des radikalsten Bilderverbots im Islam herauswachsen, sprechen eine deutliche Sprache. Am Thema klebt auch Blut.

Die Sache hat sich verschärft mit dem Aufkommen der bewegten Bilder, mit dem Entstehen der Kunstform Film. Film und Religion: beide mögen einander und mögen sich nicht, beide sind ober- und unterirdisch von innen oft verbunden und von außen oft getrennt. Film ist ein emotionales Medium und Religion ist im Grunde eine emotionale Geschichte. Dieses Faktum kann die beste und ausgefeilteste Theologie nicht wegdenken, nicht wegdiskutieren. Film und Religion, ein Verhältnis zwischen Liebe und Hass.

Im Blick auf das gegenwärtige Aufkommen der Bilder kann man mit Fug und Recht von einer Bilderflut sprechen, die, bildlich gesprochen, der großen Flut in der Erzählung der Bibel (Genesis 6–8) vergleichbar ist. Manche versuchen, sich in die Arche zu retten. Rette sich, wer kann!

Seit die Bilder laufen gelernt haben, laufen sie immer schneller, scheinen an der Oberfläche zu bleiben, gehen nicht in die Tiefe. Doch sie setzen sich im Unterbewusstsein fest, prägen unsere Wahrnehmung der Welt. Mit der Ruhe und dem Schweigen der Bilder ist es ziemlich aus und vorbei. Viele sind schon ertrunken in der Bilderflut. Der paradigmatische Wechsel von der Wortwelt zur Bilderwelt ist längst vollzogen. Angesichts der Bilderwirklichkeiten unserer Tage und Nächte wächst sich ein Plädoyer für eine Kultur des Sehens zur höchsten Herausforderung aus. Auch zu einer Herausforderung für die Theologie. Sie kann sich, wenn sie ihrem Auftrag gerecht werden will, den Luxus der Bilderabstinenz nicht leisten. Sie kann nicht „dicht machen", sondern muss sich mit den bewegten Bildern unserer Welt auseinandersetzen, sich ihnen ohne Berührungsängste aussetzen, mit den Bildern, die *heute* auf die Menschen einströmen und einstürzen. Da ist auch manches Hilfreiche dabei, nicht nur Destruktives wie immer wieder aus dem Raum der verfassten Religionen zu hören ist.

In der faktischen und anschwellenden Bilderflut beklagen heute viele das Fehlen des Religiösen. Dieser immer wieder sich erhebenden Klage ist zu widersprechen.

Indem der Mensch ist, ist er religiös, hat er Religion. Sie gehört konstitutiv zu seinem Da-Sein und In-der-Welt-Sein. Er ist unheilbar religiös. Das Problem besteht für viele Klagende in der Gleichsetzung von Kirche und Religion. Das war einmal. Und es wird so schnell nicht mehr sein. Das Zurückweichen des Institutionellen, seine Schwächung und Schwäche bedeutet nicht das Verschwinden der Religion. Das Gegenteil ist der Fall. Wenn die alten Bilder verblassen, sucht sich die religiöse Sehnsucht des Menschen neue Anschauungen, findet neue Augen-Blicke. Sie mögen mit den alten im Streit liegen, ihnen widersprechen, sie dem Anschein nach vergessen. Aber auch sie bleiben und sind Bilder der Sehnsucht, Sucht danach, zu sehen, was noch kein Auge gesehen, kein Ohr gehört hat und was noch in keines Menschen Sinn gekommen ist. (1 Kor 2,9)

Freilich ist die Aufgabe der religiösen Dechiffrierung der Bilder anstrengender geworden. Der Mensch der Moderne – auch der der Postmoderne – ist nicht mehr eingebettet in einen ererbten Kosmos und Deutungskontext der Bilder. Er muss neu sehen und neu deuten lernen. Die Tragweite dieser Herausforderung wird immer noch unterschätzt. Doch sie muss angenommen werden. Wer sich vornehm zurückhält, der macht sich schuldig.

Auch in den Bildern von heute erscheint Religion, das, was mich unbedingt angeht. Das Faktische und Gegebene der Welt reicht nicht aus, um das Faktische und Gegebene zu begreifen. So paradox ist die religiöse Situation des Menschen. War sie je anders?

Die Wege der Religion sind andere geworden. Sie verlaufen für zunehmend mehr Menschen über andere Brücken als die des Institutionell-Kirchlichen. Kirche ist nicht mehr die Mutter der Bilder. Jedenfalls wird sie nicht mehr als solche wirksam wahrgenommen.

Reinhard Göllner stellt fest: „Die Wiederkehr des Religiösen vollzieht sich seit Jahren im Säkularen. Das Säkularreligiöse gestaltet sich im Modus der Medienreligion und im breiten Spektrum ästhetischer Kulturerlebnisse.“[1]

Wer dies wahrnimmt und redlich umzusetzen versucht, ist keineswegs „zur Lüge verdammt“. Die Theologin und der Theologe, die dies heute versuchen, sind nicht gottvergessen. Sie begeben sich damit wohl auf weite Strecken in unwegsames Gelände, aber sie sind deswegen nicht weniger glaubwürdig als die, die überwiegend das Alte wiederholen – ohne es ausreichend und angemessen zu übersetzen. Im übrigen: Wer heute als Theologin und Theologe versucht das Alte neu zu sagen – und nur dadurch etwas zu sagen hat – muss die alten Bilder überprüfen und sie zu übersetzen versuchen. Hals über Kopf ins Haifischbecken der mo-

1 R. Göllner, Perspektiven der Glaubensvermittlung in einer „postchristlichen“ Gesellschaft, in: B. Hermans/G. Berghaus (Hrsgg.), Kreuzungen. Christliche Existenz im Diskurs, Mülheim/Ruhr 2002, 83.

dernen Bilderwelt zu springen, ist aussichtslos. Die Notwendigkeit der Übersetzung bleibt.

Eine Theologie, die wirklich über-setzen will, muss sich mehr denn je der Welt der Bilder zuwenden. Sachgerecht, angemessen und kompetent. Konstruktiv, nicht destruktiv.

Eugen Biser, der sich wie kaum ein anderer zeitgenössischer Theologe in immer neuen Anläufen mit dem Sachverhalt, mit dem Bild- und Sprachverhalt auseinandergesetzt hat, sagt:

„Wer das Bild verwirft, trifft mit seiner Absage auch das, was das Bild repräsentiert und vermittelt: die Welt". Und er fährt fort: „Wie ein Schattenwurf dessen nimmt sich die Beobachtung aus, dass die Gefahr des Absturzes vom Erhabenen zum Lächerlichen nirgendwo so nah liegt wie dort, wo das absichernde Netz der Bilder fehlt."[2]

Die Menschen brauchen, gerade angesichts der Bilderflut, dieses „absichernde Netz der Bilder". Wer es ihnen vorenthält, belässt sie dort, wo sie heute meist sind: in der Ortlosigkeit, in der Orientierungslosigkeit. Er potenziert ihre Einsamkeit.

Was ist ein Bild? Die Frage ist nicht neu. Sie skizziert den Rahmen, in den unsere menschliche Existenz eingespannt ist und bleibt.

> Wer nach dem Bild fragt, fragt nach Bildern, einer unübersehbaren Vielzahl, die es fast aussichtslos erscheinen lässt, der wissenschaftlichen Neugier einen gangbaren Weg zu weisen... Was macht Bilder sprechend? Wie lassen sich der Materie (der Farbe, der Schrift, dem Marmor, dem Film der Elektrizität etc.) aber auch dem menschlichen Gemüt Bedeutungen überhaupt einprägen? Wie verhält sich das Bild (und mit ihm alle nichtverbalen Ausdrucksformen der Kultur) zur alles dominierenden Sprache?

fragt Gottfried Boehm in seinem Aufsatz über „Die Wiederkehr der Bilder".[3]

Die Geschichte der Bilderklärung und Bilddeutung in der Philosophie und der Theologie ist komplex, windungsreich, widersprüchlich und voller Fallen. Die „Orientierung am Logos hat sie lange daran gehindert, dem Bild die gleiche Aufmerksamkeit zu widmen wie der Sprache".[4] Heute sind Theologie und Philosophie geradezu zwangsläufig darauf verwiesen, den Bildern größere Aufmerksamkeit zu widmen. Sonst werden sie zu Geheimwissenschaften des Logos, gleiten ab in wortreiche Unverstehbarkeit. Doch „das Wissen über das rechte Lesen und Verstehen der Bilder ist nicht mehr gegeben: Die Wissenschaft, die dieses Bilderverstehen für heute aktualisiert, ist eine andere, nämlich die Kunstgeschichte..."[5]

2 E. Biser, Religiöse Sprachbarrieren, München 1980, 260/61.
3 G. Boehm, Die Wiederkehr der Bilder, in: ders./K. Stierle, Was ist ein Bild? 1995, 11
4 Boehm (wie Anm. 3) 11.
5 J. Rauschenberger, Erinnerung und Partizipation. Die Bedeutung der Bilder für Glaube und Theologie, in: R. Zwick/O. Huber (Hrsgg.), Von Oberammergau nach Hollywood. Wege der Darstellung Jesu im Film, Köln 1999, 246.

Weitergabe des Glaubens und Weitergabe des Denkens bedürfen der Bilder, wenn sie nicht bedeutungslos werden wollen. Die strikte und konsequente Zuwendung zum Bild muss wieder integraler Bestandteil der theologischen Rede werden.

Im Grunde argumentiert Ernst Bloch nicht anders, wenn er in der „Tübinger Einleitung zur Philosophie" in dem ihm unverwechselbar eigenen Sprachduktus sagt:

> Es bleibt aber alles Bildern vor Ort noch so, dass es gärt. Unausgetragen spiegelt das treffende Gleichnis nicht nur, sondern es wetterleuchtet darin. Und es wetterleuchtet nicht so, als zeige der Bildschein nur einen Lichtblitz, der in der Ferne bereits entschieden vor sich ginge. Mithin als wäre im Symbolischen nur etwas für uns Verhülltes, sich zeigend und verbergend zugleich, und nicht eben ein Sich-Verhülltes in der Sache selber, genau in dieser, die es „ausdrückt".[6]

Bilder haben etwas Unerschöpfliches. Sie sprengen mit einer ihnen elementar innewohnenden Macht die Systeme des eindeutigen Denkens und entziehen sich der eindeutigen sprachlichen Festlegung. Bilder bergen in sich einen unendlichen Überschuss, der alle unsere Vorstellungen und Lesarten übersteigt.

In jedem Akt des Sehens liegt die Erwartung von Sinn. Worauf es ankommt: Dass wir Bilder machen und finden, die offen sind, die öffnen. Nicht Bilder, die dicht machen. Das heißt: Wir müssen uns entscheiden: so oder so. Ein Bilderstreit neuer Art. Er ist der Theologie aufgegeben und ist heute eines ihrer zentralen Bewährungsfelder. Die Frage ist, was sie aus der längst real existierenden Medienreligion macht. Weder billige Anpassung noch teure Distanz werden einen Schritt aus der Lähmung voranbringen. Wir werden unterscheiden (lernen) müssen.

Bilder sind Brücken zur Wahrheit. Auch zu der Wahrheit, die wir Menschen zuweilen GOTT nennen. In ihrer Vor-Läufigkeit laufen sie einem Geheimnis nach, in dem die Wahrheit des Menschen verborgen ist. Die Mystiker in allen Religionen haben das immer gewusst. Die zeitgenössische Esoterik und eine durch und durch kommerzialisierte Bilderindustrie ziehen allzu billigen Nutzen daraus. Wollen wir ihnen das Feld überlassen? Haben wir Angst vor der – zugegeben – abgründigen Bilderwelt? Wenn ja, warum? Sind sich die Theologen zu vornehm dazu? Man kann sich mit Bildern die Hände schmutzig machen. Man kann aber auch Menschen damit glauben und leben helfen. Noch einmal: Wir werden unterscheiden und entscheiden müssen. Schritt für Schritt, Bild für Bild.

Die Autoren dieses Beitrages haben seit dem Jahr 2004 die Konsequenzen aus genannten Sachverhalten gezogen und gemeinsam jedes Semester eine Lehrveranstaltung als Hauptseminar mit dem Titel „Bilder der Religion – Religiöse Bildersprache im modernen Film" angeboten.

Das Spektrum der Themen und behandelten Filme (s. Fußnoten) reichte

6 E. Bloch, Tübinger Einleitung in die Philosophie 2, Frankfurt a. M. 1964, 148.

vom Passionsfilm bis zum publikumswirksamen Horrorfilm, vom klassischen Stummfilm bis zum aktuellen Mainstreamkino. Die im Folgenden angeführten Titel der Seminare sollen die thematische Bandbreite belegen:

Himmlische Bilder – Religiöse Inhalte der Fernsehwerbung (WS 2004/05)
Religiöse Bildsprache im modernen Film[7] (SS 2005)
Religiöse Motive im modernen Film[8] (WS 2005/06)
Die Passionsgeschichte im Film[9] (SS 2006)
Die Faszination des Schreckens[10] (WS 2006/07)
Religiöse Inhalte der Fernsehwerbung (SS 2007)
Das Reich der Finsternis: Das Böse und die Gewalt im modernen Film[11] (WS 2007/08)
Jahrhundertblicke – Religion im Filmwerk Ingmar Bergmans I [12] (SS 2008)
Jahrhundertblicke – Religion im Filmwerk Ingmar Bergmans II[13] (WS 2008/09)

Das Ziel der Lehrveranstaltungen bestand jedoch nicht nur darin, den theologischen Blick auf religiöse Motive in filmischen Bildern zu richten und zu schärfen. Seit zwei Jahren wurde das Dozententeam durch Otto Beckmann, einen erfahrenen, in Freiburg praktizierenden Psychoanalytiker, ergänzt. Seine Perspektiven eröffnen unerwartete, manchmal auch provozierende Einblicke, die die Studierenden als Bereicherung zu schätzen wissen.

Neben einer theologischen und psychologischen Annäherung geht es aber auch wesentlich darum, dass die Studierenden überhaupt lernen, Filme zu „lesen“. Denn die Fertigkeit, analytisch zu sehen, filmästhetische Stilmittel zu erkennen und um ihre Wirkung auf die Emotionen und das Unterbewusstsein des Zuschauers zu wissen, wird Kindern und Jugendlichen leider immer noch nicht im Rahmen ihrer schulischen Ausbildung hinreichend vermittelt. Während unsere Kinder im Umgang mit komplizierten mathematischen Rechnungen, chemischen Formeln und klassischen literarischen Texten geschult werden, überlassen wir sie

7 Christus kam nur bis Eboli. Regie: Francesco Rosi (1978); Der Herr der Ringe. Regie: Peter Jackson (2001–2002)

8 Heaven. Regie: Tom Tykwer (2002); City of God. Regie: Fernando Meirelles (2002).

9 La vie et la passion de Jésus Christ. Regie: Frères Lumière (1897); Der Galiläer. Ein Mysterium in 5 Akten. Regie: Dmitrij Buchovetzkij (1921, Drehort: Freiburg i.Br.); Jesus of Nazareth. Regie: Franco Zeffirelli (1977); Monty Python's Life of Brian. Regie: Terry Jones (1979); The last Temptation of Christ. Regie: Martin Scorsese (1988).

10 Nosferatu – Eine Symphonie des Grauens. Regie: Friedrich Wilhelm Murnau (1922); Dr. Jekyll and Mr. Hyde. Regie: Rouben Mamoulian (1931); The Exorcist. Regie: William Friedkin (1973); Halloween. Regie: John Carpenter (1978); The Fog. Regie: John Carpenter (1980); Ringu (The Ring). Regie: Hideo Nakata (1997).

11 Triumph des Willens. Regie: Leni Riefenstahl (1934); Touch of Evil. Regie: Orson Welles (1957); Natural Born Killers. Regie: Oliver Stone (1994); Pulp Fiction. Regie: Quentin Tarantino (1994).

12 Hafenstadt (1948), Der Abend der Gaukler (1954), Das Lächeln einer Sommernacht (1955), Das siebte Siegel (1956), Wilde Erdbeeren (1957).

13 Das Gesicht (1958), Das Schweigen (1963), Persona (1965), Szenen einer Ehe (1973).

nahezu unvorbereitet der kontinuierlich auf sie niederprasselnden Bilderflut von Kino, Fernsehen und Internet.[14]

Der von der Bundeszentrale für politische Bildung im Jahr 2003 initiierte Kongress „Kino macht Schule" sollte als wichtiger Impuls für die Filmvermittlung an deutschen Bildungseinrichtungen gelten, ein deutlicher Wandel ist jedoch nicht zu beobachten. Vielleicht bedarf es stärkerer politischer Signale, wie sie der damalige französische Bildungsminister Jack Lang im Jahr 2000 setzte und zusammen mit dem Filmhistoriker und Regisseur Alain Bergala in der Bildungsreform „Les arts à l'école" realisiert hatte.[15]

Da wir filmästhetische Kenntnisse im Hinblick auf eine fundierte Filmanalyse für zwingend erachten, steht in unseren Lehrveranstaltungen am Anfang eine eingehende, mehrstündige Einführung in die Filmsprache. Verdeutlicht durch zahlreiche Beispiele aus der Filmgeschichte lernen die Studierenden, wie durch den gezielten Einsatz und das Zusammenspiel von Mise en scène, Kamera, Licht, Farbe, Ton, und Montage nicht nur Geschichten erzählt, sondern auch die Blicke der Zuschauer gesteuert, ihre Emotionen beeinflusst werden können.

So ist beispielsweise das Erkennen und Unterscheiden von Einstellungsgrößen – Totale, Halbtotale, Amerikanische, Halbnahe, Nahe, Großeinstellung und Detailaufnahme – nicht nur unabdingbar zur analytischen Beschreibung filmischer Bilder, sondern soll auch bewusst machen, dass wir umso stärker emotional berührt werden, je mehr sich die Kamera einem Menschen nähert. Kameraperspektiven wie Untersicht und Aufsicht tragen zur subjektiven Charakteristik bei. Das Objektiv der Kamera ist eben nicht objektiv, auch nicht im Dokumentarfilm oder in Fernsehnachrichten.

Hinzu kommen der Einsatz von Licht und Farben, die visuelle Signale setzen und dadurch den Blick des Zuschauers lenken, Objekte charakterisieren, metaphorisch und symbolisch verschlüsseln, zeitlich und räumlich strukturieren. Es ist auffallend, dass diese beiden wesentlichen Aspekte der Bildgestaltung in nahezu allen Einführungen in die Filmanalyse und Filminterpretation entweder komplett ausgelassen[16] oder nur auf wenigen Seiten und damit unzureichend behandelt werden.[17] Ähnliches gilt für die auditiven Komponenten, für Ton, Geräusche,

14 Grundsätzlich sollten neben der Vermittlung von medienanalytischen Kompetenzen natürlich auch medienethische Aspekte berücksichtigt werden, deren Grundsätze manchen Medienpraktikern heute offensichtlich nicht mehr geläufig sind. Anders jedenfalls ist die sensationsorientierte, inhaltslose und unwürdige Berichterstattung deutscher Fernsehsender z.B. am Abend des Amoklaufs in Winnenden nicht zu verstehen. Ein mündiges, im Umgang mit Medien kritisches und verantwortungsbewusstes Publikum sollte solchen medialen Inszenierungen die Aufmerksamkeit verweigern.

15 A. Bergala, Kino als Kunst. Filmvermittlung an der Schule und anderswo, Bonn 2006.

16 So geht James Monaco in seinem Standardwerk „Film verstehen", Reinbek bei Hamburg 1995, lediglich auf die rein technischen Aspekte und die filmhistorische Entwicklung ein.

17 Z.B. K. Hickethier, Film- und Fernsehanalyse, vierte Aufl., Stuttgart 2007, zum Thema Schwarzweiß und Farbe auf zwei, zur Lichtgestaltung immerhin auf fünf Seiten. Werner Faulstich widmet in „Grundkurs Filmanalyse", München 2002 den Aspekten Licht und Farbe zusammen knapp fünf Druckseiten.

Musik und Sprache. Und nicht zu vergessen die Filmmontage, die in Zeiten digitalen Editierens und der mittlerweile grenzenlosen Möglichkeiten der Bildbearbeitung und visuellen Manipulation ihre schon immer zentrale Bedeutung erweitert hat.

In unseren Lehrveranstaltungen wird die Vermittlung filmsprachlicher Kriterien ergänzt durch medienpraktische Übungen, die in den ersten Semestern fakultativ angeboten wurden, heute jedoch verpflichtend sind.[18] Dies Verfahren erfolgt aus der Erkenntnis, dass selbst gemachte Erfahrungen im Umgang mit Videokameras, Licht und Schnittsystemen den analytischen Blick nachhaltig schulen. Dieser Ansatz geht noch einen Schritt weiter als die Forderung Jean Renoirs:

> Um ein Gemälde zu lieben, muss man ein potenzieller Maler sein, sonst kann man es nicht lieben; und um Filme zu lieben, muss man tatsächlich ein potenzieller Regisseur sein; man muss sich sagen: aber das hätte ich so gemacht, und jenes so; man muss selbst Filme machen, vielleicht nur in der Phantasie, aber man muss sie machen, sonst ist man nicht würdig, ins Kino zu gehen.[19]

Unsere Studierenden machen Filme nicht nur in der Phantasie, zwar keine Spielfilme, wohl aber Filmsequenzen, die eine kleine Geschichte erzählen, einen Spannungsbogen aufweisen, in bewusst kadrierten Aufnahmen gestaltet und nach gängigen Montageprinzipien geschnitten sind. Oder sie erstellen einen Kinotrailer zu den im Seminar untersuchten Filmen und lernen dabei, die für ihre Interpretation und Analyse wesentlichen Sequenzen in eine dem Publikum verständliche und ansprechende Form zu montieren.

Und es bestätigt sich immer wieder: wer selbst einmal ausprobiert hat, wie unterschiedliche Kameraperspektiven die Aussage eines einzigen Bildes verändern können, wer durch den Sucher der Kamera den Unterschied zwischen Fahrt und Zoom verstehen lernt und am Schnittplatz durch das Beimischen unterschiedlicher Musik die Aussage einer Sequenz hör- und eben auch sehbar verändern kann, wird ein aufmerksamerer und kritischerer Film- und Fernsehzuschauer sein. Die Rückmeldungen der Studierenden belegen dies. Der Kinobesuch wird nach eigenen filmpraktischen Erfahrungen nicht mehr zur Unterhaltung, zum reinen Amüsement, sondern zur intellektuellen Herausforderung, die Strategien der Filmemacher und die Mechanismen des Filmwerks zu erkennen und zu entschlüsseln. Und das kann ebenso reizvoll sein, wie sich den Produkten der Traumfabrik genüsslich aber widerstandslos hinzugeben.

18 Ab Wintersemester 2009/10 sind die Medienseminare eingebunden in den am Lehrstuhl für Fundamentaltheologie soeben eingerichteten „Arbeitsbereich Film und Religion". Die Teilnahme an den vom *New Media Center* der Universitätsbibliothek angebotenen medienpraktischen Komponenten wird für die Studierenden dann verbindlich sein.

19 Zitiert bei Bergala (wie Anm. 15) 91.

> Mit ein wenig Übung jedoch wird die Lust zu verstehen dann sehr schnell zu einem Teil der Lust am Film werden, ja sie verstärken. Denn anders als die Anhänger überholter obskurantistischer Ideen es sich vorstellen, ist die Lust zu verstehen genauso emotional und befriedigend wie die angeblich „unschuldige“ Lust des reinen Konsums.[20]

Die „Lust zu verstehen“, vor allem auch daran, religiöse Bilder zu dechiffrieren, Spuren des Religiösen im Film zu entdecken, wird durch die Verknüpfung filmästhetischer, filmpraktischer, psychoanalytischer und theologischer Komponenten nachhaltig gefördert. Die Flut der Bilder kann durch diese Konzeption zwar nicht aufgehalten werden, wohl aber liefert sie Hilfen, nicht widerstandslos in ihr untergehen zu müssen. Und sie kann auch zu verstehen helfen, dass Film und Religion keine feindlichen Geschwister sind. Sie sind enge, auf einander angewiesene Verwandte.

20 Bergala (wie Anm. 15) 94.

Karl Rahner und die Gesellschaft Jesu
Albert Raffelts Beitrag als „Botschafter" des Jesuitentheologen

Andreas R. Batlogg SJ

Die Einladung der beiden Herausgeber Peter Walter und Michael Becht, mich an dieser Festschrift mit einem Beitrag über *Karl Rahner SJ (1904–1984)* zu beteiligen, habe ich auch deswegen gerne angenommen, weil mir dies Gelegenheit gibt, die Verdienste Albert Raffelts als „Botschafter" der Theologie des Freiburger Jesuiten zu würdigen und ihm darüber hinaus seitens des Karl-Rahner-Archivs (KRA) zu danken. Dieser Dank kann angesichts der Leistungen des nunmehr 65jährigen nicht groß und herzlich genug ausfallen. Denn daß Karl Rahner heute, 25 Jahre nach seinem Tod, außerhalb wie innerhalb des Ordens immer noch und immer wieder gelesen, studiert, konsultiert, zitiert und nach allen Seiten hin „durchforstet" wird, daß einzelne Texte und keineswegs nur Rahner-„Klassiker" nach wie vor aufgelegt werden, Bücher von Karl Rahner „Renner" in Antiquariaten sind – dies alles verdankt sich nicht unwesentlich dem ebenso kompetenten wie effizienten Mitdenken und Mitwirken von Albert Raffelt. Seit 1995, von Anbeginn an also, gehört er zum Herausgebergremium der „Sämtlichen Werke" (SW) Karl Rahners; er ist, zusammen mit Peter Suchla vom Verlag Herder, federführend in der im Jahr 2004 zusätzlich eingerichteten „Schriftleitung" dieser Edition tätig; er nahm 2008 – nach dem Umzug des Karl-Rahner-Archivs von Innsbruck nach München – stante pede die Einladung an, dem wissenschaftlichen Beirat des Archivs anzugehören und diesem sein Wissen und technisches Know-how zur Verfügung zu stellen; und schließlich wurde er im März 2009 vom Provinzial der Deutschen Provinz der Jesuiten in das Kuratorium der Karl-Rahner-Stiftung München berufen, nachdem Johann Baptist Metz aus Altersgründen ausgeschieden war.

Mein Beitrag umfaßt zwei ungleiche Teile: Im ersten möchte ich auf das mir gestellte Thema – Karl Rahner und die Gesellschaft Jesu – eingehen. Es schaut harmloser aus, als es ist, zumal wenn man die Anregung der beiden Herausgeber berücksichtigt: „die Erörterung der Frage, welche Rolle heute das Werk von Karl Rahner im Leben des Jesuitenordens spielt". Erbeten war außerdem Auskunft darüber, ob er sich im Orden „wohl gefühlt" und ob es „Konflikte" gegeben habe. Die, vorweg gesagt, gab es natürlich, und sie sind weitgehend bekannt; weniger bekannt ist, daß „Römische Erlebnisse“[1], wie er Schwierigkeiten mit vatikanischen Behörden oder der eigenen Ordenskurie in seiner letzten großen, öffentlichen Rede im Februar 1984 zusammenfassend nannte, meistens auf Denunziationen aus den eigenen Reihen zurückgingen. Karl Rahner hatte keineswegs nur Freunde im Orden.

Im zweiten Teil versuche ich zu zeigen, daß die anhaltende Wertschätzung Karl Rahners (außerhalb wie innerhalb der Gesellschaft Jesu) nicht unwesentlich mit Albert Raffelt zu tun hat, wobei schon hier daran erinnert werden muß, daß dessen Verdienste nicht erst mit der Herausgeberschaft der „Sämtlichen Werke“ beginnen, sondern viel weiter zurückreichen, nämlich in die Mitte der 70er Jahre des 20. Jahrhunderts. Karl Rahner ist einer, wenn nicht *der* Lebensbegleiter der theologischen Biographie Albert Raffelts geworden –, und er läßt ihn nicht los! Im „Rahnerjahr 2004“ bekannte er während einer kontrovers und teils sehr emotional geführten Podiumsdiskussion am Ende eines Symposions in der Karl-Rahner-Akademie in Köln: „Ich lese nun Rahner seit 40 Jahren. Für mein Glaubensleben ist das immer noch eine Lektüre [...], die meine Stimmung hebt, und zwar nicht, weil das ein Optimismus naiver Art wäre, sondern weil hier eine Universalität der Heilszusage bedacht ist, die einen Klang hat, der angesichts der pluralen Situation der Gesellschaft und ihrer Widersprüche, die bei Rahner ja auch alle vorkommen, wirklich befreiend ist.“[2]

1. Karl Rahner und die Gesellschaft Jesu

Karl Rahner war Jesuit – 62 Jahre lang. Mit seinem Tod am 30. März 1984, so darf man hoffen, gehört er jener größeren Gesellschaft Jesu an, die weit hinausreicht über die sich seit 1540 im Jesuitenorden sammelnden Mitglieder und die alle Menschen umfaßt, die als Getaufte das Leben Jesu gleichsam weiterschreiben[3]. Daß der Dogmatiker und Dogmenhistoriker *auch* Jesuit (1922) und Priester (1932) war, ist zwar eine bekannte Tatsache. In ihren potentiellen Auswirkungen auf die Art und Weise seines Theologietreibens wurde sie allerdings lange Zeit eher marginal, ja oft nur als Fußnote behandelt und dementsprechend unterschätzt; und sie dege-

1 K. Rahner, Erfahrungen eines katholischen Theologen, in: ders., Sämtliche Werke, Bd. 25: Erneuerung des Ordenslebens. Zeugnis für Kirche und Welt. Bearbeitet von A.R. Batlogg, Freiburg–Basel–Wien 2008, 47–57, 56.

2 Zit. nach: Aus der Podiumsdiskussion am Ende der Tagung, in: H. Klauke (Hrsg.), 100 Jahre Karl Rahner. Nach Rahner – post et secundum, Köln 2004, 115–140, 139.

3 Diesen Gedanken einer impliziten Tauftheologie entfaltet K. Rahner in seinem erstmals 1937/38 vorgetragenen Gnadentraktat „De gratia Christi“, genauerhin im dritten Abschnitt („De medio obiectivo voluntatis salvificae Dei“) des ersten Kapitels über den Heilswillen Gottes („De voluntate Dei salfivica“), wo er festhält: „Nostra vita supranaturalis est prolongatio et explicatio vitae Christi“; vgl. dazu P. Rulands, Menschsein unter dem An-Spruch der Gnade. Das übernatürliche Existential und der Begriff der natura pura bei Karl Rahner, Innsbruck – Wien 2000, 73 f.; A.R. Batlogg, Die Mysterien des Lebens Jesu bei Karl Rahner. Zugang zum Christusglauben, Innsbruck–Wien ²2003, 368 f.

nerierte in der Rahnerrezeption bis etwa Mitte der 70er Jahre beinahe zur bloßen „Freizeitbeschäftigung“[4]. Erst in den letzten Jahren wurde der Umstand gerade dieser Lebenswahl stärker beachtet und inhaltlich analysiert. Trotzdem rechnete zehn Jahre nach Karl Rahners Tod der damalige Leiter des Karl-Rahner-Archivs Karl Rahners „Ordensexistenz“ noch zu den „so gewohnten Selbstverständlichkeiten seines Lebens, daß sie nicht groß beredet werden“ und „unter den ‚vergessenen Wahrheiten‘ unterzubringen“[5] seien. Das Ordenskürzel „SJ“ hinter dem Namen signalisiert indes eine Zugehörigkeit, die gerade nicht nur privaten Informationswert besitzt, sondern spirituell wie auch theologisch Relevanz besitzt.

1.1 Der Jesuit: „Man stellte sich zur Verfügung“

Die Zulassung zum Jesuitenorden hat Karl Rahner bereits mit Schreiben vom 14. November 1921 vom Provinzial der Oberdeutschen Provinz, Augustin Bea SJ (1881–1968), dem späteren Kardinal, erhalten. Am 20. April 1922, keine vier Wochen nach Ablegung des Abiturs, trat dann der Klassenprimus in Tisis bei Feldkirch (Vorarlberg) ins Noviziat ein[6] – im süddeutschen Raum besaß der Orden damals noch keine größeren Niederlassungen[7]. 60 Jahre später, am 27. April 1982, predigte Karl Rahner im Innsbrucker Jesuitenkolleg aus Anlaß seines Ordensjubiläums während einer Eucharistiefeier, bei der gleichzeitig zwei andere Mitbrüder auf 50 Ordensjahre zurückschauten: „Was ist in diesen Jahren alles geschehen an Kriegen und Umwälzungen, an Verfolgung der Kirche und unseres Ordens, an geistigen Umbrüchen, an Wandlungen des Ordenslebensstiles und an persönlicher Geschichte mit deren Wandlungen und Gefahren, an Erfolg und Mißerfolg, an Freudigem und Enttäuschendem. Und in allem sind wir Jesuiten geblieben. Gott sei Dank!“[8]

Mit autobiographischen Äußerungen ging Karl Rahner zeitlebens sparsam und zurückhaltend um. Das hing mit seinem Temperament zusammen, einer gewissen Scheu, aber auch mit der Zeit, in die er hineingeboren und als Ordensmann sozialisiert worden war. Als „Jesuit alter Schule“ nahm er sich selbst nicht

4 K. H. Neufeld, Die Brüder Rahner. Eine Biographie, Freiburg–Basel–Wien ²2004, 84.

5 K. H. Neufeld, Ordensexistenz, in: A. Raffelt (Hrsg.), Karl Rahner in Erinnerung, Düsseldorf 1994, 28–43, 28; Batlogg (wie Anm. 3) 88–108.

6 Vgl. P. Imhof, Lebensentscheidung und Formung 1922–1937. Erste Wegstationen im Jesuitenorden, in: ders. / H. Biallowons (Hg.): Karl Rahner. Bilder eines Lebens, Freiburg–Zürich 1985, 14–17; Neufeld (wie Anm. 4) 60–64.

7 Aufgrund des während des Kulturkampfes unter Bismarck 1872 erlassenen Jesuitengesetzes waren die Jesuiten aus dem Deutschen Reich vertrieben worden. Für den Ordensnachwuchs wurden Ausbildungshäuser in der Nähe der deutschen Grenzen errichtet: das Noviziat in Vorarlberg, die philosophisch-theologische Hochschule unweit von Aachen in Valkenburg (Holland). Mit der Aufhebung des Jesuitengesetzes 1917 errichtete der Orden wieder Niederlassungen in Deutschland, ab Mitte der 20er Jahre auch größere Häuser wie etwa das Berchmanskolleg in Pullach (1925), wo Karl Rahner das zweite und dritte Jahr seiner philosophischen Grundausbildung absolvierte.

8 K. Rahner, Rahner-Worte und -Geschichten, in: SW 25 (wie Anm. 1) 42–46, 42.

so wichtig. Erste autobiographische Äußerungen, die erst mit der Nachkonzilszeit einsetzen, fallen knapp und verhalten aus – etwa das Selbstporträt in einem Bildband über „Forscher und Gelehrte“ (1966) oder ein Interview im Österreichischen Fernsehen (1977)[9]. Erst in späten Lebensjahren gab er dem Drängen von außen nach. Im Umfeld seines 80. Geburtstages befragt, warum er gerade Jesuit geworden sei, antwortete er: „Das weiß ich im Grund genommen nicht mehr. Wenn Sie einen Mann nach sechzig Jahren Ehe fragen, warum hast du grad die Berta geheiratet und nicht die Andrea, dann kann er es vielleicht nicht mehr so genau sagen. So ähnlich ist es bei mir. [...] Ich glaube mich zu erinnern, daß ich mir so etwas wie Studentenseelsorge als konkretere Aufgabe innerhalb des Ordens vorgestellt habe. Nach der Philosophie wurden manche meiner Kursgenossen nach Brasilien geschickt – das hätte auch mir passieren können. Ich glaube jedenfalls nicht, daß ich damals an eine theologische Professur gedacht habe, sondern man stellte sich dem Orden einfach zur Verfügung, basta.“[10]

„Sich zur Verfügung stellen“: Das gehörte für Karl Rahner wie selbstverständlich zum Ordensleben. Denn „Jesuit sein“, so Herbert Vorgrimler in der allerersten Rahner-Biographie überhaupt, „heißt doch einmal zuerst, alles Private in den Hintergrund drängen und als sekundär zu erachten. Das Erste und das Letzte in der Gesellschaft Jesu heißt Dienst, Zucht, Gehorsam, Selbstlosigkeit, nicht wegen der Institution, damit der Apparat reibungslos funktioniert, sondern weil dies das Einzige sei, womit der Mensch wirklich den immer größeren, geheimnisvollen Gott bezeugen könne. Dieser unbedingte Dienst, den ein Mensch auf sich nehmen will, wenn er Jesuit wird, verbietet nicht nur jeden Personenkult und jedes Starunwesen um seine Person [...]. Hat einer aber einmal die Erfahrung dieser Berufung gemacht und ist er gehorsam geworden, so erlaubt das keine weitere Beschreibung mehr. Dieser allgemeine Hinweis mag Wesentliches an der Person Karl Rahners erklären. Er ist ohne Vorbehalt Jesuit.“[11]

Daß das Beispiel des vier Jahre älteren Bruders Hugo Rahner (1900–1968) – der im Ersten Weltkrieg noch kurz Militärdienst zu leisten hatte und im Januar 1919 Jesuit geworden war – dabei eine Rolle spielte, hat Karl Rahner stets in Abrede gestellt. Allerdings kündigte er diesem in einem erhalten gebliebenen, mit 27. Januar 1921 datierten handschriftlichen Brief „zitternd und schüchtern“[12] an, daß auch er „einer aus der Gesellschaft Jesu“[13] werden wolle, wohingegen die Eltern von dieser Absicht nur indirekt erfuhren[14]. Daß die beiden Brüder später

9 Es erschien aus Anlaß seines 75. Geburtstages noch einmal (leicht überarbeitet); vgl. K. Rahner, Lebenslauf, in: ders., Sämtliche Werke, Bd. 31: Im Gespräch über Kirche und Gesellschaft. Interviews und Stellungnahmen. Bearbeitet von A. Raffelt, Freiburg–Basel–Wien 2007, 455 f.; ders., Lebenslauf, in: SW 25 (wie Anm. 1) 33–41.

10 K. Rahner, Bekenntnisse. Rückblick auf 80 Jahre, in: SW 25 (wie Anm. 1) 59–84, 79; ähnlich in: ders., Erinnerungen im Gespräch mit Meinold Krauss, in: ebd. 85–143, 99.

11 H. Vorgrimler, Karl Rahner. Leben – Denken – Werke, München 1963, 8.

12 K. Rahner, Erinnerungen im Gespräch mit Meinold Krauss, in: SW 25 (wie Anm. 1) 100.

13 Zit. nach KRA III, B, 1 („Freiburg 27. im Hartung 1921 ... dein Bruder“).

14 „Ich hatte zunächst meinen Eltern von meinen Jesuiten-Berufsplänen nichts gesagt. Da ist der

über Jahrzehnte hinweg an derselben Theologischen Fakultät in Innsbruck wirken würden, konnten sie als Novizen und Studenten („Scholastiker") freilich nicht wissen. Sie stützten sich auf ihrem Weg in den Orden hinein, sie waren und blieben einander lebenslänglich verbunden, persönlich wie auch inhaltlich (was ebenfalls lange unterschätzt wurde)[15]; gemeinsam lag ihnen daran, ihren Ordensgründer Ignatius von Loyola (1491–1556) nicht nur hagiographisch, sondern auch theologisch ernst zu nehmen.

Hätte Karl Rahner, wie er im Rückblick räsonierte, „auch Weltpriester werden können oder ein für religiöse Dinge interessierter Akademiker im Stil von Walter Dirks"[16]? Das bleibt letztlich Spekulation – genauso wie die Frage, warum er gerade Jesuit und nicht etwa Benediktiner, Dominikaner oder Franziskaner geworden ist. Nach Beuron, einem der Zentren liturgisch-monastischer Erneuerung im deutschsprachigen Raum, wo auch der „Schott" entstand, gab es zwar Kontakte, aber für ein vor allem liturgisch ausgerichtetes Ordenslebens sah er sich weniger geeignet: „Ich konnte nicht singen und war deshalb sicherlich nicht gerade dazu prädestiniert, Benediktiner zu werden, obwohl ich damals gute Beziehungen zum Kloster Beuron hatte."[17]

Entscheidend bleibt, daß der Ordenseintritt bedeutete, auf alles gefaßt zu sein, möglicherweise auch jenseits von Eignung und Neigung: „Als ich Jesuit wurde, wollte ich nicht ein Gelehrter werden, strebte doch keine akademische Laufbahn an, sondern wollte eben Ordensmann und Priester werden und so gut und so schlecht das auch gelungen sein mag, das blieb durch das ganze Leben hindurch letztlich eine Selbstverständlichkeit. Man sucht Gott zu dienen, man sucht zu beten, man sucht die Eucharistie zu feiern, man meditiert, man betet unter Umständen Rosenkranz, man betet als Priester durch Jahrzehnte hindurch das lateinische Brevier, man sucht sich als Seelsorger der Kirche zur Verfügung zu stellen. Als ich ins Noviziat eintrat, mußte ich und wollte ich selbstverständlich damit rechnen, daß ich vielleicht nach Indien als Missionar geschickt werde oder nach Südbrasilien, wo heute noch der eine oder andere meiner Mitnovizen lebt und Kinder unterrichtet. Man mußte damit rechnen, daß man als Mittelschulpro-

Alemanne eher verschlossen und kann nicht so leicht mit solchen Dingen heraus. Faktisch haben meine Eltern meine Absicht dann vom Religionslehrer erfahren. Der Religionslehrer hatte gesagt: ‚Nein, der Karl, der ist dafür nicht geeignet. Der ist viel zu kontaktarm und brummig. Laßt, der soll was anderes werden.' Na, Gott, es ist also dann doch gegangen, und die Sache hat sechzig Jahre gehalten": Rahner, Erinnerungen (wie Anm. 12) 93 f. – Vgl. die spätere Erinnerung (in: Rahner-Worte und -Geschichten [wie Anm. 8] 45 f.): „Als in meiner Familie das Gerücht durchsickerte, ich wolle Jesuit werden, fragten meine Eltern meinen Religionslehrer, ob das stimme. ‚Der, sagte dieser, ist zu brummig und ungesellig, die beiden werden nicht lange zusammenbleiben, er und der Orden.' Merk's: auch gescheite Leute können aus richtigen Prämissen falsche Schlüsse ziehen."

15 Vgl. A.P. Kustermann/K.H. Neufeld (Hg.), „Gemeinsame Arbeit in brüderlicher Liebe". Hugo und Karl Rahner. Dokumente und Würdigung ihrer Weggemeinschaft, Stuttgart 1993.

16 Rahner (wie Anm. 10) 79.

17 K. Rahner, Ermutigung zum Christsein, in: P. Imhof/H. Biallowons (Hrsg.), Glaube in winterlicher Zeit. Gespräche mit Karl Rahner aus den letzten Lebensjahren, Düsseldorf 1986, 117–129, 118 (erscheint in SW 28).

fessor in eines unserer Gymnasien gesteckt wird und Buben unterrichtet in Latein und Religion."[18]

Es kam bekanntlich anders. War er schon nach fünf Ordensjahren dazu bestimmt worden, Philosophieprofessor zu werden, wurde er später unter bis heute nicht vollständig geklärten Umständen[19] nach Tirol „umgeleitet" und wirkte zeitlebens als Theologiedozent und -professor: in Innsbruck (1937–1939 und 1949–1963), Pullach (1945–1948), München (1964–1967) und Münster (1967–1971). Er wurde in zahlreiche Kommissionen und Arbeitskreise berufen, wurde vom Wiener Erzbischof, Kardinal Franz König, als persönlicher Berater mit aufs Zweite Vatikanische Konzil (1962–1965) genommen, wo er auch als päpstlich ernannter Peritus tätig war, wurde Mitglied der Päpstlichen Theologenkommission (1969), beriet die Würzburger Synode (1971–1975) und erhielt weltweit über ein Dutzend Ehrendoktorate und zahlreiche andere Auszeichnungen für seine bahnbrechenden theologischen wie wissenschaftsorganisatorischen Leistungen. Der Theologe Karl Rahner machte, wie die Italiener sagen, *bella figura*. Die Gesellschaft Jesu konnte stolz sein, ihn in ihren Reihen zu haben, er trug bei zum *bonus odor Societatis*. Was er geschaffen hat, wirkt nach – weit über das 20. Jahrhundert hinaus.

In einer Glückwunschadresse zum 60. Geburtstag zitierten Studenten des internationalen Theologenkonvikts Canisianum, dem Karl Rahner während seiner Innsbrucker Lehrtätigkeit und auch in der letzten Lebensphase sehr verbunden war, Hugo Rahner mit einer Anekdote, die ganz typisch für dessen ironische Spitzen gegen den jüngeren Bruder ist: „Als vor nunmehr fast vier Jahren die Kommunität des Canisianums Ihrem Bruder Hugo mit großer Freude zum 60. Geburtstag ein Glückwunschständchen darbrachte, konnte dieser nicht umhin, uns auch eine kleine Episode aus Ihren ersten Tagen auszuplaudern. ‚Als damals das Karlchen geboren wurde', so erzählte er, ‚führte mich unser Vater an die Wiege. Lange starrte ich das kleine häßliche Wesen an, ehe ich mich aufraffte und sagte: ‚Papa, den behalten wir.' Stellen Sie sich vor, ich hätte das nicht gesagt! Der Schaden für die Theologie und für Sie wäre unermeßlich!'"[20]

Der Orden, dem Karl Rahner „mit unerbittlicher Treue"[21] lebenslang verbunden war, bildete den Rahmen für sein theologisches Wirken. Der Hinweis seines Mitarbeiters Karl-Heinz Weger SJ (1932–1998) ist bedeutsam, daß ihm „nicht, wie man vielleicht meinen möchte, die Gedanken in die Feder fließen, sondern mühsam abgerungenem Fleiß entstammen."[22] Die beeindruckende Bibliographie von

18 K. Rahner (wie Anm. 9) 36.

19 Vgl. zu den Hintergründen A. R. Batlogg, Karl Rahners theologische Dissertation „E latere Christi". Zur Genese eines patristischen Projekts (1936), in: ZKTh 126 (2004) 111–130.

20 Zit. nach Korrespondenzblatt des Priestergebetsvereins Canisniams 98 (1964) 35 („Lieber Pater Karl Rahner! ... Ihre Canisianer"); vgl. ebd. 33 f.: E. Klinger, Zum 60. Geburtstag von P. Karl Rahner.

21 H. Vorgrimler, Karl Rahner verstehen. Eine Einführung in sein Leben und Denken, Freiburg–Basel–Wien 1988, 50.

22 K.-H. Weger, „Ich glaube, weil ich bete". Für Karl Rahner zum 80. Geburtstag, in: GuL 57 (1984) 48–52, 48.

über 4.000 Einträgen, von denen nach Abzug von Mehrfachdrucken, Neuauflagen und Übersetzungen immer noch etwa 1.800 Nummern übrigbleiben, spricht für sich. Der Rahmen – auch die damit verbundene „Grundversorgung" – entlastete ihn dabei. Und außerdem: „Die Produktivität Rahners verdankt sich der Regelmäßigkeit."[23] Ferien bedeuteten, wenn überhaupt, meistens Arbeitsferien und erzeugten eher „ein schlechtes Gewissen"[24], Hobbies waren Karl Rahner weitgehend fremd[25]: „Ich habe kein Leben geführt; ich habe gearbeitet, geschrieben, doziert, meine Pflicht zu tun, mein Brot zu verdienen gesucht. Ich habe in dieser üblichen Banalität versucht, Gott zu dienen, fertig."[26] Man mag diese Aussage heute durchaus mit gemischten Gefühlen lesen, doch sie bringt etwas von einem Selbstverständnis zum Ausdruck: der Professor als Confessor.

1.2 Der jesuitische Drill

Für Karl Rahners Pflicht- und Verantwortungsbewußtsein spielte zeitlebens eine Rolle, was ihm seit den ersten Ordensjahren vertraut geworden war. „Die Grundzüge der Gesellschaft Jesu", so Herbert Vorgrimler, „haben die Grundzüge seiner Person geprägt: er ist zunächst ganz und restlos ein Mann der Kirche, ein Diener der katholischen Kirche. Ihre Angelegenheiten, Sorgen und Probleme sind zu seinen ureigensten Angelegenheiten, Sorgen und Problemen geworden. Er will der Kirche in der bedingungslosen Form dienen, die der Gesellschaft Jesu eigen ist: im Gehorsam gegenüber den Oberen. Damit ist gegeben, daß man dort arbeitet, wo man gerade gebraucht wird, und daß man sich dort verbrauchen läßt. Keine Frage, eine solche Lebensform kann, aus der Nähe besehen, innerhalb der heutigen Gesellschaft schockierend und aufregend wirken."[27]

Bis in die Nachkonzilszeit hinein war es in einzelnen Ordensprovinzen – um ein heute skurril wirkendes Beispiel zu nennen – durchaus üblich, am Ignatiustag (31. Juli) seine „Destination" zu erhalten: die Aufgabe und den Ort zu erfahren, wo man hingeschickt wurde. In großen Kollegien, deren Alltagsablauf (entgegen dem ursprünglich intendierten, erst in der zweiten Hälfte des 20. Jahrhunderts wiederentdeckten Ordensideal) oft ziemlich monastisch geprägt war, konnte es vorkommen, daß ein Jesuit von seiner Versetzung auf einem Zettel unter der Kaffeetasse beim Frühstück erfuhr – ohne vorherige Anfrage durch die Oberen. Bußübungen diverser Art gehörten (wie in allen Orden) zur regelmäßigen Praxis der sogenannten Abtötung. Karl Rahner begegnete auch völlig aufgebauschten Kleinlichkeiten oder Merkwürdigkeiten, über die man heute den Kopf schütteln kann. Unfair wäre es freilich, solche Ausprägungen damals gültiger Aszese und Frömmigkeitspraxis mit den Maßstäben heutiger Mentalität zu messen. Was mitt-

23 Weger (wie Anm. 22) 48.
24 Rahner (wie Anm. 10) 82.
25 Vgl. Rahner (wie Anm. 9) 38; ders. (wie Anm. 10) 82.
26 Rahner (wie Anm. 10) 84.
27 Vorgrimler (wie Anm. 11) 9.

lerweile wie eine „fremde jesuitische Sonderwelt“[28] anmutet, war während der ersten Ordensjahrzehnten Karl Rahners Normalität und wurde nach dem im Noviziat und während der über zehn Jahre lang dauernden Studien eingeübten „jesuitischen Drill“[29] von den meisten Jesuiten fraglos akzeptiert, was bei manchem freilich auch zur psychischen oder physischen Überforderung mit lebenslangen Folgen verschiedenster Art führen konnte. Karl Rahner galt während seiner Ausbildungszeit, die mit der Priesterweihe (1932) nicht abgeschlossen war, sondern ordensrechtlich bis zur Ablegung der feierlichen Profeßgelübde (15. August 1939) dauerte, als ausgesprochen „pflegeleicht“[30].

Parat zu stehen, sich rufen und beanspruchen zu lassen: Diese Einstellung sollte sein Leben als Jesuit bestimmen – auch und gerade bei Spannungen und Schwierigkeiten, die ihm zwar zu schaffen machten, aufgrund derer er jedoch niemals daran gedacht hätte, den Orden zu verlassen. Auf die Idee, wegen Konflikten alles hinzuwerfen, sei er nie gekommen, bekannte er; denn „die letzte menschliche Substanz als Mensch, als Priester, Ordensmann“ sei davon „eben doch nicht berührt und da ist vielleicht in der Mentalität von heute ein Wandel eingetreten, der teilweise berechtigt, teilweise sicher auch unberechtigt ist. Ich werde doch meinen Priesterrock nicht ausziehen deswegen, weil ich nicht mehr in einer amtlichen Stelle Theologie dozieren kann. Ich würde das für sehr ungerecht, sehr dumm, sehr primitiv, sehr albern empfinden, eine solche Verfügung, aber weiter würde sich zur Kirche und zu meinem Orden nichts ändern.“[31]

1.3 „Ein wahrer Jesuit“

Als Karl Rahner keine vier Wochen nach Vollendung seines 80. Lebensjahres[32] am 30. März 1984 in Innsbruck verstarb, stellte sich die Frage, wie das Begräbnis ablaufen sollte, das für den 4. April angesetzt war. Zusammen mit dem Rektor des Innsbrucker Jesuitenkollegs, Josef Müllner SJ (1920–1993), entschied Alfons Klein SJ, von 1978 bis 1984 Provinzial der Oberdeutschen Provinz, die Predigt selbst zu übernehmen[33]: „Ich habe das damals mit mehreren Mitbrüdern sorgfältig besprochen. Karl Rahner war in erster Linie Jesuit. Deswegen haben wir uns letztlich dafür entschieden, daß ein Jesuit predigen sollte. Er war bei uns beheimatet. Der Orden war sein Leben. Wie Nathanael ein wahrer Israelit war, war Rah-

28 So A. Raffelt in einer Rezension von K. H. Neufelds Doppelbiographie „Die Brüder Rahner“, in: Theologischer Literaturdienst, 2/1995, 19.

29 Neufeld (wie Anm. 4) 34–39.

30 Neufeld (wie Anm. 4) 35.

31 Rahner (wie Anm. 9) 38.

32 Zum runden Geburtstag fanden eine Reihe von Symposien und Tagungen statt, die bereits im Herbst 1983 einsetzen, u. a. in Freiburg, London, Budapest und (am Geburtstag selbst) in Innsbruck.

33 Dem Requiem stand der Innsbrucker Bischof Reinhold Stecher vor, die im Anschluß an die Eucharistiefeier folgende Einsegnung im Innenhof des Jesuitenkollegs nahm Karl Lehmann vor, der erst wenige Monate zuvor zum Bischof von Mainz ernannt worden war.

ner ein wahrer Jesuit – mit einem Arbeitspensum, mit allen Vorzügen, mit allen Schrecken, mit allen Leiden, die damit verbunden sein können. Wir dachten uns: Es gibt viele andere Gelegenheiten, bei denen er wissenschaftlich gewürdigt werden kann, aber nicht bei seiner Beerdigung. Damit war auch die schwierige Frage, wer jetzt reden dürfe, erledigt. Viele seiner prominenten Schüler waren da, etwa Johann Baptist Metz; Bischöfe waren da, etwa Karl Lehmann und Hermann Volk, Friedrich Wetter und Ernst Tewes, Egon Kapellari und Reinhold Stecher. Uns Jesuiten ging es aber darum zu zeigen, wie Pater Rahner als Mensch gelebt hat: wie er sich innerlich als Mensch, als Priester, als Jesuit gefühlt hat. Seine wissenschaftliche Leistung sollte bei der Beerdigung im Hintergrund bleiben."[34]

Karl Rahner – „ein wahrer Jesuit": „Die Exerzitien haben ihn geprägt. Daraus hat er gelebt, und das versuchte ich in meiner Predigt herauszustellen."[35] Nun kann man natürlich einwenden, ein Provinzial müsse so reden bzw. loben, aber Alfons Klein hatte in den 50er Jahren in Innsbruck Theologie studiert und war dabei Karl Rahner immer wieder sehr persönlich begegnet. Er hat seinen Lehrer, wie er später in einem Interview erzählte, auch erschöpft, deprimiert, einmal sogar vor Streß bzw. Wut weinend erlebt[36]. Aber er verschweigt auch nicht, daß es nicht immer leicht war, mit dem „Genie" Karl Rahner unter einem Dach zu leben, eben weil er ein international renommierter Theologe und gefragter Autor, ein viel gesuchter Vortragender und Prediger war. Auf den Hinweis, daß Karl Rahner „offenbar nicht von jedem Mitbruder akzeptiert" wurde, antwortete Klein: „Natürlich, das ist ganz klar. Das muß man auch irgendwo verstehen. Wenn Sie Professor in Innsbruck sind und zehn andere auch, aber man redet immer nur über den einen: Das wären ja keine Menschen, wenn sie nicht eifersüchtig wären. Es war sicher nicht immer leicht, in derselben Fakultät wie Pater Rahner Professor zu sein."[37]

Damit sind Konflikte und Spannungen angedeutet, die manchmal auf ganz Menschlich-Allzumenschliches wie Neid, Rivalität, Konkurrenzdenken oder schlicht persönliche Abneigung zurückgingen: „Dann war es natürlich überhaupt so, daß jedem in der Professorenschaft klar war, daß Pater Rahner ein Genie war. Aber das ist im konkreten Zusammenleben dann etwas anderes. Man kann ja nicht dauernd vor Pater Rahner Kniebeugen machen. Pater Rahner hat das auch ständig als eine Art Ablehnung oder Verweigerung der Anerkennung empfunden."[38]

34 Was ein Provinzial alles erfährt. Im Gespräch mit P. Alfons Klein SJ, München, in: A.R. Batlogg/M.E. Michalski (Hrsg.), Begegnungen mit Karl Rahner. Weggefährten erinnern sich, Freiburg–Basel–Wien 2006, 194–205, 194.

35 Batlogg/Michalski (wie Anm. 34) 195. – Die Predigt wurde später veröffentlicht und auch ins Englische übersetzt: A. Klein, Predigt beim Requiem für P. Karl Rahner am 4. April [1984] in Innsbruck, in: Korrespondenzblatt des Canisianums 117 (1984) H. 2, 35 f.

36 Vgl. Batlogg/Michalski (wie Anm. 34) 196.

37 Batlogg/Michalski (wie Anm. 34) 202.

38 Man kann nicht ständig Kniebeugen vor Karl Rahner machen. Im Gespräch mit P. Hans Rotter SJ, Innsbruck, in: Batlogg/Michalski (wie Anm. 34) 206–220, 217.

1.4 Konflikte

Versteckt sich ein Theologe nicht hinter dem Katheder, indem er lediglich – mehr oder weniger gekonnt oder originell – Schulbücher repetiert und „Denzingertheologie" (wie Karl Rahner es nannte) betreibt, gerät er unweigerlich in heikle Situationen. Konflikte sind programmiert, wenn sich Theologie nicht in historischen oder historisierenden Studien erschöpft. Karl Rahner hat keine Forschungsnischen gesucht, um ein geruhsames Professorenleben mit damit verbundenen Annehmlichkeiten und Privilegien führen zu können. Er hat sich aber auch nicht in die Öffentlichkeit gedrängt. Seine Art und Weise, theologische Themen aufzugreifen, faszinierte: Sie war einfach anders als das, was man gewohnt war, „existentieller", und so zog Karl Rahner in Innsbruck jahrelang Studenten aus aller Welt an. Tief in der kirchlichen Tradition verwurzelt, ging er schöpferisch mit dieser um, er fragte und hinterfragte. Der Stil seines Theologisierens bewirkte, daß er angefragt wurde, wieder und wieder, von ganz unterschiedlichen Institutionen und Gruppen, wie etwa sein Sammelband mit pastoraltheologischen Beiträgen „Sendung und Gnade" (1959) zeigt, der aufgrund etlicher Übersetzungen stark zu seinem internationalen Bekanntheitsgrad vor dem Konzil beitrug. Karl Rahner, der Dogmatiker, kniff nicht, wenn er Anfragen aus anderen Fachbereichen erhielt, sondern er stellte sich.

1.4.1 Inkriminerte Schriften

Es ist an dieser Stelle nicht nötig und auch nicht möglich, die Auseinandersetzungen um seine Artikel „Kirche der Sünder" (1947), „Theologische Deutung der Position des Christen" (1954) oder seine Katholikentagsrede „Löscht den Geist nicht aus!" (1962) en détail zu erläutern oder auf seine im Vorfeld der Dogmatisierung der Aufnahme Mariens in den Himmel (1950) entstandene, in der Zensur hängengebliebene Mariologie „Assumptio Beatae Mariae Virginis" (die erst 20 Jahre nach seinem Tod veröffentlicht wurde[39]), den umstrittenen Artikel über „Die vielen Messen und das eine Opfer" (1949) oder die Überlegungen über die Jungfrauengeburt „Virginitas in partu" (1960) einzugehen (in deren Gefolge die Päpstliche Universität Gregoriana Karl Rahner „erst ein-, bald darauf aber wieder auslud"[40]) – um nur einige Titel zu nennen, mit denen er sich teils massive, jahrelange Probleme einhandelte. Beabsichtigt waren diese Konflikte von seiten Karl Rahners nicht, zumal sie oft sehr unfair „eingefädelt" und noch unfairer ausgetragen wurden. Er scheint über das Echo, das solche inkriminierten Beiträge auslösten, eher überrascht gewesen zu sein, und wenn sich die Schwierigkeiten, wie im Fall seiner

39 K. Rahner, Die Assumptio-Arbeit von 1951 mit den Ergänzungen bis 1959, in: ders., Sämtliche Werke. Bd. 9: Maria, Mutter des Herrn. Mariologische Studien. Bearbeitet von R. P. Meyer, Freiburg–Basel–Wien 2004, 3–392.

40 Vorgrimler (wie Anm. 21) 115.

Mariologie, jahrelang und zermürbend dahinzogen, ging das an seine Substanz[41]: „Wenn man nichts schreibt oder nur die altgebahnten Wege wandelt, dann hat man es leicht und bequem. Ob man als kirchlicher Theologe dann seine Pflicht getan hat, ist eine andere Frage, auch wenn man dann das Sanctum Officium nicht zu fürchten hat."[42]

Herbert Vorgrimler, selbst nie offizieller Assistent bei Karl Rahner, aber über Jahre hinweg in Innsbruck (in den 50er und 60er Jahren) dessen engster Mitarbeiter und auch später seinem Lehrer inhaltlich wie menschlich eng verbunden, schreibt: „Karl Rahner war bis zu seinem Tod ein unbequemer Mensch. Er war freimütig bis zur Grobheit, und er hatte mit schöpferischer Phantasie neue Ideen, die er der Diskussion ausgesetzt sehen wollte. Er liebte die Kirche über alles und hätte sie nie hinter die Freundschaft zu einem Menschen zurücktreten lassen, aber er wollte Menschen helfen, auch wenn dabei Grundsätze und Vorschriften verletzt wurden. Er haßte frömmlerisches Getue, aber noch mehr selbstgerechte Sicherheit. Er war ein freiheitsliebender Mensch und vermochte Freiheitsräume aufzudecken auch dort, wo ‚Offizielle' längst alles für genormt oder verboten hielten."[43]

Erstmals ging Karl Rahner in einem Fernsehinterview, in dem er zu seinem Leben befragt wurde, im Jahr 1977 auf Schwierigkeiten ein: „Es gab sowohl innerhalb des Ordens wie mit den römischen Behörden gewisse Konflikte, ich habe partielle Schreibverbote gehabt. Es war einmal eine römische Vorzensur offiziell über mich verhängt, die aber dann praktisch nicht wirksam wurde. Die Ordensleitung hat einmal eine Art Vertrauensmann nach Innsbruck geschickt, um zu kontrollieren, ob meine Theologie orthodox sei. Solche und ähnliche Dinge hat es mehrere gegeben. 1954 hat sich in einer großen feierlichen Rede an die damals versammelten Bischöfe in St. Peter der Papst, ohne meinen Namen zu nennen, gegen eine Schrift von mir gewandt. Die war eindeutig gemeint. Solche und ähnliche Dinge hat es zwischen 1950 und dem 2. Vatikanischen Konzil gegeben. Nachher eigentlich nicht mehr."[44]

Der hier namentlich nicht genannte römische Visitator war der niederländische Jesuit Felix Malmberg (1903–1979), der in Innsbruck Beschwerden gegen Karl Rahner nachgehen sollte. Fest stand für diesen, daß er wegen solcher Vorgänge seine Professur nicht von sich aus an den Nagel hängen würde; aber er war bereit, eine solche Maßnahme zu akzeptieren – einfach auch, weil im Klima der Einschüchterung der 50er Jahre (als Folge der Veröffentlichung der Enzyklika „Humani generis" im August 1950), diese Möglichkeit mindestens im Raum

41 Der Editionsbericht (XI–LVI, besonders XII–LI) von SW 9 (wie Anm. 42) ist in der Tat ein atemberaubendes Stück Theologiegeschichte, denn er läßt hinter die Kulissen blicken und gewährt nicht nur Einblick in das, was war, sondern auch, wie K. Rahner dabei zumute war.

42 Zit. nach ebd. XXX (Brief K. Rahners vom 13. Dezember 1951 an den Assistenten des Generals in Rom); vgl. zum Komplex Kirchlichkeit neuestens: U. Bentz, Jetzt ist noch Kirche. Grundlinien einer Theologie kirchlicher Existenz im Werk Karl Rahners, Innsbruck–Wien 2008.

43 Vorgrimler (wie Anm. 21) 109 f.

44 Rahner (wie Anm. 9) 37.

stand: „Sehen Sie, es wäre durchaus denkbar gewesen, daß ich als Theologieprofessor in Innsbruck abgesägt worden wäre. Das ist nie eingetreten, aber man kann ruhig sagen: mit so was mußte ich in den fünfziger Jahren durchaus rechnen, ohne daß es etwas Besonderes hätte bedeuten müssen. Das hat man doch eigentlich damals als ein nicht gerade sehr angenehmes, aber durchaus ertragbares Schicksal eines damaligen Theologen und erst recht eines damaligen Ordensmannes empfunden. Wenn ich damals abgesägt worden wäre oder ein wirklich sich effizient auswirkendes Schreibverbot bekommen hätte, dann hätte ich eben das zur Kenntnis genommen und hätte etwas anderes getan, hätte etwa Exerzitien geben können oder predigen können oder Beichte hören können oder Missionär in Indien oder in Brasilien werden können. Das hätte man durchaus alles nicht so vernichtend und tragisch empfunden, wie das vielleicht heute ein Theologieprofessor der nächsten Generation empfunden hat. Ich meine, mit einer solchen Verfügung der Amtsstellen in der Kirche rechnete man mit einem vorbehaltslosen Gehorsam und Einordnung. Man hätte das nicht als richtig, als objektiv und sachlich richtig empfunden. Man hätte sich natürlich zu wehren gesucht, so gut und so weit man das nur konnte."[45]

1.4.2 Römische Gegner?

Besonders versiert darin war Karl Rahner aber gerade nicht. Er konnte auf fachlicher Ebene argumentativ parieren, doch mit dem „modo romano", der römischen Mentalität, die Dinge nicht offen, sondern verklausuliert auszudrücken, konnte er nur sehr schwer umgehen. Meister der Intrige waren andere. In Rom waren es hauptsächlich die beiden Fundamentaltheologen Edouard Dhanis SJ (1902–1978) in Zusammenhang mit der Mariologie und Sebastian Tromp SJ (1889–1975), allen voran aber der Moraltheologe Franz Hürth SJ (1880–1963), der seit 1942 an der Päpstlichen Universität Gregoriana lehrte, die dafür sorgten, daß das Heilige Offizium (heute: Kongregation für die Glaubenslehre) auf Karl Rahner aufmerksam wurde.

Hürth war in Valkenburg Karl Rahners Lehrer gewesen. Er hat ihn immer respektvoll als didaktisch herausragenden und blitzgescheiten Professor gelobt, „zu dessen Ruhm man sagen kann, was sich nicht von vielen Lehrern behaupten läßt – nicht einmal von Martin Heidegger –, daß einem seine Vorlesungen erst ungefähr nach zwei Jahren langweilig zu werden begannen"[46]. Allerdings war Hürth in den 50er Jahren so sehr von Karl Rahners Irrtümern überzeugt, daß er Hugo Rahner 1954, als dieser für seinen Bruder intervenierte, sagte: „Man merkt eben ihrem Bruder an, daß er seine Theologie in Frankreich gemacht hat."[47] So berichtet es jedenfalls Karl H. Neufeld und kommentiert: „Da er die ‚Nouvelle Théologie'

45 Rahner (wie Anm. 9) 37 f.
46 Zit. nach Neufeld (wie Anm. 4) 97.
47 Zit. nach ebd.

bekämpfte, war K. Rahner ihm verdächtig; er schloß messerscharf, Rahner müsse bei den Franzosen studiert haben. Vermutlich verwechselte er ihn mit H. U. von Balthasar. Der erstaunte Hinweis Hugo Rahners, sein Bruder habe doch die ganze Zeit in Valkenburg zu seinen Füßen gesessen, hat Hürth offensichtlich nicht aus der Fassung bringen können."[48]

Tromp wiederum, so Karl Rahner, „hatte die Idee vom Corpus Christi Mysticum entwickelt, die er in der Enzyklika von Pius XII. vortragen ließ. Das war zwar, gemessen an der Bellarminischen Kirchenkonzeption als der Societas perfecta, auch schon irgendwie etwas Neues. Aber Tromp hatte natürlich nur das an Neuem zugeben wollen, was ihm nahelag, wo er schon einen guten Einfall hatte."[49] Es war für Karl Rahner klar, daß „der mich nicht leiden konnte" und „wahrscheinlich auch die Sätze gegen mich in Reden des Papstes Pius XII. hineingesetzt hat."[50] Tromps Ablehnung beruhte wahrscheinlich hauptsächlich darauf, daß Karl Rahner in seinen Gutachten über die Schemata für das Zweite Vatikanum, die er für Kardinal König anfertigte, ziemlich direkt die Sterilität und die mangelnde pastorale Sensibilität der römischen Schultheologie, deren herausragender Vertreter Tromp war, beklagte: „Mit diesen vorkonziliaren Schemata, wie sie genannt wurden, fing das Konzil an. Männer wie Tromp waren davon überzeugt, daß das Konzil eigentlich nur noch seinen Segen zu diesen schon fertig vorbereiteten Schemata geben müsse."[51] Freunde machte sich Karl Rahner mit seinen Einschätzungen (die allerdings erst 1990 öffentlich zugänglich wurden) natürlich nicht. Ist es „typisch jesuitisch" zu nennen (mindestens dem Vorurteil nach), daß Mitbrüder sich hinter dem einflußreichen Kardinal Alfredo Ottaviani (1880–1979), einem Kirchenrechtler, versteckten, mit dem sich Karl Rahner später versöhnte, oder eben Rahner-Zitate in Ansprachen und Predigten von Papst Pius XII. „unterbrachten", ohne selbst in Erscheinung zu treten?

1.4.3 Das Verhältnis zu den Ordensoberen

Was Karl Rahner daran störte, wohl auch verletzte, war der Umstand, daß sich für solche Vorgänge Ordensobere instrumentalisieren ließen, etwa der seit 1946 amtierende Generalobere Johannes Baptist Janssens SJ: „Die Verbote des Heiligen Offiziums liefen zunächst immer über den Ordensgeneral. Bei der damaligen Mentalität war es für einen General unmöglich, auch wenn er anderer Meinung war, sich schützend vor den Untergebenen gegen das Heilige Offizium zu stellen. Heute würde man einem Ordensgeneral so viel Zivilcourage wohl zumuten. Die hat P. Janssens zumindest bei mir nicht gehabt. Er war nicht böse gegen mich, er

48 Neufeld (wie Anm. 4) 97.
49 Rahner (wie Anm. 10) 71.
50 Ebd.
51 Ebd. 72. – Vgl. K. Rahner, Aus den Konzilsgutachten für Kardinal König, in: ders., Sehnsucht nach dem geheimnisvollen Gott. Profil – Bilder – Texte, hrsg. von H. Vorgrimler, Freiburg–Basel–Wien 1990, 95–165.

hat mir selbst einmal gesagt: Ja, sehen Sie, es kommen Blitze vom Heiligen Offizium, da weiß man manchmal nicht, warum und wen es trifft. Er war ein anständiger und frommer Mann, hatte aber nicht unbedingt ein besonders großes Format. Er hat solche Maßnahmen des Heiligen Offiziums immer brav weitergegeben. Der General mußte auch an das Heilige Offizium berichten, wie der betreffende Delinquent das Verbot aufgenommen habe, ob er mit der nötigen Demut und Bescheidenheit reagiert habe. Das war damals römische Mentalität, die man heute mit Recht fürchterlich fände."[52]

Daß Beschwerden, Verurteilungen oder anonyme Gutachten nicht begründet waren, sondern einfach mitgeteilt wurden, kränkte Karl Rahner am meisten; aber auch, daß „niemals ausdrücklich und schriftlich die Rücknahme dieser Maßnahmen mitgeteilt" wurde: „Solche Höflichkeiten waren damals offenbar einem kleinen Ordensmann gegenüber in Rom nicht üblich."[53] Er regte deswegen ab Mitte der 70er Jahre immer vehementer mehr Selbstbewußtsein an: „Die Ordensgeneräle werden immer noch zu sehr zu Briefträgerdiensten der höheren römischen Behörden gezwungen und müssen so tun, als ob die Maßnahmen von ihnen selbst ausgehen. Ich meine, solche Ordensoberen hätten trotz ihrer eigenen Gehorsamspflicht unter Umständen durchaus das Recht zu sagen, sie könnten nach ihrem eigenen Gewissen eine solche Maßnahme nicht decken und bäten darum, daß die römische Behörde selber hervorträte und mit dem unmittelbar in Verbindung trete, dessen Lehre oder sonstiges Verhalten sie beanstande."[54] Gleichzeitig unterschied er sehr genau „zwischen Ordensoberen und Amtskirche": „Aber an sich habe ich mit den eigenen Ordensoberen keine Schwierigkeiten gehabt. Die waren immer loyal, eigentlich auch sogar mir gegenüber – soweit sie das bei der damaligen Methode römischer Amtsstellen sein konnten."[55]

Als zum Beispiel der österreichische Provinzial Anton Pinsker SJ (1906–1989) Karl Rahner am 11. Juli 1957 brieflich mitteilte, daß er über den Generaloberen „die wenig erfreuliche Aufgabe" erhalten habe, „ein Monitum des S. Offizium zu übermitteln" (es ging um die Frage der Konzelebration), fügte er am Ende hinzu: „Ganz im Vertrauen will ich Hochwürden auch davon informieren, daß mir die Verpflichtung auferlegt wurde, zu berichten, wie Hochwürden auf das Monitum reagiert haben; ich bitte Hochwürden, mir auf dieses Schreiben zu antworten und dabei im Auge zu behalten, daß ich diese Antwort über Paternität an das S. Offizium weiterleiten muß. Aus dem Worlaut soll aber nicht der Eindruck entstehen, daß Ihre Antwort direkt oder indirekt an das S. Offizium gerichtet sei."[56] Wie auch immer man diese Angelegenheit bewerten mag, sie zeigt, daß einzelne Obere sehr wohl auch spürten, daß gewisse Anfragen an Karl Rahner oder An-

52 Rahner (wie Anm. 10) 66 f.
53 Erlebtes von Karl Rahner. Zuschrift zu: Schützen die Orden ihre Theologen?, in: SW 25 (wie Anm. 1) 286–287, 287.
54 Rahner (wie Anm. 53) 287.
55 K. Rahner, Die Antwort heißt Gott, in: SW 31 (wie Anm. 9)
56 Beleg in: KRA II, J, 101.

griffe auf ihn schlicht und ergreifend peinlich waren. Dessen Antwortbrief (vom 13. Juli 1957) fiel demgegenüber geradezu „harmlos“ aus.

Da die Generaloberen der Gesellschaft Jesu wie der Papst *ad vitam*, also auf Lebenszeit, gewählt sind, hat Karl Rahner nur vier Generalobere erlebt: Wladimir Ledóchowski SJ (1866–1942), der von 1915 an den Orden leitete, Johannes Baptist Janssens SJ (1889–1964)[57], Pedro Arrupe SJ (1907–1991) und noch ganz kurz Peter-Hans Kolvenbach SJ (geb. 1928)[58]. Schwierigkeiten und Probleme gab es vor allem unter dem Generalat von Janssens, der in den Augen Karl Rahners „so etwas wie ein ‚Vollzugshelfer‘ der eigentlichen römischen Behörden“[59] war.

1.4.4 Karl Rahner und Pedro Arrupe

Mit dem Basken Pedro Arrupe war Karl Rahner in gewisser Weise sogar befreundet. Jedenfalls bestand eine weit über das übliche Verhältnis eines Untergebenen zu seinem Generaloberen hinausreichende Beziehung. Am 22. Mai 1965 zum Generaloberen gewählt, nahm der vormalige Novizenmeister und Provinzial von Japan von Oktober bis Dezember 1965 an der letzten Sitzungsperiode des Zweiten Vatikanischen Konzils teil, wo sich die beiden erstmals begegneten. Wie Karl Rahner hatte Arrupe (allerdings später) in Valkenburg Theologie studiert und kannte deswegen seine Lehrer. Karl Rahner verfaßte nicht nur ein Vorwort zu einem Band mit ausgewählten Texten Arrupes in deutscher Sprache („Unser Zeugnis muß glaubwürdig sein“, 1981)[60] und ein Nachwort zu einem sehr persönlichen Interviewbuch („Mein Weg und mein Glaube“, 1983)[61].

Er arbeitete auf Bitten Arrupes auch wiederholt Dossiers, Stellungnahmen oder Gutachten aus, etwa zur Jungfrauengeburt, deren Darstellung im Holländischen Katechismus auch im Orden Verunsicherungen ausgelöst hatte (1966/67), „Thesen zum Thema Glaube und Gebet“ (1969)[62], den Entwurf eines Briefes zur Hundertjahrfeier der Weihe der Gesellschaft Jesu an das Herz Jesu, der für den Orden so typischen Frömmigkeit (1971/72) oder zum Ordensgehorsam (1973)[63].

57 Janssens wurde nach vierjähriger Interimszeit gewählt. Kriegsbedingt konnte zwischen 1942 und 1946 keine Generalkongregation zusammentreten, um einen neuen Generaloberen zu wählen. Während seiner Amtszeit (1946–1964) erreichte der Orden mit 36000 Mitgliedern seinen historischen Höchststand (vgl. J. Wrba, Janssens, Johannes-Baptista, in: LThK³ 5 [1995] 747. „Mitregent“ war de facto, besonders in den letzten Amtsjahren des kränklichen Janssens, der niederländische Jesuit Piet van Gestel SJ (1897–1972), der von 1941 bis 1945 im „Pfarrerblock“ des Konzentrationslagers Dachau interniert gewesen und nicht gut auf deutsche Jesuiten zu sprechen war.

58 Kolvenbach amtierte von September 1983 bis Januar 2009 und war der erste Generalobere, der (altersbedingt) freiwillig zurücktrat – mit Erlaubnis von Papst Benedikt XVI., dessen Vorgänger seine Rücktrittsgesuche mehrmals abgelehnt hatte.

59 Rahner, Die Antwort heißt Gott (wie Anm. 55) 345.

60 Abdruck in: Rahner, SW 25 (wie Anm. 1) 191–193.

61 Rahner, SW 25 (wie Anm. 1) 194–197.

62 Abdruck in: Rahner, SW 25 (wie Anm. 1) 382–389; Hintergrund für die 16 Thesen bzw. Leitsätze bildeten Unsicherheiten im Glaubens- und Gebetsleben der Nachkonzilszeit.

63 Vgl. K. Rahner, Was heißt Ordensgehorsam? Überlegungen für eine heutige Theologie des Ordenslebens, in: SW 25 (wie Anm. 1) 466–479.

Immer wieder lud Arrupe Karl Rahner nach Rom ein, wie die umfangreiche Korrespondenz im Karl-Rahner-Archiv belegt („damit wir verschiedene Probleme, die angegangen und zu einer echten Lösung gebracht werden müssen, miteinander besprechen"[64]). Im August 1968, als die Enzyklika „Humanae vitae" Pauls VI. erschien, unterbrach Karl Rahner seinen Urlaub in Jugoslawien und ließ sich von seinen Mitarbeitern Karl Lehmann und Roman Bleistein SJ (1928–2000) für ein von Arrupe erbetenes Gespräch eigens nach Rom chauffieren[65].

Als die 32. Generalkongregation 1974/75 den Beschluß „Unsere Sendung heute. Dienst am Glauben und Förderung der Gerechtigkeit" faßte – verkürzt oft nur „Dekret 4" genannt –, mit dem sich die Jesuiten zur „vorrangigen Option für die Armen" bekannten, kam es in einzelnen Ordensprovinzen, besonders in Lateinamerika und in Europa, zu starken Spannungen innerhalb des Ordens. Zusammen mit den beiden Sozialethikern Walter Kerber SJ (1926–2006) und Hans Zwiefelhofer SJ (1932–2008) verteidigte Karl Rahner 1976 dieses Dekret in dem zunächst nur ordensintern zirkulierenden Gutachten „Glaube und Gerechtigkeit. Überlegungen zur theologischen Begründung von Dekret 4 der 32. Generalkongregation"[66]. Arrupe dankte dafür in einem Brief vom 2. März 1976: „Ich bin mit Ihrem Plan, daß dieses Manuskript von Fachleuten der Assistenz studiert werden soll, vollkommen einverstanden. Weil diese Studie nach ihrer Veröffentlichung wohl nicht nur für Ihre Assistenz, sondern auch darüber hinaus von großer Bedeutung sein wird, scheint es angebracht zu sein, daß Ihre Provinzialskonferenz das letzte Wort für deren Veröffentlichung hat."

All diese Schreiben belegen Arrupes große Wertschätzung für Karl Rahner, die er auch wiederholt zum Ausdruck brachte. Seinen 70. Geburtstag am 5. März 1974 etwa würdigte er mit einem sehr persönlichen Dankesbrief (26. Februar 1974). Als Karl Rahner im selben Jahr von der Päpstlichen Universität Comillas in Madrid ein Ehrendoktorat verliehen bekam, stellte sich der Generalobere als Großkanzler (weil an der Teilnahme verhindert) mit einem Brief (datiert auf 25. Mai 1974) ein: „Ich schätze Ihr Werk, das uns diese Ehrung ermöglicht." Er schrieb Karl Rahners Mutter zu deren 100. Geburtstag einen Brief (1. Februar 1975), in dem er ihr unter anderem für deren beiden Jesuitensöhne Hugo und Karl dankte, „die ein großes Geschenk für uns sind." Zum 75. Geburtstag überraschte er ihn mit einem Telegramm.

64 Brief vom 14. Februar 1966; Korrespondenz Arrupe – Rahner nach KRA II, A (Arrupe, Pedro).

65 Vgl. den abenteuerlichen Bericht über die sechsstündige Autofahrt in: D. Deckers, Der Kardinal. Karl Lehmann. Eine Biographie, München 2002, 147–155 („Höllenfahrt nach Rom").

66 W. Kerber/K. Rahner/H. Zwiefelhofer, Glaube und Gerechtigkeit: Abdruck in SW 25 (wie Anm. 1) 616–670.

1.5 Wertschätzung und Dank seitens des Ordens

Karl Rahner reagierte empfindlich, wenn er (nach außen hin meistens anonym) für den Orden Texte erarbeitete und diese – wie er es auf dem Konzil oder in der Internationalen Theologenkommission gewohnt war[67] – „im Papierkorb verschwanden" (wie er meinte). Er konnte dann ordensintern durchaus deutlich werden: „Ich mußte nämlich neulich für den P. General etwas über den Gehorsam in der Gesellschaft Jesu schreiben, was vermutlicherweise genauso im Papierkorb landen wird wie damals, als ich etwas über die Herz-Jesu-Verehrung in der Gesellschaft Jesu dem P. General auf seinen Wunsch hin verfassen mußte und mir dann mit höflichen Worten gesagt wurde: Man konnte das aus verschiedenen Gründen doch nicht brauchen."[68] Eine solche launische Bemerkung kontrastiert deutlich zu der Korrespondenz mit Pedro Arrupe oder anderen Mitgliedern der Ordensleitung. Offenbar gab es manchmal Wahrnehmungsunterschiede, was vermeintliche und tatsächliche Wertschätzung anlangte.

Nicht nur das tägliche Brot zum Essen braucht der Mensch, auch das tägliche Brot der Anerkennung. Mindestens wird man sagen müssen, daß sich Karl Rahner nicht über zu wenig Wertschätzung beschweren konnte. Der Vorsitzende der Provinzialskonferenz der Deutschen Assistenz SJ, Vitus Seibel SJ (geb. 1935), sprach ihm etwa zu seinem 75. Geburtstag „den aufrichtigen Dank an Sie für alles [aus], was Sie durch Ihr Leben und Ihr Werk den Mitbrüdern Gutes getan haben. Sie werden in diesen Tagen sicher oft hören oder lesen, welche überragende Bedeutung Sie für die heutige Zeit in Kirche und Theologie – und auch über die Kirche hinaus – haben. Und ich bin sicher: das stimmt alles. Ich kann meinen Stolz darüber nicht unterdrücken, und ich will es auch nicht. Weil wir unter uns Mitbrüdern aber so vieles als selbstverständlich nehmen und darüber oft das Danken vergessen, möchte ich Ihnen eigens diese Zeilen schreiben. Bitte glauben Sie mir, dass ich damit keine Höflichkeitspflicht erfülle. Ich habe oft im Umgang mit Mitbrüdern erfahren dürfen, wieviel sie Ihnen für ihre Frömmigkeit, ihren Glauben, ihre Christusnachfolge, ihr Jesuitsein zu verdanken haben."[69] Zu demselben Anlaß schickte Pater Arrupe ein Telegramm, in dem auch auf schwierige Zeiten in Karl Rahners Leben angespielt wird und das sehr persönlich auf sein Jesuitsein eingeht: „es liegt mir daran hervorzuheben, dass sie in all den vielfaeltigen, oft genug schwierigen situationen, die sie durchlebt und durchlitten haben, stets eine eindeutige haltung als ordensmann gezeigt haben und zu spueren war, dass ihnen die zugehoerigkeit zur gesellschaft jesu ein anliegen ist. sie wollten nicht nur ein ‚gefaehrte jesu' sein, sie waren auch stets ein gefaehrte der anderen gefaehrten aus der gesellschaft jesu. Dafuer moechte ich ihnen am heutigen tage in deren namen herzlich danken."[70]

67 Vgl. z. B. die Bemerkungen in: Rahner (wie Anm. 9) 39 oder Rahner (wie Anm. 10) 76.
68 K. Rahner, Leben in Veränderungen. Perspektiven der Hoffnung für die Gesellschaft Jesu, in: SW 25 (wie Anm. 1) 604–615, 604.
69 KRA II, C (Glückwünsche).
70 KRA II, A (Arrupe, Pedro).

1.6 Zwischen Tradition und Innovation

Auf die Frage „Wie kann ein Mensch von heute noch Jesuit sein und Jesuit bleiben?" antwortete Karl Rahner in dem Taschenbuch „Jesuiten. Wohin steuert der Orden?" (1975) mit einem unter die Haut gehenden Bekenntnis zu dem, in dessen Gemeinschaft er sich durch seinen Ordenseintritt 1922 begeben hatte: „Ich hätte mein Leben als Jesuit nie leben können, wenn ich nicht das innere Verhältnis eines unbedingten Glaubens an Jesus Christus den Gekreuzigten und Auferstandenen gefunden hätte. Denn ihm soll mein Leben dienen, sein Leben soll es fortsetzen, die Kraft seines Lebens bezeugen. [...] Ich bin in dieser Gemeinschaft nur reicher geworden in dem Maß, in dem ich mehr zu geben suchte als zu empfangen. Dann habe ich erfahren, daß in meiner Gemeinschaft der Geist Christi lebendig gegenwärtig ist."[71] Unkritisch (auch gegen sich selbst) ist er dabei nicht, und er verhehlt auch nicht: „Unter viel Asche brennt auch heute in meinem Orden die Liebe zu der Unbegreiflichkeit Jesu und seines Schicksals. Von daher dient er der Kirche und kann ihr gegenüber und gegen sich selbst sehr kritisch sein, sich auf das Experiment einer nicht vorauskalkulierbaren Geschichte einlassen und Leben, Erfolg und Mißerfolg, Prestige und Unbedeutsamkeit getrost als Teilnahme am Geschick dessen entgegennehmen, dessen Name mein Orden (gewiß ein wenig unbescheiden, aber auch voll rührender Hoffnung) trägt."[72] Dieser Satz wurde in der Folgezeit viel zitiert und wird so gerade schon wieder entwertet und auf das Niveau eines frommen Kalender- oder Werbespruchs degradiert.

Bis zum Ende seines Lebens identifizierte sich Karl Rahner mit seinem Orden, auch wenn er mit unbequemen Zwischenrufen den einen oder anderen Mitbruder immer wieder irritieren konnte. Er wollte sagen, was ihm wichtig (geworden) war, was ihm fehlte, abhanden gekommen zu sein schien oder was er für unersetzbar hielt. Unangenehmes hat er dabei nicht ausgespart, ohne sich deswegen die Pose des *elder statesman* zuzulegen und seinem Auditorium gleichsam die Leviten zu lesen. Er hat gewiß nicht alles gebilligt oder jeder Entwicklung zugestimmt und sich berechtigt, ja verpflichtet gewußt, auf künftige Entwicklungen nach Möglichkeit hinzuweisen. Aus dieser Haltung heraus betrieb er auch Theologie. Wandlungen im eigenen Orden hat er selber viele erlebt, mitgemacht, erlitten, und manche nachkonziliaren „Fortschritte" stimmten ihn durchaus besorgt[73]. Aber er war viel zu sehr Theologe, als daß er an (Erscheinungs-)Formen geklebt hätte. Oder als wäre er nur an der sklavischen, oft eben nur skrupulösen Einhaltung von Regeln interessiert gewesen. Gelegentlich kokettierte er – in den nachkonziliaren Um-

71 P. Arrupe u. a., Jesuiten. Wohin steuert der Orden, Freiburg 1975, 142–145. Abgedruckt in SW 25 (wie Anm. 1), 283–285, 285.

72 Rahner (wie Anm. 71).

73 Vgl. die beiden bis dahin nur ordensintern zugänglichen, ziemlich abrupt entstandenen und persönlich gefärbten Überlegungen „Die gewandelte Ekklesiologie und die Jesuiten heute" (in: SW 25 [wie Anm. 1] 585–603) oder „Leben in Veränderungen – Perspektiven der Hoffnung für die Gesellschaft Jesu" aus den 70er Jahren, Rahner (wie Anm. 68).

brüchen auch des Jesuitenordens gefragter Referent und Vordenker bei ordensinternen Symposien – damit, was er (sich selber „zu der ganz alten Generation der jesuitischen Einsiedler“[74] zählend) jungen Jesuiten überhaupt sagen könne: „Ich frage mich: Gehöre ich zum Establishment der Alten, die man bei solchen Gelegenheiten reden läßt, die ihren Schwanengesang halten dürfen, wobei die Jungen höflich schweigen, weil bei uns die Aggressivität der Jungen gegen die Alten sich noch in gewissen Grenzen hält? Ich weiß es nicht, aber eben dies macht mich unsicher. Wenn ich etwas über die Zukunft der Kirche – so vielleicht im Jahr 2000 – und die Zukunft unseres Ordens sagen soll, dann werde ich erst recht unsicher.“[75]

Neuen Formen, etwa des Austauschs untereinander, stand er nicht ablehnend, sondern interessiert gegenüber, betonte dabei jedoch auch, daß er darauf verzichten könne. Er kommentierte Neues nicht zynisch oder verbittert, wie man das bei Ungleichzeitigkeiten in den Orden manchmal erleben kann. Nach dem Konzil so wichtig gewordene Aspekte wie „Persönlichkeitsbildung“ blieben ihm letztlich zwar fremd, doch zeigte er sich aufgeschlossen dafür, daß die junge Ordensgeneration ihren eigenen Weg finden und gehen muß[76].

Nicht alle haben seine meist nicht sehr enthusiastisch formulierten ermutigenden Hinweise verstanden. Im Blick auf das Konzil und die Bemühungen, dessen Beschlüsse auch in den einzelnen Orden und Gemeinschaften zu implementieren, sind seine Anstrengungen unübersehbar, zu guten theologischen Begründungen zu kommen, Mitbrüdern Mut zu machen, sich nicht knechten bzw. entmündigen oder mit pseudotheologischen Argumenten abspeisen zu lassen. In dem dichten Artikel „Was heißt Ordensgehorsam?“ (1974) setzt er nicht nur Begriffe wie Ordensoberer, Vorgesetzter, Untergebener, Stellvertreter Gottes unter Anführungszeichen[77], sondern stellt klar: „Der Ordensgehorsam darf darum auch nicht mit paternalistischen Ideologien falsch und überflüssig unterbaut werden. Ordensleute sind keine Kinder. Der Ordensgehorsam als solcher hat nichts zu tun mit dem Gehorsam von Minderjährigen, die in der elterlichen Hausgemeinschaft leben. Ein Ordensoberer mag manches von einem

74 Rahner (wie Anm. 68) 612. In dem Vortrag „Das Verhältnis von personaler und gemeinschaftlicher Spiritualität und Arbeit in den Orden“ (in: SW 25 [wie Anm. 1] 423–440) spricht er 1971 von sich selber als einem „Spätindividualisten“ und einem „kasernierten Einsiedler“ (426).

75 K. Rahner, Die Zukunft der Orden in der Welt und Kirche von heute, in: SW 25 (wie Anm. 1) 401–415, 744–745, 774, editorische Anmerkung b.

76 Vgl. Rahner, Leben in Veränderungen (wie Anm. 68) 611: „Und wenn man also heutzutage so entsetzlich Angst hat, es könne die persönliche Entfaltung und die Persönlichkeitsentwicklung durch Gehorsam geschädigt werden: Ich gestehe Ihnen, daß ich so altmodisch bin, daß ich das überhaupt nicht recht kapiere. Was heißt denn: Meine Persönlichkeit wird entwickelt und entfaltet? Wenn ich jetzt Beamter wäre in einem Büro oder Dreher an einer Bank oder mit Berta oder mit der Julia verheiratet, dann sind das doch alles Dinge, die im Grunde genommen genauso problematisch sind hinsichtlich dieser berühmten Persönlichkeitsentfaltung, von der heute so fürchterlich viel geredet wird. Ich meine, wenn ich, auf die Zähne beißend, im Dienst für eine Sache stehe, die über meine Einsicht und meine Pläne hinausgeht, wenn ich mich in eine gemeinsame Aufgabe hineingebe, dann ist mehr Persönlichkeitsentfaltung gegeben, als wenn ich davonlaufe und im Grund genommen einen spießbürgerlichen Beruf wähle. Solche Dinge nüchtern zu sehen, gehört auch zum vernünftigen Leben.“

77 Vgl. K. Rahner, Was heißt Ordensgehorsam? (wie Anm. 63) 466.

Vater und dessen Umgang mit seinen erwachsenen Söhnen lernen, aber er ist kein ‚Vater'. Man kann, wenn man will, Analogien zwischen einem Vater und einem Ordensoberen finden, und die Tradition hat da viel Scharfsinn und Tiefsinn walten lassen; aber heute bringen solche Vergleiche mehr Schwierigkeiten als Nutzen."[78] Obwohl selber unter solchen Vorzeichen als Jesuit sozialisiert, widerspricht er Einstellungen und Mentalitäten, die auf eine Infantilisierung von erwachsenen Menschen hinauslaufen.

1.7 Verteidiger des Ordens

Ziemlich heftig konnte Karl Rahner werden, wenn der Ruf der Gesellschaft Jesu auf dem Spiel stand. Anfang Juli 1973 platzierte der Historiker Ludwig Volk SJ (1926–1984), der wie Karl Rahner im Schriftstellerhaus der Jesuiten in München wohnte, ohne Erlaubnis der Ordensoberen einen hyperkritischen Artikel in der Samstagausgabe der Hamburger Tageszeitung „Die Welt" („Die Soldaten kommen aus dem Tritt – Jesuitenorden am Scheidewege"), in dem er seiner Unzufriedenheit über den Kurs des Ordens Luft machte. Der Artikel Volks erzeugte erhebliche Aufregung in den deutschsprachigen Jesuitenprovinzen. Die zuständigen Provinziäle sahen in den tendenziösen Beobachtungen auch den Generaloberen und die bevorstehende Generalkongregation desavouiert. Eine Woche später reagierte Karl Rahner mit einem ausführlichen Leserbrief, der sehr emotional endet: „Ich, ein alter Jesuit, der in diesem Orden leben und sterben will. [sic] kann nur in schrecklicher Bitterkeit beklagen, wie falsch Volk die Öffentlichkeit über den Orden unterrichtet hat, kann mich nur darüber wundern, daß hier ein ‚Konservativer' mit einem Stil, einer Methode und mit Behauptungen arbeitet, die er von seinen Grundpositionen aus denen zuschreiben und überlassen müßte, die er bekämpft."[79] Zwar hat auch Karl Rahner seine Entgegnung ohne ausdrückliches Wissen seines Hausoberen, aber mit Billigung höherer Oberer verfaßt, die über eine prominente Erwiderung nicht unglücklich waren und dies, wie die Korrespondenz belegt, Karl Rahner auch dankten.

Ein weiteres Beispiel für Karl Rahners unverbrüchliche Loyalität zum Ordens stellen die engagierten Beiträge „Der Papst und die Jesuiten" und „Zur Situation des Jesuitenordens nach den Schwierigkeiten mit dem Vatikan"[80] (1982/83) dar, die im Umfeld der Einsetzung von Paolo Dezza SJ (1901–1999) als kommissarischer Leiter des Ordens durch Papst Johannes Paul II. entstanden sind – eine das Ordensrecht der Gesellschaft Jesu völlig ignorierende päpstliche Intervention, die natürlich auch ihre ordensinternen Befürworter hatte. Es handelte sich zweifellos um die ernsteste Krise seit der Aufhebung des Ordens im Jahr 1773 durch Papst Clemens XIV. Bei einem Provinzsymposion im April 1982, auf dem er mit sei-

78 Ebd. 467.
79 K. Rahner, Jesuitenorden kommt nicht aus dem Tritt, in: SW 25 (wie Anm. 1) 279–280, 280.
80 Beide Beiträge jetzt in SW 25 (wie Anm. 1) 333–334 sowie 335–350.

nen Überlegungen großen Eindruck machte, betonte er: „Ich werde mich gewiß bemühen, nicht respektlos zu reden. Aber im Konfliktsfall zwischen Ehrlichkeit und Respekt bin ich für Ehrlichkeit.“[81] Einige Monate vorher hatte er zusammen mit 17 Mitbrüdern aus dem Berchmanskolleg in München im Oktober 1981 dem Papst einen Protestbrief geschickt, der durch Indiskretion in die Presse gelangt war[82]. Ein Feigling oder Opportunist war Karl Rahner nicht.

1.8 War Karl Rahner im Orden glücklich?

In dem eingangs erwähnten Brief, mit dem Augustin Bea SJ am 14. November 1921 dem 17jährigen Karl Rahner die Zulassung zum Noviziat mitteilte, steht der Wunsch: „Mögen Sie selbst in unserer Gesellschaft glücklich werden und recht viele andere glücklich machen!“[83] War Karl Rahner im Orden glücklich? Wohlbefinden, gar Geborgenheit waren keine ihm vertrauten Kategorien. „Glück“ hatte für ihn mehr mit jener Glückseligkeit zu tun, die in einer anderen Welt angesiedelt ist, was er in späten Lebensjahren auch einem Jugendlichen nicht verschwieg[84]. Von seiner Grundbefindlichkeit her schwermütig veranlagt, neigte er zwar zum „Grantler“, legte es aber nicht zuerst auf Bequemlichkeit an. Karl Rahner lebte seine von den Oberen erhaltene Sendung als „Theologieschulmeister“.

Die äußeren Umstände in Innsbruck waren durchaus schwierig. Herbert Vorgrimler beschrieb sie 1963 so: „Er ist Theologe im Auftrag seines Ordens, er besitzt nichts als Privateigentum, er darf nicht über seine Einnahmen verfügen, er wohnt ärmlich und bescheiden im Jesuitenkolleg in der Innsbrucker Sillgasse, wo es in den Einzelzimmern nicht einmal fließendes Wasser gibt, wo jeder sein Zimmer selbst in Ordnung bringen und bohnern muß.“[85] Diese unwirtlichen Zustände betrafen natürlich alle Jesuiten. Um so erstaunlicher ist, was Karl Rahner trotzdem alles geleistet hat, zumal wenn man interne Konflikte berücksichtigt. Er überstand Schwierigkeiten und Widrigkeiten, die ihm persönlich sehr zusetzen konnten, aus dem Glauben heraus[86]. Karl Rahner flüchtete nicht in die Banalität des kleinen

81 Rahner (wie Anm. 80) 335.

82 Vgl. A. R. Batlogg, Editionsbericht, in: SW 25 (wie Anm. 1) XIII–XLI, XLIII (mit Anmerkungen).

83 Zit. nach KRA III, B, 1; Faksimile in: Imhof/Biallowons (wie Anm. 6) 14.

84 Vgl. Mein Problem. Karl Rahner antwortet jungen Menschen, Freiburg–Basel–Wien 1982, 7–14 („Wo ist hier das Glück?“) (erscheint in SW 28).

85 Vorgrimler (wie Anm. 11) 9. Die Beobachtung ist gedeckt durch die Erinnerung von Adolf Darlap (1924–2007), der ebenfalls eng mit K. Rahner zusammenarbeitete; vgl. Keine spekulative Schreibtischtheologie. Im Gespräch mit Adolf Darlap, Innsbruck, in: Batlogg/Michalski (wie Anm. 34) 79–89, 83: „Um ein Beispiel zu nennen: Pater Rahner bewohnte ein Zimmer, das durch die Konstellation des Gebäudes einen kleinen Nebenraum hatte, also praktisch eineinhalb Zimmer. Dort hat er geschlafen. Durch diesen Raum führte eine Wasserleitung und so bat er den damaligen Rektor, man möge ihm ein Waschbecken einrichten, aber dieser lehnte ab mit der Begründung, das gehe wegen der Armut nicht! Das ist natürlich nur ein kleines Beispiel. Aber so ging es eben damals zu. Etwas anderes war, wenn er in Rom von Mitbrüdern angeschwärzt wurde, wegen der Mariologie zum Beispiel, und dann ein Visitator anreiste.“

86 Vgl. A. R. Batlogg, Karl Rahner in Innsbruck. Aus der Wissenschaftsbiographie eines Jesuitengelehrten – zugleich ein Stück Fakultätsgeschichte, in: ZKTh 120 (2007) 397–422, besonders 420–422.

Glücks und verwechselte es schon gar nicht mit Befindlichkeit und Behaglichkeit, auch wenn er zeitlebens durchaus auf „Stimmigkeit" angewiesen war. Das Gegenteil davon konnte ihn durchaus depressiv oder wütend machen, so daß er sich nicht konzentrieren konnte. *Sub specie aeternitatis* ertrug er vieles. Klar war aber auch, daß er dem Ruf auf den Romano-Guardini-Lehrstuhl 1964 gern folgte: „Aus Innsbruck ging er Ende 1963 weg, weil er sagte: Da kann man nicht leben!"[87] Zuwider waren ihm Enge des Geistes, Selbstgerechtigkeit, Formalismen. Er wußte sich bietende Gelegenheiten zu nutzen, um darauf hinzuweisen. Ausländische Jesuitenscholastiker, vor allem aus Lateinamerika, waren irritiert über seine Offenheit, wenn er etwa in einer Ansprache „Zum Aloysiusfest" am „Lack" eines hagiographisch eingemotteten Patrons kratzte und die Fragwürdigkeit des „Kollegsbetriebs" parodierte[88]. Ob es nötig ist, daß einen der Dekan der eigenen Fakultät – Franz Lakner SJ (1900–1974) – in Rom anzeigt[89], ist natürlich eine andere Frage. Es „menschelt" eben auch unter Jesuiten. Daß Sachprobleme manchmal tatsächlich nur getarnte Beziehungsprobleme sind, dürfte mindestens in diesem Fall zutreffen.

Es gab vieles, das Karl Rahner aus dem Orden hätte treiben können. Manch einer mag sich gewundert haben, daß er diesen Schritt nicht getan hat. Aber für ihn stand dies trotz aller Schwierigkeiten, Verdächtigungen, Anfeindungen und Intrigen nie zur Debatte. Nach 53 Ordensjahren konnte er sagen: „Ich fand im Orden eine Gemeinschaft, die eine lange Geschichte hat. Gewiß bedeutet solch eine Geschichte auch Hemmnis und Ballast, aber doch noch viel mehr erprobte Weisheit und Reichtum an Erfahrung, die nicht durch bloß theoretisches Raisonnement und Planen ersetzt werden kann. Ordensleben bedeutet für mich den Mut, der sich lohnt, sich von anderen etwas sagen zu lassen, eine vorschnelle Verliebtheit in seine Meinungen und Gefühle zu überwinden: Wenn man es einigermaßen gewagt hat, diesen Mut zu haben, merkt man nachher, daß dieses Anvertrauen an den größeren Geist einer Gruppe segensreich ist."[90] Karl Rahner hat seine Ordensexistenz ohne größere persönliche Krisen durchlebt, und in diesem Sinn war und ist sein Lebensbeispiel ermutigend.

2. Karl Rahner und Albert Raffelt

Wo der Name Karl Rahner fällt, taucht über kurz oder lang auch der Name Albert Raffelt auf. Von der im Sommer 2009 auf 24 Bände angewachsenen Edition der „Sämtlichen Werke" Karl Rahners hat er (in dieser Reihenfolge) in alleiniger Ver-

87 Batlogg / Michalski (wie Anm. 34) 201.

88 Vgl. K. Rahner, Zum Aloysiusfest, in: ders., Sämtliche Werke. Bd. 13: Ignatianischer Geist. Schriften zu den Exerzitien und zur Spiritualität des Ordensgründers. Bearbeitet von A. R. Batlogg, J. Herzgsell u. St. Kiechle, Freiburg–Basel–Wien 2006, 604–607.

89 Vgl. K. H. Neufeld, Lakner, Franz Seraficus, in: LThK[3] 6 (1996) 613: „Römische Schwierigkeiten K. Rahners gingen auf ihn zurück."

90 Rahner (wie Anm. 71) 283 f.

antwortung sechs Bände (SW 2, 4, 16, 23, 31, 22/2) bearbeitet[91] sowie vier Bände (SW 26, 27, 10, 30) mitbearbeitet[92] – das ist bis jetzt über ein Drittel der auf 32 Bände angelegten Ausgabe[93]. Damit hat er sich in die Theologiegeschichte eingeschrieben. Ist es übertrieben, in Albert Raffelt eine Art „Botschafter" der Theologie Karl Rahners zu sehen? Botschafter repräsentieren. Es geht ihnen gerade nicht primär um sich selber – die eigene kluge Idee, die eigene Erkenntnis –, sondern darum, einen anderen (ihr Land) bestmöglich zur Geltung zu bringen. Diese Brückenbauer- und Dolmetscherfunktion leistet er seit über 30 Jahren für das Werk von Karl Rahner.

2.1 Der Bibliograph

Seit Jahren schon betreut er auf dem Server der Freiburger Universitätsbibliothek eine ständig aktualisierte Homepage „Materialien zum Werk Karl Rahners (1904-1984)": http://www.ub.uni-freiburg.de/referate/04/rahner/rahnerma.htm – ein Geheimtip, aber keine Geheimadresse für Rahner-Interessierte, die bis Januar 2009, als das Karl-Rahner-Archiv in München „online" ging (http://www.karl-rahner-archiv.de), die einzige nennenswerte einschlägige Internetadresse zu Karl Rahner im deutschsprachigen Raum war. Sie enthält Biographisches, verschiedene Bibliographien, Literatur von und zu Karl Rahner im Freiburger Bibliothekssystem, Quellen zum Denken Karl Rahners, Karl-Rahner-Institutionen und -Veranstaltungen sowie zahlreiche Hinweise auf weitere Rahner-Materialien und -Hilfsmittel im Internet.

91 Vgl. K. Rahner, Sämtliche Werke, Bd. 2: Geist in Welt. Philosophische Schriften. Bearbeitet von A. Raffelt, Freiburg–Basel–Wien 1996 (XXXVII u. 503 S.); SW 4: Hörer des Wortes. Schriften zur Religionsphilosophie und zur Grundlegung der Theologie. Bearbeitet von A. Raffelt Freiburg–Basel–Wien 1997 (XXXVIII u. 634 S.); SW 16: Kirchliche Erneuerung. Studien zur Pastoraltheologie und zur Struktur der Kirche. Bearbeitet von A. Raffelt, Freiburg–Basel–Wien 2005 (580 S.); SW 23: Glaube im Alltag. Schriften zur Spiritualität und zum christlichen Lebensvollzug. Bearbeitet von A. Raffelt, Freiburg–Basel–Wien 2006 (XXII u. 679 S.); SW 31: Im Gespräch über Kirche und Gesellschaft. Interviews und Stellungnahmen. Bearbeitet von A. Raffelt, Freiburg–Basel–Wien 2007 (XXX u. 602 S.); SW 22/2: Dogmatik nach dem Konzil. Theologische Anthropologie und Ekklesiologie. Bearbeitet von A. Raffelt, Freiburg–Basel– Wien 2008 (XXVIII u. 985 S.).

92 Vgl. K. Rahner, Sämtliche Werke, Bd. 26: Grundkurs des Glaubens. Studien zum Begriff des Christentums. Bearbeitet von N. Schwerdtfeger u.a. Raffelt, Freiburg–Basel–Wien 1999 (XXXIX u. 592 S.); SW 27: Einheit in Vielfalt. Schriften zur ökumenischen Theologie. Bearbeitet von K. Lehmann u.a. Raffelt, Freiburg–Basel–Wien 2002 (XXV u. 531 S.); SW 10: Kirche in den Herausforderungen der Zeit. Beiträge zur Ekklesiologie und zur kirchlichen Existenz. Bearbeitet von J. Heislbetz u.a. Raffelt, Freiburg–Basel–Wien 2003 (XXV u. 741 S.); SW 30: Anstöße systematischer Theologie. Beiträge zur Fundamentaltheologie und Dogmatik. Bearbeitet von K. Kreutzer u. A. Raffelt, Freiburg–Basel–Wien 2009 (XXVI u. 907 S.).

93 Vgl. neuestens: A.R. Batlogg/A. Raffelt, Ein Lebenswerk erschlossen. Zum Stand der Edition sämtlicher Werke Karl Rahners, in: K. Lehmann, Was bleibt von Karl Rahner? Theologische Programmatik für heute und morgen (Rahner Lecture 2009). Hrsg. v. A. R. Batlogg/A. Raffelt, Freiburg 2009, 33–52 (digitale Publikation: http://www.freidok.uni-freiburg.de/volltexte/6501/); zuvor: A. Raffelt, Was will die Karl-Rahner-Gesamtausgabe?, in: ZKTh 121 (1999) 413–430; A. R. Batlogg/A. Zahlauer, Rahner in 32 Bänden. Anmerkungen zum Start der Karl-Rahner-Gesamtausgabe, in: ZKTh 118 (1996) 379–386.

Seit 1976 hatte sich Albert Raffelt als Bibliograph Karl Rahners bewährt[94]. Seine auf der Homepage des Karl-Rahner-Archivs hinterlegte, ebenfalls laufend aktualisierte eindrucksvolle Bibliographie zu „Arbeiten mit und zu Karl Rahner" (http://www.karl-rahner-archiv.de/index.php?rubrik=1&seite=t1s&e2id=16) bezeugt die lebenslange intensive Beschäftigung mit dem Werk des Jesuitentheologen: beginnend mit einer Kurzbiographie (1974), über die Bibliographien, Leserbriefe, Artikel, Rezensionen, Bücher, bis hin zur Herausgeberschaft der „Sämtlichen Werke".

2.2 Der Herausgeber

Mit Karl Lehmann gab er 1979 das Karl Rahner-Lesebuch „Rechenschaft des Glaubens" ([2]1982) und 1982 das geistliche Lesebuch „Praxis des Glaubens" ([2]1984, [3]1985) heraus. Beide Bücher wurden auch ins Englische übersetzt. Die von Albert Raffelt herausgegebene, mit einem Geleitwort von Karl Lehmann versehene Sammlung „Gebete des Lebens" erschien 1984 noch zu Lebzeiten Karl Rahners; im selben Jahr erhielt sie drei weitere Auflagen, 1985 bereits die fünfte (und es war nicht die letzte). Auch diese Sammlung wurde übersetzt: ins Englische („Prayers of a lifetime"), Italienische („Preghiere per la vita") und Spanische („Oraciones de vida"). Eigens zu nennen ist der bereits mehrfach neu aufgelegte Klassiker „Das große Kirchenjahr" (1987), in dem Albert Raffelt geistliche Texte Karl Rahners aus vier Jahrzehnten sammelte. Mit Hansjürgen Verweyen zusammen verfaßte er 1997 für die Beck'sche Reihe das Taschenbuch „Karl Rahner". Instruktiv sind Artikel zu Einzelthemen wie zum Theologumenon vom „anonymen Christen" oder zum Verhältnis Rahner – von Balthasar. Seit 2009 gibt er zusammen mit dem Verfasser dieses Beitrags jährlich zwei prägnante Rahnertexte in ansprechender Aufmachung heraus, für die jeweils Karl Kardinal Lehmann ein Geleitwort beisteuert[95].

Absichtslos war diese Auswahl von Titeln nicht. Deutlich werden sollte, daß sich Albert Raffelt effektiv (und, ja, man soll es wenigstens *einmal*, wenn schon in Klammern, sagen: selbstlos) in den Dienst der Theologie Karl Rahners gestellt hat. So hat er mit dazu beigetragen, daß Karl Rahner im Jesuitenorden nach wie vor konkurrenzlos der „bibliographische Spitzenreiter" der Autoren des 20. Jahrhunderts ist – vor Pierre Teilhard de Chardin SJ (1881–1955), Henri de Lubac SJ (1896–1991) und Bernard Lonergan SJ (1904–1984), wie ein Blick in die seit 2006 wieder auf-

94 A. Raffelt/B. von Hauff, Karl Rahner im Gespräch. Eine bibliographische Übersicht, in: E. Klinger (Hrsg.), Christentum innerhalb und außerhalb der Kirche, Freiburg–Basel–Wien 1976, 275–294; ders., Karl Rahner. Bibliographie der Sekundärliteratur 1948–1978, in: H. Vorgrimler (Hrsg.); Wagnis Theologie. Erfahrungen mit der Theologie Karl Rahners, Freiburg–Basel–Wien 1979, 598–622; ders., Karl Rahner. Bibliographie der Sekundärliteratur 1979–1983, in: E. Klinger/K. Wittstadt (Hrsgg.), Glaube im Prozeß. Christsein nach dem II. Vatikanum, Freiburg–Basel–Wien 1984, 872–885; ders./R. Siebenrock, Karl Rahner-Sekundärliteratur 1984–1993, in: ders. (Hrsg.), Karl Rahner in Erinnerung, Düsseldorf 1994, 165–205.

95 K. Rahner, Gotteserfahrung heute, hrsg. v. A.R. Batlogg/A. Raffelt, Freiburg–Basel–Wien 2009; ders., Der Priester von heute, hrsg. v. dens., Freiburg–Basel–Wien 2009.

genommene Bibliographie zur Geschichte der Gesellschaft Jesu belegt, die bemüht ist, Einträge mit Studien und anderen Veröffentlichungen zu einzelnen Autoren zu sammeln, auch wenn heute (trotz oder wegen des uferlosen World Wide Web?) kaum mehr Vollständigkeit erreichbar ist[96]. Noch vor Teilhard de Chardin wäre übrigen Hans Urs von Balthasar (1905–1988) zu nennen, der aber 1950 den Orden verlassen hat.

2.3 Der Wissenschaftsorganisator

Es ist nicht so, daß Albert Raffelt auf Karl Rahner „ausgewichen" ist, weil er selbst nichts zu „bieten" hätte. Sein Name steht auch in anderen Bereichen der Theologie für Qualität. Wieviele Autoren schaffen es schon, zu Lebzeiten einen Klassiker und Longseller zu kreieren? Mit „Theologie studieren" – 1975 erstmals unter dem Titel „Proseminar Theologie" erschienen und seither ständig aktualisiert und ergänzt – hat er genau dies erreicht. Das bürgt für Qualität. In 33 Jahren von ursprünglich 175 auf mittlerweile 351 Seiten angewachsen, hat er sich auch damit in die Wissenschaftsgeschichte der Theologie eingeschrieben, die hier zwischen zwei Buchdeckeln zusammengespannt ist und sich nach wie vor als unentbehrliche Hilfe, nicht nur für Studienanfänger, erweist. Was seinerzeit der Zettelkasten war, ist heute durch digitale Medien und virtuelle Bibliotheken ersetzt – und Albert Raffelts Leitfaden trug und trägt den veränderten Bedingungen stets Rechnung[97].

2.4 Der „anonyme Jesuit"

Zum Schluß sei daran erinnert, daß Albert Raffelt nicht nur wiederholt Karl Rahner zugearbeitet hat, etwa beim „Grundkurs des Glaubens" (1976), der ohne ihn wohl nicht in dieser Form hätte erscheinen können[98]; er hat zusammen mit Karl Rahner auch den Beitrag „Anthropologie und Theologie" (1981) für die „Enzyklopädie Christlicher Glaube in moderner Gesellschaft" (Bd. 24) verfaßt.

Als Student in München hatte er noch gedacht, evangelische Theologen wie Paul Tillich seien „moderner". Er hat deswegen nur eine einzige Vorlesung bei Karl Rahner besucht. Welches Glück – für Karl Rahner wie für Albert Raffelt –, daß sich diese Einschätzung später in Münster ins Gegenteil verkehrte! Denn in Münster

96 Nach dem Tod von László Pólgar SJ (1920–2001) war die von ihm jahrzehntelang geführte Bibliographie zunächst nicht weitergeführt worden; vgl. aber jetzt: P. Begheyn, Bibliography on the History of the Society of Jesus, in: AHSI 75 (2006) 385–528; 76 (2007) 361–484; 77 (2008) 385–528; 77 (2008) 347–496; Bibliography on the History of the Society of Jesus: Additions to the 2007 Edition, in: ebd. 75 (2006) 213–219. Friedrich Spee SJ (1593–1632) und Gerard Manely Hopkins SJ (1844–1889) sind die Spitzenreiter in anderen Jahrhunderten

97 Vgl. dazu A.R. Batlogg, Theologisches Basis- und Orientierungswissen, in: StZ 227 (2009) 67–70, besonders 68f.

98 Vgl. Er hat auch Studenten ernst genommen. Im Gespräch mit Albert Raffelt und Franz Johna, in: Batlogg / Michalski (wie Anm. 34) 50–70, besonders 52–55 („Auf dem Weg zum ‚Grundkurs des Glaubens'"); A. Raffelt, „Grundkurs des Glaubens" – ein einzigartiges Rahner-Werk, in: Imhof / Biallowons (wie Anm. 6) 89 f.

Karl Rahner bestaunt „sein“ neues Werk „Grundkurs des Glaubens“ (1976) – Albert Raffelt ist auch stolz

mußte er dann „natürlich ganz intensiv Karl Rahner studieren und habe auch ein ganzes Semester und sogar während der Ferien nur Rahner gelesen. Das war für mich eigentlich der Durchbruch“[99]. Karl Lehmann, seit 1964 Assistent Karl Rahners, regte eine Dissertation bei Karl Rahner an, wofür Albert Raffelt auf einen Wechsel nach Tübingen verzichtete. Allerdings wurde die Doktorarbeit nicht bei dem Jesuiten fertig, weil er 1969 mit Karl Lehmann nach Mainz berufen wurde.

Zwischen Karl Rahner und Albert Raffelt ist auch eine persönliche Beziehung gewachsen, die Freundschaft zu nennen beide vermutlich zu scheu gewesen wären. Die im Karl-Rahner-Archiv aufbewahrte Korrespondenz setzt 1975 ein. Es geht um Anfragen zu Texten für Textsammlungen, um Rückmeldungen zu Veröffentlichungen, um die Bibliographie. Für die „Praxis des Glaubens“ dankte Karl Rahner am 8. November 1982 mit den Worten: „Lehmann und Sie werden zusammen als Herausgeber genannt, aber *Sie* haben die Arbeit gehabt.“[100]

Bei aller gebotenen Diskretion: Auch Persönliches kam zur Sprache. Karl Rahner nahm Anteil – nicht nur der Höflichkeit halber. Als ihm Albert Raffelt seine Vermählung zum 27. Juni 1981 anzeigte, antwortete Karl Rahner mit Datum vom 15. Juni 1981: „Schon bei meinem Besuch in Ihrer Wohnung hatte ich den

99 Batlogg / Michalski (wie Anm. 98) 51.
100 Korrespondenz Rahner – Raffelt nach KRA II, A (Raffelt, Albert).

Eindruck, daß dahinein noch eine Frau gehört, die zu Ihnen paßt. Diese ist nun da und nun müßte eigentlich, wenn die allgemeine Situation nicht zu schlecht wird, ein glückliches Leben folgen." Grüße an Roswitha Raffelt sind von da an in jedem Schreiben zu finden. Der letzte Brief Karl Rahners, in dem er dem Plan einer Sammlung von Gebeten (die 1984 erscheinen sollte) noch zustimmt, datiert vom 8. August 1983. Zum 80. Geburtstag schrieb ihm Albert Raffelt am 1. März 1984 noch einen Brief, in dem er ihm auch den Vorschlag unterbreitete, systematische Artikel aus dem „Lexikon für Theologie und Kirche" und aus „Sacramentum mundi" in einem eigenen Band zusammenzufassen. „Die Glückwünsche meiner Frau", heißt es darin eingangs, „sind besonders herzlich (falls meine noch steigerungsfähig sein sollten; sie sind natürlich auch sehr herzlich!), da sie ebenfalls am 5. 3. Geburtstag feiert." Auf diesen Brief erhielt Albert Raffelt keine Antwort mehr. Aber er kann davon ausgehen, daß Karl Rahner stolz auf ihn wäre, sehr sogar. Albert Raffelt ist ein würdiger Botschafter der Theologie Karl Rahners. Ob dieser ihn einmal einen „anonymen Jesuiten" genannt hätte?

Ja zur konkreten Kirche
Anmerkungen zu einer Theologie kirchlicher Existenz nach Karl Rahner

Udo Markus Bentz

Eine leidenschaftliche anima ecclesiastica

Rahner konnte ein streitbarer Kritiker seiner Kirche sein. Oft – gerade in den letzten Jahren vor seinem Tod – waren die Töne herber und drastischer. Ob er immer den notwendigen Sensus für die gegebene Situation aufbrachte, in der er bestimmte Themen aufgriff und andere überging – darüber gehen die Urteile auseinander. Rahners Verhältnis zu seiner Kirche ist komplex und vielschichtig.

Seine Theologie speist sich aus vielen Quellen: Seine intensive Beschäftigung mit der Patristik gehört dazu wie Thomas von Aquin und Bonaventura. Ursprünglich von seinem Orden für die Philosophiegeschichte destiniert, kannte er die offenkundigen und verborgenen Entwicklungslinien. Er konnte all das verbinden mit den neueren Ansätzen eines Pierre Rousselot oder Martin Heidegger. Eine Theologie mystischer Gotteserkenntnis und verschiedene spirituelle Traditionen – nicht nur seines eigenen Ordens – haben ihn ebenso in den Bann gezogen, wie die dogmengeschichtlichen Studien und die lexikalische Kärrnerarbeit seine Leidenschaft stimulierten. Er war einer, der sich durch die Stromschnellen der zeitgenössischen Herausforderungen seiner Kirche nicht verunsichern ließ, weil er mit dem breiten und ruhigen Strom der ganzen Tradition vertraut war. Die konkreten Fragen der Gegenwart scheute er nicht. Seine Beiträge verstand er als Angebote an die Kirche zu einem tieferen Glaubensvollzug. Das besondere Genus gerade solcher Beiträge, die von einer gewissen „situativen Einseitigkeit"[1] gekennzeichnet sein können, darf bei der Rezeption nicht ausgeblendet werden. Oft werden Einzelelemente aus dem Ganzen herausgebrochen und isoliert. Es braucht eine Rezeption, die Werkgenese, geschichtliche Kontextualität und werkimmanente Systematik miteinander in Verbindung bringt. Wer sich darauf einlässt, er-

1 R. A. Siebenrock, „So sehr hat Gott die Welt geliebt, …". Universalität und Differenz des Christlichen in Erinnerung an die Unterscheidung von „Natur und Gnade" nach Karl Rahner, in: Ralf Miggelbrink (Hg.), Karl Rahner 1904–1984. Was hat er uns gegeben? – Was haben wir genommen? Eine Auseinandersetzung mit Karl Rahner, Berlin 2009, 77–104, 80. Hier auch entsprechende Hinweise zu einer angemessenen Hermeneutik in der Rahnerinterpretation.

kennt: Rahners Denken ist komplex und vermittelnd. Vermittlung bedeutet für ihn aber nicht die Einebnung von Spannungspolen. Vielmehr geht es um die Fähigkeit, sich im dynamischen Kraftfeld der Pole zu bewegen. Im konkreten, existentiellen kirchlichen Vollzug mag dies zu Widersprüchlichkeiten führen.

Manche sind der Überzeugung, Rahners kirchenkritisches und sein zugleich kirchentreues Potenzial seien zwei in derselben Person *so* konträre Facetten, dass sie nur schwer nachzuvollziehen seien. Für die einen war er der Mann, dessen treue Kirchlichkeit unverständlich bleibt.[2] Andere haben ihn zum „Protagonisten einer die kirchliche Tradition destruierenden Ideologie"[3] hochstilisiert. In der Mitte jedoch treffen sich die Überzeugungen, dass Rahner aus der innersten Mitte seiner Existenz heraus das „Ja zur konkreten Kirche"[4] immer neu gesprochen hat. Joseph Kardinal Ratzinger (Papst Benedikt XVI.) hatte in einem Interview zum Jubiläumsjahr 2004 deutlich gemacht, dass über einzelne theologische Positionen bei Rahner durchaus zu diskutieren sei. Zusammenfassend urteilt er dann: „Aber sein Wille, im Dogma der Kirche zu bleiben – also den Glauben der Kirche auszulegen und nicht umzulegen oder umzubiegen – ist unbestritten."[5]

Für Karl Rahner war die Kirche in ihrer konkreten geschichtlichen Erscheinung „das Existential seines Lebens und seiner Theologie im Wandel der Zeiten"[6]. Kirchliche und christliche Existenz waren für Rahner nur in formaler Hinsicht zwei unterscheidbare Begriffe: Rahner war eine anima ecclesiastica. Sein theologisches Schaffen hat er ganz in den Dienst der Kirche gestellt. Kirchlichkeit war für ihn nie „Parteigängertum"[7], Institutionalismus oder ähnliches. Er konnte Für- und Widersprecher in einem sein, weil er um das Ganze bemüht blieb. In seinen späten Jahren gefragt, warum und wie er so die Kirche lieben könne, hat er geantwortet: „Wie kommt man dazu, die Kirche zu lieben? Gegenfrage: Können Sie Christus lieben? […] Wenn Sie dies bejahen können, wenn Sie folglich Ihre letzte Existenz an Jesus von Nazareth wegwagen, dann könnte man doch behaupten, Sie hätten dieses positive Verhältnis auch zur Kirche, weil und insofern sie nämlich die konkrete Erscheinung dieser Botschaft Jesu ist und weil sie die Gemeinde derer darstellt, die an Christus glauben und ihm ihre eigene Existenz bis ins Allerletzte anvertrauen."[8] Erlebte Ärgernisse waren für ihn zwar „Prüfsteine" sei-

2 Vgl. z. B. K. Flasch, Mann des Aufbruchs, Mann der Kirche. Vom Glauben in winterlicher Zeit: Der Theologe Karl Rahner wäre heute 100 Jahre alt geworden, in: Süddeutsche Zeitung (5. März 2004), Nr. 54. Herbert Vorgrimler u. a. äußerten sich ähnlich.

3 Albert Raffelt zeichnet die Spannung in der Wahrnehmung der Kirchlichkeit Rahners in den Beiträgen zum Jubiläumsjahr nach: A. Raffelt, Nach wie vor starke Resonanz. Ein Rüblick auf das „Rahnerjahr" 2004, in: Herder-Korrespondenz 58 (2004), 564–568, 564.

4 Vgl. K. Rahner, Über das Ja zur konkreten Kirche, in: ders., STh IX, 479–497.

5 Benedikt XVI. / J. Ratzinger, Man muss Rahner in der Ganzheit seines Wollens begreifen. http://www.kath.net/detail.php?id=7350 (Letzter Zugriff: 6. Juli 2009).

6 R. A. Siebenrock, Erfahrungen im Karl-Rahner-Archiv, in: Stimmen der Zeit. Spezial 1 (2004), 31–42, 34.

7 K. Lehmann, Karl Rahner und die Kirche, in: ders. (Hg.), Vor dem Geheimnis Gottes den Menschen verstehen. Karl Rahner zum 80. Geburtstag. 2. Aufl. München 1984, 120–135, 129.

8 K. Rahner, Unser Verhältnis zur Kirche. Karl Rahner im Gespräch mit Studenten der Katholi-

nes Glaubens, haben aber sein Verhältnis zur Kirche und seine „äußerst engagierte Kirchlichkeit“[9] nie in Frage gestellt. „Derjenige, für den die Kirche ein inneres Moment letzter existentieller Entscheidung und Haltung, genannt ‚Glaube‘ ist, für den ist es nicht verwunderlich, dass man ‚tausend‘ Erfahrungen mit der Kirche machen kann, die vielleicht bedauerlich, ärgerlich, nervenaufreibend und protesterregend sind. Aber alle Ärgernisse mit der Kirche haben und behalten für einen solchen Menschen eine letzte Vorläufigkeit und letzte Zweitrangigkeit!“[10]

Aus welchen Wurzeln lebt eine solche Liebe zur Kirche? Gefragt wird nicht nach der Kirchlichkeit der Theologie in der Perspektive der theologischen Prinzipien- und Erkenntnislehre mit ihren wissenschaftstheoretischen Merkmalen, auch nicht nach dem ekklesialen Status einzelner Theoreme. Gefragt wird nach der geistlichen Grundhaltung des „sentire cum Ecclesia“. Es gibt bei Rahner keinen systematischen Gesamtentwurf zur Ekklesiologie. Zwar gibt es eine Fülle von Beiträgen mit ekklesiologischen Inhalten, Kirche wird aber noch viel häufiger in unvermuteten Kontexten und indirekt thematisiert. Dies gilt erst recht für seine konkrete Kirchenerfahrung. Dank der wissensschaftsorganisatorischen Leidenschaft von Albert Raffelt für das Werk Rahners und seinem Engagement bei der Herausgabe der „Sämtlichen Werke“ sind unverzichtbare Hilfen gegeben, Zugänge zu Rahners Werk nachhaltig zu sichern und den „theologischen Ort“ der Rede von Kirche im Werk Rahners zu bestimmen.[11]

Die ignatianische Grundprägung

Existenz und theologische Reflexion bilden bei Rahner eine so enge innere Einheit, dass man auch von einer „lebensgeschichtlichen Dogmatik“ sprechen kann. Rahners Theologie kann verstanden werden als eine „mystische Biographie der religiösen Erfahrung, der Lebensgeschichte vor dem verhüllten Antlitz Gottes“[12]. Rahner bestätigt diesen Zusammenhang: „Das persönliche Leben spielt sich sehr wesentlich – nicht nur natürlich – ab in der theologischen Arbeit.“[13] Rahner bezeichnet sich selbst als Jesuit und Ordensmann der alten Schule.[14] So könnte man

schen Hochschulgemeinde München (1983), in: P. Imhof/H. Biallowons (Hg.), Glaube in winterlicher Zeit. Gespräche mit Karl Rahner aus den letzten Lebensjahren, Düsseldorf 1985, 174–188, 178f.

9 J. Heislbetz/A. Raffelt, Editionsbericht, in: K. Rahner, Sämtliche Werke, Bd. 10: Kirche in den Herausforderungen der Zeit. Studien zur Ekklesiologie und zur kirchlichen Existenz. Bearbeitet von J. Heislbetz und A. Raffelt, Freiburg 2003, IX–XXV, XII.

10 Rahner (wie Anm. 8), 174f.

11 Ein Desiderat, das Karl Lehmann 1984 formulierte, das mittlerweile durch einige Studien zur Ekklesiologie Rahners aufgegriffen wurde. Vgl. Lehmann (wie Anm. 7), 121.

12 J. B. Metz, Karl Rahner – ein theologisches Leben. Theologie als mystische Biografie eines Christenmenschen heute, in: Stimmen der Zeit 192 (1974), 305–316, 308.

13 K. Rahner, Erinnerungen. Im Gespräch mit Meinold Krauss, Innsbruck 2001 (Neuausgabe), 56f.

14 K. Rahner, Wozu ich lebe. Gespräch mit Leonhard Reinisch im BR II (1982), in: P. Imhof/H. Biallowons, Karl Rahner. Im Gespräch, Bd. 2, München 1983, 269–277, 273.

vermuten, gerade im Kontext der ignatianischen Reflexionen Rahners einen ergiebigen Befund zur Kirchlichkeit zusammentragen zu können: „[...] die Spiritualität des Ignatius selbst, die wir durch die Praxis des Gebetes und eine religiöse Bildung mitbekamen, ist für mich wohl bedeutsamer gewesen als alle gelehrte Philosophie und Theologie innerhalb und außerhalb des Ordens."[15]

In einem innerhalb der Werkgenese relativ späten Text ist so etwas wie ein „geistliches Vermächtnis" entstanden: die „Rede des Ignatius an einen Jesuiten von heute"[16]. Die entscheidenden Kennzeichen von Rahners Verständnis von Kirchlichkeit sind hier zusammengetragen und innerhalb eines großen Bogens ignatianischer Überlegungen verortet. Man könnte vermuten, Rahner ginge beim Thema Kirchlichkeit von den Regeln zur kirchlichen Gesinnung im Exerzitienbuch des Ignatius von Loyola aus. Aber: Fehlanzeige. Sein Ansatz ist grundlegender. Der Gesamtaufbau des Textes liefert die Matrize, mit deren Hilfe das ignatianische Kirchlichkeitsverständnis in einen größeren Kontext eingeordnet wird. Zugleich spiegelt sich darin die innere Entwicklungslinie von Rahners ignatianischen Reflexionen durch sein Werk hindurch wider. Rahner setzt mit dem Kern seiner ignatianischen Prägung an: mit der Möglichkeit unmittelbarer Gotteserfahrung und der Anleitung zu einer inneren Erfahrung von Gnade im Einzelnen. Das entspricht ganz seinem theologischen Grundansatz, nämlich in der Erfahrung der Gnade das fundamentale Kristallisationszentrum seiner Theologie zu sehen. Diese Erfahrung gnadenhafter Unmittelbarkeit setzt er als innere Erfahrung in Beziehung zur Kirche als Institution. Von da aus nimmt er in Anlehnung an die Vision des Ignatius in Manresa „die Neigung Gottes zur Welt" in den Blick. Gottes Inkarnation in seiner Kreatur fordert den Menschen zum Mitvollzug des Abstiegs Gottes in die Welt auf. Der Mitvollzug der Neigung Gottes zur Welt konkretisiert sich für den Einzelnen in der Nachfolge Jesu, im Erkennen eines unableitbaren, einmaligen Rufes Gottes an den Einzelnen.[17] Hier verortet Rahner seine Überlegungen zur ignatianischen Kirchlichkeit und zur Kirche als geschichtliche Größe.

Kirche ist der konkrete Ort, ist Medium und Raum dieses unmittelbaren Gottesverhältnisses und der daraus hervorgehenden Sendung als Nachfolge Jesu. Von daher kann er sagen: Kirchlichkeit ist nicht das erste Datum der christlichen Existenz, „sondern eine abgeleitete Größe, die aus einer Unmittelbarkeit zu Gott stammt und von daher sowohl ihr Gewicht als auch ihre Grenze und ihre ganz bestimmte Eigenart erhält"[18]. Kirchlichkeit erscheint ihm als ein Beziehungsbegriff

15 K. Rahner, Man soll nicht zu früh aufhören zu denken. Gespräch mit Leo O' Donovan (1978), in: Imhof/Biallowons (wie Anm. 14) 47–60, 51.

16 K. Rahner, Rede des Ignatius an einen Jesuiten von heute, STh XIV, 373–408. Dort findet sich eine ausführliche Passage zur Kirchlichkeit: 392–396.

17 Vgl. dazu die Überlegungen Karl Rahners in: K. Rahner, Die Logik der existentiellen Erkenntnis bei Ignatius von Loyola, in: ders., SW 10 (vgl. Anm. 9) 368–420.

18 K. Rahner, Rede des Ignatius an einen Jesuiten von heute, in: ders., Sämtliche Werke, Bd. 25: Erneuerung des Ordenslebens. Zeugnis für Kirche und Welt. Bearbeitet von A. R. Batlogg, Freiburg – Basel – Wien 2008, 299–329, 316.

für das polare Zueinander des Einzelnen in seiner radikalen Gottunmittelbarkeit und der Kirche als sakramentale Gegenwärtigkeit der Gnade Gottes. Die Bindung an diese Kirche, „die Quelle meiner kirchlichen Gesinnung, meiner Übung des sakramentalen Lebens, meiner Treue zum Papsttum, der Kirchlichkeit meiner Sendung den Seelen zu helfen“[19], bildet den einen Pol in diesem Beziehungsgefüge. Der andere Pol „mit der radikalen Gottunmittelbarkeit meines Gewissens und meiner mystischen Erfahrung“[20] bildet dazu eine spannungsvolle Korrelation, aber gerade nicht einen Gegensatz. Kirchlichkeit heißt, in dieser spannungsvollen Dynamik beider Pole zueinander „im Glauben davon überzeugt zu sein, dass bis zum Ende der Zeiten ein *absoluter* Konflikt zwischen Geist und Institution in der Kirche grundsätzlich nicht notwendig ist“[21]. Aus diesem, in der Werkgenese sich allmählich herausschälenden Begriff kirchlicher Existenz ergeben sich die verschiedenen Einzelbausteine einer solchen Theologie kirchlicher Existenz.

Der Einzelne in der Kirche

Kirchliche Existenz heißt Communio-Existenz. Der Begriff kennzeichnet eine dialogische Beziehungsgröße, die als dynamische, polare Korrelation von personalem, individuellem Glaubensvollzug des Einzelnen und dem Glaubensvollzug der Kirche als Gemeinschaft gesehen werden kann. Darin spiegelt sich die „doppelt-eine Grundbewegung“[22] wider, die als ein Markenzeichen rahnerscher Theologie gelten kann: Gott neigt sich dem Menschen zu – unmittelbar in dessen Innersten und zugleich in der Geschichte durch Christus und die Kirche, so dass der Mensch fähig wird, Gott zu berühren.

Der dialogischen Beziehung zwischen Einzelnem und kirchlicher Gemeinschaft ist die dialogische Beziehung des Einzelnen zu Gott vorgeordnet. Sie ist das Fundament, auf dem die kirchliche Existenz aufruht. Dieser sich dem Einzelnen in einer gnadenhaft „unmittelbaren“ Begegnung selbst mitteilende Gott ist ein ganz ursprünglicher Impuls in der Theologie Rahners, so etwas wie „ein durch Ignatius inspiriertes gnadentheologisches Prius“[23]. So entwickelt Rahner eine Theologie des Einzelnen und seiner unvertretbaren Individualität, die konstitutiv für seine Theologie kirchlicher Existenz wird, keineswegs jedoch als eine Theologie des Subjektivismus missverstanden werden darf.

Eine solche Theologie kirchlicher Existenz hat nach Rahner vielmehr die Aufgabe, das Bewusstsein um die Notwendigkeit einer ursprünglichen, persona-

19 Rahner (wie Anm. 18) 316.
20 Rahner (wie Anm. 18) 316.
21 Rahner (wie Anm. 18) 317. Vgl. dazu auch ders., „Die gewandelte Ekklesiologie und die Jesuiten heute“, in: ders., SW 25, (vgl. Anm. 18) 585–603.
22 Siebenrock (wie Anm. 1), 81.
23 A. Zahlauer, Karl Rahner und sein „produktives Vorbild“ Ignatius von Loyola, Innsbruck 1996, 328.

len Glaubenserfahrung präsent zu halten. Sie hat Wege aufzuzeigen, wie der Einzelne zu dieser ihm zugesagten gnadenhaften Erfahrung des lebendigen Gottes gelangen und erkennen kann. Eine Theologie der Kirchlichkeit darf den Einzelnen mit seiner Lebensgeschichte und seiner persönlichen Glaubenserfahrung gerade nicht übergehen und gegenüber dem gemeinschaftlichen Glaubensvollzug zurückstellen. Nicht eine soziologisch vordergründige Institutionalität, sondern die persönliche Gotteserfahrung des Einzelnen ist die Grundlage einer Theologie kirchlicher Existenz. Rahners Anliegen ist es, den Einzelnen zur Erfahrung der Nähe des unbegreiflichen Gottes anzuleiten, gerade weil die „äußerlichen" Selbstverständlichkeiten kirchlicher Sozialisation seiner Zeit immer weniger selbstverständlich geworden waren. Man muss bedenken, dass Rahner diese Bausteine einer Theologie kirchlicher Existenz in den 40er und 50er Jahren des 20. Jahrhunderts formuliert. Karl Rahner war nach dem Zusammenbruch des totalitären Regimes des Nationalsozialismus und angesichts der zeitgeschichtlichen Herausforderungen durch kollektivistische Herrschaftssysteme der festen Überzeugung, dass eine Theologie des Einzelnen ein längst überfälliges Desiderat sei. Er diagnostizierte 1946 im Rückblick auf die vergangenen Jahre „ein Versagen des gut christlichen und kirchlichen Einzelnen in seiner ihm als Einzelnen auferlegten Entscheidungspflicht"[24]. In diesem Umfeld entstehen die Texte „Der Einzelne in der Kirche", später: „Über die heilsgeschichtliche Bedeutung des Einzelnen in der Kirche"[25] oder „Der Anspruch Gottes und der Einzelne"[26].

Das ist der entscheidende erste Baustein: der Einzelne und seine ekklesiologische Funktion für das Ganze. Der Einzelne ist in gleicher Weise ein wesenhafter Bestandteil des christlichen Kerygmas wie die kirchliche Gemeinschaft. Rahner geht es um solche Stichworte wie die Notwendigkeit einer „personalen Frömmigkeit" oder dem Mut zu einer Seelsorge für den Einzelnen. Es geht um die Bedeutung mystagogischer Seelsorge und um das Verständnis einer „produktiven Vorbildlichkeit" des Einzelnen, der eine kirchebildende Funktion übernimmt – heute würde man dafür den Begriff des „Zeugen" in seiner Funktion einer missionarischen Kirche wählen.

Das Charismatische in der Kirche

Als einen weiteren Baustein betont Rahner die ekklesiologische Bedeutung der Charismen. Schon in seinen Wiener Jahren und in der geplanten Dogmatik aus dieser Zeit entwickelt Rahner ein Gespür für das Charisma als einem strukturrelevanten Begriff der Ekklesiologie. Rahner arbeitet einen Spannungsbogen zwischen Amt und Charisma heraus – nicht als Gegensatz, sondern wiederum

24 K. Rahner, Der Einzelne in der Kirche, in: ders., SW 10 (vgl. Anm. 9) 100–118, 102.
25 K. Rahner, Über die heilsgeschichtliche Bedeutung des Einzelnen in der Kirche, in: ders., SW 10 (vgl. Anm. 9) 421–446.
26 K. Rahner, Der Anspruch Gottes und der Einzelne, in: ders., SW 10 (vgl. Anm. 9) 469–480.

als korrelative Einheit. Charismen sind „Elemente dynamischer Unruhe“[27], die „wesenhaft“ zur Kirche gehören. Charisma und Amt sind im letzten so aufeinander verwiesen, dass sie nur im Aufeinanderhören ihre Sendung erfüllen können: Das Charisma in einer „Selbstbeschränkung“ auf das Amt hin – das Amt in einer „Selbstbeschränkung“ auf das Charisma hin, um ihm Raum zu geben. Solche „Selbstbeschränkungen“ bedürfen einerseits einer gewissen Institutionalisierung, andererseits aber ist offensichtlich, wie sehr dieses Zueinander von der je konkreten dialogischen Bereitschaft und Grundhaltung der Beteiligten abhängt.

Die Kirche der Sünder

Ein weiterer Baustein einer Theologie kirchlicher Existenz ist die Frage nach der „Kirche der Sünder“. Dieser Gedanke ist für Rahner keine leichtfertige Anklageformel. Er entwirft diese ekklesiologischen Ansätze in einer Zeit, in der sich die Ekklesiologie deutlich wandelt und das Bild der Kirche als mystischer Leib Christi in die Mitte des kirchlichen Selbstverständnisses rückt. Eine Kirche, die den Einzelnen als Glied in seiner Bedeutung für den ganzen Leib neu entdeckt, muss sich auch der Frage stellen, welche Konsequenzen in einem solchen organischen Denken das einzelne – nun aber sündige – Glied für den ganzen Leib hat. Rahner wirft einen nüchternen, antienthusiastischen Blick auf die Kirche. Kirchlichkeit heißt, ein Ja zur konkreten Gestalt der Kirche sprechen zu können, sich nicht in eine Utopie und Idealgestalt von Kirche zu flüchten, denn dann wäre man „vielleicht näher bei seinen Idealen, aber näher bei Gott ist man nicht.“[28] Rahner wehrt sich gegen jede „Platonisierung“ des Kirchenbegriffs, der die Kirche als heilige Institution losgelöst von den sündigen Individuen *allein* in ihrer Idealgestalt gelten lässt. Die Erfahrung der „Kirche der Sünder“ stellt die nota ecclesiae der Heiligkeit der Kirche nicht in Frage. Sie ist aber wirkmächtige Realität und für Rahner ein bleibender Stachel gegen eine institutionelle Selbstgenügsamkeit. Identifikation mit der Kirche soll durch eine Theologie kirchlicher Existenz ermöglicht werden, welche die *Wesensgestalt* der Kirche, ihre *Realgeschichte* und ihre *gegenwärtige Erscheinungsform* als mehrdimensionale Wirklichkeit zusammendenken kann. Die *konkrete* Kirche, nicht die Idealkirche ist sozusagen das Materialobjekt, an dem sich alle kirchliche Existenz abzuarbeiten hat, die aber auch den Glaubensvollzug des Einzelnen erst ermöglicht, trägt und umfassend gelingen lässt. Kirche ist die konkrete, reale, gesellschaftlich verfasste Gemeinschaft der Getauften, mit ihren Stärken und Schwächen, die *dennoch* und trotz allem in ihrem inneren Gnadenmysterium Braut des Lammes und heiliger Tempel ist: „Die Sünde bleibt Wirklichkeit an ihr, die ihrem Wesen widerspricht, ihre Heiligkeit aber ist Offenbarung ihres

27 Rahner (wie Anm. 24) 116.
28 K. Rahner, Kirche der Sünder, in: ders., SW 10 (vgl. Anm. 9) 82–95, 92.

Wesensgrundes."[29] Freude an der Kirche, Liebe zur Kirche und die Identifikation mit der konkreten Kirche schließen sich deshalb nicht aus, sondern gehören untrennbar zusammen. Dieses *„dennoch"* der Gnade ist ein wesentliches Prägemerkmal Rahners kirchlicher Existenz. Dieses „dennoch" hat er nicht nur theologisch, sondern vor allem auch existentiell durchbuchstabiert. Den kirchlichen Christen kennzeichnet ein nüchterner Realismus einerseits, andererseits aber auch die Fähigkeit, im Sichtbaren immer zugleich das Unsichtbare zu ergreifen. So wird die Sündigkeit in der Kirche zu einem Verweis auf das „dennoch" der je größeren Liebe Gottes. Die Liebe zur Kirche trägt für Rahner daher auch immer Züge gekreuzigter Liebe an sich.

Wahrheit und Institution

Eine Wahrheit, die den ganzen Daseinsvollzug des Menschen meint – und das ist der Glaube – kann einerseits nur durch die persönlichen Realisierungsmöglichkeiten des Einzelnen erworben werden. Eine existentielle Wahrheit kann die eigene Subjektivität und die eigene sittliche Verantwortung nicht überspringen. Der Glaube – als Wagnis der Liebe und des Vertrauens – kann nicht durch verborgte Sicherheiten ersetzt werden.[30] Andererseits aber muss eine solche Wahrheit, die das Ganze der menschlichen Existenz meint, mehr sein als „die Darstellung meines eigenen Daseinsgefühls"[31]. Sie kann nicht von der subjektiven Innerlichkeit her konstruiert werden. Rahner formuliert eine deutliche Skepsis gegenüber der Subjektivität und deren Projektionen und Manipulationen: „Ich bin der Überzeugung, dass ich immer gegen meine eigene Subjektivitäten, meinem Meinen höchst kritisch und misstrauisch zu sein habe, weil man sich selber am schwersten objektivieren kann, und so grundsätzlich der Gefahr der Selbsttäuschung radikaler ausgesetzt ist als der Täuschung durch andere und deren Meinung."[32] Deshalb braucht die Wahrheit den dauernden Prozess des Gebens und Nehmens. Es braucht dabei auch ein kritisches Korrektiv: einen „archimedischen Punkt außerhalb unser selbst."[33] Deshalb ist für Rahner der an den Einzelnen herantretende Anspruch einer Objektivität mit ihrem einschränkenden und normierenden Charakter zugleich eine *befreiende Kraft*. Kirche, Lehramt und Institution sind keine Fessel, sondern eine *ermöglichende* Instanz.

29 Rahner (wie Anm. 28) 91

30 Vgl. A. Raffelt, Pluralismus – ein Plädoyer für Rahner und eine Bemerkung zur Sache, in: G. Larcher / K. Müller / Th. Pröpper (Hg.), Hoffnung, die Gründe nennt. Zu Hansjürgen Verweyens Projekt einer erstphilosophischen Glaubensverantwortung, Regensburg 1996, 127–138, 134.

31 K. Rahner, Sämtliche Werke, Bd. 26: Grundkurs des Glaubens. Studien zum Begriff des Christentums. Bearbeitet von N. Schwerdtfeger und A. Raffelt Zürich – Düsseldorf, 326.

32 K. Rahner, Die neue Kirchlichkeit der Theologie. Statt eines Selbstportraits, in: Geist und Leben 41 (1968), 205–216, 206.

33 Rahner (wie Anm. 4) 495.

Die inkarnatorische Struktur der Gnade

Eine Theologie kirchlicher Existenz hat weiterhin aufzuzeigen, dass die je eigene, unverwechselbare personale Gnadenerfahrung als Hören auf einen inneren Dialog mit Gott keine ungegenständliche und abstrakte Erfahrung ist. In einem seiner frühesten Aufsätze „Vom Sinn der häufigen Andachtsbeichte" schreibt Rahner: „Jede Gnade hat eine innere Teleologie auf die sichtbare Kirche hin."[34] Häufig spricht er auch von der „Leiblichkeit der Gnade". Alle Gnadenerfahrung ist immer „gratia Christi". Der Glaubensvollzug des Einzelnen zielt nicht auf eine abstrakte Wahrheit, sondern auf den geschichtlichen Jesus von Nazareth. Deshalb ist Geschichtlichkeit auch *die* Eigentümlichkeit des Christentums schlechthin. Die umfassende Wahrheit des menschlichen Daseins gewinnt der Mensch nicht aus sich selbst heraus. Die Tiefe des menschlichen Daseins kann der Mensch nur erkennen durch den sich in Christus offenbarenden Gott. Darum ist auch der Einzelne in seiner Gotteserfahrung grundlegend über sich hinaus in die Kirche hinein verwiesen, die als das Grundsakrament diese Gnade Christi durch die Geschichte hindurch in der jeweiligen Zeit präsent setzt: „Wo der Mensch die Erfahrung seiner gnadenhaften Gottunmittelbarkeit macht, ist sie in Christus und durch die Kirche vermittelte Unmittelbarkeit."[35] Kirche ist demnach „Gottes ewiges Erbarmen und Leib in Raum und Zeit, beides (wieder wie in Christus) unvermischt und ungetrennt."[36] Daraus entwickelt Rahner Differenzierungen, die hier nur skizziert und angedeutet werden können.

„Res" und „sacramentum" – Zeichen und innere Wirklichkeit – sind *nie* voneinander zu trennen und dennoch *immer* voneinander zu unterscheiden. So ist es auch im Verhältnis von Christus und Kirche. Die Kirche ist nicht das Eigentliche, ist nicht das Ziel im Gesamtgefüge der Heilsvermittlung. Die strenge Vorordnung der Christologie vor der Ekklesiologie bleibt für Rahner grundlegend: „Sie ist nicht einfach er, sondern steht, obzwar sie sein Leib ist, ihm auch unterschieden, empfangend und dienend gegenüber."[37] Kirche ist also insofern eine abgeleitete Größe. Das Ziel kann aber nur durch das Zeichen erreicht werden. Deshalb bleibt Kirche eine elementare Größe für den Glaubensvollzug des Einzelnen, auf die nicht verzichtet werden kann. Diese Differenz macht deutlich: „In allem ist die Kirche das Zeichen, dessen Vollzug von sich weg, über sich hinaus auf Gott verweist; auf ihn allein, auf ihn als das Geheimnis und den, der nie mit irgend etwas anderem verwechselt werden darf. Institutionalismus, Legalismus, Klerikalismus, […] objektivistischer Sakramentalismus werden immer dann im Tun der

34 K. Rahner, Vom Sinn der häufigen Andachtsbeichte, in: ders., Sämtliche Werke, Bd. 11: Mensch und Sünde. Schriften zur Geschichte und Theologie der Buße. Bearbeitet von Dorothea Sattler, Solothurn – Düsseldorf 2005, 409.

35 K. Rahner, Formale Grundstrukturen der Heilsvermittlung, in: ders., Sämtliche Werke, Bd. 19: Selbstvollzug der Kirche. Bearbeitet von K.-H. Neufeld, Solothurn – Düsseldorf 1995, 198.

36 K. Rahner, Ich glaube die Kirche, in: ders., SW 10 (vgl. Anm. 9) 243.

37 K. Rahner, Ekklesiologische Grundlegung, in: ders., SW 19 (vgl. Anm. 35) 64.

Kirche sich bemerkbar machen, wenn das Zeichen und das Bezeichnete in irgendeiner der vielen Dimensionen der Kirche verwechselt oder praktisch (wenn auch nicht theoretisch) identifiziert werden."[38]

Aus dieser Unterscheidung ergeben sich Folgeüberlegungen: Kirche ist immer pilgernde Kirche, die ihre Vollendung noch nicht erreicht hat. Sie trägt das Ziel in sich und ist dennoch zugleich auf dieses Ziel hin unterwegs. Sie hat deswegen eine geschichtlich bleibende Gestalt: „Die Kirche ist aber gerade als eschatologisch bleibende immer die ‚traditionelle', sie kann das Überkommene ‚nur' nach dessen eigenem inneren Gesetz abwandeln, sie ruft zur Legitimierung des ‚Neuen' immer die innere Kraft des ‚Alten' an, sie ist nie revolutionär [...]"[39]. Zugleich ist Kirche aber eben auch geschichtlich und daher veränderlich und muss sich immer neu in der Geschichte selbst vollziehen. Der kirchliche Christ hat diese Spannung von bleibender Gültigkeit und je neuem Selbstvollzug zuzulassen, mitzugestalten und manchmal auch auszuhalten.

Kirche ist Zeichen der Gnade Christi. Als *Zeichen* verwirklicht Kirche ihre heilsvermittelnde Funktion. So auch der Einzelne in ihr. Gegen einen Heilsindividualismus betont Rahner: Sein persönliches Heil wirkt der Christ nur, indem er zugleich „Heilszeichen" für die anderen ist. Rahner sieht daher den kirchlichen Christen nicht primär als Heilserben, der etwas für sich hat, was die anderen entbehren. Sondern er sieht Kirche als „geschichtlich und soziologisch greifbaren Vortrupp"[40] für etwas, was allen zuteil werden soll. Das biblische Bild vom Sauerteig steht dafür.

Rahner denkt Kirche immer eng im Zusammenhang mit dem Gedanken des Allgemeinen Heilswillen Gottes. Das ist wesentlich für seine kirchliche Grundhaltung. Die Kirche ist Kristallisationspunkt dessen, was durch die Gnade umfassend in der Geschichte der Menschheit geschieht. So steht Kirche in Einheit mit der Welt und ist dennoch unterschieden von ihr. Das Verhältnis der Kirche zur Welt beschreibt Rahner mit einer doppelten Tendenz: „einer Tendenz der eindringenden Aneignung und der absetzenden Unterscheidung."[41] Für das Verhältnis von Kirche und Welt steht ein eindrückliches Bild: „Das Morgenlicht auf den Bergen ist der Anfang des Tages in den Tälern, nicht der Tag oben, der die Nacht unten richtet."[42] Dieses Verhältnis des verbindend *und* des unterscheidend Christlichen versucht Rahner in immer neuen Anläufen auszuloten.

Mit groben Pinselstrichen ist die doppelt-eine Grundbewegung einer Theologie kirchlicher Existenz bei Rahner dargestellt. Die Gefährdungen, die mit beiden Polen jeweils gegeben sind, bleiben immer im Blick: die Gefährdung des Pols der

38 Rahner (wie Anm. 37) 64.
39 Rahner (wie Anm. 37) 70.
40 K. Rahner, Dogmatische Randbemerkungen über die Kirchenfrömmigkeit, in: ders., SW 10 (vgl. Anm. 9) 510.
41 K. Rahner, Art. Kirche, Staatslexikon, in: ders., Sämtliche Werke 17/1: Enzyklopädische Theologie. Die Lexikonbeiträge der Jahre 1956–1973. Bearbeitet von H. Vorgrimler, Solothurn – Düsseldorf 2002, 453.
42 Rahner (wie Anm. 40) 516.

„personalen Unmittelbarkeit“ nämlich, sich subjektivistisch zu verschließen und damit das Verwiesensein über sich hinaus aus dem Blick zu verlieren; die Gefährdung des Pols der „amtlichen Vermittlung“, nämlich sich so zwischen den Einzelnen und seiner Gnadenerfahrung zu schieben, dass die Erfahrung *vermittelter Unmittelbarkeit* und damit das der Kirche eigene Verwiesensein über sich hinaus erschwert wird. Die polare Grundstruktur kirchlicher Existenz konzipiert Rahner als eine korrelative, dynamisch-spannungsvolle und unter Umständen auch dramatisch sich gestaltende Einheit. Um Rahner dabei recht zu verstehen, gilt die Grundhermeneutik: Einzelne Ausführungen müssen *von ihm selbst her* kontrapunktisch ergänzt werden.[43] Die jeweiligen Pole dürfen nicht in der Weise radikalisiert werden, dass aus dem korrelativen Zueinander Alternativen werden. Die kirchliche Existenz vollzieht sich in einem dynamischen Zueinander, das nicht bis ins Letzte durch ein „System“ harmonisiert werden kann. Das ist nicht Defizit, sondern Stärke. Eine Theologie kirchlicher Existenz hat die je für sich berechtigten Pole in einer gesunden spannungsvollen Einheit zu halten, zugleich aber im Wandel der konkreten Situation auch Akzentsetzungen zuzulassen. Vereinseitigungen sind gegenzusteuern, Aspekte kirchlicher Existenz, die durch ekklesiologische Pendelbewegungen marginalisiert zu werden drohen, sind im Bewusstsein zu halten. Eine Theologie kirchlicher Existenz hat sich deshalb um die jeweilige kontrapunktische Ergänzung zu mühen, weil sie weiß, dass „Wahrheit“ nur im umfassend Größeren und Ganzen möglich. Vom Ganzen her erhält auch jede Akzentsetzung ihre Grenze. Nur so sind bei Rahner auf den ersten Blick paradox erscheinende Formulierungen und Bewertungen zu verstehen und Rahners eigene kirchliche Existenz in ihrer Komplexität zu greifen: seine Fähigkeit zur Differenzierung und sein Wille zur Vermittlung ohne einer profillosen Mittelmäßigkeit das Wort zu reden.

43 Vgl. N. Schwerdtfeger, Gnade und Welt. Zum Grundgefüge von Karl Rahners Theorie der „anonymen Christen“, Freiburg 1982, 292.

Kirchliche Autorität und Laienorganisationen
Zur kirchlichen Verortung der katholischen Verbände im Sinne der Communio-Theologie

Joachim Drumm

Katholische Verbände sind freie Zusammenschlüsse von Katholiken. Dass sie „in eigener Initiative und Verantwortung“[1] entstehen und handeln, zeigt bereits ihre Ursprungsgeschichte, die in engem Zusammenhang zu sehen ist mit der gesellschaftlichen und politischen Umbruchssituation im 19. Jahrhundert. In deren Kontext suchten engagierte Katholiken neue Modelle christlichen Engagements in der Gesellschaft und sie fanden sie in verbandlichen Zusammenschlüssen. Die theologische Reflexion auf den Ort und die Funktion der neu entstandenen Organisationen innerhalb der Kirche erfolgte erst nachträglich.[2] Die ekklesiologische Verortung katholischer Vereinigungen durch das Lehramt erfuhr durch das Zweite Vatikanum eine beispiellose Vertiefung. Die leitende Perspektive hierfür und für die spätere Ausgestaltung eines kirchlichen Vereinsrechts im „Codex iuris canonici“[3] war das Selbstverständnis der Kirche als Communio. Nicht zuletzt vor dem Hintergrund konkret zu Tage tretender Fragen, Spannungen oder Konflikte kann es hilfreich sein, die grundlegenden Aussagen des Lehramts zur ekklesiologischen Verortung katholischer Verbände und Laienorganisationen ins Gedächtnis zu rufen. Diesem Anliegen dienen die folgenden Darlegungen.

1 Verantwortung des ganzen Gottesvolkes für die Sendung der Kirche. Beschluss der Gemeinsamen Synode der Bistümer in der Bundesrepublik Deutschland in Würzburg, Teil II, 4, abgedruckt in: *Gemeinsame Synode der Bistümer in der Bundesrepublik Deutschland*: Beschlüsse der Vollversammlung. Hg. im Auftr. d. Präsidiums d. Gemeinsamen Synode der Bistümer in der Bundesrepublik Deutschland u. d. Deutschen Bischofskonferenz von L. Bertsch u. a.. Bd. 1: *Beschlüsse der Vollversammlung*. Freiburg–Basel–Wien 1976, 651–677, 658.

2 Vgl. hierzu u. a. K. Lehmann, In der Kirche zu Hause, offen für die Welt: die Verbände, in: ders. Glauben bezeugen, Gesellschaft gestalten. Reflexionen und Positionen, Freiburg–Basel–Wien 1993, 397–408.

3 Im laufenden Text abgekürzt mit CIC.

Die Ortlosigkeit katholischer Verbände vor dem Zweiten Vatikanum

Der erste kirchenrechtliche Versuch eines systematisch ausformulierten Vereinsrechts wurden im kirchlichen Gesetzbuch von 1917 unternommen.[4] Die Rechtsbestimmungen beschränkten sich jedoch auf Vereine, die sich einem hoheitlichen Akt der zuständigen kirchlichen Autorität verdankten. Der Wirklichkeit der freien Zusammenschlüsse von Katholiken wurden sie nicht gerecht, nicht zuletzt deshalb, weil für eine theologische Verortung der neu entstandenen katholischen Verbände zu diesem Zeitpunkt die ekklesiologische Basis fehlte.

Im Gefolge des Kulturkampfes wurde vor allem unter Papst Pius XI. der Versuch unternommen, katholische Laienorganisationen im Rahmen der „Katholischen Aktion“ stärker an die Hierarchie zu binden, auch um sie dem staatlichen Zugriff angesichts des aufkommenden Faschismus zu entziehen. Pius XI. definierte die Katholische Aktion in seiner denkwürdigen Ansprache an deutsche Jugendliche vom 27.10.1933 als „Mitarbeit und Teilhabe der Laien am hierarchischen Apostolat der Kirche“.[5] Es wurden nur solche Organisationen als Katholische Aktion anerkannt, deren Tätigkeit offiziell autorisiert war. In Deutschland wurden bestehende katholische Verbände mit apostolischer Zielsetzung weitgehend in die Katholische Aktion integriert und damit der kirchlichen Jurisdiktion und Aufsicht unterstellt. Ein ursprüngliches Wesensmerkmal der katholischen Verbände, ihre Eigenart als freier Zusammenschluss von Katholiken, wurde dadurch zeitweise eher verdunkelt.

Die Begründung einer neuen Sichtweise durch das Zweite Vatikanische Konzil

Eine Neubewertung der katholischen Verbände als eigenverantwortliche Vereinigungen erfolgte erst durch das Zweite Vatikanum. Auf diesem Konzil proklamiert das kirchliche Lehramt erstmals das Recht der Gläubigen, Vereinigungen frei zu gründen, sie eigenverantwortlich zu leiten und ihnen nach eigenem Willen beizutreten. Von besonderer Bedeutung ist, dass das Lehramt das freie Vereinigungsrecht nicht nur als Recht eines jeden Menschen anerkennt, sondern es darüber hinaus explizit ekklesiologisch als Recht der Gläubigen begründet. Damit ist nicht weniger ausgesagt, als dass die Vereinigungen auch als freie Zusammenschlüsse von Katholiken dem theologischen Selbstverständnis der Kirche entsprechen. Katholische Verbände sind nicht nur Element der Kirche als sichtbarer Sozialgemeinschaft, sondern sie sind auch Ausdruck der Kirche als Heils- und Glaubens-

4 Eine ausführliche Darstellung der Entwicklung und des aktuellen Stands des kirchlichen Vereinsrechts bietet H. Hallermann, Die Vereinigungen im Verfassungsgefüge der lateinischen Kirche, Paderborn 1999.

5 Zitiert nach P. Becher, Art. Katholische Aktion, in: LThK³ 5 , 1347–1348, 1347.

gemeinschaft. Die Basis für die theologische Begründung des Verbandswesens sind die Communio-Ekklesiologie und die Lehre vom Laienapostolat.

Die Communio-Ekklesiologie als Fundament für eine theologische Verortung der Laien und der katholischen Verbände

Mit der Ekklesiologie des Zweiten Vatikanischen Konzils wird theologiegeschichtlich ein neues Kapitel in der Geschichte des kirchlichen Selbstverständnisses aufgeschlagen. Die vorkonziliare Engführung auf die juridisch-hierarchiologische Dimension der Kirche wird zugunsten eines sakramentalen Kirchenverständnisses aufgebrochen. Kirche wird auf ihren göttlichen Ursprung und ihr eschatologisches Ziel hin relativiert. Im deutlichen Unterschied zum triumphalistischen Kirchenverständnis des 18. und 19. Jahrhunderts, dem gemäß sich Kirche als „societas perfecta" begriff, betont das Konzil, dass die Kirche nicht selbst die vollkommene Gemeinschaft ist, sondern deren Zeichen und Werkzeug.

Ein Schlüsselbegriff der Ekklesiologie des Zweiten Vatikanums ist der Communio-Begriff.[6] Er kann sowohl mit „Teilhabe" als auch mit „Gemeinschaft" übersetzt werden und bedeutet in erster Linie die gemeinschaftliche Teilhabe an den Heilsgaben, näherhin die Teilhabe am Heiligen Geist, am Evangelium, an den Sakramenten, besonders an der Eucharistie, und an der Caritas. In der gemeinsamen Teilhabe an diesen Heilsgaben wird die Gemeinschaft der Christen untereinander begründet.

Die Communio verwirklicht sich aber auch in der Teilhabe aller Christen an der gemeinsamen Verantwortung (communio fidelium). Die gemeinsame Sendung des gesamten Gottesvolkes und die gemeinsame Teilhabe am prophetischen, priesterlichen und diakonalen Dienst der Kirche werden durch das Konzil ausdrücklich herausgestellt. Das „gemeinsame Priestertum aller Gläubigen" (LG 10)[7] geht der Unterscheidung unterschiedlicher Ämter, Charismen und Dienste voraus. Die im zweiten Jahrtausend in den Vordergrund getretene Vorstellung von der Kirche als einer „ungleichen Gemeinschaft" (societas inaequalis) ist damit grundsätzlich überwunden.

6 Vgl. hierzu J. Drumm: Art. Communio. I. Systematisch-theologisch, in: LThK³ 2 (1994) 1280–1283.

7 Dogmatische Konstitution des Zweiten Vatikanischen Konzils über die Kirche „Lumen gentium", Art. 10 (Stellenangaben im laufenden Text abgekürzt mit LG).

Joachim Drumm

Die besondere Berufung der Laien als Teilhaber an der Communio

Die Communio-Ekklesiologie gibt den Blick frei für eine gewandelte Sicht der Laien, ihrer besonderen Berufung sowie ihrer Stellung in der Kirche. Die Laien werden vom Zweiten Vatikanum als Subjekte der „Sendung des ganzen christlichen Volkes in der Kirche und in der Welt" gewürdigt (LG 31). Das Konzil spricht ihnen auf Grund ihrer Teilhabe (communio) an Christus und seinen Heilsgaben auch Anteil am „prophetischen", „priesterlichen" und „königlichen" Amt Jesu Christi zu. Die auf die biblische Begriffswelt zurückgreifende Lehre von den drei „Ämtern" Jesu Christi bringt zum Ausdruck, dass der Gekreuzigte und Auferstandene in mehrfacher Hinsicht der Welt das Heil vermittelte: als Offenbarer der göttlichen Wahrheit (prophetisches Amt), als Versöhner zwischen Gott und Mensch und den Menschen untereinander (priesterliches Amt) und als bevollmächtigter Hirte, der sein Leben hingibt für die Seinen (königliches Amt).

Wenn das Konzil für die Begründung des Laienapostolats auf die sog. Drei-Ämter-Lehre rekurriert, dann macht es deutlich, dass die Laien in umfassendem Sinn teilhaben an der Realisierung der Heilswirksamkeit Jesu Christi in der Geschichte. Als Glieder der Kirche sind sie beauftragt und befähigt zur Mitwirkung

- an der kirchlichen Verkündigung (prophetisches Amt), die sich nicht nur auf die gottesdienstliche und amtliche Verkündigung beschränkt, sondern auch dort stattfindet, „wo immer die Wahrheit des Evangeliums im Familien- und Gesellschaftsleben zur Geltung kommt".[8]
- an der kirchlichen Liturgie (priesterliches Amt), die sich nicht nur auf das gottesdienstliche Geschehen beschränkt, sondern überall dort, wo Christen selbstlos handeln. „Es sind nämlich all ihre Werke, Gebete und apostolische Unternehmungen, ihr Ehe- und Familienleben, die tägliche Arbeit, die geistige und körperliche Erholung, wenn sie im Geist getan werden, ‚geistige Opfer, wohlgefällig vor Gott durch Jesus Christus' (1 Petr 2,5). Bei der Feier der Eucharistie werden sie mit der Darbringung des Herrenleibes dem Vater in Ehrfurcht dargeboten. So weihen auch die Laien, überall Anbeter im heiligen Tun, die Welt selbst Gott" (LG 34).
- am kirchlichen Dienst an der Einheit und Freiheit der Menschen (königliches Amt). Die biblische Rede vom Königtum Christi bezieht sich auf die Vollendung des von ihm angekündigten und in ihm angebrochenen Reiches Gottes, das sich beschreiben lässt als die universale Communio, in der der Mensch nicht über den Menschen, sondern Gott allein herrscht. So gesehen ist der Einsatz der Laien für Friede, Versöhnung, Gerechtigkeit und Freiheit Teilhabe am königlichen Amt Christi.

8 Katholischer Erwachsenenkatechismus. Hg. von der Deutschen Bischofskonferenz, Bonn 1985, 212.

Die gemeinsame Teilhabe am dreifachen Amt Christi und den entsprechenden Grundvollzügen der Kirche erfolgt bei Klerikern, Ordensleuten und Laien auf je spezifische Weise: Die Kleriker haben die kirchliche Communio insbesondere auf Gott als deren Ursprung hin offen zu halten, die Ordensleute auf die eschatologische Vollendung hin, die Laien auf die gesamte Menschheit hin. Die besondere Berufung und Sendung der Laien liegt daher in ihrem *Weltauftrag*: Die Kirchenkonstitution „Lumen gentium" des Zweiten Vatikanums beschreibt diesen Weltauftrag so: „Sache der Laien ist es, kraft der ihnen eigenen Berufung in der Verwaltung und gottgemäßen Regelung der zeitlichen Dinge das Reich Gottes zu suchen. Sie leben in der Welt, d.h. in all den einzelnen irdischen Aufgaben und Werken und den normalen Verhältnissen des Familien- und Gesellschaftslebens, aus denen ihre Existenz gleichsam zusammengewoben ist. Dort sind sie von Gott gerufen, ihre eigentümliche Aufgabe, vom Geist des Evangeliums geleitet, auszuüben und so wie ein Sauerteig zur Heilung der Welt gewissermaßen von innen her beizutragen und vor allem durch das Zeugnis ihres Lebens, im Glanz von Glaube, Hoffnung und Liebe Christus den anderen kundzumachen." (LG 31).

Der theologische Zusammenhang des Laienapostolats mit dem Verständnis der Kirche als Communio wird von Papst Johannes Paul II. in seinem Rundschreiben „Christifideles laici" eigens hervorgehoben: „Weil sie sich von der kirchlichen Communio ableitet, muss die Teilhabe der Laien am dreifachen Amt Christi in der Communio und um des Wachstums der Communio willen gelebt und verwirklicht werden" (CL 14)[9].

Gemäß „Christifideles laici" „kann sich die ‚Identität' der Laien, die ihnen eigene Würde nur vom Geheimnis der Kirche her, das Geheimnis der communio ist, enthüllen. Und nur von dieser Würde her können ihre Berufung und Sendung in Kirche und Welt definiert werden." (CL 8). Leitendes Prinzip der Berufung und Sendung der Laien bleibt also die Communio.

Das päpstliche Rundschreiben hebt hervor, dass die Teilhabe an der Communio in der Taufe gründet und „dass der Sinn des gesamten Lebens der Laien darin besteht, zur Erkenntnis der in der Taufe als Sakrament des Glaubens radikalen Neuheit zu gelangen, um der Berufung, die er von Gott empfangen hat zu entsprechen und die damit verbundenen Pflichten zu erfüllen" (CL 10).

Wie das Wesen der Kirche wird hier also auch die Identität des Laien, seine Berufung und Sendung sakramental begründet: Der Laie als „kirchliches Subjekt" empfängt seine Identität und seine Sendung von Christus her. Ähnliche Formulierungen finden sich auch in dem Konzilsdekret über das Laienapostolat „Apostolicam actuositatem": „Pflicht und Recht zum Apostolat haben die Laien kraft ihrer Vereinigung mit Christus, dem Haupt. Denn durch die Taufe dem mystischen Leib eingegliedert und durch die Firmung mit der Kraft des Hei-

9 Papst Johannes Paul II: Nachsynodales Apostolisches Schreiben Christifideles laici. Über die Berufung und Sendung der Laien in Kirche und Welt vom 30. Dezember 1988. Hg. vom Sekretariat der Deutschen Bischofskonferenz, Bonn 1989 (Verlautbarungen des Apostolischen Stuhls; 87) Nr. 14 (Stellenangaben im laufenden Text abgekürzt mit CL).

ligen Geistes gestärkt, werden sie vom Herrn selbst mit dem Apostolat betraut" (AA 3).[10]

Der besondere Weltcharakter (vgl. LG 31) des Handelns der Laien lässt deutlich werden, dass die Kirche die Autonomie und Eigenständigkeit der profanen Welt respektiert (vgl. GS 36)[11]. Im Laiesein geht es um die Weltlichkeit der Welt (B. Forte). Der Respekt vor der Weltlichkeit der Welt bedeutet, dass die Kirche mit der Welt in einen echten Dialog tritt und als verkündende auch hörende Kirche ist.

Die besondere Berufung von Laien ist es, ihre Kompetenzen in die Welt einzubringen und für den Dialog der Kirche mit den autonomen Wirklichkeitsbereichen und den Dialog zwischen diesen Bereichen Sorge zu tragen. Der Kirche eignet wesentlich eine welthafte Dimension, die im kirchlichen Handeln der Laien besonders zur Geltung kommt. „So stellen das In-der-Welt-Sein und In-der-Welt-Handeln für die Laien nicht nur eine anthropologische und soziologische Gegebenheit dar, sondern auch und vor allem eine spezifisch theologische und kirchliche." (CL 15, vgl. LG 31).

Katholische Verbände als gemeinschaftliche Form der Teilhabe der Laien am Leben in der kirchlichen Communio

Die theologischen Aussagen des kirchlichen Lehramts zu den katholischen Vereinigungen und Verbänden bauen auf der Basis der Communio-Ekklesiologie und der Lehre vom Laienapostolat auf. Hinsichtlich der Ausübung ihrer originären Sendung sind die Laien weitgehend autonom.

Das Zweite Vatikanische Konzil und auch spätere lehramtliche Dokumente sehen die katholischen Verbände in erster Linie in der Perspektive der gemeinschaftlichen Ausübung des Apostolats, die ausdrücklich begrüßt und als wünschenswert erachtet wird. Dieser Ansatzpunkt macht deutlich, dass die Verbände nicht als Selbstzweck betrachtet werden. Vielmehr dienen die Verbände „der Erfüllung der Sendung der Kirche an der Welt." (AA 19). So ist es nur folgerichtig, dass die Verbände auch im Missionsdekret eigens hervorgehoben werden (vgl. AG 15).[12]

Zur Begründung der gemeinschaftlichen Apostolatsausübung argumentiert das Dekret über das Laienapostolat gleichermaßen anthropologisch und ekklesiologisch: „Das in Gemeinschaft geübte Apostolat der Gläubigen entspricht also in glücklicher Weise ebenso einem menschlichen wie einem christlichen Bedürfnis. Es stellt zugleich ein Zeichen der Gemeinschaft und der Einheit der Kirche in

10 Dekret des Zweiten Vatikanischen Konzils über das Laienapostolat „Apostolicam actuositatem", Art. 3 (Stellenangaben im laufenden Text abgekürzt mit AA).

11 Pastorale Konstitution des Zweiten Vatikanischen Konzils über die Kirche in der Welt von heute „Gaudium et spes", Art. 36 (Stellenangaben im laufenden Text abgekürzt mit GS).

12 Dekret des Zweiten Vatikanischen Konzils über die Missionstätigkeit der Kirche „Ad gentes", Art. 15 (Stellenangaben im laufenden Text abgekürzt mit AG).

Christus dar, der gesagt hat: ‚Wo zwei oder drei in meinem Namen versammelt sind, da bin ich mitten unter ihnen' (Mt 18,20)." (AA 18).

„Christifidelis laici" rekurriert für die theologische Begründung ausdrücklich auf die Communio-Ekklesiologie, indem es das gemeinschaftliche Handeln der Laien in Zusammenschlüssen, Vereinen und Verbänden als besonderen Ausdruck kirchlicher Communio bewertet (vgl. CL 29). Der sakramentaltheologische Begründungsstrang wird also selbst auf die Verbände hin nicht verlassen. Papst Johannes Paul II nennt die Verbände sogar ein „ekklesiologisches Prinzip" (CL 29) und verweist dabei eigens auf den Zeichencharakter der Verbände im Blick auf die Gemeinschaft und Einheit der Kirche in Christus.

Neben der anthropologischen und ekklesiologischen Begründung kirchlicher Vereinigungen findet sich eine pastorale Argumentationslinie. Das Dekret über das Laienapostolat misst den Verbänden große Bedeutung bei, „weil das Apostolat sowohl in den Gemeinschaften der Kirche als auch in den verschiedenen Milieus oft ein gemeinsames Vorgehen verlangt" (AA 18). Einen weiteren Vorteil kirchlicher Vereinigungen sieht das Konzil in der Bündelung der Kräfte (ebd.).

Die Verschiedenheit und Mannigfaltigkeit von kirchlichen Vereinigungen wird durch das Zweite Vatikanum ausdrücklich anerkannt (AA 19). „Christifidelis laici" hebt hervor, dass die Laienorganisationen gleichwohl in ihren Zielsetzungen zu einer „tiefen Konvergenz" kommen, nämlich in der verantwortlichen Teilhabe (participatio) an der Sendung der Kirche (CL 29).

Das freie Vereinigungsrecht der Laien

Mit der Anerkennung des freien Vereinigungsrechts der Laien durch das Zweite Vatikanische Konzil hat sich der Stellenwert der freien Zusammenschlüsse von Katholiken im Vergleich zur vorkonziliaren Zeit grundlegend gewandelt. Wirkursache für das Entstehen von Vereinigungen ist nicht mehr, zumindest nicht prinzipiell, ein hoheitlicher Akt der Hierarchie, sondern ausschließlich der freie Vereinigungswillen der Gläubigen. In Canon 215 des kirchlichen Gesetzbuches hat diese Anerkennung ihren eindeutigen rechtsverbindlichen Niederschlag gefunden: „Den Gläubigen ist es unbenommen, Vereinigungen für Zwecke der Caritas oder der Frömmigkeit oder zur Förderung der christlichen Berufung in der Welt frei zu gründen und zu leiten und Versammlungen abzuhalten, um diese Zwecke gemeinsam zu verfolgen."[13]

In seinem Rundschreiben „Christifideles laici" betont Papst Johannes II. mit geradezu überraschender Deutlichkeit, dass dieses Recht im Taufsakrament gründet und sich in keiner Weise von der kirchlichen Autorität ableitet. Der theologische Zusammenhang zur Communio-Ekklesiologie wird dabei eigens herausge-

13 Codex Iuris Canonici. Codex des kanonischen Rechts. Lat.-dt. Ausgabe. Hg. im Auftrag der Deutschen und der Berliner Bischofskonferenz. Kevelaer [3]1989, can. 215.

stellt: „Diese Freiheit [das freie Vereinsrecht der Laien, J. D.] ist ein wirkliches und eigentliches Recht, das sich nicht von einer Art ‚Zugeständnis' der Autorität ableitet, sondern aus der Taufe als dem Sakrament, durch das die Laien berufen werden, aktiv an der communio und an der Sendung der Kirche teilzunehmen, erwächst [...] Es handelt sich um eine von der kirchlichen Autorität anerkannte und gewährleistete Freiheit, die immer und nur in der communio der Kirche ausgeübt werden soll. Das Recht der Laien, sich zusammenzuschließen, ist also wesentlich mit dem Leben der communio und mit der Sendung der Kirche gegeben" (CL 29).

Zur Rechtsstellung kirchlicher Vereinigungen nach geltendem kanonischen Recht

Der Codex des kanonischen Rechts von 1983 enthält ein neues Vereinsrecht, das auf der Basis der Vorgaben des Zweiten Vatikanischen Konzils erarbeitet wurde. Der Codex entwickelt eine differenzierte Terminologie zur Unterscheidung verschiedener Typen kirchlicher Vereinigungen. Diese Terminologie und die ihr zu Grunde liegenden Differenzierungen wurden bislang im deutschen Sprachraum kaum rezipiert. Die Klärung der Frage, welcher Verein, Verband oder Zusammenschluss bzw. welche Organisation oder Gruppierung welchem Typ zugehört, ist noch weitgehend Desiderat. Um Begriffsverwirrungen zu vermeiden wird im Folgenden als allgemeine Bezeichnung für alle Typen der Begriff "Vereinigung" gewählt.[14]

Zwar gehören die Vereinigungen, sofern sie zur Wirklichkeit der Kirche gehören, zur grundlegenden Verfassung der Kirche. Sie sind jedoch nicht als Körperschaften und Organe der Kirchenverfassung anzusehen. Von diesen unterscheiden sie sich sowohl durch ihre Entstehung aus dem freien Vereinigungswillen der Gläubigen als auch durch die freie Mitgliedschaft, die freie Ausübung der Verbandsgewalt und die Beschränkung auf bestimmte Zwecke.[15]

Das kirchliche Gesetzbuch von 1983 unterscheidet die Vereinigungen nicht nach ihrer Zwecksetzung, sondern nach ihrem Verhältnis zur kirchlichen Autorität. Grundsätzlich ist zu unterscheiden zwischen Vereinigungen außerhalb des kanonischen Vereinsrechts und solchen kirchlichen Vereinen, die dem kanonischen Vereinsrecht unterstehen. Zu ersteren gehören die freien Zusammenschlüsse von Gläubigen und die sogenannten Lebensverbände, sofern sie nicht offiziell von der kirchlichen Autorität anerkannt sind.

Die kanonischen Vereine werden in öffentliche und private Vereine unterteilt. Beiden ist u. a. gemeinsam, dass sie Statuten haben müssen, „in denen Zweck bzw. soziales Programm, Sitz, Leitung und erforderliche Mitgliedschaftsbedingungen zu regeln sind und in welchen unter Beachtung des Erfordernisses oder der Nützlichkeit von Zeit und Ort die Vorgehensweise zu bestimmen ist." (can. 304).

14 So auch Hallermann (wie Anm. 4).
15 Vgl. Hallermann (wie Anm. 4) 372.

Alle Vereine kanonischen Rechts unterliegen der kirchlichen Aufsicht, „die dafür zu sorgen hat, dass in ihnen die Unversehrtheit von Glaube und Sitte bewahrt wird, und die darüber zu wachen hat, dass sich keine Missbräuche in die kirchliche Disziplin einschleichen.“ (can. 305).

Öffentliche Vereine unterscheiden sich von privaten im Wesentlichen dadurch, dass sie von der kirchlichen Autorität errichtet werden und ihnen ein besonderer Bereich kanonischer Zwecke zur Verwirklichung vorbehalten ist.

Private kanonische Vereine verdanken sich dagegen allein dem freien Vereinigungswillen der Gläubigen. Sie verfolgen ihre Zwecksetzung in eigenem Namen und werden nach vorangegangener Rekognition ihrer Statuten von der zuständigen kirchlichen Autorität anerkannt. Bereits das Zweite Vatikanische Konzil hat festgestellt, dass sich kein Verein ohne Anerkennung der kirchlichen Autorität katholisch nennen darf (vgl. AA 24). Private Vereine unterliegen der kirchlichen Aufsicht hinsichtlich ihrer Kirchlichkeit. Aufgabe der Lehrautorität ist es, darauf zu achten, dass die Kräfte nicht zersplittern und die Tätigkeit des Vereins auf das Gemeinwohl der Kirche hingeordnet sind (vgl. can. 323).

Im Blick auf die Satzung, Vereinsleitung und Besetzung von Vereinsämtern gemäß den Statuten haben private Vereine jedoch volle Autonomie. Auch in der Vermögensverwaltung sind die privaten Vereine autonom. Gleichwohl hat die kirchliche Autorität das Recht, darüber zu wachen, dass das Vermögen den Vereinszwecken gemäß verwendet wird (vgl. can. 325). Grundsätzlich hat jeder private kanonische Verein die Möglichkeit, die private Rechtspersönlichkeit verliehen zu bekommen, sofern seine Statuten anerkannt sind (vgl. can. 322). Im Falle schwerer Schädigung der kirchlichen Lehre oder Disziplin durch den Verein oder wenn dieser den Gläubigen zum Ärgernis gereicht, kann er durch die zuständige kirchliche Autorität aufgelöst werden (vgl. can. 326).

Kriterien der Kirchlichkeit katholischer Verbände

Unbeschadet des Vereinsrechts der Laien werden der Hierarchie im Blick auf die Vereinigungen Aufgaben der Förderung, Begleitung und Aufsicht zugewiesen (vgl. AA 24). Mit der erforderlichen Klärung, ob sich eine Vereinigung „katholisch“ nennen darf und mit der Möglichkeit freier Laienvereinigungen, sich durch die kirchliche Autorität als offiziell anerkennen und mit besonderen Beauftragungen betrauen zu lassen, stellt sich die Frage nach den Kriterien, anhand derer die Kirchlichkeit festgestellt wird. Gerade im Blick auf die communio und die Sendung der Kirche betont „Christifidelis laici“ die „Notwendigkeit klarer und präziser Kriterien für die Unterscheidung und Anerkennung der Zusammenschlüsse von Laien, auch ‚Kriterien der Kirchlichkeit' genannt“ (CL 30):

Das päpstliche Rundschreiben führt in seinem Rundschreiben folgende Kriterien auf:

- das Primat der Berufung eines jeden Christen zur Heiligkeit,
- die Verantwortung für das Bekenntnis des katholischen Glaubens,
- das Zeugnis einer tiefen und überzeugten communio,
- die Übereinstimmung mit der apostolischen Zielsetzung der Kirche, an der sie teilhaben und
- die Verpflichtung zu einer engagierten Präsenz in der menschlichen Gemeinschaft.

Als Maßstab für die Beurteilung der Laienorganisationen anhand der genannten Kriterien nennt das Rundschreiben die „konkreten Früchte, die das Leben und Wirken der verschiedenen Vereinigungen ausweisen" (CL 30). Die umfangreiche Liste der aufgeführten „Früchte" konkretisiert das Gemeinte: [...] „erneute Freude am Gebet, an der Kontemplation, am liturgischen und sakramentalen Leben, Früchte zu Berufungen zu christlichen Ehen, von Priesterberufen und Berufen für das gottgeweihte Leben; Bereitschaft, sich in die Programme und Initiativen der Kirche auf Ortsebene, auf nationaler und internationaler Ebene einzubringen; Einsatz in der Katechese und die pädagogische Fähigkeit, Christen zu formen; Motivation zur christlichen Präsenz in den verschiedenen Bereichen des gesellschaftlichen Lebens und Schaffen und Leiten von caritativen, kulturellen und geistigen Werken; Geist der Armut im Sinn des Evangeliums, um einer hochherzigen Liebe allen gegenüber willen; Umkehr zum christlichen Leben und Rückkehr von ‚Fernstehenden' zur Gemeinschaft der Getauften" (ebd.).

Die Deutsche Bischofskonferenz formulierte 1981 „Grundsätze für die Anerkennung katholischer Organisationen im Sinne des Dekrets des Zweiten Vatikanischen Konzils über das Apostolat der Laien" (Nr. 24).[16] Danach können sich nur solche Zusammenschlüsse von Katholiken katholisch nennen, „die sich zur katholischen Glaubensüberzeugung bekennen und die im Rahmen der Sendung der Kirche tätig werden wollen." Des weiteren wird festgestellt, dass katholische Organisationen, die eine besondere Mitwirkung kirchlicher Stellen vorsehen, einer ausdrücklichen Genehmigung durch die Bischöfe bedürfen und dass eine besondere Beauftragung katholischer Organisationen durch die Bischöfe möglich ist. Weitere Bestimmungen betreffen Verfahrensregeln.[17]

Die von der Deutschen Bischofskonferenz 1988 beschlossenen „Kriterien für die kirchenamtliche Genehmigung von Satzungen und Satzungsänderungen von katholischen Vereinigungen" versuchen den Bestimmungen des CIC und den Kriterien von „Christifidelis laici" Rechnung zu tragen sowie Regelungen zur Rechtsüberleitung zu treffen. Im Unterschied zu den „Grundsätzen" von 1981 wird in den „Kriterien" zwischen den verschiedenen Formen kirchlicher Vereinigungen gemäß der durch den CIC vorgegebenen Einteilung differenziert. Es wird aber nicht

16 Abgedruckt in: *Geistliche Leitung in den katholischen Jugendverbänden*: 25. November 1997. Hg. Sekretariat der Deutschen Bischofskonferenz, Bonn 1997(Die deutschen Bischöfe: 1, Hirtenschreiben, Erklärungen; 59)14–16.

17 Zur rechtlichen, terminologischen und funktionalen Problematik dieser Erklärung vgl. Hallermann (wie Anm. 4) 459 ff.

unterschieden zwischen Statut und Satzung im Blick auf deren Überprüfung, Billigung oder Genehmigung, so dass Unklarheiten hinsichtlich der Übereinstimmung der „Kriterien" mit den Bestimmungen des CIC leicht entstehen können.[18]

Die Vereinigungen in der Kirche Deutschlands zwischen Autonomie und Abhängigkeit

Die kirchliche Autorität hat die Aufgabe, Laienvereinigungen zu fördern und auf das kirchliche Gemeinwohl hinzuordnen (vgl. AA 24). Je nach Beziehung zur Hierarchie kann dies gemäß Kirchenrecht bei kanonischen Vereinigungen auf unterschiedliche Weise geschehen: durch Anerkennung, durch Belobigung oder Empfehlung bis hin zur Übertragung eines offiziellen Mandats. Darüber hinaus gibt oder gäbe es vielfältige Möglichkeiten der Förderung, auch für freie Zusammenschlüsse, die dem kanonischen Recht nicht unterstehen.

In Deutschland erhalten viele kanonische und außerkanonische Vereinigungen finanzielle, strukturelle oder auch personelle Unterstützung durch die Diözesen. Auf diese Weise entstehen in vielen Fällen jenseits der Beziehungen kirchlichen Rechts Rechtsbeziehungen nach weltlichem Recht. Aus dem Gegenüber von Zuschussgeber und Zuschussnehmer, über Anstellungsträgerschaften und Beauftragungen erwachsen über die Aufgabe kirchlicher Aufsicht hinaus vielfältige Aufgaben und Fragen der Rechts-, Finanz- und Personalaufsicht, des Berichtswesens und des Controllings. Viele kirchliche Vereinigungen, die als freie Zusammenschlüsse nach kirchlichem Recht autonom sind, sind finanziell von den Diözesen abhängig, ungeachtet der Tatsache, dass die Mitglieder dieser Organisationen im Normalfall als Kirchensteuerzahler ihren persönlichen finanziellen Beitrag für die Bezuschussungsmöglichkeit leisten. Der berechtigte Anspruch auf Autonomie und die faktische Abhängigkeit geraten nicht selten in Widerspruch oder führen zu Mischverhältnissen, deren unterschiedliche Beziehungsstränge oft nicht deutlich genug auseinander gehalten werden. Sowohl auf Seiten der Vereinigungen als auch auf Seiten der zuständigen kirchlichen Behörden sind Rechtsunsicherheiten festzustellen, die – wie die Erfahrung lehrt – leicht sowohl zur Verletzung von Pflichten als auch zur Beschneidung von Rechten führen können. Beides erscheint am ehesten vermeidbar durch die Vereinbarung eines Ordnungsrahmens, der bei klarer Differenzierung der verschiedenen Rechtsbeziehungen einerseits klare Eckdaten formuliert, andererseits den Vereinigungen jenen Freiraum eröffnet, der ihnen je nach Vereinigungstyp zukommt. Ein solcher Ordnungsrahmen wäre nicht nur auf bestehende Verbände hin zu bedenken, sondern auch auf neu sich entwickelnde Formen organisierten Engagements von Laien in einer sich wandelnden Kirche und Gesellschaft.

18 Vgl. hierzu und zu weiteren Anfragen an die Kriterien Hallermann (wie Anm. 4) 463 ff.

Eine Kultur der Anerkennung für alte und neue Formen organisierten Engagements

Vor der Klärung rechtlicher Fragen steht jedoch die bleibende Aufgabe, das kirchliche Selbstverständnis und die kirchliche Selbstwahrnehmung in Orientierung an der Communio-Ekklesiologie des Zweiten Vatikanischen Konzils zu vertiefen und im kirchlichen Leben verstärkt zur Wirkung zu bringen. Das Selbstverständnis der Kirche als Communio weitet den Blick und führt ihn über die institutionellen Dimensionen kirchlicher Realität hinaus auf ihre sakramentale Dimension sowie auf die Gesamtheit aller Getauften und damit auf die vielfältigen Erfahrungen, Kompetenzen und Potentiale, Probleme, Nöte und Bewältigungsversuche aller, die durch Taufe und Firmung dieser Kirche angehören. Zugleich lenkt die Communio-Ekklesiologie den Blick über die Kirche hinaus auf die universale Gemeinschaft aller Menschen, der die Kirche als Zeichen und Werkzeug zu dienen hat. Communio ist nicht nur eine Größe innerkirchlichen Miteinanders. Sie will in konkreten, alltäglichen Lebensvollzügen realisiert und bewährt sein und somit im konkreten Zusammenleben von Christen untereinander und mit den Menschen, mit denen sie tagtäglich zu tun haben, und zwar in allen Dimensionen des persönlichen und gesellschaftlichen Lebens. Von daher wäre zu fragen: „Muss nicht die Wertschätzung jener Laien ganz neu anheben, die in Ehe und Familie ihr Glaubenszeugnis entschieden leben, die sich in ihrem Beruf als Christen bewähren?“[19] Und es wäre im Horizont dieser Frage weiter zu fragen: Muss nicht erst die kirchliche Relevanz der vielfältigen, sich neu entwickelnden, mehr oder weniger organisierten Formen entdeckt werden, in denen Christen sich bemühen, aus dem Geist ihres Glauben heraus ihr Leben, ihren sozialen Nahraum, ihr familiäres, nachbarschaftliches, freundschaftliches, netzwerkbezogenes, berufliches, gesellschaftliches oder kulturelles Umfeld verantwortbar zu gestalten? Die organisierte Form christlichen Zeugnisses und Engagements von Laien ist weiter, vielfältiger und zukunftsträchtiger als ein Blick auf das klassische kirchliche Verbandswesen vermuten lässt. Viele sich neu entwickelnden Weisen der Vernetzung und Organisation sind als zeitgemäße, möglicherweise auch zukunftsweisende Formen des Kircheseins in der Welt von heute durch die Kirche selbst noch nicht wirklich wahrgenommen. Hier gilt es vor allem bewusste Identifikationsarbeit zu betreiben und eine Kultur der Wertschätzung und Förderung zu entwickeln, die der Eigenart und Eigenständigkeit wie auch der originären Kirchlichkeit solcher Organisationsformen gleichermaßen gerecht wird.

19 K. Lehmann, Wer ist Kirche? Plädoyer für ein erneuertes Laientum, in: ders. Glauben bezeugen – Gesellschaft gestalten. Reflexionen und Positionen, Freiburg–Basel–Wien 1993, 295–307, 306.

Die Anfänge der caritaswissenschaftlichen Ausbildung der Theologen
Zwei Denkschriften des Deutschen Caritasverbandes

Ingeborg Feige

An der Theologischen Fakultät der Albert-Ludwigs-Universität Freiburg wurde 1925 unter maßgeblicher Beteiligung des Deutschen Caritasverbandes das bis heute in dieser Form in Deutschland einzigartige Institut für Caritaswissenschaft errichtet. Diese Institutionalisierung der Caritaswissenschaft ist zu sehen vor dem Hintergrund der Bemühungen des Deutschen Caritasverbandes um eine caritasbezogene Ausbildung der Theologen und eines gleichzeitig geführten Diskurses über Entwicklung, Selbstverständnis und Verortung der Caritaswissenschaft als neuer Wissenschaftsdisziplin.

Wissenschaft als Programm

Zusammen mit Vertretern des caritativen und sozialen Katholizismus gründete Lorenz Werthmann im Jahr 1897 den Charitasverband für das Katholische Deutschland, um in Reaktion auf die gesellschaftlichen Herausforderungen und Veränderungen durch Industrialisierung und Soziale Frage die vielfältigen, aber isoliert agierenden Initiativen katholischer Liebestätigkeit zu bündeln und mit Durchsetzungskraft zu versehen. Er greift mit der Forderung nach Organisation der Caritas auch die Forderungen des sozialen Katholizismus nach Professionalisierung, Verwissenschaftlichung und Öffentlichkeitswirksamkeit auf.[1] Eindrücklich formuliert Werthmann das Programm: „Damit nun die hohen Ziele der christlichen Charitas besser erreicht und die Charitasjünger für ihre Aufgabe mehr befähigt werden könnten, wurde durch die Charitasbewegung die Parole ausgegeben: Es müsse unsere Charitas mehr *publiziert*, mehr *studiert* und mehr *organisiert werden*."[2] Von Anfang an verknüpft Werthmann die organisierte Caritas mit dem Anspruch der Wissenschaft.[3]

1 Vgl. etwa Franz Hitzes Ausführungen zur Organisation der Caritas unter Einbeziehung von Wissenschaft und Publikation in: ders., Organisation der katholischen Charitas, in: Charitas 1 (1896) 22–27.43–44, hier bes. 26.

2 L. Werthmann, Die soziale Bedeutung der Charitas und die Ziele des Charitasverbandes, in: Charitas 4 (1899) 210–217, hier 212 (Hervorh. von Werthmann).

3 Vgl. C. Maurer, Der Caritasverband zwischen Kaiserreich und Weimarer Republik. Freiburg 2008, 123–144, 244–257.

Werthmann äußert sich in mehreren Aufsätzen und Reden zum Thema Caritaswissenschaft und Caritasstudium.[4] Beides gehört zusammen. Wissenschaftliche Forschung, wie sehr sie Eigenwert besitzt, hat für Werthmann zugleich die Aufgabe der Vermittlung in Aus- und Fortbildung der in der Caritasarbeit Tätigen. Denn „Caritas ist Wissenschaft, Caritas ist Kunst!“[5] Der Sorge um eine umfassende Schulung und Professionalisierung der in der Caritasarbeit haupt- wie ehrenamtlich Tätigen widmet er sich planmäßig und mit gleicher Energie wie dem Aufbau der Verbandsstrukturen. Eine der Früchte ist die Gründung der Caritasschule 1920 in Freiburg. Ein besonderes Anliegen ist Werthmann die caritaswissenschaftliche Ausbildung der Theologen. Bereits 1897 fordert er anlässlich eines Berichts in der Zeitschrift „Caritas“ über die „Ausbildung protestantischer Theologen in den Werken der Charitas“ auch für die katholischen Theologen „eine systematische, theoretische und praktische Ausbildung für die ausgedehnten socialen und charitativen Aufgaben ihres Berufes“[6].

Martin Faßbender, Mitglied des Preußischen Abgeordnetenhauses und des Reichstags, hielt 1914 im Preußischen Abgeordnetenhaus eine Rede[7] zur Förderung caritaswissenschaftlicher Vorlesungen an den katholisch-theologischen Fakultäten und zur „Errichtung eines Extraordinariats für historisch orientierte Charitaswissenschaft“[8], unter anderem unter Hinweis auf die bereits breite Berücksichtigung christlicher Liebestätigkeit an evangelisch-theologischen Fakultäten. Die Notwendigkeit einer historischen Ausrichtung der Caritaswissenschaft begründet er mit der historischen und entwicklungsgeschichtlichen Betrachtungsweise als Standard moderner Wissenschaftlichkeit, der bislang noch fehlenden beziehungsweise veralteten Forschung zur Caritasgeschichte und deren werbender Wirkung für Caritasfragen in gebildeten Kreisen.[9] Er fordert die Einbeziehung vor allem von Kirchenhistorikern, weniger von Pastoraltheologen, in die Lehrtätigkeit. Überfordert aber wären angesichts der Breite und Spezialisierung des Faches beide, so dass neben Lehrbeauftragten die Schaffung einer neuen Fachprofessur für Faßbender unausweichlich ist. Darüber hinaus vergisst er aber nicht die „moderne Charitaskunde“ als wissenschaftliche Beschreibung und Analyse gegenwärtiger Caritasarbeit, die ein „Extraordinariat für Charitaswissenschaft“

4 Vgl. u. a.: L. Werthmann, Die soziale Bedeutung der Charitas und die Ziele des Charitasverbandes, in: Charitas 4 (1899) 210–217, hier 215–216; ders., Die ersten fünf Jahre des Charitasverbandes für das katholische Deutschland, in: Charitas-Schriften, H. 9, Freiburg 1903, 35–66, hier 42–44; ders., Die Ziele des Charitasverbandes, in: Charitas 12 (1906/07) 1–6, hier 3.

5 L. Werthmann, Die Bedeutung der Fuldaer Bischofsbeschlüsse über die Organisation der Caritas im katholischen Deutschland, in: Caritas 22 (1916/17) 2–7, hier 5.

6 L. Werthmann, Ausbildung protestantischer Theologen in den Werken der Charitas, in: Charitas 2 (1897) 19–20, hier 20.

7 M. Faßbender, Rede betr. Lehraufträge für Caritaswissenschaft an den Universitäten, in: Verhandlungen des Hauses der Abgeordneten, 22. Legislatur, II. Session, 68. Sitzung am 30. April 1914, Nachtrag, Sp. 5806–5816.

8 Faßbender (wie Anm. 7) Sp. 5810. Vgl. auch ebd. Sp. 5806.

9 Faßbender (wie Anm. 7) Sp. 5805–5806.

ebenfalls abdecken müsse.[10] In seinen Ausführungen hat allerdings die Betonung der Caritasgeschichte ein deutliches Übergewicht. Des Weiteren fordert er die Öffnung der Lehrveranstaltungen für Hörer aller Fakultäten, um auf diese Weise für die Caritas zu sensibilisieren und zu werben. Er hält die Verbindung der neuen Professur für Caritaswissenschaft mit religiöser Volkskunde und kirchlicher Kulturgeschichte für möglich, um so ein weiteres Desiderat theologischer Ausbildung zu realisieren.[11] Werthmann druckte die Rede mit kurzer Einleitung und Schlussbemerkung in der Zeitschrift „Caritas" ab,[12] ohne auf die wissenschaftstheoretischen und wissenschaftspolitischen Argumente einzugehen. Er begrüßt vor allem die Forderung von caritaswissenschaftlichen Vorlesungen für Hörer aller Fakultäten und wünscht die Ausweitung der Errichtung von Caritasprofessuren auch außerhalb Preußens.[13]

Auch Wilhelm Liese, seit 1910 Dozent für Soziale Fragen an der Philosophisch-Theologischen Hochschule in Paderborn, greift Faßbenders Rede auf.[14] Er weist darauf hin, dass die Paderborner Bischöfliche Fakultät bisher die einzige mit einem Dozenten für Caritaswissenschaft sei. Zugleich betont er, dass aus Gründen der engen Verzahnung der Caritaswissenschaft mit der Kirchengeschichte und der Pastoraltheologie für Caritasprofessuren nur theologische Fakultäten in Betracht zu ziehen seien. Er gewichtet die historische Dimension etwas schwächer als Faßbender. Vom wissenschaftlichen Standpunkt gibt allerdings auch er der historischen Forschung den Vorzug, rückt aber die Notwendigkeit caritaskundlicher Lehre für die gegenwärtige Praxis stärker in den Vordergrund.[15] Insofern steht auch Liese für eine historisch ausgerichtete Caritaswissenschaft. Die Einbeziehung der Volkskunde in die Caritaswissenschaft lehnt er grundsätzlich ab und weist diese der Liturgiewissenschaft zu. Im Anschluss zitiert er unter Auslassung der längeren Originalzitate Faßbenders die Kommentierung der Rede durch Constantin Noppel,[16] die dieser in den „Stimmen aus Maria Laach"[17] vorgelegt hatte. Wie Liese betont Noppel gegenüber Faßbender neben der Caritasgeschichte gleichermaßen die Caritaskunde als Feld der Caritaswissenschaft, plädiert dafür, Lehraufträge, gegebenenfalls durch Praktiker der Caritas, auch außerhalb theologischer Fakultäten anzusiedeln und weist in einer gegenüber Liese weiter gefassten Auslegung der Caritaskunde auf die Verflechtung von Caritas und Caritaswissenschaft mit den Rechtswissenschaften und der Medizin hin. Im Anschluss an Noppel zitiert Liese des Weiteren aus der „Kölnischen Volkszei-

10 Faßbender (wie Anm. 7) Sp. 5807.
11 Faßbender (wie Anm. 7) Sp. 5810–5812.
12 L. Werthmann, Zur Förderung caritaswissenschaftlicher Arbeiten und Vorlesungen, in: Caritas 19 (1913/14) 244–248.
13 Werthmann (wie Anm. 12) 248.
14 W. Liese, Caritasprofessuren an den theologischen Fakultäten, in: Caritas 19 (1913/14) 307–310.
15 Liese (wie Anm. 14) 307.
16 Liese (wie Anm. 14) 308–309.
17 C. Noppel, Lehrstühle für Caritaswissenschaft, in: Stimmen aus Maria Laach, Bd. 87 (1914) 359–363.

tung“[18] Max Joseph Metzger, der ebenfalls der caritaskundlichen Lehrtätigkeit den höheren Stellenwert gegenüber der Caritasgeschichte zuweist. Einig sind sich mit Faßbender alle, dass die Caritaswissenschaft, im Interesse einer zeitgemäßen Ausbildung der Theologen als Hauptvertreter und Leiter der Caritas in den Pfarrgemeinden, an den Universitäten vertreten sein müsse.

Die Reaktionen auf Faßbenders Rede zeigen, wie stark die Frage einer Institutionalisierung und inhaltlichen Klärung der Caritaswissenschaft und damit verbunden die Frage der Einbeziehung der Caritaswissenschaft in die Ausbildung des angehenden Klerus im Caritasverband und in katholischen Kreisen diskutiert wurde. Im Zuge dieser Entwicklungen wird an der Katholisch-Theologischen Fakultät der Universität Münster 1917 ein Lehrauftrag für Historische Caritaswissenschaft an den Kirchenhistoriker Georg Schreiber erteilt. 1918 wird als erste Caritasprofessur an einer staatlichen Hochschule ein Extraordinariat für Sozialethik und Caritas an der Theologischen Fakultät der Universität Freiburg geschaffen und dem Moraltheologen Franz Keller übertragen. Daraufhin richtete Werthmann bereits am 24. Februar 1919 unter Hinweis auf den besonderen Lehrauftrag für Caritaswissenschaft an der Universität Freiburg an das Erzbischöfliche Ordinariat in Freiburg die Bitte um eine verpflichtende Berücksichtigung der Caritaskunde in der Theologenausbildung, und zwar mit jeweils zwei Wochenstunden in wenigstens einem der vier theologischen Studienjahre, wie sie der neu auszuarbeitende Studienplan vorsehe.[19] Aufgrund der Bestimmungen des Codex Iuris Canonici von 1917 zur Priesterausbildung war eine Verlängerung der theologischen Studien innerhalb der Priesterausbildung auf vier Jahre vorgeschrieben,[20] ein Umstand, der in allen Diözesen Diskussionen über die und Überarbeitungen der Studienpläne zur Folge hatte, was den Bestrebungen des Caritasverbandes nach einer verpflichtenden Einbeziehung der Caritaswissenschaft in die Priesterausbildung entgegenkam.

Die Denkschrift von 1920

Im Jahr 1920 veröffentlichte der Deutsche Caritasverband eine Denkschrift zur caritaswissenschaftlichen Ausbildung der Theologen,[21] die Wilhelm Liese im

18 W. Liese, Caritasprofessuren an den theologischen Fakultäten, in: Caritas 19 (1913/14) 309–310 (vgl. Kölnische Volkszeitung, Nr. 580 vom 28. Juni 1914).

19 Schreiben Werthmanns vom 24. Februar 1919 an das Erzbischöfliche Ordinariat Freiburg (Erzbischöfliches Archiv Freiburg (EAF) B2-32-491). Vgl. auch das Schreiben des Dekans der Theologischen Fakultät der Universität Freiburg, E. Göller, an das Erzbischöfliche Ordinariat vom 5. März 1919, „Lehrplan der Theologischen Fakultät betr.“, in dem es unter anderem auch um die Verteilung der Stundenzahl auf die Fächer Sozialethik und Caritas geht. In diesem Zusammenhang wird auf eine an die Theologische Fakultät herangetragene Bitte Werthmanns um zweistündige Vorlesungen im Fach Caritas hingewiesen (EAF B2-32-491).

20 CIC 1917 can. 972 und can. 1352–1371, hier can. 1365.

21 Die Vorbildung der Theologen für die großen Caritasaufgaben der Gegenwart, Freiburg 1920; mit Stellungnahmen theologischer Fakultäten und Kirchenbehörden auch abgedruckt in: Cari-

Auftrag Werthmanns verfasst hatte. Sie wurde im Januar 1920 an alle Bischöfe, Ordinariate, theologischen Fakultäten, Priesterseminare und Konvikte sowie an die Diözesan-Caritasverbände versandt. In ihr fordert der Caritasverband eine verpflichtende, systematische theoretische und praktische Ausbildung der angehenden Priester in Caritasfragen, zumal die Caritaswissenschaft „auf dem besten Wege" sei, „ein selbständiger Zweig am großen Baum der Gottesgelehrtheit zu werden"[22]. Die Caritaswissenschaft solle als eigenständiges Fach vertreten sein und aus praktischen wie systematischen Gründen nicht anderen theologischen Fächern inkorporiert werden, auch nicht der Kirchengeschichte, Moral- oder Pastoraltheologie. Letztere sei inhaltlich zwar am ehesten geeignet, allerdings an Universitäten nicht hinreichend vertreten und an Priesterseminaren überfordert. Für die speziellen Lehraufträge werden in erster Linie Diözesan-Caritasdirektoren vorgeschlagen, zumal diese Lösung keine finanziellen Mehraufwendungen bedeute. Für die inhaltliche Ausgestaltung wird auf den Lehrplan der Caritasschule[23] verwiesen, gleichzeitig werden die für diesen Zweck vorzunehmenden Schwerpunktsetzungen und Kürzungen genannt. Die theoretische Durchleuchtung der Praxis und ihrer Institutionen vor der Behandlung von Geschichte, religiös-sittlichen, wirtschaftlich-sozialen und rechtlichen Grundlagen der Caritas wird in den Vordergrund gerückt. Vorgeschlagen werden zwei Semester mit je einer Wochenstunde, was zeitlich in etwa einem 14-tägigen Fortbildungskurs entsprach, wie er von der Caritasschule für Mitarbeitende der Caritas angeboten wurde. Die nachfolgend abgedruckten Reaktionen[24] von Fakultäten und Kirchenbehörden geben einen kursorischen Überblick über den caritasbezogenen Lehrbetrieb in den Diözesen, in denen 1920 die Caritas bereits als Lehrstoff einbezogen war. Auch die Fuldaer Bischofskonferenz griff die Denkschrift in ihrer Sitzung im August 1920 auf.[25]

Franz Keller, seit 1918 Inhaber des Extraordinariats für Sozialethik und Caritaswissenschaft an der Theologischen Fakultät der Universität Freiburg, kommentiert in einem eigenen Beitrag die Denkschrift.[26] Auch er fordert eigenständige caritaswissenschaftliche Vorlesungen. Er stellt die Caritaswissenschaft als Teil der Pastoralwissenschaft dar, die wichtige Gebiete der Caritas zu behandeln

tas 25 (1919/20) 97–104. Zu den Reaktionen auf die Denkschrift vgl. auch Archiv des Deutschen Caritasverbandes (ADCV) R 107.

22 W. Liese, Die Vorbildung der Theologen für die großen Caritasaufgaben der Gegenwart, in: Caritas 25 (1919/20) 98.

23 Vgl. Die Caritasschule des Deutschen Caritasverbandes. Denkschrift, hg. vom Vorstand des Deutschen Caritasverbandes, Freiburg 1919, 5–11 ohne die Vorschläge zu Besichtigungen und Praktika in Freiburg und Umgebung (auch abgedruckt in: Caritas 24 (1918/19) 79–81).

24 Caritas 25 (1919/20) 103–104. Vgl. auch die Antwortschreiben auf die Zusendung der Denkschrift (ADCV R 107).

25 Protokoll der Fuldaer Bischofskonferenz, 17.–20. August 1920, in: Akten der Deutschen Bischöfe über die Lage der Kirche 1918–1933, Teilbd. I: 1918–1925, bearb. von H. Hürten (Veröffentlichungen der Kommission für Zeitgeschichte. Reihe A: Quellen, 51), Paderborn – München – Wien – Zürich 2007, Nr. 120, Zi 22, S. 245.

26 F. Keller, Caritasvorlesungen im Theologiestudium, in: Soziale Revue 20 (1920) 360–355.

habe. Andere theologische Disziplinen sollen als Hilfswissenschaften für die Caritaswissenschaft in ihren Vorlesungen ihren je spezifischen Beitrag zur Caritaswissenschaft leisten, so soll die Kirchengeschichte die Caritasgeschichte, die Moraltheologie die ethischen Voraussetzungen sowie die Berufsethik und das Kirchenrecht die rechtliche Seite beleuchten. Darüber hinaus aber hat es nach Keller besondere Vorlesungen der Caritaswissenschaft als eigenständige Disziplin zu geben, welche die Prinzipienlehre, die Arbeitsgebiete, die Arbeitskräfte und Träger sowie die Arbeitsmittel und Methoden der katholischen Caritas zu behandeln habe. Eigens kritisiert er Lieses Vorschlag, die Diözesan-Caritasdirektoren mit Vorlesungen in Caritaswissenschaft zu betrauen, ohne allerdings damit den wesentlichen Praxisbezug der Caritaswissenschaft zu leugnen.

Auch Heinrich Weber, Universitätsdozent und Diözesan-Caritasdirektor in Münster, greift in seiner Habilitationsschrift, in der er die Stellung der Universitäten zur Wohlfahrtskunde unter anderem anhand der Auswertung von Vorlesungsverzeichnissen eingehend untersucht, bei der Behandlung der „Bedeutung der Wohlfahrtskunde für den Theologen“[27] die Denkschrift auf. Der Deutsche Caritasverband hatte Weber zur Ergänzung von dessen eigenen Recherchen die Antwortschreiben auf die Denkschrift zur Auswertung zur Verfügung gestellt.[28] Für Weber ist klar, dass für den Gemeindeseelsorger eine „soziale Schulung [...] Voraussetzung einer erfolgreichen Pastoration“[29] ist. Weber begründet dies nicht nur theologisch, sondern auch soziologisch durch die Herausbildung neuer sozialer Schichten im Gefolge wirtschaftlicher Umwälzungen, die es für die caritative Arbeit erforderlich machten, nicht mehr nur individuell, sondern gruppen- und schichtenspezifisch organisierte Hilfe zu leisten. Die Aufgabe der sozial-caritativen Schulung der angehenden Priester hat nach Weber die Universität auch aus ökonomischen Erwägungen zu übernehmen, da ein nachträgliches autodidaktisches Lernen Kräfte vergeude. In beiden Argumentationslinien zeigt sich Webers sozial- und wirtschaftswissenschaftlich orientiertes Denken, das er in die Diskussion um die inhaltliche Bestimmung und methodische Ausrichtung der Caritaswissenschaft einbringt. Für die Art der Schulung will Weber aufgrund der lokalen Verschiedenheiten in den Diözesen nur Richtlinien mit Spielräumen für die konkrete Ausgestaltung aufstellen. Aber auch er fordert entgegen Liese hauptamtliche Dozenten, und er schlägt als Minimum die doppelte Zahl der Wochenstunden für Vorlesungen sowie zusätzlich ein Semester mit zweistündigen Seminarübungen vor. Aufgrund der ohnehin anstehenden Studienreform in Folge der Bestimmungen des Codex Iuris Canonici von 1917, die unter anderem eine Verlängerung des Studiums vorsahen, hält er eine Einbeziehung sozial-caritativer Studien in das Theologiestudium, wie schon Liese, für durchaus realisierbar.[30]

27 H. Weber, Akademiker und Wohlfahrtspflege im Volksstaat, Essen 1922, 73–82.
28 Weber (wie Anm. 27) 75.
29 Weber (wie Anm. 27) 77.
30 Weber (wie Anm. 27) 80. Vgl. W. Liese, Die Vorbildung der Theologen für die großen Caritasaufgaben der Gegenwart, in: Caritas 25 (1919/20) 97–103, hier 98.

Die Denkschrift von 1924

Auf dem Deutschen Caritastag in Paderborn im November 1920 wurden im Zentralausschuss des Deutschen Caritasverbandes sieben Fachausschüsse gebildet, einer davon für Caritaswissenschaft,[31] der 1921 seine Arbeit aufnahm. Vorsitzender wurde Heinrich Weber, Geschäftsführer Heinrich Auer, der Leiter der Caritas-Bibliothek. Unter den zum Teil häufig wechselnden Mitgliedern sind mehrere Hochschulprofessoren, unter anderen Martin Faßbender, Franz Keller, Wilhelm Liese und Joseph Löhr, zu dieser Zeit Inhaber des Lehrstuhls für Kirchliche Wohlfahrtspflege und Caritaswissenschaft an der Universität in Breslau. Die Einrichtung des Fachausschusses unterstreicht die Identifikation der leitenden Personen und Gremien des Verbandes mit dem Thema Caritaswissenschaft sowie deren Einschätzung von dessen Bedeutung für den Verband.[32]

In den Jahren 1922 bis 1924 wird die sozial-caritative Ausbildung der Theologen, nicht zuletzt auf Wunsch des Zentralrates des Deutschen Caritasverbandes, im Verband wieder intensiv diskutiert und auch Thema im Ausschuss für Caritaswissenschaft.[33] Auf der Zentralratssitzung am 27. April 1922 in Würzburg war der Wunsch geäußert worden, einen Lehrplan mit Stoffsammlung für Caritaskurse an Priesterseminaren zur Verteilung an alle Diözesan-Caritasverbände zu erstellen, um diese in ihrer Lehrtätigkeit zu unterstützen.[34] Daraufhin beauftragte der Generalsekretär des Deutschen Caritasverbandes, Kuno Jörger, Wilhelm Liese mit der Ausarbeitung eines Entwurfs für Caritaskurse an Priesterseminaren.[35] Rechnung getragen wurde damit der Tatsache, dass in den meisten Diözesen die

31 K. Joerger, Die Tagung des Deutschen Caritasverbandes in Paderborn vom 9. bis 12. November 1920, in: Caritas 26 (1920/21) 21–29, hier 23. Zum Fachausschuss für Caritaswissenschaft vgl. auch E. Reichert, Wohlfahrt – Wirtschaft – Caritas. Der Fürsorgewissenschaftler Heinrich Weber, Nordhausen 2008, 124–134; M. Hermanns, Sozialethik im Wandel der Zeit, Paderborn – München 2006, 175–177.

32 Neben dem Fachausschuss für Caritaswissenschaft wurde auch ein Fachausschuss für caritative Schulung eingerichtet, in dem H. Weber und F. Keller ebenfalls Mitglieder waren. Dieser Ausschuss behandelte Fragen der Aus- und Fortbildung in breitem Spektrum. Auch die Frage der caritativen Schulung von Theologiestudierenden war gelegentlich Thema. Vgl. dazu die Einladung der Ausschussmitglieder vom 13. Oktober 1922 zur Sitzung am 8. November 1922 in Köln, Tagesordnungspunkt 3: „Entwurf eines Lehrganges von Caritasvorträgen für Theologiestudierende (ausgearbeitet von Prof. Dr. Liese)“, und vgl. das Protokoll der Sitzung des Fachausschusses für caritative Schulung am 26. November 1925 in Speyer, Tagesordnungspunkt 1, S. 2–5 (ADCV 113.36.030, Fasz. 1).

33 Vgl. ADCV 113.39.030, Fasz. 1 und ADCV R 107.

34 Bericht über die Sitzung des Zentralrates des Deutschen Caritasverbandes am 26. und 27. April 1922 in Würzburg, Punkt 8: „Die Aufgaben eines Diözesan-Caritasverbandes“, S. 11–12, hier 12: „Zur Erleichterung von Caritaskursen in Priesterseminaren soll hierfür von der Zentrale ein Musterlehrplan entworfen werden“ (ADCV 111.055-1922/1). Vgl. auch das Schreiben des Diözesan-Caritasdirektors von Hildesheim, Stolte, vom 9. Juli 1922 an den Präsidenten, in dem unter Bezugnahme auf die Zentralratssitzung zur Entlastung der Caritasdirektoren und zur Vereinheitlichung der caritasbezogenen Einführungen in allen Diözesen nochmals auf die Notwendigkeit einer Hilfestellung durch einen Studienplan für die Vorlesungen mit Quellenangaben zur Literatur hingewiesen wird (ADCV R 107).

35 Schreiben K. Joergers an W. Liese vom 23. Mai 1922 (ADCV R 107).

caritasbezogenen Vorlesungen beziehungsweise Kurse für die Theologiestudierenden an den Priesterseminaren, an denen vor allem die praxisbezogene und die religiös-aszetische Vorbereitung und Ausbildung der angehenden Priester stattfand, angeboten wurden und dort überwiegend von Vortragenden aus der Praxis gehalten wurden. Lieses Entwurf[36] wurde zunächst dem Ausschuss für caritative Schulung auf dessen Sitzung anlässlich des Caritastages in Köln 1922 zur Beratung vorgelegt.[37] Am 19. Juni 1923 wurde er an mehrere Professoren, darunter Franz Keller, Joseph Löhr und Engelbert Krebs, mit der Bitte um Mitteilung von Ergänzungs- und Änderungswünschen versandt. Gleichzeitig wurde mitgeteilt, dass die „Denkschrift" danach an alle Bischöfe, Kirchenbehörden, theologischen Fakultäten, Akademien, Priesterseminare und Konvikte verteilt werden solle.[38] Als Reaktionen liegen von Löhr, Weber und Keller eigene Entwürfe zur inhaltlichen und formalen Ausgestaltung vor.[39] Uneinigkeit besteht über eine stärker wissenschaftliche, so Löhr[40], oder mehr praktische Ausrichtung, so Liese[41]. Löhr ist der einzige, der im ersten Semester neben anderen grundlegenden Themen die Caritaswissenschaft als solche in ihren Aufgaben, Zielen und Metho-

36 W. Liese, Die Caritasausbildung der künftigen Priester, 9 S. [Ms., undatiert] (ADCV 113.39.030, Fasz. 1; eine Abschrift ADCV R 107).

37 Vgl. Einladung zur Sitzung des Ausschusses für caritative Schulung am 8. November 1922 in Köln, Tagesordnungspunkt 3 (ADCV 113.36.030, Fasz. 1). Vgl. auch das Schreiben Joergers vom 16. März 1923 an Liese (ADCV R 107).

38 Schreiben des Präsidenten und des Generalsekretärs im Namen des Zentralvorstandes des Deutschen Caritasverbandes vom 19. Juni 1923 (ADCV R 107).

39 J. Löhr, Caritasvorlesungen, 2 S., [Ms., datiert vom 1. August 1923]; H. Weber, Die sozial-caritative Ausbildung der Theologen, 4 S., [Ms., undatiert]; F. Keller, Caritasvorlesungen im Theologiestudium, 8 S., [Ms., undatiert] (ADCV 113.39.030, Fasz. 1). Das Manuskript Kellers ist identisch mit seinem gleich betitelten Beitrag von 1920: Caritasvorlesungen im Theologiestudium, in: Soziale Revue 20 (1920), 360–365. In einem Schreiben vom 20. Juli 1920 an Bischof Augustin Kilian von Limburg erwähnt Werthmann, dass Keller diesen Beitrag auf seinen Wunsch hin verfasst habe (ADCV R 107). Auer nennt in seinem Rückblick zum zehnjährigen Bestehen des Ausschusses für Caritaswissenschaft Keller als Autor eines der Entwürfe für die Denkschrift von 1924 (H. Auer, Der Ausschuss für Caritaswissenschaft in seiner bisherigen Entwicklung. Bericht, erstattet beim 30. Deutschen Caritastag in Würzburg Pfingsten 1931, 6 S., [Ms.], hier S. 1 (ADCV 113.39.030, Fasz. 1)). Daraus ergibt sich, dass Keller 1923/1924 keine neue Vorlage erstellt hat. An die Ausschussmitglieder wurden später auch nur die Entwürfe von Liese, Löhr und Weber versandt, wie aus dem Begleitschreiben Auers an die Ausschussmitglieder vom 19. Oktober 1923 hervorgeht (ADCV 113.39.030, Fasz. 1).

40 Vgl. auch Löhrs Schreiben vom 28. Juni 1923 an B. Kreutz (ADCV 113.39.030, Fasz. 1), in dem er diesen bittet, Lieses Vorlage nicht an Kardinal Bertram, den damaligen Vorsitzenden der Fuldaer Bischofskonferenz, und an die Theologische Fakultät in Breslau weiterzuleiten, da der Entwurf allenfalls der Ausbildung in Priesterseminaren, nicht aber dem wissenschaftlichen Charakter theologischer Fakultäten an Universitäten gerecht werde.

41 Vgl. auch Lieses Schreiben an den Generalsekretär, K. Joerger, vom 24. September 1923 (ADCV 113.39.030, Fasz. 1), in dem er darauf hinweist, dass sein Entwurf auf nebenamtliche Dozenten ausgerichtet sei. Vgl. ebd. ein gleichlautendes undatiertes Schreiben Lieses. Seine praxisorientierte Ausrichtung zeigt eine realistische Einschätzung davon, dass caritasbezogene Lehrstoffe auch in der Theologenausbildung in vielen Fällen von nebenamtlichen Lehrkräften an Priesterseminaren vertreten wurden, zu deren Unterstützung Liese eine passgenaue und konkrete Hilfestellung für sachdienlich hielt, zumal der Auftrag des Zentralrates sich ebenfalls auf Priesterseminare bezog.

den, ihrer Stellung innerhalb der Theologie, besonders zur Pastoraltheologie, und ihrer Abgrenzung zu anderen Fächern als eigenen Lehrstoff ausweist. Des Weiteren gibt es unterschiedliche Meinungen zur Frage der Lehrenden: Sollen es in jedem Falle Wissenschaftler oder können es auch Direktoren von Diözesan-Caritasverbänden aus der Praxis sein, wie es Liese vorschlägt und Löhr ablehnt? Des Weiteren bestehen Differenzen hinsichtlich des zeitlichen Rahmens. Auch hier stellt Löhr mit vier, gegebenenfalls fünf Semestern die höchsten Anforderungen. Bei Weber ist erwähnenswert, dass er eine sozial- und wirtschaftswissenschaftliche Vertiefung, wenn auch fakultativ, dringend anrät. Insgesamt plädiert er in pragmatischer Rücksichtnahme auf unterschiedliche soziale oder konfessionelle Verhältnisse in den Diözesen und auf unterschiedliche Gegebenheiten an den theologischen Fakultäten und Priesterseminaren wie schon in seinen Ausführungen zur Denkschrift von 1920 sowie auch aus pädagogischen Erwägungen für inhaltliche und formale Spielräume innerhalb eines vorgegebenen Rahmens, den er in der Zeit- und Dozentenfrage gegenüber seinen Darlegungen von 1922 und damit Lieses Vorschlägen weiter entgegenkommend noch etwas lockert. Dieser Rahmen beinhaltet für ihn eine minimale Zeitangabe sowie die Festlegung auf Pflichtprüfungen in Caritaswissenschaft.

Die Entwürfe von Liese, Löhr und Weber wurden am 19. Oktober 1923 auf Wunsch Webers[42] als Vorsitzendem des Ausschusses für Caritaswissenschaft zusammen mit einer Antragsformulierung an die Mitglieder des Ausschusses mit der Bitte um Stellungnahme weitergeleitet.[43] Der Prozess der weiteren Meinungsbildung im Fachausschuss ist aus den Akten nicht genau zu erheben. Aus einer an den Geschäftsführer des Fachausschusses, H. Auer, adressierten Notiz[44] mit Datum vom 12. Dezember 1923 geht hervor, dass Engelbert Krebs, Professor für Dogmatik an der Theologischen Fakultät der Universität Freiburg und ebenfalls Mitglied im Ausschuss für Caritaswissenschaft, die drei Entwürfe in einen umarbeiten und diesen danach Keller zur Begutachtung vorlegen sollte. Dieser sollte ihn danach an Auer übergeben, um ihn an Liese weiterzuleiten. Danach sollte die Denkschrift in einer Sitzung mit Benedict Kreutz, seit 1921 Nachfolger Werthmanns im Präsidentenamt, unter Teilnahme von Krebs, Keller und Auer für den Ausschussvorsitzenden Weber „versandtfertig" gemacht werden, damit dieser sie an Kardinal Bertram von Breslau, den Vorsitzenden der Fuldaer Bischofskonferenz, zur Genehmigung geben könne. Am 10. April 1924 versandte der Deutsche Caritasverband eine Denkschrift, gezeichnet von Weber als dem Ersten Vorsitzenden des Ausschusses für Caritaswissenschaft, mit dem Titel „Die Caritasausbildung der künftigen Priester"[45] an die Bischöfe und die bischöflichen

42 Schreiben des Generalsekretärs, K. Joerger, vom 22. September 1923 an W. Liese (ADCV R 107).
43 Schreiben des Geschäftsführers des Fachausschusses für Caritaswissenschaft, H. Auer, vom 19. Oktober 1923 an die Ausschussmitglieder (ADCV 113.39.030, Fasz. 1).
44 ADCV 113.39.030, Fasz. 1.
45 Die Caritasausbildung der künftigen Priester, [3 S.], [Ms., undatiert] (ADCV R 107; eine von Weber handschriftlich unterzeichnete Fassung ADCV 113.39.030, Fasz. 1).

Generalvikariate, die theologischen Fakultäten der Universitäten, die Priesterseminare und die bischöflichen Akademien zur Stellungnahme und mit der Ankündigung der Erarbeitung einer Vorlage für die Bischofskonferenzen von Fulda und Freising.[46] Des Weiteren ging die Denkschrift an die Vorstandsmitglieder des Deutschen Caritasverbandes und die Mitglieder des Ausschusses für Caritaswissenschaft. Mit gleichem Datum wurde die Denkschrift auch den Diözesan-Caritasdirektoren zugeleitet mit der Bitte, bei ihren Ortsbischöfen bereits im Vorfeld der Bischofskonferenz vorbereitend dafür zu werben und den Bischöfen ihre Zustimmung kundzutun.[47] Die zweieinhalb Seiten umfassende Schrift, die wahrscheinlich aufgrund der Inflation nicht gedruckt, sondern nur in hektographierter Form verteilt wurde, ist außer Streichung weniger Textpassagen identisch mit der Vorlage Lieses,[48] von der auch der Titel übernommen ist. Eingefügt wurde ein Satz mit der Forderung obligatorischer Examina und ein weiterer zur fakultativen Ergänzung des Lehrplans durch sozial- und wirtschaftspolitische Vorlesungen, der wohl in Anlehnung an Webers Entwurf eingefügt wurde. Der Denkschrift beigefügt war ein drei Seiten umfassender „Stoffplan mit Stundenverteilung“[49], ebenfalls gezeichnet von Weber als dem Ersten Vorsitzenden des Fachausschusses. Auch der Stoffplan ist weitestgehend identisch mit der Skizze in Lieses Entwurf, allerdings ohne die einleitende Übersicht über den Stoff des Lehrgangs und die in der Stundenverteilung als „Stoffquellen“ angegebene Literatur. Wie 1920 wurde eine Eingabe an die Fuldaer Bischofskonferenz gemacht. Ziel des Caritaspräsidenten Benedict Kreutz war es, die Bischofskonferenz zu einer Festlegung auf ein „Mindestmaß“ des Lehrstoffs zu bringen, das, ob an Universitäten oder Priesterseminaren, jedenfalls vor der Weihe für Priesteramtskandidaten in allen Diözesen verpflichtend würde.[50] Dieses Minimalziel wurde mit einer Empfehlung der Fuldaer Bischofskonferenz[51] wenigstens formal erreicht.

In seinem Rückblick auf die Tätigkeit des Fachausschusses für Caritaswissenschaft zu dessen zehnjährigem Bestehen 1931 stellt Auer fest, dass es noch immer keine „einheitliche Regelung“ gäbe.[52] Dies allerdings muss nicht verwundern. Denn Beschlüsse der Bischofskonferenz können jeweils nur in dem Maß wirk-

46 Vgl. das Anschreiben an die bischöflichen Priesterseminare vom 10. April 1924 (ADCV 113.39.030, Fasz. 1) sowie das gleichlautende Anschreiben an die Ordinariate (EAF B2-32-492).

47 Rundschreiben Nr. 185 vom 10. April 1924 (ADCV 113.39.030, Fasz. 1).

48 Vgl. das mit Korrekturzeichen versehene Manuskript Lieses, das wohl als Vorlage zur Fertigstellung der Denkschrift gedient hat (ADCV 113.39.030, Fasz. 1).

49 Stoffplan mit Stundenverteilung, [3 S.], [Ms., undatiert] (ADCV R 107; eine von Weber handschriftlich unterzeichnete Fassung ADCV 113.39.030, Fasz. 1).

50 Vgl. das Antwortschreiben von B. Kreutz an J. Löhr vom 21. Juli 1923 (ADCV 113.39.030, Fasz. 1).

51 Protokoll der Fuldaer Bischofskonferenz, 18.–20. August 1924, in: Akten der Deutschen Bischöfe über die Lage der Kirche 1918–1933, Teilbd. I: 1918–1925, bearb. von H. Hürten (Veröffentlichungen der Kommission für Zeitgeschichte. Reihe A: Quellen, 51), Paderborn – München – Wien – Zürich 2007, Nr. 291, Zi 37, S. 594.

52 H. Auer, Der Ausschuss für Caritaswissenschaft in seiner bisherigen Entwicklung. Bericht, erstattet beim 30. Deutschen Caritastag in Würzburg Pfingsten 1931, 6 S., [Ms.], hier S. 2 (ADCV 113.39.030, Fasz. 1).

sam werden, wie sie von den Ortsbischöfen für ihre Diözesen umgesetzt werden. Zudem waren historisch bedingt Infrastruktur sowie staatliche Normierung und Beteiligung bezüglich der Priesterausbildung in den einzelnen Diözesen sehr heterogen.[53] Auch daraus erklärt sich die unterschiedliche Umsetzung und Praxis in Bezug auf die Integration caritasbezogener Inhalte in die Priesterausbildung sowie die unterschiedlichen Ansprüche in der Frage der Wissenschaftlichkeit ihrer Vermittlung. Auch Keller beklagt 1930 einen Mangel in der caritaswissenschaftlichen Ausbildung der Theologen und in der Qualifizierung geeigneter Dozenten sowie die noch fehlende systematische Einordnung der Caritaswissenschaft in den Kanon der theologischen Fächer.[54] Insgesamt aber ist, wenn man den weiteren Verlauf verfolgt, bei allen Unterschieden eine, wenn auch hinter den Erwartungen zurückbleibende, so doch sich entwickelnde Berücksichtigung von Inhalten zu Caritas und Sozialer Frage in der Priesterausbildung in der überwiegenden Mehrzahl der Diözesen festzustellen, ob nun an Priesterseminaren, theologischen Hochschulen oder Universitäten.[55] Als ein besonderer Erfolg der Bemühungen des Deutschen Caritasverbandes zur Entwicklung und Institutionalisierung der Caritaswissenschaft und der caritasbezogenen Ausbildung von Theologen kann die Errichtung des Instituts für Caritaswissenschaft an der Theologischen Fakultät der Albert-Ludwigs-Universität Freiburg im Jahre 1925 gewertet werden, das auf seine Weise sowohl der caritaswissenschaftlichen Ausbildung von Theologen sowie von Studierenden anderer Fakultäten Vorschub leistete, als auch die Entwicklung der Caritaswissenschaft beförderte.

Wissenschaft und berufliche Bildung, Caritaswissenschaft und Caritasstudium waren seit Verbandsgründung zentrale Anliegen des Aufbaus einer professionellen und kirchen- wie sozialpolitisch schlagkräftigen Caritas. Und so waren

53 Vgl. E. Gatz (Hg.), Der Diözesanklerus (Geschichte des kirchlichen Lebens in den deutschsprachigen Ländern seit dem Ende des 18. Jahrhunderts, hg. von E. Gatz Bd. 4), Freiburg – Basel – Wien 1995; ders. (Hg.), Priesterausbildungsstätten der deutschsprachigen Länder zwischen Aufklärung und Zweitem Vatikanischem Konzil (Römische Quartalschrift für christliche Altertumskunde und Kirchengeschichte, Supplementheft 49), Rom – Freiburg – Wien 1994.

54 Bericht über die Sitzung des Zentralvorstandes des Deutschen Caritasverbandes am Donnerstag, den 22. Mai 1930 in Hamburg, Punkt 2: „Systematische Förderung der Caritaswissenschaft sowie caritativer Vorlesungen und Übungen an den Universitäten und theologischen Hochschulen" (ADCV 110.055-1930/3). Ähnliches konstatiert 1938 auch Heinrich Weber in: Das Wesen der Caritas (Caritaswissenschaft, Bd. 1), Freiburg 1938, XXX. Hier spricht er von der „stiefmütterlichen Behandlung der Caritaswissenschaft an den Hochschulen", was auch er sich zu Teilen dadurch erklärt, „daß ihr wissenschaftlicher Standort nicht genug eindeutig" sei.

55 Vgl. den vom Referat Statistik des Deutschen Caritasverbandes vorgelegten Bericht über den Stand der Caritas-Ausbildung der Theologie-Studierenden in den deutschen Diözesen (Erhebung Frühjahr 1937), 7 S., [Ms., datiert vom 24. November 1937] (ADCV R 107; ADCV 210, Fasz. 2). Die Erhebung hatte der Deutsche Caritasverband auf Wunsch des Kuratoriums der Stiftung des Instituts für Caritaswissenschaft an der Universität Freiburg durchgeführt und dazu einen Fragebogen an die Diözesan-Caritasverbände verteilt. Der Bericht bietet eine nach Diözesen geordnete Zusammenstellung mit kurzen Beschreibungen zur Situation in den einzelnen Diözesen. Vgl. auch die zurückgesandten Fragebogen bzw. Antwortschreiben (ADCV 357.030, Fasz. 1).

das Bemühen um die Implementierung einer caritaswissenschaftlichen Erweiterung der Theologenausbildung sowie die Entwicklung der Caritaswissenschaft als eigenständiger Wissenschaftsdisziplin[56] nicht zufällig ein wichtiges Feld verbandlicher Aktivität in den ersten drei Jahrzehnten nach Verbandsgründung. Umgekehrt waren die curriculare wie die wissenschaftstheoretische Diskussion um die Caritaswissenschaft und die damit zusammenhängenden kirchenpolitischen Vorstöße auch ein wichtiger Beitrag für Selbstverständnis, Konsolidierung und Profilierung des Deutschen Caritasverbandes und Ausdruck des Ringens um seine Stellung innerhalb der und zur verfassten Kirche sowie im Geflecht von freier und staatlicher Wohlfahrtspflege in den ersten Jahrzehnten seines Bestehens.

56 Die Aktivitäten zur Etablierung der Caritaswissenschaft im Verband und an den theologischen Ausbildungsstätten wurden begleitet durch einen wissenschaftstheoretischen Diskurs, der u. a. verdichtet in den Jahren 1922 und 1923 in der Zeitschrift „Caritas" geführt wurde und in dem sich die unterschiedlichen Richtungen einer inhaltlichen Ausgestaltung der Caritaswissenschaft deutlicher herauskristallisieren. Beteiligt waren vor allem F. Keller, W. Liese, J. Löhr und H. Weber.

Vorauswissen, Vorherbestimmung und Freiheit der Entscheidung

Eine Grundfrage im Denken Augustins

Norbert Fischer

‚Vorauswissen', ‚Vorherbestimmung' und ‚Freiheit der Entscheidung' sind Grundfragen, die Albert Raffelt in seinen Arbeiten mehrfach berührt hat und auf Grund seiner Fragerichtung berühren mußte, auch in den gründlichen und kenntnisreichen Untersuchungen, die er auf meine Bitten hin im Kontext des Denkens Augustins, Pascals, Kants und Heideggers vorgelegt hat.[1] Der Sinn der folgenden

1 Die erste Zusammenarbeit ergab sich mit Albert Raffelts Beitrag Confessiones 5. Pie quaerere – Augustins Weg der Wahrheitssuche für den Band N. Fischer / C. Mayer (Hg.), Die Confessiones des Augustinus von Hippo. Einführung und Interpretationen zu den dreizehn Büchern, Freiburg 1998 (Neuausgabe 2004) 199–240, den ich zusammen mit Cornelius Mayer herausgegeben habe und der Ausgangspunkt für fünf Seminare zu Augustins Confessiones in Kloster Weltenburg (2000–2005) war. Bei diesen Seminaren wurde Albert Raffelt zu einem der wichtigsten Teilnehmer und Mitstreiter, zunächst durch weitere wissenschaftliche Beiträge wie z. B. durch seinen Vortrag: „profectus sum abs te in regionem longinquam" (conf. 4,30). Das Gleichnis vom ‚verlorenen Sohn' in den Confessiones des Aurelius Augustinus, der im Band zum Seminar des Jahres 2002 publiziert wurde. Vgl. N. Fischer / D. Hattrup / C. Mayer, Freiheit und Gnade in Augustins „Confessiones". Der Sprung in lebendige Leben, Paderborn 2003, 208–222. Während dieser Seminare trat Albert Raffelt aber nicht nur als Augustinus-Interpret auf, sondern auch in der Vielseitigkeit seiner Interessen und Begabungen, vor allem bei Konzerten auf der historischen Orgel der Abtei-Kirche, aber auch als Pianist bei den Konzerten im Festsaal des Klosters, was den herzlichen Dank der Teilnehmer hervorrief. Später hat er einen wichtigen Beitrag zu einem Kant-Projekt geliefert: A. Raffelt, Kant als Philosoph des Protestantismus – oder des Katholizismus?, in: N. Fischer (Hg.), Kant und der Katholizismus. Stationen einer wechselhaften Geschichte, Freiburg 2005, 138–159. Einen weiteren Beitrag hat er für ein Projekt zum 30. Todestag Heideggers verfaßt, das mit der Feier zum 70 Geburtstag von Karl Kardinal Lehmann verbunden war, der mit seiner römischen Dissertation einen wichtigen Anfang zum Thema des Projekts geliefert hatte. Albert Raffelts Thema war: Heidegger und Pascal – eine verwischte Spur, in: N. Fischer / F.-W. von Herrmann (Hg.), Heidegger und die christliche Tradition. Annäherungen an ein schwieriges Thema, Hamburg 2006, 189–205. Zuletzt hat er den Beitrag Blaise Pascal (1623–1662) als Schüler Augustins zu dem von mir herausgegebenen Band N. Fischer (Hg.), Augustinus. Spuren und Spiegelungen seines Denkens, Bd. 2: Von Descartes bis in die Gegenwart, Hamburg 2009, 45–58 verfaßt. Erstmals sind wir einander begegnet, nachdem er mit dem jungen Professor Karl Lehmann von Münster nach Mainz gewechselt war und wir in der Dienstleute-Stube der Pfalz bei Kaub in Barock-Kostümen mit Allonge-Perücken zum Sommerfest des Bischöflichen Priesterseminars eine Händel-Sonate aufführten. Die spätere verwandtschaftliche Nähe hat die Intensität der vielfältigen Beziehungen weiter verstärkt, die vom gemeinsamen Interesse an Philosophie, Theologie und deren förderlicher Beziehung getragen war und ist – aber auch von der gemeinsamen Freude an der Musik. Vielfalt und Dichte seiner wissenschaftlichen Arbeiten und musikalischen Interessen sind großartig.

Hinweise läßt sich unter dem spannungsreichen Titel des „pie quaerere" vereinigen, der das Angewiesensein auf Gottes Hilfe ebenso wie das Erfordernis menschlicher Aktivität betont und unter den Albert Raffelt seine Auslegung von *Confessiones 4* gestellt hat. Das Angewiesensein auf Gnade tritt im *Gleichnis vom verlorenen Sohn* fast überdeutlich hervor. Albert Raffelt weiß um den Sinn des ‚quaerere', der sich als „prima libertas quaerendi" zeigt, er sieht, daß Gottes Hilfe sich an Adressaten richtet, von denen eigenes Handeln gefordert ist, die ihr Ziel nicht einfach nur durch Gottes Tun erlangen – und schon gar nicht gegen ihren Willen.

Albert Raffelt hat sich in den Fragen nach Vorauswissen, Vorherbestimmung und Freiheit auch an den Ansätzen von Blaise Pascal und Maurice Blondel orientiert, in deren Denken die göttliche Gnade eine unübersehbare Rolle spielt, bei beiden auch mit Bezugnahmen auf Augustinus. Dazu hat er die Linie von Pascal über Blondel zu Heidegger hin gezogen, in deren denkerischem Weg „eine Öffnung der menschlichen Existenz auf den Empfang der Gnade" ausgearbeitet sei.[2]

Gewiß wurde Augustinus mit Recht als ‚doctor gratiae' bezeichnet, sofern er in der gesuchten Vollendung der menschlichen Existenz die gnadenhafte Zuwendung Gottes mit im Spiel sieht. Nachdem er aber einmal die Notwendigkeit eingesehen und in *De libero arbitrio* vertreten hatte, daß es freie Willensentscheidung geben müsse, ist er überdies zum ‚doctor libertatis' geworden – und er ist es bis zu seinem Ende geblieben, wie aus dem Titel des späten Werks *De gratia et libero arbitrio* auch dann hervorgeht, wenn dort die Gnade im Vordergrund steht.

Wer mit Kurt Flasch einen Bruch in Augustins Denken im Jahr 397 nachweisen wollte und von seiner Beantwortung der Fragen Simplicians (*Ad Simplicianum*) als dem „Dokument einer letzten *Bekehrung*" spricht, als der „Todesurkunde des Gottes der Philosophen", so daß seit 397 „die Menschheit zu Schmutz und Sündenbrei" geworden sei, mißachtet nicht nur seine späteren Verteidigungen der Freiheitslehre, sondern auch seine frühere Anerkennung der Gnadenlehre.[3] Die These, daß „Augustins Konzept [...] nach gegenwärtigen Moden [...] *radikal prämodern*" zu nennen sei,[4] muß nicht gegen sein ‚Konzept' sprechen, zumal die Zuordnung von Theorien zu ‚Moden' und zur ‚Moderne' auch schlechtes Licht auf diese werfen können, da immerhin zu fragen wäre, wie lange ‚Moden' ‚modern' bleiben und ob sie überhaupt als Kriterien taugen. Aber die These ‚radikaler Prämodernität' Augustins ist an den Haaren herbeigezogen und irrig. Ein Wort Karl Rahners zur Bedeutung Augustins, die gewiß auch kritischer Diskussion bedarf, kann bei zahlreichen Autoren und in vielerlei Hinsicht mit Inhalt gefüllt werden. Es lautet: „Es gab wohl noch nie einen größeren Abschnitt in der Geistesgeschich-

Für die erwiesene Freundschaft bin ich ihm in herzlichem Dank verbunden, ebenso für die anregende Zusammenarbeit, die mir oft zugute gekommen ist, kürzlich erneut durch einen trefflichen Hinweis auf ein noch nicht ediertes Rahner-Zitat zur Modernität Augustins.

2 A. Raffelt, Heidegger (wie Anm. 1) 189–205, 202. Vgl. dazu auch ebd., 194 und 200.

3 K. Flasch, Einleitung, in: Augustinus, Logik des Schreckens. De diversis quaestionibus ad Simplicianum 12. [die Gnadenlehre von 397]. Dt. Erstübers. von Walter Schäfer. Herausgegeben und erklärt von Kurt Flasch. 2., verb. Aufl. mit Nachw., Mainz 1995, 10 und 11.

4 Ebd., 13.

te des Abendlandes seit den Tagen Augustinus, in der dieser große Denker unmodern gewesen wäre und nicht unmittelbar oder mittelbar in Philosophie und Theologie irgendwie das Denken befruchtete".[5]

Die außerordentlich reichhaltige, facettenreiche und zum Teil allerdings auch widersprüchliche Wirkungsgeschichte Augustins begann schon zu seinen Lebzeiten und reicht bis in die Gegenwart, bei der, wenn man nur auf Leser des 20. Jahrhunderts achten wollte, zum Beispiel Autoren wie der Dichter Rainer Maria Rilke, die großen Phänomenologen Edmund Husserl, Max Scheler und Martin Heidegger, zudem Karl Jaspers, Paul Ricœur und Jacques Derrida, und natürlich auch Theologen wie Joseph Ratzinger, der gegenwärtige Papst Benedikt XVI., zu nennen sind.[6] Das riesige, für einzelne Leser fast unüberschaubare Werk Augustins wurde über die inzwischen sechzehn Jahrhunderte bis in die Gegenwart von unterschiedlichen Autoren vielfältig beachtet und kontrovers diskutiert, so daß es bis heute mit Recht einerseits als Schatz und als Herausforderung des Denkens, andererseits aber als Bürde charakterisiert werden kann.[7]

Diese Eigenart von Augustins Werk tritt besonders beim hier zu bedenkenden Thema hervor. Die gelegentlich auch von mir vorgetragene These, daß es Augustinus niemals *nur um Gott* und niemals *nur um die Seele* gegangen sei, niemals nur um die Freiheit des menschlichen Willens und niemals nur um die Gnade Gottes, soll in drei Schritten neu entfaltet und befestigt werden. Das Spannungsfeld von Freiheit und Gnade, dessen Pole Augustinus zuweilen überschwenglich, zuweilen auch polemisch in die eine oder in die andere Richtung zugespitzt hat, hat er in einer Weise bearbeitet, daß er die Zuspitzungen immer wieder aus eigenem Antrieb revidieren mußte. Im ersten Schritt soll gezeigt werden, daß Augustinus die *Gnadenlehre* schon vor 397 vertreten und auch nach 397 an der *Freiheitslehre* festgehalten hat. Der zweite Schritt soll die Motive erhellen, die ihn zu dieser dem Anschein nach disparaten Thesenkombination getrieben haben. Im dritten Schritt wird gefragt, wie Augustinus die Einsicht gewonnen hat, daß *Gottes Gnade* nur insofern denkbar ist, als sie sich von vornherein auf die *Freiheit endlicher Wesen* bezieht, und daß diese *Freiheit* nicht denkbar ist, ohne sich am Ende auf die *Gnade* Gottes zu beziehen.

5 Unveröffentlichter Text im Karl-Rahner-Archiv, München, Signatur: KRA IV A 102 (1926): Psychologisches beim Hl. Augustin (den Hinweis auf diesen Text verdanke ich Albert Raffelt).

6 Zur Wirkungsgeschichte Augustins vgl. jetzt N. Fischer (Hg.), Augustinus. Spuren und Spiegelungen seines Denkens, 2 Bde., Hamburg 2009. Vgl. auch C. Dittrich / N. Fischer / E. Naab (Hg.), Augustinus, ein Lehrer des Abendlandes. Einführung und Dokumente, Wiesbaden 2009. Vgl. darin auch den Beitrag von K. Pollmann, In ecclesia praesens. Zur Augustinusrezeption im 5. und 6. Jahrhundert (ebd., Bd. 1, 1–14).

7 Vgl. N. Fischer, Zum heutigen Streit um Augustinus. Sein Werk als Schatz, als Bürde und als Herausforderung des Denkens, in: Dittrich (wie Anm. 6) 15–31. Einseitig mäkelnd stellt Kurt Flasch in einer anderen Publikation die Augustinus-Kritik in den Vordergrund. Vgl. K. Flasch, Jean Leclerc über Augustinus (1703), in: ders. (Hg.), Augustinus in der Neuzeit. Colloque de la Herzog August Bibliothek de Wolfenbüttel 14–17 octobre 1996, Turnhout 1998, 243–253. Der Anspruch des vollmundigen Titels dieser Publikation wird durch die Beiträge nur sehr eingeschränkt eingelöst. Immerhin enthält das Buch auch einige beachtenswerte Artikel.

1. Augustinus als Lehrer der Gnade und der Freiheit

Im Vordergrund von Augustins Weg stand zu Beginn die Suche nach Glück und seligem Leben. Die Einsicht in die Unzulänglichkeit der von ihm eingeschlagenen Wege trieb ihn immer wieder zu tieferem Nachdenken, das in der ‚Bekehrung' zwar zu einem ersten Abschluß kam, aber im Blick auf Freiheit und Gnade vom Beginn bis zum Ende seines Denkens spannungsvoll blieb. Bald nach der Bekehrung, zu der ihn der christliche Neuplatonismus geführt haben mag, der ihm in Mailand durch Ambrosius begegnet war, hat er auch Briefe des Apostels Paulus gelesen und die Thesen der in diesen Briefen verkündeten Gnadenlehre alsbald selbst vertreten.[8]

Nachdem er die Gnadenlehre als goldene Brücke zum seligen Leben übernommen hatte, wurde er jedoch auf die Einsicht gestoßen, daß ein Glaube, der sich allein auf eine göttliche Gnade beruft, die alles in allem wirkt, den legitimen Fragen der Vernunft nicht standzuhalten vermag. Der tiefere Grund seiner Ausarbeitung der Freiheitslehre mag die Einsicht gewesen sein, daß die Annahme der Alleinwirksamkeit der Gnade auch von Heilsegoismus getragen sein kann, und nicht von Güte und Liebe. Äußerlich trieb ihn die Frage nach dem Ursprung des ‚malum': Sie führte zur Lösung des ‚liberum arbitrium', aber auch zu Reflexionen zum Sinn der Schöpfung. Nicht zustimmen konnte er der Annahme, das ‚malum' lasse sich unmittelbar auf Gottes Willen zurückführen, aber auch nicht der Annahme, das ‚malum' sei in den Augen Gottes ohne Sinn. Um den göttlichen Sinn der Schöpfung zu denken, faßte er sie zunächst als ‚creatio de nihilo'.[9]

Nachdem er die Freiheit der Willensentscheidung als den *Grund der Möglichkeit des Selbstseins des Geschaffenen* entdeckt hatte, behauptete er zunächst sogar, sie sei imstande, nicht nur den *guten Willen*, sondern auch das *selige Leben* aus eigener Kraft zu wollen und hervorzubringen.[10] Die Radikalität dieser Überzeugung scheiterte aber einerseits an der Lebenswirklichkeit und andererseits an ihrer inneren Schwäche, weil das Gute, das endliche *Wesen* in diesem Rahmen erstreben können, doch wieder am Glücksverlangen orientiert ist, das allen *naturhaft* zukommt.

Wenn endliche Vernunftwesen aus eigener Kraft das höchste in der Welt mögliche Gut erstreben und erlangen könnten, so wollten sie das Gute nicht aus Güte, also nicht auf die Weise, in der Gott es will, der es *nicht aus Mangel*, sondern aus der *Vollkommenheit seiner Güte* will.[11] Die Schöpfung, das Werk Gottes, gibt auch endlichen Geschöpfen die Möglichkeit, das höchste Gut zu wollen, einen Willen,

8 Vgl. De moribus ecclesiae catholicae et de moribus Manichaeorum 1,22: „huic haeremus per sanctificationem. sanctificati enim plena et integra caritate flagramus, qua sola efficitur ut a deo non avertamur eique potius quam huic mundo conformemur. praedestinavit enim, ut ait idem apostolus, conformes nos fieri imaginis filii eius."

9 Vgl. lib. arb. 1,6.

10 Vgl. lib. arb. 1,28.

11 Vgl. conf. 13,5: „non ex indigentia fecisti, sed ex plenitudine bonitatis tuae". Von dieser Grundthese her, in der Augustinus als ‚doctor caritatis' gedacht hat, ist sein gesamtes Werk zu verstehen.

der das Gute aus *Güte* wollen kann, nicht aus kluger *Berechnung*. Augustinus sieht aber auch, daß Geschöpfe dieses Gut nicht allein aus eigener Kraft *verwirklichen* und vielleicht nicht einmal aus eigener Kraft in der nötigen Reinheit *wollen* können, weil der Wille endlicher Wesen unvermeidlich stets auch ihr eigenes Wohlergehen im Auge hat. Diese Einsicht führt zu einem weiteren Schritt, der zwar die Annahme der Freiheit der Willensentscheidung *voraussetzt*, aber dennoch zugleich schon wieder über diese Annahme *hinausgeht*. Die Spannung zwischen dem ersten Buch von *De libero arbitrio* mit der uneingeschränkten Freiheitsthese (1,26f.: ‚sola voluntas per se ipsam' könne die ‚bona voluntas' hervorbringen) und dem dritten Buch mit Hinweisen auf die ‚ignorantia' und ‚difficultas' des Willens (3,52f.) bedeutet keinen Bruch in der Sache, sondern bezeugt sowohl Augustins Orientierung an den *Phänomenen*, als auch seine Hartnäckigkeit in der Verfolgung seines Ziels, die Größe Gottes zu loben, wozu auch gehört, die Größe und Schönheit des Geschaffenen zu rühmen.[12]

Schon am Beginn seines Denkwegs treten demnach die Lehren von der göttlichen *Gnade* und von der *Freiheit* des menschlichen Willens in engster Nachbarschaft und Verbindung auf. Insofern ist Kurt Flaschs These von der Neuerung des Jahres 397 auch historisch irreführend.[13] Augustinus hat die spannungsvolle Verbindung von Freiheit und Gnade schon früh vertreten und an ihr bis zum Ende seines Denkwegs festgehalten, sogar in den Schriften, in denen er Thesen vertritt, die sich von der Freiheitslehre zu entfernen scheinen.[14] Besonders klar – und außerdem systematisch wie historisch nicht revidierbar – sind die Reflexionen in *De civitate dei* und in den *Retractationes*, in denen Augustinus im späten Rückblick noch einmal auch die Freiheitslehre überdenkt, wie er sie in *De libero arbitrio* vorgetragen hatte.

Die Grundlegung der Möglichkeit des Guten baut auf ähnliche Einsichten wie die des Wahren: Weil die *Möglichkeit der Wahrheit* unserer Erkenntnisse nicht gedacht werden könnte, wenn unser Geist nicht *frei* wäre, hat Augustinus von der Vernunft als *Richter* (‚iudex') gesprochen.[15] Diese schon aus theoretischen Gründen nicht revidierbare Einsicht, ohne die sich die Wahrheit von Urteilen nicht denken ließe, spitzt er in *De civitate dei* im Blick auf praktische Fragen zu. Anlaß ist die Position Ciceros, die als *postulatorischer Atheismus* zu kennzeichnen wäre, da sie die Unvereinbarkeit der Allmacht und Präszienz Gottes mit der menschlichen Freiheit behauptet und die Allwirksamkeit Gottes als Vernichtung der Möglichkeit menschlichen Gutseins denkt.[16] Augustinus zeigt in seinen theoretischen

12 Vgl. die im folgenden noch zu beachtende Differenz in der Aussage von Confessiones 1,1: „et laudare te vult homo" und: „et tamen te laudare vult homo".

13 Vgl. die erwähnte Ausgangsthese von Kurt Flasch (wie Anm. 3).

14 Zu beachtende Texte Augustins sind in diesem Kontext z. B. Ad Simplicianum; De praedestinatione sanctorum und De gratia et libero arbitrio.

15 Vgl. conf. 10,10; civ. 11,26. Vgl. dazu N. Fischer, Augustinische Motive in der Philosophie Immanuel Kants, in: ders. (Hg.), Augustinus (wie Anm. 1), 89–110, bes. 94.

16 Vgl. civ. 5,9f. Zum Hintergrund der neueren Problematik vgl. N. Fischer, Epigenesis des Sinnes. Nicolai Hartmanns Destruktion einer allgemeinen Weltteleologie und das Problem einer

und praktischen Reflexionen, daß die Bestreitungen der Freiheit nicht haltbar sind, sofern sie die Möglichkeit der *Wahrheit* und der *Güte* vernichten: Wer überhaupt Thesen *wahr* und irgendwelche Handlungsvollzüge *böse* nennt, setzt nach dieser Einsicht die *Spontaneität* des erkennenden Ich und die *Freiheit* seiner Entscheidung voraus.

In den *Retractationes* wird den drei Büchern *De libero arbitrio* große Aufmerksamkeit zuteil. Eingangs hält Augustinus an seiner früheren These fest, daß als ‚malum' nur gelten kann, was aus einer freien Willensentscheidung entsprungen ist (1,9,1): „nisi ex libero voluntatis arbitrio". Das Ziel, Gott so zu denken und vor Augen zu stellen, daß er lobwürdig ist („laudandus"), muß auf dem Weg mühseliger Gedankenarbeit („operosa ratiocinatione") verteidigt werden (1,9,2). Zwar weiß Augustinus, daß Pelagius sich dieser Schrift bedient hat (1,9,3), erklärt aber, daß er die Gnade Gottes schon in *De libero arbitrio* nicht „omni modo" verschwiegen habe (1,9,4). Überdies beharrt er auch im Rückblick auf der Annahme der freien Willensentscheidung (1,9,5). Neues Licht wirft aber seine Bemerkung auf die Sache, daß er ‚ignorantia' und ‚difficultas', die er im dritten Buch als Strafübel für die Sünde Adams bezeichnet hatte, nun als *Wesenszüge der ursprünglichen Natur des Menschen* in Erwägung zieht, als „hominis primordia naturalia", und diese Erwägung sogar angesichts der Verneinung der Ursünde vorträgt, ohne daß diese umstürzend neue Lösung Zweifel an der Lobwürdigkeit Gottes hervorriefe (1,9,6).

2. Zu Augustins Motivlage: Vorrang der Phänomene vor der Theorie

Augustinus hat die Ciceronische Antinomie von freier Entscheidung und Vorauswissen (von Ethik und Religion) in *De civitate dei* als ernsten Einwand gesehen und zu bewältigen versucht. Da er die Meinung für widersinnig hält, man könne an Gott glauben und ihm doch das Vorauswissen um die Zukunft absprechen, nimmt er die Position des Atheismus, die Cicero (wenn auch aus Vorsicht nicht in eigener Person) vorgetragen habe, als einleuchtende Konsequenz an. Nach Augustinus will Ciceros vermeiden, die freie Entscheidung durch Theorien zugrunde zu richten – was geschähe, wenn unser Handeln von fremden Mächten bestimmt wäre (*civ.* 5,9): „hoc autem totum facere videtur, ne fatum esse consentiat et perdat liberam voluntatem."

philosophischen Theologie, Kant-Studien 78 (1987) 64–86. Die einstige Assistentin Nicolai Hartmanns, Gerda von Bredow, die später zum Katholizismus konvertiert war, hat mir am 26. 2. 1990 zu meinem Aufsatz geschrieben: „Ich möchte Ihnen meinen Dank aussprechen, zugleich im Namen meines alten Lehrers und Freundes N. Hartmann! Ihre Analyse seiner Position ist von vorbildlicher Genauigkeit und ihre daran anknüpfenden Gedanken führen weiter. Nicolai Hartmann hätte sich gefreut und gerne mit ihnen ein Gespräch aufgenommen. Ich kenne nichts, was so genau und aufgeschlossen die Problematik behandelt".

Damit bezeugt Augustinus Verständnis für die Überlegungen, auf die sich der *postulatorische Atheismus* stützt, der eher die Existenz Gottes als die menschliche Freiheit zu leugnen bereit ist. Ihn führt sein Verständnis für die Motive Ciceros jedoch nicht zur Leugnung Gottes, weil er auf Grund anderer Phänomene Gott loben will und im Unterschied zu Cicero nicht fürchtet, daß der Allmächtige und Vorauswissende uns hindere, *frei* zu tun, was wir mit dem Willen tun. Zwar wisse der Allmächtige untrüglich, was wir tun werden; Augustinus ist also überzeugt, daß Gott unser Handeln kennt, weil er vorausschauend weiß, daß wir es von uns her wollen werden; nicht aber, daß wir etwas deswegen wollen, weil Gott es in seinem Vorauswissen festgelegt hat. Er vertritt folglich eine Position, die der Auslegung seines Denkens durch die (meist reformatorischen) Theologen widerstreitet, die den ‚Monotheimus' als strikt *monokausales System* auslegen, in dem es prinzipiell keinen Platz für die Freiheit von Geschöpfen geben kann.[17]

Im Gegensatz zu einem System, in dem Gott alles in allem wirkte und in dem keinerlei ‚malum' denkbar wäre – kein Schlechtes, kein Böses, keine ‚temptatio' –, ist Augustinus davon überzeugt, daß Gott die Welt aus der Fülle seiner Güte als eine eigenständige Wirklichkeit geschaffen habe (*conf.* 13,5: „ex plenitudine bonitatis"), aus reiner Liebe, die bei den Geschöpfen reine Liebe hervorrufen will (*conf.* 2,1; 11,1: „amore amoris tui facio istuc"), die ihnen Mühen aufbürdet (*conf.* 10,25: „laboro hic et laboro in me ipso: factus sum mihi terra difficultatis et sudoris nimii") und sie Versuchungen aussetzt (z. B. *conf.* 10,39-60). Wesen, die auf Gott hin geschaffen sind (*conf.* 1,1: „fecisti nos ad te"), können nicht Marionetten sein, sondern müssen als freie und verantwortliche Wesen gedacht werden, die inneren und äußeren Kämpfen ausgesetzt sind.

Daß wir wirklich dieser Situation ausgesetzt sind, beschreiben die *Confessiones* als ‚Phänomen', auf das sich noch die hier erwähnten Reflexionen zum freien Willen aus *De civitate dei* stützen. Die Annahme eines Monotheismus, in dem der *Allmächtige* auch wirklich *alles macht*, ist eine ‚Theorie', die aber nicht zu denken erlaubt, wie der Unendliche eine Welt hat schaffen können. Insofern ist Augustins Denken an den Phänomenen, nicht an Theorien und Begriffen orientiert. Die Phänomene, die Augustinus zu bedenken sucht, nennt er zu Beginn der *Confessiones* (1,1): nämlich einerseits den Willen der Geschöpfe, Gott zu loben („et laudare te vult homo"), andererseits die miserable Situation der Menschen, die sie keineswegs zu diesem Lob ermuntert. Aus der Zwiespältigkeit der Situation, die mit der menschlichen *Natur* gegeben ist („fecisti nos ad te"), kann ein sinnvolles Ziel nur

17 Vgl. V. H. Drecoll: ‚Ungerechte Gnadenlehre'. Zeitgenössische Anfragen an Augustin und ihr Einfluß auf seine Gnadenlehre, in: A. E. J. Grote / C. Mayer / C. Müller (Hg.), Gnade – Freiheit – Rechtfertigung. Augustinische Topoi und ihre Wirkungsgeschichte. Internationales Kolloquium zum 1650. Geburtstag Augustins vom 25.–27. November 2004 im Erbacher Hof zu Mainz, Stuttgart 2007, 25–40. Drecoll nennt Gott „das eine Prinzip, von dem alles abhängt", da sonst der „Monotheismus in Frage" gestellt sei (ebd., 39). Nach seiner Theorie hinge das Entstehen des Bösen von Gott ab, ebenso die Entstehung seiner und anderer Meinungen zu diesen Fragen. Zur Kritik der protestantischen Prädestinationslehre vgl. I. Kant, Der Streit der Fakultäten A 55=AA 7,41.

folgen, wenn *Freiheit* und *Gnade* ins Spiel kommen, wenn die Welt *nicht* als monokausales System gedacht wird, nicht als *kosmisches Marionettentheater.*

Indem er mit den weiteren Überlegungen in *De civitate dei* an die Grundphänomene anknüpft, hält er zunächst fest, daß wir vieles tun, was wir nicht täten, wenn wir es nicht wollten (5,10): „multa enim facimus, quae si nollemus, non utique faceremus." Dazu gehört das Phänomen des Wollens selbst, das es nicht gäbe, wenn wir nicht wollten: „non enim vellemus, si nollemus". Zu umgehen wäre diese Konsequenz nur, wenn Gott als der „genius malignus" der Cartesischen *Meditationes de prima philosophia* gedacht würde (vgl. dort I, 12). Weil Augustinus nur an den Allmächtigen glaubt, den er lauteren Herzens verehren kann (*conf.* 8,10), führt er nichts auf Gott zurück, was diesem Glauben widerspricht, und erklärt, daß Gott deswegen manches *nicht kann, weil er allmächtig ist* (5,10): „unde propterea quaedam non potest, quia omnipotens est." Gottes Allmacht ist so zu denken, daß er endliche Wesen *aus nichts* schaffen kann, denen *ursprüngliche Kausalität* zukommt, wodurch sie als endliche Wesen zur Hervorbringung eines *höchsten Gutes* fähig sind, nämlich des guten Willens, der den Grund seines Gutseins in sich selber hat.[18]

Diesen Sinn der Schöpfung Gottes zu denken, bereitet Augustinus immer neue Schwierigkeiten, die er nicht in einer kohärenten Theorie zu einem systematisch klaren Abschluß bringen kann. Das Fehlen eines systematischen Abschlusses der theoretischen Bemühungen läßt sich indessen auch als notwendiges Merkmal jeder sinnvollen Bearbeitung der gestellten Aufgabe begreifen. Wer Gott gleichsam in die Karten schauen könnte und mit absoluter Gewißheit wüßte, wonach Goethes *Faust* in irriger Weise (und zudem auf verfehlten Wegen) trachtet, nämlich zu erkennen, „was die Welt / Im Innersten zusammenhält",[19] wäre gerade durch dieses Wissen gar nicht in der Lage, selbst den göttlichen Sinn der Schöpfung zu vollziehen und Gutes aus Güte zu tun. Durch diese Problematik sieht Augustinus sich immer neu angetrieben, das menschliche Leben in der Spannung zwischen den Erklärungspolen ‚Natur', ‚Freiheit' und ‚Gnade' zu denken.

Weil die Menschen ihre ‚Natur' faktisch nicht neutral im Blick auf ‚gut' und böse' vorfinden, stützt sich der Rekurs auf die ‚Sünde Adams' nicht nur auf die Autorität der Heiligen Schrift. Vielmehr tritt die ‚conditio humana' durch unabweisbare Phänomene als notwendige Aufgabe des Denkens hervor, sobald Menschen ihr Leben als Geschenk erfahren und Gott loben wollen.

Wie Augustinus diese Aufgabe zu lösen sucht, läßt sich an seinen Überlegungen zum Verlust der Gottebenbildlichkeit durch Adam und deren Relativierung verfolgen. In der 412 entstandenen Schrift *De spiritu et littera* an Marcellinus erklärt er, was nach Michael Schmaus als „seine endgültige Meinung anzusehen" ist,

18 Weder ist die ‚praescientia dei' aufzuheben, noch das ‚liberum arbitrium'; an beidem ist festzuhalten (civ. 5,10): „illud, ut bene credamus; hoc, ut bene vivamus." Zum guten Willen als einem höchsten Gut vgl. N. Fischer, Art. Bonum, in: Augustinus-Lexikon. Hg. von C. Mayer, Bd. 1, Basel–Stuttgart 1994, 671–681.

19 J. W. Goethe, Faust. Eine Tragödie, Erster Teil. Nacht, V. 382f.

das Bild Gottes in der Menschenseele sei durch die verderblichen irdischen Leidenschaften nicht so sehr geschwächt worden, daß nicht wenigstens die äußeren schwachen Umrisse zurückblieben (48): „verum tamen quia non usque adeo in anima humana imago dei terrenorum affectuum labe detrita est, ut nulla in ea velut liniamenta extrema remanserint".[20] Diese Deutung zeigt Augustinus als ‚doctor caritatis'. Er denkt auf Wegen, die später Kant betreten hat, der die Liebe Gottes (als *genitivus subiectivus*) mit der Unwissenheit und Schwäche der menschlichen Vernunft verband, indem er in der *Kritik der praktischen Vernunft* erklärte (A 266), „daß die unerforschliche Weisheit, durch die wir existiren, nicht minder verehrungswürdig ist in dem, was sie uns versagte, als in dem, was sie uns gewährte."[21]

3. Zur Notwendigkeit der Dialektik von Freiheit und Gnade im Denken Augustins

Thema des dritten Schrittes ist, wie Augustinus zur Einsicht gelangte, daß Gnade sich wesenhaft auf die Freiheit endlicher Wesen bezieht und Freiheit sich wesenhaft auf Gottes Gnade bezieht, wie später auch Kant wieder gesehen hat. Die *Phänomene*, die Augustins Suche anregen, sind sein Wille, Gott zu loben, sein Bewußtsein inneren Selbstseins, das in *Akten des Erkennens und Wollens* hervortritt, und das Bewußtsein, daß die Phänomene der beiden ersten Gruppen nicht in der ersehnten Weise, sondern in stark *eingeschränktem und gemindertem Modus* auftreten.[22] Wie Augustinus vom Willen ausgeht, Gott zu loben, zeigt das Gesamtprojekt der *Confessiones*, das den Kern der Aufgaben kennzeichnet, an denen er sich

20 M. Schmaus, Einleitung, in: Augustinus, Ausgewählte Schriften. Band 11: Des heiligen Kirchenvaters Aurelius Augustinus fünfzehn Bücher über die Dreieinigkeit. Aus dem Lateinischen übersetzt und mit einer Einleitung versehen von Michael Schmaus, Bd. 1 (Buch I–VII), München 1935, XV–LXVI. XXXXIV. Schmaus fährt fort: „Ausführlich wird die Frage im Werke ‚De trinitate' behandelt und dargelegt, daß das Bild Gottes zur Natur des Menschen gehört" (ebd. XXXXV).

21 Inwiefern der Wille, Gott zu loben, Phänomen ist, wäre an der kindlichen Dankbarkeit für die Gabe des Lebens zu zeigen, die in jedem Menschen weiterlebt, denn – so könnte man mit Augustinus sagen (Confessiones 1,13): „quo enim abiit?" Aus dieser Dankbarkeit lebt noch Rainer Maria Rilkes Wille zum ‚Lob' und zum ‚Rühmen' (z. B. Sonette an Orpheus 1 VII-IX). Zu Rilkes innerer Nähe zu Augustinus vgl. A. Stahl, ‚Salus tua ego sum'. Rilke (1875–1926) liest die ‚Confessiones' des heiligen Augustinus, in: Fischer, Augustinus (wie Anm. 1) 229–252. Vgl. weiterhin N. Fischer: „Giebt es wirklich die Zeit, die zerstörende?" Nachklänge der Zeitauslegung Augustins in der Dichtung Rilkes, in: Blätter der Rilke-Gesellschaft 30 (2009) (in Vorbereitung).

22 Vgl. R. M. Rilke, Sonette an Orpheus, 2 XXIII (Vers 7f.): „Wir sind frei. Wir wurden dort entlassen, / Wo wir meinten, erst begrüßt zu sein." Weiterhin das improvisierte Widmungsgedicht, das Rilke in eine Ausgabe des Malte Laurids Brigge eingeschrieben hat (ders., Sämtliche Werke. Hg. vom Rilke-Archiv, Bd. 2, Frankfurt am Main 1987, 261): „Wie die Natur die Wesen überläßt / dem Wagnis ihrer dumpfen Lust und keins / besonders schützt in Scholle und Geäst: / so sind auch wir dem Urgrund unseres Seins / nicht weiter lieb; er wagt uns". Dieses Gewagtsein, das uns laut Rilke ein ‚Sichersein', aber „außerhalb von Schutz" schafft, entspricht einer höheren Liebe, die auf die Entfaltung unserer Freiheit und auf unser endliches Selbstsein wartet. So läßt sich Schöpfung als Werk der göttlichen Güte denken, wie Augustinus sagt (Confessiones 13,5): „ex plenitudine bonitatis tuae".

lebensmäßig und denkerisch abmüht. Die *Confessiones* beginnen mit dem Gotteslob des Psalters und dem folgenden Satz: „et laudare te vult homo“, der sich an dieses Lob anschließt und den Willen, Gott zu loben, von sich aus übernimmt und auch schon vom Bewußtsein getragen ist, in dem sich der Mensch als selbsttätiges Gegenüber Gottes versteht, als Wesen mit *reflektiertem Wissen* und *spontanem Willen*. Der Möglichkeit, den Satz in eigener Einsicht und mit eigenem Willen auszusprechen, steht aber die faktische Wirklichkeit entgegen, die zur Einsicht in die Kleinheit, in die Sterblichkeit und in die mit Hochmut verknüpfte Verfehltheit des menschlichen Lebens zwingt (*Confessiones* 1,1).

Das lebensmäßige und denkerische Projekt Augustins ist somit die Bewältigung des folgenden ‚Dennoch‘, das im Text umgehend ausgesprochen wird (1,1): „et tamen te laudare vult homo“. Alle *Theorien*, die zur Rückkehr zum anfänglichen Gotteslob entwickelt und erprobt werden, müssen sich stets auf die drei genannten zugrundeliegenden *Phänomene* zurückbeziehen lassen. Um die drei Grundphänomene denken zu können, sieht Augustinus sich genötigt, dreierlei zu denken: die von Gott getrennte ‚Natur‘, ‚Freiheit‘ als ursprüngliche Kausalität endlicher Geschöpfe, ‚Gnade‘ zur Ermöglichung des höchsten Ziels der Schöpfung, das sich folglich dem naturschaffenden Willen Gottes, der Freiheit des Menschen und der Gnade Gottes verdankt.

‚Natur‘, der Ort nichtursprünglicher Kausalität, ist als Möglichkeitsbedingung endlicher Kausalität aus *Freiheit* zu denken, sofern endliche Freiheitswesen nur auf dem Weg ihrer *Befreiung* von Ausgangsbedingungen denkbar werden, die sie *unabhängig von* der Naturkausalität macht. ‚Freiheit‘ raubt endlichen Wesen die Geborgenheit ihres Naturzusammenhangs und entläßt sie in einen Bereich, in dem sie sich in ihrer Gefährdung und in ihrem Schutzlossein wahrnehmen.[23] Solche Freiheit *von* der Naturkausalität entsteht nicht durch die schiere Aufhebung der Geltung von Regeln, sondern durch Einsetzung von Zielen, die eine Überwindung des blinden Kausalzusammenhanges ermöglichen, so daß die Freiheit als Freiheit *für* höhere Strebeziele entsteht. Als höhere Strebeziele können uns die Wahrheit der Erkenntnis, die Schönheit des Begegnenden und die Pflicht der Achtung von Personen von der Bindung an die Kausalität der Natur befreien. Augustinus führt die höheren Ziele, die uns von der Macht der Naturkausalität befreien und uns alles naturhaft Begegnende relativieren (Nützlichkeit, Annehmlichkeit und Glück), auf eine Tat Gottes zurück, auf eine ‚excitatio‘, die unser Herz ruhelos werden läßt.[24]

Diese erste Befreiung von der Naturkausalität denkt er zwar als eine Tat Gottes, aber als die ursprüngliche Schöpfungstat, nicht als die Tat, die mit dem Namen der Gnade zu belegen wäre. ‚Gnade‘ wird erst zu einem unabweislichen Thema, sobald sich Fragen stellen, die im Anschluß an die Wirklichkeit geschaffener,

23 Vgl. Confessiones 1,1. Zum Hintergrund vgl. auch N. Fischer, Natur, Freiheit und Gnade. Systematische Überlegungen im Anschluß an Augustinus und Kant, in: H.-G. Nissing, Natur. Dimensionen und Bedeutung eines philosophischen Grundbegriffs, Darmstadt 2009 (im Druck).

24 H. Blumenberg, Die Legitimität der Neuzeit, Frankfurt am Main, ^{2}1988, 145.

endlicher Freiheitswesen zu erwägen und zu beantworten sind. Die Befreiung *von* der Naturkausalität folgt aus der Begeisterung *für* göttliche Vollkommenheit. Könnten endliche Freiheitswesen, deren Sein nicht durch ‚ignorantia' und ‚difficultas' bestimmt wäre, solche Vollkommenheit in einem seligen Leben aus eigener Kraft wollen und erlangen, so könnten sie ihr Ziel gerade deswegen nicht erreichen, weil sie es auf Grund ihrer *Natur* könnten. Augustins Reflexionen, in denen er erwägt, ob ‚ignorantia' und ‚difficultas' zu den „hominis primordia naturalia" gehören (*Retractationes* 1,9,6), sind noch zu wenig bedacht worden.

Für problembeladen können Augustins Lösungen gelten, wo sie die schwierige Balance zwischen den Impulsen, die von dem genannten Phänomen ausgehen, nicht zu halten imstande sind. Er selbst hätte seine Lösungen kritisch betrachtet, sobald er gesehen hätte, daß die Annahme der Alleinwirksamkeit der Gnade Heilsegoismus befördern kann und gerade nicht Güte und Liebe.

Seine Motive (wie die der Verteidiger der Erbsündenlehre, die dem Schöpfer die Übel dieser Welt nicht anlasten wollen) mögen lauter sein, in der von Hans Blumenberg vermuteten Weise: „Mit einer ebenso rührenden wie verhängnisvollen Geste übernahm er für den Menschen und auf den Menschen die Verantwortung für das, was an der Welt drückende Last war".[25]

Augustins Motto in der Suche der Wahrheit lautet (*Confessiones* 11,3): „audiam et intelligam". Da er keineswegs unter zwanghaften Unterwürfigkeitssymptomen litt, muß diese Maßgabe vernünftig einsehbare Gründe haben, zumal sie zwar den Vorrang des Glaubens vor dem Wissen betont, mit Augustinus aber den Anspruch auf Wissen angesichts des Glaubens nicht preisgibt.[26] Augustinus hat mehrfach seinen Unwillen gegenüber Lesern betont, die seinen Texten gleichsam kanonische Geltung zusprechen wollten;[27] er ist aber selbst auch bei der Auslegung der als kanonisch anerkannten Texte nicht einfach nur dem Wortlaut gefolgt, der an der Oberfläche faßbar war, sondern hat die tiefere Intention des Autors zu erfassen und auszulegen versucht.[28]

Das ‚Vorauswissen' Gottes muß angenommen werden, um in angemessener Weise zu glauben; auch die ‚Vorherbestimmung' durch Gott gehört zu diesem angemessenen Glauben, sofern Gott als der gedacht wird, der zwar an sich selbst ohne Sorge ist, aber dennoch Sorge um uns trägt.[29] Die Vorherbestimmung darf der Sache nach und gemäß den Intentionen Augustins nicht in Konkurrenz zu der ‚Freiheit der Entscheidung' gesehen werden, weil sonst der göttliche Sinn der Schöpfung, nach dem er uns Menschen auf sich hin geschaffen hat, zerstört wür-

25 Vgl. die Beziehung von ‚credere' und ‚intelligere' (zu Jes 7,9); z.B. lib. arb. 1,4; 1,10; 2,5f.; mag. 37; trin. 1,4.

26 Vgl. trin. 1,5; besonders deutlich und schön s. Dolbeau 10,15.

27 Zur ‚intentio apostoli' vgl. Ad Simplicianum I 2,2.

28 Vgl. Confessiones 11,3: "qui securus curam nostri geris".

29 Vgl. c. Iul. 2,23, wo Augustinus Julians Position im Sinne des ‚servum arbitrium' auslegt; daß er die göttliche Gnade für unabdingbar zum Heil des Menschen dachte, liegt auf der Hand und läßt sich auch in seiner denkerischen Notwendigkeit explizieren. Vorausgesetzt ist aber dabei stets die Grundannahme des ‚liberum arbitrium'.

de. Gegen die Vertreter scheinbar klarer, aber einseitiger Theorien, die aber der göttlichen Gnade oder der menschlichen Freiheit den Platz rauben, hält er an beidem fest: an der Freiheit und der Gnade.

Maurice Blondels theologische Philosophie des Sinnlich-Konkreten

Peter Henrici

An Arbeiten über Maurice Blondels erste Philosophie fehlt es nicht – wobei die „erste Philosophie" im doppelten Sinn der Frühphilosophie und der „philosophia prima" Blondels zu verstehen ist. Die Aufmerksamkeit der Kommentatoren hat sich dabei vor allem auf die beiden spezifisch blondelianischen Themen des „vinculum" und des Panchristismus gerichtet – beide in der *Action* von 1893 nur angedeutet, aber in andern Schriften Blondels deutlich fassbar.[1] Neben diesen beiden bestimmt jedoch noch ein drittes Thema das Denken des jungen Blondel. Es hat bisher bei den Kommentatoren wenig Gnade gefunden und ist sozusagen die „partie honteuse" der ersten Philosophie Blondels. Gemeint ist der Phänomenismus, der der *Action* zugrunde liegt, und damit auch Blondels Bemühen um eine ontologische Rechtfertigung des sinnlich Wahrgenommenen.

1. Die Problemstellung

Die Ontologie der *Action* lässt sich nicht adäquat verstehen, wenn man nicht bedenkt, dass Blondel durch Kant und Berkeley, und vor ihnen durch Leibniz, Descartes und Galilei hindurchgegangen ist. Das für einen Schulverstand bei Berkeley und Kant Anstößigste, das „esse est percipi" und die Subjektivität der Formen der Anschauung, war schon bei Galilei grundgelegt. Erst die Leugnung der Objektivität der sinnlichen Wahrnehmungen hatte es ihm erlaubt, alle Wirklichkeit auf mathematisch definierbare Größen zu reduzieren. Die Galilei nachfolgenden Philosophen bemühten sich dann, diese wissenschaftliche Methode philosophisch zu begründen und zu rechtfertigen. Mit seinem methodischen Zweifel und seiner Reduktion der Welt auf „idées", auf Denkinhalte, wollte Descartes allen Schein der Sinne beseitigen (nicht zuletzt den schönen Schein der auf- und untergehenden Sonne), und alles Außerbewusste als „res extensa" zu etwas mathematisch Definierbarem erklären. Leibniz ging einen Schritt weiter und konstruierte mit den Monaden eine nur intellektuell fassbare Welt, während alles Erfahrbare, auch die erfahrbare „extensio" der Cartesianer, für ihn nicht mehr als „phaenomena

1 Eine Zusammenstellung der wichtigsten Texte Blondels über den Panchristismus findet sich bei M. Blondel / A.Valensin, Correspondance (1899–1912), Paris 1957, Bd. 1, 43–48.

bene fundata" sind. Kant fragt schließlich „transzendental", was diese rein denkbare und gedachte Welt voraussetzt, nämlich das Denken selbst und das denkende Subjekt, das „transzendentale Ich", mit seinen Denkstrukturen. Die Begründung aller Wirklichkeit ist deshalb im Subjekt und in seinen Denkstrukturen zu suchen. Auf diese Suche sind die Nachfolger Kants gegangen, die deutschen Idealisten, aber auch die französischen Kantianer, ein Renouvier und ein Lachelier.

2. Die Subjektivität der Erfahrungswelt und das „vinculum"

Aus diesem Stand des philosophischen Denkens ergibt sich Blondels Problemstellung. Als Philosoph macht er sich die nachkantische Sicht der Erfahrungswelt zu eigen und radikalisiert sie. Als Katholik kann er jedoch auf das Sein des sinnlich Wahrgenommenen nicht verzichten; denn darauf beruhen die Sakramente. Aus dieser Problemstellung ergibt sich der Aufbau der *Action*. Nach zwei einleitenden Teilen, die in einer Retorsion aristotelischer Art den Boden für die Problemstellung sichern, radikalisiert Blondel in dem „Le phénomène de l'action" betitelten Hauptteil zunächst die nachkantische Problemstellung und stellt die ganze Erfahrungswelt als rein subjektive Gegebenheit dar, als „phénomènes" im Sinne von Charles Renouvier, Claude Bernard und Hippolyte Taine.

Ausgangspunkt ist die jeder Sinneswahrnehmung innewohnende Antinomie, dass ich einerseits von ihrer unkommunizierbaren Subjektivität überzeugt bin, aber anderseits den Anspruch erhebe, die Welt so zu erkennen, „wie sie ist". Dann fährt Blondel fort:

„Wird es uns je gelingen, diese Schwierigkeiten zu lösen […]? Die Entscheidung darüber wird erst ganz am Ende dieser Untersuchung möglich sein […] Das praktisches Tun lehrt uns allerdings, unsere Sinneswahrnehmungen auf Grund vielfältiger Erfahrung ohne Schwierigkeit zu entziffern, und so kann es über das Paradox hinwegsehen, dass dem Nachdenken so viel Kopfzerbrechen bereitet. Es ist in der Tat erstaunlich, das das geringste Tun ein Problem löst, mit dem keine Philosophie ganz fertig geworden ist, weil keine das praktische Tun zum Gegenstand einer gründlichen Untersuchung gemacht hat."[2] Auch wenn man (wie Galilei) auf die angeblich objektivere wissenschaftliche Naturerkenntnis zurückgreift, wird die Antinomie nicht aufgelöst; denn die beiden unverzichtbaren Vorgehensweisen jeder Naturwissenschaft, die empirische und die mathematische Methode, widersprechen sich in ihren Grundannahmen und sind theoretisch nicht zur Deckung zu bringen. Hier wiederholt Blondel noch einmal seine entscheidende Einsicht: Er verweist auf das Faktum, dass im gelingenden Tun,

2 M. Blondel, L'Action. Essai d'une critique de la vie et d'une science de la pratique, Paris 1893, 47; jetzt in: M. Blondel, Oeuvres complètes, Bd. 1, Paris 1995; deutsch: M. Blondel, Die Aktion (1893). Versuch einer Kritik des Lebens und einer Wissenschaft der Praktik, Freiburg–München 1965, 71 (Übersetzung jeweils von mir revidiert. Im Folgenden bezieht sich die erste Seitenangabe jeweils auf die französische, die zweite auf die deutsche Ausgabe).

der „action" des Naturwissenschaftlers, die Antinomien je schon gelöst sind.[3] Im Gegensatz zu den andern Nachkantianern sucht er somit die Lösung des philosophischen Grundproblems nicht in den Strukturen unseres Denkens, sondern im Faktum des wirklichen Tuns, der „action", die folglich zum Gegenstand des philosophischen Nachforschens zu machen ist.

Hier führt Blondel erstmals den Begriff „vinculum" ein. Wenn wir über die faktische Überwindung der theoretisch unlösbaren Metodenantinomie im gelingenden Tun des Naturwissenschaftlers nachdenken, werden wir zunächst „a vinculo perceptionis ad vinculum percipientis"[4] geführt, d. h. wir erkennen, dass die Einheit des Erkannten in der Einheit des (Tuns des) Erkennden begründet sein muss. Diese Einsicht lässt sich schließlich als Einheit von „vinculum percepti et percipientis"[5] verallgemeinern. Daraus aber folgt, dass die Einheit und der Zusammenhalt der ganzen Erfahrungswelt zunächst in der Einheit des handelnden (und auf sein Tun reflektierenden) Subjekts, in der „action", gesucht werden muss.

Hier sind drei grundsätzliche Überlegungen zum „vinculum"-Begriff einzufügen. Er tritt in der *Action* genau da auf, wo er auch in der Spätscholastik gebraucht wurde. Diese fasste Materie und Form nicht mehr rein als „principia entis" auf, sondern schrieb ihnen, hyperrealistisch, eine Art eigenes Sein zu. Wenn jedoch Form und Materie je für sich bestehen könnten, dann muss ihr Zusammenhalt durch ein vermittelndes Drittes, ein „vinculum" sichergestellt werden. Wenn nun Empirie und Mathematik zwei ebenso eigenständige Annäherungen an das eine Phänomen sind, dann bedarf auch ihre Übereinkunft eines vermittelnden „vinculums". Leibniz hatte den „vinculum"-Begriff in einer ähnlichen Problemsituation verwendet: Die augenfällige Einheit eines nichtorganischen Körpers sollte dadurch eine objektive Grundlage erhalten, dass dessen einzelne Monaden durch ein „vinculum substantiale" miteinander verbunden seien. Dieses hypothetische „vinculum" sollte durch den Bezug zustande kommen, den das „Subjekt" Gott zu diesem Körperphänomen hat.[6]

Als zweites ist zu bemerken, dass sich Blondels Auffassung zwar von jener der Spätscholastik unterscheidet, aber sich Leibniz annähert. Wie für diesen ist für Blondel das „vinculum" nicht im Objekt vorgegeben, sondern subjektiver Natur. Erst im Subjekt und durch das Subjekt finden die Phänomene zu einer Einheit zusammen.[7]

Damit steht Blondel zwar grundsätzlich in der Linie der neuzeitlichen Philosophie; doch in einem wesentlichen Punkt unterscheidet er sich auch von ihr. Er definiert das Subjekt nicht allein durch Bewusstsein, Erkennen und Denken, son-

3 Blondel (wie Anm. 2) 80–83/105–10 7.
4 Blondel (wie Anm. 2) 90/116.
5 Blondel (wie Anm. 2) 96/122.
6 Literatur bei P. Henrici, Vinculum substantiale, in: HWP XI, 1061–1062.
7 Das naheliegendste Beispiel dafür ist die räumliche Bewegung. Erst wenn die aufeinanderfolgenden Ortungen eines Körpers im Raum in einem zeitübergreifenden Subjekt zu einer Einheit zusammengefasst werden, „gibt es" die eine Bewegung – womit übrigens, wie Kant richtig gesehen hat, auch die Einheit des Raumes erstmals „gegeben" ist.

dern in erster Linie durch sein Tun, die „action". Erst diese ist (wie Maine de Biran ahnte) bewusst. Mein Tun kann und muss deshalb so beschrieben werden, wie es mir in meinem Bewusstsein erscheint, als „phénomène de l'action". Durch diesen methodologischen Entscheid wird die Problemlösung, die in der Praxis immer schon gegeben ist, im theoretischen Nachvollzug so lange hinausgeschoben, bis alle Dimensionen des „Phänomens des Tuns" ausgelotet sind. Alle Komponenten meiner Erfahrungswelt, meine Selbsterfahrung, die interpersonalen Bezüge, die menschliche Gesellschaft, Sitte, aber auch Moral und Metaphysik erscheinen so als reine „phénomènes".

Erst im Vierten Teil der *Action* stößt Blondel zur tiefergehenden, „transzendentalen" Frage nach der Einheit des Tuns selbst und dem Ermöglichungsgrund dieser Einheit vor. Auch diese Frage wird zunächst nur auf der Ebene dessen, „was sich zeigt", des Phänomens, gestellt und gelöst. Das Tun selbst erweist sich als im Letzten unzusammenhängend und nicht sich selbst genügend, und verweist so auf die Notwendigkeit eines nicht mehr als Bewusstseinsinhalt gegebenen, sondern nur noch zu erschließenden, mich transzendierenden Ermöglichungsgrundes meines Tuns. Blondel nennt ihn das „Eine Notwendige". Ihm gegenüber drängt sich eine Grundentscheidung auf: Ob ich bereit bin, die radikale Abhängigkeit meines Tuns anzuerkennen, oder ob ich auf meiner Autonomie und Autarkie beharren will.

3. Die Hypothese der „pratique littérale" und das Schlusskapitel der *Action*.

Wie soll nun die Grundentscheidung konkret geschehen, wenn das „Eine Notwendige" kein wählbares Phänomen mehr ist, sondern das wählende Subjekt selbst bedingt? Im Fünften Teil der *Action*, der von den Kommentatoren gelegentlich als ein mehr oder weniger zu vernachlässigender Anhang behandelt wurde, steuert Blondel auf die Lösung dieses kruzialen Problems zu. Er argumentiert zuerst „hypothetisch" (im Sinne Platons) von den Gegebenheiten der christlichen Religion aus,[8] und verifiziert dann die dort vorgeschlagene Lösung philosophisch. Als Ort der konkreten Zustimmung zum „Einen Notwendigen" schlägt das Christentum die „pratique littérale" vor, das Befolgen positiver Gebote und die sakramentale Praxis, in der Gott und Mensch in materiellem Tun effektiv und ausdrücklich zusammenwirken. Das sakramentale Tun setzt jedoch seinerseits voraus, dass die „Materie" dieses Tuns – am ausdrücklichsten in der Eucharistie – mehr ist als nur ein subjektives Phänomen.

8 „Es ist zulässig, diese Dogmen zunächst sicher nicht als geoffenbarte zu betrachten, aber als offenbarende, d. h. sie mit den tiefsten Erfordernissen des Wollens zu vergleichen und in ihnen allenfalls ein Abbild unserer wirklichen Bedürfnisse und der erwarteten Antwort zu entdecken. Es ist zulässig, sie als Hypothesen anzunehmen, wie die Geometer es tun, wenn sie ein Problem als gelöst voraussetzen und die erdachte Lösung auf analytischem Weg verfizieren." Blondel (wie Anm. 2) 391/417.

So führt Blondels Gedankengang am Ende, quasi in einem Kreis, wieder zu seiner Eingangsfrage nach der Objektivität und dem „Sein" des sinnlich Wahrgenommenen zurück. Das als dunkel verschrieene und in seiner endgültigen Form erst nach der Verteidigung der These eingefügte Schlusskapitel der *Action* wendet sich der Beantwortung dieser ersten und letzten Frage zu. Das geschieht in einer neuen und vertieften Diskussion der „vinculum"-Funktion des Subjekts.

Das ganze Kapitel ist nachkantianisch, ja phänomenistisch angelegt. Darauf weist schon die Tatsache hin, dass sich Blondel weitgehend an Lacheliers „Fondement de l'induction" orientiert, und dreimal ausdrücklich Kant erwähnt, und zwar immer, um zu erklären, er habe seinen Ansatz nicht konsequent zu Ende geführt.[9] Am weitesten geht der Hinweis, auch das „Ding an sich" sei ein bloßes Phänomen, um dann umgekehrt alle Phänome zum wahren Ding an sich zu erklären.[10] Mit dieser Aussage macht Blondel auch die doppelte und zugleich einige Absicht seiner *Action* klar:

„Das erlaubt einerseits, auch das zum Gegenstand wissenschaftlicher Untersuchung zu machen, was über das positiv Faktische hinausgeht, und anderseits auch dem Sein zuzusprechen, was keine letztgültige Wirklichkeit zu haben scheint."[11]

Zu dieser entscheidenden Schlussfolgerung kommt Blondel erst auf einem langen und für den Leser manchmal ermüdenden Weg. In einer Einleitung zeigt Blondel zunächst die Unausweichlichkeit der Seinsfrage auf und erörtert dann in einem ersten Abschnitt, wie die Idee einer objektiven Existenz der Phänomene zustande kommt und sich uns aufdrängt – also selbst wieder ein Phänomen ist. Der zweite Abschnitt zeigt dann auf, was sich aus dieser Idee ergibt, wenn die Grundentscheidung gegenüber dem Einen Notwendigen negativ ausfällt, d.h. wenn ein Mensch seine Existenz und die Existenz der ganzen Erscheinungswelt nicht einem Andern verdanken will. Was daraus folgt, bezeichnet Blondel als „privative Erkenntnis": das unausweichliche Wissen um das, was ein Mensch sich nicht zu eigen machen kann, weil er sich dem einzigen Weg dazu verweigert. Im Kontrast dazu zeigt Blondel im dritten und in den folgenden Abschnitten auf, wie es zum Besitz des Seins und damit zu Vollendung des Menschseins kommen kann, in der dann auch das Sein der Erfahrungswelt eingeschlossen ist.

Zum Verständnis dieser Gedankengänge ist ein zweiter Begriff zu beachten, den Blondel, wie das „phénomène", der naturwissenschaftlichen Sprache entlehnte: der „déterminisme", der unauflösliche, notwendige Zusammenhang der Phänomene untereinander. Der „déterminisme" hat schon den Gang der Phänome-

9 Blondel (wie Anm. 2) 428/454 Anm.; 451/477; 460/486. Blondel hat Lachelier nur im vorbereitenden Plan des Kapitels mit Namen genannt (H. Bouillard, Le dernier chapitre de „L'Action". Édition critique, in: ArPh 24 (1961) 29–113, hier 65) und sich im veröffentlichen Text auf Anspielungen beschränkt.

10 „La prétendue *chose en soi* est un phénomène encore; et c'est le phénomène qui devient véritable *chose en soi*" Blondel (wie Anm. 2) 460/486.

11 Blondel (wie Anm. 2) 460/486.

nologie der *Action* bis zur Entdeckung des „Einen Notwendigen" bestimmt. Jetzt bei der Seinsfrage besagt dieses in wissenschaftliche Sprache übersetzte Ganzheitsdenken, dass das Sein nur im Ganzen, im Gesamtzusammenhang der Erfahrungswelt zu finden ist, und nicht der einen oder andern Region im Gegensatz zu den andern zugeschrieben werden kann. Neben dieser hegelianisch anmutenden Feststellung besagt der „déterminisme total" aber auch, typisch blondelianisch, dass die in ihm enthaltene Grundentscheidung vor dem „Einen Notwendigen" bei der Lösung der Seinsfrage nicht zu umgehen ist.

Auf dem Weg zu dieser Lösung setzt Blondel bei der Frage der Erkenntnis Gottes und unserer Mitmenschen nach. Den einen wie die andern kann nur die Liebe voll erkennen, und das führt wieder zu Blondels philosophischer Urfrage zurück, zur Frage nach der Seinswirklichkeit des sinnlich wahrgenommenen Einzelnen.[12] Meine Mitmenschen bieten sich mir zunächst, wie jedes andere „Phänomen", in ihrem sinnlich wahrnehmbaren Äußeren an, und doch ist es nicht ihr Äußeres, diese „particularités si souvent offensantes de l'individu"[13], das ich letztlich liebe, sondern ihr nur der Liebe zugängliches inneres Wesen. Erst beides zusammen, das Äußere und das Innere, macht ihre ganze Wirklichkeit aus. Damit stehen wir wieder vor dem Problem des „vinculum". Ein Text möge für viele stehen:

„Die Wahrheit seines objektiven Äußern ist für die Bewahrung des subjektiven Innern eines Seienden unentbehrlich. So kommen wir zwangsläufig dazu, die objektive Wirklichkeit der Dinge nicht in einem stets sich entziehenden Hintergrund zu suchen und auch nicht in einem der Aspekte, die sie den Sinnen oder dem Verstand zeigen, ebenso wenig wie in ihrer metaphysischen Wesenheit oder in der Intimität ihres nicht mitteilbaren Lebens, in das wir Eingang finden, wenn wir sie lieben, sondern in all dem zugleich. Ihr Sein ist die Einheit dieser ihrer vielfältigen Erscheinung und zugleich die Verschiedenheit dieser umfassend solidarischen Phänomene."[14]

Hier muss nochmals daran erinnert werden, dass sich alles, auch das zuletzt über das „Sein" Gesagte, immer noch im Bereich der „Phänomene", des subjektiv Erfahrenen und Erfahrbaren bewegt. Folglich ist auch das seinsbegründende „vinculum" immmer noch im Bereich des Subjekts zu suchen, und das führt zur Frage, wie das Subjekt und sein vermittelndes Tun definitiv Bestand haben und seinsbegründend sein können. Kann das *Sein* der ganzen Erscheinungswelt auf meinem so kontingenten und begrenzten Tun beruhen?

12 Blondel (wie Anm. 2) 449/475.
13 Blondel (wie Anm. 2) 444/470.
14 Blondel (wie Anm. 2) 447/473.

4. Das Sein der Erfahrungswelt, der Panchristismus und die Eucharistie

Auf dem Weg zu einer Antwort greift Blondel zuerst auf die eingangs festgestellte Reziprozität zwischen Erkennendem und Erkanntem zurück. Er tut es mit einer an Berkeley angelehnten Formulierung:

„Es genügt somit nicht, zu sagen, das Sein der sinnenfälligen Dinge bestehe in ihrem Wahrgenommenwerden [‚esse est percipi'!], wenn man nicht hinzufügt, dass auch der Wahrnehmende durch das Wahrgenommene ist. Objektiv „sein" heißt also, von einem Subjekt erzeugt und erlitten werden; denn was auf etwas Wirkliches wirklich einwirkt, ist selbst wirklich."[15]

Infolge dieser Reziprozität ist auch das Subjekt selbst als ein Phänomen zu betrachten; auch es ist ein Element im Ganzen des „déterminisme" und es kann nur zusammen mit diesem Ganzen ontologisch gegründet werden. Mit einer an Lachelier angelehnten Formulierung stellt Blondel fest:

„Auch dann, wenn wir so tun, als ließe sich unser individuelles Bewusstsein ausschalten, schalten wir damit noch nicht die Idee eines Bewusstseins überhaupt aus; denn während alles andere auf diesem zu beruhen scheint, beruht es selbst auf allem andern."[16]

Daraus ergibt sich als Folgerung erneut und noch dringlicher die Notwendigkeit einer ontologische Begründung des ganzen „déterminisme".

Eine Leibniz entlehnte Einsicht führt weiter. Der ganze „déterminisme" umfasst zweifellos nicht nur mich als einziges, einsames Subjekt, sondern eine Unzahl von Subjekten, welche die Objekte der Erfahrungswelt je von ihrem Standpunkt aus wahrnehmen und synthetisieren:

„Damit diese Vielfalt verschiedener Objekte wirklich bestehen kann, ist es auch unerlässlich, dass die unendlich verschiedenen Ansichten, die sie darbieten, gleichsam von ebenso vielen Perspektivzentren wahrgenommen werden, die diese Mannigfaltigkeit je von ihrem Standpunkt aus zu einer Einheit synthetisieren. Das erklärt die Vermehrung und die Vervielfältigung der überall verstreuten sinnlich wahrnehmenden Subjekte…"[17]

Angesichts dieser multiperspektivischen, leibnizianischen Welt wird die Frage dringlich, wie denn diese Vielfalt zu ihrer letzten Einheit, eben zum „Ganzen" der Erfahrungswelt zusammenführt werden kann. Erst mit der Antwort auf diese Frage kann Blondels Suche nach dem Sein der Erfahrungswelt zum Ziel kommen; doch diese Antwort, so müssen wir hinzufügen, erfordert einen Perspektivenwechsel. Eine endgültige Einheit kann nicht durch Synthese ihrer Teile zustande kommen; eine solche Synthese setzt vielmehr immer schon eine Einheit voraus. Ohne ausdrücklich auf diesen Perspektivenwechsel aufmerksam zu machen,

15 Blondel (wie Anm. 2) 456/482.
16 Blondel (wie Anm. 2) 458/484.
17 Blondel (wie Anm. 2) 459/485.

führt Blondel seine Überlegungen dennoch in schöpfungstheologischer Sicht weiter. Mit einem von ihm öfters angezogenen Bossuetzitat signalisiert er das: „Die Dinge sind, weil Gott sie sieht“[18]; hält dabei jedoch auch das bisher erreichte Resultat fest, das Sein der Weltdinge schließe auch ihr Einwirken auf ein wahrnehmendes Subjekt ein:

„Dass die Dinge aktiv und tatsächlich wirklich sind, dass sie so Bestand haben, wie sie objektiv gesehen werden, kurz, dass sie sind, ist darauf zurückzuführen, dass Gott sie mit geschöpflichen Augen sieht, nicht mehr insofern er sie erschafft, sondern insofern sie erschaffen sind, und dass ihr Schöpfer ihr Tun an sich erleiden lässt.“[19]

Mit diesem für eine traditionelle Schöpfungstheologie ungewohnten Postulat würde Blondels ontologische Suche in einer Aporie enden – könnte er sich nicht, wie schon bei der „pratique littérale“, auf eine Hypothese aus der christlichen Theologie berufen. Im Mensch gewordenen Gottessohn sieht Gott die Welt tatsächlich mit geschöpflichen Augen, ja er erleidet in seiner Passion ihre Aktivität in des Wortes grausamster Bedeutung. Auch diese Hypothese führt Blondel mit einem Zitat ein, diesmal von Bernhard von Clairvaux: „Quod sciebat ab aeterno per divinitatem, aliter temporali didicit experimento per carnem.“[20]

Jenseits des skotistisch-thomistischen Disputs über das Motiv der Menschwerdung, erfordert Blondels Verwendung seiner Hypothese eine Ausweitung der Person Jesu Christi auf kosmische Dimensionen, für die er sich jedoch auf die paulinische und johanneische Christologie berufen könnte, und auf die er sich durch implizite Zitate auch tatsächlich beruft.[21]

Dieser schon oft erörterte „Panchristismus“ Blondels muss hier nicht weiter ausgeführt werden. Nur zwei seiner Implikationen, die sich direkt auf unsere Problemstellung beziehen, sind noch zu erwähnen. Zum einen fällt die Rückbindung der kosmisch interpretierten Menschwerdung Christi an die eingangs gestellte Frage nach der objektiven Wirklichkeit des sinnlich Wahrgenommenen auf. So ungewohnt und verschlungen der Aufstieg von der einfachen Sinneswahrnehmung zur Menschwerdung und zur Passion des Gottessohnes scheinen mag, weist er doch auf das hin, „was die Welt im Innersten zusammenhält“, das „vinculum“, und damit auf den letzten Sinn der Welt.

Für diesen ungewohnten Aufstieg gibt es auch eine Abkürzung, die Blondel zwar in der *Action* nur eben andeutet, die sich aber in seinen persönlichen Aufzeichnungen deutlich abzeichnet. Gemeint ist sein Eucharistieverständnis.[22] Andeutende Hinweise auf die Eucharistie finden sich in der *Action* an mehreren

18 Blondel (wie Anm. 2) 459/485.

19 Blondel (wie Anm. 2) 459/485.

20 Blondel (wie Anm. 2) 460/486. Dieses namenlose lateinische Zitat ist eine Klitterung zweier Texte aus Bernhards von Clairvaux, De gradibus humilitatis III, 6 und 9–10.

21 Blondel (wie Anm. 2) 461/487, 465/491.

22 Vgl. dazu M. Antonelli, L'eucaristia nell'"Action" (1893) di Blondel. La chiave di volta di un'apologetica filosofica, Milano 1993.

Stellen. Zunächst, wie zu erwarten war, zweimal im Kapitel über die „pratique littérale“. Was diese Texte andeutend sagen möchten, wird deutlich, wenn man sie in vollem Umfang liest:

„Die unendliche Größe kann sich unserer unendlichen Kleinheit anpassen; das Göttliche ist mehr als universal, es ist partikulär in jedem Punkt und in jedem ganz; wenn es sich allen als das Manna schenkt, das sich jedem Geschmack anpasste, dann geschieht dies in der zugänglichsten und bescheidensten Gestalt, weil es in seiner erhabenen Erniedrigung seiner Güte und Würde schuldig ist, sich nur nicht nur halbwegs zu uns herabzulassen.[23] Je weniger das Symbol in den Augen der Sinne ist, desto mehr entspricht es den Ansprüchen der Vernunft und des Herzens. Es leuchtet nur wie ein kleiner Punkt auf, wie ein Stern, dessen schwacher Lichtstrahl den Ozean im Dunkeln zu lassen scheint, und der doch seine ganze unermessliche Weite erleuchtet; denn von wo immer einer zu ihm aufblickt, wird er zu einem Richtstrahl für das Auge.“[24]

Zwei Seiten weiter lesen wir:

„In diesem wunderbaren Tun, das durch eine wechselseitige Assimilation aus zwei unendlich getrennten Leben eine einzige Synthese und ein einziges Tun bildelt, senkt die „pratique littérale“ den göttlichen Keim bis in die niedrigsten Funktionen des Organismus ein; sie lässt den Leib an einem Leben teilhaben, das höher ist als das Leben des Geistes. Aus dem sakramental Materiellen, in dem das lebendige Unendliche vernichtet und wie tot scheint, gerade aus ihm wird kraft einer Anstrengung des guten Willens das zugleich göttliche und menschliche Leben auferstehen.“[25]

Im Schlusskapitel finden sich, wiederum erwartungsgemäß, zwei weitere, etwas deutlichere Anspielungen:

„Vermittels dieser Materie [der „pratique littérale“] kommuniziert die Wahrheit des erdrückend Unendlichen aufs Innigste mit jedem Individuum, und nur durch sie ist ein jeder davor geschützt, vom Unendlichen erdrückt zu werden. Um zum Menschen zu gelangen, muss Gott die ganze Natur durchqueren und sich ihm in nacktest materieller Gestalt darbieten; um zu Gott zu gelangen, muss der Mensch die ganze Natur durchqueren und Ihn unter dem Schleier entdecken, in den Er sich nur verhüllt, um sich zugänglich zu machen; so zeigt sich die ganze Naturordnung als ein Band [‚lien‘!] und ein Hindernis zwischen Gott und Mensch […]“[26]

Schließlich ganz zu Ende des Gedankengangs des Schlusskapitels:

„Vielleicht hätte der Mensch, dazu berufen, das göttliche Leben in sich aufzunehmen, die Rolle des alles zusammenhaltenden Bandes übernehmen und der

23 Die öfters wiederholte Terminologie der „Herablassung“ (condescendance) Gottes (Blondel (wie Anm. 2) 419/445, 421/447, 460/486) lässt den theologisch-spirituellen Hintergrund der Ausführungen Blondels durchscheinen.
24 Blondel (wie Anm. 2) 418–419/444–445.
25 Blondel (wie Anm. 2) 420–421/446–447.
26 Blondel (wie Anm. 2) 449/475.

Forderung nach einer schöpferischen Vermittlung Genüge tun können, indem die Innewohnung Gottes in uns gleichsam das magnetische Zentrum wäre, das alle Dinge miteinander verbindet, so wie ein Bündel Nadeln von einem starken Magneten unsichtbar zusammengehalten wird."[27]

Gegen eine Auslegung dieses Textes im Sinne der Eucharistie wird man einwenden, dass Blondel hier offensichtlich eine Alternative zur Hypothese der Menschwerdung Gottes vorlegen will; die Eucharistie selbst setze jedoch die Menschwerdung voraus. Wenn man jedoch alle einschlägigen Texte beachtet,[28] wird man zum Schluss kommen, dass das, was hier (vielleicht aus Gründen der Opportunität) als Alternative vorgestellt wird, in Blondels Augen eher eine Ergänzung ist. In dem durch die Eucharistie Christus assimilierten Menschen kommt der Panchristismus zu seiner Vollendung, ja, die eucharistischen Gestalten selbst sind sozusagen der Prüfstein und die Garantie für die ontologische Letztgültigkeit auch des sinnlich Wahrgenommenen. Ein Text aus Blondels „Tagebuch vor Gott" möge für viele stehen:

„Wo werde ich das greifbare Absolute finden, das hungrig macht und sättigt, Ideal und Wirklichkeit, Schlummer und Tathandlung, unendliches Leiden und vollkommene Freude: *in hostia, Christe Jesu!*"[29]

Damit schließt sich der Kreis, und zwar sowohl in problematisch-argumentativer wie in historischer Hinsicht. Historisch war Blondel dem Begriff eines „vinculum" erstmals beim Ringen Leibniz' um eine Erklärung der katholischen Trassubstantiationslehre begegnet; jetzt zeigt sich ihm die Eucharistie selbst als das letztverbindliche „vinculum" der ganzen Erfahrungswelt. Das Problem, das sich Blondel bei seinem Ringen um die Erhellung des menschlichen Tuns als erstes stellte, war die gedankliche Inkonsistenz des sinnlichen „Etwas", das ich wahrnehme; jetzt kann er nach einem langen argumentativen Weg schließen, dass dieses „Etwas" seine eigene Konsistenz haben muss. In der Eucharistie ist das Absolute selbst in einem sinnlich erscheinenden „Etwas" anwesend, und doch kann dieses „Etwas" („Hoc"!) nicht als Erscheinung des Absoluten verstanden werden; sein Erscheinen muss folglich in sich selbst Bestand haben. „Visus, tactus, gustus in te fallitur, sed auditu solo tuto creditur." Der Glaube kann Hinweise auf die mögliche Lösung eines Problems geben, das die Philosophie mit eigenen Mitteln nicht zu lösen vermag.

Dies aber kann eine Aussage der Seinsphilosophie Blondels erklären, die oft als anstößig empfunden wird, und die Blondel durch den wiederholten Hinweis, zum Ganzen des „déterminisme" gehöre auch das „Eine Notwendige", wohl nicht plausibel genug zu machen verstand: dass nämlich das Sein der Erfahrungswelt nur in einer letztlich religiösen Grundentscheidung voll erfassbar sei. Wenn dieses Sein jedoch, wie Blondel zu zeigen versucht, von der Menschwerdung Gottes,

27 Blondel (wie Anm. 2) 461/487.
28 Antonelli (wie Anm. 21) 99–130, 159–215.
29 M. Blondel, Carnets Intimes (1883–1894), Paris 1961, 397 (9. April 1891); deutsch: Tagbuch vor Gott 1883–1894, Einsiedeln 1964, 419–420.

seiner Herablassung bis zum Materiellen der Eucharistie und/oder von der Assimilation des Menschen an Gott abhängt, dann leuchtet seine Folgerung ein. Dann versteht man auch, dass das abschließende, außerhalb des philosophischen Diskurses ausgesprochene „C'est" der *Action*[30] nicht nur eine philosophische Affirmation, sondern auch ein Glaubensbekenntnis ist. Das aber könnte, im Gegensinn gelesen, seinerseits der Theologie einen Hinweis geben, wie die Schöpfung im menschgewordenen Logos verstanden werden könnte und wie das Heil in Jesus Christus allen Menschen zukommen kann. Auch die Philosophie kann der Theologie zu denken geben.

30 Blondel (wie Anm. 2) 492/517.

Hermeneutische Phänomenologie des Daseins und christliche Theologie

Friedrich-Wilhelm von Herrmann

Der Titel der nachstehenden Ausführungen ist die inhaltliche Ausfaltung des verkürzten Titels „Phänomenologie und Theologie", unter dem Heidegger am 8. Juli 1927 in Tübingen und am 14. Februar 1928 in Marburg einen viel beachteten Vortrag gehalten hat.[1] Im April 1927 war „Sein und Zeit"[2] erschienen und im Sommersemester desselben Jahres hielt Heidegger als zweite Ausarbeitung des dritten Abschnitts von „Sein und Zeit" die Vorlesung „Die Grundprobleme der Phänomenologie"[3]. Weil in „Phänomenologie und Theologie" eine grundsätzliche Bestimmung des Verhältnisses der Hermeneutischen Phänomenologie des Daseins von „Sein und Zeit" zur christlichen Theologie gegeben wird, fragen wir zuerst, wie es denn auf dem Weg Heideggers seit Beginn seiner eigensten Fragestellung bis zu seinem Grundwerk „Sein und Zeit" mit der *Gottesfrage* steht. Nur auf dem Hintergrund einer Beantwortung dieser Ausgangsfrage lassen sich die Bestimmungen Heideggers in „Phänomenologie und Theologie" zureichend verstehen.

1. Die Gottesfrage auf dem Weg zu „Sein und Zeit"

Die erstmals 2005 veröffentlichten frühen Briefe Martin Heideggers an seine Braut Elfride Petri setzen Heideggers Grunderfahrung seiner eigensten Fragestellung bereits in das Jahr 1916. Im Brief vom 5. März 1916 heißt es: „ich weiß heute, daß es eine Philosophie des lebendigen Lebens geben *darf* – daß ich dem Rationalismus den Kampf bis aufs Messer erklären *darf* – ohne dem Bannstrahl der Unwissenschaftlichkeit zu verfallen – ich *darf* es – ich *muß* es – u. so steht heute vor mir die Notwendigkeit des Problems: wie ist Philosophie als lebendige Wahrheit zu schaffen"[4]. In dieser ‚Philosophie des lebendigen Lebens' spricht sich bereits die Urerfahrung von einer Philosophie des faktischen, vortheoretischen Lebens und Daseins aus. Am 12. Mai 1918 schreibt Heidegger: „Aus einer solchen

1 Vgl. M. Heidegger, Phänomenologie und Theologie, in: ders., Wegmarken, 2. Auflage, Frankfurt a. M. 1978 (Gesamtausgabe [im Folgenden abgek.: GA]; 9), 45–78.
2 Vgl. M. Heidegger, Sein und Zeit. 15. Auflage, Tübingen 1979 (GA; 2).
3 Vgl. M. Heidegger, Die Grundprobleme der Phänomenologie, Frankfurt a. M. 1975 (GA; 24).
4 G. Heidegger (Hg.), „Mein liebes Seelchen!". Briefe Martin Heideggers an seine Frau Elfride 1915–1970, München 2005, 36 f.

Athmosphäre [sic] persönlichen Zusammenlebens mit den ständig wirksamen Perspektiven religiöser Verinnerlichung wird mir die wahrhafte Religionsphilosophie u. das Philosophieren überhpt. erwachsen."[5] Auf seinem Weg zur Philosophie des ‚lebendigen Lebens' sucht er auch nach der Grundlegung der ‚wahrhaften Religionsphilosophie'. In seinem Brief vom 9. Januar 1919 an den Freiburger Dogmatiker Engelbert Krebs faßt Heidegger seine bisher gewonnene philosophische Grunderfahrung mit den Worten zusammen: „Die vergangenen zwei Jahre, in denen ich mich um eine prinzipielle Klärung meiner philosophischen Stellungnahme mühte [...], haben mich zu Resultaten geführt [...]. Erkenntnistheoretische Einsichten, übergreifend auf die Theorie geschichtlichen Erkennens haben mir das *System* des Katholizismus problematisch und unannehmbar gemacht – nicht aber das Christentum und die Metaphysik (diese allerdings in einem neuen Sinne)."[6] Weder das Katholische und das Christentum als solches noch die Metaphysik, sondern nur das ‚System', also die begrifflich-systematische Ausgestaltung des katholischen Christentums verträgt sich nicht mehr mit Heideggers Grunderfahrung vom ‚lebendigen Leben'. Schon hier ist angedeutet, daß das Christliche und das Metaphysische von der Philosophie des ‚lebendigen Lebens' eine gewandelte begriffliche Durchdringung und Bestimmung erhalten sollen.

Was Heidegger in diesem Brief mitteilt, findet seine erste schriftliche Ausführung in der Vorlesung vom Kriegsnotsemester 1919 (25. Januar – 16. April) unter dem programmatischen Titel „Die Idee der Philosophie und das Weltanschauungsproblem".[7] Hier wird die ‚Philosophie des lebendigen Lebens' als ‚Urwissenschaft' vom vortheoretischen Umweltleben und -erleben bestimmt, deren methodisches Vorgehen die hermeneutische Phänomenologie ist. Im Wintersemester 1919/20 spricht Heidegger in der Vorlesung „Grundprobleme der Phänomenologie"[8] von der ‚Ursprungswissenschaft' vom faktischen Leben, das er bald schon das faktische Dasein nennen wird.

In der Vorlesung des folgenden Sommersemesters 1920 „Phänomenologie der Anschauung und des Ausdrucks" lesen wir die unzweideutigen Sätze, die in der bisherigen Forschungsliteratur weitgehend unbeachtet geblieben sind: „Es besteht die Notwendigkeit einer prinzipiellen Auseinandersetzung mit der griechischen Philosophie und der Verunstaltung der christlichen Existenz durch sie. Die wahrhafte Idee der christlichen Philosophie; [...] Der Weg zu einer ursprünglichen christlichen – griechentumfreien – Theologie"[9]. Im Brief von 1918 sprach Heidegger schon von der ‚wahrhaften Religionsphilosophie', die dann eine wahr-

5 Heidegger (wie Anm. 4) 66.

6 M. Heidegger, Brief an Engelbert Krebs vom 9. Januar 1919, abgedruckt in: B. Casper, Martin Heidegger und die Theologische Fakultät Freiburg 1909–1923, in: FDA 100 (1980) [Kirche am Oberrhein: Festschrift für Wolfgang Müller], 534–541, 541.

7 Vgl. M. Heidegger, Die Idee der Philosophie und das Weltanschauungsproblem, in: ders., Zur Bestimmung der Philosophie, 2. Auflage, Frankfurt a. M. 1999 (GA; 56/57), 1–117.

8 M. Heidegger, Grundprobleme der Phänomenologie, Frankfurt a. M. 1992 (GA; 58).

9 M. Heidegger, Phänomenologie der Anschauung und des Ausdrucks, Frankfurt a. M. 1993 (GA; 59), 91.

hafte ist, wenn sie ganz aus dem Eigensein des faktischen Lebens ergriffen und ausgearbeitet wird.

Dieses philosophische Programm wird von Heidegger in den beiden aufeinanderfolgenden Vorlesungen „Einleitung in die Phänomenologie der Religion" (Wintersemester 1920/21)[10] und „Augustinus und der Neuplatonismus" (Sommersemester 1921)[11] umgesetzt. In der religionsphänomenologischen Vorlesung wird auf dem neu gelegten philosophischen Ursprungsboden des faktischen Lebens und der faktischen Lebenserfahrung die *Philosophische Gottesfrage neu gestellt.* Im ersten Abschnitt werden die in den vorangehenden Vorlesungen erarbeiteten Grundstücke der neuen Metaphysik des faktischen Lebens entfaltet, um dann im zweiten Abschnitt auf dem Wege einer hermeneutisch-phänomenologischen Durchdringung Paulinischer Briefe sich der *urchristlichen Religiosität im Neuen Testament* zuzuwenden. Es ist das Christentum *vor* seiner späteren Durchdringung von griechischer Begrifflichkeit. In der urchristlichen Lebenserfahrung sieht Heidegger den Vollzug der faktischen Lebenserfahrung. In der Augustinus-Vorlesung interpretiert er die durch die Gottsuche geführte Selbstauslegung der anima bzw. vita des X. Buches der ‚Confessiones' als bestimmt durch die faktische Lebenserfahrung. Gleich nach der Augustinus-Vorlesung kennzeichnet Heidegger sich selbst in dem viel zitierten Brief an Karl Löwith vom 19. August 1921 als einen ‚christlichen Theo*logen*'[12]. Diese Selbstcharakterisierung ist ganz von den unmittelbar vorangehenden Vorlesungen her zu verstehen. Die in dieser Selbstcharakterisierung vorgenommene Unterstreichung ‚Theo*loge*' will sagen, daß er als hermeneutischer Phänomenologe nach dem *Eigenlogos* der wahrhaften christlichen Philosophie und christlichen Theologie fragt, so, wie er es in der Vorlesung vom Sommersemester 1920 gefordert hatte.

Hat man sich einmal Heideggers Weg des Erfahrens und Fragens von 1916 bis 1921 gründlich vergegenwärtigt, dann versetzt einen die Vorlesung des anschließenden Wintersemesters 1921/22 „Phänomenologische Interpretationen zu Aristoteles. Einführung in die phänomenologische Forschung"[13] in größtes Erstaunen, wenn es nun ganz unerwartet und plötzlich heißt, daß die hermeneutische

10 M. Heidegger, Einleitung in die Phänomenologie der Religion, in: ders., Phänomenologie des religiösen Lebens, Frankfurt a. M. 1995 (GA; 60), 1–156 . Vgl. hierzu vom Verfasser: Stationen der Gottesfrage im frühen und späten Denken Heideggers, in: R. Langthaler / W. Treitler (Hg.), Die Gottesfrage in der europäischen Philosophie und Literatur des 20. Jahrhunderts, Wien – Köln – Weimar 2007, 19–31; ders., Faktische Lebenserfahrung und urchristliche Religiosität. Heideggers phänomenologische Auslegung Paulinischer Briefe, in: N. Fischer / F.-W. v. Herrmann (Hg.), Heidegger und die christliche Tradition, Hamburg 2007, 21–31.

11 Vgl. M. Heidegger, Augustinus und der Neuplatonismus, in: Phänomenologie des religiösen Lebens, Frankfurt a. M. 1995 (GA; 60), 157–299.

12 M. Heidegger, Brief an Karl Löwith vom 19. August 1921, in: D. Papenfuss / O. Pöggeler (Hg.), Zur philosophischen Aktualität Heideggers. Symposium der Alexander von Humboldt-Stiftung vom 24.–28. April 1989 in Bonn-Bad Godesberg, Bd. 2: Im Gespräch der Zeit, Frankfurt a. M. 1990, 29.

13 Vgl. M. Heidegger, Phänomenologische Interpretationen zu Aristoteles. Einführung in die phänomenologische Forschung, 2. Auflage, Frankfurt a. M. 1994 (GA; 61).

Phänomenologie des faktischen Lebens von der Gottesfrage freigehalten werden müsse. Diese Enthaltsamkeit gegenüber der Gottesfrage kennzeichnet Heidegger höchst missverständlich als „prinzipiellen Atheismus“[14], zwar nicht im Sinne eines dogmatischen, wohl aber eines methodischen Atheismus, was er gelegentlich auch durch die Getrenntschreibung des Wortes ‚A-theismus‘ verdeutlicht. Diesen methodischen A-theismus können wir unsererseits mit dem phänomenologischen Terminus ‚theologische Epoché‘ bezeichnen. Die Philosophie des faktischen Lebens sei die „radikale, sich auf sich selbst stellende Fraglichkeit“[15]. Angesichts ihrer Grundtendenz dürfe sie sich „nicht vermessen, Gott zu haben und zu bestimmen“[16]. „Je radikaler sie ist, umso bestimmter ist sie ein weg von ihm, also gerade im radikalen Vollzug des ‚weg‘ ein eigenes schwieriges ‚bei‘ ihm“[17]. Diese ganz neue Haltung gegenüber der philosophischen Gottesfrage verschärft sich noch einmal im „Natorp-Bericht“ von 1922. Die Philosophie müsse „als das faktische Wie der Lebensauslegung gerade dann, wenn sie dabei noch eine ‚Ahnung‘ von Gott hat, wissen, daß das von ihr vollzogene sich zu sich selbst Zurückreißen des Lebens, religiös gesprochen, eine Handaufhebung gegen Gott ist. Damit allein aber steht sie ehrlich [...] vor Gott“[18]. In diesen Sätzen spricht sich eine deutliche Distanzierung gegenüber der christlichen Gottesfrage aus, die Heidegger in seinen vorangehenden Vorlesungen gerade aus dem philosophischen Ursprungsboden lebens- bzw. daseinsphänomenologisch neu gegründet hatte. Hier kann auch daran erinnert werden, daß Heidegger später in seinem 1937/38 verfaßten „Rückblick“ auf seinen bisherigen Weg unverdeckt ausspricht, daß „auf diesem ganzen bisherigen Weg verschwiegen die Auseinandersetzung mit dem Christentum mitging“[19]. Allein, der Weg der ‚Auseinandersetzung mit dem Christentum‘ beginnt, wie wir gesehen haben, nicht etwa schon 1919 mit dem berühmten Brief an Engelbert Krebs, sondern – und das gilt es endlich einmal zu sehen und festzuhalten – erst und ganz unerwartet im Winter 1921/22 mit der erstmaligen programmatischen Forderung des ‚radikalen Atheismus‘. Das Wegstück von 1919 bis 1921 hatte uns gezeigt, daß und wie die christliche Gottesfrage sich mit der neuen Grundstellung der Philosophie in der Hermeneutik des faktischen Lebens und Daseins ohne sachlichen Bruch verträgt.

Auch in der Marburger Vorlesung vom Sommersemester 1925, die in ihrem Hauptteil eine vorlesungsmäßige Darstellung des ersten Abschnittes von „Sein und Zeit“ ist, hebt Heidegger erneut hervor: „Philosophische Forschung ist und

14 Heidegger (wie Anm. 13) 196.
15 Heidegger (wie Anm. 13) 197.
16 Heidegger (wie Anm. 13) 197.
17 Heidegger (wie Anm. 13) 197.
18 M. Heidegger, Phänomenologische Interpretationen zu Aristoteles (Anzeige der hermeneutischen Situation), in: ders., Phänomenologische Interpretationen ausgewählter Abhandlungen des Aristoteles zur Ontologie und Logik, Frankfurt a. M. 2005 (GA; 62), 363 (Fußnote).
19 M. Heidegger, Ein Rückblick auf den Weg, in: ders., Besinnung, Frankfurt a. M. 1997 (GA; 66 Anhang), 415.

bleibt Atheismus"[20]. Demzufolge enthält auch der 1927 erschienene vollständige Aufriß der Fundamentalontologie von „Sein und Zeit" (§ 8) in seinen zwei Teilen mit je drei Abschnitten keinen Hinweis auf die Gottesfrage. Allerdings bleibt hier Heideggers briefliche Mitteilung an Max Müller aus dem Jahre 1947 von hoher Bedeutung, wonach in der ersten Ausarbeitung des III. Abschnittes von „Zeit und Sein" außer der ontologischen bzw. transzendentalen Differenz von Sein und Seiendem eine „theologische (transzendente) Differenz"[21] von Sein und Gott unterschieden wurde. Diese Mitteilung zeigt, daß die Gottesfrage zwar nicht systematisch entfaltet, wohl aber zumindest in der ‚theologischen Differenz' angezeigt wurde. Was aber hier als ‚theologische Differenz' angesprochen wurde, weist zurück auf die Art, in der in der Paulus- und Augustinus-Vorlesung die christliche Gottesfrage lebens- und daseinshermeneutisch behandelt wurde. Zugleich leuchtet auch ein Zusammenhang mit Heideggers daseinsphänomenologischen Bestimmungen des christlichen Gottesverständnisses in seinem Vortrag „Phänomenologie und Theologie" auf, den er noch im Erscheinungsjahr von „Sein und Zeit" ausgearbeitet hat und dem wir uns jetzt zuwenden werden.

2. Die These – die Fragestellung – die Aufgabenstellung

Wie wir bereits gesehen haben: Das Wort ‚Phänomenologie' im Vortragstitel steht für ‚Philosophie', jedoch nicht für Philosophie im allgemeinen, sondern für *die* Philosophie, deren methodische Vorgehensweise die Phänomenologie, genauer die hermeneutische Phänomenologie ist und deren thematischer Gegenstand als die Ontologie bzw. Fundamentalontologie des seinsverstehenden Daseins angesetzt wird. ‚Theologie' aber meint hier die christliche Theologie. Der Titel „Phänomenologie und Theologie"[22] ist somit eine Anzeige für die Frage nach dem Verhältnis der hermeneutischen Phänomenologie des Daseins zur christlichen Theologie, und umgekehrt, die Frage nach dem Verhältnis der christlichen Theologie zur hermeneutischen Phänomenologie des Daseins. Das Problem dieses Verhältnisses wird gefaßt als die „Frage nach dem Verhältnis zweier Wissenschaften" (47). Gesucht wird eine „grundsätzliche Einsicht", „wie die christliche Theologie und die Philosophie [als Wissenschaften] zueinander sich verhalten" (47). Hierfür gibt Heidegger eine „formale Definition der Wissenschaft: Wissenschaft ist die begründende Enthüllung eines je in sich geschlossenen Gebietes des Seienden, bzw. des Seins um der Enthülltheit selbst willen" (48). Diese Definition weist hin auf zwei Grundmöglichkeiten von Wissenschaft: auf die Wissenschaften vom Seien-

20 M. Heidegger, Prolegomena zur Geschichte des Zeitbegriffs, 3. Auflage, Frankfurt a.M. 1994 (GA; 20), 109 f.

21 M. Heidegger, Brief an Max Müller vom 4. November 1947, abgedruckt in: M. Heidegger, Briefe an Max Müller und andere Dokumente, Freiburg–München 2003, 15.

22 Heidegger (wie Anm. 1). Im Folgenden wird die Seitenzahl hinter das jeweilige Zitat in runde Klammern gesetzt.

den, „ontische Wissenschaften", und auf die eine Wissenschaft vom Sein, „die ontologische Wissenschaft" (48), die Philosophie. Die mannigfaltigen Wissenschaften vom „vorliegenden Seienden", dem „Positum", heißen die positiven Wissenschaften. Von diesen wird gesagt, sie seien von der Philosophie „absolut verschieden" (48). Heidegger formuliert seine *These*: „Die Theologie ist eine positive Wissenschaft und als solche daher von der Philosophie absolut verschieden" (49).

Aus dieser These ergibt sich die *Frage*, wie die Theologie in ihrer „absoluten Verschiedenheit gegenüber der Philosophie zu dieser sich verhält" (49).

Um diese Frage beantworten zu können, stellt sich die *Aufgabe*, „die Theologie als positive Wissenschaft zu kennzeichnen" und anschließend „ihr mögliches Verhältnis zu der von ihr absolut verschiedenen Philosophie zu klären" (49).

3. Die christliche Theologie als positive Wissenschaft

Das Vorliegende, das Positum, für die Theologie als positive Wissenschaft faßt Heidegger als „die Christlichkeit". Die Christlichkeit wird zunächst gefaßt als „der Glaube". Das Wesen des christlichen Glaubens wird formal umgrenzt als „eine Existenzweise des menschlichen Daseins" (52). Diese formale Umgrenzung des Glaubens als „eine Existenzweise des menschlichen Daseins" ist von großer Bedeutung, weil dadurch der Glaube aus der Perspektive der Daseinsphilosophie von vornherein in seiner Existenz- und Daseinsverfaßtheit in den Blick genommen wird. Der Glaube ist nicht etwas, was außerhalb des Daseins und dessen Existenz verbleibt, sondern ist selbst eine Weise des Existierens im Da als der Erschlossenheit der Bedeutsamkeitswelt mit anderem Dasein beim jeweiligen innerweltlich begegnenden Seienden. Das Eigentümliche dieser Existenzweise des Glaubens zeigt sich darin, daß sie „nicht aus dem Dasein und nicht durch' das Dasein „aus freien Stücken gezeitigt wird" (52) wie alle anderen Existenzweisen und Existenzmöglichkeiten des Daseins. Die Existenzweise des Glaubens wird vielmehr gezeitigt „aus dem Geglaubten" (52). Dieses Geglaubte, „das primär für den Glauben und nur für ihn Offenbare", die Offenbarung, ist „Christus, der gekreuzigte Gott" (52). Die Kreuzigung faßt Heidegger als ein „geschichtliches Geschehnis" in seiner „spezifischen Geschichtlichkeit", welches geschichtliche Geschehnis „nur für den Glauben in der Schrift" (52) bezeugt ist. Das aus der Offenbarung offenbare Kreuzigungsgeschehnis hat einen „Opfercharakter" mit einer bestimmten „Mitteilungsrichtung auf den je faktisch geschichtlich existierenden […] einzelnen Menschen, bzw. die Gemeinschaft dieser Einzelnen als Gemeinde" (52). Diese Mitteilung macht denjenigen, den sie trifft, „zum ‚Teil-nehmer' an dem Geschehen, welches die Offenbarung = das in ihr Offenbare selbst ist" (53). Im Teilnehmen bzw. Teil-haben am Kreuzigungsgeschehen wird „das ganze Dasein als christliches, d.h. kreuzbezogenes vor Gott gestellt" (53). Die von dieser Offenbarung angesprochene Existenz wird sich selbst enthüllt „in ihrer Gottvergessenheit" (53).

Das Gestelltwerden vor Gott im Hören auf das in der Offenbarung Offenbarwerdende bestimmt Heidegger nun als ein „Umgestelltwerden der Existenz in und durch die gläubig ergriffene Barmherzigkeit Gottes" (53). Die Wendung vom ‚Umgestelltwerden der Existenz' ist aufschlußreich. Denn sie sagt, daß das existierende In-der-Welt-Sein dadurch, daß es in die Existenzweise des Glaubens gelangt, einen neuen Modus annimmt, durch den es eine neue Orientierung gewinnt. Das jeweilige In-der-Welt-Sein bleibt, was es ist, aber es modifiziert sich in seiner Ausgerichtetheit. Die Existenzmöglichkeit des Glaubens ist eine solche, „deren das betroffene Dasein von sich aus nicht mächtig" ist (53). Denn in dieser Existenzmöglichkeit des Glaubens ist das Dasein „zum Knecht geworden, vor Gott gebracht und so wieder-geboren" (53). Die Wiedergeburt ist, wie Heidegger formuliert, der „eigentliche existenzielle Sinn des Glaubens" (53), d.h. der Sinn der Existenzweise des Glaubens. Die Wiedergeburt faßt Heidegger „als Modus des geschichtlichen Existierens des faktischen gläubigen Daseins". Die Geschichtlichkeit dieses „geschichtlichen Existierens" bestimmt sich aus „*der* Geschichte, die mit dem Geschehen der Offenbarung anhebt" (53). Die Wiedergeburt ist der neue Existenzmodus, in welchem das Dasein zwar weiterhin als In-der-Welt-Sein existiert, aber so, daß sein In-der-Welt-Sein nunmehr seine primäre Ausrichtung aus der Wiedergeburt empfängt. Der Glaube selbst ist „Offenbarungsaneignung" (53). Als solche Offenbarungsaneignung ist der Glaube jene „Existenzart, die das faktische Dasein in seiner Christlichkeit als einer spezifischen Geschicklichkeit bestimmt" (54). Die Kennzeichnung der Christlichkeit, des christlichen Glaubens und dessen Geglaubten, faßt Heidegger nun zusammen: „Glaube ist gläubig verstehendes Existieren in der mit dem Gekreuzigten offenbaren, d.h. geschehenden Geschichte" (54).

Nachdem Heidegger die Positivität der Theologie als positiver Wissenschaft umgrenzt hat, umreißt er die *Wissenschaftlichkeit* der Theologie. Die Theologie bildet sich als Wissenschaft „in der Thematisierung des Glaubens und des mit ihm Enthüllten, d.h. hier ‚Offenbaren'" (54).

Die Theologie bestimmt Heidegger als Wissenschaft des Glaubens nach vier Hinsichten: 1. ist sie Wissenschaft vom „Geglaubten" (55). 2. ist sie Wissenschaft vom „glaubenden Verhalten selbst, der Gläubigkeit" (55). 3. ist sie Wissenschaft des Glaubens insofern, als „sie selbst aus dem Glauben entspringt" (55). 4. ist sie Wissenschaft des Glaubens, weil sie das Ziel hat, „die Gläubigkeit selbst an ihrem Teil mit auszubilden" (55). Weil „der Glaube als das existierende Verhältnis zum Gekreuzigten eine Weise des geschichtlichen Daseins" ist, d.h. „des Geschichtlich-Seins in einer Geschichte, die sich erst im Glauben und nur für den Glauben enthüllt", deshalb ist die Theologie eine „historische", d.h. aber geschichtliche Wissenschaft (55). Weiter kennzeichnet Heidegger die Theologie als „begriffliche Selbstinterpretation der gläubigen Existenz" (56) und als solche zielt sie auf die „Durchsichtigkeit des christlichen Geschehens" (56). Diese von der Theologie angestrebte „Durchsichtigkeit der gläubigen Existenz" bezieht sich „auf das Existieren selbst" (56). „Jeder theologische Satz und Begriff spricht […] in die gläubige

Existenz des einzelnen Menschen in der Gemeinde hinein" (56). Gläubigkeit und Glaube kennzeichnet Heidegger schließlich als „‚geschenkte' Existenzweise" (56), geschenkt aus der Gnadenzuweisung. Doch das Geschenk des Glaubenkönnens muß auch von der einzelnen Existenz ergriffen werden in einem Ergreifen, in dem die Freiheit des Einzelnen ins Spiel kommt.

4. Das Verhältnis der christlichen Theologie zur Philosophie als der Ontologie des seinsverstehenden Daseins

Theologie ist die Wissenschaft vom Glauben. „Der Glaube [selbst] bedarf nicht der Philosophie" (61). Aber die Theologie als die „Wissenschaft des Glaubens" und „ als *positive* Wissenschaft" (61) bedarf der Philosophie in Gestalt der existenzialen Ontologie des Daseins.

In welche Richtung zielt dieses Bedürfnis? Die Theologie bedarf der Ontologie des Daseins „nicht zur Begründung und primären Enthüllung ihrer Positivität, der Christlichkeit" (61). Denn der Sachbereich der Theologie, die Christlichkeit, enthüllt und begründet sich selbst in der Offenbarung, die als eine eigene Faktizität in das faktische Dasein hineingeschieht. Die Theologie bedarf als positive Wissenschaft des Glaubens der Existenzialontologie des Daseins „nur mit Rücksicht auf ihre Wissenschaftlichkeit" (61). Was damit gemeint ist, muß sich im Folgenden erweisen.

Im Glauben, d.h. „im christlichen Geschehen als Wiedergeburt", liegt, „daß darin die vorgläubige, d.i. ungläubige Existenz des Daseins aufgehoben ist" (63). Für das rechte Verständnis dieses Satzes und der folgenden Sätze Heideggers kommt alles darauf an, die Wendung von der „vorgläubigen, d.i. ungläubigen Existenz" in ihrer Intention recht zu erfassen. ‚Vor-gläubig' und ‚un-gläubig' sollten wir mit einem Bindestrich schreiben und verstehen, um darauf hinzuweisen, daß hier die Existenz und das Existieren vor der Annahme des neuen Existenzmodus des Glaubens gemeint ist. Durch die Annahme des neuen Existenzmodus des Glaubens ist die Existenz in ihrer vor-gläubigen und nur in diesem Sinne un-gläubigen Existenzweise (Modus) aufgehoben in einem besonderen Sinne. ‚Aufheben' heißt hier: Hinaufheben. Die vor-gläubige Existenz wird in der Annahme des Glaubens „in die neue Schöpfung hinaufgehoben, in ihr erhalten und verwahrt" (63). Im Übergang von der Vor-gläubigkeit in die Gläubigkeit nimmt die als solche erhaltene Existenz einen neuen Existenzmodus an. Im Glauben ist nur „existenziell-ontisch", d.h. als Existenzmodus, „die vorchristliche Existenz überwunden" (63), nicht aber die Existenz als solche mit allem, was sie als Existenz existenzial konstituiert. Nur die Existenz im Modus ihrer Vor-Christlichkeit, nicht aber die Existenz als solche ist in der Annahme des Glaubens überwunden. Die „existenzielle Überwindung der vorchristlichen Existenz", also der Existenz in ihrem Modus der Vor-christlichkeit, besagt, „daß in der gläubigen Existenz das überwundene vorchristliche Dasein" (das Dasein, das hinsichtlich seines Modus der Vor-christlichkeit überwunden ist), „existenzial-ontologisch beschlossen liegt" (63). Im Übergang von der Vor-christlichkeit zur Christlichkeit verliert sich nicht das Dasein als solches und dessen Existenz als solche, sondern Dasein und Existenz gelangen lediglich in einen neuen Modus. Das „vorchristliche Dasein" überwinden heißt also nicht, das Dasein abstoßen, sondern es „in neue Verfügung nehmen" (63).

„Vorchristlich" hat also genau genommen zwei Bedeutungen: einmal meint es die Existenzweise der Vorchristlichkeit, zum anderen bezieht sich das Vorchristliche auf die existenzial-ontologische Verfaßtheit der Existenz, die aber bestimmend ist sowohl für die vor-christliche wie für die christliche Existenzweise.

Aus der Differenzierung zwischen der christlichen Existenzweise und der Existenz als solcher in ihrer existenzial-ontologischen Verfaßtheit ergibt sich, daß „alle theologischen Grundbegriffe" einen christlichen und einen „sie ontologisch bestimmenden vorchristlichen und daher rein rational faßbaren Gehalt" (63) haben. Dieser „rein rational" faßbare, nicht selbst aus der Offenbarung stammende Gehalt ist das Existenzial-Ontologische der Existenz, das den christlichen Gehalt der theologischen Begriffe ontologisch bestimmt. Diese entscheidende Einsicht wird von Heidegger auch wie folgt formuliert: „Alle theologischen Begriffe bergen notwendig das Seinsverständnis in sich, das das menschliche Dasein als solches von sich aus hat, sofern es überhaupt existiert" (63). Es ist das Verständnis des Seins als Existenz, das vollzugshafte Existenzverständnis in seinen existenzialen Seinsweisen, das in der Existenzial-Ontologie struktural freigelegt wird.

Als Beispiel dient Heidegger der theologische Begriff der *Sünde*, an dem er den zweifachen Gehalt sichtbar macht. Die Sünde ist zuerst der Begriff von einem reinen Glaubensphänomen, das „nur im Glauben offenbar" ist (64). Sünde ist das „Gegenphänomen zum Glauben als Wiedergeburt" (64). Für die theologisch-begriffliche Auslegung des Sündenbegriffes aber ist der „Rückgang auf den Begriff der Schuld" (64) erforderlich. Hier ergibt sich nun der Bezug der Theologie zur Existenzial-Ontologie des Daseins. Denn „Schuld [...] ist eine ursprüngliche ontologische Existenzbestimmung des Daseins" (64). Im § 58 von „Sein und Zeit" bestimmt Heidegger die formal existenziale Idee von Schuld und Schuldigsein als „Grundsein für ein durch ein Nicht bestimmtes Sein", d.h. als „Grundsein einer Nichtigkeit"[23].

Diese existenzial-ontologische Bestimmung der Schuld gehört in die ursprüngliche ontologische Grundverfassung des Daseins. Der theologische Gehalt der Sünde ist somit im existenzialen Gehalt der Schuld ontologisch gegründet.

23 Heidegger (wie Anm. 2) 238.

Korrektion als Mitleitung – Direktion als Herleitung

Der existenziale Schuldbegriff fungiert als ontologischer „Leitfaden für die theologische Explikation der Sünde“ (64). Die ontologische Leitfadenfunktion der existenzialen Begriffe für die theologischen Begriffe faßt Heidegger als „Korrektion (d.h. Mitleitung)“. Der theologische Begriff der Sünde erhält durch den existenzialen Begriff der Schuld diejenige Korrektion, „die für ihn als Existenzbegriff seinem vorchristlichen Gehalte nach notwendig ist“ (64). Seine Korrektion oder Mitleitung gewinnt der theologische Begriff der Sünde von der Existenzialontologie, während er seine „primäre Direktion (Herleitung)“, d.h. „den Ursprung seines christlichen Gehaltes“, aus dem Glauben erhält. Dieses Verhältnis der Existenzial-Ontologie zu den theologischen Begriffen faßt Heidegger in dem Satz zusammen: „Die Ontologie fungiert demnach nur als ein Korrektiv des ontischen, und zwar vorchristlichen Gehaltes der theologischen Grundbegriffe“ (64). Der ontisch-vorchristliche Gehalt im Begriff der Sünde ist die Schuld, die ihre Mitleitung aus dem existenzialen Begriff des Schuldigseins empfängt. Die Korrektion durch die existenzialen Begriffe hat nur formal anzeigenden Charakter. Der ontologische Begriff der Schuld ist formal bestimmend in *der* Weise, „daß er den ontologischen Charakter der Seinsregion anzeigt, in dem sich der Begriff der Sünde als Existenzbegriff notwendig halten muß“ (65). Weil der existenziale Begriff der Schuld für den theologischen Begriff der Sünde nur formal anzeigenden Charakter hat, ist es Aufgabe der Theologie, „den spezifisch theologischen Gehalt“ dieses Begriffes nur aus der „angezeigten spezifischen Existenzdimension des Glaubens zu schöpfen“ (65) und nicht etwa aus dem existenzialen Begriff des Schuldigseins herzuleiten. Das Verhältnis der Existenzial-Ontologie des Daseins zur Theologie wird von Heidegger in dem Satz zusammengezogen: „Philosophie ist das formal anzeigende ontologische Korrektiv des ontischen, und zwar vorchristlichen Gehaltes der theologischen Begriffe“ (65). Dieser Satz wird dahingehend erläutert, daß es zwar nicht zum Wesen der Daseins-Ontologie gehört, eine „korrektivische Funktion für die Theologie“ (65) zu haben, daß aber die Daseins-Ontologie „die Möglichkeit“ gibt, von der Theologie „im Sinne jenes charakteristischen Korrektivs“ (65) genommen zu werden.

5. Zum Verhältnis der Existenzmöglichkeiten des Glaubens und des Philosophierens

Die Philosophie in Gestalt der Ontologie des Daseins wird von Heidegger gekennzeichnet als „das freie Fragen des rein auf sich gestellten Daseins“ (65). Es ist ein Fragen, das sich selbst freihält von der Offenbarung, ein Fragen, das das Dasein nur insoweit, wie dieses nicht auf einen anderen Grund gestellt ist, zum Thema hat. Aus der Perspektive dieser Selbstbestimmung der Daseinsphilosophie heißt es vom Glauben, dieser sei „in seinem innersten Kern als eine spezifische Existenzmöglichkeit" im Verhältnis zur „Existenzform" der Philosophie deren „Todfeind" (66). Mit anderen Worten, die Existenzial-Ontologie des Daseins hat, wenn sie sich als das freie Fragen des rein auf sich gestellten Daseins versteht, im Glauben und dessen Geglaubtem insofern ihren ‚Todfeind', als der Glaube in der Offenbarung seinen Ursprung hat. Zwar geschieht die Offenbarung in das Dasein hinein, dergestalt, daß das Dasein aus dem Offenbarungsgeschehen in dieses geworfen wird. Aber dieser glaubensmäßige Geworfenheitscharakter ist nicht wie der vorchristliche rein daseinsmäßige Geworfenheitscharakter des Daseins existenzial-ontologisch aufweisbar, sondern nur im Glauben und aus dem Glauben heraus. Heidegger wählt hier das starke Wort vom „Todfeind", um die Daseins-Ontologie von der Quelle der Offenbarung freizuhalten. Gläubigkeit aus der eigentümlichen Faktizität der Offenbarung und „freie Selbstübernahme des ganzen Daseins" stehen in einem „existenziellen Gegensatz", von dem Heidegger betont, daß dieser „schon vor der Theologie und Philosophie" liege und „nicht erst durch diese als Wissenschaften" entstehe (66). Zugleich aber müsse – so betont Heidegger – dieser existenzielle Gegensatz zweier Existenzmöglichkeiten „die mögliche Gemeinschaft von Theologie und Philosophie als Wissenschaften tragen" (66).

Den Gedanken vom existenziellen Gegensatz zwischen Gläubigkeit und Theologie einerseits und Philosophie als freier Selbstübernahme des ganzen Daseins andererseits bringt Heidegger abschließend in die Form: „Es gibt daher nicht so etwas wie eine christliche Philosophie, das ist ein ‚hölzernes Eisen'" (66). Auch hier meint ‚Philosophie' nicht ‚Philosophie überhaupt', sondern die Philosophie als Existenzial-Ontologie des Daseins. Wenn sich diese Philosophie selbst versteht als das freie Fragen des rein auf sich gestellten Daseins, das definitionsmäßig die Quelle der Offenbarung aus seinem Fragehorizont ausschließt, dann wäre eine nachträgliche Kennzeichnung dieser Philosophie als einer christlichen ein ‚hölzernes Eisen', d. h. ein Selbstwiderspruch.

Doch hinter Heideggers Sätzen vom Glauben als ‚Todfeind' der Daseins-Philosophie und von der christlichen Daseins-Philosophie als einem ‚hölzernen Eisen' steht mehr als das, was wir für ihre erste Erläuterung angeführt haben. In der Forschungsliteratur verbleibt es meist bei der bloßen Zitation jener Sätze, ohne daß nach ihrem tieferen Sinn gefragt und dieser Sinn kritisch überprüft wird. Daß die spezifische Existenzmöglichkeit des Glaubens in ihrem innersten Kern der ‚Todfeind' für die Existenzform der Philosophie des Daseins sei, will sagen, daß der Kern des christlichen Glaubens der ‚Feind' sei, der es auf den ‚Tod', auf die Negation dessen, was die Daseins-Ontologie vom Wesen des endlichen Daseins freilegt, absieht. Wenn beispielsweise der existenziale Begriff des Todes diesen als die „Möglichkeit der schlechthinnigen Daseinsunmöglichkeit"[24] bestimmt, dann scheint diese Bestimmung durch den Offenbarungsgehalt der ‚Auferweckung aus dem Tod' genichtet zu werden. Der christliche Glaube scheint zu verneinen, was die Daseins-Phänomenologie als Aufweis beansprucht. Dem ist nun aber entgegen-

24 Heidegger (wie Anm. 2) 250.

zuhalten, daß der Glaubensgehalt des ‚ewigen Lebens' sich nicht gegen den analytischen Gehalt des freigelegten Seins zum Tode richtet. Ganz im Gegenteil, die phänomenologische Einsicht in den daseinsmäßigen Tod als die schlechthinnige Daseinsunmöglichkeit bleibt vom Glaubensgehalt unangetastet. Denn der Offenbarungsgehalt von der ‚Auferstehung' zielt auf das, was sich in der abgründigen Verschlossenheit, als welche der Tod daseinsmäßig verstanden wird, verborgen hält. Und umgekehrt vermag auch der sich als schlechthinnige Daseinsunmöglichkeit zu verstehen gebende Tod den Glaubensinhalt vom ewigen Leben nicht in Frage zu stellen. Das ‚ewige Leben' bezieht sich nicht auf das Dasein und dessen In-der-Welt-Sein. Die geoffenbarte Auferstehung hat sogar den Tod als schlechthinnige Daseinsunmöglichkeit zur wesenhaften, unverzichtbaren Voraussetzung. Solange sich die hermeneutisch-phänomenologische Daseinsanalytik nur innerhalb ihrer Grenzen des rein phänomenologisch Aufweisbaren und somit ‚rational' Faßbaren hält, gerät auch sie in keinen Widerspruch zum Offenbarungsgehalt der theologischen Begriffe. Und auch das Umgekehrte gilt, solange sich die Theologie innerhalb ihrer Grenzen der Offenbarung aufhält, gerät sie nicht in einen Gegensatz zur Existenzial-Ontologie des Daseins. Je radikaler die hermeneutisch-phänomenologische Aufschließung des Daseins sich vollzieht, je ursprünglicher die Endlichkeit des Daseins offengelegt wird, desto vernehmbarer wird der aus der Offenbarung ergehende Anruf an die selbsthaft verfaßte Existenz.

Diese Überlegungen zeigen, daß – recht besehen – zwischen dem christlichen Glauben und der Philosophie des Daseins *keine* Todfeindschaft bestehen muß, weil weder der Glaube die hermeneutisch-phänomenologischen Einsichten in die Endlichkeit des Daseins bestreitet noch die Daseins-Ontologie den Glaubensinhalt in Frage stellen kann. Und wenn die Daseins-Ontologie in ihrer Selbstbeschränkung das Geglaubte der Offenbarung nicht mitthematisiert, dann ist sie zwar in *diesem* Sinne keine christliche Philosophie. Aber sie hat in ihrer Selbstbeschränkung auf das allein phänomenologisch Aufweisbare einen wesenhaften Bezug zur Wissenschaft vom christlichen Glauben, wenn sie die Einsichten der Existenzial-Ontologie als Korrektiv für die theologischen Grundbegriffe bereitstellt.

Die Vernunft des Glaubens

Karl Kardinal Lehmann

I.

Auch die bewährten Themen der klassischen Theologie haben immer wieder neue Konjunkturwellen. So hat das Thema „Vernunft und Glaube" in den letzten Jahren zusätzliche Aufmerksamkeit gefunden, obgleich es immer schon ein Dauerthema zwischen Philosophie und Theologie, zwischen Wissen und Glauben ist. Das Problem hat zusätzliche Aufmerksamkeit erhalten durch den gegenwärtigen Papst. Joseph Kardinal Ratzinger hat in dem bekannten Münchener Disput mit Jürgen Habermas seine Überzeugungen dargelegt.[1] Nach einer anderen Richtung hat er seine Sicht als Papst Benedikt XVI. anlässlich des Besuches in Bayern in der bekannten Regensburger Vorlesung erläutert.[2] Man kann dies jedoch nicht ausreichend interpretieren ohne Berücksichtigung ähnlicher Veröffentlichungen.[3] Die Regensburger Vorlesung hat vor allem wegen der Passagen über den Islam Aufsehen erregt.[4] Es gibt daneben einzelne Studien zu anderen, bisher weniger beachteten Perspektiven.[5] In einem Interpretationsversuch kann aber

1 J. Habermas / J. Ratzinger, Dialektik der Säkularisierung. Über Vernunft und Religion, Freiburg 2005; dazu (1) J. Habermas, Zwischen Naturalismus und Religion, Frankfurt 2005; (2) Ders., Ein Bewusstsein von dem, was fehlt. Über Glauben und Wissen und den Defaitismus der modernen Vernunft, in: Neue Züricher Zeitung, 10.02.2007; (3) Ders., Glauben und Wissen. Friedenspreis des Deutschen Buchhandels 2001. Laudatio Jan Philipp Reemtsma, Frankfurt 2001; P. Lüning, Glaube, Vernunft und Willen. Anmerkungen zum Disput zwischen Papst Benedikt und Jürgen Habermas, in: Theologische Revue, 103 (2007) 362–374 (Lit.). R. Langthaler u.a. (Hrsgg.), Glauben und Wissen. Ein Symposion mit Jürgen Habermas, Wien 2007; R. Langthaler, Nachmetaphysisches Denken? Kritische Rückfragen an Jürgen Habermas, Berlin 1997.

2 Benedikt XVI., Glaube und Vernunft. Die Regensburger Vorlesung. Vollständige Ausgabe, kommentiert von Gesine Schwan, Adel Theodor Khoury und Karl Kardinal Lehmann, Freiburg 2006, 11–32; dazu: Die Regensburger Vorlesung Papst Benedikts XVI. im Dialog der Wissenschaften, hrsg. von Chr. Dohmen, Regensburg 2007; Die Religionen und die Vernunft. Die Debatte um die Regensburger Vorlesung des Papstes, hrsg. von K. Wenzel, Freiburg 2007; vgl. E. Dirscherl / Chr. Dohmen (Hrsgg.), Glaube und Vernunft. Spannungsreiche Grundlage europäischer Geistesgeschichte, Freiburg 2008.

3 Vgl. z. B. M. Pera / J. Ratzinger, Ohne Wurzeln. Der Relativismus und die Krise der europäischen Kultur, Augsburg 2005; Benedikt XVI., Gott und die Vernunft. Aufruf zum Dialog der Kulturen, Augsburg 2007; J. Ratzinger / P. Flores D'Arcais, Dio esiste? Un confronto su verità, fede, ateismo, Mailand 2005 (deutsch: Berlin 2006); Libertà e Laicità, hrsg. von M. Pera, Siena 2006.

4 Dazu K. Lehmann, in: Benedikt XVI., Glaube und Vernunft, vgl. Anm. 2, 97–133 (Lit.).

5 D. Schneider-Stengel, Das Kreuz der Hellenisierung. Zu Joseph Ratzingers Konzeption von

auch das Einbeziehen früherer Veröffentlichungen nicht fehlen.[6] Wollte man unmittelbar darauf eingehen, käme man aus einem Interpretationsdickicht nicht so rasch und leicht heraus.

Im Übrigen hat das Verhältnis von Glauben und Wissen, Vernunft und Religion, Theologie und Wissenschaft – sie sind nicht jeweils dasselbe, überschneiden sich aber – auch in der katholischen Überlieferung viele Positionen, die bei allen gemeinsamen Grundüberzeugungen doch zueinander in Spannung stehen können. Man kann z. B. den unterschiedlichen Einfluss des platonischen und des aristotelischen Denkens in den verschiedenen Jahrhunderten deutlich erkennen. Aber auch bei Denkern derselben Epoche gibt es recht unterschiedliche Akzentuierungen des Themas, wie man z. B. bei Albert dem Großen, Thomas von Aquin und Bonaventura sehen kann.[7] Dies gilt erst recht, wenn man die Fragestellung in einen noch größeren Horizont stellt.[8] Das Thema ließe sich auch bei den einzelnen Theologen immer wieder verschieden durch jeweils andere Zugänge erschließen.[9] Ähnliches gilt für die großen Denker.[10] Ich möchte hier nur einen, freilich zentralen, Gedanken entfalten.

Kreuzestheologie und Vollendung des Christentums, Berlin 2006. Zum Gesamtthema vgl. auch M. Mastrofini, Ratzinger per non credenti, Bari 2007; Hj. Verweyen, Joseph Ratzinger – Benedikt XVI. Die Entwicklung seines Denkens, Darmstadt 2007, bes. 99ff.

6 J. Ratzinger / Benedikt XVI. Der Gott des Glaubens und der Gott der Philosophen. Ein Beitrag zum Problem der theologia naturalis, hrsg. von H. Sonnemans, 2. ergänzte Aufl., Leutesdorf 2005 (1. Aufl., München / Zürich 1960).

7 Vgl. dazu K. Lehmann, Zum Begriff der Theologie bei Albertus Magnus, Lectio Albertina 8, hrsg. vom Albertus-Magnus-Institut Bonn, Münster 2006; B. Niederbacher / G. Leibold (Hrsgg.), Theologie als Wissenschaft im Mittelalter. Texte, Übersetzungen, Kommentare, Münster 2006; K. Flasch / U. R. Jeck (Hrsgg.), Das Licht der Vernunft. Die Anfänge der Aufklärung im Mittelalter, München 1997. Hier darf ich auch global auf J. Ratzingers Studien zu Bonaventura verweisen, vgl. dazu Verweyen (wie Anm. 5) 24ff., 106f., 115f., 159f. Vgl. auch G. Wieland, Zwischen Natur und Vernunft – Alberts des Großen Begriff vom Menschen, Lectio Albertina 2, Münster 1999 (Lit.).

8 Vgl. dazu beispielhaft M. Delgado / G. Vergauwen (Hrsgg.), Glaube und Vernunft – Theologie und Philosophie. Aspekte ihrer Wechselwirkung in Geschichte und Gegenwart, Ökumenische Beihefte zur Freiburger Zeitschrift für Philosophie und Theologie 44, Fribourg 2003. Von der älteren Literatur nenne ich nur H. Gollwitzer / W. Weischedel, Denken und Glauben. Ein Streitgespräch, Stuttgart o.J; G. Söhngen, Philosophische Einübung in die Theologie, München 1955; Ders., Der Weg der abendländischen Theologie, München 1959. Eine neue Seite schlägt man auf, wenn man zur Ideologiekritik kommt, z. B. M. Benedikt, Wissen und Glauben. Zur Analyse der Ideologien in historisch-kritischer Sicht, Wien 1975. Das Thema wird natürlich grundlegend aufgegriffen von der Disziplin der Fundamentaltheologie vgl. z. B. J. Werbick, Den Glauben verantworten. Eine Fundamentaltheologie, Freiburg 2000.

9 Chr. Danz u. a. (Hrsgg.), Wie viel Vernunft braucht der Glaube? Internationales Jahrbuch für die Tillich-Forschung 1/2005, Wien 2005.

10 Vgl. z. B. zum frühen Hegel: K. Lehmann, Glauben und Wissen, in: A. Arndt / K. Bal / H. Ottermann (Hrsgg.), Hegel-Jahrbuch 2003, Berlin 2003, 18–26.

II.

Zunächst hängt bei der Bestimmung dieses Themas alles vom Verständnis der grundlegenden Begriffe ab. Die Moderne ist daran gewöhnt, Verstand und Vernunft zu unterscheiden. In der griechischen Philosophie wird der Verstand (griech. *diánoia,* lat. *ratio*) als das Vermögen des Denkens beschrieben, das an Begriffen orientiert ist, einen logischen Zusammenhang aufweist und diskursiv zu beschreiben ist. Im Gegenzug wird die Vernunft (griech: *nous,* lat. *intellectus*) eher als eine Art von intuitivem Erfassen von Zusammenhängen und auch Prinzipien in ihrer Ganzheit verstanden. Eine klare terminologische Festschreibung erfolgt durch Kant, der das Ausbilden von Begriffen und das Urteilen dem Verstand, die Ideen aber (Gott, Freiheit, Unsterblichkeit der Seele) der Vernunft zuschreibt. Die theoretische Vernunft ist allerdings in ihrer Reichweite durch das Gebundensein aller Erkenntnis an Erfahrung begrenzt. In Wirklichkeit ist natürlich die Verhältnisbestimmung zwischen Verstand und Vernunft sowie der Begriff der Vernunft noch sehr viel differenzierter.[11]

Vor diesem Hintergrund möchte ich, ohne diese Begriffs- und Problemgeschichte zu ignorieren, auf einen verhältnismäßig einfachen Vorbegriff von Vernunft zu sprechen kommen. Es ist nicht zufällig, dass unser Wort „Vernunft" zunächst einmal von dem Verb „vernehmen" kommt. Vernehmen hat einen nicht zu übersehenden Doppelsinn. Wir sind gewohnt, zunächst das Wort „vernehmen" im Sinne von: „jemand gerichtlich, polizeilich zu befragen" zu verstehen. Ein Angeklagter wird drei Stunden lang vernommen. Aber es geht nicht nur um ein formelles und amtliches Vernehmen, sondern auch um ein noch allgemeineres Befragen und Verhören. Gerade die moderne Vernunftbestimmung hat zutiefst etwas damit zu tun, wenn nämlich alles, was einen geistigen und moralischen Anspruch erhebt, vor den Gerichtshof der menschlichen Vernunft gebracht wird, um dort auf Herz und Nieren überprüft und auf seine Motive hin befragt zu werden. Gültig ist dann nur, was sich vor der so verstandenen Vernunft ausweisen und rechtfertigen kann. Diese Vernunft ist von Anfang an mit einer gewissen Skepsis, mit einem Misstrauen und einem Verdacht, die von vornherein wirksam sind, verbunden. Es ist eine Rechtfertigung, die am Ende über das Bestehen eines Anspruchs urteilt. Es ist leicht erkennbar, dass sich eine solche Konzeption von Vernunft bis zu einer allumfassenden Zuständigkeit entwickeln kann. Sie ist das Maß der Dinge schlechthin. Dabei können wir im Augenblick davon absehen, ob diese Vernunft letztlich transzendent oder nur säkular begründet wird. Was vor

11 Vgl. Ch. Rapp / Ch. Horn, M. Enders, A. Speer, D.N. Hasse, N. Largier, M.J.F.M. Hoenen, H.G. Senger, Th. Leinkauf, W. Metz, C. Bickmann, S. Schlotter, F. Volpi, P. J. M. van Tongeren, H.-L. Ollig, F. Trappe, M. Bremer, in: Historisches Wörterbuch der Philosophie, Bd. 11, Basel 2001, 748–863; vgl. auch die Artikel historische Vernunft, instrumentelle Vernunft, Vernunftwahrheiten / Tatsachenwahrheiten, ebd., 863–872. Vgl. auch K. Flasch, Das philosophische Denken im Mittelalter, 2. Auflage, Stuttgart 2000 (vgl. Sachregister); J. Decorte, Eine kurze Geschichte der mittelalterlichen Philosophie, Paderborn 2006.

diesem Gerichtshof nicht besteht, erscheint als unvernünftig im Sinne eines Unsinns oder eines Aberglaubens.

Nun darf aber im Wort „vernehmen" eine andere Komponente nicht übersehen werden. Vernehmen hat nämlich durchaus noch einen anderen, wenigstens in Spannung stehenden Sinn. Vernehmen tut man, indem man etwas mit dem Gehör wahrnimmt. Jemand vernimmt z. B. leise Schritte. Dafür können wir auch sagen, dass dieses Vernehmen grundlegend etwas zu tun hat mit dem Hören. Auch wenn dieses Hören nicht nur passivisch ist,[12] sondern in der Annahme und Aufnahme durchaus aktiv offen ist, so eignet diesem Vernehmen sehr viel stärker ein Empfangen. Dies hat aber zur expliziten oder stillschweigenden Voraussetzung, dass wir bei diesem Vernehmen nicht alles aus uns selbst, aus unserem Verfügenkönnen wissen. Wir sind darauf angewiesen, dass wir manches „von außen" erhalten, was uns – genauer besehen – nicht einfach fremd ist, sondern uns beim eigenen Verstehen hilfreich ist. Auch unsere kritische Vernunft ist, wenn wir genauer sehen, darauf angewiesen, wie sich dies ganz besonders z. B. im Gebrauch unserer Sprache und unserer geschichtlichen Bestimmtheit zeigt. Die jüngste Epoche unseres Denkens hat uns dies in verschiedenen Richtungen des philosophischen Denkens bewusster gemacht. Wir sind nicht mit einer allmächtigen, sondern mit einer endlichen Vernunft ausgestattet und darum immer wieder auf anderes angewiesen: auf den anderen Menschen, auf die Traditionen, in denen wir stehen, auf die Sprache, in die wir geradezu eingetaucht sind. Dies soll ja nicht heißen, dass der Mensch deswegen in diesem Vernehmen „unkritisch" ist. Er hat auch hier die Aufgabe zu unterscheiden zwischen Sein und Schein, Wahrheit und Unwahrheit. Die Vernunft wird also nicht verabschiedet. Aber sie wird in gewisser Weise ein Stück weit entmachtet.[13] Manchmal erscheint sie dann geradezu als schwache Vernunft (G. Vattimo). Ihre selbstverständliche Allgemeingültigkeit und ihr Universalitätsanspruch erscheinen begrenzt. So kann etwa in der Postmoderne festgestellt werden: Ein universales Denken verzichtet auf Kommunikation. Die Vernunft muss wieder fähig werden, sich vom Anderen und seinem „Antlitz" her unterweisen zu lassen (E. Levinas). Eine Vernunft, die das Andere seiner Andersheit beraubt, um es schließlich in der zu sich selbst zurückkehrenden Bewegung des (Selbst-)Bewusstseins gänzlich aufzulösen, gerät in die Gefahr, dass sie am Ende nur Aneignung und Macht, Herrschaft und Kampf ist. Ich muss nicht nochmals betonen, dass ein Plädoyer für dieses Verständnis von Vernunft nicht der Irrationalität huldigt und nicht feindselig ist gegenüber wirklicher Rationalität.[14] Das dialogische, phänomenologische und auch existentiale Denken (vgl. z. B. M.

12 Vgl. dazu K. Lehmann, Wie wichtig ist das Zuhören in unserer Gesellschaft? Vortrag beim Internationalen Hörgeräte-Akustikerkongress am 17. Oktober 2007 in Nürnberg (im Druck).

13 Vgl. G. Vattimo, Das Ende der Moderne, Stutttgart 1990; Ders., Oltre l'interpretazione, Roma 1994; Ders., Dopo la christianità, Milano 2002.

14 Vgl. dazu J. Habermas, Nachmetaphysisches Denken, Frankfurt a. M. 1988, 153–186; L. Scheffczyk (Hrsg.), Rationalität, Freiburg 1989; H.-M. Baumgartner, Wandlungen des Vernunft-Begriffs. Endliche Vernunft, Bonn 1991, 151–180; P. Bauman, Art. „Vernunft", in: LThK, Band X, Freiburg [3]2001, 701–707.

Heideggers „Befindlichkeit" im § 29 von „Sein und Zeit") haben dieses Verständnis von Vernunft und damit natürlich auch die Endlichkeit des menschlichen Verstehens aufgedeckt und gefördert.

An dieser Stelle darf man auch an die freilich keineswegs allein dastehenden Überlegungen von J. Habermas erinnern. In den eingangs schon genannten Veröffentlichungen macht er darauf aufmerksam, dass es im Prozess der Säkularisierung auch einen Verlust bedeuten kann, wenn man die religiösen Wurzeln z. B. von Recht und Demokratie zu Gunsten einer blassen Neutralität eliminiert. Es ist schädlich, wenn Religion aus der Öffentlichkeit einfach ausgeschlossen wird, und damit die säkulare Gesellschaft von wichtigen Ressourcen der Sinnstiftung abgeschnitten wird. „Säkulare Sprachen, die das, was einmal gemeint war, bloß eliminieren, hinterlassen Irritationen. Als sich Sünde in Schuld, das Vergehen gegen öffentliche Gebote in den Verstoß gegen menschliche Gesetze verwandelte, ging etwas verloren. Denn mit dem Wunsch nach Verzeihung verbindet sich immer noch der unsentimentale Wunsch, das anderen zugefügte Leid ungeschehen zu machen. Erst recht beunruhigt uns die Irreversibilität vergangenen Leidens – jenes Unrechts an den unschuldig Misshandelten, Entwürdigten und Ermordeten, das über jedes Maß menschenunwürdiger Wiedergutmachung hinausgeht. Die verlorene Hoffnung auf Resurrektion hinterlässt eine spürbare Leere."[15]

Vielleicht ist damit deutlicher geworden, was mit der doppelten Dimension des wirklichen Vernunftbegriffes gemeint ist, und was auch mit der Annahme dieser durch die Endlichkeit des Menschen gegebenen Spannung im Erkennen und Verstehen des Menschen gegeben ist.

III.

In diesem Zusammenhang möchte ich den Versuch machen, der sich unmittelbar anschließt, auch den Glauben des Menschen als eine eigene Dimension des menschlichen Erkennens und Verstehens mehr zu durchdenken.[16] Dabei muss zuerst aufgezeigt werden, dass der Glaube selbst ein eigenes und eigentümliches Verstehen darstellt. Dies setzt natürlich voraus, dass er nicht blind, irrational und „wild" ist. Indem wir das Wort „Denken" als eine erhellende Erschließung der Welt und des Menschen, ja all dessen, was ist, verstehen, können wir auch sagen, dass der Glaube von sich selbst her, aus seinem eigenen Inneren heraus erhellend ist. Darum können wir auch sagen: *Der Glaube denkt*.

Diese Aussage ist nicht selbstverständlich, sondern bedarf der differenzieren-

15 Habermas (wie Anm. 1 (3)) 49, auch in: Ders., Zeitdiagnosen, Frankfurt 2003, 249–262; vgl. ausführlicher K. Lehmann, Zuversicht aus dem Glauben, Freiburg 2006, 504–537 (Lit.).

16 Vgl. als ersten Versuch K. Lehmann, Art. Glaube, in: H. Krings / H. M. Baumgartner / Ch. Wild (Hrsgg.), Handbuch philosophischer Grundbegriffe II, München 1973. 596–605; dasselbe in der Studienausgabe III, München 1973, 596–605 (Lit.); St. Grätzel / A. Kreiner, Religionsphilosophie, Stuttgart 1999.

den Reflexion. Nur durch einen solchen Schutz bleibt die ausgesprochene These richtig. Zwei extreme Anschauungen bestreiten ihre Wahrheit. Atheistische Aufklärung und extreme Religionskritik sprechen dem Glauben, besonders in dogmatischer Gestalt, jegliche Partizipation an Rationalität ab.[17] Er sei nichts anderes als eine Ausgeburt des Dunkelmännertums, das Exempel für Unwissenschaftlichkeit und Befangenheit in Vorurteilen, ein Hindernis bei der Aufklärung des Menschen über sich selbst, Erfüllungsgehilfe bei der reaktionären und emanzipationsfeindlichen Interessenvertretung der „Mächtigen". Das andere Extrem kommt nicht selten aus den eigenen Reihen, wo man Sorge hat, die Reflexion könnte das Eigene und Besondere des Glaubens zerstören oder dieses durch ihre Kraft überwuchern. Dieses Misstrauen mit dem Vorwurf des schon genannten „Zersetzens" und des „Destruktiven" pocht auf das nichtrationale Element im Glauben, z. B. auf das Vertrauen, auf die affektiven Werte („Gefühl")[18], die Frömmigkeit, den Gehorsam. Dahinter steht auch die Sorge, der christliche Glaube verrate durch eine zu enge Verbindung mit dem Denken die „Torheit des Kreuzes" an den menschlichen Verstand. Gleichwohl hat die katholische Theologie immer die Überzeugung festgehalten, Glauben und Wissen könnten nicht in einen endgültigen Widerspruch zueinander treten, und Glaube sei ein Gehorsam, der sich in Übereinstimmung mit der menschlichen Vernunft befindet. So erhebt sich die Frage, warum der Glaube auf das Denken angewiesen bleibt, und wie die Vernunft beschaffen ist, welche die Wirklichkeit des Glaubens eröffnen kann.

Glaube erweist sich als Basis auch für die Bestimmung von Theologie. Er ist die Weise, wie die Wirklichkeit Gottes dem Menschen zugänglich und zu eigen wird. Was ist „Glaube"? Er bedeutet eine unüberbietbare und letzte Entscheidung des ganzen Menschen zu Gott als dem Grund seiner eigenen Existenz, von Welt und Geschichte. Der Glaube umspannt dieses Ganze in seiner Einheit und Vielfalt. Er gewährt für die Gegenwart und die Zukunft Gewissheit, unzerstörbares Heil und Machtgewinn über die Wirklichkeit. Dabei ist das Wort „glauben" im christlichen Sprachgebrauch keineswegs so naiv, wie es in unserer Alltagssprache klingt. Schon das Alte Testament ist in vielen Partien zurückhaltend in der Verwendung dieses Wortes, weil es um falsche Sicherheit, um die Religion ge-

17 Vgl. dazu K. Lehmann, Gegenwart des Glaubens, Mainz 1974, 35–53; Ders., Die Kirche und die Herrschaft der Ideologien (1. Wesen und Strukturwandel der Ideologien, 2. Die Herausforderung der Kirche durch die Ideologien), in: Handbuch der Pastoraltheologie, 2. durchges. Aufl., Freiburg 1971, 109–180; Ders., Ideologien und Ideologiekritik, in: Handbuch der Religionspädagogik, Band 2, Gütersloh ²1978, 251–270.

18 Hier ist natürlich zu bedenken, dass das Wort „Gefühl" in der jüngeren theologischen Tradition, besonders nach Schleiermacher, nicht zuerst und nur als Emotionalität verstanden werden darf, sondern in erster Linie die Erfahrung der Bezogenheit, der Abhängigkeit und des Angewiesenseins des Menschen auf Gott hin zum Ausdruck bringt. Aber der Rückzug auf das Wortfeld „Gefühl" schafft dennoch neue unüberwindliche Schwierigkeiten. Mit „Gefühl" vermischt sich auch die Berufung auf die Unmittelbarkeit einer Erfahrung, dazu auch: Historisches Wörterbuch der Philosophie, Art. „Gefühl" (M. Franke / G. Oesterle u. a.), Band III Basel 1974, 82–96 (Lit.); Art. „Logik des Gefühls" (H. Holzey), Band V, Basel 1980, 411–413; Art. „Logik des Herzens" (A. Veraart), ebd., 415–416.

fühlvoller Vertrauensseligkeit und um die Illusionen fragwürdigen Sich-Geborgen-Fühlens weiß. Die Erfahrung solcher Versuchung macht der Glaube selbst, wie er überhaupt nur seine eigene Identität behält, wenn er um seine Anfechtung, sein „Unwesen“ weiß und so um die ständige Reinheit seines Wesens kämpft und streitet. Erst wenn falsche Geborgenheit abgewehrt ist, wird der Blick frei, dass so etwas wie „Glauben“ zur einzigen Existenzgrundlage und zu einem Kriterium vollen Menschseins wird. Erst unter dieser Voraussetzung gilt das Wort von Jes 7,9: „Wenn ihr nicht glaubt, so habt ihr keinen Bestand.“ Der Glaube wird aus der Skepsis der Weltbewältigung und ihrer Erfahrung zum tragfähigen Fundament und zum Prüfstein, auf dem der wahrhaft Fromme in der Stunde der Erprobung und der Anfechtung durchhält.[19] Von der Bewahrung des Vertrauens und der Zuversicht kann nur angesichts einer höchst bedrohlichen Situation gesprochen werden, die eher Raum zum Verzagen zu lassen scheint. Von daher wird einsichtig, warum „Glaube“ einen totalen Akt ungeteilten Einsatzes der ganzen Person darstellt und dass in ihm der Mensch auf die Frage nach dem Ganzen, dem Sinn, dem Grund und dem Ziel seines Lebens und der Welt antwortet.

Darum ist schon vom biblischen Wortsinn von „Glauben“ her deutlich, dass es z.B. Theologie als Bezugswissenschaft zum christlichen Glauben ohne Gott nicht geben kann. Wo „Glaube“ dem religiösen Bereich entfremdet wird, und wo man seinen Sinngehalt auf das innergeschichtlich Diesseitige überträgt und eingrenzt, wird er in der profanen Verwendung ideologieanfällig, wie schon einfache Redewendungen und Parolen „Glaube an sich selbst“, „Glaube an die Menschheit“, „Glaube an den Führer“ zeigen können. Auch wer einen anthropologischen und philosophischen Glaubensbegriff verwendet, muss sich fragen, wie der Mensch zuletzt die Last und die Rätselhaftigkeit des Daseins bestehen kann, ohne in den Enttäuschungen und Absurditäten der Sinnlosigkeit zu verfallen. Woher bezieht der Mensch das „Urvertrauen“, die „Zuversicht“, die er z.B. nach der neueren Psychologie bereits als Kind grundlegend zum Finden eines geglückten Daseins lebensnotwendig braucht? Woher kommt die Zustimmung zur Welt, die immer wieder alle unsere einzelnen Handlungen übergreift und trotz aller Negativität menschlicher Erfahrung Ja sagt zum Leben? Dabei bedeutet diese ursprüngliche und vorgreifende Zustimmung zum Ganzen der Welt keine simple Bestätigung einfach des Faktischen. Ein solches ursprüngliches Ja auf dem Grund der menschlichen Existenz hat den Mut, mit dem Widrigen und den bedrohlichen Mächten der Welt und des Menschen zu streiten, ist also alles andere als nur bewahrend-konservativ in einem schlechten Sinn. Ein radikaler Glaube bedeutet die Affirmation einer Welt, die noch nicht im Lot ist, aber gerade durch den menschlichen Einsatz zum Guten verändert werden kann. Ohne diesen Stachel der Weltveränderung, die allerdings für den Glaubenden beim eigenen „Umdenken“, bei sich selbst einsetzt, verrät der Glaube sich selbst, weil er eine Vollendung und ein Gut-

19 Vgl. dazu G. v. Rad, Weisheit in Israel, Neukirchen 1970; O. Kaiser, Gottes und des Menschen Weisheit, Berlin 1998.

sein der Welt wähnt, während er selbst grundlegend unvollendetes Unterwegssein ist.

Der christliche Glaube lebt von der Grundüberzeugung, dass die fundamentale Entscheidung zu diesem Ja zur Welt nur in dem, was wir „Gott" nennen, begründet werden kann. „Der Mut zum Sein" (Paul Tillich) gründet sich auf den Gott, der die Welt und den Menschen aus absoluter Freiheit vom Nichts in das Dasein rief.

Es ist unerlässlich, dem Menschen heute aufzuzeigen, wo er diesem Gott verborgenerweise und auch ausdrücklich in seinem Leben begegnen kann. Gott hat in der Tat viele Vornamen, wie Gerechtigkeit, Wahrheit, Barmherzigkeit und Liebe. Überall, wo dafür bedingungslos und selbstlos gestritten wird, wird – mit der Schrift gesprochen – der „unbekannte Gott" verehrt (vgl. Apg 17,23).[20] Doch gerade der höchste Einsatz zeigt auch die Enttäuschung und die Vergeblichkeit dieses Kampfes für das Wahre und Gute. Ja, mancher verzweifelt am Gelingen von Gerechtigkeit in dieser Welt, ganz zu schweigen von Barmherzigkeit und Liebe. Und hier ist der Ort, wo der christliche Glaube ganz radikal seinen Ursprung und seinen bleibenden Grund bezeugen muss: Gott offenbart sich in dem, was er für die Welt ist, in Jesus Christus. Wehe, wenn wir zu früh und zu unbedacht im christlichen Glauben von „Jesus" reden, ohne das gewiss auch missverständliche Wort „Gott" ausreichend bedacht zu haben. Aber auch wehe, wenn die Rede von Gott so abstrakt und so fremd wird, dass dieser Gott nicht mehr auf dem Antlitz des Menschenbruders Jesus erscheinen kann, weil wir mit unseren selbst gemachten Kategorien viel besser zu wissen vorgeben, wer, was und wie Gott sein darf.

Vor diesem Hintergrund gibt es für die wissenschaftliche Erhellung dieses Glaubens Theologie. Weil und insofern dies eine Botschaft ist, von der ich für mich und andere überzeugt bin, gibt es Theologie. Ohne diesen Wurzelgrund des gelebten Bekenntnisses verliert die Theologie die Luft zum Atmen. Man kann sich dann religionsgeschichtlich um die historische Herkunft und die Entzifferung heiliger Schriften und anderer Dokumente kümmern, aber man treibt im strengen Sinn keine Theologie. Objektivität, Rationalität und kritische Grundeinstellung der Theologie als Wissenschaft werden durch diese „Bindung' in keiner Weise gestört. Hier ist ein grundlegender Unterschied zwischen Religionswissenschaft, die selbstverständlich ihren eigenen Sinn und ihre Berechtigung hat, und „Theologie", weil diese vom Anspruch der von ihr erkannten Wahrheit nicht getrennt werden darf.

Mit Absicht wurde jetzt das Wort Theologie gebraucht. Es geht nämlich nicht nur um ein beliebiges „Bedenken" des Glaubens zu irgendwelchen Zielsetzungen. So kann sich jede Wissenschaft mit dem Glauben als einem Gegenstand ihrer theoretischen Neugierde befassen. Theologie bedeutet, dass es sich um Denken

20 Vgl. meine genauere Analyse zu Apg 17,16–34. „Einem unbekannten Gott", in: J. Kreidler u. a. (Hrsgg.), Zeichen der heilsamen Nähe Gottes. Bischof G. Fürst zum 60. Geburtstag, Ostfildern 2008, 47–62 (Lit.).

handelt, das der Wirklichkeit und der Selbstkundgabe Gottes nach deren eigenem Maß gerecht werden will. Darum ist Theologie „denkender Glaube".[21] Dieser vollzieht sich nicht nur in den hoch spezialisierten Formen heutiger wissenschaftlicher Theologie, sondern auch in vielen Formen und Vollzugsweisen, darin die Wirklichkeit Gottes in seiner Bedeutung für Mensch und Welt geistig erschlossen und verstehbar gemacht wird. In diesem Sinn haben z. B. Verkündigung, kirchliche Kunst und christliches Handeln eine theologische Dimension, auch wenn wir gewohnt sind, den Begriff „Theologie" im engeren Sinn der Reflexion und Erforschung des Glaubens mit Hilfe wissenschaftlicher Methoden zu reservieren.

IV.

Wenn der Glaube in seiner Funktion der Welterhellung und der Daseinsdeutung unersetzlich ist und nicht in abschließbares Wissen allein umgewandelt werden kann, was soll noch „Theologie"? Ist der Glaube nicht sich selbst genügend? Wird er in seiner Eigenart und Würde nicht geradezu gefährdet, wenn er auf der Ebene menschlichen Einzelwissens objektivierend analysiert und seziert wird? Kann der Glaube Glaube bleiben, wenn sich die Wissenschaft mit ihm beschäftigt?[22]

Diese Fragen sind ernst, und sie haben von Anfang bis heute in verschiedenen Gestalten und Problemstellungen immer wieder die Theologie beschäftigt. Man denke nur an das paulinische Wort von der christlichen Botschaft als der Torheit des Kreuzes, „für Juden ein Anstoß (skandalon), für Heiden eine Torheit (moria)" (1 Kor 1,23), an den Kampf mit heidnischen Philosophien, an den Streit zwischen Glauben und Wissen, an Bonaventuras und Luthers Wort von der „Hure Vernunft".

Die Antworten sind darum auch sehr verschieden ausgefallen. So hat man bis auf Karl Barth immer wieder gemeint, das Glaubensdenken sei darum entstanden, weil man zur Abwehr von Häresien und zum Schutz des Glaubens gegen Missdeutungen die Theologie brauche. Für diese These, dass sich die Notwendigkeit der Theologie primär aus dem Faktum der Häresie ergibt, spricht mancher kirchengeschichtliche Befund. „Oportet haereses esse" (1 Kor 11,19): Es ist immer gerungen worden um den Sinn dieses Pauluswortes.

Wie immer genauer die Antwort lautet, es scheint, dass die These von der Geburt der Theologie aus dem Faktum der Häresie eine vielleicht „historisch" durchaus richtige Teilwahrheit darstellt, dass sie aber die Frage „Wozu denkender Glaube und Theologie?" nicht genügend beantwortet. Darum sei es erlaubt, eine

21 Ich habe in verschiedenen Stufen und Bemühungen dies näher zu entfalten versucht, zuletzt ausführlicher in: Theologie als Wissenschaft an der Universität, in: Erfurter Universitätsreden 2003, hrsg. von W. Bergsdorf, Erfurt 2003, 65–92 (= Vortrag anlässlich eines Festaktes zur Integration der Theologischen Fakultät in der Universität Erfurt am 21. Mai 2003 in Erfurt).

22 Vgl. M. Heidegger, Phänomenologie und Theologie, Frankfurt a. M. 1970, auch in: M. Heidegger, Wegmarken, Gesamtausgabe 9, Frankfurt 1976, 45–78.

weitere Überzeugung genauer zu entfalten: *Der Glaube braucht das Denken, wenn er sich selbst treu bleiben will.*

Wir erkennen heute viel deutlicher, dass „Gottes Wort" nicht einfach vom Himmel gefallen ist, sondern bis hinein in seine Mitte der menschlichen Verantwortung aufgegeben ist. Darum möchte ich den Sinn dieses Grundsatzes zunächst am Beispiel und am Leitfaden des Offenbarungsverständnisses aufzeigen.

Wenn das Neue Testament das Zeugnis der Offenbarung in Jesus Christus schon in einem reflektierenden Glaubensdenken darbietet, dann ist jeder Vorstellung fertiger, absoluter und ungeschichtlicher Mitteilungen Gottes an die Menschen der Boden entzogen: Die Offenbarung, das „Evangelium", ist von seinem innersten Wesen her als Wort und Botschaft auf den Glauben bezogen. Aber als solche auf das Heil des Menschen zielende Glaubensbotschaft verlangt Offenbarung in einer einzigartigen Herausforderung die aufmerksame Gegenwart des Hörenden. Die Botschaft offenbart nur, indem sie *jemandem* etwas kundtut. Sonst ist sie nicht Botschaft. Wäre kein hörender Partner da, dann käme Gottes Wort gar nicht zur Sprache, es bliebe höchstens leerer Schall, der wieder in der echolosen Unbetreffbarkeit absoluter Einsamkeit verwehte. Hören im vollen Sinne ist jedoch nicht bloß der passive Empfang irgendwelcher Laute, sondern das lichte Verstehen des uns Zugesagten. Das Offenbarungsgeschehen regt untrennbar vom konkreten Glauben zugleich auch schon zuinnerst das Denken an und provoziert die Reflexion des Menschen, um das eben Gehörte in seiner ihm eigenen Bedeutsamkeit aufzuhellen, es verständlich anderen mitsagen und so erst innerhalb einer bestimmten Welt den leibhaftigen Menschen *als* Botschaft ausrichten zu können. Es gibt kein „Wort Gottes", das nicht schon *von Anfang an* als im Glauben gehörtes, frei empfangenes und darin zugleich auch als *gedachtes* Wort auftritt. Wenn uns also auch das *von Gott* Gesagte als solches im Glauben bestimmt - und nicht wir die Bestimmenden sind -, so gehört zum Glauben gleichursprünglich der im Hören schon einhergehende aktive Mitvollzug unseres Verstehens.

Man kann *diese* Vollendung von Offenbarung im gläubigen Verstehen noch etwas radikaler (und ein wenig einseitig) zur Anschauung bringen. Die christliche „Offenbarung" verlangt von Grund auf den hörend-denkenden Menschen als ausgezeichneten Ort ihrer Wirklichkeit, ohne den sie als *Heils*offenbarung gar nicht sein kann. In jedem Glaubensgehorsam lebt eine für Gott entschlossene Freiheit, die erst (wenn auch nicht allein!) *personales* Heil annehmen lässt. Wenn der Mensch aber so zu den Bedingungen der Möglichkeit von Offenbarung gehört, dann übernimmt er zugleich die wichtige Aufgabe, diesen von ihm selbst eingenommenen Ort der Ankunft der Offenbarung Gottes als solchen dafür frei, d. h. offen zu halten. Da es dabei nicht um ein im Wesen von uns selbst bestimmbares Wort geht, sondern dieses sich als Wort Gottes mit seinem *eigenen Anspruch* in unserem entsprechenden Hören ereignet, trägt das menschliche Dasein zugleich eine hohe Verantwortung angesichts dieser es selbst bestimmenden und richtenden Botschaft: Das Hören muss diesem Wort, damit es in seiner unableitbaren Hoheit und Mächtigkeit bleiben und so sich zeigen kann, den freien Spielraum seines Erscheinens gewähren und in eins dafür Sorge tragen, dass dieses Wort, das dem Menschen zugesagt wird, zugleich ein menschliches bleibt, d.h. sich auch faktisch als verstehbar, sagbar und mitteilbar erweisen kann. „Begründung“ kann dieses Wort des Glaubens also nicht einfach herbei*zwingen* wollen, denn dieser Grund *gibt sich* primär von sich selbst her, wenngleich er nicht ohne das entsprechende menschliche Vernehmen zugänglich wird. Aber jedes Begründen*wollen* ist von hier aus schon anfänglich in einzigartiger Weise an diese Selbstpräsenz des Glaubens gebunden. Wird diese nicht beachtet, dann fällt die spezifische Weise dieser „Begründung“ bereits aus der Betrachtung heraus. Wir haben es dann im besten Falle mit einem Wort *über* Gott zu tun, aber nicht mehr mit einem „Wort Gottes“, insofern dieses nur *von Gott her* ein solches ist und bleiben kann.[23]

Der Glaube muss zutiefst von dieser *zweifachen* Verantwortungsbereitschaft geprägt sein, den göttlichen Anspruch *und* die menschliche Verstehbarkeit seiner selbst zu wahren. Denkt der Glaube nicht immer wieder diesem seinem Wesen nach, so missversteht er sich selbst. Der Glaubende ist es also sich selbst vom Innersten her schuldig, dass er Rechenschaft gibt über sich selbst. Der Glaubende ist nicht er selbst, wenn er nicht die Verantwortungsbereitschaft zu diesem Dienst am Glauben selbst aufbringt. Damit ist auch schon – ohne weitere Begründung – gesagt, dass wir hier nur vom Glauben der *personalen* Entscheidung sprechen, der durch den Ernst seiner Annahme eine umwandelnde Kraft in das Dasein bringt und nicht bloß als bürgerliche Konvention oder als ein unvermeidliches Geflecht historischer, psychologischer und soziologischer Voraussetzungen zum pervertierten Unwesen seiner selbst depotenziert wird.

Jeder Gläubige muss Rechenschaft seines Dienstes am Glauben geben und vor den Menschen den „Grund“ der in ihm wirksamen Hoffnung darlegen. Theologie gehört darum als „Rechenschaft der Hoffnung“ (vgl. 1 Petr 3,15) grundlegend zu jedem bewusst übernommenen und personal entschiedenen Christsein. Weil der christliche Glaube von Anfang an auf der Erhellbarkeit und Öffentlichkeit des Evangeliums bestand, hat sich die Reflexion des christlichen Glaubens schon sehr früh ausgebildet. Im Unterschied zu manchen Religionen hat das Christentum überhaupt erst in dem uns heute geläufigen Sinne die rationale Gestalt der Theologie entwickelt und gefördert. „Dasjenige Phänomen, das in methodologisch durchreflektierter Gestalt in der Hochscholastik die Bezeichnung ‚Theologie‘ annahm, aber bei prinzipieller Gleichartigkeit auch in anderer Gestalt ebenso genannt werden kann, begegnet *allein im Christentum*. Diese eigentümliche

23 Ich bin schon seit meinem Studienbeginn im Jahr 1956 zu diesen Überlegungen angeregt worden durch meinen Freiburger Lehrer Bernhard Welte. Ich darf in diesem Zusammenhang auf die im Erscheinen begriffene Gesamtausgabe „Gesammelte Schriften“ hinweisen, Freiburg (Verlag Herder), die in 15 Einzelbänden erschienen ist, vgl. vorläufig: Was ist Glauben, Freiburg 1982; Ders., Freiheit des Geistes und christlicher Glaube, Freiburg 2004. Hier ist jedoch nicht weniger an K. Rahner zu denken: Vgl. Sämtliche Werke 4: Hörer des Wortes, 1997; Ders., Sämtliche Werke 26: Grundkurs des Glaubens, Freiburg 1999.

geschichtliche Tatsache darf man nicht einebnen in ein vermeintlich allgemeines Gesetz, wonach unter bestimmten Bedingungen in der Religionsgeschichte Theologie auftrete. Anzeichen, die man dafür anführen könnte [...], treffen nicht den Kern des als Theologie anzusprechenden Phänomens: nämlich dass der Glaube von sich aus auf Verstehen drängt in einer der Verstehenssituation angemessenen Weise."[24] Im Wesen des christlichen Glaubens ist also der Grund gegeben, der Theologie möglich und notwendig macht.

Es ist dabei ganz unvermeidlich, dass der christliche Glaube in seiner Ausbildung zur Theologie von einem jeweils verschiedenen Wissenschaftsbegriff geprägt war. Darüber braucht hier nicht näher gehandelt zu werden, aber man muss sich vor Augen halten, dass die Geschichte der Wissenschaft und der Wissenschaftstheorie bis tief in die Neuzeit hinein von der Theologie mitgestaltet worden ist.[25]

Wird das Verhältnis von Glaube und Theologie so verstanden, dann wird von selbst deutlich, dass die Theologie der Verkündigung des Evangeliums dient, ohne ihre Eigenart und ihren Theoriecharakter dadurch zu verlieren. Es handelt sich auch nicht um die „Anwendung" oder die „Praxis" der Wissenschaft. Vielmehr gehört der Bezug zur Verkündigung des Evangeliums deshalb zu den konstitutiven Bedingungen von Theologie, weil Glaube seiner Natur nach sich im antwortenden und verantwortenden Sich-Einlassen auf die geschichtliche Situation erfüllt. Theologie ist also von ihrer Wurzel her missionarisch, oder sie ist nicht. Diesem Aspekt muss noch gründlicher nachgedacht werden.[26]

Der denkende Glaube muss dafür Sorge tragen, dass der konkrete Mensch der Geschichte bis in alle Lebensbereiche und faktischen Aufenthalte hinein die eigene Mächtigkeit und daseinsverwandelnde Kraft des Glaubens erfahren kann. Es gibt so vieles, was dem Glauben und dem konkreten Daseinsverständnis zunächst jeweils bedeutungslos, unzugänglich, unrealisierbar und damit „heillos" bzw. sinnlos erscheint. Das Glaubens*denken* (in seinen verschiedensten Stadien und Stufen) nimmt sich nicht bloß so an, wie es sich *immer schon* versteht, sondern eröffnet sich selbst transzendierend bisher unbegangene Wege, schafft neue Bezugsmöglichkeiten zwischen „widersprechenden" Sachverhalten und *erweitert* die bisherigen Lebens- bzw. Glaubens-Horizonte. Vom innersten Verständnis des Glaubens her ist diese Eröffnung aber nicht möglich in der pseudoreligiösen Esoterik eines weltlosen, nur verinnerlichten Glaubens, sondern entfaltet sich *als* lebendige *Auseinandersetzung* mit der geschichtlichen Welt und deren Nöten: Die Botschaft des Glaubens muss radikal und unerbittlich mit dem konkreten Welt- und Daseinsverständnis des Menschen *konfrontiert* werden. Es ist keine Frage, dass hier zutiefst immer wieder *gefragt* und *gesucht* werden muss: Schleichende Verabsolutierungen partikulärer Momente und beschränkter Gesichtspunkte müssen

24 G. Ebeling, Theologie, in: RGG VI, 759 f., Tübingen [3]1962.
25 Vgl. dazu W. Pannenberg, Wissenschaftstheorie und Theologie, Frankfurt a. M. 1973; vgl. oben Anm. 21.
26 Vgl. Lehmann (wie Anm. 15) 476–498.

aufgedeckt werden; die berückende Macht des trügerischen Scheins, der gängigen „Meinungen“ und der handfesten Interessen muss entlarvt werden; die unerbittliche Befragung wehrt sich gegen die lähmende Übermacht des rein Faktischen und plädiert durch den Hinweis auf die je größeren Möglichkeiten für die grundsätzliche „Offenheit“ des konkreten geschichtlichen Daseins (das sich diese freilich erst jeweils schaffen und geben lassen muss); gerade wenn das Glaubensdenken den Spielraum schaffen bzw. eröffnen will, darin sich die gnadenhafte Zuwendung Gottes an den Menschen ereignet, und so den unendlichen Horizont für das Kommen Gottes frei und offen halten soll, muss es von sich selbst her „kritisch“ sein in einem ursprünglichen Sinn. Es muss zwischen Sein und Schein, Wahrheit und Beirrung zu unterscheiden wissen. Auch hier zeigt sich, dass der sich selbst recht verstehende Glaube von seiner Wurzel her Einsicht, Verantwortung und also Rechenschaft besagt.

Die Theologie wird dadurch auch zum Anwalt des Menschen im Verstehen der Offenbarung. Gerade weil hier Gott spricht, darf mehr und radikaler, gründlicher und kritischer gefragt werden als anderswo. Was manchem Außenstehenden als „Rationalismus“ und „Hybris“ der Theologie vorkommen mag – und wer möchte leugnen, dass es so etwas auch geben kann – ist im Grunde nichts anderes als ein Ausdruck der unumstößlichen Gewissheit des Theologen, dass das Wort Gottes in seinem unendlichen Reichtum und in seiner unerschöpflichen Fülle durch menschliches Fragen und Suchen, Erkennen und auch durch den nicht auszuschließenden Zweifel nicht entleert werden kann. Thomas von Aquin, der am Schluss seines Lebens überhell sah, dass alles von ihm Geschriebene wie Stroh sei im Verhältnis zu dem, was er in seinem Glauben erfahren hatte, konnte darum den zuversichtlichen Satz schreiben: „Niemals wird der Glaube durch Erkenntnis entleert“.[27]

Natürlich braucht der Theologe gerade in dieser Aufgabenerfüllung das Bewusstsein, selbst immer ein Glaubender zu sein. Dazu gehören die Demut und die Annahme der „Armut“ von Theologie: Das Wissen kann den Glauben nicht zu einer Vorstufe seiner selbst degradieren, sodass nur noch ein „Gefühl“, eine „Empfindung“ oder „unmittelbares Wissen“ übrig bleibt. Theologie kann nie Glauben schaffen, sondern kann nur die Strukturen des Glaubens aufzeigen und seine Inhalte zu begründen suchen. Die Theologie denkt dem Glauben immer nach, geht ihm nicht schlechterdings voraus (wiewohl sie ihn korrigieren und leiten kann). Glaube als existenzielle Praxis ist von keiner Theorie einzuholen. Auch Praktische Theologie, sei sie noch so praxisbezogen, kann keinen Glauben erzeugen. Die Größe der Theologie erweist sich als ihre Ohnmacht. Vergisst sie dies, dann kann sie in der Tat destruktiv werden. Aber auch dann zerstört sie zunächst sich selbst, macht sich entbehrlich und wird vielleicht besser von der Philosophie, So-

27 S. th. II–II, 5,3. Josef Piper hat in seinem gesamten Werk dieses Erbe des heiligen Thomas auch für heute mustergültig erschlossen, vgl. auch „Über den Glauben“, in: Werke 4, Hamburg 1996, 198–255.

ziologie oder Psychologie verwaltet als von theologischen Surrogaten und Ideologien, die den Ort des Glaubens in Beschlag nehmen.

Es wäre nun an der Zeit, eine wichtige Konsequenz zu formulieren: *Die Kirche braucht die Anstrengung des Glaubens und Denkens und also der Theologie, wenn sie verantwortlich das Evangelium der jeweiligen Welt und Gesellschaft vermitteln will.* Doch dies kann nur noch als Konsequenz formuliert, aber nicht mehr im Einzelnen begründet und entfaltet werden.

Während wir eingangs die differenzierte Bedeutung des Vernunftbegriffs zu erhellen versucht haben, haben wir im ausführlicheren zweiten Teil das Verständnis des Glaubens in seinem Verhältnis zum Denken und Erkennen zu klären unternommen. Es besteht kein Zweifel, dass dies übereinstimmt mit den Aussagen des Ersten Vatikanischen Konzils, näherhin mit der Konstitution über den katholischen Glauben „Dei Filius", auch wenn die Sprache verschieden ist.[28] Ich bin ferner fest überzeugt, dass man sich in der Richtung des gesuchten Ansatzes auch ökumenisch einigen kann über diese Zusammenhänge, die auch in der „theologia gloriae" und der „theologia crucis" Martin Luthers, besonders in der Heidelberger Disputation von 1518, eine besondere Herausforderung bilden. Aber die hier versuchte Grundlegung dürfte auch diese Herausforderung bestehen: Habet enim fides oculos suos.[29]

28 Zum Nachweis vgl. die immer noch gültige Studie von H. J. Pottmeyer, Der Glaube vor dem Anspruch der Wissenschaft, Freiburg 1968. Vgl. Papst Johannes Paul II., Enzyklika „Fides et Ratio". Über das Verhältnis von Glaube und Vernunft [1998], Verlautbarungen des Apostolischen Stuhls 135, hrsg. vom Sekretariat der Deutschen Bischofskonferenz, Bonn 1998.

29 Vgl. dazu P. Rousselot, Die Augen des Glaubens. Mit einer Einführung von J. Trütsch, Einsiedeln 1963 (ursprünglich 1910), dazu E. Kunz, Glaube – Gnade – Geschichte. Die Glaubenstheologie des P. Rousselot, Frankfurter Theologische Studien 1, Frankfurt 1969; H. Bouillard, Logique de la Foi, Théologie 60, Paris 1964; Ders., Comprendre ce que l'on croit, Paris 1971; Ders., Logik des Glaubens, Quaestiones disputatae 29, Freiburg 1966; D. Hercsik, Der Glaube. Eine katholische Theologie des Glaubensaktes, Würzburg 2007.

Karl Barths und Hans Urs von Balthasars Auslegung des Gleichnisses vom verlorenen und wiedergefundenen Sohn (Lk 15,11–32)

Werner Löser SJ

Das Gleichnis vom verlorenen und wiedergefundenen Sohn, das von Balthasar als das „vielleicht bewegendste unter allen Gleichnissen Jesu im Evangelium"[1] bezeichnet hat, ist nicht nur in der Geschichte der Kirche, sondern auch im Bereich der neuzeitlichen Literatur und Malerei immer wieder ausgelegt worden. Dabei ist ein Gefälle zu beobachten. Viele Jahrhunderte hindurch haben die Interpreten das Gleichnis theologisch ausgelegt – z. B. auf die unterschiedlichen heilsgeschichtlichen Wege der Juden und der Heiden oder auch der Juden und der Christen, dann auch auf die Wendung des sündigen zum gerechtfertigten Menschen. Aus den ersten christlichen Jahrhunderten sind uns Auslegungen von Tertullian, Ambrosius, Hieronymus, Petrus Chrysologus, Augustinus überliefert, – um nur die Verfasser der bedeutendsten dieser Texte zu nennen. Auch von mittelalterlichen Theologen haben wir Deutungen des lukanischen Gleichnisses. Man denke an Beda Venerabilis, an Thomas von Aquin, an Bonaventura. Ein bewegendes Zeugnis einer Meditation des Gleichnisses unter den Vorzeichen der lutherischen Theologie geht im frühen 16. Jahrhundert auf den Nürnberger Meistersinger Niclas Vogel zurück. In der Neuzeit und bis in die Gegenwart hinein nahmen sich Dichter und Maler des Gleichnisses an, bei denen sich die Aufmerksamkeit auf den biblischen Text mit dem Interesse an den Erfahrungen des neuzeitlichen Menschen verband.[2] Albrecht Dürer und Rembrandt stehen am Anfang dieser Linie, die sich fortsetzt bei Christian Friedrich Daniel Schubart, Friedrich Schiller und dann im 20. Jahrhundert bei Rainer Maria Rilke, André Gide, Franz Kafka, Robert Walser, Hans Sahl, Kurt Regler – um auch hier nur die bekanntesten Autoren zu erwähnen. Auguste Rodin hat in einer Skulptur an den verlorenen Sohn erinnert, Sergej Prokofjew in einem Ballet. Die meisten der Gleichnisdeutungen der zuletzt genannten Interpreten waren nur noch am Rande von theologischen Fragestellungen her bestimmt. Es trifft zu, was Charles Péguy einmal geschrieben hat: „Es ist die Rede Jesu, die den größten Widerhall fand. In der Welt. Die den

1 H. U. von Balthasar. Licht des Wortes. Skizzen zu allen Sonntagslesungen, Trier 1987, 219.
2 Vgl. P. K. Kurz, Der verlorene Sohn – Die verlorenen Väter. Literarische Spiegelungen und Verfremdungen, in: StdZ 214 (1996), 621–628

tiefsten Nachhall fand in der Welt und im Menschen. Im Herzen des Menschen. In gläubigen Herzen, in ungläubigen Herzen."[3] Vor dem Hintergrund der häufig sehr eindrucksvollen und bedeutsamen Auseinandersetzungen mit dem biblischen Gleichnis heben sich im 20. Jahrhundert aber dann doch auch noch einmal einige klar theologische Interpretationen ab. Es wäre hier zum einen auf die entsprechenden Arbeiten der Exegeten des Neuen Testaments zu verweisen. Zum anderen gibt es die Interpretationen, die Theologen, die man gewöhnlich der Zunft der Dogmatiker zurechnet, vorgelegt haben. Man kann hier an das dem Gleichnis gewidmete Kapitel im Jesusbuch von Papst Benedikt XVI. (2007) denken. Hier soll indes das Augenmerk nur auf zwei andere aus dem 20. Jahrhundert stammende Auslegungen gelenkt werden. Die eine geht auf den Basler reformierten Theologen Karl Barth zurück, die andere auf den katholischen Theologen Hans Urs von Balthasar, der lange Jahre ebenfalls in Basel gelebt und gewirkt hat.

Beider Auslegungen des Gleichnisses berühren, ja decken sich in vielem. Sie kommen darin überein, dass sie sich auf den Weg des jüngeren Sohnes konzentrieren und in seiner Darstellung eine Art Verdichtung ihrer theo-dramatischen Theologieentwürfe entdecken.[4] Das bedeutet, dass die Dimensionen der Geschichte, die in dem Gleichnis entdeckt und in der Auslegung beider Theologen zur Sprache gebracht werden, die denkbar weitesten sind: Gott und Welt, Jesus Christus und der Mensch, Gottes Werk und des Menschen Freiheit, die Verlorenheit des Menschen und seine Versöhnung, die Trinität Gottes und das Kreuz Christi. Ein feiner, freilich letztlich nicht unbedeutender Unterschied zwischen Barths und von Balthasars Gleichnisdeutungen zeigt sich, wenn es um die genauere Bestimmung der Freiheit des Menschen in der Geschichte Gottes mit seiner Welt geht. Hier wirken sich Differenzen aus, die in der Lehre von der Erwählung und dann von der Vollendung von allem – Protologie und Eschatologie – auszumachen sind. Man weiß, dass es in den Gesprächen zwischen Barth und von Balthasar immer wieder um das rechte Verständnis der „Analogie" ging. „Analogia entis", „analogia fidei", „analogia libertatis" – das sind einige Begriffe, die in diesem theologischen Disput eine Rolle spielten.[5]

Die Basler Begegnungen zwischen Karl Barth und Hans Urs von Balthasar und ihre theologischen Dialoge sind in den letzten Jahren ausgiebig dargestellt worden.[6] Ein vergleichender Blick auf beider Auslegungen von Lk 15 vermag das,

3 C. Péguy, Das Tor zum Geheimnis der Hoffnung, bearbeitet von H. U. von Balthasar, Luzern 1943, 110.

4 Dass von Balthasars Theologie im wesentlichen als theo-dramatische verstanden und bezeichnet werden kann, ist selbstverständlich. Er selbst hat das Mittelstück seiner theologischen Trilogie mit der Überschrift „Theodramatik" versehen. Aber auch Barths Theologie darf als eine theo-dramatische gelesen werden, wie Hans-Wilhelm Pietz gezeigt hat: Das Drama des Bundes. Die dramatische Denkform in Karl Barths kirchlicher Dogmatik, Neukirchener Beiträge zur systematischen Theologie, Bd. 12, Neukirchen-Vluyn, 1998.

5 Vgl. dazu W. Löser, Von Balthasars Karl-Barth-Buch. Eine theologische Würdigung, in: W. W. Müller (Hrsg.), Karl Barth – Hans Urs von Balthasar. Eine theologische Zwiesprache, Zürich 2006, hier: 71–96.

6 Man vgl. beispielsweise H.-A. Drewes, Karl Barth und Hans Urs von Balthasar. Ein Basler Zwie-

was sich dort schon gezeigt hat, in einem kleinen Detail zu bestätigen und zu vertiefen. Es könnte sein, dass auch auf die Frage nach dem genaueren Sinn der Analogie ein Licht fällt.

I. Karl Barths Auslegung von Lk 15,11–32

Karl Barth hat dem lukanischen Gleichnis etwa vier, in Kleindruck präsentierte Seiten seiner „Kirchlichen Dogmatik" gewidmet. Sie finden sich auf den Seiten 21 bis 25 des Bandes IV/2, der 1955 veröffentlicht wurde.[7] Der Text bietet in seiner Mitte und umgeben von theologischen Bemerkungen zu mehr oder weniger anders vorangehenden Deutungswegen Barths eigene Auslegung des Gleichnisses. Diese hat folgenden Wortlaut:

> Die Hauptfigur der Gleichniserzählung ist [...] der seinen Vater verlassende und so verloren gehende, dann aber zu ihm zurückkehrende und so wiedergefundene jüngere Sohn [... Es ist zu sehen und zu sagen], daß wir es in dem Hin- und Rückweg des verlorenen Sohnes im Verhältnis zu seinem Vater mit einer merkwürdig leuchtenden *Parallele* zu dem im Werk der Versöhnung beschrittenen Weg Jesu Christi, zu seiner Erniedrigung und Erhöhung zu tun haben. Besser gesagt: daß sich der Aus- und Eingang des verlorenen Sohnes und also des Menschen Sündenfall und Begnadigung im *Horizont* der Erniedrigung und Erhöhung Jesu Christi und also der in ihm geschehenen Versöhnung abspielt, in dieser sein höheres Gesetz hat, von ihr her erleuchtet ist, um dann und so auch in sich selber hell, bedeutsam, wichtig zu sein.
> Da nimmt jener Sohn, begierlich und eigenmächtig fordernd, aus den Händen seines Vaters sein ihm zukommendes Vermögen entgegen und an sich, zieht damit hinweg in ein fernes Land, um es daselbst in einem zügellosen Leben – später (v 30) wird es heißen: mit Huren – zu vertun und um dann in der über jenes Land kommenden Hungersnot Mangel leiden und schließlich froh sein zu müssen, sich von den Schoten nähren zu können, die nicht ihm, sondern den seiner Hut anvertrauten Schweinen zugedacht sind. Das ist der Weg des Menschen im Bruch seines Bundes mit Gott: der Weg des verlorenen Israel, der verlorenen „Zöllner und Sünder", der verlorenen Heidenwelt – und

gespräch, in: Magnus Striet / Jan-Heiner Tück (Hrsgg.), Die Kunst Gottes verstehen, Freiburg 2005, 367–383; Löser (wie Anm. 5); W. W. Müller, Hans Urs von Balthasar im Gespräch mit Karl Barth. Ein theologiegeschichtlicher Rückblick, ebd. 11–26; Th. Krenski, „er schleppt II/1 in seiner Mappe herum wie eine Katze ihr Junges". Ein biographisches Panorama zu Hans Urs von Balthasars Barth-Buch, ebd. 27–69; B. Rordorf, Hans Urs von Balthasar en dialogue avec Karl Barth, in: D. Gonneaud / Ph. Charpentier de Beauvillé, Chrétiens dans la société actuelle. L'apport de Hans Urs von Balthasar, Actes du colloque international de H. U. von Balthasar, 17–18 novembre 2005 à l'Université Catholique de Lyon, Socéval 2006, 305–316.

7 Eine Deutung der barthschen Gleichnisinterpretation zu Lk 15 findet sich bei Ernest John Tinsley, Parables and the self-awareness of Jesus, in: Church quarterly, 4, 1971, 18–27, hier: 22–24.

also gewiß nicht einfach der Weg des dem Vater gehorsamen Sohnes Gottes, der Weg Jesu Christi! Nur daß dieser eben – das ist auch nicht zu leugnen – der Weg in die Fremde eben dieses verlorenen Menschendaseins ist: der Weg, auf dem er sich eben diesem verlorenen Sohn gleich und solidarisch macht, sich ganz und vorbehaltlos an seine Stelle begibt, seine Sünde und Schande, seine Übertretung – als hätte er sie begangen – auf sich nimmt und sein Elend – als hätte er es verdient – sein eigenes sein läßt. Und das so, dass die Furchtbarkeit dieser Fremde, das Schlimme der menschlichen Situation doch erst damit in seiner Tiefe offenbar wird, dass sie *seine*, des heiligen und gerechten Sohnes Gottes Situation wird. Was ist der fatale Auszug des verlorenen Sohnes von daher gesehen? Gewiß nur die jämmerliche *Karikatur* des in Jesus Christus geschehen Ausgangs des einen Sohnes Gottes in die Welt, seiner Erniedrigung also, in der er, ohne aufzuhören zu sein, der er ist, in höchster Betätigung seiner Sohnschaft und Gottheit vielmehr, arm wurde um unsererwillen (2 Kor 8,9) – aber immerhin deutlich seine Karikatur, als Weg aus der Höhe in die Tiefe, aus der Heimat in die Fremde ihm immerhin analog, ähnlich in aller Unähnlichkeit, wie Adams Sein im Verhältnis zu dem Christi: τύπος τοῦ μέλλοντος (Röm 5,14).
Und da kommt nun jener verlorene Sohn mitten unter den unreinen Tieren, denen er sich zugesellt, zu sich selbst, und das im Gedenken an den von ihm mit dem drohenden Hungertod vertauschten Wohlstand im Vaterhaus. Da entschließt er sich, mit dem Bekenntnis seiner Verfehlung zu seinem Vater zu gehen und mit der Bitte, doch wenigstens als Tagelöhner wieder Aufnahme bei ihm zu finden. Da will er diesen Entschluß ausführen und macht sich auf den Weg dazu. Da hat ihn aber sein Vater schon von ferne gesehen, sich seiner erbarmt, ist ihm entgegengelaufen, ihm um den Hals gefallen, hat ihn geküßt – alles noch *bevor* ihm jenes Bekenntnis und jene Bitte auch nur über die Lippen gekommen, geschweige denn durch entsprechende Taten der Besserung wahrgemacht waren! Da geht dieser Vater über alles hinweg mit dem Befehl, den Zurückgekehrten mit dem besten Kleid, mit Ring und Schuhen zu bekleiden, das gemästete Kalb zu holen und zu schlachten, da wird mit Musik (wörtlich: mit „Symphonien", v 25) und Reigen jenes große Fest gefeiert, über das sich der von rechtschaffener Arbeit nach Hause kommende ältere so schrecklich ärgern muß. Das ist des Menschen „Weg zurück", der Weg des seinem Gott in Reue und Buße, aufrichtig und darum anspruchslos, begierig und darum entschlossen wieder zugewendeten und von diesem ohne Zögern und Vorbehalt, einfach weil er zu ihm gehört, wieder auf- und angenommenen Menschen: von ihm mit größerer Freude empfangen, als die, die er an ihm hatte, da er noch bei ihm war! Das ist nun wieder nicht einfach der Weg der Erhöhung Jesu Christi, der Weg des zu seinem himmlischen Vater gehenden und von ihm gekrönten Menschensohnes. Nur daß eben – auch das ist nicht zu leugnen – zuerst und eigentlich dieser Weg Jesu Christi der Weg in die nicht verlorene, sondern erhaltene, nicht verschlossene, sondern offe-

> ne Heimat des Menschen, in seine Gemeinschaft mit Gott ist: der Weg, auf dem er allen Menschen vorangeht, auf dem er sie als ihr König nach sich zieht und mitbestimmt, mehr noch: an dessen Ziel er selbst schon angekommen, er den noch wandernden Menschen diese ihre Heimat jetzt schon sichtbar und greifbar macht. Was ist die heilsame Rückkehr des verlorenen Sohnes von daher gesehen? Gewiß nur ein schwaches *Nachbild* des in Jesus Christus geschehenen Eingangs des einen Menschensohnes in die Gemeinschaft mit Gott, seiner Erhöhung also, in der er ohne aufzuhören wahrer Mensch zu sein, nicht vergottet also, vielmehr in unserer Natur, in unserem Fleisch zur Seite des Vaters im Himmel ist, als Mensch an seiner Macht und Herrlichkeit, an der Ausübung seiner Gnade und Barmherzigkeit Anteil hat. Mehr als Nachbild, Analogie, Typus dieses seines Eingangs kann der Weg des wiedergefundenen Sohnes im Gleichnis und also des mit Gott versöhnten Menschen nicht sein, aber auch nicht weniger. Nicht mehr: weil das, was er auf seinem „Weg zurück" ist, tut und erfährt als sein Sein, Tun und Erfahren im Verhältnis zu dem des einen Menschensohnes nur ein Geringes sein kann und weil selbst dieses Geringe – als vermöchte er sich auch nur vorübergehend auch nur in die unvollkommenste Gemeinschaft mit Gott zu versetzen! – nicht im Bereich seiner Möglichkeiten liegt. Aber nun auch nicht *weniger*, weil eben sein geringes Sein, Tun und Erfahren getragen und so ermöglicht ist durch das Große, das Ursprüngliche und Eigentliche des einen Menschensohnes, weil dieses Geringe dadurch in seiner Macht ist, dass es in jenem wunderbar vollkommene Wirklichkeit ist. Er ist nicht das Original. Er ist nur das Bild. Er ist aber das Bild *dieses* Originals, und also doch nur in seinem Verhältnis zu diesem zu verstehen.[8]

Der Ort, an dem sich dieser Text innerhalb der „Kirchlichen Dogmatik" befindet, ist ein erster Hinweis auf das theologische Anliegen, dem Barth in seiner Gleichnisdeutung Ausdruck geben wollte. Das große Thema des Bandes IV der „Kirchlichen Dogmatik" lautet: „Die Lehre von der Versöhnung". Dieser Band ist in drei Teilbände aufgegliedert, in denen jeweils ein Teilthema erörtert wird. Im ersten dieser Teilbände – IV/1 – bringt Barth zunächst eine Einleitung in die Lehre der Versöhnung. Es handelt sich um das Kapitel 13, das überschrieben ist „Der Gegenstand und die Probleme der Versöhnungslehre". Dort kündigt Barth an, dass es in der Versöhnungslehre zuvorderst um die Gestalt und das Werk Jesu Christi geht und dies in drei Schritten: „Der Inhalt der Lehre von der Versöhnung ist die Erkenntnis Jesu Christi, der (1) der wahre, nämlich der sich selbst erniedrigende und so der versöhnende Gott, aber (2) auch der wahre, nämlich der von Gott erhöhte und so versöhnte Mensch, und der in der Einheit beider (3) der Bürge und Zeuge unserer Versöhnung ist."[9]

8 K. Barth, Die Kirchliche Dogmatik, Bd. IV/2: Die Lehre von der Versöhnung, Zürich 1955, 23–24.
9 K. Barth, Die Kirchliche Dogmatik, Bd. IV/1: Die Lehre von der Versöhnung, Zürich 1953, 83.

Auf das Kapitel 13 folgt im selben Halbband das Kapitel 14, in dem Barth über Jesus Christus, den wahren, sich selbst erniedrigenden und so versöhnenden Gott handelt. Die berühmte Überschrift zu diesem Kapitel lautet: „Jesus Christus, der Herr als Knecht“. Das Kapitel 15 füllt den gesamten Band IV/2 der „Kirchlichen Dogmatik“. Da geht es erneut um Jesus Christus, der aber nun als der von Gott erhöhte und so versöhnte Mensch betrachtet wird. Es ist betitelt „Jesus Christus, der Knecht als Herr“. Der sich noch anschließende dritte Teilband der „Kirchlichen Dogmatik“ – IV/3 – ist schließlich der Darstellung Jesu Christi, des Bürgen und Zeugen unserer Versöhnung gewidmet. Lässt man die denkbar knappen Zusammenfassungen der Bände IV/1 und IV/2 auf sich wirken, so wird man sicherlich rasch an die dogmatische Aussage des Konzils von Chalkedon (451) denken – Jesus Christus, wahrer Gott und wahrer Mensch. Sie ist bei Barth aufgegriffen und zugleich neu bestimmt: wahrer Gott, sich selbst erniedrigend und so versöhnend, sowie wahrer Mensch, von Gott erhöht und so versöhnt. Beides, das „wahrer Gott“ und das „wahrer Mensch“ wird in den die langen Erörterungen eröffnenden und vorweg zusammenfassenden Thesen so entfaltet:

> *Wahrer Gott:* Daß Jesus Christus wahrer Gott ist, erweist sich in seinem Weg in die Fremde, in der er, der Herr, zum Knecht wurde. Denn es geschah in der Herrlichkeit des wahren Gottes, daß der ewige Sohn seinem ewigen Vater darin gehorsam wurde, daß er sich selbst dazu hergab und erniedrigte, des Menschen Bruder zu werden, sich neben ihn, den Übertreter zu stellen, ihn damit zu richten, daß er sich selbst an seiner Stelle richten und in den Tod geben ließ. Gott der Vater aber hat ihn von den Toten erweckt und sein Leiden und Sterben eben damit als die für uns, als unsere Umkehrung zu ihm hin, vollbrachte Rechtstat und so als unsere Errettung vom Tode zum Leben anerkannt und in Kraft gesetzt.[10]
> *Wahrer Mensch:* Jesus Christus, der Sohn Gottes und Herr, der sich zum Knecht erniedrigt, ist auch der als dieser Knecht zum Herrn erhöhte Menschensohn: der neue, der wahre, der königliche, weil am Sein und Leben, an der Herrschaft und Tat Gottes teilnehmende, ihn ehrende und bezeugende Mensch, der als solcher aller andern Menschen Haupt, Vertreter und Heiland ist, der Ursprung, der Inhalt und das Maß der uns im Werk des Heiligen Geistes gegebenen göttlichen Weisung.[11]

Im Miteinander der beiden Bewegungen, die das wahre Gottsein und das wahre Menschsein Jesu Christi ausmachen, ereignet sich, so Barth, die Versöhnung. „Die Wiederherstellung und Erneuerung des Bundes zwischen Gott und Mensch besteht in diesem Vertauschen: Gottes exinanitio, Erniedrigung, gegen des Menschen exaltatio, Erhöhung. Gott ging in die Fremde, der Mensch kehrte heim. In

10 Barth (wie Anm. 9) 171.
11 Barth (wie Anm. 8) 1.

dem einen Jesus Christus geschah Beides. Es handelt sich also nicht um zwei verschiedene, einander folgende Aktionen, sondern um eine einzige, in der jede ihrer beiden Komponenten auf die andere bezogen und auch nur in ihrer Beziehung zu ihr erkennbar und verständlich ist: der Ausgang Gottes nur in seiner Abzielung auf den Eingang des Menschen, der Eingang des Menschen nur als die Tragweite und Auswirkung des Ausgangs Gottes, und das Ganze in seiner eigentlichen und originalen Gestalt nur als das Sein und die Geschichte des einen Jesus Christus“[12].

An diese christologischen Erörterungen zum Thema „Versöhnung“ schließt Barth zu ihrer Verdeutlichung und Vertiefung den Exkurs über das Gleichnis vom verlorenen und wiedergefundenen Sohn an.

Barths Ausgangsfrage lautet: wie ist „in dem Geschehen zwischen Gott und Mensch, auf das das Gleichnis hinweist,“ die Anwesenheit und die Aktion des Sohnes Gottes und so die in Jesus Christus geschehene Versöhnung auszumachen? Im lukanischen Gleichnistext kommt sie ausdrücklich nicht zur Sprache. Und dann folgt Barths Antwort, die in der Aussage zusammengefasst erscheint, dass „wir es in dem Hin- und Rückweg des verlorenen Sohnes im Verhältnis zu seinem Vater mit einer merkwürdig leuchtenden Parallele zu dem im Werk der Versöhnung beschrittenen Weg Jesu Christi, zu seiner Erniedrigung und Erhöhung zu tun haben.“[13] Und Barth präzisiert dann noch einmal: „daß sich der Aus- und Eingang des verlorenen Sohnes und also des Menschen Sündenfall und Begnadigung im Horizont der Erniedrigung und Erhöhung Jesu Christi und also der in ihm geschehenen Versöhnung abspielt, in dieser sein höheres Gesetz hat, von ihr her erleuchtet ist, um dann und so auch in sich selber hell, bedeutsam, wichtig zu sein.“[14] Von daher erscheinen der Auszug des Sohnes aus dem Vaterhaus und der Weg in die Fremde, von denen das Gleichnis erzählt, als Bild, ja als Nachbild „des in Jesus Christus geschehenen Ausgangs des einen Sohnes Gottes in die Welt, seiner Erniedrigung also, [...]“[15] Und umgekehrt ist die heilsame Rückkehr des verlorenen Sohnes in sein Vaterhaus wiederum ein Bild, „ein Nachbild des in Jesus Christus geschehenen Eingangs des einen Menschensohnes in die Gemeinschaft mit Gott, seiner Erhöhung also, [...]“[16] Zwischen dem Weg des Sohnes Gottes und dem Weg des verlorenen und zurückgekehrten Sohn waltet „Analogie“ – Ähnlichkeit in aller Unähnlichkeit. Dass es das Bild bzw. Nachbild geben kann, hat seinen Grund darin, dass es zuvor das „Original“ (so Barth) gibt. Dass es die Ähnlichkeit bei aller Unähnlichkeit geben kann und tatsächlich gibt, hat seinen Grund darin, dass der Sohn Gottes sich auf den Platz des verlorenen Menschen begeben hat, um stellvertretend für ihn einzutreten. Der Weg, den der sich erniedrigende Sohn Gottes betreten hat, ist „der Weg, auf dem er sich [...] dem verlorenen Sohn gleich und solidarisch macht, sich ganz und vorbehaltlos an seine Stelle

12 Barth (wie Anm. 9) 21.
13 Barth (wie Anm. 8) 23.
14 Barth (wie Anm. 8) 23.
15 Barth (wie Anm. 8) 23f.
16 Barth (wie Anm. 8) 24.

begibt, seine Sünde und Schande, seine Übertretung – als hätte er sie begangen – auf sich nimmt und sein Elend – als hätte er es verdient – sein eigenes sein läßt."[17] Und der Weg des zu seinem himmlischen Vater gehenden Menschensohnes ist der „Weg, auf dem er allen Menschen vorangeht, auf dem er sie als ihr König nach sich zieht und mitbestimmt, mehr noch: an dessen Ziel er selbst schon angekommen, er den noch wandernden Menschen diese ihre Heimat jetzt schon sichtbar und greifbar macht."[18] Dadurch dass Jesus Christus, Gottes Sohn und Menschensohn, sich mit dem verlorenen Menschen solidarisiert hat und ihm Versöhnung zuteil werden ließ und ihm dann als sein Wegbereiter vorausging in die Gemeinschaft des Vaters, begründete er für den Menschen die Möglichkeit und Wirklichkeit eines gott-entsprechenden Seins und Lebens. Das Bild des Menschen, dem dies durch Gottes Gnade zuteil wurde, ist in dem Gleichnis Jesu, das vom Auszug des verlorenen Sohnes aus der Heimat, von seinem Leben in der Fremde und von seiner Umkehr und Heimkehr in sein Vaterhaus erzählt, dargestellt.

Analogie, Entsprechung – dies sind in Barths Theologie Begriffe, die Wichtigstes und Kennzeichnendstes zum Ausdruck bringen. Das Glaube als freie Tat des Menschen ist bei Barth die subjektive Realisierung des pro me, das den Weg und das Werk Jesu Christi bestimmt. Er stellt den Menschen in die Beziehung der Analogie bzw. Entsprechung zu Jesus Christus. Er bedeutet für den Menschen eine Wende im Verständnis seiner Existenz. Er schließt ein, dass das „*Verständnis* und *Erfassen* seiner Existenz, seine Einstellung sich selbst und der Welt gegenüber, dem der für ihn, der als sein Herr an seine Stelle getreten ist, gewissermaßen *parallel* schalten, sich in *Entsprechung* zu ihm, an den er glaubt, gestalten muß, daß er nur noch im *Gleichnis* Jesu Christi als des für ihn Gestorbenen und Auferstandenen Mensch sein kann und will."[19]

Die Theologie der Analogien und Entsprechungen ist bei Barth eine innere Konsequenz seiner Erwählungs- bzw. Prädestinationslehre, in der es um den souveränen Akt Gottes, der von Ewigkeit her über dem Anfang und dem Ende von allem steht. Über ihn vermag der Mensch nicht zu verfügen, nicht in ihn einzugreifen, er kann sich für ihn nur in Vollzügen des Entsprechens öffnen.

Die eigene Deutung des Gleichnisses ist bei Barth von Darlegungen umgeben, in denen er zu anderen Formen der Deutung, die es zahlreich gab und gibt, Stellung nimmt. Zum Teil handelt es sich um Auslegungen aus den frühen Zeiten der christlichen Theologiegeschichte, zum Teil aber auch um Bemühungen aus neuerer Zeit. Aus der alten Zeit wird beispielsweise an Augustinus, aus der neueren Zeit an Adolf von Harnack und Helmut Gollwitzer erinnert. Sie alle bleiben mehr oder weniger hinter dem Deutungskonzept zurück, das Barth auf dem Hintergrund seiner theologischen Grundüberzeugungen entfaltet.

Von einiger Bedeutung ist dann aber noch, was Barth über den im Gleich-

17 Barth (wie Anm. 8) 23.
18 Barth (wie Anm. 8) 24.
19 Barth (wie Anm. 9) 860.

nis auch noch vorkommenden älteren Sohn ausführt. Er ist die Kontrastfigur, die nicht nur den Weggang und die Rückkehr des jüngeren Bruders, sondern auch und vor allem die Liebe des Vaters, die dem jüngeren Sohn auf allen seinen Wegen galt, nicht verstanden hat. Das heißt aber: er hat nicht verstanden, „daß und wie Gott in seiner Gnade gerade und ausschließlich der Gott des diese doppelte Bewegung vollziehenden Menschen ist."[20] Was er ablehnt, ist ja eigentlich und ursprünglich „der Gott, der der Gott dieses Menschen, der Mensch, der dieses Gottes Mensch ist, die Wirklichkeit des Gottessohnes und seiner Erniedrigung, des Menschensohnes und seiner Erhöhung, die in diesem Einen geschehene Versöhnung ab. Er lehnt Jesus Christus ab."[21] So ist der ältere Sohn nach Barth der Mensch, der sich der Gnade der in Jesus Christus ihm zugedachten Versöhnung ungläubig verschließt.

Aber auch über den jüngeren Sohn findet Barth am Ende seiner Gleichnisdeutung noch einen neuen Aspekt. In dem, was der Vater dem älteren Sohn über den jüngeren sagt, fallen Worte, die es möglich erscheinen lassen, dass der jüngere Sohn des Gleichnisses Jesus Christus ist; denn in ihm hat ja der Vater „seinen Sohn" und den „Bruder" seinen älteren Sohnes erkannt. Es heißt ja: „[...] dieser mein Sohn war tot und ist wieder lebendig geworden [...]" sowie „[...] dieser dein Bruder war tot und ist wieder lebendig geworden [...]". Und so kann Barth folgern: „[...] wenn man irgendwo fragen könnte, ob der Text nicht [...] direkt christologisch auszulegen sein möchte, dann angesichts dieser beiden Verse, angesichts dieses ‚mein Sohn' und dieses ‚dein Bruder', dieses toten, der wieder lebendig, dieses Verlorenen, der wieder gefunden wurde, angesichts des Jubels, der aus diesem Worte klingt."[22] So rückt in das Miteinander der indirekt und der direkt christlogischen Auslegung des Gleichnisses noch einmal das Verhältnis der Entsprechung, der Analogie ein.

Zusammenfassend kann man über Barths Interpretation des lukanischen Gleichnisses vom verlorenen und wiedergefundenen Sohn festhalten, dass sie nicht weniger als eine Kurzfassung seiner ganzen Theologie der Versöhnung ist.

II. Hans Urs von Balthasars Auslegung von Lk 15,11–32

Hans Urs von Balthasar hat der Auslegung des lukanischen Gleichnisses vom verlorenen und zurückgekehrten Sohn nur einen kurzen Text gewidmet. Er ist wie beiläufig in Überlegungen zum christlichen Gottes- und Menschenbild eingefügt. Er findet sich in seiner kleinen Apologie „Warum ich noch ein Christ bin"[23]. Auch dieser Text ist de facto so etwas wie eine knappe, in die Form der Gleichnisausle-

20 Barth (wie Anm. 8) 24–25.
21 Barth (wie Anm. 8) 25.
22 Barth (wie Anm. 8) 25.
23 H. U. von Balthasar, Warum ich noch ein Christ bin, in: ders./J. Ratzinger, Zwei Plädoyers, Münchner Akademie-Schriften, Bd. 57, München 1971, 9–53, hier: 42–44.

gung gebannte Zusammenfassung der Kernmotive eines großen theologischen Werkes. Der Text hat diesen Wortlaut:

> Dem jüngeren Sohn, der sein Vermögen ausgezahlt bekommen und damit in fremdes Land ziehen will, vorenthält der Vater das Geforderte nicht. Gibt es dann aber noch eine Möglichkeit für Gott, mit dem Sichverlieren des freigesetzten Geschöpfs nicht selbst sein Schöpfungsspiel zu verlieren? Nur eine sehr geheimnisvolle Möglichkeit, für die wir zwar ein gewisses menschliches Vorverständnis besitzen, deren letztes Mysterium wir uns aber nur in der Dankbarkeit des Glaubens schenken lassen können: den Weg einer echten mittragenden, und eben deshalb stellvertretend tragenden, schweigenden Begleitung in die volle Verlorenheit hinein. In der Parabel vom verlorenen Sohn fehlt die Figur dessen, der sie erzählt, Jesu selbst. Der Vater wartet nicht nur auf die spontane oder von der Not gedrängte Rückkehr des Verlorenen, er sendet seine Liebe in der Gestalt seines Sohnes in dessen Verlorenheit hinein. Er lässt seinen Sohn sich mit dem verlorenen Bruder identifizieren. Und eigentlich an dieser Kraft, sich mit dem Gegenteiligsten – ohne Wahrung vornehmen Abstands – zu identifizieren, erkennt Gott der Vater die ‚Wesensgleichheit', die Göttlichkeit dessen, den er als sein Heilswort in die Welt gesandt hat: er erkennt, dass dieses Wort, Mensch geworden, das auszuführen vermocht hat, was die Absicht des Vaters beim Erzeugen und Hinaussprechen dieses Wortes war: sich dem hörbar und verständlich zu machen, der von Gott nichts mehr hören wollte. Anders gesagt: dass Jesus der Bruder aller ‚Geringsten' und Verirrten werden konnte, enthüllt erst, durch Tat mehr als durch Wort, daß Gott als Allmacht die Liebe und als Liebe die Allmacht ist, und zwar in sich selbst, das heißt im Mysterium seiner Dreieinigkeit, das allein die vollkommene Opposition innerhalb Gottes selbst – zwischen Bei-Gott-Sein und Gottverlassenheit – erklären kann. Dieses Mysterium kann sich in seiner vollen Realität als Begleitung des Sünders nur sub contrario, in der Verborgenheit offenbaren, weil es sich sonst gar nicht als Realität offenbart hätte. Aber weil darin Gott (und Gott ist nur Gott als ewiger und lebendiger) sich als die Liebe offenbart, kann er diese Liebe nicht erst aufgrund der Freigebung des Geschöpfs geworden sein, braucht er die Welt mitsamt ihrem Prozeß nicht, um er selbst zu werden, sondern erweist sich gerade im Kreuz Christi, in dessen Gottverlassenheit und Niederfahrt in die Hölle, als der, der er immer war: als ewige Liebe. Gott ist so sehr, als dreieiniger, die ewige Liebe, daß innerhalb dieser Lebendigkeit auch der zeitliche Tod und die höllische Verlorenheit des Geschöpfes, aus Liebe übernommen, zu einem Ausdruck der Liebe umgestaltet werden kann. (Fügen wir noch bei, daß die notwendige Verborgenheit der stellvertretenden Begleitung ins Verlorensein auch eine gewisse Verborgenheit der Auferstehung vor der Welt zur Folge hatte: unmöglich konnte, was vom göttlichen Mit-Leiden nur in einem Akt geschehenlassenden Glaubens angenommen werden kann, in seinem Ergebnis zu einer neutralen Tatsache

der weltgeschichtlichen Öffentlichkeit werden.) Das eschatologische Schwergewicht des christlichen Gottesbildes liegt darin, daß Gott nicht nur allgemein-philosophisch allem Weltlich-Geschichtlichen deshalb immanent ist, *weil* er der (zur Welt inkommensurable) Transzendente ist – der Gegensatzlose (Non-Aliud), der Ganz-andere als alle Wesen, die ihren Gegensatz haben –, sondern weil er dieses Verhältnis auf eine von der Welt her unerfindbare, unvermutbare und vollkommen freie Art realisiert, die ihn als den Gott erweist, der in sich selbst absolute Liebe (und damit Dreieinigkeit) ist. Diese Liebe ist durch keine Gnosis nachkonstruierbar: alles, was wir von ihr „verstehen" können, stellt uns je neu vor das „alles Verstehen Überwältigende der Liebe Gottes in Christus" (Eph 3,19).

Der erste Satz dieser Gleichnisinterpretation lässt erkennen, in welchem theologischen Gesamtzusammenhang von Balthasar denkt: es ist das eine „Theo-Drama", das sich zwischen dem Alpha des göttlichen Ursprungsratschlusses und dem Omega der Vollendung von allem spannt. Der jüngere Sohn steht für den Menschen überhaupt: er wird mit dem Geforderten ausgestattet. Das heißt, er ist mit einer zwar endlichen, gleichwohl wirklichen Freiheit begabt. Gott, sein Schöpfer, hat es gewollt und vermocht, sich ihn als ein Du mit eigener Würde und eigener Macht gegenüberzustellen. Niemals wird Gott diese Entscheidung zurücknehmen und dem Menschen die Freiheit, die zu haben ihn ausmacht, wieder streitig machen. Er wird es auch nicht tun, wenn der Mensch seine Freiheit in einer Weise braucht oder auch missbraucht, die sich nicht nur gegen ihn, den Schöpfer, wendet, sondern auch ihm selbst zum Schaden gereicht. Und so entsteht das Theo-Drama, das große, ernste Spiel, in dem der Mensch in seiner Freiheit seine Wege mit oder auch ohne Gott geht und in dem Gott alles tut, dass das, was er angestoßen und darin verantwortet hat, auch zu einem guten Ende findet. Von Balthasar rechnet nicht mit einem in der Weise mächtig sein könnenden oder wollenden Gott, dass er die Möglichkeit hätte, „das Geschöpf, das er freigesetzt hat, durch eine Übermacht der Gnade vor dem Abfall von Gott, der Schuld und dem daraus folgenden Unheil zu bewahren. Ein solcher Machtgott – und wäre auch seine Macht eine solche der Gnade – hätte es nicht gewagt oder fertig gebracht, mit dem Geschenk der Freiheit an sein Geschöpf vollen Ernst zu machen."[24] Genau daraus entsteht nun eine Frage, die zu beantworten uns Menschen aus eigenen Einsichten und Vorstellungen nicht möglich ist. Die Antwort wäre nur dann eine treffende und genügende, wenn zwei Anliegen in ihr ihr Recht gefunden hätten: zum einen, dass Gott die Freiheit des Menschen unwiderruflich anerkennt, und zum anderen, dass Gott das letzte Schöpfungsziel nicht würde preisgeben müssen: die Vollendung von allem im ewigen Leben bei sich. Von Balthasar selbst formuliert am Anfang der Gleichnisinterpretation: „Gibt es [wenn Gott das Geschöpf wirklich in seine Freiheit hinein entlassen hat, d. Vf.], dann noch eine Möglichkeit für

24 Von Balthasar (wie Anm. 23) 42.

Gott, mit dem Sichverlieren des freigesetzten Geschöpfs nicht selbst sein Schöpfungsziel zu verlieren?"[25] Die gesuchte Antwort, so kann im vorhinein gesagt werden, wird zwei Eigenschaften haben: sie wird einerseits nur entgegengenommen und also nicht aus eigenen Überlegungen abgeleitet werden können und sie wird andererseits erkennbar den beiden genannten Anliegen Rechnung tragen und in diesem Sinne stimmig sein. Doch worin besteht die Antwort? Sie besteht im Hinweis auf eine göttliche Aktion ganz eigener Art: die Passion des Gottessohnes, noch genauer: in der „echten, mittragenden und deshalb stellvertretend tragenden, schweigenden Begleitung in die volle Verlorenheit hinein"[26] Gemeint ist bei von Balthasar der „Abstieg in die Hölle", der „descensus ad inferos", das Mysterium des Karsamstags.

Der verlorene Sohn des lukanischen Gleichnisses gerät in Not und Elend, in die Fremde der Verlassenheit von seinem Vater. Doch hat der Vater ihn nicht aus seinem Sinne verloren. Der Vater steht für den Gott, der den Menschen in eine echte Freiheit und damit auch die Möglichkeit ihres Missbrauchs gestellt hat. Und da es zu diesem missbräuchlichen und ins Unglück führenden Vollzug der Freiheit kommt, bleibt der Vater nicht in wartender Haltung zurück, sondern „er sendet seine Liebe in der Gestalt seines Sohnes in dessen Verlorenheit hinein. Er lässt seinen Sohn sich mit dem verlorenen Bruder identifizieren."[27] Und da der den verlorenen Sohn in seinem Elend aufsuchende Sohn des göttlichen Vaters dessen Situation mit seiner liebenden Gegenwart erfüllt, kann es zu der Wendung kommen, die die Rückkehr zum Vater einleitet und schließlich in das Fest der Versöhnung einmündet.

In der kurzen Ausführung zur Deutung des Gleichnisses fällt das Motiv der schweigenden Begleitung auf, das in auffallender Nähe zu dem steht, was Karl Barth an der entsprechenden Stelle ausgeführt hat. Was sich da ereignet, wo es zur Begegnung zwischen dem ins Elend geratenen verlorenen Sohn und dem ihn aufsuchenden göttlichen Sohn kommt, ist von allen Schleiern des Mysteriums umgeben; im vorliegenden Text widmet ihm von Balthasar keine weiteren Aussagen. Stattdessen stellt er heraus, dass nur ein Gott, der in sich und für seine Welt der dreieine Gott der Liebe ist, die weiten Räume in sich offen hat, die auch das Dunkel der Gottverlassenheit noch zu umschließen vermögen. Was hier in wenigen Sätzen ausgeführt erscheint, ließe sich leicht in von Balthasars breit entfaltete Theologie der göttlichen Trinität hinein öffnen.

Von Balthasars Deutung des lukanischen Gleichnisses vom verlorenen und heimgekehrten Sohn ist eine knappe Zusammenfassung seiner ganzen theo-dramatischen, im Hinweis auf den descensus ad inferos ihre innere Wende habende Theologie. Das Mysterium des Karsamstags hat in der Gleichnisdeutung eine entscheidende Bedeutung. Wie es auf die Freiheit des Sünders, der sich gegen Gott und

25 Von Balthasar (wie Anm. 23) 42.
26 Von Balthasar (wie Anm. 23) 42.
27 Von Balthasar (wie Anm. 23) 42f.

seine Gnade verschlossen hat, trifft und eine Öffnung bewirken könnte, hat von Balthasar in immer neuen Versuchen zu sagen gewagt. So kann es einmal heißen:

> […] es gibt, am Karsamstag, den Abstieg des toten Jesus zur Hölle, das heißt […] seine Solidarisierung in der Nicht-Zeit mit den von Gott weg Verlorenen. Für diese ist ihre Wahl – mit der sie ihr Ich anstelle des Gottes der selbstlosen Liebe gewählt haben – endgültig. In diese Endgültigkeit (des Todes) steigt der tote Sohn ab, keineswegs mehr handelnd, sondern vom Kreuz her jeder Macht und eigenen Initiative entblößt, als das rein Verfügte, als der zur reinen Materie erniedrigte, restlos indifferente (Kadaver-)Gehorsame, unfähig zu jeder aktiven Solidarisierung, erst recht zu jeder „Predigt" an die Toten. Er ist (aus einer letzten Liebe aber) tot mit ihnen zusammen. Und eben damit stört er die vom Sünder angestrebte absolute Einsamkeit: der Sünder, der von Gott weg „verdammt" sein will, findet in seiner Einsamkeit Gott wieder, aber Gott in der absoluten Ohnmacht der Liebe, der sich unabsehbar in der Nicht-Zeit mit dem sich Verdammenden solidarisiert. Das Psalmwort „Wollte ich in der Unterwelt lagern, so bist du auch dort" (Ps 139,8), erhält damit einen ganz neuen Sinn. Und auch das „Gott ist tot", als eigenmächtiges Dekret des Sünders, für den Gott das Abgetane ist, erhält einen ganz neuen, objektiv von Gott selbst her gesetzten Sinn. Die geschöpfliche Freiheit ist respektiert, wird aber von Gott am Ende der Passion eingeholt und nochmals untergriffen („inferno profundior": Gregor der Große). Nur in der absoluten Schwäche will Gott der von ihm geschaffenen Freiheit das Geschenk der jeden Kerker aufbrechenden und jede Verkrampfung lösenden Liebe vermitteln: in der Solidarisierung von innen mit denen, die alle Solidarität verweigern. Mors et vita duello …[28]

Die Entschiedenheit des Einsatzes Gottes zugunsten der Welt und der Menschen ist der Grund für die den Glaubenden geschenkte Hoffnung, dass der Welt Geschichte schließlich in das himmlische Jerusalem eingeht. So kommt dann Gottes ursprünglicher Plan mit seinem Werk zur Vollendung. Das Theo-Drama endet mit dem Sieg der Gnade, dies aber nicht ohne dass Gott um jeden Menschen in seiner sich bis ins letzte entäußernden Liebe gerungen hätte.

Das Grundgerüst einer solchen Theologie ist das der Analogie, die bei von Balthasar zunächst die des Seins – analogia entis – war, sich aber mehr und mehr zu einer Analogie der Freiheit – analogia libertatis – verdichtete. Gott ist der absolut Freie, der in sich dem endlich, gleichwohl wirklich Freien einen Raum gewähren kann. Durch das göttlich-menschliche Kommunizieren tut sich das große Spiel des göttlichen Welttheaters auf – das Theo-drama.

28 H. U. von Balthasar, Über Stellvertretung, in: Ders., Pneuma und Institution, Skizzen zur Theologie, Bd. 4, Einsiedeln 1974, 401–409, hier: 408 f.

III. Barth und von Balthasar im Vergleich

Die Auslegungen, die Karl Barth einerseits und Hans Urs von Balthasar andererseits zum Gleichnis vom verlorenen und heimgekehrten Sohn vorgelegt haben, berühren sich in vielem. Bei beiden erscheint die Gleichnisauslegung als ein Spiegel, in dem das Ganze ihres theologischen Denkens aufscheint. Deswegen ist es auch unentbehrlich, dass man bei der Analyse ihrer Gleichnisdeutungen immer wieder auf ihre theologischen Grundanliegen achtet. Bei beiden zeigt sich dabei ein „theo-dramatischer" Gesamtrahmen, dessen konkrete Ausfüllung dann freilich einige Unterschiede erkennen lässt. Das Theo-dramatische ist bei beiden damit gegeben, dass sie das Ganze der Wirklichkeit als Geschichte verstehen, zu deren sich-Ereignen auf je ihre Weise Gott und der Mensch/die Welt beitragen. Alles hat seinen ersten Ursprung in Gottes ewigem Ratschluss und alles läuft auf die Vollendung von allem in Gottes ewigem Leben zu. Der Gott, der hier am Werk ist, ist der dreieine Gott, Vater, Sohn und Heiliger Geist. Er wendet sich seiner Schöpfung zu in seiner Menschwerdung, aber auch in seinem Gang in Leid und Tod. Sein Weg wendet sich in seiner Auferweckung aus den Toten.

Beide, Barth und von Balthasar, erkennen in dem jüngeren Sohn jedweden Menschen in seiner Abwendung von seinem Schöpfer. Beide sehen und sagen, dass gerade er, der jüngere Sohn, da er in der Fremde der Gottverlassenheit Not leidet, von Gott nicht aufgegeben ist. Er ist vielmehr insgeheim von dem Sohn begleitet, den Gott, der Vater, in seine Situation hineingesandt hat, damit diese sich mit Gottes gnädiger Gegenwart erfülle.

Doch sind zwischen den Gleichnisdeutungen der beiden Basler Theologen auch Unterschiede erkennbar. Barth ist an der Bestimmung des Verhältnisses zwischen dem verlorenen und heimkehrenden Sohn, also dem sündigen und dann versöhnten Menschen, und Jesus, dem menschgewordenen, ans Kreuz gegangenen und durch Gottes Machttat auferweckten Sohn Gottes interessiert. Um sie zu kennzeichnen, zieht er den Begriff der Analogie heran. Der Weg des verlorenen und dann versöhnten Menschen ist dann Bild, Abbild, Nachbild des Weges, den Jesus, Gottes Sohn, in seiner Erniedrigung und seiner Erhöhung gegangen ist. Von Balthasars Anliegen ist es zu zeigen, dass Gottes Ringen um jeden Menschen göttlich-grenzenlos ist und sich in Jesu Gang zu den Verlorenen bewährt, damit sie sich angesichts der sich ihnen so darbietenden Liebe doch öffnen und so auf den Weg ihrer endgültigen Vollendung gelangen. Die Freiheit, die ihnen als Menschen eigen ist, wird auch da, wo es um ihre Begegnung mit dem ihnen bis in die Situation der Verlorenheit nahegebliebenen Sohn Gottes geht, nicht überspielt. Auch hier kommt der Begriff der Analogie ins Spiel. Er bezeichnet hier die Beziehung zwischen Gott, dem Schöpfer, und dem Menschen, der mit wahrer, wenngleich endlicher Freiheit, die niemals aufgehoben wird, ausgestattet ist. Es zeigt sich im Vergleich zwischen Barths und von Balthasars theo-dramatischer Deutung des Gleichnisses vom verlorenen und dann versöhnten Sohn, wie sich ihr Denken im langen Gespräch bewegt hat, ohne dann doch deckungsgleich geworden zu sein: bei von Balthasar wurde die Analogia entis, damit ihr Begriff im Rahmen der Theologie verwendbar und fruchtbar bleiben konnte, zur Analogie libertatis. Barth hatte zunächst den Begriff der Analogia entis als für die Theologie untauglich zurückgewiesen, findet aber dann die Stelle, wo er mit dem Begriff der Analogia fidei wohl zu arbeiten vermag.

Das Evangelium auf den Leuchter stellen[1]
Zur Verbindung von Bildung und Pastoral im kirchlichen Handeln

Eugen Maier

Genügt nicht der Glaube, um selig zu werden?[2]

Thomas von Aquin:
Offenkundig falsch ist die Meinung, für die Wahrheit des Glaubens sei es ganz gleichgültig, was einer über die Geschöpfe denke, wenn er nur von Gott die rechte Meinung habe. Denn ein Irrtum über die Geschöpfe führt zu falschen Vorstellungen über Gott.

Engagement in der Bildung

Mit Fug und Recht darf man sagen: Das Leben und der berufliche Einsatz Albert Raffelts ist der Bildung verschrieben: Der Theologie und der Philosophie und – in der Spannung zwischen beiden – der Vermittlung zwischen Theologie und westlicher Moderne, zwischen heutigem Menschsein und der reflektierten Tradition des Glaubens im Licht des Evangeliums Jesu Christi. Namen wie Blaise Pascal, Maurice Blondel, Karl Rahner, Karl Lehmann stehen für Orientierungen, in denen Albert Raffelt sein eigenes Denken entfaltet hat – geprägt durch eine mit wacher Zeitgenossenschaft verbundene Verwurzelung in der Tradition. In der Spannung zwischen diesen beiden Polen entstehen in der Kirche und zwischen Kirche und Gesellschaft Räume, die die Bildung und Entfaltung des Mensch-Seins anregen und fördern, Räume, in denen Freiheit und Verantwortung wachsen können.

1 Der Titel greift eine Formulierung von Bischof Wanke auf: J. Wanke, das Evangelium auf den Leuchter stellen. Überlegungen zur missionarischen Präsenz der Kirche in der Gesellschaft, in: M. Entrich, J. Wanke (Hrsg.), In fremder Welt zu Hause. Anstöße für eine neue Pastoral, Stuttgart 2001, 13.

2 H.C. Zander, „Dummheit ist Sünde". Thomas von Aquin im Interview mit Hans Conrad Zander, Düsseldorf 2009, 52.

Hier schließt sich das kirchliche Engagement in der Bildung[3] an. Bildung in kirchlicher Trägerschaft vermittelt zwischen persönlich-sozialer Entfaltung des Mensch-Seins und dem Evangelium in der Tradition der Kirche. Kirchliches Engagement im Bereich der Bildung will im Horizont des der Kirche anvertrauten Evangeliums beides fördern: Menschwerdung und Glaube in heutiger Gesellschaft und Schöpfungsgemeinschaft. Für beide Prozesse will sie heute gegebenes Wissen in Theologie und Philosophie, in Natur- und Geisteswissenschaften, zentrale Inhalte und Fragen des Forschens, Denkens und Gestaltens fruchtbar machen – im Kontext der neuen Pluralität religiöser und kultureller Identitäten und der ebenfalls neuen, mit der Globalisierung verbundenen, Horizonterweiterungen. So freue ich mich, dass ich Albert Raffelt würdigen darf mit einem Essay zu Fragen des kirchlichen Engagements in der Bildung und insbesondere in der Erwachsenenbildung.

Einsprüche

Dieses Engagement der Kirche im Bereich der Bildung ist durchaus umstritten. Ein bestimmtes Verständnis von Religion in der Gesellschaft und ein bestimmtes Verständnis des kirchlichen Auftrags innerhalb der Kirche bestreiten der Kirche ein genuines Interesse an ihrem Engagement in der Bildung.

Religion wird heute in unserer Gesellschaft oft funktional auf das Problem der Kontingenz und der Sinnhaftigkeit des Daseins bezogen[4]: Dasein ist möglich, aber es ist nicht notwendig, und es könnte auch ganz anders sein als es ist.

Wo dieses Problem den Menschen wirklich trifft, vor allem in Situationen der Ohnmacht, kann er von Gefühlen der Unsicherheit, der Ungewissheit, der Angst überwältigt werden, und sein Bedürfnis nach Sicherheit, Orientierung und Trost sucht neuen Halt.

Religion ist nun zu verstehen als eine Form der Lösung des Sinn- und Kontingenzproblems. Religion will das Problem lösen mit der Unterscheidung von Immanenz und Transzendenz. Religion gewährt Sicherheit oder lässt die Unsicherheit leichter ertragen, indem sie Sicherheit stiftende, nicht hinterfragbare Transzendenz in die stets fragile und immer nur mögliche, nie notwendige Immanenz einführt. Die Religion vermittelt in diesem Sinn zwischen Transzendenz und Immanenz.

3 Zum Begriff der Bildung vgl. A. Dörpinghaus, A. Poenitsch, L. Wigger, Einführung in die Theorie der Bildung, Darmstadt 2008; Deutsche Bischofskonferenz / Kommission für Erziehung und Schule (Hrsg.), Bildung in Freiheit und Verantwortung. Erklärung zu Fragen der Bildungspolitik, Bonn 1993; Gemeinsame Synode der Bistümer in der Bundesrepublik Deutschland (Hrsg.), Schwerpunkte kirchlicher Verantwortung im Bildungsbereich. Ein Beschluß der Gemeinsamen Synode der Bistümer in der Bundesrepublik Deutschland, Bonn 1975; Konferenz der Bischöflichen Beauftragten für Erwachsenenbildung (Hrsg.), Erwachsenenbildung in der Gemeinde der Zukunft. Perspektivenpapier 2003.

4 D. Pollack, Religion und Moderne. Versuch einer Bestimmung ihres Verhältnisses, in: Peter Walter (Hrsg.) Gottesrede in postsäkularer Kultur, Freiburg 2007,19–52.

Der Preis dieser Lösung ist freilich hoch: So verstandene Religion muss nicht nur die transzendente Macht selbst, sondern auch ihre religiösen Formen als Zugänge zur Transzendenz mit Unüberbietbarkeitsansprüchen ausstatten, Kommunikationsbarrieren aufrichten, Tabus und Zonen des Geheimnisvollen konstituieren, Autoritäten etablieren, innere Zirkel gründen. …[5]

Auch wenn man absieht von der Differenzierung und Verselbständigung aller Lebensbereiche in der Moderne, ergibt sich vor diesem Religionsverständnis keine genuine Nähe zwischen den Bereichen der Bildung und der Religion. Dies gilt auch dort, wo die Religion vital ist, weil Kontingenzproblematik und Kontingenzbewältigung positiv aufeinander bezogen sind. Bildung als Entfaltung von Freiheit und Verantwortung ist hier gerade kein zentrales Thema. Im Gegenteil: Die mit Bildungsprozessen verbundene Horizont- und Wissenserweiterung treibt solche Religion in fundamentalistische Behauptungen oder schwächt sie, weil ihre Transzendenzgehalte ebenfalls unter Kontingenzverdacht geraten.

Einsprüche gegen das kirchliche Engagement in der Bildung werden freilich auch von kirchlicher Seite erhoben. Die Kirche soll das Evangelium auf den Leuchter stellen und ihr missionarisches Engagement verstärken. Die Kirche soll – gerade in der prekären Situation des Glaubens in unserer Gesellschaft – ihre Kräfte auf die Verkündigung des Evangeliums und auf die Katechese konzentrieren. Sie soll ihre Angebote für die Menschen bereitstellen, die in den christlichen Glauben eingeführt werden wollen oder in wechselnden Lebenssituationen Vertiefung und Erneuerung ihres Glaubens suchen. Die Kirche soll sich dem Glauben und den Glaubenden widmen und – jedenfalls in der aktuellen Situation – die Dienste zurückstellen, mit denen sie in der Kirche und jenseits der Kirchengrenzen primär Bildung und menschliche Entfaltung fördert.

Tiefer reicht der Einwand, der die Souveränität Gottes gerade von der Moderne und vom modernen Freiheitsprojekt des Menschen her gefährdet sieht. Vor der Größe Gottes und vor dem Gott, der sich offenbart, muss der Mensch zurücktreten. Vergangenheit, Gegenwart und Zukunft stehen unter der Herrschaft Gottes, die der Mensch zu ehren und zu akzeptieren hat. Der Mensch fügt sich ein, ohne aus eigener Freiheit beteiligt zu sein. Kirche, die diesem Einwand folgt, muss ihre gesamte Energie unmittelbar der Verkündigung des Evangeliums widmen. Bildung als Förderung verantworteter Freiheit ist kein gleichgewichtiges Anliegen. Dies gilt auch dann, wenn die Verkündigung des Evangeliums die Zuwendung zum Menschen und Linderung seiner Not einschließt.

5 Vgl. Pollack (wie Anm. 4) 26.

„Das Evangelium auf den Leuchter stellen"[6]

Ich möchte im Folgenden das Evangelium auf den Leuchter stellen mit einer Betrachtung des Prologs im Johannesevangelium.[7] Dieser Abschnitt des Evangeliums gehört zu den biblischen Zeugnissen, die sich am tiefsten hineinwagen in den ewigen Anfang, der Gott selber ist und in die Anfänge des im schöpferischen Wort begründeten Mensch-Seins.

Der Prolog im Johannesevangelium ist keine abstrakte Spekulation über den Anfang. Er ist ein Christuslied. Das Evangelium hält sich an das, was dem christlichen Glauben in Jesus Christus und in der Glaubensgeschichte Israels vorgegeben ist.

Der Prolog bezeugt den Anfang Jesu Christi als Anfang in Gott selber. Der Anfang Jesu Christi gehört in den ewigen Anfang. Vor aller Zeit und vor aller Schöpfung und vor aller Menschwerdung lebt Jesus Christus als das Wort in Gott.

Das in der ersten Schöpfungsgeschichte[8] bezeugte schöpferische Sprechen Gottes und das daraus hervorgehende Wort sind so wirklich, so wahr, dass sie schon vor aller Zeit in Gott selber gegeben sind: „Im Anfang war Er, das Wort."[9] Das Wort verfügt über eigenes Sein. Es ist selber – freigegeben an sich selber – neuer Ursprung.

Auf diese Weise ist das Wort dem einzigen Gott ebenbürtig. Es ist Wort „bei Gott"[10]. Das Wort bzw. der eine Sohn „ist am Herzen des Vaters"[11]. Das Wort ist auf eigene Weise selber Gott: „Und Gott war das Wort."[12] Das Wort war, ohne mit dem einzigen Gott identisch zu sein, selber Gott.

Gott lebt sein Leben, Gott ist Licht und Leben, indem er im Anfang sich selber sagt, das Wort freigibt und seine Antwort empfängt.

Das Wort ist so, passiv und aktiv, Wort der Liebe: Wort, das aus Liebe gesagt und erhofft wird, Wort, das sich liebend empfängt und liebend antwortet.

Wenn Liebe verstanden werden darf als „dem Anderen Raum geben", „das Andere als Anderes sein lassen", „das Andere als Anderes würdigen und zu sich selbst ermutigen", „das Eigene so mit dem Anderen teilen, dass das Andere frei es selber und zu neuer Antwort fähig ist", dann darf das Wort im Prolog des Johannesevangeliums Wort der Liebe genannt werden. Der Prolog nimmt vorweg, was der 1. Johannesbrief dann ausdrücklich sagen wird: „Gott ist die Liebe."[13]

Das Wort in Gott ist als Wort und als Antwort anerkennendes, freigebendes und befreiendes Wort. Es gibt das Geheimnis des Anderen an sich selber frei.

6 Vgl. Wanke (wie Anm. 1) 13.
7 Vgl. R. Schnackenburg, Das Johannesevangelium, 1. Teil, Freiburg–Basel–Wien 1979, 197–269; U. Wilckens, Das Evangelium nach Johannes, Göttingen 2000, 19–36.
8 Gen 1,1–2,4a.
9 Joh 1,1 übersetzt nach Wilckens (wie Anm. 7) 19.
10 Joh 1,1.
11 Joh 1,18.
12 Joh 1,1 („Gott" ist hier Prädikatsnomen.).
13 1 Joh 4.

Die Würdigung und die Würde des Anderen gehört in den ewigen Anfang, in den Austausch zwischen Gott und dem Wort. Das Wort, das Gott sagt und das sich im Anfang von Gott empfängt, ist zu sich selbst und in die Beziehung zu Gott gerufen: freie Antwort.

Aus diesem Austausch wird das Wort zum Leben und zum Licht der Menschen. Berührt vom Licht des Wortes sind Menschen gewürdigt, bevollmächtigt, Kinder Gottes zu werden: als zur Freiheit ermutigte Freiheiten, mit ihrem ursprünglich Eigenen und seiner Entfaltung, hörend und antwortend hinein zu wachsen in die Lebensgemeinschaft, die Gott ist und mit den Menschen und mit seiner Schöpfung teilen will.[14]

Dienst an der Bildung und Dienst am Glauben

Wer das Evangelium auf den Leuchter stellt, entdeckt Gott und die Schöpfung, Gott und den Menschen neu. In den Gründen seines Daseins ist jeder Mensch angesprochen vom Wort, berührt von seinem Licht und seinem Leben. Und so ist jeder und jede als er selbst, als sie selbst bejaht und zu sich selbst befreit.

„Mensch werden" und „zum Glauben kommen" sind Prozesse, die sich auf der Basis des Evangeliums wechselseitig tragen und fördern. In beiden Prozessen und schließlich in ihrer Begegnung und in ihrer Verbindung entfaltet sich je neu die Gestalt des christlichen Glaubens. Im Horizont des Glaubens gewinnt der Prozess der Menschwerdung seine eigene, der Glaubensentwicklung ebenbürtige Bedeutung. Im Horizont des Glaubens fördert das kirchliche Engagement den Prozess der Menschwerdung. Das sich hier abzeichnende Verständnis der Bildung widerstreitet einer Reduktion von Bildung auf menschliche Selbstermächtigung ebenso wie einer fundamentalistischen und fideistischen Simplifizierung des Glaubens.

„Mensch werden" und „zum Glauben kommen": beide Prozesse ereignen sich in jedem Menschen in eigener Weise und verweisen ihn zugleich in die Gemeinschaft mit anderen: jeder Mensch ist von Anfang an bevollmächtigt und gewürdigt, auf seine Weise „Kind Gottes" zu werden, und steht zugleich in Beziehung zum Anderen und zum Ganzen: „Alles ist durch Ihn (das Wort) geworden, und ohne Ihn ist auch nicht eines geworden, was da ist."[15]

Kirchliche Bildung fördert, inspiriert vom „Wort", beides: Individualität, Pluralität und Kommunikation – in der Menschwerdung und in der Glaubensentwicklung, in der Gesellschaft und in der Kirche. Persönliche Entfaltung, gegenseitige Anerkennung, Austausch gehören innerlich und wesentlich zusammen. In diesem Sinn ist kirchliche Bildung grundlegend ökumenisch ausgerichtet. Kommunikation des einen mit dem anderen gehört zu den grundlegenden Inhalten. Bildungsprozesse werden immer auch als Kommunikationsprozesse angelegt,

14 Joh 1,3–5.9–13.
15 Joh 1, 3 übersetzt nach Wilckens (wie Anm. 7) 19.

die Menschen auf je eigenen und verschiedenen Lebens- und Glaubenswegen miteinander verbinden.

„Mensch werden“ und „zum Glauben kommen“: beide Prozesse beginnen nie am Nullpunkt. So wie sie in das Gespräch der Glaubenden und Suchenden gehören, so sind sie offen für die Tradition der Kirche und das ihr anvertraute Evangelium. Bildung in kirchlicher Trägerschaft dient der Öffnung der Menschen für die Tradition des Evangeliums in Verbindung mit der jüdisch-christlichen Tradition im Ganzen, mit der griechisch-römischen Kultur, mit den großen Synthesen des Mittelalters, mit der Reformation und der neuzeitlichen Aufklärung, die, in Verbindung mit bestimmten politischen und kulturellen Konstellationen, schließlich das Bekenntnis zur Menschenwürde, zu den universalen Menschenrechten, zur Gleichberechtigung von Frauen und Männern, zur Religionsfreiheit und zur Demokratie hervorgebracht haben, ebenso die Unterscheidung von Staat und Kirche und, nach der Zeit des Nationalsozialismus, die Überwindung der Nationalismen zu Gunsten europäischer Entwicklungen. Dabei werden auch der Verrat und die Verweigerungen thematisiert gegenüber dem „Wort“ und seinem „Licht“, die ebenfalls zu unserer Geschichte gehören. Auch die Verweigerungen öffnen Perspektiven für aktuelle Bildungsprozesse: zur Warnung, zur Ermutigung, zur Orientierung, zum Gedenken an das Leid der Opfer und für Wege der Versöhnung, die uns heute aufgetragen sind.

„Alles ist durch Ihn (das Wort) geworden, und ohne ihn ist auch nicht eines geworden, was da ist“: Bildung in kirchlicher Trägerschaft fördert Zeitgenossenschaft. Inspiriert vom „Wort“ kann kirchliches Bildungshandeln zum zeitgenössischen Gespräch ermutigen und zur Offenheit für die Fragen, die sich heute stellen. Kirchliche Bildung kann dazu beitragen, dass geschieht, was der Gerechtigkeit dient, und dass die grundlegenden menschlichen Aufgaben heute identifiziert und angegangen werden – in unserer Gesellschaft und in globalen Zusammenhängen. Dies schließt, soweit immer möglich, interreligiöse sowie sprachliche und fremdsprachliche Kompetenzen ein.[16]

Besondere Bedeutung kommt der theologischen Erwachsenenbildung zu. Sie führt Menschen mitten in der Gesellschaft ein in die Zeugnisse der Glaubensreflexion und des gelebten Glaubens. Sie mischt sich ein in die pastorale Bildung und sorgt mit dafür, dass Seelsorge und Pastoral nicht zu theologiefreien Räumen werden. Theologische Erwachsenenbildung bezieht pastorale Perspektiven ein und bildet eine qualifizierte Grundlage für eine eigene pastorale Aus- bzw. Weiterbildung. Die theologische Erwachsenenbildung stärkt, ausgehend von der Inkarnation, über die Kirche hinaus die Aufmerksamkeit für Gott und die Achtung vor jedem Menschen. Theologische Erwachsenenbildung fördert den Sinn für das Unbedingte, für das uns Menschen gesetzte Maß, für den Sinn unserer Grenzen, für Maßstäbe, die wir anerkennen müssen und dürfen. Theologische Er-

16 Vgl. Deutsche Bischofskonferenz (Hrsg.), Allen Völkern sein Heil. Die Mission der Weltkirche, Bonn 2004.

wachsenenbildung sorgt für die Anschlussfähigkeit des Glaubens an die Moderne, an kirchliche, gesellschaftliche, kulturelle und politische Entwicklungen. Sie sucht das Gespräch und die Auseinandersetzung mit den Gottes -, Welt – und Menschenbildern, die in der Philosophie und den Geisteswissenschaften, in den Human- und Naturwissenschaften entwickelt werden. Sie erschließt Denkfiguren, durch die die letzten Fragen Antwort finden könnten. Sie hilft, kritisch zu prüfen, was in den aktuellen religiösen Entwicklungen jeweils als Glaubensinhalt angeboten wird. Dienst an theologischer Bildung versteht sich als Einführung in den Glauben und ebenso als Einführung in persönlich verantwortete religiöse Entscheidungen: als Dienst an der Religionsfreiheit.

Bildung und Pastoral

Glaube, Kirche, neues Leben im Glauben, Mensch-Sein von Anfang an haben einen doppelten Grund: das Wort, das im Anfang bei Gott war und Gott war, einerseits und andererseits das durch das Wort gewordene und zum je Eigenen begabte Mensch-Sein und Gottes Schöpfung. Der Glaube lebt aus der Präsenz des Evangeliums und aus der Freiheit, mit der Menschen ihr Leben annehmen, es mit dem Evangelium verbinden, sich vor Gott als Glaubende und Liebende bekennen.

Freilich: Alles liegt zuerst an Gott. Ohne das Wort als Licht und Leben der Menschen gäbe es zur Antwort begabte, verantwortete menschliche Freiheit nicht. Die Antwort des Menschen steht an zweiter Stelle, aber diese zweite Stelle ist in gewisser Weise der ersten gleich. Die menschliche Antwort, verantwortete Freiheit, ist ein Menschenweg, den niemand, auch Gott selber nicht, für den Menschen gehen kann. Und erst auf den Wegen verantworteter Freiheit ist das Wort wirklich gehört, „angenommen“[17] und wirklich gegeben. Nur in verantworteter Freiheit und zusammen mit ihr kommt die Liebe, die zuerst geliebt hat, heute zur Entfaltung. Nur so gewinnt sie heute Gestalt. Deshalb gilt auch vom Glauben, was das Zweite Vatikanische Konzil von der Kirche sagt: Der Glaube ist „eine einzige komplexe Wirklichkeit die aus menschlichem und göttlichem Element zusammenwächst.“[18]

Das kirchliche Handeln ist vor diesem Hintergrund immer auch dem Menschen, seiner Verantwortung und seiner Freiheit, verpflichtet. Kirchliches Handeln für die Menschen und mit den Menschen ist immer auch Engagement im Bereich der Bildung. Dienst an der Bildung ist zuerst Dienst an der Selbstwerdung eines Menschen: Dass ein Mensch in der Kommunikation mit anderen sich dem einzigartigen Geheimnis seiner Person nähert und gleichzeitig in entsprechender Achtung vor dem Anderen wächst, um so vor Gott als dem Geheimnis des Lebens und der Begegnung in verantworteter Freiheit handeln zu können. Schlichte Formen des Gebets sind in kirchlich verantworteten Bildungsprozessen ebenso an-

17 1 Joh 11f.
18 Lumen gentium 8.

gesagt wie diakonische Aufmerksamkeit der jeweils Teilnehmenden füreinander und für andere.

Eine neue Situation entsteht dort, wo Menschen die Einführung in den christlichen Glauben und in die Kirche ausdrücklich wünschen[19] oder ihren Glauben in neuen Lebensphasen erneuern und vertiefen wollen. Hier wird kirchliches Bildungshandeln zum Partner der Pastoral und der Katechese. Dienste an der Bildung werden wesentliches Element des pastoralen Handelns selber. Dienste an der Bildung helfen, den Glauben in Verbindung mit der eigenen kulturellen und religiösen Prägung zu verstehen und ihm aus persönlicher Freiheit, in der Gemeinschaft der Glaubenden und im zeitgenössischen Gespräch eine eigene Gestalt zu geben.

19 Vgl. Joh 6,37.39.44f.

Der Streit um l'intelligence: Maritain und Blondel

Peter Reifenberg

I.

Mangelt es uns heute mehr denn je an einer philosophischen Streitkultur? Offenbar fehlt es an streitfähigen Denkern, die sich auch auf Themen der Metaphysik einlassen können. Anders war dies zu Beginn des 20. Jahrhunderts in Frankreich. Hier finden wir eine breite und qualitätvolle Denkerschar, die die Möglichkeit der Wirklichkeitserkenntnis, der Wirklichkeitsgestaltung, das Verhältnis zwischen Natur und Übernatur, zwischen Gott und dem Menschen als zentrale Frage sich zum Lebensthema aufgaben.

Doch im Streit um „l'intelligence" zwischen Blondel und Maritain gewinnt man den Eindruck eines „combat des nègres dans un tunnel", so sehr redeten sie aneinander vorbei, weil ihre Denkwelt und ihre Begrifflichkeit verschieden waren.

Der eine wirft dem anderen Ungerechtigkeit im Hinblick auf das eigene Werk vor, sie sprechen von Divergenzen in den Sehweisen oder von bloßen Missverständnissen. Worum ging es in diesem Streit und welche Kriterien der Intellektualität können hieraus gewonnen werden?

Der Streit um „l'intelligence", so die These, thematisiert nicht nur die Reichweite des menschenmöglichen Erkennens, nicht nur die Leistungsfähigkeit von Verstand und Vernunft, nicht nur die heute notwendige Auseinandersetzung mit Endmoränen der Aufklärung, sondern markiert zutiefst eine denkerische Grundhaltung, die Rückfrage nach dem Selbstverständnis des Menschen als dem fragend denkenden und wahrheitssuchend handelnden Wesen.

II.

Ein holzschnittartiger Blick auf beide wirkmächtige Denkergestalten verrät nicht nur unterschiedliche Charaktere, sondern auch unterschiedliche Sozialisationen: Maritain (1882–1973), geboren in Paris, entstammte einer liberal-protestantischen Advokatenfamilie.[1] Maurice Blondel wurde 1861 in der Provinz, in Dijon,

1 Vgl. den ideengeschichtlichen Einordnungsversuch von A. Verhülsdonk, Jacques Maritain – oder was ist ein katholischer Intellektueller? in: C. Rohwetter u. a. (Hg.), Literarische Autono-

geboren und wuchs in einer traditionsreichen katholischen Juristen-Familie auf. Obschon Maritains Denken nicht nach vorne weist, sondern selbstbeschreibend als Weg von „Bergson zu Thomas" „antimodern" sich versteht, wächst er eine Generation *nach* Blondel auf und unterliegt den für die Jahrhundertwende typischen Spannungen zwischen Relativismus, Skeptizismus und Positivismus, bis er 1906 nach Begegnungen mit Charles Péguy, Henri Bergson und Léon Bloy und seiner aus dem Judentum stammenden Frau Raissa zum Katholizismus konvertierte und einer Form von monastischem Gemeinschaftsleben sich verpflichtet fühlte. Denkfundament Maritains war das Lehrgebäude des Thomas von Aquin, das er beherrschte und für seine Zeit als einzig Gültiges anerkannte und kommentierte. Entsprechend war seine Gnoseologie von einem erkenntnistheoretischen Realismus seinsmetaphysisch geprägt.

So war sein „Humanisme intégral" theozentrisch, sein Personalismus in eine fest gegründete objektive Ordnung eingeborgen, die dem Menschen in der geschichtlichen Situation Festigkeit, Harmonie und Sicherheit metaphysisch und religiös zu garantieren versuchte, indem ein ontologisch kosmischer und theologischer Rahmen – wenn nötig – auch integralistisch gespannt wurde.

Der originelle und innovative Ansatz von L'Action (1893)[2] des frühen Blondel rezipierte kritisch-ideenreich die Philosophie der Aufklärung, vermochte transzendental zu denken, integrierte eine transzendental-dialektische Phänomenologie und mit der Immanenzmethode das Werkzeug einer wegweisenden Subjekt- und Bewusstseinstheorie, die in einer zukunftsweisenden „métaphysique à la seconde puissance" (A (464) 498/490) einheitsmetaphysische Züge trägt. Sie ermöglicht eine produktive, prospektive Anknüpfung für das philosophische und theologische Denken.

Vertrat Maritain eine klassische Substanzmetaphysik und eine sich hieraus ergebende rigide Naturrechtslehre, so finden wir bei Blondel eine frühe ethische Verwindung der Metaphysik in der Weise, als sie die Begriffe des Seins und der Substanz durch die Dynamik der apriorischen ‚action' ersetzt und aposteriorisch durch die tätige Erfahrung eingeholt wird. Eine ontologistische und konzeptualistische „natura-pura-Lehre" sowie eine substanzmetaphysische Bestimmung des Naturbegriffs wird im dynamischen „transnaturel" eines das Stockwerkdenken von Natur und Übernatur sprengenden Dynamismus der ‚action' vermieden.

Hayen trifft den Nagel auf den Kopf: „La philosophie blondélienne est une philosophie de conversion; celle de Maritain, une philosophie de converti"[3].

Nach seiner Konversion im Jahre 1906 war Maritain, der letztlich nicht den

mie und intellektuelles Engagement, Frankfurt a. M. 2004, 305–325. Umfassende Darstellung: A. Rigobello, Jaques Maritain (1882–1973), in: ChP 2, 493–517.

2 M. Blondel, L'Action. Essai d'une critique de la vie et d'une science de la pratique, Paris 1893 ([3]1973); dt. Übers.: Die Aktion. Versuch einer Kririk des Lebens und einer Wissenschaft der Praktik. Übers. v. R. Scherer, Freiburg 1965. (=A)

3 A. Hayen, Philosophie de conversion, philosophie de converti, in: L'Ami du clergé, 71e année (8e série) no. 48. 30.11.1961, 707.

Stallgeruch des katholischen Milieus hatte, der apologetisch philosophisch denkende Intellektuelle. Auf differenzierende Ansätze reagierte der sicherheitssuchende Konvertit streng, intolerant und sperrig: „Maritain n'est pas un homme conciliant. On ne peut même pas louer sa tolérance. Il n'a jamais rien fait pour être toléré et jamais il ne s'est contenté de tolérer les autres"[4]. Umso erstaunlicher, dass Kultur- und Kunstinteressierte sich in Meudon zur „compagnonnage dans l'amitié", trafen. Es waren Menschen, die bereit waren, mit ihm auf demselben Weg zu gehen und eine integrale katholische Feste zu verteidigen.

Blondel hingegen begab sich auf den Denkweg gerade seiner ärgsten Gegner, um in einen diskursreichen Dialog des Denkens einzutreten: Vom Skeptizismus, Dilletantismus, Pessimismus und Scientismus fühlte er sich philosophisch herausgefordert. Dabei benutze er zur Kennzeichnung der „gegnerischen Denkhaltung" gerne die Bezeichnung „faux intellectualisme" oder „philosophie séparée" und meinte damit jede Spielart rationalistisch-abstraktiven Denkens, die versuchte, das Problem des Lebens ontologistisch oder logizistisch zu lösen. Umgekehrt wurde seine „philosophie de l'action" seit dem Erscheinen von L'Action (1893) als „anti-intellectualiste" gebrandmarkt, was ihn seither in seine philosophischen Ehre kränkte.

Während Maritain als typischer Professor der „École catholique" galt und niemals an einer laizistischen Universität lehrte, sah Blondel seinen Platz mitten im entchristlichten, pluralistisch geprägten universitären Geschehen.

Umgekehrt wäre es hinsichtlich des Gehalts seiner folgenlosen Philosophie dem rigiden Thomisten Maritain nicht eingefallen, „une philosophie orante" zur Selbstbezeichnung seines Denkens zu wählen und von der Zielgestalt des Intellekts als von der „Heiligkeit der Vernunft" (A [442] 476/468) zu sprechen.

III.

Den scharfen Angriffen Maritains in dessen polemischer Phase aus den Jahren 1923 und 1932 gegenüber Blondel geht ideengeschichtlich eine philosophische Auseinandersetzung voraus, die besonders durch den Antimodernismusstreit aufgeladen war. Der Streit um den Intellektualismus[5] war selbst Nagelprobe des modernistischen Urteils.

Für Blondel bleibt „l'intellectualisme" ein von ihm abgelehnter Verhalt dann, wenn er nicht Lebensverhalt ist, sondern rein logizistisch, formal und abstrakt mit Mitteln der Rationalität das Leben in seiner konkreten Faktizität mit ontologisch aufgeladenen Begriffen zu umgreifen vorgibt, ohne sie in ihrer wirklichen Fülle treffen zu können. Blondel hält den pejorativen Gebrauch von „l'intellectua-

4 Hayen (wie Anm. 2) 706.

5 Vgl. E. Tourpe, Le débat de Maritain avec Blondel sur l'intelligence – Vers une solution, in: Études maritainiennes – Maritain Studies No.13, 1997, 19–58.

lisme" durch, der in apologetischer Weise als Gegenbegriff zur Entfaltung dessen eingesetzt wird, was er positiv „le procès de l'intelligence" nennt, der die Dialektik zwischen ‚action' und ‚pensée' durchzuhalten in der Lage ist. In der sich innerhalb des Werkes Blondels über mehr als dreißig Jahre hinziehenden Debatte ändert sich seine Haltung dem Intellektualismus-Problem gegenüber nicht, wohl aber die Art und Weise, wie er seine von ihm durchgehaltene These zum Ausdruck bringt: Denn nicht der Sinngehalt, sondern die Terminologie, derer er sich bedient, passt sich der Diskussionslage an. Diese Anpassung birgt große Tücken und ruft Missverständnisse hervor.[6]

Wenn er bis an sein Lebensende mit dem Intellektualismus ringt, geht er den Gratweg zwischen Realismus und Idealismus, zwischen Rationalismus und Neukantianismus. Wenn er gegen die intellektualistische Illusion argumentiert, geht es ihm positiv um das, was „l'intelligence" für das Spannungsverhältnis von „pensée und action" im Hinblick auf die „destinée" beizutragen vermag. Dabei nutzt ihm die Unterscheidung Newmans von „notionnelle" und „réelle", um zu zeigen, dass die Wirklichkeit mit der Idee von Wirklichkeit bzw. das Handeln mit der Idee des Handelns nicht identifiziert werden darf. Der Terminus „l'illusion idéaliste" wird ihm zur Problemanzeige der Auseinandersetzung mit dem Intellektualismus und zwar mit doppeltem Ziel:

Erstens wird das Problem des Erkennens der Wahrheit des Seins als praktisch existentielles Subjekt in seiner Frage nach der Bestimmung begriffen, denn die Fülle des Seins findet ihren Ort nach einer phänomenologischen Analyse des Bewusstseins im Subjekt selbst, und damit geht Blondel den Weg im Sinne der Neuzeit. Er bedenkt die Grundfrage, wie Denken und Sein sich durchdringen ohne sich zu vermischen, auf die Weise einer groß angelegten Erkenntniskritik als Intellektualismuskritik durch eine Synthese des Handelns.

Zweitens verfolgt er das Ziel, dass der „Seinsbesitz" nur als das entschiedene Leben selbst in der Synthese von Denken und Handeln möglich ist. Die Dynamik des Denkens birgt die Seinsregel als lebendiges Gesetz, in dessen Geschmeidigkeit das verantwortliche Menschsein geschehen kann. Die Kritik des Intellektualismus zeigt auf, dass sowohl der thomistische Realismus wie der transzendentale Idealismus nur in diesen Begriff eingefasste Spielarten bezeichnen, die sich im gleichen Grundirrtum treffen: Der Gedanke als Faktum wird im Intellektualismus für sich genommen, getrennt vom Akt des Denkens selbst.

Dadurch wehrt sich Blondel gegen eine durch Vorstellungen agierende realistische oder idealistische Erkenntnismetaphysik, die durch ihre Begrifflichkeit über die Wirklichkeit Macht ausüben will.

Durch die brillante These „L'intellectualisme de Saint Thomas" (1908) von Pierre Rousselot wurde Blondels Standort gegenüber dem Intellektualismus

6 Vgl. für die umfassende Aufarbeitung des Intellektualismus-Problems bei Blondel mit zahlreichen Nachweisen, sowie zum gesamten Verhalt, P. Reifenberg, Verantwortung aus der Letztbestimmung. Maurice Blondels Ansatz zu einer Logik des sittlichen Lebens, Freiburg 2002, 167–182.

nicht leichter. Insofern sind seine gemischten Gefühle gegenüber dem Jesuiten genauso verständlich wie sein Urteil, dass er gegenüber dem „Deus-Intellectus“ den „Deus-Caritas“ des Heiligen Johannes vorziehe, um dem personalen Grundanliegen der Philosophie des Thomas noch stärker Rechnung zu tragen. In seinen „observations“ zum Stichwort „intellectualisme“ im Vocabulaire Lalande aus dem Jahre 1909 differenziert Blondel den Interpretationsansatz Rousselots noch einmal aus: Wenn das Sein nur vom Intellekt allein in einem geistigen Aufschwung, d. h. durch eine Idee erfasst werden soll, dann unterscheidet sich dieser Ansatz nicht vom intellektualistischen Idealismus, denn die äußere Seinserfassung durch ein rigides intellektualistisches System beschränkt das wirkliche Sein auf ein erkanntes Sein und damit wird durch eine philosophische Manipulation die Wirklichkeit auf einen bloßen Begriff hin beschränkt. Dieser in aufgeheizter Stimmung mutige Akt Blondels zielt darauf, das Denken aus der ‚action‘, d. h. vom Leben selbst her zu gewinnen, um das Denken auf die Bestimmung des Menschen hin zu lenken.

In „Le vrai et le faux intellectualisme“ aus dem Jahr 1919 geht es Blondel um eine Abgrenzung des „vrai intellectualisme“ gegen einen „faux intellectualisme“ des durch den Rationalismus verunstalteten Verstandesdenkens, das lediglich das diskursive Denken mit all seinen Abstraktionen in den Mittelpunkt stellt.

Blondel wagt eine weite Auslegung der „intelligence“ als einer Weise des lebendigen Vollzugs des Intellekts als ‚action‘ selbst. Das diskursive Denken verliert nicht den Sinn, sondern dient dem Handwerk des Denkens. Dabei versucht Blondel, seine Gegner und damit auch Maritain durch die eigenen Waffen zu schlagen, indem er sich auf Pierre Rousselot als einen authentischen Interpreten des heiligen Thomas beruft.

Dies war der Ausgangspunkt des Anliegens von „Le procès de l'intelligence“ (1921) (Paris 1922, = PI), der zum Stein des Anstoßes für Maritain wurde. Vielleicht enttäuscht die Artikelserie beim ersten Lesen, da man rasch den Eindruck gewinnen könnte, es handle sich um eine Referenz an die Neuscholastik. Was zunächst wie ein ängstlicher Rückschritt anmutet, zeigt die Einsicht des späteren Blondel, L'Action (1893) nach *Pascendi* (1907) mit geänderter Sprache lesen zu müssen, ohne dabei an Substanz der eigenen Denkart allzuviel preisgeben zu müssen. Das zentrale Problem des Textes, das die Frage nach dem „falschen und wahren Intellektualismus“ wieder aufnimmt, lautet:

Wie kann eine Synthese des Intellekts neu aufgerichtet werden und dabei ein Ausgleich und eine Versöhnung zwischen dem diskursiven Denken mit dem Gedanken der Intuition, der etwa in der Philosophie Bergsons bestimmend ist, geschehen? Blondel erarbeitet ein geschmeidigeres Erkenntnisinstrumentarium, um nach der Vollendungsgestalt der Vernunft zu suchen. Dabei rechtfertigt er sich gegenüber dem Vorwurf, ein Antiintellektualist zu sein.

Mit dem falschen Intellektualismus sei es wie mit einem Verlobten, der seine Braut lediglich durch ein Bild kennt. Steht sie leibhaftig vor ihm, so würde er daran festhalten, die lebendige Gegenwart immer noch für eine ideale Vergegenwärtigung im Bilde zu erachten. Dann zieht der Verlobte das leblose Abbild der lebendigen Wirklichkeit ihrer Gegenwart vor (vgl. PI, 243).

Das Bild birgt das Problem des Erkennens im Spannungsbogen zwischen Abbild und Wirklichkeit. Denn einmal wird deutlich, dass der Rückfall sowohl in einen Idealismus als auch in einen Rationalismus nicht nur einen Realitätsverlust mit sich bringt, sondern es fehlt bei den Vertretern des falschen Intellektualismus am Willen, die lebendige Wirklichkeit auch im „Original" erkennen zu wollen und sich nicht in idealen Abbildern zu verlieren, anstatt die konkrete Wirklichkeit denkend und handelnd zu erschließen. Das Problem des Erkennens ist zugleich auch ein Problem des Wollens. Der entscheidend-kritische Einwand gegenüber dem falschen Intellektualismus ist dagegen gerichtet, der „logique abstraite" vorschnell ontologische Geltung zuzusprechen. Denn eine übereilte ontologische Affirmation innerhalb eines klinischen Raumes des Vernünftigen durchbricht die lebendige Dialektik zwischen ‚action' und ‚pensée' und missachtet die eigentliche Aufgabe der „intelligence", weil sie die Wirklichkeit missachtet. Das synthetische Verständnis des Intellekts, welches alle Verständnisweisen vereinigt, gelingt erst dann, wenn zugleich auch der analytische Weg und die Methode des Ausschlusses der fehlerhaften Ansätze beschritten werden. Deshalb ist es entscheidend, weder hinter einen Positivismus, noch Rationalismus oder Kritizismus zurückzufallen.

Ziel des dynamischen Intellekts ist es, „das Sein zu erreichen, sich mit ihm in ihm selbst zu vereinigen" (PI, 270). „L'intelligence" kann weder von einem starr gedachten Subjekt-Objekt-Verhältnis einer Begriffsmetaphysik, noch rein instrumental-pragmatisch durch einen Neopositivismus oder einen aktualistischen Immanentismus, aber auch nicht durch ein empiristisch-organisatorisches Wirklichkeitsmodell eines Pseudo-Scientismus oder durch einen hybriden Rationalismus eines Idealismus ausgelegt werden.

Eine „connaissance notionelle" ist durch eine wirklichkeitsbezogene „connaissance réelle" abzulösen. Die wirklichkeitserschließende Erkenntnis ermöglicht eine lebendige Begegnung mit der Wirklichkeit und gewährt eine „intussuspection" durch eine „union assimilatrice" (vgl. PI, 237). Blondel ist es wichtig, das verborgene Band, die Einheit des Intellekts wiederzufinden (vgl. PI, 220.249). Dieses Vinculum ist die ‚action', die jeweils einen Schritt im voraus das dynamische Wechselspiel zwischen Denken und Handeln antreibt und aufrecht erhält.

Die intellektuelle Kraft der formbar-plastischen Angleichung und vergleichenden Einwandlung des Konkreten zur Erkenntnis kommt aus dem Innern des Menschen. Die Deutung des Intellekts führt dazu, das Erkennen weder als bloße Repräsentation noch als bloße Präsentation der Wirklichkeit anzusehen. Das wirklichkeitsbezogene Denken (vgl. PI, 222) geht aus von einer Unmittelbarkeit und zielt auf eine wahrheitsgetränkte Einheit. Durch die „Intensität des inneren Lebens" wird der Verschmelzungsprozess zwischen dem Erkennenden und dem zu-Erkennenden ermöglicht. Das geschmeidige Vorgehen des Intellekts steht im Dienste der erweiterten Erkenntnis. Er ist Ort der Prinzipien und das Organ der Vision und damit Schnittstelle zwischen metaphysischer und moralischer Unruhe, um zugleich Sprungbrett und Schaltstelle zwischen „abstrakter Logik" und „Logik der Wirklichkeit" zu sein. Blondel legt „l'intelligence" auf die Weise einer lebendigen ‚action' aus, welche eine „Herzenserkenntnis" in der integralen Gestalt des Konkreten vermittelt.

Wenn es ihm um eine „spirituelle Belebung" des Intellekts geht, die durch die „connaissance réelle" sich darlegt, dann wirken die sich hieraus ergebenden Entfaltungsstufen der wirklichkeitserschließenden Erkenntnis zwar wie eine devote Referenz an die thomistische Denkungsart; nach innen hin zeigt sich das Bild jedoch anders: Blondel entfaltet die Stufen der Erkenntnis und faltet die ‚action' in sich ein. Die „intelligence" arbeitet in aufsteigender Reihenfolge und mit je größerer moralischer Kompetenz auf die Weise der integralen „connaissance réelle": *„per affinitatem"* (PI, 255), *„per modum inclinationis"*, *„per compassionem"* als Umwandlungsform des Egoismus zur Sympathie, *„per passionem"* als Transposition der abstrakten Ordnung zur wirklichkeitserfüllten Ordnung (vgl. PI, 260f.), *„per actionem et synergiam"* (vgl. PI, 265), da in der ‚action' bereits eine Antwort auf das Erkennen liegt und zum Schluss – mit hoher Moralitätsbewandtnis – *„propter connaturalitatem"* (vgl. PI, 268ff.). Letztere ist eine Lebenserkenntnis, die wenig Aufsehen erregt und dennoch stets am Werk ist und am besten in die lebenspraktische Erkenntnis hineinführt. Die alles einfaltende Erkenntnisform verbirgt sich in der „connaissance par amour", die sich *„per unionem et caritatem"* zeigt (vgl. PI, 271) und zur „Heiligkeit der Vernunft" führt (vgl. A (442) 476/468). Obwohl Blondel sich sehr der Sprachwelt der Scholastik annähert und den phänomenologischen Schwung seines frühen Denkens damit ausbremst, folgte eine scharfe Reaktion Maritains im Jahr 1923.

IV.

Die in zwei im Umfang beachtlichen Teilen unter 17 Punkte gefasste Kritik Maritains[7] ließ nicht lange auf sich warten. Bereits die beiden dem Beitrag vorangestellten Zitate des am Institut Catholique in Paris am 25. April 1923 gehaltenen Vortrages markieren deutlich die harte, auf Konfrontation hin angelegte, polemische Gangart Maritains, der Blondel mit den eigenen Mitteln zur Strecke bringen will, indem er als erstes Leitzitat ein Wort des Blondel-Freundes Delbos anführt, das in Procès selbst einen wichtigen Stellenwert einnimmt und dieses in Verbindung bringt mit einem Wort Pius XI.[8]

Die stete Aneignung des traditionellen Verständnisses dessen, was „l'intelli-

7 J. Maritain, L'intelligence d'après Maurice Blondel, in: Revue de philosophie, 23e année, no. 4 (juillet–août) 1923, 333–364. no. 5 (septembre–octobre) 1923, 484–511 (= I).

8 Vgl. I, 333. „‚De même que, jadis, il fut dit aux Egyptiens qui se trouvaient dans une extrême disette: Allez à Joseph, pour se procurer le froment soutien du corps; de même, s'ils nous écoutent, tous ceux qui ont le désir de la vérité iront à Thomas […] Cette nourriture est à la portée de tous.' (S.S. Pie XI, encyclique Studiorum ducem.)"

gence" zum Ausdruck bringen will, ist mit der Weisheit aufs engste verbunden. Die Richtung der Wahrheitssuche geschieht wie die grundlegende Nahrungsbeschaffung: Alle Wege der Wahrheit führen unvermeidlich zu Thomas von Aquin. Er allein vermag dem „intellectus" Nahrung zu geben. Während Victor Delbos den rechten Weg ging, wich – so wird insinuiert – Blondel von dieser Suche und damit auch vom Weg der katholischen Kirche ab.

Bereits mit dem ersten Satz hebt Maritain den Text in eine unangenehme Schreib- und Lese- Atmosphäre und lässt somit keinen Zweifel – trotz einer grundständigen Bewunderung der blondelschen „philosophischen Meditationen", an seiner unerbittlichen Härte. Maritian gibt vor, allein von der Sache her getrieben und allein der Wahrheit – nicht Personen – verpflichtet zu sein (vgl. I, 334). Die Formel seines Argumentationsgrundes ist schlicht. Man müsse nur alle Untersuchungen aus der Perspektive des heiligen Thomas anstellen, dann befinde man sich auch auf dem Weg der kirchlichen Tradition, die im Lehramt sich deutlich widerspiegelt, denn die thomanische Synthese falte die gesamte Ideengeschichte ein. Zwar habe Blondel dies jetzt endlich verstanden, er versuche jetzt – entgegen der Zeit von L'Action (1893) – auch Thomas zu lesen und zu verstehen, doch er *gebrauche* Thomas lediglich und defiguriere damit dessen Denken, weil er in seiner eigenen Perspektive verharre.

Maritain merkt nicht, dass Blondel im Unterschied zu ihm ein Denker im Eigenstande und nicht ein Adept oder ein Sprachrohr eines anderen ist. Blondel gäbe nur vor, der Intelligence ihren Stellenwert zukommen zu lassen und wende sich allenfalls gegen den Anti-Intellektualismus Bergsons. Maritain bezweifelt den seriösen philosophischen Umgang Blondels mit dem Problem und trifft diesen damit wiederum ins Mark, indem er ihm die philosophische Dignität ab- und seinem Denken lediglich apologetischen Wert zuspricht: „l'ordre dans lequel la pensée de M. Blondel trouverait sa vraie place, est l'apologétique. […] Mais l'apologétique est autre chose que la philosophie"[9]. Maritain sieht nicht die Schwäche seines eigenen Denkens, die selbst rein apologetisch im Neuscholastischen verbleibt. Er lässt aus den Irrtümern des Rationalismus und der „philosophie de l'action" die Frage des Intellektualismus des heiligen Thomas emporsteigen; bewusst lässt Maritain den Buchtitel Rousselots anklingen.

Das philosophische Problem, dem sich auch Blondel gegenübergestellt sieht, fasst Maritain in zwei Punkte: Gegenüber dem *Kantischen Idealismus* fragt er, ob „l'intelligence" so auf das Reale bezogen sei, dass sie zu einem Besitz des Seins selbst führt, es erreicht und nicht nur die phänomenalen Erscheinungsweisen darstellt (I, 338). Angesichts des *Cartesianischen Rationalismus* und des Naturalismus, die auf „séparation" zwischen der Vernunft und der Philosophen und der Kontemplation der Heiligen hin angelegt ist (vgl. I, 339), fragt er, ob „l'intelligence" selbst im Stande der Welthaftigkeit und damit irdischen Verwundetseins zur göttlichen Weisheit hin aufzusteigen vermag.

9 Vgl. J. Maritain, Distinguer pour unir ou les dégrés du savoir, Paris 1932, 869f.

Unter drei Aspekten lässt sich die ausführliche Kritik Maritains nachfolgend zusammenfassen: Die Reichweite begrifflicher Erkenntnis („connaissance notionnelle") (V,1). Die Erkenntnis durch Konnaturalität (V,2,3). Zwei verschiedene Grundauffassungen von „intelligence": „Der Typos des Intellektuellen' (VI).

V.

1. Die von Blondel angemahnten Schwächen der begrifflichen Erkenntnis durch die „wir uns eine Welt von Vergegenwärtigungen schaffen, wo wir wie in einem Milchglaskäfig nur mit künstlichen Produkten der Industrie in Kontakt treten", forderten Maritains Einwände heraus. Mit der begrifflichen Erkenntnis, so Blondel, erreiche man die Dinge nicht direkt, sondern nur ihre Abbilder (vgl. I, 341). Zu Unrecht hat man der „connaissance notionnelle" den Namen „intelligence" gegeben, die wesentlich „connaissance réelle" sei (vgl. PI 242f.). Trotz der ingeniösen Weise der Aufarbeitung Blondels sei diese in „Procès" falsch und verdrehe den Sinn des durch den Doctor Angelicus Gemeinten in sein Gegenteil (I, 242). Die thomistische Unterscheidung zwischen der Weisheit des Theologen und der Weisheit des Kontemplativen ginge auf die aristotelische Unterscheidung zwischen dem Urteil im Modus des Erkennens und dem Urteil im Modus durch Inclination zurück. Nach Maritains inhaltlicher Darstellung von Procès in drei konzisen „considérants" (I, 339–346) polemisiert er gegen das Bemühen Blondels, der „connaissance notionnelle" einen begrenzten Geltungsbereich zuzugestehen (I, 347). Zu sehr verbindet Maritain „l'intelligence" mit der begrifflichen Erkenntnis und spricht den Begriffen zu schnell volle ontologische Bedeutung zu. Wenn sie nicht fähig sein sollen, das Reale zu ergreifen und damit das Sein nicht einholen können, müsse sich Blondel gegenüber zwei Einwänden rechtfertigen: Einmal ist eine intellektuelle, spekulative Intellection verunmöglicht, was eine „connaissance par action" nicht wettmachen kann und vielmehr bei Kant hängen bleibt und zweitens kann es nicht sein, dass eine rationale Wirklichkeitserkenntnis von einer höheren Erkenntnis ganz und gar abhängig sei (vgl. I, 348).

Maritain befürchtet ein Deklassement der „raison". Es sei allein die Frage, ob die Vernunft das Reale erreiche und somit für brauchbare Sicherheiten sorgen könne, um die Dinge selbst zu erkennen. Maritain besteht auf einem Allgemeinbegriff von Vernunft sowie auf einem Vernunftbegriff, wie ihn die Kirche definiere und damit einer Abstraktion, durch welche das Objekt sich objektiverweise erschließt und nicht von den subjektiven Dispositionen des Erkennntnissubjekts abhängig ist, um zu einer kommunikablen und evidenten Wahrheit vorzustoßen. Blondel weigere sich, der Vernunfterkenntnis einen metaphysischen Wert zuzusprechen und damit werde die Metaphysik als Wissenschaft verunmöglicht.

Der schlichte Realismus Maritains, der sich der transzendentalen Fragestellung verschließt, gipfelt in einer nahezu inquisitorischen Spitzfindigkeit und in unangenehmer Polemik, wenn er das „oui ou non" aus L'Action aufnimmt, um die letzte Konsequenz abzuleiten, die aus solcherlei vermeintlicher Relativierung fundamentaler Wahrheiten folge: Denn der schmale Grat zum Verlassen der Rechtgläubigkeit sei begangen, wenn die grundsätzliche Möglichkeit der Gottesbeweise infrage gestellt werde, schließlich proklamiere das Erste Vatikanum, dass Gott mit Gewissheit aus den geschaffenen Dingen durch das Licht der begrifflich arbeitenden Vernunft erkannt werden könne (vgl. I, 350). Hinzu komme, dass, wenn die „Real-Erkenntnis" die konzeptuellen Möglichkeiten übersteige, eine Nachvollziehbarkeit und Überprüfbarkeit nicht mehr gewährleistet sei. Es fehle an einer brauchbaren Logik, die nur durch begriffliche Formen mit objektiver Evidenz möglich sei (vgl. I, 351). Für die Logik des „tiers inclu" hat, dies zeigen die Einwände, Maritain keinen Sensus. Alles Subjektive wird von ihm sofort mit dem Idealismusverdacht belegt, wenn er eine rationale Demonstrierbarkeit der „certitude universelle" von objektiven Verhalten durch die Vernunft fordert (vgl. I, 352). Im Grunde, so Maritians Polemik, sei das Denken Blondels selbst „terriblement notionnelle et conceptuelle" (I, 353).

Die Wurzel des fundamentalen Irrtums Blondels sei die Verknüpfung seiner Philosophie mit der Descartes und der „metaphysischen Melancholie" eines Leibniz (I, 504). Durch einen Mangel an Erkenntnismetaphysik habe dieser die Ideen materialisiert und versachlicht. Dadurch haben sie einen Schirm zwischen den Dingen und uns entstehen lassen, der eine Erkenntnis verunmöglicht. Erst von daher stelle Blondel die Frage, ob die Portraits wirklich dem Original ähnelten.

Der Begriff sei, so Maritain, nicht die gesehene Sache, sondern das Mittel um zu sehen (I, 354). Es sei ein „formales Zeichen", dessen Natur darin besteht, zu bezeichnen, um das Objekt erkennen zu lassen. Der Begriff sei nur Mittel, nicht das Objekt selbst. Die Erkenntnis des subsistierenden Seins geschehe durch Analogie, im Spiegel der Geschöpfe (vgl. I, 356f.), wodurch erste Einsichten vermittelt würden.

2. Der mühsame Versuch Blondels, die „philosophie de l'action" mit der Scholastik zu versöhnen, nimmt dem transzendental-phänomenologischen Neuansatz die Frische und Originalität und reizt die neoscholastische Seite noch mehr. Fortan kristallisiert sich Blondels Kritik als Kritik am „Extrinsezismus" einer neuthomistischen Gnoseologie:

Die siebente Stufe der Ausfaltung der Realerkenntnis beschreibt die „connaissance intrinsèque par connaturalité, propter connaturalitatem", welche in besonderer Weise der ‚action' entspricht.

Erkenntnis hat dann statt, wenn eine Wesensverwandtschaft zwischen dem Erkennenden und dem Zu-Erkennenden besteht. Die Realerkenntnis durch Konnaturalität geht von der Bestimmung und der Zielursächlichkeit des Seienden aus. Rousselot interpretiert Sth II II q 45 a 2 so, dass die „cognitio per modum naturae" gleichgeordnet sei mit der rationalen Erkenntnis. Blondel übernimmt diese Interpretation (vgl. PI, 253.268.270.271.272) und gibt ihr eine eigene Wendung, wenn er die Stelle an eine durch die ‚action' geprägte Weise der Seinserfassung der „intelligence" bindet, der er dann eine stark ethische Richtung verleiht. Verortet Rousselot die Erkenntnis durch Wesensverwandtschaft im Kontext der „Mittel der menschlichen Spekulation", so gibt er ihr ohne Zweifel durch die Verarbeitung in der „philosophie de l'action" eine geänderte Richtung, in dem er sie aus dem rein Abstrakten in eine Praxis des Liebens hineinführt (vgl. A (445) 479/471). Um das Sein in seiner Einheitlichkeit zu kennen, bedarf die zu sich selbst gekommene Vernunft der Erkenntnisweise der Konnaturalität, die von der Bestimmung her denkt. Er versteht sich nicht als adäquater Kommentator des heiligen Thomas, wohl aber lehnt er den neuthomistischen Intellektualismus ab. Thomas stellt für ihn die Position eines ihm ein Alibi verschaffenden Gewährsmanns dar, um seine „Lebenserkenntnis" ausdrücken zu können.

Da das Sein „Einheit und Innerlichkeit" ist, muss es eine Erkenntnisform geben, welche diesem insofern entspricht, als sie in das Zentrum seines Geheimnisses einzudringen vermag. Nur auf diese Weise erfasst der Geist die innere Moralitätsbewandtnis des Seins (vgl. PI, 269). Die Erkenntnisweise durch Wesensverwandtschaft bringt eine auf die zielursächliche Bestimmung hin ausgerichtete ethische Wandlung mit sich, die es dann rückwirkend möglich macht, an den Seinskonstituentien überhaupt zu partizipieren (PI, 269). Die Gewissheit und die Klarheit gewinnt die Erkenntnis aus der sich fortsetzend wiederholenden ‚action'. Freilich gewinnt man den Eindruck einer stillschweigend-unmerklichen Selbstkorrektur der phänomenologischen Methode Blondels, denn die wirklichkeitserschließende Erkenntnis gelangt zur Einheit dann, wenn sie alles in ihrer Quelle versammelt, in uns konzentriert und universalisiert. Die „plastische Intelligenz" (vgl. I, 490) vermittelt die Beziehung zur Wirklichkeit und nimmt das in Konnaturalität Erfasste in die persönlichen Lebensvollzüge mit hinein. Insofern löst Blondel seinen Anspruch an die Wahrheit ein, die nicht statischer Zustand, sondern „veritas vitae" und Übereinstimmung von Geist und Leben ist. Die Erkenntnis durch Konnaturalität findet ihre Erfüllung in der mit ihr bewirkten dynamischen Erkenntnis durch Liebe.

Dass für Blondel die Erkenntnis durch Konnaturalität in der Ordnung realer und nicht begrifflicher Erkenntnis stattfindet und über der Vernunfterkenntnis angesiedelt ist, weil sie einen direkteren „Zugang zum Geheimnis des Seienden hat", musste das Misstrauen des neuscholastischen Lagers erwecken.

Maritain wirft in seiner Auseinandersetzung mit Blondel diesem vor, dass die Erkenntnis Gottes durch den Menschen, der niemals mit Gott konnaturalisiert werden könne, sowohl praktisch wie spekulativ unmöglich sei. Dies sei – gemäß der Zweistockwerkstheorie – nur in der übernatürlichen Ordnung möglich und alles andere führe in den Pantheismus.

3. Über dem Streit um die „intelligence" schwebte das theologisch-philosophische „*natura*"-Problem, wobei Maritain die Zweistockwerkstheorie mit Argusaugen verteidigte, die er durch Blondels Denken bedroht sah: „le plus précieux bienfait que l'Eglise ait reçu du Docteur angélique, l'œuvre intellectuelle la plus

urgente [...] ç'a été de fixer, par des principes absolument fermes et définitifs, la doctrine théologique de la distinction de l'ordre naturel et de l'ordre surnaturel, distinction infrangible, plus chère à la foi catholique [...]" (I, 500). Maritain kritisiert den Anspruch der „connaissance réelle". Die menschliche Natur und die göttliche Gnade gehören verschiedenen Ordnungen an und sind grundverschieden. Das göttliche Leben veredelt die Natur, die allein im konkreten Menschen existiert, allerdings im Zustande einer „natura pura", getrennt von den Erhebungen der Gnade. Nach Blondel ist eine „natura pura" eine philosophisch wertlose Abstraktion.

Wie sehr Maritain gegenüber Blondel aufgebracht war, lässt sich am Umstand ermessen, dass er ihm vorwirft, Thomas in seinem Grundanliegen zu entstellen: „l'on blesse saint Thomas à la prunelle de l'œil, en supprimant les distinctions essentielles par lesquelles il assure à la fois et la surnaturalité de la sagesse des saints, et la valeur de la connaissaince intellectuelle" (I, 495). Sein Irrtum sei darin begründet, dass er innerhalb des Dynamismus der natürlichen Bestrebungen des Intellekts zum Sein eine Wahrheit zu integrieren versuche, die in Wirklichkeit die des Heiligen Geistes sei. Damit bringe man die Formalobjekte durcheinander. Durch die unzulässige Vermischung der Naturen würde man beiden nicht gerecht. Die Trennschärfe gehe verloren, die Erkenntnis verliert den realistischen Zug und die „contemplation mystique" mit geringem Erkenntniswert wird zum höchsten philosophischen Begriff stilisiert. Maritain kritisiert, dass die Philosophie als Philosophie durch einen irregeleiteten Begriff des „Realismus des Intellekts" ihren eigentlichen Charakter genau so verliert wie der zu erkennende Gegenstand als Sache selbst in seiner einzigartigen und konkreten Existenz hervortritt (I, 496). Um die Sache selbst erkenntnismäßig in den Besitz zu nehmen, genügt nicht die Weise der „intussuspection", auch nicht einer „intimen communion" (I, 496), sondern hierzu muss man das Lösegeld des Begriffs zahlen (vgl. I, 497). Die Vorgehensweise des Intellekts geschehe in der natürlichen Ordnung intellektualiter und nicht auf die Weise der Liebe.

Zur Weise des Anteilnehmens am Absoluten unterscheidet Maritain zwischen *affektiver* Erkenntnis durch Konnaturalität und *rationaler* Erkenntnis durch Konnaturalität, wobei gerade die letztere die menschliche Qualität natürlicher Ordnung aussagt. Erstere unterteilt er in eine solche, die der natürlichen, und in eine solche, die der übernatürlichen Ordnung angehört. Die der natürlichen Ordnung differenziert er nochmals aus in eine praktische und in eine spekulative Erkenntnis. Gott ist in ihr nicht erkennbar, wogegen Blondel es für möglich halte, durch praktische Erkenntnis des Einzelnen, Gott zu erkennen. Blondel verwechsle die praktische mit der spekulativen Erkenntnis. Maritain verrät sein Unverständnis gegenüber der ‚action' als metaphysisches Prinzip.

Nach ihm kann Gott überhaupt nicht durch affektive Konnaturalität in der natürlichen Ordnung erkannt werden: Denn Gott ist „surnaturel substantiel". Per Definition ist es unmöglich, mit dem Menschen „konnaturalisiert" zu sein. Der Mensch kann Gott nicht durch Konnaturalität erkennen. Allein in der übernatürlichen Ordnung durch die Gnade ist Teilhabe möglich (vgl. I, 490). Anders in der zu unterscheidenden übernatürlichen und mystischen Ordnung – auf der Ebene der Theologie folgt Maritain Blondel – wird Gott durch die originäre Tätigkeit des Intellekts durch die affektive Konnaturalität erkannt und führt in die Dinge Gottes ein (vgl. I, 493). Die theologische Tugend der Liebe sei hier gefragt, die heiligmachende Gnade und der eingegossene Glaube Voraussetzung. Dies sei aber keine klare Erkenntnis durch Analogie (vgl. I, 494).

VI.

1. Die übernatürliche Erkenntnis ist nach Maritain intellektualiter defizient und unvollkommen (I, 494f.), für die einfachen Seelen – und hier gibt er Blondel recht – sei sie besser zu erklimmen als für Philosophen und Gelehrte. Die menschliche Erkenntnis bleibe in der natürlichen Ordnung letztlich immer Elend und Armut und könne niemals auf göttliche Weise stattfinden (vgl. I, 495). Der Intellektuelle ist zur „Erkenntis qua Erkenntnis" fähig und hierin besteht die Aufgabe der Philosophie, die nicht auf die dunkle Weise der „connaissance réelle" erkennt, welche zwar einen höheren ontologischen Gehalt habe als Bergsons „intuition" (vgl. I, 494), allerdings letztlich vom Erkenntnisgehalt dunkel bleibe. Der „Intellektuelle" kennt keinen Zuständigkeitsbereich bezüglich der mystischen Erkenntnis. Er ist gleichbedeutend mit dem Seins-Philosophen, der um die Grenzen des Wissens weiß: „il sait bien pourtant que les plus simples âmes y accèdent mieux que les philosophes et les savants" (I, 495). Wie Blondel sieht Maritain das Idealbild des Intellektuellen gerade in den Höhen des Nicht-Intellektuellen der Armen und Kleinen. Für Blondel erklimmen diese auf die natürliche Weise des „transnaturel" die Höhen zu ihrer Bestimmung.

Nach Maritain ist selbst bei geringerem Erkenntniswert die rationale Konnaturalität der natürlichen Ordnung der ideale Weg, in die Dinge Gottes eingeführt zu werden. Hier habe die Analogie und die spekulative Erkenntnis ihren Ort (vgl. I, 503f.).

2. Aus der Sichtweise der Konnaturalität findet sich bei Blondel für das philosophische Paradigma des Intellektuellen ein brauchbares Bild. Es ist dies die dynamisch-anthropologische Faktizität des „transnaturel", wie er sie im „Vocabulaire Lalande" erarbeitet:[10] Der Intellektuelle ist theologisch gedeutet die Schnittpunktexistenz zwischen freiheitlicher und finalursächlicher Vollendungsgestalt. Er lebt in seiner faktischen Heilsdynamik auf das Übernatürliche hin, in einer zeitlich-überzeitlichen Realdialektik zwischen „Nochnicht" und „Nichtmehr" und „Immernoch". Wenn eine statische Umschreibung des „Wesens des Menschen" zugunsten einer dynamischen Auslegung der menschlichen Wirklichkeit für

10 Vgl. zum „transnaturel" mit allen Nachweisen, Reifenberg (wie Anm. 1) 235–239.

Blondel obsolet bleibt, dann sieht Blondel in ihm einerseits den Anknüpfungspunkt für das Übernatürliche, andererseits die dieser Bewegung von unten nach oben gegenläufige, unstillbare Unruhe zum Übernatürlichen. Hier ist der Ort der Moralitätsbewandtnis des „fait intérieur" auf die Weise der inneren Dynamik zum entschiedenen Handeln, das durch die geheimnisvoll-anonyme Gegenwart der übernatürlichen Gnade Verwirklichung findet. Den Anspruch des transnaturel für die „Gottwerdung des Menschen" erhebt Maritain nicht.

3. Den Typos des „Intellektuellen" entwirft Blondel allenfalls als dialektisch profiliertes „Gegenbild". Ihm geht es um den Verwirklichungsgrad der Übereinstimmung des Menschen mit dem Leben als entscheidendes Kriterium der Wahrheit und als Vollendungsgestalt der Vernunft in der Erkenntnis durch Liebe. Der Intellektuelle erwächst – anders als bei Maritain – aus dem Lebensvollzug einer „philosophie ouverte" in der Praxis. Durch die Selbstüberwindung erreicht der Mensch die höchste Stufe seiner Vollendung. Insofern gewinnt man den Eindruck, dass Blondel dem intellektuellen Tun skeptisch gegenübersteht, weil er sich nach der Einfachheit der einfachen Tat sehnt.

In welcher Weise gelangt also die Vernunft so zu ihrer Bestimmung, dass „die Wahrheit in der Erkenntnis, die wir von ihr haben, wirklich in ihr wohnt" (vgl. A (440) 474/466)?

Die wirklichkeitsbezogene Vernunft soll auf ihrer höchsten Entfaltungsstufe gedacht werden, um die Wahrheit des Seins handelnd zu erkennen.

Der Philosoph ist der in liebender Weise Intellektuelle, der den „Intellektualismus" überwunden hat. Wenn es darum geht, die Weisheit nicht nur als Erkenntnisziel, sondern auch als gestaltende Haltung zu verstehen, genügen die diskursiven, analytischen Vorgehensweisen nicht (vgl. PI, 271). Nur eine „contemplation unitive", welche einen von der Liebe durchtränkten Willen zur Bedingung ihrer Möglichkeit hat, führt zur Weisheit. Durch eine „connaissance par amour" gelingt es, mit der Wirklichkeit als ganzer und mit sich selbst in Übereinstimmung zu kommen, um konkrete Sinnerfahrungen zu durchleben. Die Erkenntnis durch Liebe hat eine anthropologisch-ethische wie metaphysische Tiefe und führt den Intellektuellen zur Erfüllungsruhe. In dieser Realerkenntnis zu leben bedeutet für den Menschen, die „universelle communion" in Einmaligkeit des eigenen personalen Lebens zu führen. Das Verstehen drückt sich als „affektives Band" in Liebe aus. Erkennen heißt, das Sein in seinem tiefsten Wesen in sich so zu verspüren, dass es sich als Liebe zu erkennen gibt (A (443) 477/469).

Diese Erkenntnis durch „compassion" ist nicht abstrakt, sondern geschieht auf die Weise des liebenden Mithandelns (vgl. A (444) 478/470). Durch dieses konkrete Handeln geschieht die Reintegration von allen Seienden in Einem. Die noch so bescheidene ‚action' zeigt die solidarische Verbindung mit allen Menschen auf. Der ganze Determinismus der Handlung wird je einzigartig verwirklicht. Die „Heiligkeit der Vernunft" unterscheidet sich von einer durch die Vernunft allein zu erreichenden Erleuchtetheit, die nur abstrakte Konstruktionen, nicht aber Leben eröffnen. Wahre Erkenntnis geschieht in Weisheit, „welche sieht, besitzt und verkostet" (PI, 270).

Die Elementarkräfte der „intelligence" streben auf die Weisheit wie magnetisiert hin, doch sie sind auf die entgegenkommende Gnade angewiesen (PI, 273). In der „observation" zum Stichwort „sagesse" des „Vocabulaire Lalande" schließt Blondel an den traditionellen Gebrauch des Terminus „Weisheit" an, der einer Form von „kontemplativer Erkenntnis" vorbehalten bleibt. Sie ist sowohl „eingegossen" („infuse") und konkret wie synthetisch, liebend und weise. Der abstrakte Verstand kann niemals ihre Fülle erreichen und kommt ihr nicht gleich an Licht, Einheit und Wirkungskraft (vgl. Lalande II, 942). In ihr zeigt sich der Intellektuelle. Sie zu erreichen geschieht in der „abnégation", in der Selbstverleugnung des „metaphysischen Opfers" und in der Vereinigung des menschlichen und göttlichen Willens (A (441) 475/467).

Verlässt hier tatsächlich Blondel den philosophischen Weg? Zumindest entwirft er in dialektischer Weise Maritain gegenüber ein Bild des „Intellektuellen", der in einer direkten Christusnachfolge steht: *der Demütige und Kleine, der zum Opfer Bereite ist der eigentliche „intellectuel"*, denn er hat die Stufe des Geistes zur Weisheit erklommen.

Das menschliche Tun bleibt begrenzt durch das ihm göttlich-entgegenkommende Erschließen der Handlung. Maritain versteht das nicht und wirft Blondel „metaphysische Insuffizienz" vor (I, 507). Für ihn ist der eigentliche philosophische Intellektuelle der rationale Begriffsmetaphysiker, der „homo philosophus" im Zustande einer „natura pura". Blondel braucht den Intellektuellen nicht, der Gebildete um sich schart, um integralistisch zu agieren, sondern gerade derjenige, der die „mortification naturelle" lebt, der die Wissenschaft aus dem „Feuer der Liebe" betreibt (CI I,/451), der auf die Weise der „docta ignorantia" die „Leere der Erkenntnis" (CI I, 425) im Blick auf die Lebenswahrheit lebt, ist der Philosoph der „Heiligkeit der Vernunft", der um die Wichtigkeit der Herzensbildung weiß und sie selbst anderen mitzuteilen vermag, weil er sich als ein zuerst Empfangender weiß, bevor er zu geben fähig ist. Gewiss hat Maritain dies am Ende seines Lebens durch die schlichte Praxis des Lebens der „Kleinen und Demütigen" selbst eingelöst. So geschah ein spätes, stilles und unausgesprochenes Übereinkommen zwischen ihm und Blondel.

Chancen eines Nischenprodukts
Kirchennahe Printpublizistik am Beispiel der Zeitschrift „Herder Korrespondenz“

Ulrich Ruh

Das am 4.Dezember 1963 feierlich verkündete Dekret über die sozialen Kommunikationsmittel „Inter mirifica“ gehört sicher nicht zu den starken Dokumenten des Zweiten Vatikanischen Konzils, auch nicht zu den Konzilstexten, die in der Folgezeit besonders intensiv diskutiert wurden. Dennoch lenkt es den Blick auf ein Problemfeld, das für Glauben und Kirche schon seinerzeit von enormer Bedeutung war und am Beginn des 21. Jahrhunderts weiter an Bedeutung gewonnen hat. Moderne Gesellschaften sind ohne vielfältige mediale Kommunikation schlechterdings nicht vorstellbar; auch die Kirche muss medial kommunizieren, ob sie will oder nicht.

Das gilt einerseits für ihren Binnenraum. Vor allem die katholische Kirche als eine Weltkirche ist ein ungeheuer komplexes Gebilde mit vielen verschiedenen Akteuren, vom Papst, der Kurie und den Bischöfen über Ordensgemeinschaften und geistliche Bewegungen, bis zu den verschiedensten Vereinigungen und Verbänden, Hochschulen und Fakultäten. Dieses Vielerlei bringt einen gewaltigen Bedarf an medialer Kommunikation mit sich, die sich auf den verschiedensten Kanälen und mit Hilfe unterschiedlicher Medien abspielt. Die Bandbreite reicht von päpstlichen Enzykliken bis zum schlichten Pfarrblatt.

Es gilt genauso für das Verhältnis der Kirche zu den „Anderen“, also für ihr Außenverhältnis. In „Inter mirifica“ heißt es feierlich: „Die Katholische Kirche ist von Christus, dem Herrn, gegründet, um allen Menschen das Heil zu bringen und darum der Verkündigung des Evangeliums unbedingt verpflichtet. Deshalb hält sie es für ihre Pflicht, die Heilsbotschaft auch mit Hilfe der sozialen Kommunikationsmittel zu verkünden und Grundsätze über deren richtige Anwendung aufzustellen (Nr. 3)“. Man kann es auch weniger pathetisch formulieren: Die Kirche ist in einer offenen, pluralistischen Gesellschaft darauf angewiesen, ihre Anliegen und Interessen auch mittels Medien bekannt zu machen, sie muss auf dem Marktplatz der Öffentlichkeit über ihre Sicht der Dinge informieren, auf ihre Botschaft aufmerksam machen. Das ist eine große Chance, stellt die verschiedenen kirchlichen Akteure aber gleichzeitig vor beträchtliche Herausforderungen.

Wie alles am Christentum hat auch das Thema „Kirche und Medien“ eine Geschichte. Natürlich kann man hier bis auf mittelalterliche Bilderbibeln oder reformatische Flugschriften zurückgehen. Aber es ist für unsere Zwecke sinnvoll, bei der Zäsur anzusetzen, die etwa Jürgen Habermas in seinem Werk „Strukturwandel der Öffentlichkeit“ herausgearbeitet hat, also beim 18. Jahrhundert, in dem so etwas wie Öffentlichkeit im modernen Sinn entstanden ist. Diese Zeit brachte auch eine grundlegend neue Konstellation im Verhältnis von christlichem Glauben, Gesellschaft und Kirche hervor, die noch heute in ihren Grundzügen maßgebend ist. So entstand erst nach Aufklärung und Französischer Revolution das, was man „Katholizismus“ nennt; analog dazu, wenn auch nur begrenzt vergleichbar, kam es im protestantischen Christentum zum Übergang vom „Altprotestantismus“ zum „Neuprotestantismus“, um mit Ernst Troeltsch und der von ihm verwendete Unterscheidung zu sprechen.

„Für die Entwicklung des Katholizismus im 19. und 20. Jahrhundert waren die modernen Kommunikationsmedien von kaum zu unterschätzender Bedeutung“[1], urteilt Dominik Burkhard. Er verfolgt die verschiedenen Phasen der Entwicklung vom frühen 19. Jahrhundert bis zur Zeit unmittelbar nach dem Zweiten Vatikanischen Konzil.

So entstanden vor 1848 etwa 20 Kirchenblätter, die kein „enges, innerkirchlich-religiöses, sondern ein sehr umfassendes, auch politisches Programm“[2] verfolgten. Das Revolutionsjahr 1848 bildete auch für die katholische Presselandschaft eine Zäsur, um 1860 kam es dann zu kontroversen Diskussionen um die Ausrichtung und die Ziele katholischer Presse. Zu einer wahren Blüte bei dieser Presse kam es dann im Zusammenhang mit dem Kulturkampf und der durch ihn provozierten katholischen Selbstbehauptung: „Zwischen 1871 und 1890 stieg die Zahl der Zeitschriften und Zeitungstitel von 126 auf 198 mit rund 630.000 Exemplaren Auflage“[3].

Im Rahmen der Diskussionen um das Verhältnis von Katholizismus und Moderne um die Wende vom 19. zum 20. Jahrhundert kam neu gegründeten Zeitschriften wie der Kulturzeitschrift „Hochland“ eine beträchtliche Bedeutung zu; auch die kirchlichen Aufbrüche der 20er Jahre (beispielsweise die Jugendbewegung) führten zu Neugründungen von Zeitschriften. Bei der Machtübernahme der Nationalsozialisten im Jahr 1933 zählte Deutschland nicht weniger als 375 katholische Zeitungen mit 2,6 Millionen Abonnenten. „Die katholischen Zeitschriften des gesamten deutschen Sprachgebiets hatten zehn bis elf Millionen Abonnenten, wovon 2,1 Millionen auf Sonntags- und Kirchenblätter entfielen“[4]. Die katholische Presse hatte unter dem Naziregime zunehmend mit Schwierigkeiten

1 D. Burkhard, Presse und Medien, in: Geschichte des kirchlichen Lebens in den deutschsprachigen Ländern seit dem Ende des 18. Jahrhunderts, Bd. VIII: Laien in der Kirche, Freiburg 2008, 559–602, hier 559.

2 Burkhard (wie Anm. 1) 556.

3 Burkhard (wie Anm. 1) 574.

4 Burkhard (wie Anm. 1) 582.

zu kämpfen; am Beginn des Zweiten Weltkriegs war weniger als ein Drittel der Titel übriggeblieben, von denen die allermeisten den Krieg nicht überlebten.

In die unmittelbare Nachkriegszeit fiel die Gründung der Monatszeitschrift „Herder Korrespondenz“, deren Redaktion ich seit 30 Jahren angehöre. Der ersten Nummer im September 1946 war 1942 eine Probenummer vorausgegangen. Die „HK“, wie die Zeitschrift mit einem Kürzel gern genannt wird, hat sich bis zum heutigen Tag gehalten, anders als manche katholische – und auch evangelische – Presseorgane, die längst vom Markt verschwunden sind oder mit anderen Organen fusioniert haben. In der Geschichte der „Herder Korrespondenz“ spiegeln sich in gewisser Weise Entwicklung, Probleme und Chancen der katholischen Publizistik im deutschen Sprachraum wider. Sie kann so auch exemplarisch für die Geschichte des deutschsprachigen, vor allem des deutschen Katholizismus seit dem Zweiten Weltkrieg stehen.

Gegründet im Pontifikat Pius XII., begleitete die HK dann intensiv die Veränderungen in der katholischen Weltkirche durch und unmittelbar nach dem von Johannes XXIII. überraschend einberufenen Zweiten Vatikanischen Konzil. Die Berichterstattung über das Konzil füllte seinerzeit einen Gutteil der monatlichen Ausgaben. Genauso breit war die Berichterstattung über die diversen nachkonziliaren Ausführungsbestimmungen und über die Eruptionen, die das Zweite Vatikanische Konzil in der Kirche verschiedener Länder auslöste. So widmete die Zeitschrift sehr viel Raum und Aufmerksamkeit der „Gemeinsamen Synode“ der (west)deutschen Bistümer in Würzburg, die zwischen 1971 und 1975 versuchte, die verschiedenen Weichenstellungen des Konzils für die in vieler Hinsicht eigen geprägte katholische Kirche in der Bundesrepublik fruchtbar zu machen. Sehr genau verfolgte die HK auch die nach dem Zweiten Vatikanischen Konzil abgehaltenen Versammlungen der römischen Bischofssynode.

In ihren ersten Jahrzehnten lag ein Schwerpunkt der HK, deren Beiträge bis 1972 übrigens ohne Verfasserangaben erschienen, auf der umfassenden Dokumentation kirchenamtlicher Verlautbarungen, daneben auch auf der Auswertung kirchlicher, aber auch säkularer Pressestimmen. Die Zeitschrift wollte nach der Abschottung Deutschlands und seiner Kirche in NS-Zeit und Zweitem Weltkrieg dem deutschen Publikum bewusst und in großer Breite das kirchliche und kulturelle Leben in anderen Teilen Europas nahe bringen. Zum Pflichtprogramm gehörten für die HK von Anfang an auch Berichte über Vorgänge und Entwicklungen in anderen christlichen Kirchen und über die Ökumenische Bewegung, die mit der Gründung des Ökumenischen Rates der Kirchen 1948 in eine neue Phase trat.

Für die katholische Kirche bedeutete der Pontifikatsantritt von Johannes Paul II. im Oktober 1978 eine neue Phase. Der Dynamik, die von dem neuen Papst aus Polen ausging, konnte sich auch die HK nicht entziehen. Breite Aufmerksamkeit fanden so die ersten, programmatisch angelegten Auslandsreisen Johannes Pauls II., ebenso seine Enzykliken und sonstigen Lehrschreiben. Die HK verfiel dabei nie in überzogene Papstbegeisterung, sondern bemühte sich, dem außergewöhnlich langen Pontifikat mit seinen Spannungen und Ambivalenzen gerecht zu werden.

Das herausragende Ereignis in der Amtszeit des polnischen Papstes war zweifellos die maßgeblich von ihm geistig und zum Teil auch politisch vorbereitete „Wende“ im bis dato kommunistisch beherrschten Teil Europas, die letztlich in Polen grundgelegt wurde. Innerhalb kurzer Zeit fielen die kommunistischen Diktaturen und machten fast überall einem demokratisch-rechtsstaatlichen System Platz. Zu Spezifika der HK gehörte schon in den Jahrzehnten der kommunistischen Herrschaft die regelmäßige und ausführliche Berichterstattung über die Kirche im Kommunismus, die teilweise nur unter beträchtlichen Schwierigkeiten möglich war. Aber die entsprechenden Artikel wurden auch in den staatlichen Behörden zur Aufsicht über die Kirchen aufmerksam gelesen – es gibt genug Belege dafür!

Seit der „Wende“ hat die Aufmerksamkeit der HK für die kirchlichen und politisch-gesellschaftlichen Entwicklungen im früheren Ostblock nicht nachgelassen. Ganz im Gegenteil: Nach wie vor gilt dieser Region ein besonderes Augenmerk der Redaktion, wobei nicht selten auch Autoren aus den betreffenden Ländern zu Wort kommen. Das bedeutet nicht, dass die westliche Hälfte Europas zu kurz käme. Es zeichnet die HK vielmehr aus, dass sie kontinuierlich etwa den französischen Katholizismus in den Blick nimmt, der sich vom geografisch unmittelbar benachbarten deutschen in vieler Hinsicht unterscheidet und gerade deshalb Interesse verdient.

In den letzten Jahren deutlich zugenommen hat die Zahl der Beiträge in der HK, die sich mit dem Islam beschäftigen. Damit reagiert die Zeitschrift auf die gewachsene Bedeutung des Islam in Deutschland wie in vielen westeuropäischen Ländern als öffentlicher Faktor. Es geht um Möglichkeiten der Integration der islamischen Gemeinschaften in das etablierte System der rechtlichen Beziehungen zwischen Staat und Religionsgemeinschaften, um die innere Organisation des Islam in Europa und um die Bemühungen um den christlich-muslimischen Dialog vor Ort. Neben dem Islam kümmert sich die HK in ihrer Berichterstattung selbstverständlich auch um andere Religionen und religiös-weltanschauliche Strömungen – allen voran das Judentum.

Am Beginn des 21. Jahrhunderts bietet die weltweite Christenheit, innerhalb derer die katholische Kirche den mit Abstand größten Block darstellt, ein vielfältiges und auch spannungsreiches Bild. Nur einige wenige wichtige Entwicklungen seien hier in aller Kürze genannt: Die Zahl der christlichen Gemeinschaften nimmt ständig zu, vor allem in Afrika mit seinen vielen unabhängigen Kirchen. Im Bereich des Christentums reformatorischer Herkunft verlieren die „klassischen“ Kirchen und Gemeinschaften an Bedeutung zugunsten von Gruppierungen evangelikaler und vor allem pfingstlerischer Prägung. Ihr zum Teil explosionsartiges Wachstum geht besonders auf dem „katholischen Kontinent“ Lateinamerika weitgehend auf Kosten der katholischen Kirche. Die orthodoxen Kirchen konnten sich nach der Wende im vorher kommunistischen Europa wieder voll entfalten und machen sich mit ihren Anliegen nicht zuletzt im Ökumenischen Rat der Kirchen deutlich bemerkbar. Das gilt gerade für die Russische Orthodoxe Kirche als die mit Abstand mitgliederstärkste unter ihnen.

Die katholische Kirche ist und bleibt ein in seiner zahlenmäßigen Stärke und weltweiten Einheitlichkeit imponierendes religiöses Gebilde. Sie hat es im Zweiten Vatikanischen Konzil geschafft, sich durch Rückbesinnung auf die eigene große Tradition und durch offenes Einlassen auf die gesellschaftlich-kulturelle wie religiöse Situation in der Mitte des 20. Jahrhunderts ein erneuertes Profil zu geben und ist gleichzeitig in den letzten Jahrzehnten in einem neuen Sinn zur in allen Kontinenten präsenten Weltkirche geworden. Sie ist in der Ökumenischen Bewegung mit vielen Gesprächen und Initiativen vertreten, wenn sie auch nicht dem Ökumenischen Rat der Kirchen angehört, und ist vielfach im Dialog und in der Zusammenarbeit mit Anhängern anderer Religionen engagiert, nicht zuletzt mit dem Islam.

Man könnte für alle Kontinente zeigen, inwiefern sich in der katholischen Kirche derzeit Licht und Schatten mischen; so gibt es in Lateinamerika zwar eine lebendige Volksreligiosität und insofern eine selbstverständliche Verwurzelung breiter Schichten im Katholizismus, aber gleichzeitig große Schwierigkeiten in der pastoralen Betreuung der Katholiken und im Kontakt mit den intellektuellen Eliten. In Afrika wiederum geht das zahlenmäßige Wachstum der Kirche nicht immer mit der notwendigen Vertiefung des Glaubens Hand in Hand.

Ein genauerer Blick muss hier dem „alten Kontinent" Europa gelten, dessen zahlenmäßiges Gewicht innerhalb der katholischen Kirche zwar schon abgenommen hat und noch weiter abnehmen dürfte, der aber sowohl ein Schatzhaus vielgestaltiger christlicher Tradition wie ein wichtiges Experimentierfeld für die Begegnung zwischen dem Glauben und der modernen Kultur bleibt. In Europa existiert die Kirche am Beginn des 21. Jahrhunderts so gut wie überall unter den Bedingungen des demokratischen Rechtsstaats, der freien Marktwirtschaft und des kulturellen und religiös-weltanschaulichen Pluralismus. Traditionelle katholische Milieus haben sich zum größten Teil bis auf Restbestände aufgelöst, die Menschen entscheiden nach ihren eigenen Kriterien, wann sie welche Angebote der Kirche in Anspruch nehmen. Die im herkömmlichen Sinn „praktizierenden" Katholiken sind fast überall in der Minderheit. Das Christentum ist als kulturell-religiöses Erbe (Bauwerke, Musik, Literatur) vielfältig präsent und wird durchaus auch als ethische Ressource wertgeschätzt. Es gibt auch praktisch nirgendwo starke, dezidiert antichristliche oder antikirchliche Gegenströmungen, die der Kirche das Leben schwer machen würden.

Während die meisten (vor allem weiblichen) Ordensgemeinschaften weiter zusammenschrumpfen, sind neuere und ältere geistliche Bewegungen („Movimenti") vielerorts ein wichtiges Element des kirchlichen Lebens geworden. Die normale Pastoral, die sich auf die Pfarrgemeinde stützt, ist in manchen Ländern in einem tiefgreifenden Umbruch begriffen, nicht zuletzt unter dem Druck des Priestermangels. Die katholische Theologie, die teilweise an staatlichen Fakultäten, teilweise an Hochschulen oder Seminaren in kirchlicher Trägerschaft gelehrt wird, ist im Konzert der Wissenschaften weitgehend ein Randphänomen. Die europäische Vernetzung in der katholischen Kirche lässt noch immer zu wünschen übrig.

Das meiste von dem, was hier genannt wurde, gilt auch für die Kirche in der Bundesrepublik, die allerdings gleichzeitig einige Spezifika aufweist. So ist die Bedeutung der geistlichen Bewegungen für das kirchliche Leben hierzulande nach wie vor vergleichsweise gering; dafür besteht noch ein gut ausgebautes Netzwerk an katholischen Vereinigungen und Verbänden. Sie bilden auch die eine Säule des „Zentralkomitees der deutschen Katholiken", einem europaweit einzigartigen nationalen Organ der Laienrepräsentanz. In praktisch allen deutschen Diözesen wird die Pastoral umstrukturiert; davon wird kirchenoffiziell so etwas wie ein missionarischer Aufbruch und eine stärkere Diversifizierung des kirchlichen Angebots im Interesse des Kontakts zu „Fernstehenden" erwartet. Tatsächlich herrscht jedoch eine tiefe Ratlosigkeit, wie es über durchaus vorhandene punktuelle Bemühungen hinaus gelingen könnte, Glaube und Kirche unter den gegenwärtigen gesellschaftlichen, kulturellen und religiösen Bedingungen anziehender zu machen und entsprechende Bindungen zu stabilisieren oder sogar neu zu schaffen. Im ökumenischen Miteinander der christlichen Kirche ist in den letzten Jahrzehnten viel erreicht worden; gleichzeitig macht sich Unsicherheit darüber breit, wie die nächsten Schritte auf dem gemeinsamen Weg aussehen könnten. In der Gestaltung eines gedeihlichen Verhältnisses zu den Muslimen in Deutschland ist man bisher nur begrenzt vorangekommen, was allerdings in hohem Maß mit Spannungen beziehungsweise Klärungsbedarf innerhalb der durchaus pluralen muslimischen Gemeinschaft zu tun hat.

In dieser oft frustrierenden, auf jeden Fall aber spannenden Situation, in der sich eine neue Sozialform von Kirche höchstens anfanghaft abzeichnet und in Bezug auf die gesellschaftliche Bedeutung von Religion im allgemeinen und Christentum im besonderen sehr vieles offen ist, fehlt es der kirchlichen und kirchennahen Publizistik nicht an Aufgaben und Herausforderungen. Schauen wir dazu zunächst auf die entsprechende publizistische Landschaft, wie sie sich derzeit darstellt.

Da gibt es zum einen die traditionellen Bistumszeitungen, von „Kirche und Leben" in Münster über den „Paulinus" in Trier bis zum „Konradsblatt" in Karlsruhe, der Freiburger Bistumszeitung. Sie haben allesamt einen Schwerpunkt bei Vorgängen und Entwicklungen in der jeweiligen Diözese, berichten aber auch über das kirchliche Leben deutschlandweit und über gesamtkirchliche Ereignisse. In welchem Maß und mit welcher Offenheit sie sich an Diskussionen über strittige Themen beteiligen, hängt vom redaktionellen Konzept beziehungsweise von der Politik ihres jeweiligen bischöflichen Herausgebers ab. Ihr Beitrag zur Meinungsbildung gerade bei engagierten Katholiken ist allerdings insgesamt nicht zu unterschätzen.

Dazu kommt das breite Feld von katholischen „special interest"-Printmedien, die primär auf eine bestimmte Zielgruppe hin orientiert sind. Das können Freunde einer Ordensgemeinschaft oder einer geistlichen Bewegung sein, Mitglieder eines kirchlichen Verbandes (Jugendverbände, Frauenverbände), einzelne Berufs- beziehungsweise Interessengruppen (Religionslehrer, Erwachsenenbildner, Kirchenmusiker, für die Caritas oder für die Entwicklungsarbeit Interessierte). Solche Zeitschriften sind vor allem Foren für einschlägige Fachdiskussionen und leisten so mehr indirekt Beiträge zur innerkirchlichen Meinungsbildung.

Einige publizistische Organe haben von ihrer Erscheinungsweise, ihrer Zielgruppe oder ihrer Ausrichtung her eine Sonderstellung. Als einzige katholische Tageszeitung (allerdings nur drei Mal wöchentlich) erscheint in Würzburg die „Tagespost". Sie ist betont lehramtstreu (vor allem im Sinn des päpstlichen Lehramts) und lässt vorwiegend Katholiken aus dem konservativen Spektrum zu Wort kommen. Es gibt auch eine von der Finanzierung her katholische, in der Herausgeberschaft ökumenische Wochenzeitung, den „Rheinischen Merkur", der mit seinem Namen auf die Anfänge der katholischen Publizistik im frühen 19. Jahrhundert verweist. In einer nicht annähernd so alten Tradition steht das im Zweiwochenrhythmus erscheinende „Publik Forum": Diese „Zeitung kritischer Christen" erschien erstmals 1972 als Reaktion auf die Einstellung der katholischen Wochenzeitung „Publik", der nur drei Jahre vergönnt waren. Sie war ein Produkt des nachkonziliaren Aufbruchs im deutschen Katholizismus, sollte ein unabhängiges und kompetentes katholisches Organ im Konzert der meinungsbildenden Wochenzeitungen sein. Ihre Einstellung wurde vielfach als markantes Symptom einer „Rolle rückwärts" der deutschen Bischöfe nach dem Konzil gedeutet und erregte erhebliches kirchliches und öffentliches Aufsehen.

Als katholische Wochenzeitung fest etabliert ist der „Christ in der Gegenwart" (seit 1948), der sich als Organ eines spirituell sensiblen, ökumenisch orientierten, offenen Katholizismus versteht. Dazu kommen im gleichen Verlag zwei Monatszeitschriften, die wie viele katholische Presseorgane in ganz Europa von Jesuiten herausgegebenen „Stimmen der Zeit" (1866 als „Stimmen aus Maria Laach" gegründet) und eben die „Herder Korrespondenz".

Die HK ist sowohl von ihrer Auflagenhöhe wie von ihrem Informations- und Argumentationsniveau her innerhalb der katholischen Printmedien des deutschen Sprachraums ein ausgesprochenes Nischenprodukt, wenn auch eines mit Tradition. Gleichzeitig wird der Zeitschrift nach wie vor ein beträchtlicher Einfluss und erhebliche Bedeutung für die kirchliche und öffentliche Meinungsbildung bescheinigt. Was kann und soll ein solches Nischenprodukt in der jetzigen Situation der Kirche in ihrem religiösen und gesellschaftlichen Umfeld dann wirklich leisten?

Ein hilfreiches Angebot macht die HK zunächst durch ihren kirchlichen Standort: Sie ist keiner Richtung oder Strömung in der katholischen Kirche ideologisch verpflichtet, weder selbst ernannten „kritischen Katholiken" noch Bewegungen für Papst und Kirche. Sie steht auf dem Boden der durch das Zweite Vatikanischen Konzil nicht neu geschaffenen oder umrissenen, wohl aber in vieler Hinsicht erneuerten katholischen Kirche und lotet auf dieser Grundlage offen und sachgerecht Reformvorhaben und -vorschläge aus. In polemischer Absicht hat man die HK einmal als Hausblatt des „juste milieu" des deutschen Katholizismus bezeichnet. Diesen Schuh zieht sich die Zeitschrift gern an, vorausgesetzt, man assoziiert mit diesem „juste milieu" nicht Denkfaulheit und biedere Behäbigkeit.

Ein weiteres Angebot macht die HK durch den breiten Horizont ihrer Berichterstattung. Sie möchte bewusst kirchlichem Provinzialismus entgegenwirken, indem sie möglichst alle Regionen der katholischen Weltkirche ebenso berücksichtigt (wenn auch oft nur fallweise) wie die gesamte Christenheit mit ihren traditionellen wie neuen Strömungen. Das gilt auch für die freie religiös-spirituelle Szene. Man blickt hierzulande in kirchlichen Kreisen viel zu selten über den Tellerrand hinaus, um sich auf Erfahrungen anderer katholischer Ortskirchen oder anderer christlicher Kirchen und Gemeinschaften neugierig-kritisch einzulassen. Hier kann die HK an der einen oder anderen Stelle unaufdringlich und kompetent Nachhilfe leisten.

Hilfreich für eine breitere kirchliche Meinungsbildung kann auch der Umgang der HK mit der Theologie sein. Sie ist keine theologische Fachzeitschrift im strengen Sinn. Aber sie ist darum bemüht, neue Ansätze theologischen Denkens in möglichst verständlicher Weise auf einem angemessenen Niveau einem größeren, vor allem kirchlichen, Publikum nahe zu bringen und über aktuelle theologische Diskussionen sachkundig zu informieren. Theologie kann nur Anstöße für das Denken und Handeln in der Kirche geben, wenn sie im guten Sinn unters Volk gebracht wird. Theologie meint für die HK übrigens nicht nur deutschsprachige Theologie.

Schließlich möchte die HK auch denen einen hilfreichen Dienst leisten, die außerhalb des katholisch-kirchlichen Betriebs genau, breit und ohne ideologische Voreingenommenheiten darüber Bescheid wissen möchten, was in der großen und deshalb unübersichtlichen katholischen Kirche und ihrem Umfeld vorgeht. Das kann ein evangelischer Oberkirchenrat sein, aber auch ein Journalist in einem säkularen Medium. Natürlich gibt es viele andere Möglichkeiten und Medien, um sich über die katholische Kirche zu informieren. Aber die HK liefert in einer spezifischen Weise Hintergrundwissen und ordnet einzelne Vorgänge in größere Zusammenhänge ein.

Das alles ist keine Garantie für die Zukunft einer solchen Zeitschrift. Es ist zwar gut, dass der Kreis der Leser und Nutzer der HK weit größer ist als der der Abonnenten. Aber die Zeitschrift lebt davon, dass sie sich durch ihre verkaufte Auflage am Markt behaupten kann. Die Chancen dafür stehen nicht schlecht, da nicht zu erwarten ist, dass die Kirche im deutschsprachigen Raum in absehbarer Zeit nur noch aus reflexionsarmer Frömmigkeit, pragmatistischem Weiterwursteln und autoritätsfixierter Engstirnigkeit bestehen wird.

Ulrich Ruh

Mein alter Freund Albert Raffelt hat meinen Weg bei der „Herder Korrespondenz“ von Anfang mit viel Sympathie und kritischer Anteilnahme begleitet: Unsere unterschiedlichen Perspektiven auf das kirchlich-religiöse Leben (hier wissenschaftliche Theologie und bibliothekarische Praxis, dort theologisch vorgebildeter und kirchlich beheimateter Journalismus) haben sich dabei ergänzt und gegenseitig befruchtet. Dafür gilt ihm bei dieser Gelegenheit mein herzlicher Dank.

Unterwegs zu einer neuen Transzendentaltheologie

Karlheinz Ruhstorfer

Der Ausdruck „Transzendentaltheologie“ ist eng verwoben mit dem Denken Karl Rahners. Auf dem Weg zu einer *neuen* Transzendentaltheologie rücken vor allem die zentralen Begriffe „transzendental“ und „kategorial“ in den Blick. Gerade unsere eigentümliche geistesgeschichtliche Situation lässt eine Neufassung dieser Begriffe als angemessen erscheinen. Um diese Neufassung plausibel zu machen, ist es zunächst notwendig, in einem ersten Schritt die Genealogie der rahnerschen Transzendentaltheologie ausgehend von Kant und Heidegger offenzulegen. In einem zweiten Schritt kommen die Impulse aus dem neueren französischen Denken am Beispiel von Derrida und Marion zur Sprache, um schließlich Strukturen einer neuen Transzendentaltheologie anzudeuten.

1. Genealogie der Transzendentaltheologie Rahners

Kant

Das Begriffspaar „transzendental“ und „kategorial“ wurzelt in seiner Polarität bereits in Unterscheidungen mittelalterlicher Philosophie.[1] Die *transcententia* gehören zu den allgemeinsten Bestimmungen wie das Seiende (*ens*) und damit verbunden das Eine, Wahre und Gute. Doch schon nach Johannes Duns Scotus übersteigen die Transzendentalien die kategoriale Begrenzung, da sie „ihm [sc. Gott] nicht zukommen als etwas, was zu einer Gattung bestimmt, sondern als ein gegenüber solchen Bestimmungen Früheres, was folglich übersteigend und außerhalb jeder Gattung ist“[2]. Doch kommt der Begriff „transzendental“ erst in der kantischen Philosophie zu systemkonstituierender Bedeutung.

Unter der Leitfrage „Wie sind synthetische Urtheile a priori möglich?“ macht sich Kant an die *Kritik der reinen Vernunft*[3]. Um der Freiheit willen unterscheidet

1 Art. Transzendental; das Transzendentale; Transzendentalien; Transzendentalphilosophie, in: HWPh 10,1359 und 1365.

2 Johannes Duns Scotus: Ord. I, d. 8, p. 1, q. 3, n. 113. Op. omn., hg. C. Balic [Vat.] (Rom 1950ff.) 4, 206: „conveniunt sibi non ut determinatur ad genus sed ut prius, et per consequens ut est transcenens et est extra omne genus.“

3 I. Kant, Kritik der reinen Vernunft, Akademieausgabe Bd. 3, Berlin 1911. Die weiteren Angaben im Text beziehen sich auf dieses Werk.

er die „Dinge als Gegenstände der Erfahrung von eben denselben als Dinge an sich selbst“ (B XXVII). Die Dinge an sich bleiben notwendigerweise unerkennbar, da nur so die Freiheit des Willens nicht in eine objektive, d.h. an sich seiende Naturkausalität aufgelöst werden kann. „Denn, sind die Erscheinungen Dinge an sich selbst, so ist die Freiheit nicht zu retten“ (B 564). Die Gegenstände der Erfahrung, wie sie dem Subjekt erscheinen, stehen allerdings unter Erkenntnisbedingungen, die jeder Erfahrung vorausliegen und im Subjekt begründet sind. Die Transzendentalphilosophie beschäftigt sich nun mit eben diesen apriorischen Begriffen: „Ich nenne alle Erkenntniß *transcendental*, die sich nicht sowohl mit Gegenständen, sondern mit unserer Erkenntnisßart von Gegenständen, so fern diese a priori möglich sein soll, überhaupt beschäftigt. Ein System solcher Begriffe würde *Transcendental-Philosophie* heißen“ (B 25). Der erste Teil der *Kritik der reinen Vernunft* (transzendentale Ästhetik) stellt nun Raum und Zeit nicht als äußere Realitäten, sondern als solche vorgängigen, inneren Anschauungsformen vor. Der zweite Teil (transzendentale Logik) handelt von den reinen Verstandesbegriffen, die als Urteilsformen bzw. Kategorien entfaltet werden. Anders als im mittelalterlichen Denken und anders als bei Rahner sind für Kant gerade auch die Kategorien transzendentale Begriffe des reinen Verstandes, welche die Erfahrung konstituieren, jedoch ohne a posteriori erfahrenem Inhalt leer bleiben.

In der ersten Abteilung der transzendentalen Logik, der transzendentalen Analytik, werden die Verstandesbegriffe zunächst analysiert und dann abgeleitet. Wegen ihrer zentralen Bedeutung auch für eine neue Transzendentaltheologie ist es angebracht, die Urteile des Verstandes bzw. die Kategorien hier anzugeben. Kant teilt zwölf Urteile bzw. zwölf Kategorien in vier Dreiergruppen:

1. *Qualität der Urteile*: Allgemeine, Besondere, Einzelne;
2. *Qualität*: Bejahende, Verneinende, Unendliche;
3. *Relation*: Kategorische, Hypothetische, Disjunktive;
4. *Modalität*: Problematische, Assertorische, Apodiktische.

Die entsprechende Tafel der Kategorien lautet:

1. *Quantität*: Einheit, Vielheit, Allheit;
2. *Qualität*: Realität, Negation, Limitation;
3. *Relation*: Subsistenz und Inhärenz (Substanz und Akzidens), Kausalität und Dependenz (Ursache und Wirkung), Gemeinschaft (Wechselwirkung zwischen dem Handelnden und Leidenden);
4. *Modalität*: Möglichkeit – Unmöglichkeit, Dasein – Nichtsein, Notwendigkeit – Zufälligkeit.

Diese Kategorien bzw. Urteile sind bei Kant Bedingungen der Möglichkeit von Erfahrung. Anders gewendet dienen sie dazu, die von der transzendentalen Ästhetik, der inneren Anschauung, dargebotene Mannigfaltigkeit des Sinnlichen

(B 102) zu synthetisieren. Sie sind „Funktionen der Einheit unter unseren Vorstellungen“ (B 94). Durch die Synthesis wird überhaupt erst aus der Anschauung eine Erkenntnis (B 103). Es ist die Einbildungskraft, welche die Synthesis erbringt (B 104). Die innere Produktivität des transzendentalen Subjekts konstituiert das Wissen, dessen bloße Materialität durch die Erfahrung gegeben wird. Das oberste Prinzip des Verstandesgebrauchs ist der Grundsatz von der synthetischen Einheit der Apperzeption. Eben weil das „Ich denke“ alle mögliche Erfahrung begleitet, ist die Einheit des Selbstbewusstseins der Grund für die Einheit der Mannigfaltigkeit und ebenso der produktive Grund für alle Erkenntnis.

Die transzendentale Dialektik schließlich, die den dritten Hauptteil der *Kritik der reinen Vernunft* darstellt, wendet sich den obersten Prinzipien der Erkenntnis zu, die Kant als die drei transzendentalen *Ideen* Gott, Welt und Seele angibt (B 391f.). Sie sind der Gegenstand der *Vernunft*, die als das Vermögen der Prinzipien eingeführt wird (B 356). Die Begriffe der reinen Vernunft (*transzendentale Ideen*) haben mit der unbedingten synthetischen Einheit aller Bedingungen überhaupt zu tun und sind damit die Bedingung der Möglichkeit sowohl der sinnlichen Erscheinungen als auch der Verstandeserkenntnis. Die Seele bedingt die „Einheit des denkenden Subjekts“, die Welt die „Einheit der Reihe der Bedingungen der Erscheinung“ und Gott die „Einheit der Bedingungen aller Gegenstände des Denkens überhaupt“ (B 391). Da die transzendentalen Ideen aber niemals Gegenstand der Erfahrung sind, können sie in der *Kritik der reinen Vernunft* auch nicht Gegenstand des Wissens sein, sondern sie bleiben Sache des Vernunftglaubens (B XXX). Doch ist dies für Kant gerade kein Mangel, da „die letzte Absicht der weislich uns versorgenden Natur, bei der Einrichtung unserer Vernunft eigentlich nur aufs Moralische gestellt“ ist (B 829). Entscheidend ist nämlich nur, *„was zu tun sei,* wenn der Wille frei, wenn ein Gott und eine künftige Welt ist“ (B 828).

Heidegger

Eine epochal andere Verwendung der Begriffe „transzendental“ und „kategorial“ findet sich nun in der Theologie Karl Rahners. Diese wird erst möglich auf der Basis der Philosophie Martin Heideggers, genau genommen des Heidegger von *Sein und Zeit*[4], dessen Ziel eine fundamentalontologische Grundlegung der Philosophie war. In einer Tradition, in der Johannes Duns Scotus, über den Heidegger seine Habilitationsschrift verfasst hat, wie bereits erwähnt eine Rolle spielt, stellt Heidegger die Frage nach der allgemeinsten „Transzendentalie“, nämlich nach dem Sein, radikal neu. Das Sein allerdings, das nun im Horizont der Zeit und damit auch der Welt erfragt werden soll (1 u. 52), erscheint überhaupt erst im Kontext einer modernen, d. h. nachmetaphysischen Welterfahrung (6). Heidegger bestimmt das Sein, in der Unterscheidung vom Seienden, mit dem es jedoch niemals

4 M. Heidegger, Sein und Zeit, Tübingen 1967. Die weiteren Angaben im Text beziehen sich auf dieses Werk.

identisch ist. „Das Sein des Seienden ‚ist' nicht selbst ein Seiendes" (6). Es gilt Heidegger als etwas Vergessenes (2), das es erneut ans Licht zu bringen gilt. Nicht nur stellen sich die positiven Wissenschaften, welche Ontisches zum Gegenstand haben, nicht die Frage nach dem Sein, vielmehr haben auch die bisherige Wissenschaft vom Seienden als Seienden, die Ontologie, die Frage nach dem Sein des Seienden unerörtert gelassen (11). Entsprechend zielt nun die neuartige Seinsfrage auf eine „apriorische Bedingung der Möglichkeit nicht nur der Wissenschaften, die Seiendes als so und so Seiendes durchforschen, und sich dabei je schon in einem Seinsverständnis bewegen, sondern auf die Bedingung der Möglichkeit der vor den ontischen Wissenschaften liegenden und die fundierenden Ontologien selbst" (11). Auch wenn Heidegger in diesem Kontext den Begriff „transzendental" nicht verwendet, so erhellt das Zitat doch, dass es hier in gewisser Analogie zu Kants Transzendentalphilosophie ebenfalls um Möglichkeitsbedingung geht. Doch betrifft die Vorgängigkeit des Apriori bei Heidegger auch noch alle bisherigen Ontologien, und das heißt alle bisherige Vernunftwissenschaft, auch die kantische. Heidegger betrachtet sein neuartiges Prinzip, das Sein, als die Bedingung der Möglichkeit der Ideen, wie Kant sie verhandelt, aber auch des Gottesbegriffs, wie er in der spekulativen Theologie entfaltet wurde (vgl. 10). Hier macht sich jene tektonische Verschiebung des frühen 19. Jahrhunderts geltend, die mit den Namen Schopenhauer, Feuerbach und Kierkegaard verbunden ist, und die sich dadurch auszeichnet, dass als oberstes Prinzip nicht mehr die *Idee* Gottes angesehen wird, wie noch bei Kant, sondern die *Erfahrung* des sinnlichen Menschen in seiner Weltlichkeit. Und so richtet sich auch das Augenmerk Heideggers auf den *Menschen* und zwar als „Dasein". Dieses zeichnet sich dadurch aus, dass es ihm „in seinem Sein *um* dieses Sein selbst geht" (12). Das „Dasein" kommt nicht nur unter anderem Seienden vor, sondern es ist in seinem Sein durch sein Sein selbst erschlossen. In einer gewissen Kontinuität zu Kierkegaard nennt Heidegger das Sein, zu dem sich das Dasein so oder so verhalten kann, *„Existenz"*. Die *Existenz* des Menschen geht im Horizont der Moderne aller *Essenz* und das heißt aller spekulativen Wesensbestimmung voraus. Die Existenz bezeichnet die Möglichkeit eines Daseins, es selbst sein zu können. Dabei ist die Frage der Existenz eine *ontische* „Angelegenheit" des Daseins, die im konkreten gelebten Selbstvollzug des Menschen entschieden wird. Die *existentielle* Dimension kann nur durch die konkrete weltliche Existenz selbst ins Reine gebracht werden. Erst die ausdrückliche Reflexion auf die *ontologische Struktur* der Existenz führt zur *Existentialität* oder zum *existentialen* Verstehen des Menschen (12). Die existentiale Analytik des Daseins fragt nach der *Bedingung der Möglichkeit* von menschlicher Existenz und ist mithin eine *transzendentale* Wissenschaft. Diese Wissenschaft, die „Fundamentalontologie", ist nach Heidegger schließlich in der Lage, die Frage nach dem Sinn von Sein zu beantworten. Dabei ist noch einmal festzuhalten, dass zum fraglichen Dasein wesentlich die Weltlichkeit und Zeitlichkeit gehört. Das Sein ist wesentlich Sein in einer Welt (13 u. 52–62) und erscheint, wie der Buchtitel *Sein und Zeit* andeutet, erst im Horizont der Zeit. Um die hier angestrebte Seinsfrage überhaupt angemessen stellen zu können, muss nach Heidegger die Geschichte der Ontologie destruiert werden. Dadurch sollen die „ursprünglichen Erfahrungen" der frühen Denker unserer Geschichte wieder freigelegt werden. Dies ist der Grund, warum Heidegger von der „Wiederholung" der Seinsfrage in eigentümlichem Doppelsinn von *wieder holen* und *wiederholen* spricht (26). Das im Begriff der Destruktion enthaltene negierende Moment bezieht sich nicht auf die Geschichte als solche, nicht auf die Vergangenheit, sondern das „Heute" und die herrschende Behandlungsart der Ontologie. Bereits hier sei auf die fundamentale Bedeutung der *Negation* im Horizont der Moderne verwiesen, die aber nach Heidegger nicht die Geschichte des spekulativen Denkens als solches betrifft, wiewohl diese auch stets mit gemeint ist, sondern die auf eine Krise in der zeitgenössischen Welt bezogen ist. Durch die moderne Negation soll eine besondere Entzugserfahrung durch eine Revolution der Denkungsart bzw. der realen Verhältnisse überwunden werden. Was aber ist nun der Kritikpunkt Heideggers am Denken der traditionellen Ontologie?

Hier mag der Verweis auf die platonische Grundunterscheidung von *nooúmenon* und *phainómenon* weiterhelfen.[5] Alle *spekulative* Theologie und Philosophie denkt letztlich das Seiende als Idee oder Begriff (*lógos*). Beginnend mit der Fassung dessen, was bei Parmenides als vollendetes und deshalb auch unwandelbar Seiendes eingeführt, in der platonischen Ideenlehre ausdifferenziert und mit der phänomenalen Welt vermittelt wird, was in der aristotelischen Theologie als höchstes Anwesen (*ousía*), das unbewegte Bewegende, begriffen und als Prinzip auch der untergeordneten Wissenschaften aufgewiesen wird, über den christlichen Platonismus eines Augustinus und den christlichen Aristotelismus eines Thomas von Aquin bis hin zu den transzendentalen Ideen Kants und der idealistischen Philosophie Hegels, stets ist das oberste Prinzip das ewige Sein Gottes in seiner Vollendung. Dabei ist die letztlich göttliche noumenale Welt das Urbild und die phänomenale Welt das Abbild. Gerade diese onto-theo-logische Verfassung der Metaphysik wird seit Schopenhauer, Feuerbach und Kierkegaard abgestoßen. Zeit und Welt werden in ihrer Urspünglichkeit und Fragilität erfahren und der anfänglichen Vollendetheit Gottes entgegengesetzt. Die wirkliche Welt menschlicher Erfahrung ist der idealen Welt des Guten, Wahren und Schönen vorgeordnet und wird somit zum Urbild für die nunmehr rein menschlichen Ideen. Entsprechend dieser Wende zum *phainómenon* führt Heidegger unmittelbar nach dem Paragraphen über die Destruktion der Geschichte der Ontologie die *phänomenologische* Methode der Untersuchung ein (27–39).[6] Der noumenalen Welt wird die phänomenale vorgeordnet. Die *Phänomenologie* wird hier zu Leitwissenschaft und

5 Siehe z. B. Platon, Timaios 27c–29d.

6 Nebenbei bemerkt gilt die Vorordnung des Phänomens vor die Idee auch in der Phänomenologie von Heideggers Lehrer Husserl. Husserl fasst die anthropologisch gewendete Idee selbst als Phänomen oder als Sache selbst auf. Die husserlsche Idee ist aber keineswegs der göttliche Grund für die Dinge der Außenwelt, wie dies im Platonismus der Metaphysik der Fall ist. Siehe E. Husserl, Ideen zu einer reinen Phänomenologie, Hamburg 1992, 47ff. So schließt die Phänomenologie Husserls auch die Betrachtung Gottes aus, ebd. 99–110.

tritt an die Stelle der vormaligen *Ersten Philosophie* oder *Theologie*. Die Erscheinung muss ursprünglicher erfahren und ursprünglicher befragt werden, als dies im Horizont spekulativer Vernunftwissenschaft geschah. Während Heidegger dieses Modell einer neuen Grundlegung der Ontologie schließlich ablegt, um das Sein zunächst gegen die metaphysische Tradition und schließlich ohne Rücksicht auf sie zu denken, bleibt Karl Rahner stets dem Stufenmodell der Fundamentalontologie verbunden.[7]

Rahner

Der Begriff „tranzendental" erlangt für Rahner bereits vor seiner Begegnung mit Heidegger prinzipielle Bedeutung, stellt er sich doch nach Albert Raffelt und Hansjürgen Verweyen schon unter dem Einfluss von Joseph Maréchal, der um eine Vermittlung zwischen Thomas von Aquin und Immanuel Kant bemüht war, auf den „Boden der Transzendentalphilosophie"[8]. Doch bleibt diese Denkphase Rahners noch im metaphysischen Rahmen. Dieser wird erst durch die Begegnung mit der Modernität Heideggers definitiv gesprengt und auf die Weltlichkeit des Menschen hin geöffnet. In der Begegnung mit Heidegger verliert die „Transzendentalität" für Rahner ihre kantisch-spekulative Idealität und wird *existential*. Von ihm übernimmt er die „transzendentale Analytik des konkreten Menschen, des Daseins, eine Analytik, die als Grundlage einer Ontologie dient, d. h. die zum Ziel hat, eine treffende Untersuchung des Seins zu ermöglichen". „In-der-Welt-sein, In-der-Zeit-sein, Endlichkeit" werden auch für Rahner die entscheidenden Koordinaten seiner transzendentalen Anthropologie. Allerdings mit der entscheidenden Differenz, dass für ihn der letzte Horizont nicht das „Nichts", sondern das Sein Gottes ist.[9] Heideggers Konzentration auf die Existenz des Menschen wird für Rahner zur Vorbereitung auf das Evangelium: „Den Menschen von der reinen Idee zu lösen und ihn in seine eigene Existenz und die Geschichte zu werfen, wie Heidegger dies tut, hieße dann, ihn im Grunde vorzubereiten und im Voraus aufmerksam zu machen auf die – historische und existentielle – Tatsache einer göttlichen Offenbarung"[10]. *Geist in Welt* ist das erste große theologisch-philosophische Werk Rahners, das die „scholastisch-katholische Tradition" in ein „lebendiges Gespräch mit der modernen Philosophie" bringen will.[11] Dass Rahner selbst dieses Gespräch ein Leben lang geführt hat, beweist der späte *Grundkurs des Glaubens*[12]. Dabei zeigt der *Grundkurs* gerade auch, dass und wie sich bestimmte philosophisch-theologische Konstanten im Werk Rahners durchgehalten haben.

7 J. Wohlmuth und J.-L. Marion, *Ruf und Gabe*. Zum Verhältnis von Phänomenologie und Theologie, Bonn 2000, 38.
8 A. Raffelt und H. Verweyen, Karl Rahner, München 1997, 27.
9 K. Rahner, Sämtliche Werke, Bd. 2: Geist in Welt. Bearbeitet von A. Raffelt, Solothurn – Düsseldorf 1996, 344f.
10 Rahner (wie Anm. 9) 354.
11 Rahner (wie Anm. 9) 431.
12 Freiburg 1976. Auf dieses Werk beziehen sich die weiteren Angaben im Text.

Rahner betont, dass der Menschen das „Ereignis der absoluten Selbstmitteilung Gottes" sei (132). Dies ist die rahnersche Übersetzung der heideggerschen Bestimmung des Menschen als dasjenige Seiende, dem es in seinem Sein um das Sein selbst geht, als Dasein. In Heideggers Begrifflichkeit (Ereignis!) erläutert Rahner, dass dies „kein kategorialer und ontischer, sondern ein ontologischer Satz [sei], der das Subjekt als solches und darum in der Tiefe seiner Subjektivität – also die Tiefe seiner transzendentalen Erfahrung – ins Wort" bringe. Dieser Gedanke basiert auf Heideggers „ontologischer Differenz" zwischen Sein und Seiendem, Ontologischem und Ontischem, Existentialem und Existentiellem oder mit Rahner gesprochen *Transzendentalem* und *Kategorialem*. Der Mensch als solcher lebt stets und unvermeidlich im „Vorgriff auf das Sein" (44). Genau dies ist gemeint, wenn Rahner im Menschen ein „übernatürliches Existential" annimmt (133). Die Struktur menschlicher Erkenntnis und mehr noch die Struktur des Daseins lässt den Menschen, jeden Menschen, a priori auf Gott ausgerichtet sein. Auf diesem Boden kann Rahner schließlich eine allgemeine *transzendentale* und eine *kategorial*-besondere Offenbarungsgeschichte unterscheiden. Während die erste a priori mit dem Menschsein als solchem gegeben ist, ereignet sich die zweite a posteriori und ist mithin kontingente Selbstauslegung der ersten (157f.). In der ontisch-existentiellen Dimension der Erfahrungswelt begegnet die Selbstmitteilung Gottes in der Person Jesu Christi bzw. in den Offenbarungsschriften des Alten und Neuen Testaments. Zwar öffnet sich Rahner an diesem Punkt der Möglichkeit einer Offenbarungsgeschichte auch außerhalb des biblischen Raums (160), doch bleibt letztlich Christus das Kriterium der Unterscheidung, da hier die transzendentale Erfahrung in einer unüberbietbaren Weise kategoriale Wirklichkeit geworden ist. Anders ausgedrückt, die Selbstmitteilung Gottes im Menschen findet hier ihren unüberbietbaren Höhepunkt (161 und 206ff.).

2. Herausforderung durch das neuere Denken

Ein entscheidender Impuls für eine Neufassung der Transzendentaltheologie geht von der neueren französischen Philosophie aus, die sich auf der Basis husserlscher und heideggerscher Vorgaben entwickelt hat. Vor allem zwei Positionen rücken hierbei in den Blick: Jacques Derrida und Jean-Luc Marion. Die Neuheit der häufig unter dem Titel „Postmoderne" verhandelten Philosophie kann sehr anschaulich mit einem Kernbegriff Derridas veranschaulicht werden: *chôra*. Doch zunächst ist noch einmal an die bereits erwähnte platonische Unterscheidung zwischen *nooúmenon* und *phainómenon* zu erinnern. Platons Schrift *Timaios*, die das Entstehen der Welt thematisiert, beginnt mit einem Gebet, um sich des Beistandes des Gottes zu versichern.[13] Sogleich stellt Platon die erste und grundlegende Unterscheidung vor: diejenige zwischen dem „fortwährend Seienden", das kein Entstehen

13 Platon, Timaios 27c,d. Die weiteren Angaben beziehen sich auf diesen Text.

hat (*génesis*), und dem „fortwährend Werdenden“ (*gignómenon*), aber „nimmerdar Seienden“. Das eine ist der *nóêsis* zugänglich, das andere der vorlogischen *aísthêsis* (27d,e). Das eine ist unwandelbare Wahrheit (*alêtheia*) und Urbild (*parádeigma*), das andere Sache der Auffassung (*dóxa*) und Abbild (*eíkôn*). Wenig später führt Platon neben den *nooúmena* und *phainómena* nun eine „dritte Gattung“ ein (48e). Sie ist durch das Vermögen (*dýnamis*) ausgezeichnet, alles Werdende in sich aufzunehmen. Diese reine Abstraktion von jeder konkreten Form, kann nur in einem gewissen „Bastarddenken“, einem „unehelichen/unreinen Begreifen“ (*logismós nóthos*) erfasst werden (52b). Da sie keine intelligible Form hat, kann die Vernunft diese dritte Gattung im eigentlichen Sinn überhaupt nicht begreifen, und da sie keine sinnliche Gestalt hat, ist sie auch der sinnlichen Wahrnehmung und einer entsprechenden Auffassung (*dóxa*) des Sinnlichen entzogen. Dennoch muss nach Platon dieses dritte Prinzip neben und zwischen dem Seienden und dem Werdenden als „Raum“, „(Leer-)Stelle“ (*chôra*) notwendigerweise angenommen werden (52d). Doch bleibt die *chôra* auch als notwendige unwahrscheinlich und fremd, jenseits von *alêtheia* und *dóxa* – ein *parádoxon*.

Jacques Derrida

Angesichts dieser Unterscheidung eröffnet sich nun neben der Metaphysik (von Parmenides bis Schelling), die stets den Primat der Idee oder des *nooúmenon* denkt und in je eigener Weise stets Gott, das oberste, rein intelligible Seiende, als den Ort der Wahrheit (*alêtheia*) annimmt, und neben der Moderne (von Schopenhauer bis Heidegger), die von der Auffassung (*dóxa*) des sinnlichen *phainómenon* ausgeht, eine dritte Dimension des Denkens, die weder von der Idee noch vom Phänomen und zugleich sowohl von der Idee als auch vom Phänomen ausgeht. Diese Sphäre denkt *paradoxisch*. Ihr quasi-prinizipielles Prinzip nennt Jacques Derrida *chôra*.

„Chôra kommt zu uns, und zwar als der Name. Und wenn ein Name kommt, sagt er gleich mehr als der Name, sagt er das Andere des Namens und das Andere schlechthin, dessen Hereinbrechen er rechtens verkündet.“[14] Die *chôra* bezeichnet also das in der herkömmlichen Ordnung der Dinge ausgeschlossene, das sich nicht in die herrschenden Strukturen einfügt, das Fremde und *Paradoxe*.[15] Dieses ist singulär, es sperrt sich gegen jede Verallgemeinerung und kann folglich nur mit dem Namen bezeichnet werden. Hier kommt ein Drittes, jenseits der Alternativen „sinnlich“ und „intelligibel“, ins Spiel. Die *chôra* ist neben der Ur-Spur (archi-trace), der Ur-Schrift (archi-écriture) usw. ein Element in der Kette von „nicht synonymen Substituten“ für die „différance“. Die différance wiederum wird ihrerseits als ein (Nicht-)Substitut für den metaphysischen Begriff Gottes, als Anfang (*archê*) oder als Prinzip eingeführt.[16]

14 J. Derrida, Chôra, in: Ders., Über den Namen. Drei Essays, Wien 1993, 125–170, 125.
15 Derrida (wie Anm. 14) 125f. und 151.
16 Vgl. J. Derrida, „Die différance“, in: Ders., Randgänge der Philosophie, Wien 1988, 31–56.

Für das weitere Verständnis der *chôra* und der différance ist entscheidend, dass Derrida dieses Dritte mit Verweis auf Fernand de Saussure auch als „Zeichen" oder „Signifikant" bestimmen kann. Schon im Stukturalismus, der auf den Einsichten Saussures aufruht, wird der Primat der weltlichen Welt und deren Zeitlichkeit aufgegeben.[17] Nach dem Signifikat (Idee) und nach dem Referenten (Sache) bekommen nun die Strukturen, die Zeichen und eben die Signifikanten quasi-prinzipiellen Charakter. Das Zeichen, besonders aber das geschriebene Zeichen, der Buchstabe, die Schrift, birgt sowohl das Moment der Sichtbarkeit als auch der Einsehbarkeit. Die Schrift ist gleichermaßen materiell und intellektuell und damit lässt sie an den Zwischenraum (*chôra*) denken, von dem Platon gesprochen hat. Zwischen dem geistigen Signifikat und dem sinnlichen Referenten öffnet sich das Spiel der Signifikanten: „Es gibt kein Signifikat, das dem Spiel aufeinander verweisender Signifikanten entkäme [...]. Die Heraufkunft der Schrift ist die Heraufkunft des Spiels."[18]

Durch die *chôra* wird auch die bisherige Logik des Nicht-Widerspruchs, die der Binarität des Ja oder Nein folgt, unterlaufen.[19] Die *chôra* ist wie „die Schrift" weder sinnlich noch intelligibel und zugleich sowohl sinnlich als auch intelligibel. Eben weil bisherige Polaritäten unterlaufen werden, kann sich Derrida von der Heideggerschen „Destruktion" der Metaphysik abwenden, ohne sich ihr in neuer Weise negativ oder affirmativ zuzuwenden. Sein Verhältnis zur philosophischen Tradition im Ganzen wird geprägt von einem dritten Zugang, jenseits von Affirmation und Negation, den Derrida „Dekonstruktion" nennt. Die Dekonstruktion hat ihr Prinzip im Zwischenraum bzw. in der Differenz, und sie zielt auf eine Öffnung, eine Öffnung auf den Anderen hin.

Die Dekonstruktion erstreckt sich aber auch auf die Möglichkeit eines *reinen* Apriori, sei es im Sinne der Vernunftideen Kants, sei es im Sinne der existentialen Ausrichtung auf das Sein.

Der Ausgangspunkt Derridas ist die Phänomenologie Husserls. Schon früh kritisiert Derrida die Möglichkeit transzendentaler Reduktion, d. h. die Möglichkeit einer von jeder Materialität und jeder Verzeitlichung befreiten Gegenwart bei den Sachen selbst. Auch wenn schon bei Husserl und Heidegger die transzendentale Schau der Sachen selbst bzw. die Erfahrung des Seins niemals im Sinne einer zeitlosen Ewigkeit, sondern im Horizont der Zeit aufgefasst wird, bleibt doch die Ausrichtung auf eine als Anwesenheit erfahrene Gegenwart der Sachen bzw. des Seins selbst bestehen. Derrida nun bestreitet die ursprüngliche Anwesenheit. Sache und Sein haben lediglich eine Spur hinterlassen, ohne jemals gegenwärtig ge-

17 Siehe J. Derrida, Die Struktur, das Zeichen und das Spiel im Diskurs der Wissenschaft von den Menschen, in: Ders., Die Schrift und die Differenz, Frankfurt a. M. 1976, 422–450, bes. 425. Vgl. M. Foucault, Die Ordnung der Dinge. Eine Archäologie der Humanwissenschaften, Frankfurt a. M. 1974, 447–462.

18 J. Derrida, Grammatologie, Frankfurt a. M. 1974, 17. Zum Verschwinden des Referenten und zum Primat der Zeichen, Symbole und der medialen Simulation siehe J. Baudrillard, *Der symbolische Tausch und der Tod*, München 1991.

19 Derrida (wie Anm. 14) 125. Die weiteren Angaben beziehen sich auf diesen Text.

wesen zu sein. Dabei spielt die Zeichentheorie eine entscheidende Rolle: „Das Zeichen setzt sich an die Stelle der Sache selbst, wobei ‚Sache' hier sowohl für die Bedeutung [Signifikat] als auch für den Referenten steht. Das Zeichen stellt das Gegenwärtige in seiner Abwesenheit dar. Es nimmt dessen Stelle ein" (37). An die Stelle des Signifikats (*nooúmenon*) und des Referenten (*phaínomenon*) tritt das Zeichen, das aber wegen der von Saussure bereits festgestellten *„Arbitrarität der Zeichen"* und des entsprechenden *„differentiellen Charakters"* (39) seine Bedeutung erst durch andere Zeichen erhält. Jedes Zeichen wird durch weitere Zeichen bestimmt. Dadurch verschiebt sich jedoch die Bestimmung immer weiter in die Zukunft. Der differentielle Charakter der Zeichen führt zum fortwährenden *Differieren* im Sinne von Unterscheiden und Aufschieben (39). So bezeichnet „différance" sowohl die Derrida'sche Übersetzung der ontologischen Differenz zwischen Sein und Seiendem, Existentialem und Existentiellem, Transzendentalem und Kategorialem als auch den Aufschub der Anwesenheit, der sich aus der Spur ergibt, welche die Sache selbst hinterlassen hat, ohne je anwesend gewesen zu sein: „[D]as Anwesende wird zum Zeichen des Zeichens, zur Spur der Spur. Es ist nicht mehr das, worauf jede Verweisung in letzter Instanz verweist. Es wird zu einer Funktion in einer verallgemeinerten Verweisungsstruktur. Es ist die Spur und die Spur des Erlöschens der Spur" (53).[20]

Für den frühen Derrida hat die différance bzw. die *chôra* selbst einen quasi-transzendentalen Charakter, insofern sie den Raum eröffnet, in dem die verstandene Philosophie ihr System und ihre Geschichte produziert (35). Damit erscheint sie als die Bedingung der Möglichkeit der Onto-Theologie. Alwin Letzkus nennt die „Differenz [...] das Transzendentale schlechthin".[21] Sie ist es, die jedem Prinzip, jedem Zentrum, jeder Begründung, Essenz, Existenz, Transzendentalität, jedem Bewusstsein, Gott, Mensch vorausgeht. Damit aber wäre die *chôra* die Transzendentalität der Transzendentalität. Das Apriori jedes Apriori.

In verschiedener Weise wird für den späten Derrida die Religion zum Thema.[22] Dabei stellt er sich der Frage, ob die *chôra* als *Offenbarkeit* (die Möglichkeit des Offenbarens) ursprünglicher als jede konkrete Offenbarung und folglich von aller Religion unabhängig ist[23] oder aber ob die *chôra* aus einer vorgängigen griechisch-jüdisch-christlichen Offenbarung stammt?[24] Doch gerade die Unentscheidbar-

20 Hier mit explizitem Bezug auf die ontologische Differenz und die Spur, die nach Heidegger das Sein in der Seinsvergessenheit hinterlassen hat.

21 A. Letzkus, Dekonstruktion und ethische Passion. Denken des Anderen nach Jacques Derrida und Emmanuel Levinas, München 2002, 92.

22 So z. B.: J. Derrida, Wie nicht sprechen. Verneinungen, Wien 1989; Glaube und Wissen. Die beiden Quellen der „Religion" an den Grenzen der bloßen Vernunft, in: ders. u. G. Vattimo (Hgg.), Die Religion, Frankfurt a. M. 2001, 9–106.

23 Derrida, Vattimo (wie Anm. 22) 29f.

24 On the gift: A Discussion between Jacques Derrida and Jean-Luc Marion, in: J.D. Caputo, M.J. Scanlon, God, the Gift, and Postmodernism, Bloomington 1999, 54–78, 73: „Perhaps it is through *Offenbarung* that *Offenbarkeit* becomes thinkable, historically. That is why I am constantly really hesitating. That is part of – what can I call this here? – let us say, my cross".

keit dieser Frage,[25] ihre Aporie, bezeichnet Derrida als sein „Kreuz".[26] So bleibt für Derrida zumindest offen, ob die jüdisch-griechisch-christliche Tradition mit ihren Offenbarungsvorgaben nicht ihrerseits für die Geschichte abendländischen Denkens bis hin zur Postmoderne das Apriori schlechthin ist. In jedem Fall aber resultiert schon die Differenz zwischen Offenbarung und Offenbarkeit aus der abendländischen Geschichte.[27] Nicht zuletzt weil Derrida auch die Differenz zwischen Logos und Mythos,[28] Philosophie und Offenbarung, Wissen und Glauben dekonstruiert, geraten wir in die Nähe des Gedankens, dass die *Schrift*, näherhin die *Heilige Schrift* als Bedingung der Möglichkeit für das abendländische Denken angesehen werden kann.

Es wäre nun anzunehmen, dass eine neue Transzendentaltheologie nach dem idealen *nooúmenon* und der spekulativen Wahrheit, nach dem weltlichen *phainómenon* und der durch sie hervorgerufenen *dóxa* nun die *chôra* als reines *parádoxon* zum Ausgangspunkt der Überlegungen wählt. Und in der Tat gibt es eine entsprechende dekonstruktive Theologie.[29] Doch ist zu bemerken, dass das postmoderne Denken seinerseits an eine Grenze gekommen ist.[30] Zwei Indizien sollen diese These belegen:

Die entscheidende Frage unserer Tage gilt nicht mehr *nur* der Offenheit und dem Anderen, sondern *auch* der Verbindlichkeit und Einheit. Für die Menschen in der globalisierten Medienwelt wird neben der bleibenden Gefahr der totalen Normierung mithilfe von medizinisch-biologischen, sozial-ökonomischen, medial-technologischen Dauer-Evaluationen auch die um sich greifende Orientierungs- und Maßlosigkeit zum Problem. Welches Maß verbindet die Menschen? Welcher *êthos* gewährt den Einzelnen und der Gemeinschaft Halt und Aufenthalt? Welche Dauer findet sich in der radikalen Beschleunigung aller Abläufe? Traditionalismen und Fundamentalismen profitieren von der Sehnsucht nach Maß, *êthos* und Dauer. Doch ist der Versuch, den Glauben und das Wissen einer vergangenen Welt gegen die Zeit festzuhalten, nicht nur zum Scheitern verurteilt,[31] sondern

25 On the gift (wie Anm. 24) 73: „I do not know, if this structure [the *khora*] is really prior to what comes under the name of revealed religion or even of philosophy, or whether it is through philosophy or the revealed religions, the religions of the book, or any other experience of revelation, that retrospectively we think what I try to think."

26 On the gift (wie Anm. 24) 73.

27 On the gift (wie Anm. 24) 73: „The discourse of *Offenbarung* and *Offenbarkeit* [...] implies the historicity of Dasein, of man and God, the historicity of revelation, historicity in the Christian or European sense.

28 Siehe dazu Derrida (wie Anm. 14) 126, 134, 151.

29 K. Hart, *The Trespass of the Sign*. Deconstruction, Theology and Philosophy, Cambridge 1989; J. Caputo, *The Prayers and Tears of Jacques Derrida*. Religion without Religion, Bloomington 1997, ders., The Weakness of God, Bloomington 2006; J. Valentin, *Atheismus in der Spur Gottes?* Theologie nach Jacques Derrida, Mainz 1997.

30 Deutlich in: C.-A. Scheier, Nur noch die Spur der Spur? Vom schwierigen Verhältnis des modernen Denkens zur theologischen Tradition, in: Braunschweiger Beiträge für Theorie und Praxis 96-2 (2001) 45–49; H. Boeder, Installationen der Submoderne. Zur Tektonik der heutigen Philosophie, Würzburg 2006.

31 Dazu Scheier (wie Anm. 27) 49: „Wenn darum das religiöse Denken des kommenden Jahrhun-

er wird seinerseits zur Quelle von Gewalt, Unrecht und Unfreiheit. Die Antwort auf die Frage unserer Tage kann also nur in Richtung einer *differenzierten* Einheit und einer *vermittelten* Verbindlichkeit, die nicht hinter die Einsichten der paradoxischen Vernunft etwa eines Derrida zurückfallen, gehen.

Als zweites Indiz mag ein innerer Trieb der späten Postmoderne gelten: Derrida verweist immer wieder auf die möglichen Quellen nicht nur der Religion, sondern auch der Dekonstruktion: Das Griechische und das Jüdische.[32] Dabei kommt auch immer wieder das Christliche zur Sprache.[33] Dennoch findet Derrida niemals zur eindeutigen Anerkennung einer konkreten Schrift als der *Heiligen* Schrift, welche die Möglichkeitsbedingung derjenigen Geschichte, die unsere Gegenwart prägt, wäre. Der italienische Philosoph Gianni Vattimo kritisiert genau diesen Zug derridaschen Denkens, niemals *einen* Moment der Stiftung einer herausragenden *Verbindlichkeit* zu finden,[34] und hält dagegen, dass in der *kénôsis* Gottes und in der diese bezeugenden Heiligen Schrift die entscheidende Bedingung der Möglichkeit unserer Geschichte zu finden sei.[35] Für Vattimo konkretisiert sich die bei Derrida bloß einräumende *chôra* zur Einräumung des Anderen in Gott selbst. Mit Paulus gesprochen ist es gerade die Schwäche, in der sich die göttliche Stärke zeigt. Dieses schwache Denken (pensiere debole) identifiziert Vattimo mit dem Denken der Postmoderne. Fest steht: Die späte Postmoderne drängt zur Religion.[36]

Jean-Luc Marion

An der Grenze der Postmodernität findet sich die Phänomenologie Jean-Luc Marions. In der Tradition von Husserl und Heidegger, Levinas und Derrida konstatiert Marion mit einer parodoxalen Wendung, dass Gott gegen die Metaphysik ohne Rücksicht auf das Sein zu denken sei und folglich auch als Gott gedacht werden müsse, der nicht Gott *ist*: *Dieu sans l'être*. Eindeutig tritt hier *Gott* an die Stelle des mit Heidegger gedachten Seins. Die Gegebenheit (donation) Gottes wird für

derts sich abermals die Gestalt einer Theologie geben sollte, dann wird dies, wenn es glückt, keine Restauration sein, denn dies Denken hat die Erfahrung seiner unhintergehbaren Moderne gemacht. Sie könnte aber eine Theologie derart sein, dass die Erinnerung in die gewesene Theologie nicht nur die an ein unter ganz anderen, längst vergangenen Weltzuständen einmal Geglaubtes und um jeden Preis – um den Preis der Kierkegaardschen Verzweiflung – Festzuhaltendes, sondern die Erinnerung an die von der Herkunft der Moderne als von der Metaphysik erbrachte und von der Moderne selbst ex negativo bewährte *Gewissheit des schon Getanen* ist."

32 Derrida, Vattimo (wie Anm. 22) passim und ders. Metaphysik und Gewalt. Essay über das Denken von Emmanuel Levinas, in: Ders., Die Schrift und die Differenz (wie Anm. 18), 121–235, bes. 121 und 235.

33 Bes. in: Derrida, Wie nicht sprechen. Verneinungen, Wien 1989.

34 G. Vattimo, Glauben – Philosophieren, Stuttgart 1997, 95.

35 Siehe auch G. Vattimo, Die Spur der Spur, in: Derrida, Vattimo (wie Anm. 22) 107–124 und G. Vattimo, *Jenseits des Christentums*. Gibt es eine Welt ohne Gott? München 2004.

36 Hier ist auf Emmanuel Levinas, Paul Ricoeur, Michel Henry, Jean-Luc Marion zu verweisen. Kritisch dazu D. Janicaud, Le tournant théologique de la phénoménologie française, Paris, 1992. Siehe auch J. Greisch, Le buisson ardant, *et les lumières de la raison*. L'invention de la philosophie de la religion, 3 Bde., Paris 2002–2004.

Marion zum Apriori schlechthin. Doch wird diese Transzendentalität in scharfer Abgrenzung von aller bisherigen Denkart inszeniert. Auch noch gegen Levinas und Derrida versucht Marion einen ganz anderen Gott zu denken.[37] Alle bisherigen Versuche des Gottdenkens verfallen im Frühwerk Marions dem Verdikt der Idolatrie. Zu wenig werde die absolute Distanz Gottes auch noch vom Sein und den Spuren des Seins angenommen. Noch immer sei Gott bezogen auf eine Transzendentalität der Endlichkeit.[38] Erst ein neuartiges ikonisches Denken, das seine Genealogie auf die paulinische Areopagrede – „einem unbekannten Gott" – und den Pseudo-Dionysios Areopatiga zurückführen lässt, werde Gott gerecht. Damit verweist Marion aber auch auf die Offenbarung Gottes in Jesus Christus, der nach dem Kolosserbrief die *Ikone* des unsichtbaren Gottes ist (Kol 1,15),[39] während das idolische Denken letztlich Gott sehen will – sei es als *nooúmenon* oder als *alêtheia,* sei es als *phainómenon* oder als *dóxa*. Dagegen geht das ikonische Denken gerade von keiner begrifflichen oder sinnlichen Anschauung aus, sondern es ruft erst eine solche hervor, eine Anschauung, die jedoch wesensmäßig *paradox* ist. Entsprechend entwickelt Marion nun eine Theologie, die das *sacrificium intellectus* erbringt, denn eine Theologie könne nur dann *Theo*logie sein, wenn sie auf die Theo*logie* verzichte.[40] Doch bestimmt Marion sein Denken von einer paradoxen Theologie der Gabe zu einer paradoxen Phänomenologie der Gabe fort.[41] Während der junge Marion von der Gegebenheit der christlichen *Offenbarung* ausgeht und sich als Theologe versteht, wird sich der reifere Denker der Offenbarung seitens der Philosophie annähern und von der *Offenbarkeit* besonderer Phänomene, die er „gesättigte Phänomene" (*phénomènes saturés*) nennt, ausgehen. Offenbarung erscheint hier als in besonderer Weise gesättigtes Phänomen. Was aber ist ein gesättigtes Phänomen? Die Grundstruktur des transzendentalen Denkens geht vom Verhältnis von Anschauung (Intuition) und Begriff (Intention) aus. Wobei nach Kant dem Begriff, genauer der Anschauungsform (Raum und Zeit), den Verstandeskategorien und den Vernunftideen (Gott, Welt und Seele) der Primat zukommt. Doch bleibt der apriorische Begriff leer, solange er zu keiner aposteriorischen Anschauung kommt. Es gibt nun die Möglichkeit, dass ein Begriff der Anschauung entspricht – dies ist die klassische Definition von Wahrheit. Es kann aber auch eine Anschauung den Begriff nur unvollständig erfüllen, was im Großteil der Erfahrungen der Fall ist.[42] Marion führt hier nun als dritte Mög-

37 Vgl. dazu Th. Specker, Einen anderen Gott denken? Zum Verständnis der Alterität Gottes bei Jean-Luc Marion, Freiburg 2002.

38 J.-L. Marion, L'idole et distance. Çinq études, Paris 1977; ders., Dieu sans l'être, Paris 1982; ders., Proglégomènes à la charité, Paris 1986.

39 Marion, Dieu sans l'être (wie Anm. 38) 28, 37.

40 Marion, Dieu sans l'être (wie Anm. 38) 197.

41 J.-L. Marion, Reduction et donation. Récherches sur Husserl, Heidegger et la phénoménologie, Paris 1989, ders., Etant donné. Essai d'une phénoménologie de la donation, Paris 1997.

42 J.-L. Marion, Sättigung als Banalität, in: M. Gabel, H. Joas (Hgg.), *Von der Ursprünglichkeit der Gabe. Jean-Luc Marions Phänomenologie in der Diskussion*, Freiburg – München 2007, 96–139, 96f. Die weiteren Seitenzahlen im Text beziehen sich auf diesen Aufsatz.

lichkeit ein paradoxes Phänomen ein, bei dem nun die Anschauung den Begriff übersteigt.[43] Die Paradoxie dieser Anschauung besteht nach Marion nicht darin, dass das Unanschauliche geschaut werden soll, sondern dass ein Übermaß (*surcroît*) an Anschauung gegeben ist. „Dieses übermäßige Phänomen haben wir als ein (an Anschauung) gesättigtes Phänomen bezeichnet und begriffen" (98). Mit den kantischen Kategorien unterscheidet Marion nun vier Arten von gesättigten Phänomenen, die allesamt nicht-gegenständlich und nicht einmal seiend sind: „das Ereignis (das jede Quantität übertrifft), das Kunstwerk (das jede Qualität übertrifft), der Leib (der jede Relation übertrifft) und das Antlitz des Anderen (das jede Modalität übertrifft)" (99).[44] Zugleich ordnet Marion jede dieser Phänomengattungen einem neueren Denker zu, der sich dem Phänomen in besonderer Weise gewidmet habe: Das historische Ereignis, das in quantitativer Weise nicht vorauszusehen ist, wird Ricoeur zugeordnet, das Idol oder Kunstwerk, das qualitativ nicht zu ertragen ist, Derrida, der Leib, der durch Absolutheit relational gesättigt ist, Henry, die Ikone oder der andere Mensch, durch Unanschaulichkeit modal gesättigt, Levinas.[45] Bei diesen Phänomenen wird die transzendentale Kategorialität reduziert bzw. gesprengt und das Phänomen tritt in seiner Gegebenheit (donation) rein als solches hervor. Damit werden die Möglichkeitsbedingungen von Erfahrungen jedoch nicht einfach annulliert oder überschritten. Jedoch verhalten sich bestimmte Erfahrungen „gegenläufig" zu den Möglichkeitsbedingungen und „transzendieren" sie. „Es steht eine dritte Möglichkeit zur Wahl: die wirkliche und verifizierbare Erfahrung eines ungegenständlichen Phänomens, das erwiesenermaßen dadurch zum Erscheinen kommt, dass es den Möglichkeitsbedingungen von Erfahrung zuwiderläuft, weil es aus einer Erfahrung von ‚Gegenstandslosigkeit' hervorgeht." (121) Das Ich, das in eine solche Erfahrung verstrickt ist, verliert seine Transzendentalität und erfährt sich hingegeben (adonné) an ein nicht zu konstituierendes, weil gesättigtes Phänomen" (124). Die Phänomenologie des Gegebenen (donation) versucht das Phänomen von jeder transzendentalen Unterwerfung zu befreien (136). Das Phänomen der Offenbarung fasst nun diese vier Typen von gesättigten Phänomenen zusammen als historisches Ereignis, als idolisches Kunstwerk, als Fleisch und als Ikone/Antlitz.[46] Dieser fünfte Typ der Sättigung ist eine Sättigung zweiten Grades, eine „saturation de saturation" (ebd.). Doch in dem Maß, in dem hier die Wahrheit (*alêtheia*) im Sinne der Adäquation von Begriff und Anschauung (*intellectus et res*) ebenso überschritten wird wie die sinnlich fundierte Auffassung (*dóxa*), handelt es sich um das höchste Paradox (*paradoxótaton*), ein Paradox zweiten Grades und par excellence (327). Die Figur

43 Marion, Etant donné (wie Anm. 41) 314–318.

44 Marion, Le phénomène saturé, in: M. Henry, P. Ricoeur, J.-L. Chrétien (Hgg.), Phénoménologie et Théologie, Paris 1991, 79–128, 106; auch ders., Etant donné (wie Anm. 41) 296 und De surcroît. Essai de phénomènes saturés, Paris 2001, 135.

45 Marion, Etant donné (wie Anm. 41), 318–324, dazu T. Alferi, „Worüber hinaus Größeres nicht gegeben werden kann …". Phänomenologie und Offenbarung nach Jean-Luc Marion, Freiburg 2007, 363–374.

46 Marion, Etant donné (wie Anm. 41) 327.

Christi erscheint nur als Paradox des Paradox und als Sättigung der Sättigung. Doch sprengt die Offenbarung Christi in dem Maß, in dem sie jede Transzendentalität und jede Kategorialität übersteigt, nicht jede Möglichkeit der Rationalität und Bestimmtheit? Bleibt die relationslose, absolute Andersheit nicht verwechselbar, austauschbar mit dem (Nicht-)Prinzip Derridas? Zu Recht mahnt John Caputo: „How do we know that we have been visited by a supereminent excess and not just simply invaded by *khora*? How do we know that the source of confusion is God, not *khora*?“[47]

3. Strukturen einer neuen Transzendentaltheologie

Ausgehend von diesen Vorgaben legt sich für eine neue Transzendentaltheologie nahe, alle drei bisher genannten Dimensionen in angemessener Weise zu berücksichtigen, und deren Möglichkeitsbedingung aufzusuchen. Eindeutig verweist das bisher Gesagte auf die biblische Offenbarung als das Unbedingte, das der Erkenntnis in Kategorien der Idee, des Phänomens und der *chôra* vorausgeht. Damit erscheint ein eigentümliches Apriori, das weder als Idee noch als Wirklichkeit noch als différance zwischen beiden aufgefasst werden kann und dennoch die Bedingung der Möglichkeit sowohl der metaphysischen als auch der modernen als auch der postmodernen Denkart ist. Mit dieser Sicht ist aber die Postmoderne als solche definitiv verlassen. Deren be-/entgrenzende Neigung zur Differenz und Pluralität verwandelt sich in eine bestimmte Vielheit. Diese Vielheit macht sich an der transzendentalen Schrift deutlich, denn sie ist nicht mehr von einem reinen idealen Apriori, sondern sie ist selbst auch ein aposteriorisches Phänomen und ein in sich pluraler Text, dessen Grenzen nur schwer zu bestimmen sind. Gleichwohl hat die Heilige Schrift ihrerseits eine Mitte. Diese Mitte ist die Selbstmitteilung Gottes in Jesus von Nazareth. Dies bezeugt nicht nur die theologische Metaphysik der Patristik, Scholastik und Neuzeit bis hin zur Transzendentalphilosophie Kants, erscheint doch bei ihm Jesus Christus als die „personifizierte Idee des guten Prinzips“. Dies bezeugt auch die anthropologische Moderne, die, wie Feuerbach deutlich macht, sich selbst als Konsequenz aus der Menschwerdung Gottes begreift. Und dies bezeugt schließlich auch noch die postmoderne Denkart, wenn Gianni Vattimo oder Jean-Luc Nancy[48] die Entäußerung Gottes (*kénôsis*) als Leitfaden durch die Geschichte aufnehmen und wenn Jean-Luc Marion die Gegebenheit des Offenbarung immer wieder von der Ikonizität Jesu Christi her denkt. Mag man nun die Fokussierung auf die christliche Lesart der Bibel als Einengung verstehen, so ist doch zu bemerken, dass schon die neuzeitliche Metaphysik das Christentum menschheitlich weitet, um hier noch einmal an Kants universale Heilsrelevanz der Sittlichkeit zu erinnern, die ihren Nie-

47 On the gift (wie Anm. 24) 78.
48 Vgl. Jean-Luc Nancy, Dekonstruktion des Christentums, Zürich–Berlin 2008.

derschlag auch im Heilsoptimismus des Zweiten Vatikanischen Konzils gefunden hat. Aufklärung, Verweltlichung der Welt, Vermenschlichung des Menschen, Offenheit für die Anderen, Selbstrücknahme bis hin zur Schwäche der Entäußerung sind entschieden christliche Motive, die schließlich in die Paradoxie führen, dass abendländisches Denken den Eurozentrismus thematisiert, dass das Christentum sich selbst in seinem Verhältnis zu den anderen Religionen problematisiert und dass christliche Theologen auch eine nichtchristliche Lesart des Alten Testaments erarbeitet haben. Die radikale Sensibilität für den Anderen ist eine Frucht der Postmodernität des Christentums.[49]

Die Heilige Schrift ist nach christlichem Verständnis nun keine verbalinspirierte Offenbarung, sondern sie ist Gotteswort in Menschenwort. Damit ist sie das herausragende Zeugnis eines Gottes, der sich selbst in einer vielfachen Weise mitteilt und schließlich selbst die Mitteilung in Gestalt eines Menschen wird. Doch ist diese Selbstmitteilung Gottes in Jesus Christus wiederum ausschließlich durch das Zeugnis der Schrift und der sich auf sie beziehenden Denk- und Glaubenstradition zugänglich. Die Schrift interpretiert und gibt Deutungen von Geschehnissen, die zum Teil hinter den Erzählungen verschwinden. Doch gibt die Schrift auch in begrenztem Maß den Blick auf eine vergangene Wirklichkeit frei: Die Geschichte des jüdischen Volkes, das Auftreten von historisch fassbaren Menschen mit prophetischem Anspruch, Lebensweisheit, die auf konkreten Erfahrungen von Menschen beruht und schließlich neutestamentlich die Realität eines Menschen, den seine Anhänger immer ausdrücklicher als Herabkunft Gottes deuten. Die vielen und vielschichtigen Deutungen und die bezeugten Wirklichkeiten werden von den biblischen Autoren zu einer inneren Logik der Schrift verdichtet, die wiederum in der Lage war, den griechischen Logos anzusprechen und sich auf das Innigste mit ihm zu verbinden. Auch dabei ist wieder zu bemerken, dass die Bibel eine Vielfalt von Logiken in sich birgt und auch eine Vielfalt von metaphysischen Deutungen hervorgerufen hat. In all dem waren Menschen am Werk, die sich stets von Gott inspiriert, und geleitet wussten. Über Jahrhunderte und Jahrtausende hinweg hat die Heilige Schrift ihrerseits das Denken, Wollen und Tun der Menschen inspiriert und sie kann ohne Zweifel als *das Grundbuch* der christlichen und abendländischen Kultur gelten, die sich selbst einerseits entgrenzt und globalisiert, die sich aber auch selbst begrenzt und relativiert hat. Als Bedingung der Möglichkeit eines universalisierten Kulturkreises kann sie mit einem Anklang an ihren jüdischen Ursprung als die *transzendentale Weisung* bezeichnet werden. Sie ist die Gegebenheit, auf welche die noumenale, die phänomenale und die paradoxale Dimension des Denkens in unvermeidlicher Weise ausgerichtet sind.

Diese Intentionalität ist unabhängig davon, ob sich das Denken affirmativ, destruktiv oder dekonstruktiv auf die Gegebenheit der *transzendentalen Weisung* bezieht, in jedem Fall bleibt die Abhängigkeit der gewachsenen Denkformen und Denkinhalte von der Schrift bestehen. Diese Formen und Inhalte bilden in einem

49 Vgl. Nancy (wie Anm. 48).

neuen Verständnis von Aposteriorizität die *kategorialen Verhältnisse,* die notwendigerweise auf die *transzendentale Weisung* bezogen sind. Diese Intentionalität impliziert auch, dass die Heilige Schrift als solche nicht unabhängig von den *kategorialen Deutungen* verstanden werden kann, will man nicht in die Aporien eines Fideismus und Offenbarungspositivismus geraten.

Die Vernunftverhältnisse unserer Geschichte und Gegenwart können nicht zuletzt deshalb als *kategorial* bezeichnet werden, weil die kantischen Kategorien als Strukturmomente erscheinen, die die *Pluralität* des Gedachten ordnen und auf *Eines* hin ausrichten und so eine *ganzheitliche* Sicht der Dinge freigeben, wie mit Anspielung auf die Quantitätskategorien gesagt werden kann. Kant begriff die regulative Idee Gottes als den *einen* und *allgemeinen* Grund schlechthin, genauer als die „*Einheit* der Bedingungen aller Gegenstände des Denkens überhaupt" (B 391). Bei Heidegger und Rahner machte der *Einzelne* als solcher die Erfahrung der *Ganzen* der Welt und seiner selbst im Vorgriff auf das *Alles* gründende Sein. Derrida dachte die *chôra* als das raumgebende (Nicht-)Prinzip, das die quasi-ursprüngliche *Pluralität* bedingt und eine „Kultur der *Besonderheit*" ermöglicht. Jetzt aber erscheint die Heilige Schrift als das einheitsstiftende Moment, das in seiner Vernünftigkeit nur durch die verschiedenen kategorialen Verhältnisse angemessen gedacht werden kann. Dabei ist die Heilige Schrift auch die Bedingung der Möglichkeit, Gott in Kategorien der *Einheit* und *Allgemeinheit,* der *Ganzheit* und *Einzelheit* sowie der *Vielheit* und *Besonderheit* zu denken. Mit den kantischen Qualitätskategorien können Metaphysik, Moderne und Postmoderne in ihrem Grundzug verstanden werden: 1. Die Metaphysik *bejaht* die transzendentale Weisung und übersetzt sie in reine Vernunft (*nooúmenon*), wobei das Verhältnis von offenbarer bzw. geoffenbarter Wahrheit zur Vernunft in den drei Epochen der Metaphysik noch einmal mit den kantischen Relationskategorien (*Substanz und Akzidens* – erste Epoche; *Ursache und Wirkung* – zweite Epoche; *Wechselwirkung oder Gemeinschaft* – dritte Epoche) unterschieden werden können. 2. Die Dimension der phänomenalen Weltlichkeit *verneint* in ihrem denkerischen Kern (Feuerbach und Folgen) die transzendentale Weisung und deren spekulative Interpretation, sie *verneint* in der modernen Theologie des Protestantismus nur die spekulative Deutung der Heiligen Schrift, und sie *verneint* im neuscholastischen Katholizismus die Modernität ihrerseits. 3. Die postmoderne Dimension der *chôra* verhält sich zu Idee und Phänomen nach Art *des unendlichen Urteils* im Sinne eines unendlichen be-/entgrenzenden Aufschubs.

Damit entstehen zugegebenermaßen erst einmal mehr Fragen als Antworten. Für jetzt sollte nur so viel gezeigt sein: Dass der vorgestellte Anweg zu einer neuen Transzendentaltheologie nicht völlig abwegig ist.

Trost
Eine Miniatur

Magnus Striet

Das einzige, was uns in unserm Elend tröstet,
ist die Zerstreuung, und dabei ist sie
die Spitze unseres Elends; denn sie ist es,
die uns grundsätzlich hindert,
über uns selbst nachzudenken,
die uns verkommen lässt.
Blaise Pascal[1]

Der Mensch ist ein trostsuchendes Wesen.
Georg Simmel[2]

Weshalb sind wir trostbedürftig?
Weil wir keinen Grund haben dazusein.
Hans Blumenberg[3]

I.

Das Ziel der Pensées des Blaise Pascal, „die mit der Beschreibung der ‚misère de l' homme sans Dieu'" beginne, sei „die Konversion".[4] So definiert Albert Raffelt das Motiv eines der berühmtesten Bücher der Weltliteratur. Die immer wieder zu beobachtende alleinige Zitation der berühmten Wette Pascals auf den Gott der Bibel – „‚Gott Abrahams, Gott Isaaks, Gott Jakob', nicht der Philosophen und Gelehrten"[5] – ist freilich leichtfertig. So als ob man Pascal zufolge die eigene Existenz

1 B. Pascal, Über die Religion und über einige andere Gegenstände. Aus dem Französischen von Ewald Wasmuth, Frankfurt 1987, 93.
2 G. Simmel, Fragmente und Aufsätze. Aus dem Nachlaß und Veröffentlichungen der letzten Jahre. Hg. und mit einem Vorwort von G. Kantorowicz, Hildesheim ²1967 (1923), 17.
3 H. Blumenberg, Beschreibung des Menschen. Aus dem Nachlaß hg. v. M. Sommer, Frankfurt 2006, 635.
4 A. Raffelt, Logik des Verstandes und Logik des Herzens bei Pascal, in: E. Düsing / H.-D. Klein (Hg.), Geist und Psyche. Klassische Modelle von Platon bis Freud und Damasio, Würzburg 2008, 117–142, 121.
5 Pascal (wie Anm. 1) 248.

nur fromm auf den Gott verwetten solle, auf den bereits die großen biblischen Vorbilder im Glauben ihr Leben setzten und die Vernunft dabei keine Rolle spiele. Im Kern der Pensées des Pascal geht es um etwas völlig anderes als um ein Loblied des Fideismus, nämlich um nicht weniger als um eine Verhältnisbestimmung von Glaube und Vernunft – und zwar um eine Verhältnisbestimmung, die im Vollzug des Denkens selbst vorzunehmen ist. „Der Mensch ist offenbar zum Denken geschaffen, das ist seine ganze Würde und sein ganzes Verdienst; und es ist seine Pflicht, richtig zu denken."[6] Dabei baut seine Argumentation „auf der Grundlage eines theoretischen Agnostizismus"[7] auf. Die Frage der Existenz Gottes ist nicht zu entscheiden, weder über den Zugang durch empirische Daten noch a priori, also beim reinen Begriff Gottes ansetzend. Aber diese Frage der theoretischen Vergewisserbarkeit Gottes steht nicht im Zentrum des Interesses Pascals. Die Entscheidung dafür, die Wette auf Gott zu riskieren, wird auf der Basis von Reflexionen auf die Abgründigkeit menschlicher Existenz motiviert. Kant würde später sagen, es seien Gründe praktischer Vernunft, die den Menschen aus moralischen Gründen notwendig dazu verpflichteten, „das Dasein Gottes" zu postulieren.[8]

Als Gemeinsames zwischen Pascal und Kant zeigt sich, wie der Ausweis der Gottesverpflichtung des Menschen immer stärker existenzphilosophisch betrieben wird. Bei Pascal mischt sich in die Betrachtung des Kosmos und der Natur eine beunruhigende Ambivalenz. Denn verführt einerseits noch im 18. Jahrhundert die zu beobachtende faktische Zweckmäßigkeit in der Natur dazu, auf einen weisen Welturheber zu schließen, so erahnt andererseits Pascal bereits im 17. Jahrhundert, dass der Mensch angesichts der Unendlichkeit des Weltblicks vielleicht doch nur eine Marginalie der Welt sein könnte: „Denn, was ist zum Schluß der Mensch in der Natur? Ein Nichts vor dem Unendlichen, ein All gegenüber dem Nichts, eine Mitte zwischen Nichts und All. Unendlich entfernt von dem Begreifen der äußersten Grenzen, sind ihm das Ende aller Dinge und ihre Gründe undurchdringlich verborgen, unlösbares Geheimnis; er ist gleich unfähig, das Nichts zu fassen, aus dem er gehoben, wie das Unendliche, das ihn verschlingt."[9] Die Beschreibung des Menschen reagiert auf den Entsicherungsprozess, dem sich der Mensch zunehmend ausgesetzt sieht. Angesichts der Entdeckung unendlicher Welten wird der metaphysische Ordodiskurs zunehmend fraglich, weil seine theoretischen Annahmen ihre Plausibilität verlieren. Gleichwohl führt die Wahrnehmung des Schweigens der kosmischen Räume, so sehr sie das Lebensgefühl auch bestimmen mögen, bei Pascal noch nicht dazu, das Bewusstsein des Nihilismus greifen zu lassen. Darüber darf auch nicht hinwegtäuschen, dass er für den geistesgeschichtlich sich allmählich am Horizont abzeichnenden Nihilismus eine Formulierung gefunden hat, die die Umwälzung des gesamten Weltbildes wie kaum eine andere in ihren Konsequenzen erfasst: „Das ewige Schweigen dieser

6 Pascal (wie Anm. 1) 87.
7 Raffelt (wie Anm. 4) 130.
8 I. Kant, Kritik der praktischen Vernunft, A 226.
9 Pascal (wie Anm. 1) 43.

unendlichen Räume macht mich schaudern."[10] Denn der Gottesverlust bei Pascal, das trostlose Versinken ins reine Diesseits und die Flüchtigkeiten des Alltags, sind bei Pascal Konsequenz des Falls Adams. Wäre die Sünde nicht, würde der Mensch angesichts der unendlichen Räume zwar erschrecken, wohl auch Zweifel anmelden an der Vorstellung einer unendlichen Würde des Menschen. Ist glaubhaft, dass ein Gott existiert, der ein jedes Haar auf dem Kopf eines jeden Menschen gezählt hat? Aber er würde nicht an ihr verzweifeln.[11] Für Pascal ist es die Sünde, die den Menschen in die Dramatik der Verzweiflung stürzt. So bleibt die Erfahrung der misère, dieses an Augustinus erlernte intensive Sich-Entzogensein und Verzweifeln an der Endlichkeit und Vergänglichkeit der Dinge, ja der Welt überhaupt, bei ihm paradoxerweise Gnadenerfahrung.[12] Einer seiner aufmerksamsten Leser, Friedrich Nietzsche, hat dies genau gesehen und deshalb Pascal als eine Vollendungsgestalt des Christentums ausgedeutet. „Das Christenthum hat die Übel der menschlichen Lage übertrieben d.h. sie erst geschaffen. Pascal thut noch das Äußerste", so Nietzsche.[13] Wesentlich moderner klingt da Voltaire: „Ich bin ein sehr schwaches Wesen, über Treibsand laufend, der dauernd unter mir entschwindet."[14] Nicht Pascals Beschreibung des Menschen, sondern die subjektdezentrierende und den Menschen insgesamt entsichernde Beschreibung Voltaires bestimmt das Bewusstsein der Moderne weitläufig.[15]

10 Pascal (wie Anm. 1) 115. Vgl. auch ebd. 318.

11 Vgl. hierzu auch die Gegenüberstellung von Pascal und Voltaire bei A. Raffelt, „Ich wage es, die Partei der Menschheit zu ergreifen ...". Das Gottesbild der Aufklärung. Voltaire kritisiert Pascal, in: J. Hoeren / M. Kessler (Hg.), Gottesbilder. Die Rede von Gott zwischen Tradition und Moderne, Stuttgart 1988, 87–107, bes. 93; außerdem K. Flasch, Kampfplätze der Philosophie. Große Kontroversen von Augustin bis Voltaire, Frankfurt 2008, 331–348, bes. 343.

12 Vgl. B. Pascal. Über die Bekehrung des Sünders, in: ders., Kleine Schriften zur Religion und Philosophie. Übersetzt von U. Kunzmann. Mit einer Einleitung und Anmerkungen hg. v. A. Raffelt, Hamburg 2005, 331–336. Nachdem Pascal zunächst beschreibt, wie es dazu kommt, dass die Seele „alles als ein Nichts betrachtet, was ins Nichts zurückkehren muß: den Himmel, die Erde, ihren Geist" etc., entdeckt Pascal zufolge Gott als den Ursprung von allem: „Und diese neuen Überlegungen führen sie [die Seele, M.S.] zur Erkenntnis der Größe des Schöpfers, zu Demütigungen und innerer Anbetung. In seiner Gegenwart wird sie zu einem Nichts, und da sie von sich selbst keine Vorstellung gewinnen kann, die niedrig genug wäre, noch sich von jenem höchsten Gut eine Vorstellung bilden kann, die erhaben genug wäre, unternimmt sie weitere Anstrengungen, um sich bis zu den letzten Abgründen des Nichts zu erniedrigen, wobei sie Gott in Unendlichkeiten betrachtet, die von ihr noch vervielfacht werden; in diesem Schauen, das ihre Kräfte erschöpft, betet sie ihn schließlich still an, sie betrachtet sich selbst als sein elendes und unnützes Geschöpf [...] Hierauf erkennt sie die Gnade, die er ihr erwiesen hat, da er seine unendliche Majestät einem derart armseligen kleinen Wurm offenbarte; und nachdem sie den festen Entschluß gefaßt hat, dafür ewig dankbar zu sein, gerät sie in Bestürzung, daß sie diesem göttlichen Herrn so viele Eitelkeiten vorgezogen hat, und in zerknirschter und reuiger Geisteshaltung vertraut sie sich seiner Barmherzigkeit an, um seinen Zorn aufzuhalten [...]" (ebd., 332 und 335).

13 F. Nietzsche, KSA 9, 355. Vgl. auch ders., KSA 12, 430: „Epikur leugnet die Möglichkeit der Erkenntniß: um die moralischen (resp. hedonistischen) Werthe als die obersten zu behalten. Dasselbe thut Augustin; später Pascal (‚die verdorbene Vernunft') zu Gunsten der christlichen Werthe."

14 Voltaire, Dictionnaire philosophique, Paris 1967, 512. Zitiert nach Raffelt (wie Anm. 11) 93.

15 Vgl. M. Striet / R. Werden, „Tanz den Tanz auf dünnem Eis". Das Phänomen Herbert Grönemeyer, in: Herder-Korrespondenz 63 (2009) 251–255.

II.

Voltaire ahnte bereits, dass dem Menschen Verunsicherungsprozesse ins Haus stehen würden, die in ihren Konsequenzen für das menschliche Selbstverstehen und die Lebensbewältigung immer noch nicht absehbar sind. Denn angesichts der heutigen Theoriediskurse über die Herkunft des Kosmos und die Evolution des Lebendigen waren die Welten eines Pascal, aber auch noch die eines Kant, noch relativ fest gefügt. Galilei und Kopernikus hatten das Weltbild bereits erschüttert, Pascals Pensées waren davon nachhaltig stimuliert. Die kopernikanische Kosmologie sollte Kant zu einer Revolution der Denkungsart anregen, die wie keine andere den philosophischen Diskurs von Neuzeit und Moderne prägen sollte. Mit Darwin und Freud[16] sollten nochmals ganz andere Erschütterungen folgen. Denn dehnte sich bei Pascal der Kosmos ins schier Unermessliche aus, marginalisierte diese Ausdehnung den Menschen, so verlagerte Darwin den Menschen zurück ins Reich der einen Natur des Lebendigen. Spätestens seit die Biologie als die Wissenschaft in den Blick gerät, die nicht nur beschreibt, was der Mensch ist, sondern in eins damit erklärt, wie der Mensch – jedenfalls unter nominalistischen Denkbedingungen – entstanden ist, nämlich als mehr oder weniger zufälliges Produkt der Evolution[17], wird dem Menschen sein Sich-selbst-Bewusstsein zu einem aufdringlichen Problem. Die Existenz verliert ihre Selbstverständlichkeit. Das Geborensein entpuppt sich in seinem Kern als Kontingenzproblem. So selbstverständlich es dem Normalbewusstsein sein mag, geboren zu sein, um so unselbstverständlicher wird es dem Menschen, der seine Zeugung als kontingente Zumutung in den Blick bekommt. Hans Blumenberg hat deshalb den Menschen als das „Wesen" bestimmt, „das sich dessen bewußt ist oder bewußt werden kann, ob es gewollt worden ist." Und er fährt fort: Der Mensch ist „das Wesen, dem es unerträglich werden kann, durch den nacktesten aller Zufälle zu existieren."[18] Aber existiert der Mensch überhaupt als der nackteste aller Zufälle?

Blumenbergs Nachdenken über den Menschen exerziert die Wette auf Gott nicht mehr als die menschlichere Möglichkeit angesichts der möglichen Möglichkeiten einer Orientierung des Menschen. Von daher ist er ein typischer Protagonist des nachmetaphysischen Diskurses. Sein Nachdenken scheint eine Irritation aufzunehmen, die Pascals Beschreibung der „misère de l'homme" nochmals verschärft. Es geht nicht mehr um die misère des Menschen, in die dieser ohne Gott gerät, die Pascal nicht nur als demonstratio religiosa, sondern letztlich als demonstratio christiana nutzt. Stattdessen beschreibt er den Menschen als das

16 Vgl. etwa A. Honneth, Dezentrierte Autonomie. Moralphilosophische Konsequenzen aus der modernen Subjektkritik, in: ders., Das Andere der Gerechtigkeit. Aufsätze zur praktischen Philosophie, Frankfurt 2000, 237–251, 237. Honneth zeigt freilich auch, dass es zum Autonomiestreben gehört, sich der Einschränkungen des Autonomieverfügungsbereiches bewusst zu werden, die dem Menschen auferlegt sind.

17 Vgl. Ph. Sarasin, Darwin und Foucault. Genealogie und Geschichte im Zeitalter der Biologie, Frankfurt 2009, 73.

18 Blumenberg (wie Anm. 3) 639.

Wesen, das immer bereits in der misère steckt. Die Möglichkeit des tatsächlich existierenden Gottes, des tröstenden Gottes, gerät nicht einmal mehr in den Horizont. Wohl kommt die Erzählung Gottes noch als melancholisch erinnerte Heilsveranstaltung in den Blick. Aber nur noch als Metapher für die misère des Menschen, in der er sich spiegelt. Im Paradigma Gottes klärt der Mensch sich über sich selbst auf. Die „Eskalation Gottes zu betreiben scheint – aufs Ganze der Geschichte von Mythos und Religion betrachtet – so etwas wie die ‚Leidenschaft' des Menschen zu sein. Seinen Gott hochzutreiben ist ihm die Betreibung der eigenen Sache, der des Menschen, als bereite er sich die Stelle der ‚Umbesetzung' für seine Selbstdefinition auf weiteste Sicht vor."[19] Da Blumenberg „die Geschichte der Theologie zu einem selbstinszenierten Drama der Vernunft, die sich an der Idee des Absoluten abarbeitet, um im Entwurf der Transzendenz die eigene Immanenz zu festigen"[20], ausdeutet, greift die Hypothese Gott als mögliche Orientierungsmöglichkeit nicht mehr. In der Geschichte der Theologie wird in der Logik Blumenbergs der Mensch sich reflexiv bewusst, dass er nicht zu trösten ist.

Für Blumenberg ist deshalb der Trost „eine Distanzierung von der Wirklichkeit", „im Grenzfall" sogar der „Verlust[...] von Wirklichkeit". Sein Argument lohnt, breiter zitiert zu werden: „Es wird ja nichts verändert, wenn getröstet wird. Auch die Vertröstung ist nur eine Aufwendungsform des Trostes auf die Zeit; vertröstet wird auf einen anderen und künftigen Zeitpunkt. Aufschub der Enttäuschung ist Vertröstung. Aber gerade dies, die Wirklichkeit in verschiedener Einstellung sich nahekommen zu lassen oder auf Distanz zu halten, Realist sein zu können oder auch nicht, gerade dies, die Wirklichkeit nicht unbedingtes Signal der programmierten Verhaltensreaktion sein zu lassen, ist der Vorsprung gegenüber allen anderen organischen Systemen, den der Mensch gefunden hat. Seine Fähigkeit zu trösten und getröstet zu werden, hat positiv mit dem zu tun, was ihm negativ als eine Unfähigkeit des Wirklichkeitsbezugs vorgeworfen wird: auf Distanz zur Wirklichkeit zu gehen."[21]

Blumenbergs Trosterwägungen sind nicht verstehbar, ohne dass ihnen der Tod Gottes vorausgesetzt wird. Wie in der *Matthäuspassion*[22] so rekonstruiert er auch in der *Beschreibung des Menschen* dieses Ereignis des Todes Gottes aus der Logik der biblischen Glaubenstradition selbst. Wenn er Freud mit dem Satz: „Das Leben, wie es uns auferlegt ist, ist zu schwer für uns" zitiert, so zitiert er ihn zwar als Protagonisten des nachbiblischen Diskurses. Aber dennoch macht Freud nur Ernst mit dem, was biblisch bereits angelegt ist. Es ist kein Gott, der tröstet. Und insofern ist nicht der Tod, sondern die Geburt das Problem. Als das distanziert

19 H. Blumenberg, Matthäuspassion, Frankfurt 1988, 306.

20 J. Goldstein, Deutung und Entwurf. Perspektiven der historischen Vernunft, in: F.-J. Wetz / H. Timm (Hg.), Die Kunst des Überlebens. Nachdenken über Hans Blumenberg, Frankfurt 1999, 207–225, 224.

21 Blumenberg (wie Anm. 3) 627f.

22 Vgl. hierzu M. Striet, Domestizierung Gottes. Zu Hans Blumenbergs anderer Lesart neuzeitlicher Theodizee, in: H. Hoping u. a. (Hg.), Die Bindung Isaaks. Stimme, Schrift, Bild, Paderborn 2009 (im Druck).

zur Wirklichkeit lebende Wesen bedarf der Mensch des Trostes. Er bedarf des Trostes, da der Tod ein Skandal ist, unanständig ist, und der Mensch weiß, dass es keinen Trost gibt, der nicht wirklichkeitsverdrängend wäre. Die misère des Menschen ist, des Trostes zu bedürfen und darum zu wissen, dass es keinen Trost gibt, der tröstet. Unter den Zeichen der Modernität macht es die misère des Menschen aus, mit der „Anstößigkeit der Raum-Zeit-Kontingenz" leben zu müssen. Und diese Kontingenz „bedeutet zugleich das unverlöschliche Bewusstsein ihrer Unerträglichkeit".[23] Pascals Vertröstung über das Schweigen der unendlichen Räume trägt nicht mehr. Die Erbsünde als Entschuldungsfaktor Gottes kommt nicht einmal mehr in den Blick. Von Paradiesesbeginn an war der Mensch tröstungsbedürftig, und womöglich haben die Theologen viel zu spät damit begonnen, „die Partei der Menschheit zu ergreifen" (Voltaire). Oder haben sie es nicht nur versäumt, die Partei der Menschheit, sondern auch die Partei Gottes zu ergreifen?

III.

In einem in der Öffentlichkeit heftig umstrittenen Text Navid Kermanis[24] zu Guido Renis „Kreuzigung" gibt es eine Passage, die theologisch zu denken geben könnte. Seine negative Einstellung gegenüber Kreuzigungen begründet Kermani damit, dass er die „Hypostasierung des Schmerzes" als „barbarisch, körperfeindlich", als „Undank gegenüber der Schöpfung" empfinde. Gerade weil Renis „Kreuzigung" sich nicht auf die Bestialität dieses Todes konzentriert, gibt sie in der Ausdeutung Kermanis die Frage, was hier geschehen ist, neu frei. Nicht mehr die Vorstellung einer notwendigen Sühne wegen der Sünde der Menschheit diktiert mehr die Interpretation, sondern das Leiden der Menschen. Der Jesus Renis blickt, so Kermani, „in den Himmel, die Iris aus dem Weiss des Auges beinahe verschwunden: Schau her, scheint er zu rufen. Nicht nur: Schau auf mich, sondern: Schau auf die Erde, schau auf uns. Jesus leidet nicht, wie es die christliche Ideologie will, um Gott zu entlasten, Jesus klagt an: Nicht, warum hast du mich, nein, warum hast du uns verlassen?" Der Text Kermanis endet mit dem Satz: „Sein Blick ist der letzte vor der Wiederauferstehung, auf die er nicht zu hoffen scheint." Wie in Jean Pauls *Rede des toten Christus vom Weltgebäude herab, dass kein Gott sei*, siegt bei Kermani die Hoffnung. Der Jesus Renis scheint nicht mehr zu hoffen, der, der den sterbenden Jesus interpretiert, scheint da sicherer zu sein, spricht von Wiederauferstehung. Interessant ist, dass Kermani diese Hoffnung formuliert vor dem Hintergrund eines prinzipiellen Zweifels. Es ist die Erfahrung unendlicher Leere, der Verlassenheit der Geschöpfe von Gott, welche die Folie seiner Annäherung an-

23 H. Blumenberg, Ernst Cassirer gedenkend bei Entgegennahme des Kuno-Fischer-Preises der Universität Heidelberg (1974), in: ders., Wirklichkeiten, in denen wir leben. Aufsätze und eine Rede, Stuttgart 1981, 163–172, 172.

24 Vgl. N. Kermani, Bildansichten: Warum hast du uns verlassen? Guido Renis „Kreuzigung", in: NZZ, 14. 3. 2009.

gibt. Und selbst wenn Kermani – wie sollte er als überzeugter Muslim auch anders – Jesus nicht als den Sohn Gottes glaubt, so ist es doch sicherlich nicht zufällig, dass er das Problem der Theodizee zwischen Jesus und Gott austrägt. Angesichts der Zumutungen der Welt ist Gott angefragt und nicht, oder doch zumindest nicht als erster, der Mensch. Das Problem ist die Geburt, dem allem *überhaupt* ausgesetzt worden zu sein. Denn unter der Maßgabe eines vollkommen freien Schöpfergottes hat die Existenz nichts Notwendiges an sich. Die Nicht-Notwendigkeit der Schöpfung gehört zu den Kernbeständen des Schöpfungsglaubens, mit dieser Absolutstellung des einen Gottes, der ausschließlich auf sich bezogen und damit gegensatzfrei schuf, befreite sich die christliche Theologie aus jedem Dualismus und betonte die absolute Freiheit Gottes. Aber ist der Schöpfergott zu rechtfertigen, dem Menschen notwendig ungefragt seine Existenz zuzumuten angesichts der Möglichkeit, ihm diese nicht zumuten zu müssen? Angesichts des vorhersehbaren Missbrauchs der Freiheit und der immer bereits mitverfügten nicht nur Tödlichkeit der Existenz, sondern auch ihrer vielen Determinationen und Zwänge, ihrer physischen und psychischen Erniedrigungen?

Blumenberg hat „die Zustimmung des Menschen zu seinem Dasein“ als „die höchste Idee aller Ethik und wohl auch jeder Sozialphilosophie“ bezeichnet. Allerdings wehrt er sich auch gegen die Gefahr, den konkreten Menschen aus den Augen zu verlieren. Beide, also Ethik und Sozialphilosophie, müssten „nicht nur die Grenze der menschlichen Unzugänglichkeit und der Unzulänglichkeit der Verhältnisse kennen, sondern auch die unüberschreitbaren Grenzen, die die Natur dem menschlichen Handeln und Wollen hier gesetzt hat.“ Und er fügt hinzu: „Es sind die Grenzen, jenseits deren nur noch Trost möglich ist.“[25] Blumenberg spielt damit auf ein Trostbedürfnis an, welches mit der Endlichkeit selbst gegeben ist. Es sind natürliche Grenzen des Handelns und Wollens, die dem Menschen immer bereits auferlegt sind, ja die ihm ohne vorheriges Einverständnis aufgenötigt wurden, die ihn zu einem trostbedürftigen Wesen machen. Weil dies aber so ist, fragt Blumenberg nach der Rechtmäßigkeit des Zeugungsaktes – präziser: Er fragt danach, welche Minimalbedingungen erfüllt sein müssen, dass einem anderen Menschen das Leben zugemutet wird. Er spricht gar von einem „Menschenrecht darauf, nicht ungewollt zu existieren: der Wille der Erzeugenden ist ihre vorherige Einwilligung in den Anspruch der Erzeugten darauf, zum Einverständnis mit ihrem Dasein geführt zu werden und sich dabei auf ihr Gewolltsein berufen zu können.“[26]

Diese Überlegungen sind theologisch explosiv. Denn wenn sich Gott nicht außerhalb des moralischen Universums bewegen soll, das für Menschen gilt, kann gefragt werden, ob es nicht einen Anspruch der Geschöpfe gibt, zum Einverständnis mit ihrem Dasein geführt zu werden. Zwar hat die Debatte um ein mögliches Geschuldetsein der Gnade eine Annäherung an diese Frage gegeben.

25 Blumenberg (wie Anm. 3) 651.
26 Blumenberg (wie Anm. 3) 649f.

Aber nicht in der Hinsicht, wie Blumenberg die Frage betreibt. Blumenbergs Perspektive ist die der Theodizee, und er ist im Erbe des Nominalismus ein radikaler Denker der Kontingenz. So heißt es mit Bezug auf Leibniz, dieser habe „nicht weit genug gedacht, weil er mit dem Gedanken der besten möglichen Welten die Last der Theodizee glaubte abschütteln zu können.“ Was er aber nicht bedacht habe, sei, „daß noch die beste der möglichen Welten schlechter und sehr schlecht im Verhältnis zu der Möglichkeit sein könnte, daß gar keine Welt existiert oder in die Existenz gesetzt wäre.“ Und unter Aufnahme der bezogen auf menschliche Verhältnisse geltenden Logik der Verantwortung gegenüber möglichem neuen menschlichen Leben schreibt er: „Die Wahl der beste der möglichen Welten aus der Unendlichkeit der möglichen konnte und durfte den Schöpfer nicht davon entbinden zu prüfen, ob er in der Lage sein würde, die Subjekte dieser Welt mit zureichendem Grund zur Identifizierung mit ihrem Dasein zu bringen.“[27] Nicht Pascal, sondern Voltaire schlägt hier im Hintergrund den Takt. Denn es bedarf keiner intensiven Erklärung, dass Blumenberg nur noch ein Gedankenexperiment mit dem möglichen Gott anstrengt. Weder rechnet er damit, dass einem Gott gelingen könnte, alle Menschen mit zureichenden Gründen zur Identifizierung mit dem kontingenten Faktum ihrer Existenz bewegen zu können, noch rechnet er damit, dass überhaupt ein Gott existiert, der das Experiment mit einer Welt eingegangen wäre. In der Geschichte der Theologie, präziser: in der rekonstruierenden Arbeit an ihrer Logik wird sich der Mensch stattdessen bewusst, dass er ungetröstet bleiben wird. Theologie ist Anthropologie, Beschreibung des Menschen, allmähliche Bewusstwerdung der bleibenden Ungetröstetheit des Menschen. Wenn es Trost gibt, dann nur endlich, begrenzt, und zwar in der Weise der Rhetorik. Sie schafft eine Distanz zur nackten Wahrheit, vermittelt zumindest partielle Lebensfreude.

Und die Theologie?

IV.

Bereits in dem erwähnten Text Kermanis findet sich eine tiefe Abneigung gegen jede Glorifizierung des Leidens. Der Gekreuzigte selbst erhebt Einspruch gegen das Leiden, und weil dieser Einspruch absolut ist, in der Gestalt des Gottsohnes auftritt, darf auch Gott keinen Sinn durch Leiden stiften. Freilich ist der Gekreuzigte bei Kermani nicht der Sohn Gottes, sondern Mensch. In ihm versinnbildlicht sich der Mensch an sich, der Mensch der misère. Nicht die Sünde ist das Thema seiner Kreuzesauslegung, sondern die Fraglichkeit Gottes angesichts der Zumutungen des Menschseins. Damit wird auch ausgeschlossen, dass ein Gott womöglich sogar ein solches Opfer wie das Opfer eines Menschen bedürfen könnte, um

27 Blumenberg (wie Anm. 3) 653f.

sich mit der Menschheit versöhnen zu können.[28] Kermanis Text formuliert vielmehr eine Anklage an Gott: Warum hast Du uns verlassen? Warum die Einsamkeit des Menschen nach der Schöpfung, dieses Sich-Verbergen Gottes? Gibt es nicht ein Recht des Geschöpfes, dass Gott sich sichtbar macht, Antwort gibt? Ja, gibt es nicht ein Recht des Menschen auf Rettung?

Blumenberg fragt ganz ähnlich, verbunden mit einer heftigen Anfrage an die Theologie. Er schreibt: „Es wäre wohl immer als eine Blasphemie, als ein Majestätsvergehen erschienen, eine Verschuldung des Gottes gegenüber seiner Schöpfung festzustellen und darauf Ansprüche des Geschöpfs gegenüber dem Schöpfer zu begründen."[29] Gefragt, worin die Verschuldung des Schöpfers bestehen könnte, lautet die Antwort: Den Menschen überhaupt ins Dasein gesetzt, ihn den vielzähligen Demütigungen seiner Existenz und schlussendlich der Tödlichkeit der Existenz ausgeliefert zu haben. Entsprechend steht die Ausdeutung des Kreuzestodes bei Blumenberg auch konträr zu einer von der Sühnehermeneutik bestimmten. „Wenn Jesu letztes Wort am Kreuz *Eli, eli, lama asabthani* war, so ließ es sich hören als der Inbegriff dessen, was dem nicht mehr widerfahren darf … Dieser Gott des Gekreuzigten ist es, den es nicht geben darf, wenn sich dem Menschen die Verlassenheit einer Passion nicht soll wiederholen können."[30] Weder erbrachte Sühne vermittelt hier Trost, noch dass Gott selbst in die misère des Menschen eingeht. Endlichen Trost verschafft nur die Rhetorik.

Allerdings weiß Blumenberg auch mit Nietzsche, wie *„tief … wir dem religiösen Leben verschuldet sind"*[31]. Denn in dem religiösen Leben, auf das Blumenberg anspielt, hat der Mensch auch eine Wertschätzung des Menschen etabliert, die nach mehr ruft als der funktionalen Bewältigung des Diesseits. Die für die moderne Welt so signifikante „Melancholie über ein unwiederbringlich Verlorenes" sollte die christliche Theologie aber fragen lassen, ob sie nicht zu Korrekturen an den Konstruktionsprinzipien ihrer Hermeneutik des Glaubens genötigt ist – und zwar nicht, um funktional passungsfähig zu werden, sondern weil es gute theo-

28 Wenn J.-H. Tück, Religionskulturelle Grenzüberschreitung. Navid Kermani und das Kreuz: Nachtrag zu einer Kontroverse, in: IkaZ Communio 38 (2009) 220–233, 230, schreibt, „die Pointe des Kreuzesgeschehens" liege darin, „dass Jesus stellvertretend die innere Gottesverlassenheit des Sünders erleidet und so am Ort des definitiven Kommunikationsabbruches neue Kommunikation mit Gott ermöglicht", so bleibt die hermeneutische Erschließung des Erlösungsglaubens erstens im Ausgangspunkt dem Sündendiskurs verpflichtet, zweitens aber bleibt unklar, warum es überhaupt zu diesem stellvertretenden Erleiden der Gottesverlassenheit kam. Braucht Gott dieses Erleiden, um sich versöhnen zu können (oder gar zu dürfen)? Was meint eigentlich, dass im Kreuzesgeschehen neue Kommunikation ermöglicht worden sei? War zuvor keine Kommunikation wegen der auf den Menschen zurückzuführenden schuldhaften Entzweiung von Gott und Mensch mehr möglich? Musste also objektiv etwas von Gott gesetzt werden, um Kommunikation wieder möglich werden zu lassen? Unterstellt aber, dass es darum ging, dass Gott seinem Geschöpf nachgehen musste, um es für sich zu gewinnen – warum musste Jesus dann stellvertretend die innere Gottesverlassenheit des Sünders erleiden? Hier wird eine Notwendigkeit insinuiert, die sachlogisch ohne Fundament ist.

29 Blumenberg (wie Anm. 3) 652.

30 Blumenberg (wie Anm. 19) 70.

31 Blumenberg (wie Anm. 19) 69.

logische Gründe für solche Korrekturen gibt.[32] Sie sollte erstens überlegen, ob ihr leitendes hermeneutisches Paradigma nicht immer noch das von Erbsünde und Satisfaktion ist und ob dieses zwingend ist. Und zweitens sollte der Gedanke erwogen werden, ob Gottes Geschichte mit der Menschheit nicht von einer Kontingenzstruktur bestimmt ist, die die Frage abgründig werden lässt, ob Gott diese Geschichte überhaupt riskieren durfte angesichts der Gefahr, auch nur einen Menschen nicht mit zureichenden Gründen zum Einverständnis mit dem Faktum seines Daseins bringen zu können. Aber vielleicht gibt es ja doch die Hoffnung auf einen zukünftigen Trost für alle[33], den die, die zu glauben – und das heißt – zu vertrauen vermögen, schon jetzt als tröstlich wahrnehmen. Denn vielleicht war Gott zur Wahl dieser Welt entschieden, weil er von Anfang an auch entschieden war, durch seine Menschwerdung das Menschenschicksal teilen zu wollen, um so bitten zu können: Wolltet ihr wirklich lieber nicht geboren sein? Vielleicht erweist sich der Mensch ja doch als trostempfänglich, und zwar deshalb, weil er da sein möchte.

32 Vgl. zum folgenden ausführlicher M. Striet, Offenbarungsglaube und Gotteszweifel, in: G. Augustin (Hg.), Die Gottesfrage heute, Freiburg – Basel – Wien 2009, 91–107.

33 Vgl. J. Habermas, Ein Bewußtsein von dem, was fehlt, in: ders., Kritik der Vernunft, Frankfurt 2009, 408–416, 408.

Konfessionell kooperativ Religion unterrichten

Werner Tzscheetzsch

Die Szenarien gleichen sich immer wieder: Bei Diskussionen über den Zustand der katholischen Kirche in Deutschland sind nach fortgeschrittener Diskussionszeit Beiträge zu erwarten, die den Religionsunterricht in der Schule als eine Ursache des Übels namhaft machen. Dabei wird der Eindruck zu vermitteln gesucht, dass der Religionsunterricht in einem verwahrlosten Zustand seinem vermeintlich eigensten Auftrag der Glaubensvermittlung nicht mehr nachkäme und dass es – auch das ist zu hören – für die Kinder besser wäre, wenn ihre Eltern sie aus dem Religionsunterricht abmelden würden. Ohne Zweifel kommen hier Vorannahmen ins Spiel, die bei weitem nicht in der katholischen Kirche von Deutschland konsensfähig sind. Gleichzeitig zeigen sich die Rednerinnen und Redner, die solche Beiträge in die Diskussionen einbringen, gänzlich unbeeindruckt bzw. völlig ahnungslos im Blick auf das, was sozialempirisch über den Religionsunterricht zuverlässig ausgesagt werden kann. Für Baden-Württemberg erbrachte die jüngste Religionslehrerstudie aus dem Jahr 2003 (bei der über 4.000 Lehrerinnen und Lehrer beider Konfessionen befragt worden waren) folgende – teilweise positiv überraschende und manche populären Vorannahmen irritierende – Ergebnisse[1]: Die Religionslehrkräfte sehen als Ziel ihres Unterrichts die Befähigung zur persönlich-autonomen Aneignung der christlichen Kerngedanken, insbesondere das Eintreten für Frieden, Gerechtigkeit und Bewahrung der Schöpfung. Als bevorzugten Weg dazu sehen die Lehrerinnen und Lehrer das Gespräch, in dem die Schülerinnen und Schüler ihre eigene „religiöse Sprache" entdecken können. Die Lehrkräfte gehen davon aus, dass das Überwinden religiöser Sprachlosigkeit die Voraussetzung für das Verstehen und das Aneignen der christlichen Kerngedanken im Religionsunterricht bildet. Sowohl die evangelischen als auch die katholischen Lehrerinnen und Lehrer wollen ihrer Schülerschaft zeigen, dass ein allein naturwissenschaftlich- ‚szientistisches' Menschenbild dem Menschen nicht gerecht wird und dass gerade auch deshalb die ‚Frage nach Gott' wach gehalten werden muss. Dies aber ist – da sind sich die Lehrenden einig – nur zu erreichen durch gedankliche Auseinandersetzung, ohne die der christliche Glaube leer und bloß formal bleibt. Dieser Auseinandersetzung dient nach Ansicht der Lehrenden

1 Vgl. A. Feige / W. Tzscheetzsch, Christlicher Religionsunterricht im religionsneutralen Staat?, Ostfildern –Stuttgart 2005 und A. Feige / B. Dressler / W. Tzscheetzsch (Hrsg.), Religionslehrerin oder Religionslehrer werden, Ostfildern 2006.

der Religionsunterricht, diese Auseinandersetzung wollen sie in ihrem Unterricht fördern. Die Lehrenden wissen, wo und unter welchen Bedingungen sie Religion unterrichten, nämlich im Raum der öffentlichen Schule, unter der Maßgabe der einschlägigen Bildungspläne. Sie pflegen einen schuleigenen Umgang mit Religion, der den Ansprüchen einer qualifizierten und reflektierten Einführung in Welt und Gesellschaft als Aufgabe der Schule gerecht zu werden sucht und sich notwendigerweise mit den Bedingungen der Möglichkeit von Religion in der modernen Gesellschaft beschäftigen muss. Zu den gesellschaftlichen Bedingungen gehört auch das Schwinden der Bedeutung konfessioneller Unterscheidungen in den Lebenswelten der Kinder und Jugendlichen. Diese Entwicklung hat in der Schule dazu geführt, dass ein Drittel der Religionslehrerinnen und Religionslehrer in Baden-Württemberg Schülerinnen und Schüler der anderen Konfession unterrichtet. Dies geschah bis zum Jahr 2005 in Baden-Württemberg ohne spezifisches Regelwerk. Die Gefahr war nicht ganz von der Hand zu weisen, dass sich eine Form des Religionsunterrichts langsam und heimlich etablierte, die den kirchlichen Vorgaben nicht mehr gerecht werden würde.

Die Religionslehrerstudie zeigt, dass der Religionsunterricht in Baden-Württemberg von den Schulen durchaus anerkennend behandelt wird und bis zu 90 % der Lehrerinnen und Lehrer von keinerlei schulinternen Behinderungen des Religionsunterrichts zu berichten wissen.

Die Religionslehrkräfte können durchaus selbstbewusst und nicht aus naiver Anpassung an vermeintliche Zeitströmungen die konfessionelle Kooperation angehen: 93 % der befragten Lehrerinnen und Lehrer geben an, dass sie keine Vorbehalte gegen eine Kooperation mit Lehrenden der anderen Konfession haben. Eine solche Kooperationsbereitschaft gründet in einer ausgeprägten eigenen konfessionellen Beheimatung. Die Lehrerinnen und Lehrer sind in ihrer personalen Identität stärker konfessionell verwurzelt als vielfach allgemein und in populären Vorurteilsszenarien angenommen. Sie wollen mit evangelischer bzw. katholischer Identität für einen guten Unterricht kooperieren. Das bedeutet: Im professionspraktischen Selbstentwurf der Lehrenden werden die religionspädagogisch-professionelle und die konfessionell-persönliche Sphäre im Blick auf einen qualifizierten religionsdidaktisch verantworteten Unterricht getrennt. Die Lehrenden in Baden-Württemberg sind – so zeigt die Studie – zur konfessionellen Kooperation bereit. Unter der Voraussetzung, dass es im Interesse der Kirchen liegt, die „Grauzonen" konfessioneller Kooperation verantwortungsbewusst zu minimieren, und unter der Voraussetzung, dass Kooperation im Sinn einer für die Zukunft verheißenen Einheit der Kirchen – zumal dann, wenn sie wie in Baden-Württemberg die ökumenische Zusammenarbeit (und das nicht nur im Bereich des schulischen Religionsunterrichts) verstärken wollen – unerlässlich ist, war es nur konsequent, dass die Kirchen in Baden-Württemberg einen Weg gesucht haben, für diese Kooperation einen rechtlich verbindlichen Rahmen zu schaffen. So unterzeichneten die evangelischen Landesbischöfe in Baden und in Württemberg, Landesbischof Fischer und Landesbischof Maier, der katholische Bischof der

Diözese Rottenburg-Stuttgart Fürst und der katholische Erzbischof der Erzdiözese Freiburg Zollitsch am 1. März 2005 die Vereinbarung zur „Konfessionellen Kooperation im Religionsunterricht an allgemein bildenden Schulen".

Diese Vereinbarung fiel nicht vom Himmel. Bereits im September 1992 hatten die Schulreferenten der zwei Landeskirchen und der zwei Diözesen bei einem Treffen auf der Nordseeinsel Juist erste Überlegungen zur konfessionellen Kooperation ausgetauscht.[2] Die Vereinbarung zur konfessionellen Kooperation im Religionsunterricht ist von der Zielsetzung bestimmt, „ein vertieftes Bewusstsein der eigenen Konfession zu schaffen, die ökumenische Offenheit der Kirchen erfahrbar zu machen und den Schülerinnen und Schülern beider Konfessionen die authentische Begegnung mit der anderen Konfession zu ermöglichen"[3]. Um diese Zielsetzung zu erreichen „werden gemischt-konfessionelle Lerngruppen gebildet, die im Wechsel von einer Lehrkraft des Unterrichtsfaches Evangelische Religionslehre und Katholische Religionslehre unterrichtet werden. Dabei wird in qualifizierter Zusammenarbeit das konfessionelle Profil beider Kirchen in den Religionsunterricht eingebracht. Die Kirchen erteilen für diesen Unterricht auf der Basis der geltenden Bildungspläne jeweils einen schulartspezifisch verbindlichen Rahmen, dessen Verbindlichkeit durch übereinstimmende Erklärung der Schulverantwortlichen der Kirchen festgestellt wird."[4]

Um die Qualität des konfessionell-kooperativen Religionsunterrichts zu sichern, müssen folgende Qualitätserfordernisse erfüllt werden: Der Unterricht muss durch je zwei Kirchenleitungen (in Baden und in Württemberg) genehmigt werden. Um diese Genehmigung zu erreichen, müssen gemeinsam erarbeitete Unterrichtspläne vorgelegt werden und die Lehrkräfte müssen begleitende Fortbildungen besuchen. Die Genehmigungen werden befristet und nur für bestimmte Klassenstufen erteilt. Die Aufsicht über den konfessionell-kooperativen Religionsunterricht wird durch kirchlich Beauftragte beider Konfessionen gemeinsam wahrgenommen. Darüber hinaus müssen die Fachkonferenzen Religion der Durchführung des konfessionell-kooperativen Religionsunterrichts an ihrer Schule ohne Gegenstimme zustimmen, die Eltern sind zu informieren und die Lehrkräfte sind zur Wahrnehmung von begleitenden Maßnahmen wie Einführungstagungen und Auswertungsgesprächen mit den Beauftragten der beiden Kirchen verpflichtet. Zudem sind in der Vereinbarung die Standards aus den Bildungsplänen Evangelische Religionslehre und Katholische Religionslehre fixiert, die im konfessionell-kooperativen Religionsunterricht erreicht werden müssen.[5]

2 Vgl. B. Hoppe, Konfessionell-kooperativer Religionsunterricht. Saarbrücken 2008, 80–83. Sehr instruktiv dazu das im Anhang dieses Buches dokumentierte Interview mit OKR Dr. M. Trensky und H. Greiling, die maßgeblich auf Seite der Evangelischen Landeskirche Baden an der Entwicklung des Konzepts des konfessionell-kooperativen Religionsunterrichts beteiligt waren (137–177).

3 Evangelische Landeskirche in Baden / Evangelische Landeskirche in Württemberg / Erzdiözese Freiburg / Diözese Rottenburg-Stuttgart; Konfessionelle Kooperation im Religionsunterricht an allgemein bildenden Schulen. Vereinbarung vom 1. März 2005, Stuttgart 2005, 5.

4 Wie Anm. 3, 5.

5 Die Standards sind am 5. Mai 2009 für Grundschulen, Hauptschulen und Hauptschulen mit

Schließlich ist in der Vereinbarung festgehalten, dass zur Evaluation eine wissenschaftliche Untersuchung durchgeführt wird, deren zusammenfassende Ergebnisse noch in diesem Jahr publiziert werden[6].

Die Vorgaben zum konfessionell kooperativen Religionsunterricht

Der konfessionelle Religionsunterricht in Baden-Württemberg bewegt sich im Rahmen der Vorgaben des Grundgesetzes der Bundesrepublik Deutschland: Nach Artikel 7 Abs. 3 GG ist der Religionsunterricht an den öffentlichen Schulen „ordentliches Lehrfach. Er wird in Übereinstimmung mit den Grundsätzen der Religionsgemeinschaften erteilt." In der Landesverfassung von Baden-Württemberg wird in Art. 12, Abs. 2 formuliert: „Verantwortliche Träger der Erziehung sind in ihren Bereichen die Eltern, der Staat, die Religionsgemeinschaften, die Gemeinden und die in ihren Bünden gegliederte Jugend." Und schließlich formuliert das Schulgesetz dieses Bundeslandes in § 96 Abs. 2: „Der Religionsunterricht wird, nach Bekenntnissen getrennt, in Übereinstimmung mit den Lehren und Grundsätzen der betreffenden Religionsgemeinschaft von deren Beauftragten erteilt und beaufsichtigt." Vor diesem rechtlichen Hintergrund formulieren die Kirchen ihre Verständnisse des Religionsunterrichts, seiner konfessionellen Verfassung und die Möglichkeiten konfessioneller Kooperation. Die Frage der Konfessionalität des Religionsunterrichts hat die Kirchen schon lange immer wieder zu Stellungnahmen herausgefordert, die kurz vorgestellt werden sollen.

Das Verständnis konfessioneller Kooperation in der Evangelischen Kirche

Mit der Denkschrift „Identität und Verständigung" hat der Rat der Evangelischen Kirche in Deutschland 1994 den evangelischen Religionsunterricht als einen bildungstheoretisch fundierten Unterricht konzipiert, der zur Sinnorientierung junger Menschen dadurch beiträgt, dass er einerseits der konfessionell-christlichen Tradition verpflichtet ist (Identität), andererseits aber der dialogischen Kooperation (Verständigung) dient. *„In dieser Spannung von Identität und Verständigung ist die angemessene Gestalt des konfessionellen Religionsunterrichts für die Zukunft die Form eines ‚konfessionell-kooperativen Religionsunterrichts'*. Weder legt er einfach zusammen, was nicht identisch ist, noch lässt er auseinanderfallen, was sich aufeinander verwiesen sehen sollte. *Die evangelische Kirche bejaht die bereits praktizierte evangelisch-katholi-*

Werkrealschulen, Realschulen und allgemein bildende Gymnasien für den neuen Antragszeitraum publiziert worden.

6 L. Kuld/F. Schweitzer/W. Tzscheetzsch/J. Weinhardt, Im Religionsunterricht zusammenarbeiten, Stuttgart 2009. Vgl. darin insbesondere 9–17.

sche Zusammenarbeit, hält es aber für dringend erforderlich, sie inhaltlich und institutionell auszubauen. Dieser Weg ist im evangelischen Verständnis von Bekenntnis und Konfessionalität *theologisch begründet.* Zur kooperativen Ausgestaltung des Religionsunterrichts gehört die Durchlässigkeit auf der Ebene der Schülerinnen und Schüler. Es werden alle aufgenommen, deren Eltern es wünschen oder die sich nach erreichter Religionsmündigkeit selbst so entscheiden. Sie müssen nicht der evangelischen Konfession angehören. Diese Öffnungsmöglichkeit darf jedoch nicht administrativ missbraucht werden."[7] Eine solch durchweg anspruchsvolle konfessionelle Kooperation benötigt entsprechend anspruchsvolle Arrangements des Lehr- und Lerngeschehens: „Es ist eine wichtige pädagogische Aufgabe, im Laufe der Schulzeit das Trennende und das Gemeinsame in Rede und Gegenrede, durch differenzierenden und kooperierenden Unterricht, in getrennten Lehrgängen und durch gemeinsame Lehrformen ökumenisch-interdisziplinär anzugehen.[8] Die Denkschrift der EKD stellt sich der schulischen Realität, in der der konfessionell getrennte Religionsunterricht oft genug nicht mehr als Regelfall praktiziert wird: „Im Blick auf die Schularten ist festzustellen, dass in bestimmten Bereichen wie an berufsbildenden Schulen, besonders im Teilzeitsektor, und an Sonderschulen vielfach kein getrennter Religionsunterricht mehr erteilt wird. Ähnliche Verhältnisse gibt es auch in anderen Schularten. Um der Rechtsklarheit willen bedarf es daher zwischen den Kirchen untereinander und zwischen den Kirchen und dem Staat zu vereinbarender Regelungen, die notwendige Spielräume freigeben."[9] Der Religionsunterricht gewinnt damit auch eine inspirativ-innovatorische Funktion für die Theologie im Blick auf die Entwicklung einer „ökumenischen Hermeneutik". Auch in der Ausbildung der zukünftigen Religionslehrerinnen und Religionslehrer müssen unter dieser Rücksicht die Chancen und Grenzen der konfessionellen Kooperation erörtert und reflektiert werden. Der Theologie als der ersten Bezugswissenschaft des Religionsunterrichts kommt die Aufgabe zu, ihre Ergebnisse für die Gestaltung des Religionsunterrichts fruchtbar werden zu lassen, denn „es wäre problematisch, wenn der Religionsunterricht der beiden Konfessionen hinter dem Stand der theologischen wissenschaftlichen Diskussion zurückbleiben würde; das interkonfessionelle Gespräch hat viele frühere ‚Verwerfungen' aus dem Reformationszeitalter aufklären und trennende Barrieren abbauen können. Der Religionsunterricht verfehlt aber auch die Wirklichkeit, wenn er eine Gemeinsamkeit voraussetzt, die es noch nicht gibt. Das zweiseitige Problem ist im Laufe der Schulzeit konstruktiv in eine *pädagogische Aufgabe* zu überführen: das Trennende und das Gemeinsame in Rede und Gegenrede, durch differenzierenden und kooperierenden Unterricht, in getrennten Lehrgängen und durch gemeinsame Lehrformen (in der Sekundarstufe II bieten sich auch Forumsveranstaltungen an) so öku-

7 Kirchenamt der EKD (Hrsg.), Identität und Verständigung. Standort und Perspektiven des Religionsunterrichts in der Pluralität. Eine Denkschrift der Evangelischen Kirche in Deutschland, Gütersloh 1994, 88.

8 Kirchenamt (wie Anm. 8), 88.

9 Kirchenamt (wie Anm. 8), 88.

menisch-interdisziplinär anzugehen, wie es längst bereits in den Theologien der beiden Kirchen angegangen wird. Dies jedenfalls ist die Richtung, die die evangelische Kirche ausdrücklich stärken möchte."[10] Gleichzeitig formuliert die Denkschrift einfühlsam die zu beachtenden Grenzen: „Auf diesem Weg hilft allerdings weder eine hermeneutisch illusionäre Konsenstheorie weiter noch die Forderung, sich um jeden Preis verständigen zu müssen. Ein solches Leitmodell ist in subtiler Weise autoritär, weil es meist den schwächeren Teil zu unguten Anpassungen zwingt. Der Ernst der Aufgabe ökumenischer Verständigung beginnt jenseits der leicht herstellbaren Übereinkünfte. Zu der hierfür zu entwickelnden neuen ökumenischen Hermeneutik kann auch der Religionsunterricht erprobend einen Beitrag leisten, weil er seinerseits dieser Hermeneutik dringend bedarf."[11]

Die Evangelische Kirche in Deutschland sieht das Konfessionalitätsprinzip auch bei der konfessionellen Kooperation durch die Konfessionalität der Lehrinhalte und der Lehrkräfte gewahrt.

Das Verständnis konfessioneller Kooperation in der katholischen Kirche

Ein Markstein in der Entwicklung eines auch bildungstheoretisch verantworteten katholischen Religionsunterrichts war der Beschluss der Gemeinsamen Synode der Bistümer in der Bundesrepublik Deutschland (22. November 1974). Die Glaubensunterweisung im katechetischen Sinn wurde auf der Ebene der Gemeinden angesiedelt, während dem Religionsunterricht in der Schule die Aufgabe zugewiesen wurde, die Schülerinnen und Schüler zu verantwortlichem Denken und Verhalten im Hinblick auf Religion und Glaube zu befähigen. Religionsunterricht in der Schule wird aus kulturgeschichtlicher, anthropologischer und gesellschaftlicher/gesellschaftskritischer Perspektive legitimiert.

Die Konfessionalität des Religionsunterrichts wird theologisch vom Glaubensbekenntnis her begründet: „Religion und Glaube haben es der Sache nach unabdingbar mit ‚Bekenntnis' zu tun. Bekenntnis erfolgt nicht nur im Bereich von Dogma und Credo. Es drängt auf ganzheitlichen Ausdruck. Es wirkt sich aus in liturgischen Formen wie in Lebensäußerungen, in Ethos wie in Diakonie. Solch ein umfassend verstandenes Glaubensbekenntnis – ohne das der Glaube nicht sein kann, was er zu sein beansprucht –, ist aber an die lebendige Glaubensgemeinschaft gebunden. Greifbar wird es immer nur in seiner jeweiligen konkreten geschichtlich-kulturellen Ausprägung. Das Bekenntnis ist nicht nur Sache eines einzelnen, sondern immer auch einer Gemeinschaft"[12].

10 Kirchenamt (wie Anm. 8), 72.
11 Kirchenamt (wie Anm. 8), 72.
12 Synodenbeschluss „Der Religionsunterricht in der Schule" vom 22. November 1974, in: L. Bertsch u.a. (Hrsg.), Gemeinsame Synode der Bistümer in der Bundesrepublik Deutschland. Beschlüsse der Vollversammlung, Freiburg u.a. 1976, 123–152, 145.

Religionspädagogisch findet die Bekenntnisgebundenheit darin ihren Ausdruck, dass sie durch Lehrerinnen und Lehrer authentisch vertreten wird, die der Kirche angehören, so standortbezogen zu unterrichten in der Lage sind und den Schülerinnen und Schülern zeigen können, was es heißt, in Glaubensfragen eigene Entscheidungen getroffen zu haben. Der Synodenbeschluss formuliert die so genannte „Trias“: Lehrerinnen und Lehrer, Lehre und in der Regel auch die Schülerinnen und Schüler sollen „in einer Konfession beheimatet sein“[13]. Der Religionsunterricht soll aber gleichzeitig „ökumenisch offen“ sein: „Wenn die Kirchen durch ökumenische Denken und Handeln immer stärker aufeinander zugehen und darüber hinaus zu Gespräch und Solidarität mit Menschen anderer Religionen und Ideologien bereit sind, ohne deswegen auf ihr eigenes Selbstverständnis und auf profilierte Meinungen und Überzeugungen verzichten zu müssen, so ist auch der konfessionelle Religionsunterricht zur Offenheit verpflichtet; der Gesinnung nach ist er ökumenisch“[14]. Vorsichtig werden Möglichkeiten konfessioneller Kooperation angedeutet: Gemeinsam interessierende Themen und Aktionen, aber auch Modifikationen des Konfessionalitätsprinzips seien denkbar, aber nur unter Voraussetzung, dass zu solchen Modifikationen „das Einverständnis aller maßgeblich Beteiligten herbeigeführt“[15] werde.

Nachdem sich die religiöse Situation der Schülerinnen und Schüler durch den Wandel der Sozialisationsbedingungen deutlich verändert hatte und Zweifel daran aufgekommen waren, ob das Festhalten an der Konfessionalität der Schülerschaft überhaupt noch durchführbar sei, wollte das Bischofswort „Die bildende Kraft des Religionsunterrichts“ (27. September 1996) die Auffassungen des Synodenbeschlusses gerade in bildungstheoretischer Hinsicht vertiefen, ohne die „Trias“ aufzugeben. Angesichts der veränderten gesellschaftlichen Situation leiste der konfessionelle Religionsunterricht einen eigenständigen und unersetzlichen Beitrag zum Bildungs- und Erziehungsauftrag der Schule dadurch, dass er zur Identitätsfindung und zur Lebensbewältigung junger Menschen beitrage. Die bildende Kraft kirchlicher Religion müsse sich bewähren angesichts eines angefochtenen Christseins und der Summe der Vorurteile gegen die Kirche (auch als Institution). Das Festhalten am Konfessionalitätsprinzip dürfe keine Tendenz zur bloßen Abgrenzung und zur Ausgrenzung befördern. Denn Konfessionalität gründe in der Botschaft der Heiligen Schrift, in der Lehrüberlieferung und in der Glaubenspraxis der Kirche. So müsse der Religionsunterricht von ökumenischem Geist und Dialogbereitschaft geprägt sein und damit seine grundsätzliche Öffnung zu den anderen christlichen Konfessionen unter Beweis stellen. Gleichwohl sei er in seiner konfessionellen Gestalt Ausdruck für die Verwurzelung und Beheimatung des Glaubens in einer erfahrbaren und anschaulichen Lebenswelt, die für Kinder und Jugendliche im Sinne einer Hinführung zum Glauben unaufgebbar sei. Zu

13 Synodenbeschluss (wie Anm. 12) 146. Vgl. dazu W. Tzscheetzsch, Konfessionalität als Beheimatung und Identität?, in: ders. (Hrsg.), Zwischen Exodus und Exil, Ostfildern 2000, 87–93.
14 Synodenbeschluss (wie Anm. 12) 144.
15 Synodenbeschluss (wie Anm. 12) 146.

einem zentralen Begriffe wird das „Zeugnis" – verstanden als Zeugnis der konkreten Existenz und als Zeugnis der konkreten Glaubensgemeinschaft.

Der Begriff des Zeugnisses und das Beibehalten der Trias hat die Konsequenz für die LehrerInnen, dass sie als Zeugen loyal zum Bekenntnis der Kirche stehen, das Bekenntnis glaubwürdig vermitteln und über ein vom Bekenntnis geprägtes Leben ins Gespräch kommen sollen.

Deutlich wenden sich die katholischen Bischöfe gegen einen interkonfessionellen, überkonfessionellen oder ökumenischen Religionsunterricht und gegen einen auf Religions- oder Lebenskunde reduzierten Unterricht.

Die gesellschaftlichen Veränderungen werden im Bischofswort „Der Religionsunterricht vor neuen Herausforderungen" (16. Februar 2005) im Blick auf die Schülerschaft konkretisiert. Die Schülerinnen und Schüler bringen nicht mehr in großer Zahl in dem Maße religiöse Sozialisationserfahrungen in den Religionsunterricht mit, dass daran gewissermaßen nahtlos im Religionsunterrichts angeknüpft werden könnte. Zudem haben die gesellschaftlichen Veränderungsprozesse zum Wandel des Aufgabenprofils der Schulen beigetragen, die stärker als bisher aufgefordert sind, ihr je eigenes Schulprogramm zu entwickeln und ihr spezifisches Profil zu konturieren.

Vor diesem Hintergrund werden drei Aufgaben des Religionsunterrichts betont: Es müsse im Religionsunterricht um die Vermittlung von strukturiertem und lebensbedeutsamen Grundwissen über den Glauben der Kirche, das Vertrautmachen mit Formen gelebten Glaubens und um die Ermöglichung von Erfahrungen mit Glaube und Kirche und dabei um die Förderung der religiösen Urteils- und Dialogfähigkeit gehen. Im Blick auf die veränderten Anforderungen durch den Entwicklungsprozess der Schulen gehe es um eine angemessene Darstellung des Religionsunterrichts im Schulprogramm und das Darstellen des Beitrags des Religionsunterrichts zur Schule als Lern- und Lebensraum. Der Religionsunterricht soll die Schulkultur bewusst mit gestalten.

Auffallend ist das Bemühen, den Religionsunterricht mit der Glaubenspraxis zu verknüpfen: „Das Spezifikum des konfessionellen Religionsunterrichts liegt darin, dass Glaube und Kirche in der Perspektive der Teilnehmer thematisiert werden. Der Unterricht wird von Lehrerinnen und Lehrern erteilt, die das Bekenntnis der Kirche teilen und am kirchlichen Leben teilnehmen. Seine Inhalte sind von diesem Bekenntnis bestimmt. Auch wenn die meisten Schülerinnen und Schüler kaum Erfahrungen mit dem Leben der Kirche haben, so sind sie doch in aller Regel durch die Taufe mit ihr verbunden. Dies ist religionsdidaktisch durchaus bedeutsam. Denn die Taufentscheidung – meist der Eltern, in manchen Fällen aber auch der Kinder oder Jugendlichen selbst – gehört heute in den meisten Regionen Deutschlands nicht mehr zu den sozialen Konventionen, sondern wird bewusst getroffen."[16]

16 Sekretariat der Deutschen Bischofskonferenz (Hrsg.), Der Religionsunterricht vor neuen Herausforderungen, Bonn 2005, 23

Konfessionalität wird in ihrer die Lebenswelt (noch) mit konturierende Wirklichkeit verstanden. Vor diesem Hintergrund fällt dann die Reflexion zu Möglichkeiten konfessioneller Kooperation schmal aus: „Das Konfessionalitätsprinzip, das auch den grundgesetzlichen Vorgaben entspricht, schließt Formen konfessioneller Kooperation im Religionsunterricht keineswegs aus."[17]

Evangelisch-katholische Perspektiven zur konfessionellen Kooperation im Religionsunterricht

Die Evangelische Kirche in Deutschland (EKD) und die Deutsche Bischofskonferenz haben auf der Grundlage der beiden Schriften „Identität und Verständigung" und „Die bildende Kraft des Religionsunterrichts" vielfältige Formen der konfessionellen Kooperation in der schulischen Praxis (z.B. von gemeinsamen Elternabenden zum Religionsunterricht über zeitweiliges team-teaching bis hin zu konfessionell-kooperativen Arbeitsgemeinschaften auf freiwilliger Basis als zusätzlichem Angebot) vorgeschlagen. Auf Schulverwaltungsebene wird die Erarbeitung gemeinsamer Lehrpläne und gemeinsamer Unterrichtsmaterialien angeregt und auch in der Aus- und Fortbildung die konfessionelle Kooperation z.B. durch gelegentliche gemeinsame Seminartreffen und gemeinsame Fortbildungen gerade zu Themen konfessioneller Kooperation angeregt.

Grundsätzlich wird die Berücksichtigung regionaler und schulformspezifischer Gegebenheiten. Auf katholischer Seite wird an der „Trias" weiterhin festgehalten. Gleichwohl können in Ausnahmefällen auch Schülerinnen und Schüler der anderen Konfession teilnehmen. Für entsprechende Regelungen auf der Ebene der Bundesländer – die allerdings nicht aus schulorganisatorischen Gründen vereinbart werden dürfen – wird die Möglichkeit eröffnet unter der Maßgabe, dass das jeweilige konfessionelle Profil des Religionsunterrichts erhalten bleibt. Eine mögliche wissenschaftliche Begleitung wird angeregt. Damit war auch der Rahmen für eine entsprechende Vereinbarung in Baden-Württemberg gegeben.

Die Evaluation der konfessionellen Kooperation im Religionsunterricht in Baden-Württemberg hat ergeben, das der eingeschlagene Weg, der sowohl bei den Schülerinnen und Schülern als auch bei den Lehrerinnen und Lehrern auf durchaus differenzierte, aber eben doch auf breite Zustimmung stößt, dann in eine erfolgversprechende Richtung weist, wenn

- in der theologischen Ausbildung und in der theologischen Fortbildung der Lehrerinnen und Lehrer die Fragen der Unterschiedenheit und der Gemeinsamkeiten der Konfessionen vertiefte Berücksichtigung finden;
- die Didaktik der konfessionellen Kooperation weiter entwickelt wird;

17 Sekretariat (wie Anm. 16) 11f.

– die Qualitätssicherung der konfessionellen Kooperation durch qualifizierte Begleitung ein zentrales Anliegen der Kirchenleitungen bleibt[18].

Es kann nicht genug daran gearbeitet werden, die Bedeutung von Religion und insbesondere der jüdisch-christlichen Tradition für das Verstehen von Kultur und Gesellschaft im gesellschaftlichen Diskurs immer wieder neu herauszustreichen. Und damit auch Sinn und Aufgaben des Religionsunterrichts in der Schule zu konturieren. Das sind Möglichkeiten, Vorurteilen und Voranahmen im Blick auf den Religionsunterricht an der öffentlichen Schule – kommen sie nun von „rechts" oder von „links" – mit Argumenten zu begegnen, die nicht nur aus gewonnenen theoriegeladenen Überzeugungen, sondern auch aus einem differenzierten Wahrnehmen der Arbeit der Lehrerinnen und Lehrer im schulischen Alltag resultieren. Wenn der konfessionell-kooperative Religionsunterricht dazu beiträgt, dass die Dialogfähigkeit bei Schülerinnen und Schülern genauso wie bei Lehrerinnen und Lehrern steigt und die konfessionelle Identität dadurch gestärkt wird, ist die konfessionelle Kooperation im Religionsunterricht ein Zukunftsmodell.

18 Vgl. Kuld u. a. (wie Anm. 6) 201–227.

Blondels Beitrag zur Diskussion um eine ‚kanonische Exegese'

Hansjürgen Verweyen

1. Ein ‚substantielles Band'

Von Anfang an ist Maurice Blondel so etwas wie ein ‚vinculum substantiale' zwischen Albert Raffelt und mir gewesen. Meine erste Begegnung mit ihm war die Lektüre seiner Besprechung[1] der von Ingrid Verweyen und mir übersetzten „Lettre" Blondels von 1896[2]. Die Übersetzung wurde von ihm recht positiv gewertet, meine Einleitung jedoch einer scharfen Kritik unterzogen. Der strenge Rezensent mag sich vielleicht ein wenig die Augen gerieben haben, als bald darauf seine Dissertation[3] bei mir auf eine fast uneingeschränkte Bewunderung stieß[4]. Unsere später gemeinsam unternommene Übertragung von drei frühen Beiträgen Blondels[5] beweist, daß ich mir zumindest einen Kritikpunkt Raffelts zu Herzen genommen hatte. Meine Einleitung zur Übersetzung der „Lettre" zählte annähernd hundert, die zu unserem Büchlein von 1992 dreizehn Seiten.

Zwischen diesen beiden „Blondel-Runden" mußte jedoch noch eine andere Klippe überwunden werden. Nach meiner Freiburger Antrittsvorlesung über Karl Rahner[6], die wie eine Axt im Schwarzwalde geklungen haben muß, meinte Raffelt: „Das war schon ein schwerer Brocken für eine *anima naturaliter Rahneriana*" – aber kein Hindernis dafür, mit mir zusammen später in der Beck'schen Reihe „Denker" ein Bändchen über Karl Rahner zu verfassen[7], in dem es am Ende der „Einleitung" heißt: „Beide [Autoren] tragen [ihren unterschiedlichen Perspek-

1 In: ThPh 51 (1976) 297–298.

2 M. Blondel, Zur Methode der Religionsphilosophie, übers. von I. u. H. Verweyen, eingel. von H. Verweyen, Einsiedeln 1974.

3 A. Raffelt, Spiritualität und Philosophie. Zur Vermittlung geistig-religiöser Erfahrung in Maurice Blondels „L'Action" (1893), Freiburg–Basel–Wien 1978.

4 Besprechung in: ThRv 75 (1979) 246–248.

5 M. Blondel, Der Ausgangspunkt des Philosophierens. Drei Aufsätze [Eine der Quellen des modernen Denkens: Die Entwicklung des Spinozismus (1894); Die idealistische Illusion (1898); Der Ausgangspunkt des Philosophierens (1906)]. Übers. u. hg. von A. Raffelt u. H. Verweyen unter Mitarbeit von I. Verweyen, Hamburg 1992.

6 H. Verweyen, Wie wird ein Existential übernatürlich? in: TThZ 95 (1986) 115–131.

7 A. Raffelt / H. Verweyen, Karl Rahner, München 1997.

tiven zum Trotz] den vorgelegten Text voll mit"[8] Auch hier ist Blondel ständig gegenwärtig, wie schon ein Blick in das Personenregister zeigt.

Auf den folgenden Seiten möchte ich mich auf einen Aspekt von Blondels Werk konzentrieren, der bei der Beschäftigung mit seinen im engeren Sinne philosophischen Arbeiten etwas in den Hintergrund getreten ist. Von besonderem Gewicht ist hier der Briefwechsel Blondels mit Alfred Loisy (1902–1903). Mehr als hundert Jahre vergingen, bis erstmals Andreas Uwe Müller eine deutsche Übersetzung dieser Texte vorgelegt und in historischer wie systematischer Hinsicht überzeugend gezeigt hat, von welch erstaunlicher Aktualität Blondels Überlegungen zum Verhältnis von historisch-kritischer und kirchlicher Exegese gerade für unsere gegenwärtige, ziemlich verwirrende Situation sind.[9] Schon wenige Monate nach dem etwas abrupten Abbruch der Korrespondenz begann Blondel mit der Veröffentlichung seines inzwischen klarer ausgefeilten Ansatzes in einer Folge von drei Artikeln[10]. Da die erste deutsche, sorgfältige Übersetzung von „Histoire et dogme" durch Antonia Schlette[11] vergriffen und vor allem für eine heutige, vor längeren Sätzen zurückschreckende Leserschaft auch kaum noch verständlich ist, habe ich auf der Grundlage des Originaltextes in der Gesamtausgabe der Blondelschen Werke[12] eine Neuübertragung erstellt, bei der mir manches aufgegangen ist, was ich zuvor in diesen sprachlich wie inhaltlich nicht gerade einfach nachzuvollziehenden Ausführungen noch nicht wahrgenommen hatte.

2. „L'Action" als Hintergrund für „Histoire et dogme"

Noch bevor Albert Schweitzer die Sackgassen der ersten Phase der historisch-kritischen Leben-Jesu-Forschung aufwies, Rudolf Bultmann den Ergebnissen der historischen Kritik jede Bedeutung für den Glauben an Jesus Christus absprach und dann schließlich sein Schüler Ernst Käsemann eine „neue Suche" nach dem historischen Jesus einleitete, die, von der systematischen Theologie aufgenommen, eine bis heute nicht bewältigte Unruhe in den Kirchen hervorrief, hatte Blondel bereits den grundsätzlichen Methodenfehler in dem Versuch aufgewiesen, den wirklichen Jesus der Geschichte über die Rückfrage nach den frühesten Berichten über ihn zu ergründen. Das wichtigste Rüstzeug für dieses kritische

8 Raffelt / Verweyen (wie Anm. 7) 12.

9 A. U. Müller, Christlicher Glaube und historische Kritik. Maurice Blondel und Alfred Loisy im Ringen um das Verhältnis von Schrift und Tradition, Freiburg 2008. Die kommentierte Korrespondenz zwischen Blondel und Loisy findet sich auf S. 150–225.

10 Histoire et dogme. Les lacunes philosophiques de l'exégèse moderne, in: La Quinzaine 56 (1904) 145–167; 349–373; 433–458.

11 M. Blondel, Geschichte und Dogma. Aus d. Franz. übers. von A. Schlette. Mit Einführungen von J. B. Metz und R. Marlé, Mainz 1963.

12 M. Blondel, Œuvres complètes, tome II, 1888–1913 La philosophie de l'action et la crise moderniste. Texte établi et présenté par C. Troisfontaines, Paris, 1997, 387–453. Die im Text folgenden Zitatangaben nach dem Schema (p. 387) beziehen sich auf diese Ausgabe.

Unternehmen war ihm von seinem Lehrer Émile Boutroux auf den Weg gegeben worden, der in der Nachfolge von Félix Ravaisson und Jules Lachelier einen erbitterten Kampf gegen den szientistischen Positivismus eines Auguste Comte, Émile Littré und Hippolyte Taine führte[13]. Blondel selbst brachte aber einen völlig neuen Zug in diese Bewegung, indem er in „L'Action" (1893) das „erkenntnisleitende Interesse" (J. Habermas) nicht nur der Naturwissenschaften, sondern des gesamten „phénomène humain" in streng transzendental-phänomenologischer Methode herausarbeitete.

Alles menschliche Denken und Handeln, jedwede *action*, ist von einer Dynamik getragen, die nicht vom Menschen selbst ausgeht. Dem Zwiespalt zwischen einer *volonté voulante* und einer *volonté voulue* kann niemand aus eigener Kraft entkommen. Der „wollende Wille" treibt den Menschen dazu, zu irgend etwas Ja oder Nein zu sagen, einen „gewollten Willen" zu setzen. Auch wer das absolut nicht will, will immerhin dieses sein Nicht-Wollen. Wer alles letztlich für Nichts ansieht und deshalb nichts bejahen zu können meint, entscheidet sich dafür, daß alles eben Nichts sei. Einer besonders scharfen Analyse unterzieht Blondel die moderne Naturwissenschaft. Der neuzeitliche Mensch hat sich dagegen entschieden, sich willig einer vorgegebenen Welt zu überlassen, die – etwa in Gestalt der Beulenpest im Spätmittelalter – tödlich über ihn herfällt. Er ist bemüht, dem Chaos zuvorzukommen, indem er alles bis auf ein nicht weiter Zerlegbares, ein *a-tomon* oder ein *in-dividuum*, hin analysiert und daraus systematisch eine Welt synthetisiert, über die er selbst verfügen kann. Blondel zeigt dies sehr eindrucksvoll am Zusammenspiel der für diese Weltverfügung hergerichteten Mathematik und dem Experiment auf, in dem die mathematisch exakten Vorgaben verifiziert oder falsifiziert werden. Dem Positivismus bleibt verborgen, daß die Ergebnisse dieser *sciences* (im modernen englischen und französischen Sprachgebrauch von „scientia") zwar tatsächlich zu einem hohen, ja inzwischen erschreckend in die Höhe schießenden Grad der Instrumentalisierung von Natur (und Mensch) führen, der Kontakt zum Ganzen der diesem gebrauchsfähigen Apparat zugrundeliegenden Realität aber immer mehr verlorengeht.

Blondel versucht aufzuweisen, das sich alles menschliche Denken und Handeln, alle *action*, in dialektischen Schritten vollzieht, deren Struktur transzendentallogisch (nicht ontologisch, wie der dialektische Determinismus Hegels vorgibt) bis zu dem Punkt nachgezeichnet werden kann, an dem der Mensch vor einer Alternative steht. Es ist evident, daß er selbst die Kluft zwischen „wollendem" und „gewolltem Willen" nicht zu überwinden vermag. Die Wirklichkeit der ganzen, natürlichen und subjektiv-intersubjektiv aufgebauten Welt und auch die seiner Freiheit verbleibt für den Menschen letztlich ein bloßes Phänomen mit undurchschaubarem Hintergrund – es sei denn, er entschlösse sich, zu dem Ja zu sagen, was er jetzt als tragende Kraft des gesamten Prozesses seines letztlich als zwie-

13 Vgl. hierzu die gründliche Untersuchung von M. A. Conway, The Science of Life. Maurice Blondel's Philosophy of Action and the Scientific Method, Frankfurt a. M. 2000.

spältig erscheinenden Wollens erahnen kann: eine andere Freiheit, die immer schon in seiner *action* aktiv ist. Daß die Überantwortung der eigenen an diese andere Freiheit nicht in einen Widerspruch zur ureigensten Intention des Menschen führen muß, macht Blondel an dem inneren Zusammenhang zwischen Liebe und Leiden deutlich: „[…] ohne die Belehrung durch den Schmerz gelangt man nie zum uneigennützigen und mutigen Handeln. Die Liebe übt dieselben Wirkungen auf die Seele aus wie der Tod auf den Leib: sie verwandelt den Liebenden in das, was er liebt, und das Geliebte in den, der liebt. Lieben heißt daher lieben zu leiden, weil es bedeutet, die Freude und das Handeln eines anderen in uns zu lieben"[14].

Im dritten Abschnitt wird zu zeigen sein, inwiefern diese „andere Freiheit in uns" im Zusammenhang der Wirkungsgeschichte Jesu das Wesen von Tradition ausmacht. Im Folgenden ist zunächst auf die Parallelität einzugehen, die Blondel zwischen den *sciences* im naturwissenschaftlichen Bereich und im Bereich der historisch-kritischen Exegese gegeben sieht.

3. ‚Historizismus'

Man hat Blondel oft den Vorwurf gemacht, „Histoire et dogme" mit seiner ausführlichen und scharfen Kritik des ‚Historizismus' vor allem deswegen geschrieben zu haben, um auf Kosten seines Briefpartners Loisy die gestrengen Augen des Lehramtes von sich selbst abzulenken. Die dem entgegenstehenden Beteuerungen Blondels wurden dann als bloß strategisch gewertet (vgl. bes. p. 425 Anm.). Implizit dürfte er mit diesem Werk tatsächlich zur Verurteilung Loisys beigetragen haben. Die Intention dazu kann man ihm schwerlich unterstellen.

Dagegen sprechen schon seine Ausführungen über den „Extrinsezismus", mit denen er sich in geradezu halsbrecherischer Weise von der Aussage des Ersten Vaticanums absetzt, Wunder seien als „äußere [externa] Beweise für die göttliche Offenbarung"[15] zu werten. Blondel wendet sich scharf gegen die Tendenz der katholischen Apologetik, die seit dem Beginn der Aufklärung immer stärker werdende Kritik an der traditionellen Deutung von biblischen Berichten unter Berufung auf diesen „Wunderbeweis" nicht ernst zu nehmen. Hier wie schon in seinem Briefwechsel mit Loisy läßt er keinen Zweifel daran, daß er die historisch-kritische Exegese als unverzichtbar für ein angemessenes Verständnis der biblischen Texte ansieht.

Blondels grundsätzliche Kritik an dem, was er mit dem Terminus *historicisme* bezeichnet, verläuft parallel zu seiner schon seit „L'Action" geäußerten Kritik an den *sciences*, insofern diese mit ihrer Behauptung methodisch verifizierbarer Exaktheit den Anspruch verbinden, die eigentliche Realität der Dinge freizulegen.

14 M. Blondel, L'action. Essai d'une critique de la vie et d'une science de la pratique, in: ders. Œuvres complètes, tome I, 1893 Les deux thèses. Texte établi et présenté par C. Troisfontaines, Paris 1995, 416.

15 Vgl. DH 3009.

Den von den Naturwissenschaften untersuchten empirischen Daten der Sinnenwelt entsprechen im Bereich der historischen Wissenschaft die „Fakten" (*faits*). Leider gebraucht auch Blondel dieses von seiner Bedeutung her ambivalente Wort zumeist ohne nähere Angabe, was er jeweils darunter versteht. Ist *fait* als wirklich geschichtliches Ereignis, als dessen zu Wort gekommener Ausdruck oder als das Objekt zu deuten, in dem jenes Ereignis und dieser Ausdruck unter dem Mikroskop des Historikers methodisch ähnlich zurechtgelegt erscheint, wie die Dinge der Welt in der mathematisch-quantifizierenden Verkürzung der Naturwissenschaft, der es nicht um diese Dinge selbst, sondern allein darum geht, die Menschen zu „Herren [*maîtres*] und Eigentümern der Natur zu machen"[16]? Zumindest an einer Stelle, wo Blondel „Faktum" nicht auf eine bestimmte Vorgegebenheit für den Historiker bezieht, sondern als Ausdruck für den Gesamtverlauf der *faits chrétiens*, der für die Geschichte des christlichen Glaubens entscheidenden Fakten insgesamt und ihrer verschiedenen Interpretationsmöglichkeiten verwendet, trifft er jedoch eine wichtige Unterscheidung:

„[…] Meint ‚das Faktum' die sich dem Geist darbietende [*intelligible*] Kontinuität, die die aufeinanderfolgenden Momente im Leben der Kirche in den Augen der Wissenschaft so miteinander verbindet, wie sie in der wirklichen Geschichte der Ideen und Ereignisse miteinander verbunden sind? Aber schon um diese von der Vernunft darstellbare Aufeinanderfolge [*succession logique*] ermitteln zu können, bedarf es weniger einer einfachen Feststellung als einer ‚historischen Konstruktion', und die Analyse könnte nur aufgrund einer zum Teil hypothetischen Synthese erfolgen.

[…] Soll ‚das Faktum' hier verstanden werden als die geistige [*spirituelle*] Einheit und organische Kontinuität eines und desselben Gedankens, eines sich gleichbleibenden Lebens, die aus der Kirche gleichsam ein einziges unsterbliches Wesen machten? Um diese Wahrheit festzustellen, muß man allerdings im Herzen der Tatsachen eine richtungweisende Idee ansetzen, die kein Faktum ist. Diese leitende Idee könnte allein als Kriterium dafür dienen, um das, was nur *Evolution* wäre, das heißt Wirkung äußerer Zwänge und sich gegenseitig durchkreuzender Einflüsse, von dem zu unterscheiden, was *lebendige Entfaltung* [*développement vital*] ist, das heißt fortgesetzte Schöpfung, die von einem Keim ausgeht, der das verwandelt [*transsubstantie*], wovon er sich selbst nährt" (p. 422).

Die notwendige Beachtung des hermeneutischen Vorverständnisses, die Blondel hier im Hinblick auf die Interpretation der Kirchengeschichte anmahnt, steht auch im Zentrum seiner Kritik an der Rückfrage nach dem wirklichen Jesus der Geschichte. Hier geht es vor allem um zwei Dinge. Zum einen stellt er den Grundansatz der Suche nach „dem historischen Jesus" in Frage, nämlich den Rückgang auf die frühesten Zeugnisse über Jesus als Gewähr dafür, an die authentischen Worte und Taten Jesu selbst heranzukommen. Mit dieser allgemeinen Problematik verbindet sich nun aber die von Johannes Weiß mit aller Ent-

16 Vgl. Descartes, Discours de la méthode, (AT VI 61f.).

schiedenheit vertretene – und von Alfred Loisy aufgenommene – Behauptung, Jesus sei ein Apokalyptiker gewesen, er habe den Anbruch des Gottesreichs unmittelbar nach seinem Tode erwartet.[17] Blondels Kritik richtet sich auf beide Aspekte zugleich:

„Haben wir auf der Suche nach dem ‚wirklichen Christus' kein anderes Mittel als das Porträt, das seine ersten Zeugen entworfen haben, das Bild, das man im technischen Sinne des Wortes Geschichte (*histoire*) ‚den historischen Christus' bezeichnen könnte? Um zu einem Urteil über seine Beziehung zu seinem Werk und sogar zu seiner wahren Absicht zu gelangen, müßten wir uns in diesem Fall allein auf die Vorstellungen (*idée*) beschränken, die sich jene davon gemacht haben oder zumindest zu formulieren wußten und dann weitergaben, sie, die uns das unmittelbare Echo davon in der frühesten christlichen Literatur vernehmen ließen. Dann ist es der Kritiker, der Exeget, der Philosoph, der die Schlüssel zur Theologie in Händen hält"[18] (p. 412).

Gerade die frühesten Zeugen sind Blondel zufolge aber schlechte Gewährsmänner für das richtige Verständnis dessen, wer Christus war und was er gesagt und gewirkt hat:

„Muß nicht […] die Erwartung der unmittelbar bevorstehenden Wiederkunft des Herrn in Herrlichkeit [*Parousie*] als lediglich eine erste (p. 416) Synthese der Vorstellungskraft bezeichnet werden, die in dem auf das Irdische gerichteten und nur langsam zum Glauben kommenden Denken der Zeugen Christi den Ansatzpunkt heraushob, der in ihnen durch die gesamte jüdische Messiashoffnung vorbereitet war? War sie nicht die in einer Art von erhöhter Geschwindigkeit zustande gekommene Fortsetzung aller Ungeduld patriotischer Erwartungen und fleischlicher Begierden, der erste Entwurf einer Metaphysik der übernatürlichen Bestimmung des Menschen, wie er der Fassungskraft der Fischer von Tiberias entsprach, die anhebende Wandlung vom materiellen zum geistigen Sinn – schien doch der Anbruch der künftigen Herrlichkeit zugleich noch und nicht mehr von dieser Erde zu sein? Muß in dieser Verheißung darüber hinaus nicht das von Gott vorgesehene Mittel erkannt werden, einfachen Menschen die Kraft, den Enthusiasmus, das sich völlige Loslassen, die Bereitschaft (*ivresse*) zum Martyrium zu vermitteln?" (p. 417)

Die „Fakten", die der kritischen Geschichtswissenschaft als der einzig authen-

17 Vgl. J. Weiß, Die Predigt Jesu vom Reiche Gottes, Göttingen 1892.

18 Zum letzten Satz gibt es verblüffende Parallelen aus jüngerer Zeit. Seine Kritik an der Hans Küng in „Christ sein" (1974) leitenden Methode zusammenfassend, schreibt Joseph Ratzinger: „Der historische Jesus – eine ‚Rekonstruktion' also – wird zum eigentlichen Maßstab des Christseins […]; zu ihm aber hält der Historiker (oder wer sich dafür ansieht) den Schlüssel in Händen" (J. Ratzinger, Wer verantwortet die Aussagen der Theologie? Zur Methodenfrage, in: H. U. von Balthasar et al., Diskussion über Hans Küngs „Christ sein", Mainz 1976, 7–18, hier 11). – Ähnlich bemerkt George Lindbeck (Yale University): „Nun hält die wissenschaftliche und nicht mehr die hierarchisch klerikale Elite die Bibel in Beschlag, so daß sie für das allgemeine Volk weithin unzugänglich ist" (G. Lindbeck, Heilige Schrift, Konsens und Gemeinschaft, in: J. Ratzinger [Hg.], Schriftauslegung im Widerstreit, Freiburg i. Br. 1989, 45–80, hier 65).

tische Weg zum wahren „historischen Jesus" gelten, betrachtet Blondel im Sinne der in „L'Action" ausgeführten Dialektik als bloße „Porträts", als Setzungen der „volonté voulue", die auf allen Stufen der Entwicklung hinter der „volonté voulante", der ursprünglichen Wirkkraft allen menschlichen Handelns, zurückbleiben. Was entspricht aber dieser 1893 als „wollender Wille" bezeichneten Urkraft in dem Entwurf einer Vermittlung zwischen „Extrinsezismus" und „Historizismus" von 1904? Sie hat nun, da Gott im Fleische erschienen ist, nicht nur gleichsam inkognito alle menschliche *action* auf ihn als letztes Ziel aller Dinge hinführt, einen Namen: die *traditio* Jesu Christi, die dem neutestamentlichen Sprachgebrauch entsprechend, das *paradidonai*, die vierfache Hin- und Weitergabe Jesu zusammenfaßt: seine Auslieferung an Gewalt durch Menschen, die Auslieferung des eigenen Sohns durch den Vater um unsertwillen, die Selbsthingabe Jesu „für uns" und schließlich die Überlieferung im Sinne eines Geschehens, in dem die drei ersten Momente in und vor aller Welt durch die Zeugen Christi zur Geltung gebracht werden.[19]

4. ‚Tradition'

Blondels Begriff von Tradition weicht von allem ab, was die Kirchen damals darunter verstanden, und auch von den entsprechenden Aussagen, zu denen sich das Zweite Vatikanische Konzil durchgerungen hat. In der „Dogmatischen Konstitution über die göttliche Offenbarung *Dei Verbum*" heißt es zwar: „[...] die Heilige Schrift ist Gottes Rede, insofern sie unter dem Anhauch des Heiligen Geistes schriftlich aufgezeichnet wurde. Die Heilige Überlieferung aber gibt das Wort Gottes, das von Christus dem Herrn und vom Heiligen Geist den Aposteln anvertraut wurde, unversehrt an deren Nachfolger weiter, damit sie es unter der erleuchtenden Führung des Geistes der Wahrheit in ihrer Verkündigung treu bewahren [*fideliter servent*], erklären und ausbreiten" (II 9). Soweit verfolgt der Text die Grundintention, die Blondel schon zu Anfang des letzten Jahrhunderts vertrat: Tradition ist eine lebendige Wirklichkeit, funktional im Hinblick auf die Weitergabe der Wahrheit Jesu Christi, wie sie in der Heiligen Schrift und im Anschluß daran in den Traditionen der Kirche ihren Niederschlag gefunden hat. Im letzten Satz dieses Abschnitts wurde dann aber doch ein – letztlich fauler – Kompromiß mit den Vertretern des Begriffs von Tradition in seinem objektivierenden, nicht funktionalen Verständnis erzielt, wie er seit dem Konzil von Trient als vorgeschriebene Lehre galt: „Daher sollen beide [Schrift und *traditio(nes)*] mit gleicher Liebe und Achtung angenommen und verehrt werden"[20].

19 Vgl. H. Verweyen, Gottes letztes Wort, 3. vollst. überarb. Aufl. Regensburg 2000, 50–54.

20 *Dei Verbum* II 9, mit einer auf das diesbezügliche Dekret von Trient hinweisenden Anmerkung, vgl. DH 1501 (dort wird von „traditiones *con*servatas" gesprochen). Zu der damit gegebenen Problematik vgl. H. Verweyen, Joseph Ratzinger – Benedikt XVI. Die Entwicklung seines Denkens, Darmstadt 2007, 35–38.

Aus den präzisen, teilweise aber auch rhetorisch weitschweifigen Überlegungen, die Blondel im dritten Teil von „Histoire et dogme" unter dem Titel „Die vitale Bedeutung und philosophische Basis der Tradition" anstellt, können im engen Rahmen dieses Beitrags nur einige wenige Dinge hervorgehoben werden. Interessant ist zunächst, wie Blondel sein Verständnis von Tradition im Rückgang auf das lateinische Verb *servare* gewinnt, dessen Bedeutungsbreite (von „streng achthaben auf" – *servus*! – bis zu „bewahren" im Sinne von „konservieren") weder im Französischem noch im Deutschen wiedergegeben werden kann. Einen wichtigen Ansatzpunkt dazu bieten ihm die Abschiedsreden Jesu, die Blondel (wie stets die Heilige Schrift) aus der Vulgata zitiert.

„‚*Spiritus suggeret vobis omnia quaecumque dixero vobis*' [vgl. Joh 14,26]. Auf diese Weise kann selbst etwas bereits Ausgesprochenes nötig haben, dem Verstehen auf neuen und tiefer führenden Wegen nahegebracht zu werden" (p. 439). „‚*Adhuc multa habeo vobis dicere: sed non potestis portare modo*' (Joh 16, 12). Worin besteht aber die normale und natürliche Vermittlungsmöglichkeit eines solchen [für die Zukunft angesagten] Verstehens [*suggestion*]? ‚*Servate mandata… Si quis diliget me, sermonem meum servabit*' [… vgl. Joh 14,23]. Was der Mensch nicht völlig verstehen kann, kann er doch ganz tun, und indem er es tut, hält er in sich das Bewußtsein von jener Wirklichkeit lebendig, die für ihn noch halb im Dunkeln liegt. Das Wort Gottes ‚bewahren' [*garder*] heißt vor allem, es in die Tat umsetzen [*pratiquer*]. Die Ungenauigkeit [*infidélités*] des Gedächtnisses und die Beschränktheit [*étroitesses*] des Intellekts würden das Depositum der Tradition unausweichlich entstellen, wenn es uns in einer rein verstandesmäßigen Form übergeben wäre. Es kann nur dann unversehrt überliefert, ja, genutzt und weiterentwickelt werden, wenn es dem tätigen Gehorsam der Liebe anvertraut ist. Das getreue Handeln [*action fidèle*] ist die Bundeslade; hier wohnt, was Gott [uns] anvertraut hat […]" (p. 440).

Was Blondel hier anhand des Johannesevangeliums verdeutlicht, kann er wenige Seiten später auch mit kaum verhüllter Angriffslust in einem allegorischen Rückgriff auf das Matthäusevangelium sagen: „Getreu, das Talent Frucht bringen zu lassen, und auf der Hut davor, es zu vergraben, bewahrt [die Tradition] es weniger auf [*conserve*], als daß sie [seine Erträgnisse] eintreibt [*recouvre*]" (p. 442). Im Hintergrund dieses Satzes steht das Gleichnis von den anvertrauten Talenten (Mt 25,14-30). Der getreue Knecht (*servus fidelis*) „bewahrt" das ihm übergegebene Gut richtig, indem er es ‚lukrativ' einsetzt [Vulg.: „lucratus est"]. Das ‚Talent' zu ‚konservieren', ist ein Zeichen des ungetreuen (oder gar ungläubigen: *infidèle*) Umgangs mit der Tradition.

Tradition ist für Blondel das Fortleben des Offenbarungs- und Erlösungswerks Jesu Christi im lebendigen Zeugnis der Glaubenden. Sollte dieses Zeugnis einmal nichts mehr von der den Menschen in Christus geschenkten Liebe durchblicken lassen, dann kann eine auch noch so exakte historische Untersuchung der neutestamentlichen „Fakten" deren ursprünglichen Sinn nicht mehr entziffern. Aber auch der von der Kirche über Jahrhunderte hinweg als verpflichtende Lehre entfaltete Ausdruck jenes Ursprungs (der Terminus „Dogma" wird von Blondel zumeist in einem weiteren Sinne gebraucht) bliebe unverständlich, würde ähnlich historisch und starr, wie das Gerippe des angeblichen „historischen Jesus", den die kritische Wissenschaft ausgräbt:

„Durch den praktischen Vollzug des Christentums bekommt man [...] ein Gespür dafür, daß die Dogmen der Wirklichkeit entnommen wurden. Es ist also nicht berechtigt, auf der einen Seite die Fakten und auf der anderen die theologischen Vorgaben anzuführen, ohne auf jene Quellen des Lebens und Handelns [*action*] zurückzugehen, wo sich das unteilbare Ganze findet, demgegenüber die Fakten und Lehrformulierungen nur eine stellvertretende und getreue Übertragung in eine andere Sprache darstellen. Über die Übereinstimmung der Fakten mit den Glaubenslehren wird man niemals durch Unterweisung [*érudition*] oder kritisches Denken [allein] Rechenschaft ablegen können, so als ob jede dieser Tätigkeiten der Vernunft [*raison*] für sich ihre dogmatische Arbeit ableisten könnte.

Um diese Rechenschaft mit Erfolg zu erbringen, muß man nicht nur auf das Mühen des ganzen Menschen [*tout l'être*] achten, sondern auch den Konsens aller [*tous les êtres*] berücksichtigen, deren Handeln von demselben Leben bestimmt ist und die von derselben Liebe zehren [*communier*][21]. Deswegen ist jede Lehrdefinition weit weniger eine Neuerung als eine authentische Anerkennung dessen, was in der Glaubensgemeinschaft vorweggenommen oder erprobt wurde. Die christliche Lebensführung läßt das menschliche Denken etwas vom Göttlichen kosten und enthält in ihrem Vollzug, was theologische Ansätze nach und nach davon zur Entfaltung bringen. Die Synthese des Dogmas und der Fakten kommt in der Wissenschaft zustande, weil schon zuvor, im Glaubensleben, eine Synthese zwischen dem Denken und der Gnade stattgefunden hat [...]" (p. 452).

5. Abschließende Überlegungen

Blondels Aussagen zum Verhältnis von Evangelium, Kirche und Wissenschaft weisen in mancher Hinsicht eine erstaunliche Parallelität zu dem Versuch einer Vermittlung zwischen historisch-kritischer und kirchlicher Bibelauslegung auf, die seit einigen Jahrzehnten unter dem Stichwort „kanonische Exegese" unternommen wird. Ich setze hier eine rudimentäre Kenntnis dieses Ansatzes voraus, zumindest in der Form, wie ihn Joseph Ratzinger aufgenommen und vertreten hat[22]. In den wissenschaftlichen Arbeiten dazu, die Ratzinger während seiner Amtszeit als Präfekt der Glaubenskongregation verfaßt hat, ging es ihm vor allem darum, die Abschnitte 1 und 2 in *Dei Verbum* III 12 nicht losgelöst von dem dritten Abschnitt zu lesen. Dort wird betont, daß „für die rechte Ermittlung des Sinnes der heiligen Texte" die sorgfältige Beachtung des Inhalts und der Einheit der

21 Hier denkt Blondel wahrscheinlich an die Feier der Eucharistie bzw. den Empfang der „Kommunion".

22 Vgl. dazu die zusammenfassenden Ausführungen in H. Verweyen, Joseph Ratzinger (wie Anm. 20), 89–98.

ganzen Schrift und die „Berücksichtigung der lebendigen Überlieferung der Gesamtkirche und der Analogie des Glaubens" notwendig ist. Vor allem die folgende Feststellung Ratzingers entspricht recht genau dem Urteil Blondels über den „Historizismus":

„Die historisch-kritische Methode […] will das Vergangene als Vergangenes erkennen. Sie will möglichst genau das Damalige in seiner Damaligkeit erfassen, an dem Punkt, an dem es damals stand. […] Bezieht man dies auf die Bibel, so heißt das: Ein Text, ein Ereignis, eine Person wird streng in seine Vergangenheit hinein fixiert. Man will herausbringen, was der damalige Autor damals gesagt hat und gesagt bzw. gedacht haben kann. Es kommt auf das ‚Historische', das ‚Damalige' an. Deswegen vermittelt mir historisch-kritische Exegese die Bibel nicht ins Heute, in mein jetziges Leben hinein. Das ist ausgeschlossen. Sie entfernt sie im Gegenteil von mir und zeigt sie streng in der Vergangenheit angesiedelt"[23].

Blondel hat implizit vor allem über die sog. „Nouvelle théologie" mehr zu den auf dem Zweiten Vaticanum erzielten Fortschritten beigetragen, als sich im einzelnen nachweisen läßt. Insofern hat er auch Teil an den positiven Seiten der „kanonischen Exegese" in ihrem Kampf gegen den Rückfall in die Engstirnigkeit einer historischen Kritik, die im Zuge der Aufnahme der „Neuen Suche" nach dem historischen Jesus seit der Mitte des vorigen Jahrhunderts wie zur Zeit Blondels zur Gefahr für die Kirchen geworden ist.

Es gibt aber auch beträchtliche Schwierigkeiten, für die sich Parallelen zwischen der „kanonischen Exegese" und Blondel aufweisen lassen. Wichtige Lehraussagen betonen, die höchste Norm für die Auslegung sei, das genau zu erforschen und zu bestimmen, was der Schriftsteller zu sagen beabsichtigte[24]. Wenn die kanonische Exegese die Autorintention eines Textes hinter den Sinn zurückstellt, der ihm, aus der Perspektive des Kanons als seinem „privilegierten Kontext"[25] gelesen, zukommt, so geht sie an diesen Vorgaben des Lehramts vorbei. Die „historische Kritik" will *hinter* dem Rücken der Evangelisten das Urgestein des wahren Jesus der Geschichte von den darüber gelagerten Schichten befreien. Die „kanonische Exegese" ist in Gefahr, im Ausgang von der Einheit des Kanons auf die verschiedenen Zeugnisse der Evangelisten *herunter*zublicken und damit gegen ein entscheidendes Prinzip des Kanons zu verstoßen, daß es eben vier Evangelien, keines mehr und keines weniger, gibt, die alle in ihrer je andersartigen Gestalt gewürdigt werden müssen.

Blondel schrieb zwar zu einer Zeit, wo die Voraussetzungen für eine solche Würdigung der jeweiligen theologischen Intention der Evangelisten noch nicht gegeben waren. Nicht einmal für die Lösung der „synoptischen Frage", des Abhängigkeitsverhältnisses zwischen den ersten drei Evangelien, hatte man zu

23 J. Ratzinger, Zur Lage von Glaube und Theologie heute [1996], in: ders., Glaube – Wahrheit – Toleranz. Das Christentum und die Weltreligionen, 4. Aufl. Freiburg 2005, 93–111, hier 108.

24 Vgl. DH 3829 und *Dei Verbum*, III 12, Abs. 1.

25 Vgl. Georg Steins, Der Kanon ist der erste Kontext. Oder: Zurück an den Anfang!, in: BiKi 62 (2007) 116–121, hier 118.

einem Konsens gefunden. Dennoch geht auch er, und zwar grundsätzlich, an der Pluralität der Evangelien als Norm für das adäquate Verstehen von Jesu Leben und Werk vorbei. Dies zeigt sich zwar weniger in „Histoire et Dogme", um so deutlicher aber in seiner Korrespondenz mit Alfred Loisy. Blondel gibt Loisy zwar Recht, „dass Johannes Ideen und nicht Tatsachen vorlegt [...] und man Texte, die nicht im objektivierbaren Sinne historisch sind, für die objektivierend vorgehende Historie nicht in Betracht ziehen darf. [...] Die Synoptiker geben die objektivierende Sicht und zweifelsohne [!] nur wenig von der inneren Wirklichkeit Christi weiter. Die symbolische Sprache des vierten Evangeliums ist in der Lage, andere Fakten zu übersetzen, (und zwar) jene, die die Wirklichkeit konstituieren: eine Wirklichkeit, die in dem präzisen Sinne, den Sie diesem Wort geben, nicht ‚objektiv' oder ‚historisch', nichtsdestoweniger aber wahr und kenntniserschließend (connaissable) ist"[26].

Noch bedrückender ist allerdings ein diesen Schwierigkeiten zugrunde liegendes Problem, für das weder das Zweite Vaticanum, noch die „kanonische Exegese", noch der in die Tiefe der Wirklichkeit Christi und der Kirche führende Traditionsbegriff Blondels eine Lösung bietet: Wo und wie ist ein überzeugendes Kriterium dafür zu finden, was in expliziten oder impliziten Behauptungen über den wirklichen Jesus der Geschichte oder seine wahre Lehre adäquat und was weniger adäquat ist? Nicht nur kirchliche Institutionen, sondern auch die christliche Lebenspraxis haben in vielen Jahrhunderten manches in die Welt gesetzt, was man wohl als Un-rat (in der etymologischen Ambivalenz dieses Wortes) bezeichnen muß. Um als Beispiel nur den von Blondel häufig, auch in „Histoire et dogme" (p. 452) zitierten Bernhard von Clairvaux zu nennen: Wo ist eine klare Linie zu ziehen zwischen seiner tief-mystischen Liebe zum Gekreuzigten und seinem feurigen Aufruf zum Kreuzzug? Läßt sich der von Blondel entwickelte Begriff von Tradition vielleicht nicht doch dahingehend erweitern, daß ihm Kriterien für die Berechtigung entnommen werden können, von dem Christusgeschehen als einem „ein-für-allemal", einem auch heute und in Zukunft noch über die Humanität des Menschen entscheidenden Ereignis zu sprechen?[27]

26 Brief Blondels an Loisy vom 27. Februar 1903, zitiert nach: A.U. Müller (wie Anm. 9), 208.
27 Vgl. hierzu H. Verweyen, Einführung in die Fundamentaltheologie, Darmstadt 2008, 111–164.

„Träne, was vermagst du doch!“
Von der Kraft des Affektiven.
Zur „Denkform“ des Abtes Philipp Jakob Steyrer

Arno Zahlauer

Seit November 2006 beherbergt die frühere Benediktinerabtei St. Peter auf dem Schwarzwald das „Geistliche Zentrum“ der Erzdiözese Freiburg. Es ist faszinierend zu sehen, wie seither allein das Gebäude mit seiner Symbolik, Klarheit und Ausdruckskraft auf die Vielzahl der Besucherinnen und Besucher wirkt. Die vormalige Abtei sammelt, richtet aus – und nimmt den interessierten Betrachter hinein in einen Dialog ganz eigener Art.

Das doppelte Zeugnis des Philipp Jakob Steyrer: ein „Erfahrungsraum des Geistes“

Als am 14. Juli 2008 Albert Raffelt bei der Einweihung der neuen „Schatzkammer“, die die wichtigsten Kulturgüter der früheren Abtei bewahren und zugänglich machen soll, die Festrede[1] hielt, kam er wiederholt auf das Thema des „kulturellen Gedächtnisses“ zu sprechen.[2] In St. Peter war es vor allem Philipp Jakob Steyrer, der sich hier größte Verdienste erworben hat. Der Abt, der fast das halbe 18. Jahrhundert hindurch amtierte – es waren die Jahre von 1749 bis 1795 – hat nicht nur wie kein anderer systematisch den Buchbestand der Bibliothek des Klosters aufgebaut, sondern auch den Bibliothekssaal vollendet und dessen theologisches Programm entworfen. Damit nicht genug: Die ganze Ikonographie des während seines Abbatiats gestalteten Konventsgebäudes spiegelt in einer Einheitlichkeit, die im südwestdeutschen Raum Ihresgleichen sucht, die schöpferische Kraft seiner Persönlichkeit. Auf geradezu geniale Art und Weise ist es ihm gelungen, das theologisch-spirituelle Erbe, aus dem er schöpfte, künstlerisch auf der Höhe seiner eigenen Zeit stehend, so zu vergegenwärtigen, dass die Räume seiner Abtei, nicht zuletzt die bekannte Bibliothek, zu „Erfahrungsräumen“ werden konnten, die in eben dieser Funktion nach über 250 Jahren auch heutige Besucher faszinieren und in Bann ziehen.

1 A. Raffelt, „Schatzkammer“. Neues aus der historischen Bibliothek des Klosters Sankt Peter im Schwarzwald, in: Eucor-Bibliotheksinformationen 32 (2008), 4–13.

2 Etwa Raffelt (wie Anm. 1) 8.

Nicht umsonst wies Albert Raffelt, in eben dem Bibliotheksraum Philipp Jakob Steyrers seine Ausführungen entfaltend, darauf hin, dass es gegenwärtig „eine große Kraft der Identifikation mit der christlichen Tradition über die Vermittlung kultureller Erfahrungen gibt". Dabei komme die „Komponente strenger intellektueller Arbeit" mit einer grundsätzlichen Offenheit „für das Transzendenzphänomen" zusammen. Raffelt spricht in diesem Zusammenhang von einer „Doppelbewegung", von einem „doppelten Zeugnis"[3].

Die folgenden Überlegungen wollen nun versuchen, genau diese „Doppelbewegung", wie sie in St. Peter durch Philipp Jakob Steyrer, sich intellektuell und ikonographisch, „Erfahrungsräume des Geistes" schaffend, Gestalt gefunden hat, im Gespräch mit Anregungen Albert Raffelts näher zu entfalten, hat er doch über Jahre hinweg zu St. Peter und seinem großen Abt maßgebliche Untersuchungen beigesteuert.[4]

Die „Denkform" Philipp Jakob Steyrers

Anlässlich des 250. Todestages von Abt Steyrer 1995 versucht Albert Raffelt in einer breit angelegten Untersuchung, „die Theologie Abt Steyrers" zu erfassen und auch in ihren Spannungsbögen zu beschreiben. Worum es ihm im Kern geht, ist, dass „so etwas wie eine theologische Denkform sichtbar werden kann"[5]. Raffelt verwendet, um sein hermeneutisches Interessen zu formulieren, einen Begriff, den Johann Baptist Metz 1962 erstmals in die wissenschaftliche Diskussion eingebracht hat[6]. Was darunter zu verstehen sei, beschreibt dieser folgendermaßen: „Das ein Denken Charakterisierende ist nicht primär das in ihm Ausgesagte, sondern der vorgängig in jeder Aussage waltende Horizont, … die herrschende Auslegungshinsicht, … das darin waltende Seinsverständnis: nicht das, worüber nachgedacht wird, sondern das womit nachgedacht wird."[7] Es ist offensichtlich, dass dieser von Metz eingeführte hermeneutische Begriff sehr gut mit jener „Doppelbewegung" korrespondiert, auf die Raffelt hingewiesen hat. Es wird also darum gehen müssen, die „Denkform" Philipp Jakob Steyrers in ihrem Ineinander von intellektuellem Gehalt und affektiver Prägekraft zu erschließen. Und genau dies korrespondiert exakt mit der Tatsache, dass die intellektuelle Physiognomie

3 Raffelt (wie Anm. 1) 12.

4 Etwa: (1) A. Raffelt, Die Klosterbibliothek von St. Peter und ihre mittelalterlichen Handschriften, in: H.-O. Mühleisen (Hrsg.), Das Vermächtnis der Abtei, Karlsruhe 1993, 393–470; (2) A. Raffelt, Literatur zum Kloster St. Peter im Schwarzwald, in: ebd., 471–485; (3) A. Raffelt, Die Theologie Abt Steyrers, in: H.-O. Mühleisen (Hrsg.), Philipp Jakob Steyrer (1749–1795). Aus der Lebenswelt eines Schwarzwälder Benediktinerabtes zwischen Aufklärung und Säkularisation, Freiburg 1996, 56–87.

5 Raffelt (wie Anm.4 (3)) 56.

6 J. B. Metz, Christliche Anthropozentrik. Über die Denkform des Thomas von Aquin, München 1962.

7 Metz (wie Anm. 6) 34.

Steyrers den meisten Interessierten vor allem über die von ihm geschaffenen „Erfahrungsräume des Geistes“, wie sie die von ihm geformte und geprägte Klosteranlage verkörpert, begegnen.

Wie also setzt Raffelt an? Zunächst gibt er einen eher intuitiv motivierten Hinweis, den er selbst inhaltlich nicht weiter verfolgt, der für die folgenden Überlegungen aber zum Schlüssel werden wird.

Es sei, führt er aus, schwerer als erwartet, Steyrer als Theologen fassen zu können. Denn ein großer Teil seiner Werke sei „geistliches Schrifttum“ und zumeist bestehe es zudem aus „Anthologien anderer Autoren und Polemica“. Daraus die „Denkform“ zu erheben, sei weitaus problematischer, als wenn man klar inhaltlich strukturierte fachtheolgische Arbeiten vor sich hätte. Das Problem sei ungefähr so, „wie wenn man aus einigen geistlichen Werken Karl Rahners und etwa dem ‚Strukturwandel der Kirche‘ seine Theologie erheben möchte“. Nun sei genau das bei Rahner „zweifellos möglich“ – und auch bei Steyrer, aber eben alles andere als einfach.

Was Raffelt hier beobachtet, scheint nicht mehr zu sein als eine Strukturähnlichkeit, die sich zeigt, wenn man sich der Herausforderung stellt, die jeweilige „Denkform“ zu erheben, und tatsächlich geht er nicht von einer inhaltlichen Parallele aus, die all dem mit zu Grunde liegen könnte. Zwar sind beide, Steyrer wie Rahner, in Freiburg geboren, aber das in einem Abstand von über zweihundert Jahren, und auch wenn der spätere Benediktiner als junger Mann bevor er nach St. Peter ging, zunächst Jesuit werden wollte, wie Franz Kern zu berichten weiß[8], sind die Ausgangskonstellationen doch zu verschieden, um auf den ersten Blick prägende inhaltliche Parallelen vermuten zu lassen.

Dennoch gibt es bei beiden eine verwandte untergründige Präge- bzw. Wirkungsgeschichte, die eher wenig bekannt ist.

Bei Karl Rahner ist es Bonaventura, der für die Entfaltung seines theologischen Denkens eine überaus große Rolle gespielt hat. Bereits Klaus P. Fischer hat herausgestellt, dass der später so bekannte Dogmatiker sich als noch ganz junger Theologe am Beginn seiner eigentlichen wissenschaftlichen Arbeit dem Franziskanertheologen zugewandt hat, weil er die Rolle der „geistlichen Sinnlichkeit“ im Erkenntnisgeschehen näher untersuchen wollte. Es ging Rahner, wie Fischer ausführte, um „die Erhellung des mystischen ‚sentire Deum‘ als unmittelbarer Gotteserfahrung (nicht -erkenntnis)“[9]. Dahinter steht das Rahner lebenslang begleitende Interesse an einer affektiv geprägten Gotteserfahrung, die einer transzendentalphilosophisch geprägten erkenntnistheoretischen Reflexion standhält bzw. durch diese gerade in ihrer Legitimität herausgestellt wird. Es ist sicherlich nicht falsch, den von Raffelt im Blick auf Philipp Jakob Steyrer ins Spiel gebrachten Begriff der „Doppelbewegung“ auch hier zur Anwendung zu bringen. Intel-

8 F. Kern, Philipp Jakob Steyrer. Abt des Benediktinerklosters St. Peter i. Schw., Freiburg 1960.

9 K. P. Fischer, Gotteserfahrung. Mystagogie in der Theologie Karl Rahners und in der Theologie der Befreiung, Mainz 1986, 41.

lektualität und denkerische Strenge werden ernst genommen, um zugleich eine Dimension herauszuarbeiten und zu konturieren, in der ein Erkenntnisgeschehen statthat, das nicht von diskursiver Luzidität geprägt ist und dennoch Erkenntnischarakter besitzt. Rahner wird insbesondere herausarbeiten, welche Rolle der Liebe als affektiver Zuwendung im Erkenntnisgeschehen zukommt. Von daher wird sein Theologieverständnis immer von einer mystagogisch-praktischen, wenn man so will, genuin franziskanischen Komponente mitgeprägt bleiben.[10]

Man wird beim Schwarzwälder Benediktinerabt natürlich nun kein Denken von der Schärfe und Brillanz Karl Rahners herausarbeiten können, aber es ist doch frappierend zu sehen, dass der Wurzelgrund, von dem Steyrer entscheidende Inspiration erfährt, wie bei Rahner die frühe franziskanische und damit praktisch-affektiv orientierte Geistigkeit gewesen ist.

Es war – nach Franz Kern – Albert Raffelt, der hier Entscheidendes herausarbeiten konnte. Als Philipp Jakob Steyrer 1731 an der Klosterpforte des Benediktinerstiftes anklopfte, regierte Ulrich Bürgi als Abt. Nach einigen Jahren allerdings folgte ihm Benedikt Wülberz. Dieser nun war, wenn man es so formulieren kann, alles andere als ein „Benediktiner von Geblüt", seine Prägung war durch und durch franziskanisch. Es war eher die Faktizität seiner Biographie, die ihn hat Benediktiner werden lassen, als sein Naturell. Das war schon äußerlich daran spürbar, dass er die großen repräsentativen und brillant durchdachten Bauvorhaben seines Vorgängers sofort nach seiner Wahl einstellen ließ und jeder barocken Symbolik gegenüber eine deutliche „franziskanische Reserve" behielt.[11] Doch bedeutsamer als dieser Charakterzug von Wülberz war sein theologisches Profil. Eine der ersten Amtshandlungen des neuen Abtes war die Ernennung des jungen, noch nicht einmal 25-jährigen Philipp Jakob Steyrer zum Professor der Theologie im August 1939. Franz Kern kommentiert: „Als Franziskanerschüler vertrat der neue Abt die skotistische Lehrmethode, und Professor Steyrer musste diese im Kloster auch dozieren."[12] Interessant nun, dass Albert Raffelt in einem theologiegeschichtlichen Exkurs herausarbeiten kann, dass die in Abt Benedikt Wülberz verkörperte biographische Besonderheit mit einem theologischen Trend übereinkam, der noch andere Fürsprecher hatte. Recht allgemein „scheint", so Raffelt „bei den südwestdeutschen Benediktinern [...] der Skotismus" verbreitet gewesen zu sein.[13] So habe etwa der Abt des Benediktinerklosters in St. Trudpert, Coelestin Hermann, im Jahr 1720 eine „Theologia selecta Scotisica" vorgelegt.[14] Was war nun die Besonderheit jener Art von Theologie, weshalb hat man sie besonders geschätzt? Raffelt zeigt sich überzeugt, es sei „die Bestimmung der Theologie selbst"

10 All das ist im Detail herausgearbeitet in: A. Zahlauer, Karl Rahner und sein produktives Vorbild Ignatius von Loyola, Innsbruck 1996, 105–120.

11 Vgl. etwa dazu die einschlägigen Ausführungen bei Kern (wie Anm. 8) und auch H.-O. Mühleisen, St. Peter auf dem Schwarzwald, Lindenberg 2004, 10f.

12 Kern (wie Anm. 8) 29.

13 Raffelt (wie Anm.4 (3)) 56.

14 C. Hermann, Theologia selecta Scotistica divisa in tres partes, Augsburg 1720.

gewesen, „die ja bei den franziskanischen Denkern … als praktische Disziplin betrachtet und auf die Gottesliebe bezogen wird“[15].

Albert Raffelt schließt dann allerdings diese Ausführungen recht schnell ab. Er zeigt sich zwar überzeugt, „wohl einen Typus Theologie benannt“ zu haben, „der Steyrers eigener Lehrverpflichtung zugrunde lag und damit vielleicht … Voraussetzungen, von denen aus er seine theologischen Ansichten entwickelt“[16]. Aber das Spezifische Steyrers meint Raffelt damit noch nicht aufzeigen zu können. Deswegen wendet er sich den Detailuntersuchungen von Steyrers theologischem Schrifttum zu. Aber hat nicht vielleicht Raffelt mit diesem Hinweis mehr zutage gefördert, als ihm selbst bewusst war?

Eine affektive Theologie?

Wenn man davon ausgeht, dass dieser franziskanische Impuls bei Philipp Jakob Steyrer tatsächlich vorhanden ist und immer auf das praktisch-affektive hin orientiert bleibt, lässt sich doch die Frage stellen, ob die Schriften Steyrers allein hinreichend sind, um seine „Denkform“ zu erfassen. Gerade Philipp Steyrer hatte als „bauender Abt“ Ausdrucksmöglichkeiten zur Verfügung, auf die ein bloßer Theologieprofessor allein nie hätte zurückgreifen können. Könnte es nicht sein, dass gerade der Bibliothekssaal und auch die ikonongraphische Ausgestaltung der nachfolgenden Räume der Abtei die „Denkform“ Philipp Jakobs Steyrers auf eine ganz einzigartige Art und Weise zum Ausdruck bringen? Hans-Otto Mühleisen, wie wenige mit der Geschichte St. Peters vertraut, hört nicht auf zu betonen, dass die künstlerische Ausgestaltung der Abtei und das gesamte inhaltliche Programm vollständig an die Inspiration und Entscheidung des Abtes rückgebunden war. Und auch Franz Kern schildert, wie etwa der aus dem Allgäu stammende Kunstmaler Benedikt Gams, der das Deckengemälde der Bibliothek zu gestalten hatte, in intensivster Form immer wieder zum Gespräch mit dem Abt geladen war. So „holte ihn zu Beginn seiner Arbeit der Abt persönlich in Freiburg ab“[17] und oft „verzeichnet“ das Tagebuch des Abtes „ihn als Tischgast“[18].

1993 analysierte Gregor M. Lechner das Programm der Bibliothek in St. Peter. Das Vorzeichen ist klar, der Untertitel benennt es: „Die ewige Weisheit als typisches Bibliotheksprogramm der Aufklärung“[19]. Aber reicht der Topos gelehrter süddeutscher benediktinischer Aufklärung aus, um dem hermeneutischen Horizont Steyrers insgesamt gerecht zu werden? Mit Sicherheit wollte er, der katholische Benediktinerabt, er, der Mönch und damit Vertreter einer vielfach angefein-

15 Raffelt (wie Anm.4 (3)) 56.
16 Raffelt (wie Anm.4 (3)) 59.
17 Kern (wie Anm.8) 45.
18 Kern (wie Anm.8) 46.
19 G.M. Lechner, Geheimnisvolle Bibliothek. Die ewige Weisheit als typisches Bibliotheksprogramm der Aufklärung, in: Mühleisen (wie Anm. 4) 127–148.

deten Spezies, mit den Gelehrten der Aufklärung auf Augenhöhe ins Gespräch treten und mit Sicherheit war es dem Abt ein Anliegen, durchaus selbstbewusst einer insgesamt in irenischer Perspektive gelungenen intellektuellen Begegnung zu dienen.

Interessant ist nun, dass sich in dieser luziden Arbeit, die eine Fülle wertvoller Perspektiven entfaltet, ein ausgesprochen aussagekräftiger kleiner Flüchtigkeitsfehler findet. Gott sei, so Lechner, auf dem Deckengemälde dargestellt als „Vater des Lichtes“[20]. Dieser Fehler kann einem leicht unterlaufen, wenn der Fokus auf dem Licht-Motiv liegt. Wenn Philipp Jakob Steyrer Gott im Mittelpunkt des Deckengemäldes als „Vater des Lichtes“ darstellen lässt, so nimmt er selbstbewusst die Licht-Metaphorik für sich selbst in Anspruch, die ansonsten die gelehrte Aufklärunsgphilosophie für sich okkupiert hat. Steyrer, so lässt sich zu Recht interpretieren, will den Dialog auf Augenhöhe.

Lechner hat zum Beleg des Zitates auf die von Abt Steyrer verfasste „Geschichte der Äbte von St. Peter“ zurückgegriffen, wahrscheinlich auf den Auszug, den 1960 bereits Franz Kern gebracht hatte. Im Original ist allerdings nicht vom „Vater des Lichtes“ die Rede, sondern es heißt, und damit gibt Steyrer seine eigene Intention wieder, „die Malerei an dem Gewölbe unseres Büchersaals …stellet den Vater der Lichter dar“[21].

Damit nimmt Steyrer zum einen Bezug auf einen Ausdruck, wie er sich im Jakobusbrief (1,17) findet, wo vom „Pater luminum“ die Rede ist. So weit so gut. Aber höchstwahrscheinlich ist es nicht die Lektüre des Jakobus-Briefes, die Steyrer zur Zentralstellung dieses Motivs veranlasst hat. Vielmehr dürfte es die intensive Lektüre von Bonaventuras ur-franziskanisch geprägten „Itinerarium mentis in Deum“ gewesen sein, das ihn dazu veranlasst hat. Dort nämlich kommt diesem Begriff die zentrale Stellung im Prolog zu.[22] Und tatsächlich entspricht die Bewegungsdynamik, die sich im „Itinerarium“ findet, der, die Steyrer auch in der Bibliothek ausdrücken sehen möchte: Von Gott, dem „Vater der Lichter“, geht alle hell machende, erleuchtende Weisheit aus, Stufe für Stufe. Von Gott zu den Schriftstellern der Bibel, dann zu den Vätern der Kirche, weiter zu den gelehrten Benediktinern und uns begegnend in den Künsten und Wissenschaften, zuletzt greifbar in dem, was sich in den uns zur Lektüre und zum Studium angebotenen Schriften eröffnet. Das dürfen und sollen wir Menschen uns vergegenwärtigen. Damit sehen wir nämlich, die Zuwendung Gottes als Einladung begreifend, vor uns, wie wir zu ihm gelangen können. Der Abstieg der Weisheit Gottes wird für uns zu einem Bild des Aufstieges, so wie er uns möglich und verheißen ist. Der Bibliotheksaal will als ganzes genau diese Vision vor Augen führen, ja, geradezu greifbar, erlebbar und erfahrbar machen. Von daher ist er in der Tat zunächst und vor allem ein „Erfahrungsraum des Geistes“. Die buchstäblich theo-logische

20 Mühleisen (wie Anm. 4)133.
21 Wiedergegeben bei: Kern (wie Anm. 8) 46.
22 Vgl. Bonaventura, Itinerarium mentis in Deum, Prolog 1.

Vision, die dem Betrachter vor Augen geführt wird, hat eine praktisch-affektive Ausrichtung. Sie will auferbauen und motivieren, den Weg zu gehen, der vom „Vater der Lichter“ eröffnet worden ist. Kann es nicht sein, dass dem Bibliotheksraum als ganzem der Charakter eines „Itinerarium mentis in Deum“ zukommt?

Franz Kern hat sich vor Jahren die Mühe gemacht, anhand der bis 1773 reichenden Kataloge der vormaligen Benediktinerabtei, die damals vorhandene theologische Literatur zusammenzustellen und zu systematisieren.[23] Natürlich findet sich die „Theologia selecta“ von Coelestin Hermann aus St. Trudpert. Vor allem aber gelingt Kern der Nachweis, dass Bonaventura geradezu in Überfülle präsent war. Nicht nur, dass die 13-bändige Gesamtausgabe von 1751 vorhanden ist, es findet sich eine „Summa Theologica“ von 1516 und vor allem finden sich, darauf wird noch einzugehen sein, zwei Ausgaben des „Speculum Mariae“, Basel 1489 und Basel 1506 sowie ein früher Druck des Sentenzenkommentares in zwei Bänden, „sine loco et anno“, aber „ante 1500“[24], wie Franz Kern anmerkt. Auch wenn man heute weiß, dass das „Speculum Mariae“ von Konrad von Sachsen stammt, so wurde es doch zu Steyrers Zeit noch Bonaventura zugeordnet und damit fällt auf, dass dem Sentenzenkommentar und einer marianischen Perspektive zumindest vom bonaventuranischen Literaturbestand her ein gewisser Schwerpunkt zukommt. Das bräuchte man nicht eigens zu gewichten, wenn sich nicht gerade dieser Sachverhalt in der Ikonographie nicht nur des Bibliothekssaales, sondern auch anderer ikonographischer Elemente des Klosters widerspiegeln würde.

Zentral beim Deckengemälde der Bibliothek ist die Position Gottes als des „Vaters der Lichter“. Von ihm empfangen die weiter unten dargestellten Schriftsteller des Alten und des Neuen Bundes Anregung und Inspiration. Zwischen ihnen nun und dem dreifaltigen Gott findet sich exponiert die Figur der Maria dargestellt. „Magnificat anima mea Dominum“, verkündet die Schriftrolle. Völlig klar daher, dass Maria in keiner Weise als Fürbitterin gemeint ist. Ganz im Gegenteil. Vom herausgearbeiteten Horizont her wird vielmehr deutlich, dass sie gleichsam eine „theologale“ Funktion einnimmt. An ihr wird ablesbar, wie die Offenbarung vor aller diskursiven Durchdringung affektiv-existentiell auf- und angenommen werden kann. In Maria ist das „Wort“ Fleisch geworden. Sie hat ihr „fiat“ gesprochen und damit kann das Wort ihre und damit jede irdische Wirklichkeit neu prägen, formen und verändern. Völlig Neues entsteht und formiert sich. Gottes Wirklichkeit gewinnt Form und Gestalt mitten in dieser Welt. Es ist der alte Ehrentitel Mariens als „sedes sapientiae“, als „Sitz der Weisheit“, der hier zum Tragen kommt – und zwar in direkter Kongruenz zum bonaventuranischen Konzept von Theologie, wie es sich im Prolog seines Sentenzenkommentares und etwa im Schlussteil des „Itinerarium mentis in Deum“ findet.

23 F. Kern, Die Theologische Literatur in der ehemaligen S. Petrinischen Klosterbibliothek. Teilveröffentlichung der Bestände anhand der bis 1773 reichenden Kataloge, in: E. Mittler / W. Müller (Hrsgg.), Die Bibliothek des Klosters St. Peter. Beiträge zu ihrer Geschichte und ihren Beständen, Bühl 1972, 107–148.

24 Kern (wie Anm. 23) 129.

In der quaestio 3 des Prologes des Sentenzenkommentares fragt Bonaventura, welche Art von Wissenschaft die Theologie sei, „utrum sit scientia speculativa, an practica", ist sie eine spekulative oder eine praktische? Um voranzukommen, will Bonaventura klären, was durch das theologische Wissen wie vervollkommnet werden soll. Es ist unser Verstand, insofern er auf das Handeln ausgerichtet ist und zwar auf ein Handeln das auch uns selbst zuinnerst prägt und formt. Erkenntnis und Affekt müssen so vorankommen, dass in uns der Habitus der Weisheit entsteht und zum Tragen kommt. Kurz, die theologische Erkenntnis ist dazu da, um uns zur Liebe zu bewegen. Nach Bonaventura ist die Theologie vornehmlich eine „affektive Wissenschaft" und wer sie verinnerlicht, der wird „weise". Vor diesem Hintergrund her wäre Maria zu verstehen als die geradezu ideale „affektive Theologin". Auch wenn sie diskursiv das, was ihr mitgeteilt worden ist, nicht durchdringen kann, hat sie es „liebend" dennoch schon längst erfasst. Die ist ganz und gar „sedes sapientiae", „Sitz der Weisheit".

Was sich im Deckengemälde der Bibliothek begonnen hat zu zeigen, lässt sich über das bei Bonaventura zentrale Stichwort der „Sehnsucht" und dem Motiv des „Todes" weiter exemplifizieren und in der St. Petriner Ikonographie belegen. – Zunächst der Gedankengang Bonaventuras und dann Schritte Philipp Jakob Steyrers:

Im „Itinerarium" erweist sich bezogen auf die Erkenntnis „der überwesenhafte Strahl der göttlichen Dunkelheit"[25] als Zielperspektive, also eine Erkenntnisform, die affektiv, aber nicht diskursiv-luzide bestimmt ist. Interessant nun, wie Bonaventura mit der Frage umgeht, wie man diesen Strahl empfangen kann; die Antwort ist verweisender Art: „interroga [...] desiderium, non intellectum"[26], „frage [...] die Sehnsucht, nicht den Verstand!", und er fährt fort: „interroga [...] caliginem, non claritatem", „frage [...] die Dunkelheit, nicht das Licht".

Das wird ihm dann im weiteren Fortgang seines Gedankens zum Ausgangspunkt, die zu umschreibende Form affektiven Erkennens in einem nächsten, entscheidenden Schritt mit der Erfahrung des Loslassens überhaupt in Verbindung zu bringen, nämlich dem gläubigen Sterben: „Moriamur igitur et ingrediamur in caliginem", „sterben wir also und treten wir in die Dunkelheit ein", und zwar in jene, in der affektiv erfüllt, weil liebend, Gott erkannt werden kann: „Quam mortem qui diligit videre potest Deum."[27] – „Wer diesen Tod liebt, der vermag Gott zu schauen."[28]

Was Bonaventura hier beschreibt, bringt Philipp Jakob Steyrer kurze Zeit nach der Vollendung der Bibliothek in Zusammenarbeit mit dem Konstanzer

25 Bonaventura (wie Anm. 22) VII, 5: „... ad superessentialem divinarum tenebrarum radium"
26 Bonaventura (wie Anm. 22) 6.
27 Bonaventura (wie Anm. 22) 6.
28 Alle Übersetzungen im Anschluss an: Itinerarium mentis in Deum – Der Pilgerweg des Menschen zu Gott. Leteinisch-deutsch. Übersetzt und erläutert von Marianne Schlosser, Münster 2004.

Hofmaler Franz Ludwig Hermann[29], der Benedikt Gams nach dessen Tod gefolgt war, ins Bild – und wiederum exemplifiziert an der Gestalt Mariens.

1753 lässt der Abt vom Franz Ludwig Hermann die eben fertig geworden Krankenkapelle im lichtdurchfluteten Südflügel des Kloster ausgestalten. Das Deckengemälde zeigt die „Dormitio Mariae“ den Tod, die „Entschlafung“ Mariens, wie sie die Tradition übermittelt. Alle Apostel sind auf wunderbare Weise noch einmal versammelt. Die Gottesmutter stirbt, obwohl ihr die Kräfte des Verstandes schwinden, als Frau voller Sehnsucht. Nicht diskursiv, aber affektiv, voller Sehnsucht ist sie sich ihres Zieles gewiss. Die Ausrichtung des Gemäldes mit seiner Konzeption ist eindeutig. Das wird noch einmal dadurch unterstrichen, wenn man sich vergegenwärtigt, wie die gemalte Szene in aller Regel auf den Betrachter wirkt. Die Krankenkapelle ist von Süden her beleuchtet, also in aller Regel, da sich keinerlei Vorhänge vor dem Fenster befinden, hell und lichtdurchflutet. Der Kontrast, der sich im Zusammenklang mit dem „Dunkel“ des Sterbens, das so als von einem von außen kommenden „Gnadenlicht“ erhellt erlebt wird, ist gewollt. Ja, der von Steyrer konzipierte „Erfahrungsraum“ entspricht noch einmal darin Bonaventuras Itinerarium, weil die oben geschilderte Passage über das Sterben und seine Dunkelheit in die paulinische Schilderung der Erfahrung der Gnade mündet: „Sufficit tibi gratia mea“[30] – „Meine Gnade genügt Dir“.

Albert Raffelt weist mehrfach darauf hin, dass Philipp Jakob Steyrer eine Reihe von Gebets- und Meditationsanthologien seiner Lieblingsautoren zusammengestellt hat. Sie sollten führen „von den Grundfragen der Dogmatik zum Vollzug geistlichen Lebens und zu den himmlischen Freuden“[31]. Ist das nicht eine Beschreibung, die dem theologischen Konzept der theologisch motivierten Gestaltung der zentralen Räume des Klosters entspricht, wie sie der Abt vorgenommen hat? Sind sie nicht mindestens ebenso sehr wie seine Schriften Ausdruck seiner „Denkform“?

Wenn man die Ikonographie St. Peters, so wie sie durch Philipp Jakob Steyrer ihr Gesicht bekommen hat, weiter verfolgt, so findet man die Kombination der Darstellung Mariens und des existentiellen theologischen Erkenntnisgeschehens noch ein weiteres Mal. Man muss allerdings so genau hinschauen, wie es der Benediktiner Albert Schmidt getan hat[32].

Am 30. September 1756 schreibt Philipp Jakob Steyrer in sein Tagebuch: „Nach dem Mittagessen des Konvents meldet sich Herr Herrmann, der Maler aus Konstanz, und bringt die Bilder aus dem Leben unseres hl. Vaters Benedikt.“[33] Der Abt wird hocherfreut gewesen sein. Die Bilder stellen jeweils Szenen aus dem Leben des Ordensgründers dar, so wie sie das zweite Buch der Dialoge Gregors des

29 Die Umstände schildert Kern (wie Anm. 8) 48f.

30 Bonaventura (wie Anm. 22) VII, 5 mit Verweis auf 2 Kor 12,9.

31 Raffelt (wie Anm.4 (3)), 63.

32 In dem Beitrag: A. Schmidt, Das ideale Leben des Patrons. Der Benediktszyklus von Franz Ludwig Hermann, in: Mühleisen (wie Anm. 4) 57–80.

33 Zit. nach Schmidt (wie Anm. 32) 57.

Großen übermittelt hat. Die Auswahl und Art der Darstellung hat der Abt offensichtlich selbst bestimmt, denn die Beschäftigung mit dieser Thematik hat ihn über Jahre und Jahrzehnte so sehr beschäftigt, dass er 1782 das Werk Gregors des Großen kommentiert und illustriert selbst herausgeben wird. Dieses Buch galt lange Zeit als unauffindbar, bis Albert Raffelt darauf verweisen konnte, dass ein Exemplar in den Beständen der Freiburger Universitätsbibliothek zu finden sei.[34] Doch wieder zurück ins Jahr 1756: Steyrer wird die Lieferung Hermanns auch deshalb gespannt erwartet haben, weil auf jedem der 45 Bildwerke ein von ihm selbst verfasstes vierzeiliges Epigramm angebracht worden ist.

Auf zweien dieser Gemälde nun findet sich, wie Albert Schmidt ausführt, ergänzend zur Tradition, ein Marienbild und noch dazu eines von großer symbolischer Bedeutung.

Zum ersten der beiden: Es stellt Benedikt dar in der Höhle von Subiaco. Wir sehen, wie Benedikt vom Priester Romanus eingekleidet wird. Statt „der Toga des freigewordenen Knaben gibt er ihm das Mönchsgewand"[35] Um den jungen Benedikt herum wird es dunkel, die Kapuze des Mönchsgewandes hüllt ihn sichtlich ein – aber das gerade verleiht im eine neue existentielle Sehkraft. Es ist nun Steyrer, der erstmals diese Szene mit einem Marienbild kombiniert. „Es handelt sich um das in einer Nebenkapelle der Kirche San Benedetto in Piscinula in Rom verehrte Bild der Muttergottes [...], vor dem der hl. Benedikt in Rom gebetet haben soll. In diesem Gnadenbild der ‚Mater monachorum' sahen die Benediktiner [...] seit dem 18. Jahrhundert gewissermaßen ihr ‚ordenseigenes Marienbild'"[36]

Noch einmal findet sich dasselbe Marienbild in jener Szene, in der Benedikt von Hirten entdeckt wird. Wie Wölfe seien sie gewesen, doch der Heilige verwandelt sie in friedliche Lämmer und sie können erkennen, was es mit dem Heiligen auf sich hat. Wiederum findet sich die bekannte Konnotation mit der affektiv-existentiellen Erkenntnisebene: Wie in der Weihnachtsnacht in Bethlehem sind es Hirten, die nicht intellektuell, sondern affektiv wahrnehmend erkennen, worauf es ankommt – und wie in der Bibliothek und in der Krankenkapelle ist diese Art des Erkennens mit der marianischen Haltung kombiniert.

Wenn man die Epigramme, die Steyrer zum Benediktszyklus formuliert hat, liest und auf sich wirken lässt, staunt man, in welcher Feinfühligkeit der Abt darauf bedacht ist, seinen Mönchen, für die dieser Zyklus ja bestimmt war, feinfühlige Erfahrungszugänge zu Gestalt und Persönlichkeit des Ordensgründers zu vermitteln. Der Bilderzyklus ist durchaus zu verstehen als eine ins Bild gebrachte „affektive Theologie". Am schönsten kommt sie sprachlich vielleicht beim zweiten Bild zum Tragen: Das Sieb der Amme des Benedikt ist zerbrochen. Es war

34 Vita S. Benedicti Abbatis monachorum in occidente patriarchae et legislatoris auctore S. Gregorio Magno Papa, commentario illustrata a Philippo Jacobo Abbate Benedictino monasterii S. Petri in Silva Nigra, Augsburg – Freiburg 1782. Der Verweis auf Raffelt bei Schmidt (wie Anm. 32) Fußnote 42.

35 So der Text des Epigramms von Steyrer; Übersetzung nach: Schmidt (wie Anm. 32) 64.

36 Schmidt (wie Anm. 32) 61.

kostbar und sie hatte es ausgeliehen. Deswegen beginnt sie zu weinen. Und es sind die Tränen, die helfen. Steyrer formuliert:

> „Lacryma quanta potes, quem cogis, fortior ipso es
> (Dicere si fas est) omnipotente Deo."

> „Träne, was vermagst du doch! Wen zwingst du, der du stärker bist,
> wenn man so sagen darf, als der allmächtige Gott?"[37]

Schöner kann man affektive Theologie kaum ins Wort bringen, als es der Benediktinerabt Philipp Jakob Steyrer hier getan hat!

37 Zitat und Übersetzung nach: Schmidt (wie Anm. 32) 64

Bibliographischer Hinweis

Die Herausgeber haben bewusst darauf verzichtet, in dieser Festschrift eine Bibliographie von Albert Raffelt abzudrucken, da ein Verzeichnis seiner Veröffentlichungen in elektronischer Form vorliegt und periodisch aktualisiert wird. Diese Online-Bibliographie ist auf den Internetseiten der Theologischen Fakultät der Universität Freiburg i. Br. unter der URL http://www.theol.uni-freiburg.de/institute/ist/dog/raffelt/index_html#publikationen abrufbar.

Eine Bibliographie der Beiträge von Albert Raffelt, die er im Zeitraum von 1980–1994 in den Hauszeitschriften der Universitätsbibliothek Freiburg i. Br. – den „Informationen" (1980–1994) und dem „Expressum" (1995–2004) – veröffentlicht hat, ist in dem Werk A. *Raffelt, Nimm und lies*. Gesammelte Beiträge in den „Informationen" (1980–1994) und im „Expressum" (1995–2004) der Universitätsbibliothek Freiburg i. Br. Zusammengestellt und herausgegeben von Michael Becht, Freiburg 2004, 508–517 veröffentlicht. Es liegt auch in elektronischer Form vor und kann über die Internetseiten der Universitätsbibliothek Freiburg i. Br. unter der URL http://www.freidok.uni-freiburg.de/volltexte/2203/ abgerufen werden.

Bildnachweis

S. 2
Franz Ehret, Freiburg i. Br. (Aufnahme vom 9. Juli 2007)

S. 82–85
Abb. 1–4
(UB Freiburg Hs. 213). Foto UB Freiburg i. Br.
Abb. 5
Nachweis und Abb. in: Jb. der Staatl. Kunstsammlungen in Baden-Württemberg 44 (2007), 145–146.
Abb. 6
Nachweis Exemplare, Standorte u. Abb. in:
Schmitt (Bearb.) (wie S. 77, Anm. 48), 141–142.
Abb. 7
Nachweis Exemplare, Standorte u. Abb. in:
Schoch / Mende / Scherbaum (Bearb.) (wie S. 78, Anm. 52), 109–112.
Abb. 8
(UB Freiburg K 4182). Foto UB Freiburg i. Br.

S. 104, 108, 114
Monika Rappenecker, Freiburg i.Br.

S. 190, 197, 198
Markus Zepf, Freiburg i. Br.

S. 236
Karl-Rahner-Archiv, München; KRA IV, E, 70

Verzeichnis der Autorinnen und Autoren

Michael Albus, Dr. theol., Honorarprofessor für Religionsdidaktik der Medien an der Theologischen Fakultät der Universität Freiburg i. Br., Journalist und Autor

Andreas R. Batlogg, Mitglied der SJ, Dr. theol., Wissenschaftlicher Leiter des Karl-Rahner-Archivs München und Chefredakteur der „Stimmen der Zeit"

Michael Becht, Dr. theol., Fachreferent für Philosophie und Theologie an der Universitätsbibliothek Freiburg i. Br., Lehrbeauftragter an der Theologischen Fakultät der Universität Freiburg i. Br.

Udo Markus Bentz, Dr. theol., Regens des Bischöflichen Priesterseminars St. Bonifatius Mainz

Joachim Drumm, Dr. theol., Ordinariatsrat, Leiter der Hauptabteilung Kirche und Gesellschaft im Bischöflichen Ordinariat der Diözese Rottenburg-Stuttgart

Ingeborg Feige, Dr. theol., Leiterin des Referats Archiv und Bibliothek beim Deutschen Caritasverband, Freiburg i. Br.

Norbert Fischer, Dr. phil. habil., ord. Prof., Inhaber des Lehrstuhls für Philosophische Grundfragen der Theologie der Katholischen Universität Eichstätt-Ingolstadt

Peter Henrici, Mitglied der SJ, Titularbischof, Dr. phil., Lic. theol., em. Prof. für Neuere Philosophiegeschichte an der Pontificia Università Gregoriana Rom und Honorarprofessor der Theologischen Hochschule Chur

Christian Herrmann, Dr. theol., Fachreferent für Theologie an der Universitätsbibliothek Tübingen (Sondersammelgebiet Theologie), Lehrbeauftragter an der Kulturwissenschaftlichen Fakultät der Universität Tübingen

Friedrich-Wilhelm von Herrmann, Dr. phil., em. Prof. für Philosophie am Philosophischen Seminar der Universität Freiburg i. Br., Hauptmitarbeiter an der Martin-Heidegger-Gesamtausgabe

Wolfgang Jäger, Dr. phil., Dr. h.c. mult., em. ord. Prof. für Wissenschaftliche Politik an der Philosophischen Fakultät der Universität Freiburg i. Br., Rektor der Universität Freiburg i. Br. von 1995 bis 2008

Angela Karasch, Dr. phil., Leiterin der Historischen Sammlungen der Universitätsbibliothek Freiburg i. Br., Lehrbeauftragte am Kunstgeschichtlichen Institut der Universität Freiburg i. Br.

Antje Kellersohn, Dr. rer. nat., Direktorin der Universitätsbibliothek Freiburg i. Br.

Karl Kardinal Lehmann, Dr. theol., Dr. phil., Dr. h.c. mult., seit 1983 Bischof von Mainz und von 1987 bis 2008 Vorsitzender der Deutschen Bischofskonferenz; Honorarprofessor für Dogmatik und Ökumenische Theologie an der Theologischen Fakultät der Universität Freiburg i. Br. und am Fachbereich Katholische Theologie der Johannes-Gutenberg-Universität Mainz. 2001 wurde er von Papst Johannes Paul II. zum Kardinal erhoben.

Jochen Lienhard, Dr. rer.nat., Wissenschaftlicher Mitarbeiter in der Softwareentwicklung der Universitätsbibliothek Freiburg i. Br.

Franz Leithold, Dr. phil., Leiter des New Media Centers der Universitätsbibliothek Freiburg i. Br., Lehrbeauftragter an der Theologischen Fakultät, am Romanischen Seminar, am Zentrum für Schlüsselqualifikationen und am Sprachlehrinstitut der Universität Freiburg i. Br.

Werner Löser, Mitglied der SJ, Dr. theol., Prof. em. für Dogmatik an der Philosophisch-Theologischen Hochschule Sankt Georgen in Frankfurt am Main

Eugen Maier, Dr. theol., Domkapitular, Leiter der Referate Pastorale Bildung und Erwachsenenbildung im Erzbischöflichen Ordinariat, Direktor des Instituts für Pastorale Bildung der Erzdiözese Freiburg

Dieter Mertens, Dr. phil., pens. ord. Prof. für Mittelalterliche Geschichte an der Universität Freiburg i. Br.

Monika Rappenecker, Dipl. theol., Studienleiterin und Geschäftsführerin der Katholischen Akademie der Erzdiözese Freiburg

E. Matthias Reifegerste, Dr. phil., Fachreferent für Allgemeine und vergleichende Sprach- und Literaturwissenschaften, Anglistik und Germanistik, Leiter der Sachkatalogisierung der Universitätsbibliothek Freiburg i. Br.

Peter Reifenberg, Dr. theol., Prof. für Moraltheologie, Direktor der Akademie und des Tagungszentrums des Bistums Mainz „Erbacher Hof", Mainz

Ulrich Ruh, Dr. theol., Chefredakteur der Zeitschrift „Herder-Korrespondenz", Verlag Herder Freiburg i. Br.

Karlheinz Ruhstorfer, Dr. theol., Prof. für Systematische Theologie an der Universität Koblenz-Landau, Campus Landau

Hans-Adolf Ruppert, Diplom-Physiker, Leiter des EDV-Dezernats der Universitätsbibliothek Freiburg i. Br.

Martin Schmeding, Prof. für Orgel an der Hochschule für Musik Freiburg, Vorsitzender der Studienkommission Kirchenmusik

Magnus Striet, Dr. theol., ord. Prof. für Fundamentaltheologie an der Theologischen Fakultät der Universität Freiburg i. Br., seit April 2008 Dekan der Theologischen Fakultät

Wilfried Sühl-Strohmenger, Dr. phil., Leiter der Dezernate Bibliothekssystem und Informationsdienste der Universitätsbibliothek Freiburg i. Br., Lehrbeauftragter am Zentrum für Schlüsselqualifikationen und am Institut für Erziehungswissenschaft der Universität Freiburg i. Br.

Werner Tzscheetzsch, Dr. theol., Dipl. Päd., bis Mai 2009 ord. Prof. für Pädagogik und Katechetik an der Theologischen Fakultät der Universität Freiburg i.Br., jetzt Prof. für Schul- und Sozialpädagogik am Institut für Erziehungswissenschaft der Universität Freiburg i. Br.

Hansjürgen Verweyen, Dr. theol., Dr. phil. habil., em. ord. Prof. für Fundamentaltheologie an der Theologischen Fakultät der Universität Freiburg i. Br.

Meinrad Walter, Dr. theol., Kirchenmusikreferent im Amt für Kirchenmusik der Erzdiözese Freiburg, Lehrbeauftragter für Theologie und Liturgik an der Hochschule für Musik Freiburg

Peter Walter, Dr. theol., ord. Prof. für Dogmatik und Direktor des Arbeitsbereichs Quellenkunde der Theologie des Mittelalters (Raimundus-Lullus-Institut) an der Theologischen Fakultät der Universität Freiburg i. Br.

Rainer Warland, Dr. phil., ord. Prof. für Christliche Archäologie und Byzantinische Kunstgeschichte im Institut für Archäologische Wissenschaften der Universität Freiburg i. Br.

Arno Zahlauer, Dr. theol., Priester, Exerzitienbegleiter, Direktor des Geistlichen Zentrums der Erzdiözese Freiburg in St. Peter/Schw.

Markus Zepf, Dr. phil., Musikwissenschaftler, Wissenschaftlicher Mitarbeiter am Badischen Landesmuseum Karlsruhe